हिंदू सभ्यता

राजकमल प्रकाशन

हिंदू सभ्यता

राधाकुमुद मुखर्जी

अनुवादक

वासुदेवशरण अग्रवाल

ISBN : 978-81-267-0503-0

मूल्य : ₹995

पहला संस्करण : 1990
सत्रहवाँ संस्करण : 2024

प्रकाशक : राजकमल प्रकाशन प्रा.लि.
1-बी, नेताजी सुभाष मार्ग, दरियागंज
नई दिल्ली-110 002
शाखाएँ : अशोक राजपथ, साइंस कॉलेज के सामने, पटना-800 006
पहली मंजिल, दरबारी बिल्डिंग, महात्मा गांधी मार्ग, प्रयागराज-211 001
1, अनमोल सोराबजी संतुक लेन, धोबी तलाव, मरीन लाइंस, मुम्बई-400 002
वेबसाइट : www.rajkamalprakashan.com
ई-मेल : info@rajkamalprakashan.com

मुद्रक : बी.के. ऑफसेट
नवीन शाहदरा, दिल्ली-110 032

HINDU SABHYATA
by Prof. Radha Kumud Mukherjee

प्रकाशकीय

समाज, संस्कृति, इतिहास, दर्शन और राजनीतिशास्त्र के प्रख्यात विद्वानों की कलम से लिखी गई पुस्तकों से हिंदी जगत को समृद्ध करने और एक ऐतिहासिक आवश्यकता की पूर्ति करने के लिए **राजकमल** ने जो विस्तृत योजना बनाई है, यह पुस्तक उसी की एक महत्वपूर्ण कड़ी है।

यह एक तथ्य है कि हिंदी में सामाजिक विज्ञान विषयक स्तरीय पाठ्य-पुस्तकों तथा संदर्भग्रंथों का अभाव है। यों इस अभाव को दूर करने के प्रयास भी हुए हैं, पर बहुत आगे वे नहीं बढ़ पाए। लेकिन अब, जबकि प्रायः सभी हिंदीभाषी राज्यों में हिंदी को उच्च शिक्षा का माध्यम स्वीकार कर लिया गया है, यह और जरूरी है कि हिंदी में ऐसी पुस्तकें उपलब्ध कराई जाएँ। इससे हिंदी की उपयोगी भूमिका में तो व्यापकता आएगी ही, उच्चाध्ययन और शोध के क्षेत्र में आनेवाली व्यावहारिक कठिनाइयाँ भी दूर होंगी।

उल्लेखनीय है कि इस योजना के अंतर्गत प्रकाशित की जा रही प्रायः सभी पुस्तकें अनूदित हैं, लेकिन ये अनुवाद मूल कृति के विषय और संबंधित भाषाओं पर गहरी पकड़ रखनेवाले विद्वान लेखकों द्वारा ही किए गए हैं। इसलिए विषयगत गंभीरता के बावजूद प्रत्येक अनुवाद सहज ग्राह्य है और प्रेरक भी, क्योंकि स्तरीय पुस्तकों के अच्छे अनुवाद संबद्ध विषय में अक्सर ही मूल लेखन की जमीन तैयार करते हैं।

राजकमल की यह प्रकाशन-योजना भारतीय इतिहास के विविध कालखंडों और पक्षों से जुड़ी पुस्तकों से आरंभ हुई है। योजना के पहले चरण में प्रो. राधाकुमुद मुखर्जी, प्रो. दामोदर धर्मानंद कोसंबी, प्रो. रोमिला थापर, प्रो. रामशरण शर्मा सरीखे इतिहासकारों के इतिहास-ग्रंथ और प्रो. इरफान हबीब द्वारा संपादित वार्षिकी *मध्यकालीन भारत* के तीन अंक एक साथ प्रकाशित किए जा रहे हैं। इनमें कुछ ग्रंथ एकदम नए हैं, और जो नए नहीं हैं उन्हें भी पूर्णतया संशोधित-परिवर्धित किया गया है।

हिंदू सभ्यता के आदि स्वरूप के बारे में प्रो. मुखर्जी का यह शोधाध्ययन तिथिक्रम से परे प्रागैतिहासिक, ऋग्वैदिक और वेदोत्तर काल से लेकर इतिहास के सुनिश्चित तिथिक्रम के पहले दो सौ पछहत्तर वर्षों (ई. पू. 650-325) पर केंद्रित है। इसके लिए उन्होंने ऋग्वेदीय आदिकालीन लिखित सामग्री से इतर प्रागैतिहासिक भारतीय मानव के उपलब्ध भौतिक अवशेषों तथा उसके द्वारा प्रयुक्त विभिन्न प्रकार की उत्खनित सामग्री का सप्रमाण उपयोग किया है।

भूमिका

मुझे यह जानकर अपार हर्ष हो रहा है कि मेरी अंग्रेजी पुस्तक 'हिंदू सिविलिज़ेशन' के हिंदी संस्करण की आवश्यकता प्रतीत हुई है, और इस आवश्यकता की पूर्ति का भार देश के अग्रगण्य प्रकाशक राजकमल प्रकाशन प्राइवेट लिमिटेड ने अपने ऊपर लिया है। यह बड़े सौभाग्य की बात है कि किसी की कृति प्रकाशित करने के लिए ऐसा प्रकाशक तत्पर हो जाए। मेरी मूल कृति के अनुवाद-कार्य का श्रेय हिंदी के प्रमुख विद्वान् डॉ. वासुदेवशरण अग्रवाल को है। सौभाग्यवश वह लखनऊ विश्वविद्यालय में मेरे छात्र रहे हैं और उन्हें पढ़ाने का मुझे गर्व भी है। आजकल वह बनारस विश्वविद्यालय में पुरातत्व विभाग के अध्यक्ष-पद पर सुशोभित हैं। उन्होंने इस अनुवाद-कार्य में अपनी समस्त विद्वत्ता तथा संस्कृत और संस्कृति के संबंध में अर्जित योग्यता का समुचित उपयोग किया है। अतएव मैं इस पुस्तक के अनुवाद तथा प्रकाशन दोनों ही दृष्टियों से सौभाग्यशाली हूँ।

इस पुस्तक में नाना प्रकार के कठिन पारिभाषिक शब्दों का बाहुल्य है, जिनके लिए हिंदी में समुचित और समान पारिभाषिक शब्द मिलना कठिन है। परंतु अनुवादक ने अपने बुद्धि-कौशल और अभिव्यंजना से उन स्थलों को अनूदित करने में सफलता प्राप्त की है जहाँ अनुवाद करना असंभव-सा ही था। इसके साथ ही मैं अनुभव करता हूँ कि अनुवाद में मौलिकता होते हुए भी मेरी पुस्तक के विषय-वस्तु, तथ्य और भाव कहीं टूटने नहीं पाए। इसके लिए मैं विद्वान् अनुवादक को हार्दिक बधाई देता हूँ।

मुझे आशा है कि भारत की विस्तृत पठित जनता—हिंदी-पाठक—प्राचीन भारतीय संस्कृति के विभिन्न युगों के सभी पहलुओं का पूर्ण एवं व्यापक चित्र प्रस्तुत करनेवाली मेरी इस कृति को उदारता से स्वीकार करेंगे।

राधाकुमुद मुकर्जी

दो शब्द

अपने गुरु डॉ. राधाकुमुद मुकर्जी की अंग्रेजी पुस्तक 'हिंदू सिविलिज़ेशन' का यह हिंदी अनुवाद प्रस्तुत करते हुए मुझे आंतरिक प्रसन्नता हो रही है। अंग्रेजी ग्रंथ पर्याप्त लोकप्रिय हुआ। उसके तीन संस्करण हो चुके हैं। विश्वविद्यालयों में भारतीय संस्कृति के छात्रों के लिए इस विषय को एक स्थान में सज्जित करनेवाला यह ग्रंथ प्रामाणिक और उपयोगी है। आशा है हिंदी में भी इस विषय के अध्ययन के लिए इसकी उपयोगिता मानी जाएगी।

डॉ. मुकर्जी की बहुत दिनों से इच्छा थी कि इस ग्रंथ का हिंदी रूपांतर हो। उनकी इच्छानुसार मैंने यह अनुवाद दो वर्ष पूर्व तैयार किया। अनुवाद करते हुए मुझे इसकी पारिभाषिक शब्दों से भरी हुई संक्षिप्त शैली का विशेष अनुभव हुआ। एतदर्थ कितने ही अंग्रेजी शब्दों के लिए हिंदी के सुबोध पर्याय स्थिर किए। इस बात का विशेष प्रयत्न किया गया कि हिंदी के शब्द इस भाषा की प्रकृति के अनुकूल हों। कुछ उदाहरणों से यह बात समझी जा सकती है–

अंग्रेजी	**हिंदी**
एज़ोइक पीरियड	अजंतुक युग
प्रोटेज़ोइक पीरियड	प्रारंभजंतुक युग
अर्ली पेलिओज़ोइक पीरियड	पूर्व पुराजंतुक युग
लेटर पेलिओज़ोइक पीरियड	अपर पुराजंतुक युग
मेसोज़ोइक पीरियड	मध्यजंतुक युग
केनोज़ोइक पीरियड	नवीन जंतुक युग
टर्शियरी	तृतीयक
क्वार्टरनरी	तुरीयक
सिफालिक इंडैक्स	कपाल की नाप
डोलिओ सिफालिक	लंबा कपाल
ब्रेकी सिफालिक	पृथु कपाल या नाटा कपाल
प्रोटोआस्ट्रोलॉअड	आदिम निषाद वंशी
प्लैटीर्‌हाइन	पृथुनासिक
लेप्टोर्‌हाइन	तुंग नासिक

इसी प्रकार रिंग स्टोन के लिए चकिया, पोलीक्रोम = बहुरंगी या बन्नीदार, रडिल = गेरू। विंध्य प्रदेश में होनेवाले हैमेटाइट को वहाँ अभी तक धाउ पत्थर कहते हैं जो संस्कृत धातु से बना है। वही

शब्द यहाँ लिया गया है। अंग्रेजी लैटेराइट को तमिल में इटिकाकुल्लु और मेगालिथ को दक्षिण में राक्षसगल्लु कहते हैं। ये शब्द यहाँ स्वीकार किए गए हैं। पत्थर और संगों के नाम भी यथासाध्य वास्तविक प्रचलन से लिए गए हैं, जैसे क्वार्त्स के लिए कोदर्मा की ओर 'बूझा पत्थर' शब्द काम में आता है। स्टीएटाइट को घिया पत्थर, और अलबास्टर को सेलखड़ी कहा गया है। जैस्पर को संग अजूबा या ज्योतिरस कहा जाता है। सैडिल कैर्न के लिए दलैटा (दलने का पाट) शब्द रखा गया है। समग्र ग्रंथ में यथासंभव भारतीय पारिभाषिक शब्दावली का ही उपयोग किया गया है।

अनुवाद करते समय कितनी ही बार मूल ग्रंथों को देखकर यहाँ-वहाँ से संस्कृत और पालि के मूल अवतरण (जो अंग्रेजी अनुवाद रूप में थे) या उनका हिंदी रूपांतर रखा गया है। डॉ. मुकर्जी ने भारतीय इतिहासलेखन में उस शैली पर अधिक बल दिया है जिसमें मूलभूत पारिभाषिक शब्दों को कोष्ठक में रखकर उन-उन संस्थाओं का परिचय दिया जाता है। कला के क्षेत्र में श्री आनंद कुमारस्वामी ने इस शैली का बहुत अधिक परिष्कार किया है और अब तो यह भारतीय भावों की अभिव्यक्ति के लिए सर्वमान्य शैली बन गई है। इससे तत्कालीन संस्थाओं का रूप खड़ा हो जाता है, उदाहरण के लिए, साझेदारी के व्यापार के लिए प्राचीन वाणिज्य में 'संभूय समुत्थान' शब्द का चलन था। हमने उसे स्वीकार किया है। इसी प्रकार श्रेणी, सार्थवाह, जेट्ठक आदि अभिव्यंजक शब्द ग्रंथ में प्रयुक्त हुए हैं। ऐसा प्रयत्न किया गया है कि अनुवाद की भाषा में अंग्रेजी से भी अधिक भारतीय संस्थाओं का चित्र ग्रहण किया जा सके।

'उत्तरी भारत की दशा' शीर्षक अध्याय में मेरे *पाणिनिकालीन भारत* निबंध की भौगोलिक सामग्री की अनेक शोधों को डॉ. मुकर्जी ने मान्यता देकर अपने अंग्रेजी ग्रंथ में स्थान दिया था, जिसके लिए मैं उनका आभारी हूँ। कई पाद-टिप्पणियों में (जैसे पृ. 284, टी. 2) मैंने इस सामग्री का और भी परिवर्धन कर दिया है, जिसके लिए लेखक ने मुझे पूरी स्वतंत्रता दे दी थी।

वासुदेवशरण

अनुक्रम

अवंती; वंस; मगध-बिंबिसार—लगभग 603-515 ई. पू.; उनकी स्त्रियाँ और पुत्र; राजधानी; विजय और राज्य; शासन; धर्म; मृत्यु; अजातशत्रु : लगभग 551-519 ई. पू.; उसकी देश-विजय; धर्म; संघ; साकिय; साकिय नगर और जनसंख्या; उसकी संघ सभा; शिक्षा और संस्कृति; स्त्री भिक्षुणियाँ; बुलि; कालाम; भग्ग; कोलिय; उनके नगर; आरक्षा पुरुष; मोरिया; मल्ल; पावा और कुशिनारा की दो शाखाएँ; संघ सभा और शासन सभा; शिक्षा; कुछ प्रसिद्ध मल्ल; नौ 'मल्लकि'; संघीय संगठन; लिच्छवियों से संबंध; वज्जि संघ; विदेह; मिथिला; विदेह राजकुमारियाँ; ज्ञातक : जैन-धर्म के साथ उनका संबंध; वृद्धों की सभा; लिच्छवि; वैशाली; विधान और शासन; संघ के उत्तम लक्षण (अपरिहानिया धम्म); जातीय चरित्र; बुद्ध और महावीर का प्रभाव; संघीय कार्यपद्धति; संघ के अधिवेशन; बैठने का प्रबंध; संघपूर्ति की उपस्थिति; अध्यक्ष; संघपूरक संख्या; कार्यपद्धति की नियम परायणता; गणपूरक; कार्य के नियम; मौन रूपी सम्मति; अधिकर्म; उदाहरण; वादविवाद; सम्मत होने की युक्तियाँ; उद्‌वाहिका सभा; प्रतिनिधि चुनने का सिद्धांत; निर्णीत विषय संबंधी बाधकता; विशेषज्ञों की उपस्थिति में निर्णय; बहुमत; मतदान अधिकारी; मतदान; बहुमत सदा ग्राह्य न था; अवैध मतदान; सारांश; सभा का लेखक था पुस्तपाल; समग्र संघ मत प्रकाशन (रेफरेंडम); धार्मिक आंदोलन (श्रमण भिक्षुओं का उदय); वैदिक संस्कृति से संन्यास-धर्म की उत्पत्ति; ब्राह्मण-धर्म की समाज-व्यवस्था में उसका स्थान; तपस्वियों का ज्ञाननिरत जीवन; बौद्धों से इतर भिक्षु-संप्रदाय; छह प्रधान आचार्य; बौद्ध-ग्रंथों में वर्णित अन्य आचार्य; सब संप्रदाओं के आचार्यों की लोकव्यापी प्रतिष्ठा; ब्राह्मण-भिक्षु-संप्रदायों में आस्तिकता-विरोधी बातें; जैन-धर्म का उदय (पार्श्व का जीवन); पार्श्व और महावीर के संबंध; महावीर का काल; उनका जन्मस्थान; उनकी माता; उनके भिन्न नाम; जन्म-महोत्सव; उनका परिवार; उनका भिक्षु-जीवन; उनका विहार; क्लेश-सहन; धर्मप्रचार; गोशाल से संबंध; प्रतिपक्षी संप्रदायों से वादविवाद; उनके राजकीय अनुयायी; संघों से सहायता; उनके प्रमुख शिष्य; उनकी जीवन संबंधी कुछ तिथियाँ; जैनधर्म की साधना पद्धति; महावीर के बाद जैन-धर्म, संघभेद; मगध से बाहर उसके केंद्र (उज्जैन और मथुरा); वलभी की सभा; बौद्धधर्म का उदय (शाक्य); बुद्ध के माता-पिता; जन्म और आरंभिक जीवन; भोग समृद्धि; पुत्रजन्म और अभिनिष्क्रमण; उनके पहले गुरु (राजगृह के आलार और उद्रक); तप; ध्यान की क्रमिक अवस्थाएँ; सुजाता और सोत्थिय; प्रथम शिष्य; प्रथम उपदेश; पहला संघ; भद्रवर्गीय; एक हजार जटिल; वेलुवन; संजय का संप्रदाय (सारिपुत्र और मोग्गलान); कपिलवस्तु में राहुल और नंद; भद्रिक, अनुरुद्ध, आनंद, उपालि और देवदत्त की अनुप्रिय में दीक्षा; सुदत्त; अनाथपिंडिक (उनके द्वारा श्रावस्ती में जेतवन का दान); विशाखा और उसके द्वारा पूर्वाराम का दान; भिक्षुणी-संघ; प्रसिद्ध भिक्षुणियाँ; बौद्धेतर स्त्री परिव्राजिकाएँ; वैशाली का विहार; चमत्कारों की निंदा; भर्ग जनपद के राजकुमार बोधि; कौशांबी में वत्सराज का दान (घोषिताराम पारिलेय्यकवन); बेरंजा में अकाल; रोगी भिक्षु की परिचर्या; अंगुलिमाल; आनंद; श्रावस्ती; देवदत्त; अजातशत्रु; जीवक; अंतिम समय और बीमारी; पावा के कुसिनारा; अंतिम शब्द; अंतिम दृश्य; बुद्ध के वास्तविक अवशेष; सांख्य, जैन, योग आदि प्राक्कालीन दर्शनों का बौद्ध-धर्म पर ऋण; संस्कृत और पालि ग्रंथों में श्रमण; ब्राह्मण-धर्म का कम प्रचार होने से प्राच्य भारत में बौद्ध-धर्म की वृद्धि; बुद्ध का मानवरूप; जीवनचर्या; आरंभिक निर्बलताएँ; भिक्षु का भोजन; एकांतवास का भय; नित्य की दिनचर्या; भिक्षु, जिसके सामने राजा सिर झुकाते थे; अतिमानवी विनय; फल-कथन से घृणा; शिष्यों की अपेक्षा सत्य के लिए अधिक चिंतन; शिष्यों द्वारा प्रशंसा के प्रति असहिष्णु; निंदा से अविचल; परिषदों में उनका प्रभाव; वादविवाद में श्रेष्ठता; मृत्यु के समय बड़प्पन; अंतिम शब्द; एक तुल्यकालीन सम्मति; अजातशत्रु

हिंदू सभ्यता

1. विषयप्रवेश

इतिहास का विषय : इतिहास किसी देश अथवा मनुष्यों के भूतकाल का वर्णन करता है, वर्तमान अथवा भविष्य का नहीं। जो हो चुका है वह इतिहास का विषय है; जो अब है या आगे होना चाहिए वह इतिहास का विषय नहीं। इतिहास बीती हुई सच्ची घटनाओं का ब्यौरा देता है, समाज के लिए क्या आदर्श है, इसका संबंध इतिहास से न होकर नीतिशास्त्र, काव्य, साहित्य और कला से है। लेकिन गए-बीते भूतकाल का ब्यौरा होने पर भी इतिहास का महत्त्व और उसकी शिक्षा वर्तमान काल की समस्याओं या भविष्य की गतिविधि के लिए किसी तरह कम नहीं है। अर्थशास्त्र और राजनीति-शास्त्र जैसे सामाजिक अध्ययन के विषय इतिहास के स्वीकृत तत्त्वों के आधार पर टिके रहते हैं। राजनीति-शास्त्र के विषय में तो यहाँ तक कहा गया है कि वह उस वृक्ष का फल है, इतिहास जिसका मूल है। सब तरह का सामाजिक, आर्थिक या राजनीतिक सुधार भूतकाल के साथ एकदम तिनका तोड़कर नहीं हो सकता। सुधार कम-से-कम विरोध के मार्ग से होना चाहिए, जिसका मेल राष्ट्रीय परंपरा और लोगों के स्वभाव के साथ हो, जिसकी साक्षी इतिहास में पाई जाती हो, अन्यथा वह सुधार कभी धरती के साथ बद्धमूल न होगा, और आकाश-बेल की तरह हवा में झूलता रहेगा।

विस्तार और पद्धति : इतिहास का जो लक्षण ऊपर बताया गया है उसी से उसके अध्ययन की उचित पद्धति का निर्णय होता है, क्योंकि इतिहास में भूतकाल की घटनाओं का उल्लेख और अनुस्मरण रहता है, उसकी टिपाई सच्ची होनी चाहिए, जैसे शीशे या छायाचित्र में प्रतिबिंबित वस्तु की रूपरेखा आँख के सामने हूबहू खड़ी हो जाती है। अतीत के इतिवृत्त और घटनाओं के बारे में इतिहासज्ञ को चाहिए कि पहले उसकी सही छानबीन करे और फिर उन्हें स्वयं अपनी कहानी कहने दे। इसका अर्थ यह है कि इतिहास अपनी ही सामग्री से पूरी तरह मर्यादित रहता है। प्रमाण-सामग्री में घटा-बढ़ी या मनमाना सुधार करना इतिहासज्ञ के लिए संभव नहीं। एक रसायन-शास्त्र का विद्वान अपनी वैज्ञानिक सूझ या आविष्कारक बुद्धि से जिस सत्य को अपने मन में धारण कर लेता है, उसके लिए

वह प्रमाण-संग्रह और वस्तु-सिद्धि के लिए यथेष्ट प्रयोग या हाथों से काम करके सामग्री प्राप्त कर सकता है। लेकिन इतिहास का विद्वान् अपने मसाले के साथ उस तरह नहीं बरत सकता। जैसा इतिवृत्त उसे मिलता है, उसे स्वीकार करना पड़ेगा। घटनाओं को वह गढ़ नहीं सकता। भूतकाल के वृत्तांत उसकी रचना-शक्ति से बाहर और स्वतंत्र हैं। दार्शनिक की तरह वह अपने ध्यान से विचारों का जाल नहीं बुन सकता और न कवि या कलाकार की तरह उस ज्योति की सोत्साह कल्पना कर सकता है जो जल या थल में त्रिकाल में अहोत थी। इतिहासज्ञ घटनाओं के साथ सत्यपरायण रहता है, चाहे वे घटनाएँ कैसी ही अधूरी हों, उनकी जड़ें कम पक्की हों, उनकी अर्हता कम हो अथवा उनकी प्रतिक्रिया, प्रभाव या फल कैसे भी हों। इतिहास कभी हुक्मी नहों बन सकता। इतिहास की सामग्री नियंत्रण से बाहर की वस्तु है। वह तो जैसे किसी साँचे में जकड़बंद या ठप्प बनकर रह जाती है। जैसी सामग्री मिलती है, इतिहासज्ञ निष्पक्ष भाव से या बिना लगाव के उसकी जाँच करता है।

आधार-ग्रंथ या प्रमाण-सामग्री में कभी-कभी घटनाओं का भिन्न ब्यौरा मिलता है और इतिहासज्ञ के लिए अतीत की घटनाओं का पता लगाना मुश्किल हो जाता है। जहाँ ऐसा हो वहाँ इतिहासज्ञ को चाहिए कि वह वैज्ञानिक की तत्त्वालोचक बुद्धि से सामग्री की समीक्षा करे, अथवा न्यायाधीश की उस विज्ञ बुद्धि और निष्पक्ष भाव से काम ले, जिनकी सहायता से वह परस्पर-विरोधी और एक दूसरे की काट करने वाली साक्षी और वृत्तांत के गहन जाल में से सचाई को खोज निकालता है। भूतकाल के संबंध में इतिहासज्ञ की सम्मति और निष्कर्षों पर व्यक्तिगत पक्षपात और पूर्वकल्पित मतों का प्रभाव नहीं पड़ना चाहिए। प्रमाणों की साक्षी से जो परिणाम निकले उसी को अपरिहार्य जानकर स्वीकार करना चाहिए, और घटनाओं के आधार से भूतकाल का जो रूप खड़ा हो, उसे सिर-माथे पर रखना चाहिए। वह चित्र उसकी रुचि के अनुकूल हो या न हो, उसे अच्छा लगे या बुरा, उसके जातीय गर्व को उससे संतोष मिले या ठेस लगे, हर हालत में वह जैसा है वैसा ही उसे लिखना चाहिए। चित्र के साथ छेड़-छाड़ करना उसके लिए उचित नहीं। यह भी आवश्यक है कि वह चित्र को सही वसली या जड़ाव के साथ रखे। वर्तमान जीवन के ठाट से भूतकाल की घटनाओं की व्याख्या करना, या पहले के ग्रंथों में आजकल के विचारों को पढ़ना उचित नहीं।

इस प्रकार आदर्श इतिहासज्ञ वह है जिसके पास अपने अध्येय विषय के तथ्य और घटनाओं को जाँचने की वैज्ञानिक-जैसी योग्यता है, जिसके पास अतीत को यथावत् प्रतिबिंबित और पुनः प्रस्तुत करने के लिए दर्पण-जैसी यांत्रिक सचाई और अविकलता है, जिसके पास सामग्री को छानने और पूछताछ करने के लिए वकील-जैसी तर्क-बुद्धि है, जिसके पास विचित्र विरोधी वर्णनों के भीतर से सत्य

मोहेंनजोदड़ों में बैठक का कमरा (लगभग 3250-2750 ई. पू.)

तक पहुँचने का न्यायाधीश-जैसा पक्षपातहीन न्याययुक्त भाव है, और अंत में जिसके पास वह सूझ और पैनी आँख है, जिससे नई प्रमाण-सामग्री का दर्शन होता है और नए-नए अनधिकृत क्षेत्रों तक पहुँचा जा सकता है।[1]

मर्यादाएँ: इस प्रकार इतिहास उन घटनाओं से एवं उन घटनाओं तक मर्यादित है, जिनके विषय में हम जान पाते हैं; लेकिन भूतकाल की घटनाओं का ज्ञान हमें सदा नहीं हो पाता। उनमें से बहुत-सी विस्मृति के गर्भ में खो जाती हैं। भूतकाल का कितना ही अंश मर चुका है और विलीन हो गया है। उनका ब्यौरेवार लेखा रखने से ही उसकी रक्षा हो सकती थी। जहाँ भूतकाल की घटनाओं और वृत्तांतों का कोई लेखा नहीं बचा, वहाँ इतिहास-निर्माण की कोई संभावना नहीं हो

1. बेनीदितो क्रोचे ने अपने ढंग से इतिहासज्ञ की आवश्यकताओं का इस प्रकार उल्लेख किया है। उसके मत से इतिहासज्ञ वह है जिसके पास अपना दृष्टिकोण है, और "जिन घटनाओं के वर्णन का वह बीड़ा उठाता है, उनके संबंध में स्वात्मा में अनुभूत एक दृढ़ मत या भाव है। ठूँठ घटनाओं के गड़बड़झाले में से किसी भी कलात्मक इतिहास की रचना नहीं हो सकती, यदि लेखक के पास अपना दृष्टिकोण नहीं है, जिसकी सहायता से वह ऐतिहासिक घटनाओं के खड़-पत्थरों और संदर्भरहित सामग्री के पिंड से सुघड़ मूर्ति की रचना कर सके। यदि कोई लेखक इतिहासज्ञ के सच्चे गुणों से युक्त है और अपने कार्य के विषय में जानकार है, तो आप उसकी लिखी इतिहास की कोई पुस्तक उठाकर पढ़ लें, तुरंत ही उसके दृष्टिकोण का पता लग जाएगा। उदार और प्रतिक्रियावादी, बुद्धिपूर्वक घटनाओं की जाँच करने वाले (बुद्धिवादी), अथवा प्रमाणवादी (सनातन-धर्म की दृष्टि सेशास्त्र-प्रमाण के अनुसार रचना करने वाले), सभी तरह के इतिहासज्ञ हुए हैं जिन्होंने राजनीतिक या सामाजिक इतिहास की रचना की है...। 'बावन तोले पाव रत्ती' ऐतिहासिक घटना के ही लिखने वाले इतिहास-लेखक न हुए हैं और न हो सकते हैं। क्या यह कोई कह सकता है कि थ्यूसीडाइडीस और पोलिबियस, लिवी और टेसीटस, मेकियावली और गुइचयारदिनी, ज़ियानन और वाल्तेर—इनके पास कोई अपना नैतिक और राजनीतिक दृष्टिकोण न था? हमारे अपने समय में भी गीजो और थियर, मकाले और बल्बो, रेड्के और यॉमसेन—क्या ये बिना दृष्टिकोण के थे? यदि कोई इतिहास-लेखक किसी एक पक्ष का समर्थक बन जाने की अनिवार्य आवश्यकता से बचना चाहे तो वह अवश्यमेव राजनीतिक और वैज्ञानिक—दोनों क्षेत्रों में पुंसत्वहीन बृहन्नला ही बन जाएगा; और इतिहास-लेखक-जैसा गुरुतर कार्य बृहन्नलाओं के वश की बात नहीं है। उन इतिहास लेखकों का मत विश्वास कीजिए जो यह दावा करें कि वे केवल घटनाओं की ही पूछ-गछ करके उन्हें यथार्थ रूप में रखना चाहते हैं और अपनी ओर से कुछ जोड़ने के लिए उनके पास कुछ नहीं है। उनका ऐसा मानना या तो भोंदूपन है या बुद्धि का भ्रम। अगर वे सच्चे इतिहासज्ञ हैं तो अवश्य ही, चाहे अनजान में ही सही, उस घटना पर अपना रंग चढ़ा देंगे। अथवा यदि वे सीधे स्वभाव यह समझते भी रहें कि उन्होंने ऐसा नहीं किया है तो भी संकेत और ध्वनि से उस वर्णन पर वे अपना रंग चढ़ाए बिना नहीं रह सकते। वह तो रंगत देने की और भी अधिक पैनी एवं मार्के की शैली है।" और यह स्वानुभवजनित दृष्टिकोण, जिसकी मानवीय घटनाओं के वर्णन के लिए नितांत आवश्यकता है, "उन गुणों के साथ भी बेमेल नहीं है जिनकी आवश्यकता मानवीय घटनाओं और ऐतिहासिक सामग्री के साथ व्यवहार करने वाले प्रत्येक लेखक को पड़ती है। उदाहरण के लिए वे गुण ये हैं—वास्तविकता को आधार बनाना, पक्षपात से शून्य होना और हृदय में सरल या निष्कपट भाव रखकर सामग्री का उपयोग करना।" (ईस्थिटिक, पृ. 220—23, ऐन्सली-कृत अनुवाद)

सकती। इतिहास का आरंभ अतीत काल के इतिहास से होता है। ज्ञात घटनाओं की मर्यादा के अतिरिक्त इतिहास की यह भी मर्यादा है कि उन घटनाओं के स्रोत क्या हैं। अतएव इतिहासज्ञ का पहला कर्त्तव्य अपनी सामग्री के स्रोतों की छानबीन करना है। उसका दूसरा कर्त्तव्य उन स्रोतों से तथ्यों का दोहन है।

विवेचन : इस प्रकार जो घटनाएँ ज्ञात होंगी, उनका विवेचन किस प्रकार किया जाए, यह घटनाओं के स्वरूप पर निर्भर है। एक तो तिथि-क्रम के अनुसार युगों के क्रम से घटनाओं का वर्णन किया जा सकता है। एक मत यह है कि इतिहास वस्तुतः काल-क्रम वर्णन तक ही सीमित है और सुदूर या धुँधले अतीत की जिन घटनाओं या वृत्तांतों के लिए निश्चित सम्वत् का पता नहीं, उनको इतिहास में स्थान न मिलना चाहिए। इस परिमित दृष्टिकोण से इतिहास केवल राजनीतिक इतिहास बन जाता है, जिसमें उन निश्चित स्थूल घटनाओं और प्रवृत्तियों का वर्णन रहता है, जिनका संबंध किसी देश की राजवंशावली से हो। लेकिन घटनाओं के पौर्वापर्य पर हम काल-क्रम के अतिरिक्त विचारों के विकास की दृष्टि से भी चिंतन कर सकते हैं। घटनाओं को इस प्रकार से सजाया जा सकता है कि उनसे उन्नति का क्रम सूचित हो अर्थात् अपने आरंभिक काल से लेकर आनुक्रमिक अवस्थाओं में से गुज़रती हुई वे व्यवस्थित विकास की प्रक्रिया का अंग जान पड़ें, अथवा घटनाओं को विचारों के पौर्वापर्य-क्रम और संबंधों के अनुसार हेतु और युक्ति से सजाकर रखा जा सकता है। यदि हम इन दोनों उपायों को काम में लाएँ—अर्थात् कालक्रम के अनुसार घटनाओं को सजाना और दार्शनिक युक्ति से उन पर विचार करके उन्हें प्रस्तुत करना—तब इतिहास का क्षेत्र बहुत व्यापक बनाया जा सकता है। उस दिशा में इतिहास अपरिवर्तनीय तिथि-क्रम के बंधन में जकड़ा हुआ राजनीतिक इतिहास मात्र न रहेगा, बल्कि उसमें और भी बहुत-सी अति रोचक महत्त्वपूर्ण सामग्री को स्थान मिल सकेगा, उसमें सामाजिक इतिहास, संस्थाओं का इतिहास, संस्कृति और सभ्यता का इतिहास भी समाविष्ट हो सकेगा जो कि जनता के राष्ट्रीय इतिहास की दृष्टि से अधिक महत्त्व और स्थायी मूल्य रखते हैं। शुद्ध राजनीतिक या तिथि-क्रम के रूप में सजाए हुए इतिहास का, जो विशेष रूप से तारीखी घटनाओं के वर्णन तक ही सीमित हो, उसका कभी उतना अधिक महत्त्व नहीं हो सकता क्योंकि जन-इतिहास की तुलना में उसका स्वल्प और नगण्य स्थान है। जन-इतिहास का संबंध शासक, राज्य-प्रणाली और शासन-विधि से उतना नहीं होता जितना संस्कृति और सभ्यता के विकास से एवं उन रचनात्मक शक्तियों, साधनों और आंदोलनों से होता है, जो उस विकास को रूप देती हैं। यह स्पष्ट है कि इस प्रकार के सांस्कृतिक इतिहास के लिए, जिसका संबंध मनुष्यों के विचारों, आदर्शों, संस्थाओं, आचार-व्यवहार और विश्वासों से है, खाली तारीखी घटनाओं से काम नहीं चल सकता। केवल राजनीतिक इतिहास में तो कहीं-कहीं ही इस सामग्री का प्रयोग

किया जाता है। सभ्यता के इतिहास के लिए एवं कर्म और विचारों के विभिन्न क्षेत्रों में युग-युगव्यापी राष्ट्रीय विकास व इतिहास के लिए घटनाओं को सामूहिक दृष्टि से देखना होगा। उसके सामान्य और व्यापक संबंध और परिणामों पर, उनकी प्रवृत्तियों पर, जिनसे उस विकास की विभिन्न अवस्थाओं और प्रतिक्रियाओं का पता लगता है, विचार करना होगा।

भारतीय इतिहास में इसका उपयोग: तिथिक्रम पर आश्रित भारतीय इतिहास लगभग 600 ई. पू. से आरंभ होता है, जो कि धार्मिक विचारों के अग्रणी नेता गौतम बुद्ध का युग था। भारतीय इतिहास में वही पहली तिथि है, जो कुछ-कुछ पक्की समझी जा सकती है। लेकिन बौद्ध-धर्म का उदय ही तो भारत के इतिहास की पहली घटना नहीं थी। उससे पहले अतीतकालीन इतिहास और विकास का एक लंबा युग बीत चुका था, जिससे बौद्ध-धर्म की उपज हुई। उस पूर्व इतिहास के पेटे में जो घटनाएँ और आंदोलन हुए उनके लिए तिथि निकालना संभव नहीं। उस सुदूर अतीत के इतिहास का पुनर्निर्माण करते समय तिथिक्रम पर आश्रित पद्धति जवाब दे देती है। उसके लिए हमें किसी दूसरे उपाय का आश्रय लेना पड़ेगा जो उस संबंध में उपयोगी हो सके। प्रागूबुद्धकालीन भारतीय इतिहास में सन्-संवत् की सामग्री नहीं है, किंतु उसमें दूसरे प्रकार की सामग्री बहुत अधिक है। राजाओं के कालक्रम पर आश्रित घटनाओं से सजने वाले राजनीतिक इतिहास की रचना उस सामग्री से नहीं हो सकती, पर सभ्यता का इतिहास उससे लिखा जा सकता है जिसमें विचार और आचार की व्यापक प्रगति, संस्थाओं का विकास, समाज-व्यवस्था, आर्थिक जीवन, साहित्य और धर्म की युगानुसार उन्नति का अध्ययन हो।

इतिहास के साधन: सांस्कृतिक अथवा तिथिक्रम पर आश्रित इतिहास उपलब्ध साधनों से सीमित रहता है। मानवीय जीवन की बीती हुई कहानी के साधन, सामग्री और प्रमाण, लेख-रूप में और भौतिक अवशेषों के रूप में होते हैं। उनका स्वरूप साहित्यिक होता है अथवा शिल्पगत या स्मारक-चिह्नों के रूप में। इतिहास के विकास के साधनों का भी विकास होता है। मानवीय जीवन की प्राचीन प्रमाण-सामग्री लिखित पट्टों या ग्रंथों के रूप में नहीं मिलती, क्योंकि लेखन-कला, शिक्षा या साहित्य तब आते हैं जब सभ्यता काफी आगे बढ़ लेती है। अनेक विद्वान समझते हैं कि भारतवर्ष में 800 ई. पू. से पहले लेखन-कला ज्ञात न थी, किंतु यह मत सबको मान्य नहीं है। पर इतना निःसंदेह है कि भारत में लिपि से बहुत पहले साहित्य बन चुका था और गुरु-शिष्य की पीढ़ी-दर-पीढ़ी मौखिक परंपरा के द्वारा उसकी रक्षा होती रही और क्रम चालू रहा। शिक्षा की भारतीय प्रणाली में ग्रंथ सुन-सुनकर आगे बढ़ाए गए, जिसे यहाँ की परिभाषा में श्रुति कहा गया है। इस प्रकार जो ज्ञान था वह स्मृति या कंठ में संचित रहा। उस समय के विद्वान्

चलते-फिरते (चरक) ग्रंथालय थे। मौखिक ज्ञान और शिक्षा की प्रणाली को प्राचीन भारतवासी उसके आंतरिक गुणों के कारण और सक्षम शिक्षा-विधि के कारण बहुत अधिक महत्त्व देते थे। लिपि के चल जाने के बाद भी बहुत दिनों तक शिक्षा की मौखिक प्रणाली चालू रही। कुछ मूलभूत धार्मिक ग्रंथ, विशेषतः वेद आदि, मनन के लिए हृदय में धारण कर लिए जाते हैं, और आज दिन तक धार्मिक जन उनकी रक्षा के लिए लेख या पुस्तकों-जैसे बाह्य साधनों का आश्रय नहीं लेते। यह मानते हुए भी कि भारत में साहित्य लिपि से पहले बना और चिरकाल तक कंठ-परंपरा से जीवित रहा उसे ही भारत के इतिहास की प्राचीनतम प्रमाण-सामग्री नहीं कहा जा सकता। जिसे प्राग्-ऐतिहासिक युग कहा जाता है, उसमें भारतवासी मानव के प्रारंभिक जीवन के बचे हुए कुछ भौतिक अवशेष और चिह्नों में वह प्राचीनतम प्रमाण-सामग्री उपलब्ध होती है। उन पूर्व दिनों में प्रयुक्त औजार, हथियार, बस्ती और घर वे साधन हैं। पीछे जब संस्कृति और सभ्यता बढ़ी, मानवीय जीवन की साक्ष्य सामग्री भी बहुल और विविध होने लगी, यहाँ तक कि ऐतिहासिक युगों में भी इतिहास के साधन न केवल साहित्य, लोकवार्ता और अनुश्रुति के रूप में मिलते हैं, कई प्रकार के भौतिक अवशेषों के रूप में भी, जैसे वास्तु, शिल्प, चित्र, शिलालेख, ताम्रपट्ट और सिक्के, जिनसे कि उनके चिह्नों के आहत रूप, विरुद-लेख, तौल, मान, बनावट और धातु के द्वारा इतिहास-संबंधी सूचनाएँ मिलती हैं। इस प्रकार साहित्य, अभिलेख, मुद्रा, कला, शिल्प और स्मारक इन सब प्रमाणों से यथा-प्राप्त सामग्री के आधार पर इतिहास की रचना करना आवश्यक है। कभी तो ये साधन बहुत छिटके हुए, परदेश और दूर के स्थानों में भी मिल सकते हैं। जिन देशों के साथ भारत का लेन-देन रहा है, उनका इतिहास भी हमारे अपने इतिहास पर प्रकाश डाल सकता है। भारतीय इतिहास के कुछ प्रमाण यूनानी और रूसी लेखकों के ग्रंथों में पाए जाते हैं। मैसोपोटामिया से प्राप्त एक अभिलेख ऋग्वेद की, जो भारत और संभवतः संसार का सर्वप्रथम साहित्यिक ग्रंथ है, प्राचीनता पर प्रकाश डालता है। पूर्व भारतीय द्वीप-समूह के अंतर्गत जावा, सुमात्रा, बाली आदि द्वीपों में अथवा स्याम, कंबोज प्रभृति देशों में, जिन्हें अब सुविधा के लिए हिंदेशिया के नाम से पुकारते हैं, अनेक पुराने स्मारक-चिह्न विद्यमान हैं, जिनका निर्माण भारतीय संस्कृति और कला-कौशल के कारण हुआ और जो भारतीय दिग्विस्तार अथवा अपनी सीमाओं से परे, बृहत्तर भारत की स्फीति पर प्रकाश डालते हैं।

2. प्रागैतिहासिक भारत

भूगर्भ रचना : प्रागैतिहासिक भारत की समीक्षा प्राकृतिक और मानवीय दोनों दृष्टियों से करना आवश्यक है। भारत का भौगोलिक रूप, जैसा हम मानचित्र में देखते हैं, एक दिन में नहीं बना। वह भूगर्भीय विकास या भूरचना के लंबे क्रम का परिणाम है। आरंभ में पृथ्वी सूर्य की तरह जलती हुई चंचल पिंड थी। न तो उसमें भारत आदि पृथक् देश ही थे और न जीवन या जीवित रूप का ही चिह्न था। भूगर्भ-शास्त्री पृथ्वी की आयु के चार प्रधान युग मानते हैं जिनमें से हरएक जीवन-विकास के अनुसार कई छोटे-छोटे भागों में बँटा हुआ है। ये युग इस प्रकार हैं–

(1) अजंतुक : जब पृथ्वी पर किसी प्रकार का जीवन न था, (2) पुराजंतुक : मेरुदंडहीन प्राणियों के रूप में जीवन के चिह्न पहले-पहल दिखाई पड़े। आरंभ में सामुद्रिक घास और सिवार, स्पंज और लिब-लिब मछली, बाद में मत्स्य, सरीसृप, पक्षी एवं बड़े-बड़े पेड़ और जंगल, जिनसे धरती में कोयले और अंगारों की पट्टियाँ बन गईं, (3) मध्यजंतुक, और (4) नवीन जंतुक (हाल में उत्पन्न जीवन) : जिस युग में विविध प्रकार के स्तनपायी जंतु विकसित हुए, जिनमें से मनुष्य भी संवर्द्धित हुआ।

जब धरती का ऊपरी छिलका ठंडा पड़ा और जमकर कड़ा हो गया, उस समय जीवन का विकास हुआ। भूकंप, ज्वालामुखी-उद्गार, हवा और पानी के परिवर्तनों के कारण पृथ्वी अपने वर्तमान रूप को प्राप्त हुई है और इसी तरह भारत की भी रचना खंड-खंड करके कई बार में हुई है। उसके कुछ हिस्से बहुत पुराने हैं जो धरती की सबसे पहली पपड़ी के अंश कहे जा सकते हैं। ध्रुव उत्तर से दक्खिन तक फैली हुई उसकी रीढ़ या चट्टानी नींव इतनी पुरानी है जितनी कि यह सृष्टि। भारतीय प्रायद्वीप का जो हिस्सा दक्खिनी पठार या दक्षिणा-पथ कहलाता है, वह इसी जरठ भूगर्भ की एक चिप्पड़ है और उसकी तुलना में उत्तरी भारत के मैदान तो बिलकुल हाल के ही हैं। दक्खिनी पठार का भू-भाग एक दूसरे महाद्वीप का अंग था, जिसे भू-शास्त्री 'गोंडवाना' के नाम से पुकारते हैं। इसका विस्तार दक्षिणी अफ्रीका से लेकर आस्ट्रेलिया होता हुआ दक्षिणी अमेरिका तक फैला हुआ था, जैसा

कि इस सारे क्षेत्र में फैले हुए पशु और वनस्पति-संबंधी जीवाश्म या पथराए हुए अवशेषों की पहचान से ज्ञात होता है ।

गोंडवाना के पूर्वी भाग को पश्चिमी भाग से अलग करने वाला जल-विभाजक पश्चिमी घाट या सह्याद्रि पर्वत-माला थी, इसीलिए तो हम देखते हैं कि दक्खिनी पठार की वे नदियाँ, जिनके उद्गम-स्थान अरब सागर या रत्नाकर के बिलकुल समीप हैं, सामने की दिशा में बहती हुई बंगाल की खाड़ी या महोदधि से जा मिलती हैं । उत्तर में एक अति विस्तृत यूरेशियाई महार्णव, जिसे टेथिस या पाथोधि के नाम से पुकारते हैं, उस सारे भू-खंड पर छाया हुआ था जो मध्य यूरोप से लेकर लघु एशिया, उत्तरी भारत और बर्मा तक फैला हुआ था। भारत में केवल अरावली या अर्बुदाचल पर्वत-श्रृंखला ऊँचा सिर उठाए हुए इस समुद्र को देख रही थी । इस समुद्र में छुट्टा आने-जाने के जो मार्ग थे, उन्हीं के कारण चीन, मध्य हिमालय और बर्मा-जैसे विलग प्रदेशों से प्राप्त जीवाश्म-चिह्नों में परस्पर समानता पाई जाती है । बहुत अरसे बाद पहाड़ों का तक्षण करने वाले धक्कों का पहला अनुभव हुआ । पाथोधि समुद्र (टेथिस) पश्चिम की ओर हटा और उसकी तलहटी उभर आई और उसके दोनों किनारों की भूमि एक-दूसरे से मिल गई । उन किनारों के बीच में जो मुलायम समुद्री धरती थी, उसमें सिकुड़नों के पड़ने और कुचलने से भारत के हिमालय [1], ईरान के पहाड़, कार्पेथिया के पर्वत और आल्पस् पर्वतों का निर्माण हुआ । इनमें सबसे बड़ा हड़कंप वह था, जिसमें एशिया की भूमि दक्खिन की ओर टली और पाथोधि समुद्र की तलहटी को नीचे ठेलने लगी, जिसके कारण दक्षिणी पठार, जो भारत का दृढ़ भाग था, धक्के की चोट से कुछ टूट गया और सिकुड़न डालने का कारण बना । इन चुन्नटों के अवशेष भू-विद्या के पंडितों ने हिमालय के निचले भाग में ढूँढ़ निकाले हैं जिनमें महा-हिभवंत की ऊँची चोटियाँ और शिमला के इर्द-गिर्द की पहाड़ियाँ शामिल हैं । इसी से संबंधित जो सिकुड़नें सामुद्रिक तलहटी में पड़ गईं, उनके चिह्न देहरादून-शिमला-स्फीत-क्षेत्र के उत्तरी भाग में पाए जाते हैं । इसी समय हिमालय और दक्खिनी पठार की भूमि नीचे धँस गई । उत्तर के पहाड़ों से आने वाली नदियाँ

---

1. मानवीय इतिहास के लिए हिमालय का महत्त्व कथन से बाहर है । मनुष्य का विकास स्वयं इसी भारी प्रवाह वाली भूगर्भ-रचना के कारण हुआ । बैरल ने सबसे पहले यह सुझाव दिया था कि मध्य उषाकालीन युग के लगभग अंत में दस लाख वर्ष पहले मानव और हिमालय एकसाथ ही अस्तित्व में आए । सर आर्थर स्मिथ वुडवर्ड के मतानुसार, "जब धरती ऊपर उठी, तापमान घट गया, और कुछ वानर-जातीय जंतु जो पहले गरम जंगलों में बसते थे, उठी हुई धरती के उत्तर की ओर घिर गए ।" "जब जंगल हटे और उनकी जगह खुले मैदानों ने ली, मनुष्य के पूर्वजों को भूमि पर रहने के लिए बाधित होना पड़ा । यदि ये पेड़ों पर ही रहते या वानरों की तरह भूमि और वृक्षों पर मिले-जुले रहते, तो कभी भी मनुष्यों का विकास न होता ।" (टामसन और गैडीज, 'आउटलाइन्स आफ जनरल बायोलोजी', भाग 2, पृ. 1164) ।

अपने साथ जो मिट्टी-बालू बहाकर लाती रहीं, उससे बहुत पीछे यह गड्ढा धीरे-धीरे भरा गया और उत्तरी भारत के मैदान बने।

इस तरह जब भारतवर्ष का भौगोलिक रूप और ढाँचा बन चुका था, उसके अरसे बाद भारत-भूमि पर मानव की उत्पत्ति हुई, जिसने इतिहास का सूत्रपात किया। देश में मानवीय अवतार के अनुकूल परिस्थितियों को बनाने वाले प्राकृतिक इतिहास का चक्र जब पूरा हो चुका, उसके बहुत दिन पीछे मनुष्यों का इतिहास शुरू हुआ।

प्रागैतिहासिक संस्कृतियाँ : पाषाण युग : अपनी आरंभिक आवश्यकताओं की पूर्ति के लिए मनुष्य जिन उपकरणों का प्रयोग करता है, उन्हीं के अनुसार उसके प्रथम इतिहास के युग-विभाग किए जाते हैं। ये उपकरण विशेष रूप से उसके औजार, हथियार, बर्तन-भाँडे और उनके शव-स्थानों के रूप में मिलते हैं। शुरू-शुरू में पत्थर के औज़ार बनाए गए, जो बड़े खंड में से टाँचे हुए और शक्ल में अनगढ़ होते थे। जो जानवर अब उच्छिन्न हो गए हैं उनकी पथराई हुई ठठरी या हड्डियों के साथ प्रायः वे पाए गए हैं, इसलिए सभ्यता के सबसे पहले युग को प्राचीन-पाषाण या पूर्व-प्रस्तर-युग कहते हैं। उसके बाद नया पाषाण या नव-प्रस्तर-युग आया, जिससे सुधरे हुए पत्थर के औज़ार बनाए गए जो तराश कर, घिसकर और चिकना करके तष्ट-घृष्ट-मृष्ट रूप में बनाए जाते थे। इनके साथ प्रायः उन पशुओं के ढाँचे मिले हैं, जो अभी तक लुप्त नहीं हुए। इस युग में मिट्टी के बर्तन भी पहले हाथ से और पीछे चाक पर बनाए जाने लगे, एवं भारी शिला-खंड या पटियाओं (स्थाणुओं) को आड़ा खड़ा रखकर बनाई हुई समाधि में शवों को भू-निखात करने की प्रथा के द्वारा मृत-आत्माओं का सम्मान करने का भाव भी इस युग में उत्पन्न हुआ। इससे स्पष्ट है कि पूर्व और नूतन प्रस्तर-युगों मे समय और संस्कृति का भारी व्यवधान था। इसके बाद की विकास की अवस्थाएँ शीघ्रता से एवं अलक्षित भेदों के साथ घटित हुईं, जिनमें ताम्र, काँस्य और लोहे का प्रयोग मुख्य विशेषता थी।

भारतवर्ष में अन्य देशों की भाँति विकास-क्रम की ये सब अवस्थाएँ बीती हैं। केवल काँस्य-युग के स्थान पर (कुछ प्रदेशों को छोड़कर) ताम्र-युग से मिलती संस्कृति यहाँ हुई।

पूर्व-प्रस्तर-युग के अवशेष भारत में कम ही हैं। मुख्यत : दक्षिणी पठार एवं द्रविड़ देश में, जो भू-गर्भ की दृष्टि से भारत के प्राचीनतम भाग हैं, उस काल के अवशेष पाए जाते हैं। वे अवशेष 25^0 अक्षांश के दक्षिण में मुरम के रंग की चेचक-पत्थर (लेटराइट) की धरती में, जिसे दक्षिण में इटिकाकुलु कहते हैं और पथरीली बजरी (ग्रावेल्स) में, जिसमें कंकालों की हड्डियाँ मिलती हैं, पाए जाते हैं। इस तरह की

प्रस्तर-भूमि बूझा पत्थर की बनी होती है, जिस कारण पूर्व-प्रस्तर-युग के मानव बूझा-प्रस्तरीय-मानव (क्वार्त्साइत मैन) भी कहलाते हैं।[1] बूझा पत्थर के बहुसंख्यक औजार मद्रास शहर के पास और गुंटूर जिले के औंगल स्थान में एवं कड़प्पा में और भी अधिक पाए गए हैं। जो प्रदेश बूझा चट्टान की विद्यमानता के कारण पूर्व-प्रस्तर-युग की संस्कृति का क्षेत्र था, उस प्रकार के बिलारी नव-प्रस्तर-युग की संस्कृति के कुछ पूर्व-प्रस्तरीय अवशेष अन्य स्थानों में भी छितरे मिले हैं। बूझा पत्थर के खड़ में से चिप्पड़ ठोककर बनाया हुआ बैज़ाबी (अंडाकृति) पहले का सुगठित औज़ार नर्मदा की उपत्यका में तृतीयकोत्तर (पोस्ट-टर्शियरी)[2] युग की कंकरीली धरती में पाया गया था, जिसमें दरियाई घोड़े और अन्य लुप्त पशुओं की हड्डियाँ भी मिली थीं। गोदावरी की उपत्यका की इसी प्रकार की चाँचर भूमि (ग्रावेल्स) में हकीक की एक चिप्पड़ (अगेट फ्लेक) मिली थी। मिरज़ापुर की दूधी तहसील के प्रदेश में कोन की पर्वत-दरी में कुछ औज़ार मिले हैं, जो प्राप्त-स्थान के आधार पर नव-प्रस्तर-युग के समझे जाते हैं। गाज़ीपुर जिले में गंगा नदी की रौसली मिट्टी की तह में, जहाँ घुटे हुए नव-प्रस्तर-युग के औज़ार मिले थे, उसी तह के नीचे बाण के अग्र-भाग की तरह मछली की हड्डी, जिसके दोनों ओर दाँते कटे हुए थे, प्राप्त हुई है।

पूर्व-प्रस्तर-युगीय मानव कड़प्पा या मद्रास तक के बूझा-क्षेत्रों तक ही सीमित रहे, किंतु नव-प्रस्तर-युग के लोग सारे देश में फैल गए। उनके अवशेष मुख्यत: इस प्रकार हैं :

---

1. अंग्रेज़ी लेटराइट (laterite) के लिए तामिल भाषा में इटिकाकुलु शब्द है, जिसका शब्दार्थ है—चेचक या शीतला के निशान का पत्थर। लेटराइट धरती लाल रंग की होती है।

   अंग्रेजी में जिसे क्वार्त्स (quariz) कहते हैं उसे मैंने बूझा पत्थर कहा है। यह नाम कोदरमा की ओर चालू है। **—अनु.**

2. अंग्रेजी टर्शियरी (Tertiary) के लिए सं. तृतीयक और क्वार्टरनरी युग के लिए सं. तुरीयक शब्द प्रयुक्त किए गए हैं। प्रत्यग्रजन्तुक (केनोजोइक cainozoic) युग का पूर्व काल-विभाग टर्शियरी और पिछला क्वार्टरनरी कहलाता है। भूगर्भ-शास्त्रियों के अनुसार भू-रचना और जीव-विकास के मुख्य युग-विभाग निम्नलिखित हैं—

1. अजतुक (एज़ोइक)	80	करोड़ वर्ष कोई जीव नही
2. प्रारंभजंतुक (प्रोटेरोज़ोइक)	60 करोड़ वर्ष	काई, श्यान-मत्स्य
3. पूर्व पुराजंतुक (अर्ली पेलिओज़ोइक)	36 करोड़ वर्ष	मेरुदण्डरहित जीव, समुद्री बिच्छू आदि
4. अपर पुराजंतुक (लेटर पेलिओज़ोइक)	26 करोड़ वर्ष	मीन, झष आदि
5. मध्यजंतुक (मेसोजोइक)	14 करोड़ वर्ष	सरीसृप, दानव-सरट (डाइनोसौर) आदि
6. प्रत्यग्रजंतुक (केनोजोइक)	4 करोड़ वर्ष	स्तनपायी जंतु

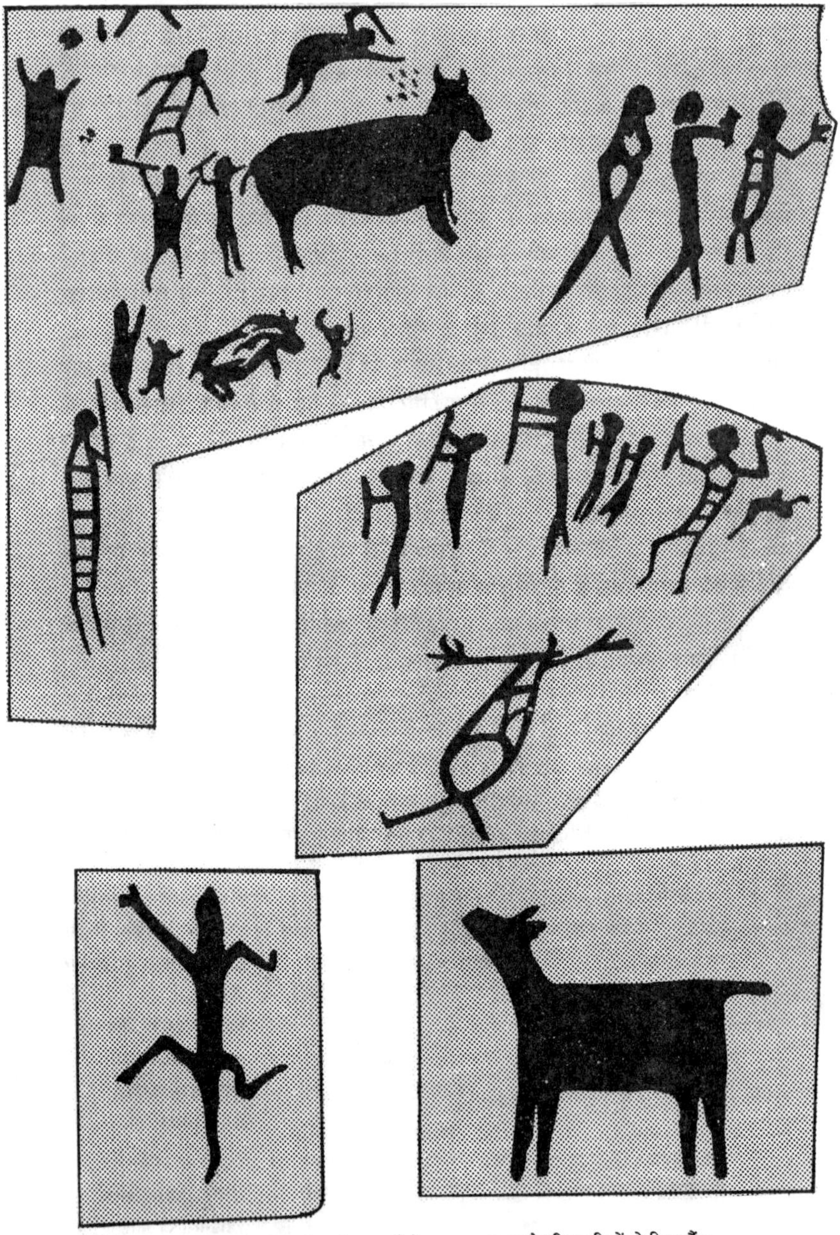

गेरू या धाऊ के रेखा-चित्र जिनमें बारहसिंगे, मगर, सुअर और शिकारियों के चित्र हैं।

1. चकमक की कतरनें : आधे इंच से लेकर डेढ़ इंच तक लंबे चकमक पत्थर को पिद्दी औज़ार जो आकार में बाण की नोक, नुकीली चंद्र रेखा या अन्य प्रकार की गठीली शक्ल के होते हैं। जान पड़ता है कि इन्हें वे लोग लकड़ी के दस्ते या हाथों में लगाकर काम में लाते थे। इनके प्राप्ति-स्थान प्रायः विंध्याचल के सैकत या छिछले नदी-पुलिनों (shoals) में, बघेलखंड, रीवां, मिरजापुर में. दरी[1] या चट्टानी ढुकने की जगहों में चूल्हे की राख और कोयलों के साथ मिले हैं, अथवा पूरे कंकाल के पास रखे हुए भौंडे बर्तनों के साथ शव निखात-स्थानों में भी पाए गए हैं। रुखानी-जैसी धार का बीच में से उठा हुआ एक विशेष प्रकार का पत्थर का औज़ार छोटा नागपुर, आसाम और उससे भी अधिक बर्मा, हिंदचीन और मलाया प्रायद्वीप में पाया गया है।

2. औज़ारों के निर्माण-स्थान : दक्षिण भारत में कई स्थानों पर नव-प्रस्तर-युग की बस्तियाँ तथा उनके औज़ार गढ़ने की कर्मशालाओं के स्थान पाए गए हैं। ज्ञात होता है कि वे लोग अपने औज़ारों को कड़ी चट्टानों पर बनाई हुई घाइयों में घिसते और माड़ते थे। 10 से 14 इंच तक लंबी और दो इंच गहरी घाइयाँ पाई गई हैं। इन बस्तियों में चाक से बने बढ़िया बर्तन बहुतायत से मिले हैं, और उनके साथ पत्थर की गुरियाँ तथा गेरुआ धाऊ पत्थर के टुकड़े, जिनसे वे रंग बनाते थे।

3. राख के धूहे : जो दक्षिण-भारत के बिलारी ज़िले में मिले हैं। कहते हैं कि ये अनगिनत पशुओं की बलि के कारण बन गए थे। इनमें से नव-प्रस्तर-युग के औज़ार भी मिले हैं।

4. प्यालेनुमा घट्टे : पत्थर और चट्टान पर बने हुए इस प्रकार के निशान भारतवर्ष में कितनी ही जगह मिले हैं। इन्हें नव-प्रस्तर-युग के मानव की कृति समझा गया है।

5. गेरू या धाऊ के रेखा-चित्र[2] : 'रक्त की पुतरियाँ' : ये निम्नलिखित स्थानों में मिली है : (अ) विंध्याचल के मिरजापुर जिले में, जिसमें सपत्र भाले लिए हुए शिकारी, ऐसे गैंडे पर हमला कर रहे हैं, जिसकी नस्ल अब लुप्त हो चुकी है; (आ) होशंगाबाद जिले की दरी में जिर्राफ का चित्र; (इ) कैमूर की पहाड़ियों में बारहसिंगे के शिकार के दृश्य; और (ई) सिंहनपुर, जहाँ कंगारू-जैसे किसी पशु के चित्र एवं घोड़े और हिरनों के चित्र हैं जो समकालीन स्पेन में बने हुए चित्रों से मिलते-जुलते हैं। ये प्रागैतिहासिक चित्र नव-प्रस्तर-युगीय औज़ारों के साथ मिले हैं।

---

1. मिरजापुर जिले में इन पहाड़ी गुफाओं को अभी तक दरी कहते हैं जैसे लेखनियादरी, सोनदरी, भालदरी, जिनमें चित्र लिखे हैं। बुंदेलखंड में इन चित्रों को 'रक्त की पुतरियाँ' कहते हैं।
2. Ruddle = गेरू, Hematite = धाऊ (सं. धातु) पत्थर, लाल रंग का भारी पत्थर, जिसमें से लोहा निकाला जाता है। बुंदेलखंड और बघेलखंड की तरफ पाया जाता है। बुंदेलखंड में उसे धाऊ कहते हैं।

6. **समाधियाँ** : पूर्व-प्रस्तर-युगीय मानव शवों को जंगलों में यों ही डाल देते थे,[1] पर नव-प्रस्तर-युगीय मानव ने अपने शव के संस्कार में कुछ सुधार किया और वे उन्हें गाड़ने लगे। नव-प्रस्तर-युगीय श्मशान भारतवर्ष में कम ही मिले हैं। मिरज़ापुर में एक समाधि में मिट्टी के रोगनदार बर्तन और काँच के टुकड़ों के साथ एक युवा पुरुष का कंकाल मिला था। कोलार जिले में प्राप्त एक श्मशान-वन में 54 समाधियाँ, बहुत से मिट्टी के बर्तनों के साथ पाई गई थीं। मद्रास नगर के निकट पट्टवरम स्थान में प्राप्त मिट्टी के धूहों में पकाई मिट्टी की शव-मंजूषा (ताबूत) मिली थीं, जिनका आकार स्त्रियों के लिए लंबोतरा और पुरुषों के लिए चिता-जैसा था। इनमें शव सिकोड़कर रखा जाता था। मद्रास के दूसरे ज़िले, जैसे चिंगलपट, नेल्लूर, आर्कट आदि में इसी तरह के मिट्टी के बने कुछ लंबे ताबूत मिले हैं, जिनके साथ कभी-कभी लोहे के औज़ार भी पाए गए हैं। पत्थर की शिलाओं से निर्मित समाधियाँ या स्थाणु-संज्ञक निखात-स्थान (मैगेलिथिक टूंब) मद्रास, बंबई, मैसूर और हैदराबाद (दक्षिण) राज्य में बहुतायत से मिले हैं, किंतु उनमें प्राप्त लोहे के औजारों से वे नव-प्रस्तर-युग के ज्ञात होते हैं। उनमें शवों के अंतिम दाह के चिह्न भी मिले हैं। नव-प्रस्तर-युग में किसी पात्र में शवों की अस्थि निखात करने की प्रथा भी थी।[2] इन घड़ों में शवदाह के बाद की बची हुई राख या धूल न रखकर सारे शव को ही तोड़-मरोड़कर या काट-छाँटकर रख देते थे। ताम्रपर्णी नदी के किनारे, तिन्नवल्ली जिले के आदि चनल्लूर नामक स्थान में 144 एकड़ भूमि का एक बड़ा श्मशान-वन मिला था, जहाँ प्रत्येक एकड़ में लगभग एक हज़ार घड़े गड़े हुए पाए गए थे। इस श्मशान-भूमि या पितृ-वन के कुछ भाग नव-प्रस्तर-युग के थे, जैसा कि वहाँ मिले हुए पत्थर के औज़ारों से ज्ञात होता है। सिंध के ब्राह्मणवाद स्थान में भी घट-निखात-विधि के चिह्न पाए गए हैं।

ताम्रयुग : पाषाण-युग के बाद दक्षिण भारत में लौह-युग और उत्तर भारत में ताम्र-युग का आविर्भाव हुआ। भारतवर्ष में लौह-युग से पहले कांस्य-युग का क्रमिक विकास नहीं पाया जाता। सिंध प्रांत इसका अपवाद है, जैसा कि आगे ज्ञात होगा। नौ-भर ताँबा और एक-भर राँगा मिलाकर काँसा या फूल बनाया जाता है।[3] दक्षिण भारत की प्राचीन समाधियों में प्राप्त काँसे की वस्तुओं में फूल के प्याले या कटोरे-जैसी नफीस चीजें भी मिली हैं, जो या तो बाद की हैं या अन्यत्र से लाई गई

---

1. पालि साहित्य में शिवथिका उस स्थान को कहा है जहाँ मृत शरीर को यों ही गलने-सड़ने को फेंक दिया जाता था। (मारत्थ पकासनी, 3. 17)। वैदिक साहित्य में ऐसे शवों को परोप्त कहा गया है। अथर्व (18. 2. 34)
2. इसे प्राचीन वैदिक परिभाषा में चमूषद कहते थे।
3. हिन्दी की एक लोकोक्ति है–

   सौ सत्ताइस काँसा नहीं तो सन्यासा। अर्थात् सौ-भर ताँबे में 27-भर राँगा मिलाने से अच्छा काँसा बनता है। कहा जाता है कि अत्युत्तम फूल के लिए 96-भर ताँबा, 26-भर राँगा और 2-भर चाँदी होनी चाहिए।

थीं । ताँबे के हथियारों का सबसे बडा जखीरा मध्यभारत में गुंगेरिया नामक गाँव में पाया गया है । इसमें 424 ताँबे के औजार थे, जो आयरलैंड में मिले हुए औजारों से बहुत मिलते हैं और 2000 ईस्वी पूर्व के समझे जाते हैं । इस निधि में 102 चाँदी के गोल टुकड़े और बैल का एक सिंगैल मस्तक भी था । चाँदी तो इस देश में कम थी और संभवतः वह आयात में लाई गई थी, पर ताँबा भारत में प्राप्त होता है और ऋग्वेद में वर्णित लोह अयस् से उसकी एकरूपता मानी जाती है । गुंगेरिया से प्राप्त ताम्रिक अस्त्रों के अलावा ताँबे के ही बने हुए बारीक औजार मछली मारने के बरछे, तलवारें और भाले के अग्रभाग कानपुर, फतेहगढ़, मैनपुरी और मथुरा के जिलों में पाए गए । उनका विस्तार प्रायः सारे उत्तरी भारत में हुगली से सिंधु नदी तक और हिमालय की तराई से कानपुर जिले तक पाया गया है ।

लोहे का प्रयोग : दक्षिण भारत की अपेक्षा उत्तर में लोहा पहले व्यवहार में आया, जैसा कि मिस्र की अपेक्षा बावेरू में उसका प्रयोग पहले शुरू हुआ । अथर्ववेद में उसका उल्लेख है, जो कि 2500 ई. पू. से बाद का नहीं कहा जा सकता । हीरोदोत का कथन है कि जो भारतीय सिपाही ईरानी सम्राट् ख्षयार्ष (ज़रकसीज़) की कमान में यूनान के विरुद्ध 325 ई. पू. में लड़े थे, उन्होंने अपने धनुष के साथ लोहे की नोक या फाली लगे हुए बेंत के बाणों का प्रयोग किया था । बाद में जब सिकंदर के साथ भारत में युद्ध हुआ तब से यूनानी लेखकों के कथनानुसार भारतवासी लोहे और फौलाद के काम में यूनानियों-जैसा ही हुनर रखते थे । उनका कहना है कि पंजाब के किन्हीं शासकों ने सिकंदर को सौ टेलेंट (एक यूनानी तोल, लगभग 28 सेर या 57 पौंड) बढ़िया भारतीय फौलाद भेंट में दी थी ।

सिंधु सभ्यता (लगभग 3250-2750 ई. पू.) : प्रागैतिहासिक संस्कृतियों के यत्किंचित अवशेष ही भारत-भर में बिखरे मिले हैं, किंतु प्रामाणिक और ठोस सामग्री का एक बृहद् भंडार पुरातत्व की खुदाई में सिंधु नदी की उपत्यका में हड़प्पा (लाहौर और मुलतान के बीच रावी की एक पुरानी धारा के तट पर बसा हुआ एक पुराना स्थान, जिसका प्राचीन वैदिक नाम संभवतः हरियूपिया था) एवं मोहेनजोदड़ो (सिंधी—मोयां-जो-दड़ो, 'मरे हुओं की ढेरी या टीला' जिला लरकाना, सिंध) स्थानों में पाया गया है । इस सामग्री से विदित होता है कि किसी समय उस प्रदेश में जो अब की अपेक्षा अधिक हरा-भरा और जल-सिंचित था, एक सर्वांग सभ्यता का विकास हुआ था, जिसे सिंधु-सभ्यता का नाम दिया जा सकता है । उस प्राचीन काल में सिंध-प्रदेश में वर्षा अधिक होती थी, जैसा कि मेह-बंदी के लिए खुली हुई भीतों और गृह-भागों में लगी हुई पक्की ईंटों से, नींव में छिपी हुई कच्ची ईंटों की भराई से, एवं घने जंगलों में रहने वाले पशुओं के मुद्रा-चित्रों से, या नगर में

पानी के बहाव के लिए बनी हुई नालियों से सिद्ध होता है। न केवल सिंधु नदी अपनी शाखा-प्रशाखाओं के जल से इस प्रदेश को सींचती थी, बल्कि चौदहवीं शती तक चालू मिहरान नामक दूसरा बड़ा नद भी, पंजाब की पाँचों नदियों की जल-राशि आपस में समेटकर, इसे सींचता था। ये दोनों धाराएँ सिंधु-तट की संस्कृति के फूलने-फलने में योग देती थीं, जिसके कारण प्राचीन सिंधु-प्रांत नदीमातृक बना हुआ था। पड़ोस के प्रदेश दक्षिणी बलूचिस्तान में भी, जो अब सूखा पड़ा हुआ है, आरिल स्टाइन को समृद्ध और बड़ी प्रागैतिहासिक बस्तियों के अवशेष मिले थे। सिंध-प्रांत (जिसका प्राचीन नाम सौवीर था) की यह समृद्धि पाँचवीं शती में ईरान के हाखमनि सम्राट् दारा के समय तक एवं चौथी शती में सिकंदर के समय तक बनी रही, जब कि यहाँ मुचकर्ण नामक वीर क्षत्रिय जाति का राज्य था। मोहेनजोदड़ो के घरों की ऊँची कुरसियों से ज्ञात होता है कि उस समय भी यहाँ बाढ़ों का डर रहता था।

मोहेनजोदड़ो की भूमि में बीस से सत्तर फुट तक ऊँचे टीले हैं। टीलों की चोटी से लेकर धरती के नीचे की पानी की सतह तक उत्खनन करते हुए अवशेषों की सात तहें मिली हैं, जिनमें ऊपर की तीन परत उत्तर-युग, बीच की तीन मध्य-युग और अंतिम सातवीं पूर्व-युग की हैं। भूमि के लगभग चालीस फुट नीचे सातवीं तह के भी उस पार और भी स्तर थे जो अब भूमिलीन जल के नीचे आ गए हैं। खुदाई में प्राप्त स्तर जिस उन्नत सभ्यता का परिचय कराते हैं उसका मूल और आरंभ लगभग एक सहस्र वर्ष प्राचीनतर होना चाहिए।

अवशेष तथा इमारतें : वहाँ रहने के घर, पूजा के स्थान और स्नान-कुंड पाए गए हैं, जो रहन-सहन और धार्मिक कृत्यों के लिए प्रयुक्त होते थे।

दो कोठरियों के छोटे घरों से लेकर बड़े महल तक मिले हैं, जिनका अगला भाग पचासी फुट लंबा और जिनकी चौड़ाई सत्तानवे फुट है। इन घरों में प्रवेशद्वार, उसके पास ही बैठक का बड़ा कमरा, द्वारपाल की कोठरी, बत्तीस फुट का चौकोर आँगन, भूमितल और ऊपर के तल में कमरे थे, जिनमें ईंटों का खड़ंजा या फर्श रहता था। उनमें ऐसी ढकी हुई नालियाँ मिली हैं जो कोठे पर से नलों के द्वारा आँगन में उतरती थीं और आँगन में फर्श के नीचे ढकी हुई नाँदों के साथ मिली रहती थीं और इस प्रकार जिनमें मैला बहाने का प्रबंध था। कुछ बहुत बड़ी और कितने ही कमरों वाली इमारतें मिली हैं, जिनसे मंदिरों का भान होता है। 90 फुट का चौकोर ईंटों के बीस खंभों पर खड़ा हुआ एक कमरा या आस्थान मंडप मिला है, जो मध्य-युग का था।

किंतु सबसे निराली इमारत एक बृहत् स्नान-गृह था, जिसके कई भाग थे और जिसमें नियमित स्नान-क्रीड़ा का प्रबंध था। इसमें निम्नलिखित हिस्से या भाग

थे--(अ) एक चौकोर आँगन, जिसके चारों ओर बरामदा घूमा हुआ था और दालान के पीछे कोठरियाँ या कमरे थे; (आ) आँगन के बीच में एक स्नान-कुंड था जो 39 फुट लंबा, 23 फुट चौड़ा और 8 फुट गहरा था एवं जिसमें उतरने के लिए कोनों पर सीढ़ियाँ बनी हुई थीं; (इ) पास में कुआँ है जहाँ से जल-कुंड में जल भरा जाता था; और (ई) उसके ऊपर की मंजिल में काठ के कमरे बने हुए थे, जैसा कि उनके जले हुए कोयलों से ज्ञात होता है। इस मज्जन-गृह की रचना उस समय के वास्तु-कौशल को प्रकट करती है। कुंड के चारों ओर की दीवार और नींव ऐसी पक्की बनी थी कि किसी प्रकार पानी का रिसना संभव न था। सबसे पहले चार फुट चौड़ा ईंटों का डंडा था जिसकी छिली हुई ईंटें आपस में ठुककर मिली हुई थीं और जिनकी जुड़ाई गंच-चूने से की गई थी। इस डंडे के पीछे इंच-भर मोटा डामर का पलस्तर था जो आल या सील को रोकता था। इसके पीछे पक्की ईंटों की पतली तह थी, फिर खंजड़ और झाँवा ईंटों का खड़ा भराव था और सबसे पीछे कुंड को चारों तरफ से घेरे हुए पक्की ईंटों की चौकोर दीवार थी। इसीलिए तो पाँच सहस्र वर्ष पुराना यह जल-कुंड अब तक इतना सुरक्षित रह सका।

जल-कुंड से मिला हुआ एक हम्माम या वायु-कृत उष्ण मज्जन-गृह था, जिसमें नीचे डंडों पर बने हुए फर्श और गरम हवा के लिए खुले हुए धमाले कमरे को गरम करने के लिए थे।

अन्य अवशेष : शिल्प और कला : इन प्राचीन पुरों की उन्नति कृषि और व्यापार पर निर्भर थी। खुदाई में गेहूँ और जौ[1] के नमूने मिले हैं। अनाज पीसने के लिए चक्की के गोल पाट तो नहीं मिले किंतु दरदराने की सिलें और बीच में से कुछ झुके हुए दलैटे पाए गए हैं (घोड़े की ज़ीन के आकार की होने के कारण इन्हें अंग्रेजी में Saddle-quern कहा जाता है)। खजूर की गुठलियों से उसकी उपज भी सिद्ध होती है।

सिंधु उपत्यका के भोजन में कई तरह का मांस भी सम्मिलित रहा होगा, जैसे भेड़, बकरी, सुअर, गाय, बैल, मुर्गे-मुर्गी, घड़ियाल, कछुए, मछली आदि, जो नदी और समुद्र में होते थे। खंडहरों में इनकी हड्डियाँ पाई गई हैं। अस्थिपंजर के अवशेष बताते हैं कि निम्नलिखित पालतू पशुओं का लोगों को परिचय था—बैल, भैंसा, भेड़, हाथी, ऊँट, सुअर, मुर्गी और संभवतः कुत्ता भी (जिसके मिट्टी के

1. विशेष परीक्षण से ज्ञात हुआ है कि मोहेंजोदड़ो का गेहूँ उसी प्रकार का है जैसा कि अभी पंजाब में होता है। यह निश्चित नहीं कि मनुष्य ने सबसे पहले जो अन्न खेतों में उत्पन्न किया वह जौ था या गेहूँ। ये दोनों अन्न मिस्र देश की सबसे पुरानी समाधियों में मिले हैं। मोहेंजोदड़ो में जो जौ मिला है वह उसी जाति का है जो मिस्र में राजवंश से पूर्व के शव-स्थानों में मिला है। ऐसा माना जाता है कि गेहूँ और जौ की उत्पत्ति एशिया में हुई। (देखिए, श्रीयुत पीक का सभापति भाषण, रायल एंथ्रोपोलॉजीकल इंस्टीट्यूट की पत्रिका, 1927)।

खिलौने मिले हैं) एवं घोड़ा (?)।

निम्नलिखित जंगली जानवरों के चिह्न मिले हैं—नेवला (shrew), जंगली चूहा, हिरन एवं अर्ना भैंसा, गैंडा, बाघ, बंदर, रीछ और खरगोश। इनके आकार के मिट्टी के खिलौने पाए गए हैं।

धातुएँ और खनिज द्रव्य: चाँदी, सोना, ताँबा, राँगा, सीसा—इन धातुओं का लोगों को परिचय था, किंतु लोहा बिलकुल अज्ञात था। वहाँ के सोने में एक विशेष प्रकार के चाँदी के अंश की मिलावट है जो अवश्य ही व्यापार के द्वारा दक्षिण भारत की कोलार और अनंतपुर की खानों से लाया गया होगा, क्योंकि वहीं ऐसा सोना मिलता है। सोने से भाँति-भाँति के गहने बनाए जाते थे। ताँबा और सीसा राजपूताना, बिलोचिस्तान या ईरान से, जहाँ वे पास-पास होते थे, लाए जाते थे। इस समय पत्थर का स्थान ताँबे ने ले लिया था, जिससे भाले का अग्रभाग, धुरी, चाक, कुल्हाड़ी, रुखानी आदि औज़ार और हथियार एवं कड़े, कानों की बाली आदि आभूषण बनते थे। ताँबा यहाँ पर 3,000 वर्ष ई. पू. से भी पुराने स्तरों में मिला है। ताँबा भारतवर्ष में अत्यंत प्राचीन काल में निकाला जाने लगा था और काम में आने लगा था। यह गुंगेरिया से प्राप्त ताँबे के बने हुए 424 पिटवाँ औजारों से ज्ञात होता है, जैसा ऊपर कहा जा चुका है।

राँगा[1] अलग से काम में न लाया जाता था बल्कि 6 से 13 प्रतिशत भाग को ताँबे में मिलाकर काँसा बनाते थे। काँसा तेज धार या तैयारी की सफाई के विचार से ताँबे की अपेक्षा बढ़िया माना जाता था। सबसे नीचे के स्तर में मिलने से यह अनुमान है कि 3,000 ई. पू. से पहले वह प्रयोग में आ चुका था। इससे इस बात का निराकरण हो जाता है कि भारत में कांस्य-युग का अस्तित्व न था। सिंध के लिए राँगा भारत के बाहर, उत्तरी ईरान और पश्चिमी अफगानिस्तान से बोलन दर्रे से लाया जाता था। भारत में केवल हज़ारीबाग जिले में वह मिलता है, किंतु इतनी दूर से सिंध-निवासियों के लिए उसका निकालना संभव नहीं था। घर बनाने एवं अन्य कार्यों के लिए अनेक पत्थर काम में आते थे, जो दूर और निकट के स्थानों से मँगाए जाते थे। मोरियों पर ढकने के लिए सक्खर का सफेद खड़िया पत्थर (लाइम स्टोन) काम में आता था। खीरथर पहाड़ से चूना फूँकने का गच-पत्थर (जिप्सम) और जाली के परदे, गिलास-कटोरी और मूर्ति बनाने के लिए सेल-खड़ी (अलाबास्टर; इसे संगे-जराहत भी कहते हैं) लाई जाती थी। पास-पड़ोस के कड़े पत्थर—जैसे नीस और बैसाल्ट—सिल, गहरे दलैटे, दरवाजों की देहलियाँ और बट्टे बनाने के काम में आते थे। चकमक (chert) को काटकर और चिकना करके उसके घाट और बट्टे

1. इसे संस्कृत में कास्तीर और राजस्थानी में कठीर कहते हैं तथा अंग्रेजी में टिन।

बनाए जाते थे या उसकी कतरनों से चाकू बनाते थे । घिया-पत्थर (Steatite) से मुहरें और मूर्तियाँ बनाते थे । जैसलमेरी संगखट्ट की मूर्तियाँ और पूजा के लिए लिंग और चकिया के आकार की योनियाँ बनाई जाती थीं । हारों के मनके और जड़ाऊ गहनों के काम में अनेक प्रकार के संग प्रयोग में आते थे, जैसे स्फटिक, धाऊ, अकीक (Carnelian), संग-अजूबा (Jasper), यशब (Agate) एवं संग-सुलेमानी (Onyx) । एक विशेष प्रकार का सुंदर हरे रंग का भीष्मक पत्थर (Amazon stone) नीलगिरि पर्वत के डोड्डाबेहा की खानों से, जो भारत में उसका एकमात्र स्रोत है, आता था । संग-कठैला (Amethyste) दक्षिण के पठार से आता था । लाजवर्द (Lapis Lazuli, राजावर्त) बदख्शाँ से, फीरोज़ा (Turquoise) खुरासान से, एवं कड़े प्रकार का मरगज (Hard jade या Jadite, सं. मसार या अश्मसार) पामीर, पूर्वी तुर्किस्तान या तिब्बत से आता था ।

हड्डी, हाथी दाँत, सीप और पकाई हुई सोफयानी मिट्टी (Faience) से भी चीज़ें बनाई जाती थीं । शुक्ति भारतीय समुद्र-तट से, ईरान की खाड़ी या लाल सागर से लाई जाती थी । मोहेंजोदड़ो के घरों में तकुओं के दमकड़े बड़ी संख्या में मिले हैं, जिससे ज्ञात होता है कि कताई का सर्वसाधारण में प्रचार था । अमीर-गरीब सभी में उनका चलन था, जैसा कि सोफयानी मिट्टी के मूल्यवान दमकड़ों एवं सस्ते मिट्टी या सीपी के बने दमकड़ों से मालूम होता है । ऊन और रुई दोनों से कपड़े बनाए जाते थे । चाँदी के एक पात्र के भीतर चिपटा हुआ सूती कपड़े का टुकड़ा मिला है । विशेषज्ञों द्वारा उसकी परीक्षा से ज्ञात हुआ कि उसकी रुई आजकल की मोटे तार वाली भारतीय रुई से मिलती है, जिसकी भीतरी रचना मरोड़दार होती है । इसी भारतीय रुई को बेबीलोन (प्राचीन बबेरु) के निवासी सिंधु और यूनानी सिंदन (Sindon) कहते थे । यह असली रुई थी, न कि सेमल के पेड़ पर उत्पन्न भुए की रुई, जैसा कि अब तक समझा जाता था ।

उस समय के वेश में लोग एक लंबा दुशाला ऊपर ओढ़ते थे, जैसा कि दो मूर्तियों में पाया गया है । पुरुष छोटी खसखसी दाढ़ी और गलमुच्छ रखते थे और सुमेर की भाँति होंठ के ऊपर के बाल प्रायः सफाचट करा लेते थे । बालों को माथे की ओर से पीछे की ओर काढ़कर या तो पट्टों के रूप में कतरकर रखते थे, या जूड़ा बाँध लेते थे और एक पट्टी से बाँधकर रखते थे । सिर के ऊपर चिपकी हुई टोपी, जिसमें पीछे नोक उठी हो, पहनी जाती थी, अथवा बेले हुए किनारों वाली कुछ बड़ी टोपी पहनी जाती थी । नर्तकी स्त्रियों की काँस्य-मूर्तियों से ज्ञात होता है कि स्त्रियाँ बालों का एक बड़ा जूड़ा बनाकर बाएँ कान के पास के दाहिने कंधे के ऊपर लटका लेती थीं । गहनों में मुख्यतः चोटीचक्क, सीसफूल, माँगपट्टी, माथे की केशांत रेखा के पहनने के लिए पात (fillet)[1], मटरमाला, गुलूबंद, हार, बाजूबंद या भुजाबंद,

1. पात गहने का रिवाज मारवाड़ी स्त्रियों में अभी तक है । यह पिटी हुई सोने की बहुत लंबी, पतली पत्ती होती है ।

अँगूठियाँ (पुरुष-स्त्री दोनों के लिए), करधनी, कानों की बालियाँ और नूपुर थे। धनी लोग सोने-चाँदी, हाथीदाँत, नग और सोफयानी मिट्टी के गहने पहनते थे। निर्धन शंख, हड्डी, ताँबे और मिट्टी के गहनों से काम चलाते थे। अकीक को चतुराई से बेधकर उसकी गुरियों को पोहकर करधनी बनाते थे।

सिंधु-सभ्यता ताम्र-युग में थी, यह इससे ज्ञात होता है कि पत्थर के हथियार और औज़ारों के साथ-साथ ताँबे या काँसे के औजार भी पाए गए हैं। लड़ाई और शिकार के हथियारों में धनुष-बाण, भाला, कुल्हाड़ी, छुरी और गदा मिली है। तलवार और अंग-रक्षक कवच का आविष्कार तब तक नहीं हुआ था। औज़ारों में बसूला, हँसिया, आरी, रुखानी और उस्तरे थे, जो ताँबे और काँसे के बनते थे। चाकू और कतरने की पत्तियाँ इन्हीं दो धातुओं की एवं चकमक या दूसरे कड़े पत्थरों की बनाई जाती थीं। तश्तरी, प्याले, कलसियाँ, सिंगारदानी डिबियाँ या तश्तरियाँ (Palettes) और तौलने के बट्टे देखकर ऐसा प्रतीत होता है कि पाषाण या ताम्र-युग के ढंग की दस्तकारी की वस्तुएँ बहुत पीछे छूट चुकी थीं।

मारने और बचाव के हथियारों की कमी से ऐसा ज्ञात होता है कि सिंधु-सभ्यता के लोग लड़ाकू न थे और बाहरी आक्रमण की आशंका भी उन्हें कम ही थी।

सिंधु से मिले हुए बट्टे रोचक हैं। छोटे चकमक या सलेट के बट्टे चौकोर हैं, बड़े तिकोनियाँ हैं। इलम और ईराक के बट्टों की अपेक्षा सिंधु घाटी के बट्टे कहीं अधिक सच्चे और एक-सी चाल के हैं। शूषा से प्राप्त बट्टों की तरह उनका क्रमिक अनुपात आरंभ में दुचंती और आगे चलकर दाशमिक आधार पर हो गया है, जैसे 1, 2, 4, 8, 16, 32, 64, 160, 200, 320, 640, 1600। सबसे अधिक चालू बट्टा सोलह अनुपात वाला था, जिसकी तौल 120.898 रत्ती[1] (13.71 ग्राम) थी। घरेलू बरतन-भाँडे प्रायः मिट्टी के, भाँति-भाँति के प्रकार और आकृति के बनाए जाते थे, जैसे खड़ी पुजापेदानी, पीने के आबखोरे, झाँझरी, अँगीठियाँ, अनाज रखने के बड़े मटके आदि। ढेर-के-ढेर आबखोरे या कुल्हड़ों से ज्ञात होता है कि सिंध के लोग एक बार पीकर कुल्हड़ फेंक देते थे, जैसा कि हिंदू अब भी करते हैं।

सिंधु घाटी के बरतन प्रायः चाक पर बने हुए हैं, जिन पर लाल-काली रेखाओं के अंकन बने हैं। कुछ पर मिट्टी में रेखाएँ खाँची या खोदी गई हैं, कुछ बहुरंगी या बन्नीदार (polychrome) हैं। सिंधु-घाटी के रोगनदार बरतन बहुत उम्दा बने हैं और समस्त संसार में अपने ढंग के अति प्राचीन हैं। ईराक में वे 1,000 ई. पू. के लगभग बनाए जाते थे, और मिस्र में उसके भी बाद।

मिट्टी के खिलौने भी बहुत तरह के बनाए जाते थे, जैसे झुनझुने, चिड़ियों के आकार की सीटियाँ, पुरुष-स्त्री, चिड़ियाँ और बच्चों की गाड़ियाँ। चिड़ियों को पहियों के ऊपर बिठाया गया है और गाड़ियों में बैलों की जोड़ियाँ जुती हैं। ये

1. रत्ती = 1.75 ग्रेन।

गाड़ियों के पुराने नमूने उसी तरह सबसे पुराने हैं जैसा कि उर से प्राप्त शिलापट्ट पर अंकित रथ का नमूना सबसे पुराना माना जाता है । (वूली के मतानुसार 3200 ई. पू.) ।

सिंधु उपत्यका के लोगों ने लिखने का भी आविष्कार किया था । वे एक प्रकार की लिपि काम में लाते थे जो उस काल की अन्य लिपियों (जैसे आरंभिक एलम, प्राचीन सुमेर, क्रीट और मिस्र) के समान कुछ चित्रात्मक ढंग की है । इस लिपि में 396 चिह्न हैं । इसके लेख मुद्रा मातृकाओं में, मुहरों पर, बरतन के ठीकरों पर, ताँबे के छोटे टुकड़ों पर और मिट्टी के कड़लों पर पाए गए हैं । कई चिह्नों से मिलाकर शब्द बनाए गए हैं और अक्षरों में मात्राएँ भी लगी हुई जान पड़ती हैं । कई लकीरों को मिलाकर, जिनकी संख्या 12 तक पहुँचती है, चिह्न बनाए गए हैं जो अंक की अपेक्षा अक्षर जान पड़ते हैं । यह लिखावट दाएँ से बाएँ ओर चलती है । संभव है कि कहीं समाप्त होती हुई पंक्ति को जारी रखने के लिए बाईं ओर से भी पंक्ति को आरंभ किया गया है । लिपि-चिह्नों की अधिक संख्या बताती है कि सिंधु की लिपि अक्षर पर आश्रित न होकर ध्वन्यात्मक वर्णों पर आश्रित है ।

यहाँ के अवशेष और पुरानी वस्तुओं में प्रायः उस सजावट का अभाव है जिससे कला की उत्पत्ति होती है । लेकिन कुछ मुद्राएँ और तावीज अवश्य कलात्मक हैं, जैसे मुहरों पर बने हुए ककुद्मान वृषभ, भैंसे और गौर (जंगली या अर्ना भैंसे) । इसी प्रकार मिट्टी के नटिया बैल, घिया-पत्थर का बड़ा कुत्ता, बैठा हुआ मेढ़ा, गिलहरी और बंदर भी सुंदर हैं । ये आकृतियाँ वास्तविक-जैसी हैं ।

मनुष्यों की सुंदर मूर्तियों की संख्या अधिक नहीं मिली । मिट्टी की बहुसंख्यक मानवी मूर्तियों में कला का अभाव मानना पड़ेगा । पत्थर की मूर्तियाँ कम हैं । उनमें केवल तीन उल्लेखनीय हैं—एक योगी की, जिसके ध्यान-मग्न नेत्रों की दृष्टि नासाग्र पर है । एक मानव-मस्तक है जो किसी की प्रतिकृति जान पड़ता है । उसकी कनपटी उभरी हुई, मुँह चौड़ा, होंठ पतले और कान भद्दे एवं सीपीनुमा हैं । तीसरी बैठी हुई मूर्ति पुष्पपट्ट ओढ़े हुए है । नृत्य करती हुई स्त्री की काँसे की मूर्ति भी उल्लेखनीय है, जिसकी भुजाएँ और टाँगें कुछ अधिक लंबी हैं और जिसके पैरों की मुद्रा तालात्मक है । हड़प्पा में दो विलक्षण मूर्तियाँ मिली हैं—एक लाल पत्थर की (जो कहीं दूर से लाया गया था), जिसकी मांस-पेशियों को यथावत् अंकित किया गया था और दूसरी मूर्ति गहरे रंग के सलेटी पत्थर की है, जिसमें पुरुष नर्तक अपने दाहिने पैर पर खड़ा है और बायाँ उठाए हुए है, जो शिव नटराज का पूर्वरूप ज्ञात होता है । शरीर-गठन की हूबहू प्रतिकृति के अपने गुण से ये दोनों मूर्तियाँ यूनानी कला को बहुत पहले ही पीछे छोड़ देती हैं, जिस प्रकार मुहरों पर बनी हुई पशुओं की आकृतियाँ यूनानी कला में बने हुए पशुओं को बहुत पहले ही प्रतिबिंबित करती हैं ।

धर्म : मोहेंजोदड़ो और हड़प्पा की प्राप्त सामग्री इस विषय में थोड़ी है। मिट्टी की बहुत-सी मूर्तियाँ मिली हैं, जो बिलोचिस्तान में मिली हुई मूर्तियों से मिलती हैं, यद्यपि ये पिछली मूर्तियाँ पूरे शरीर की नहीं हैं।

सिंधु उपत्यका और बिलोचिस्तान से प्राप्त स्त्री-मूर्तियों से मिलती-जुलती मूर्तियाँ पश्चिमी एशिया, भूमध्यसागर के इजियन तट, एलम, मेसोपोटामिया, कैस्पियन समुद्र के ऊपरले भाग, एशिया माइनर, सीरिया, फिलिस्तीन, साइप्रस और यूनान के किकलेट द्वीप-समूह, बालकन और मिस्र आदि देशों में बहुसंख्या में पाई जाती हैं। बहुसम्मत विचार के अनुसार ये महामातृदेवी (महीमाता) या मातृरूप में स्थित प्रकृति की मूर्तियाँ हैं। यह भारत की धार्मिक अनुश्रुति के अनुकूल ही हैं, जहाँ अनादिकाल से मातृदेवी आद्याशक्ति या प्रकृति की पूजा प्रचलित रही है, जिसे वेदों में पृथ्वी (ऋग्वेद 6, 12, 5; 10, 187, 2) या पृथिवी (ऋ. 5, 85, 1-5; 7, 7, 2-5) भी कहा गया है। यही ऋग्वेद के आदित्यों की माता अदिति है। आर्य और अनार्य दोनों प्रकार की भारतीय प्रजा भुइयाँ आदि ग्राम-देवियों से लेकर आज तक इसी अंबिका या मातृदेवी के नाना रूपों की पूजा करती आई है।

हड़प्पा से प्राप्त एक लंबी मुहर पर पृथिवी या मातृदेवी का चित्र है, जिसकी योनि में से एक अंकुर निकल रहा है और पास में हाथ में छुरी लिए एक पुरुष, और हाथ ऊपर उठाए हुए एक स्त्री, जो संभवतः देवी की बलि के लिए थी, अंकित की गई है।

इतिहासकालीन शिव के आरंभिक रूप में एक पुरुष देवता की मूर्ति मिली है, जिसके तीन मुँह और तीन नेत्र हैं। वह योगासन में नीची चौकी पर बैठी हुई है और उसके दोनों ओर पशु अंकित हैं—दाहिनी ओर हाथी और बाघ एवं बाईं ओर गैंडा और भैंसा। चौकी के नीचे हिरन-जैसा दो सींगों वाला एक पशु है। इससे उसकी संज्ञा ऋग्वैदिक रुद्र या शिव के समान पशुपति सिद्ध होती है। मृग जंगल का सूचक है, जैसा कि बौद्ध-कला में मृगदाव के दृश्य में, जहाँ बुद्ध ने प्रथम बार धर्मोपदेश किया था, पाया जाता है। इस चित्र में शिव के मस्तक पर दो सींग भी हैं, जो शैवों के त्रिशूल के पूर्वरूप कहे जा सकते हैं। इसी त्रिक से संभवतः बौद्धों ने त्रिरत्न की कल्पना की। मोहेंजोदड़ो से प्राप्त सोफयानी मिट्टी की एक दूसरी मुहर पर योगी के आसन में बैठे हुए देवता की एक और मूर्ति मिली है, जिसके दोनों ओर दो नाग अंजिल-मुद्रा में स्तुति कर रहे हैं। एक तीसरी मुहर पर इसी प्रकार की मूर्ति है, जिस पर केवल एक मस्तक है। नासाग्र-दृष्टिवाली मुद्रा में योगी की पत्थर की मूर्ति के मस्तक का उल्लेख ऊपर किया जा चुका है।

श्री रमाप्रसाद चंदा (Modern Review, 1935) सिंधु-लिपि के चिह्न क्रमांक 383 को खड़े हुए चतुर्भुजी देवता का प्रतिरूप मानते हैं, जो उनके विचार में ब्रह्मा, विष्णु, शिव की चतुर्भुजी हिंदू देव-प्रतिमाओं का पूर्वरूप था।

उन्होंने 6 अन्य मुहरों पर खड़ी हुई मूर्तियों की ओर भी ध्यान दिलाया है। फलक 12 और 118, आकृति 7 (मार्शल-कृत मोहेंजोदड़ो) कायोत्सर्ग नामक योगासन में खड़े हुए देवताओं को सूचित करती हैं। यह मुद्रा जैन योगियों की तपश्चर्या में विशेष रूप से मिलती है, जैसे मथुरा-संग्रहालय में स्थापित तीर्थंकर श्री ऋषभ देवता की मूर्ति में। ऋषभ का अर्थ है बैल, जो आदिनाथ का लक्षण है। मुहर संख्या F, G, H, फलक दो पर अंकित देव-मूर्ति में एक बैल ही बना है; संभव है कि यह ऋषभ ही का पूर्वरूप हो। यदि ऐसा हो तो शैव-धर्म की तरह जैन-धर्म का मूल भी ताम्र युगीन सिंधु-सभ्यता तक चला जाता है। इससे सिंधु-सभ्यता एवं ऐतिहासिक भारतीय सभ्यता के बीच की खोई हुई कड़ी का भी उभय सामान्य सांस्कृतिक परंपरा के रूप में कुछ उद्धार हो जाता है।

शिव और सत्य की पूजा के साथ-साथ लिंग और योनि की पूजा भी प्रचलित थी, जैसा कि इन दोनों की पाषाण-निर्मित असंदिग्ध असल-जैसी मूर्तियों से ज्ञात होता है, जो सिंधु उपत्यका और असल बिलोचिस्तान में बहुसंख्यक चकियों (Ring-stone) के साथ पाई गई हैं। वस्तुतः मोहेंजोदड़ो और हड़प्पा में तीन प्रकार के पूजा के पत्थर—(1) रक्षाबीटिका[1] प्रतिमा,(2) लिंग, और (3) योनि के आकार की चकियाँ—पाए गए हैं। रक्षाबीटिका या तावीज की भाँति प्रयुक्त इनके छोटे नमूने बड़ों की अपेक्षा, जो पूजे जाते थे, संख्या में बहुत अधिक हैं। कुछ नमूने इतने छोटे हैं कि वे खेल के मुहरे-से लगते हैं।

उपलब्ध सामग्री से वृक्ष-पूजा के भी दो प्रकार ज्ञात होते हैं। एक वृक्ष के वास्तविक रूप में उसकी पूजा, जैसा हड़प्पा की कुछ मुहरों पर अंकित है। दूसरे में वृक्ष की पूजा न होकर उसके अधिदेवता की पूजा दिखाई गई है। मोहेंजोदड़ो की एक उल्लेखनीय मुहर में देवता की खड़ी नग्न मूर्ति है, जिसके दोनों ओर अश्वत्थ (पीपल) की, जो पीछे चलकर बुद्ध का बोधिवृक्ष प्रसिद्ध हुआ, दो शाखाएँ हैं। वृक्ष देवता की पूजा की सूचक एक पंक्ति में खड़ी हुई, पीठ पर लहराते हुए बालों से शोभित सात स्त्री-मूर्तियाँ हैं जो देवी की पुजारिन जान पड़ती हैं। इसी प्रकार वंदन-मुद्रा में झुकी हुई एक अन्य मूर्ति है, जिसके लंबे बाल हैं और जिसके पीछे नर के चेहरे वाली वृष-छाग की मिलवाँ मूर्ति है, जो संभव है कि अश्वत्थ वृक्ष की देवी का वाहन हो। कुछ अन्य मुहरें भी हैं, जिनमें से एक पर एकशृंग पशु के जुड़वाँ मस्तकों से एक वृक्ष अंकुरित होता हुआ दिखाया गया है; एवं हड़प्पा से प्राप्त अन्य मुहरों पर देवी और उसके पुजारी के साथ-साथ छाग या अन्य सींगले पशु अंकित हैं। यह धार्मिक परंपरा भरहुत (साँची) के शिल्प में वृक्ष-देवता के रूप में अंकित

---

1. शरीर के साथ रक्षा-सूत्र, तावीज़ या गंडे की तरह रखी जाने वाली नन्हीं मूर्तियों से तात्पर्य है, जैसे शैव शिवलिंग और वैष्णव शालिग्राम पहनते हैं। मोहेंजोदड़ो में भी इस प्रकार के शिवलिंग मिले हैं।

यक्षियों में पाई जाती है, किंतु उनका दर्जा तत्कालीन देव-मंडली में घटकर है।

मोहेंजोदड़ो में पशु-पूजा का प्रमाण भी मिलता है। ये पशु मुद्रा या मुहरों पर बनी हुई आकृतियों में, या खिलौने, सोफयानी मिट्टी या पत्थर की बनी मूर्तियों में मिले हैं। प्रथम कोटि में कल्पनाजन्य मिश्रित आकृति के जंतु हैं, जैसे ऊपर उल्लिखित मानव-मस्तक से युक्त अज-मूर्ति, अथवा वे पशु जिनका शरीर अज या मेढ़ा, बैल और हाथी के अंगों को मिलाने से बना है, तीन सिर वाला त्रिशिरा दानव, अथवा अर्धनर-अर्धवृष आकृति का जंतु, जो एक सींगदार बाघ पर प्रहार कर रहा है (चौथी सहस्राब्दी के सुमेर के देवता इअबनी या इउकिदु से मिलता है), अथवा देवता और नागों के मस्तक पर सींगों के अलंकार यही सूचित करते हैं। दूसरी कोटि में वे जंतु हैं, जिन्हें नितांत काल्पनिक नहीं कहा जा सकता जैसे एक शृंग और दो शृंग वाले पशु, जिनके सामने धूपदानी-जैसी कोई वस्तु है, अथवा किसी प्रकार की पूजा करते हुए पशु। तीसरे वास्तविक पशुओं की मूर्तियाँ, जैसे (1) पानी में पौड़ने वाला सामान्य भैंसा, (2) गौर (यह वैदिक नाम था) या अरना भैंसा, (3) ककुद्मान भारतीय बिजार या साँड, (4) गैंडा, (5) छोटे सींगों का बिना खुब्भ का नटिया बैल, (6) बाघ, और (7) हाथी। उनमें से कुछ, विशेषतः बाघ, गैंडा और अरना, सामने रखी हुई नाँद या खोर में से कुछ खाते हुए दिखाए गए हैं, जो इस बात के सूचक हैं कि पूजनीय पशुओं के सामने बलि-भोजन दिया जाता था। अंत में कुछ अन्य पशु-पक्षियों के चित्र और मूर्तियाँ हैं जैसे मेढ़ा, सुअर, कुत्ता, बंदर, रीछ, शशक, गिलहरी, तोता एवं अन्य चिड़ियाँ। इनमें से कुछ खिलौने थे और कुछ पूजन के लिए, जैसे तावीज की तरह काम में आने के लिए सोफयानी मिट्टी के बने भेड़, मेढ़े, गिलहरी और कुत्ते भी उसी ढंग के हैं। इनमें से कुछ पशु अब भी देवताओं के वाहन माने जाते हैं, जैसे शिव का वृषभ, दुर्गा का सिंह, यम का महिष, अग्नि का मेष, इंद्र का हाथी, हनुमान रूप में कपि अथवा गौरी का वन्य वराह।

स्नान के द्वारा शौच अथवा संस्कार-विधि से अभिषेक इस धर्म का एक अंग था। मोहेंजोदड़ो में स्नान महाद्रोणी मिली है, जो प्राचीन काल के अन्य नगरों की अपेक्षा विशेष रूप रखती है। उससे स्नान के प्रति इनका आस्थाभाव ज्ञात होता है।

सारांश : सिंधु उपत्यका के धर्म के निम्नलिखित अंग थे– (1) मातृदेवी या शक्ति की पूजा; (2) एक शिव के पूर्वरूपी पुरुषदेवता की पूजा; (3) निजी रूप में या आधे पशु रूप में, कल्पनाजन्य रूपों में पशुओं की पूजा; (4) वास्तविक वृक्षों अथवा उनके अधिष्ठाता वृक्ष-देवताओं की पूजा; (5) लिंग और योनि के प्रतीकों की पूजा; (6) अर्थ-साधना (Chrematheism) जो कि पवित्र 'धूप-पात्रों' की पूजा में

प्रतिबिंबित होती है; (7) रक्षावीटिका (तावीज) और गंडों में विश्वास, जो भूत-प्रेत की बाधा के भय को सूचित करते हैं; और (8) योग का अभ्यास । इन विशेषताओं से यह स्पष्ट है कि यह धर्म कुछ बाहरी अंगों के होते हुए भी मुख्यतः इसी धरती की उपज था और हिंदू-धर्म का पूर्वरूप ही था, जिसमें आज तक उपरोक्त कई विशेषताएँ पाई जाती हैं; जैसे शिवशक्ति की पूजा, नाग, पशु, वृक्ष और पाषाण (स्थूल) की पूजा एवं लिंग-योनि की प्रतीक-पूजा तथा योग ।

मृतक व्यवस्था : सिंधु सभ्यता के लोग अपने शव जलाते थे । यह बात उन भस्म रखने के बर्तनों से सूचित होती है, जिनमें मनुष्य की जली हुई हड्डियाँ या फूल और चिता की राख रखी मिली है एवं जिनके साथ पितरों को दी हुई बलि सहित छोटे-मोटे पात्र या परलोक में पितरों के काम में आने वाली कुछ सामग्री रखी हुई मिली है । ऐसे घड़े भी मिले हैं जिनमें बलि देने की कुल्हिया या हंडियाँ और मृतकोपयोगी अन्य वस्तुएँ रखी मिली हैं; किंतु अस्थि या फूल नहीं मिले, जिसका कारण संभवतः यह था कि दाह के बाद चिता में से फूल चुनकर उसका चूरा करके उसे प्रवाहित कर देते या छितरा देते थे, जैसे पंजाब में अभी तक होता है । श्री आरेल स्टाइल को बिलोचिस्तान के भिन्न-भिन्न स्थानों में इस प्रकार के अनेक भस्मीपात्र या समाधि के बरतन मिले थे । सर्वाङ्ग निखात अथवा आंशिक (शव को पशु-पक्षियों के भक्षणार्थ उघाड़ा रखकर बची-खुची हड्डियाँ एकत्र कर गाड़ने के) रूप में शव निखात या मृतकों के गाड़ने के उदाहरण बहुत कम हैं । सर्वाङ्ग निखात के रूप में इक्कीस कंकाल मोहेंजोदड़ो में मिले हैं, सात सार्वजनिक आवागमन के स्थान में और शेष एक कमरे में, जिनमें तीन प्रकार की मानव नस्लों की आकृतियाँ हैं—आदिम निषाद वंशी (Proto-Australoid), द्राविड़ वंशी (Mediterranean) और आर्य-वंशी (Alpine) । शवों के प्राप्त प्रस्तरों से ज्ञात होता है कि वे मोहेंजोदड़ो के अंतिम ह्रास के युग में गाड़े गए थे । हड़प्पा और बिलोचिस्तान में भी सर्वाङ्गी शव-निखात के सूचक कंकाल मिले हैं, किंतु वे बाद के हैं ।

विस्तार : मोहेंजोदड़ो और हड़प्पा में मिली हुई प्राचीन वस्तुओं से एक ऐसी समान और व्यापक संस्कृति का पता लगता है जिसकी जड़ें सिंधु और पंजाब में दूर तक फैली हुई थीं । इन प्रदेशों में और भी बहुत से ताम्र-युग के प्राचीन स्थल पाए गए हैं । सिंध में अधिकतः रोड़ी और खीरथर की पहाड़ियों में ताम्र-युग से प्राचीनतर नवपाषाण-युग की सभ्यता के प्रमाण पाए गए हैं; जैसे पत्थर के औज़ार, चकमक की कतरनें (Flint-flakes) और खड़ (Cores) एवं निखात शवों के ऊपर बनाए

गए मिट्टी के थूहे या स्तूप (Burrow)[1] और पत्थर के स्थाणु (Cairns) या पत्थर के खड़े-पड़े चीरे।

प्रारंभ और संबंध: सिंधु-उपत्यका की यह सभ्यता एक बृहत्तर हलचल की हिलोर थी, जिससे ताम्र-युग में समान प्राचीन सभ्यताओं का पश्चिमी एशिया और ईराक से लगाकर उत्तरी अफ्रीका तक विकास हुआ था और वहाँ की महान् नदियाँ इनकी धात्री बनी थीं; जैसे मिस्र में नील नदी, ईराक के नदीमातृक देश में उफ्रातु और तिग्रा नदी (Tigris, वर्तमान दजला का नाम बाबेरु की भाषा में दिजलत और प्राचीन ईरान में तिग्रा था), पश्चिमी ईरान में कारूँ और करखेह (कर्का नदी), जिसके काँठे में प्राचीन कर्क जाति रहती थी; और पश्चिमी अफगानिस्तान के सीस्तान (प्राचीन शकस्थान) की हेलमंद (सेतुमंत) नदी। अतएव इसमें आश्चर्य नहीं यदि सिंध (यह इस प्रदेश का वर्तमान नाम है; इसका प्राचीन नाम सौवीर था) और पंजाब की अधिक समृद्ध और विस्तृत नदीद्रोणियों में भी इस प्राचीन सभ्यता ने अपने केंद्र बनाए थे, अथवा आगे की खोज में गंगा-यमुना तक भी इसके प्रसार के चिह्न मिल जाएँ।

इन कई संस्कृतियों की निजी विशेषताएँ हैं, साथ ही एक-दूसरे से मिलते हुए लक्षण भी हैं। उदाहरण के लिए प्रत्येक देश में अपनी भाषा लिखने के लिए अपने-अपने संकेत बने थे। मिस्र देश की चित्रलिपि क्रीट की लिपि से, क्रीट की सुमेर से, सुमेर की एलम से भिन्न है, एवं अन्यत्र भी। परंतु लिपियाँ भिन्न होते हुए भी उनमें एक समानता है। वे वस्तुओं और भावों के सूचक चित्रार्थों का ही प्रयोग नहीं करतीं वरन् वास्तविक ध्वनियों की वर्णमाला की तरह भी उनका प्रयोग करती हैं। ऐसे ही कातने और बुनने की बात है। सिंधु उपत्यका में रुई और नील के तट पर सन काम में लाते थे, किंतु बुनने और कातने की कला, जो तत्कालीन सभ्य संसार की समान संपत्ति थी, दोनों जगह ज्ञात थी। यही बात चित्रित किए हुए बरतनों के बारे में भी है। प्रत्येक प्रदेश के कुम्हारों के बरतनों की आकृति और अंकन निजी थे, किंतु कुम्हार का चाक और आँवे में बरतनों को पकाने और पक्का रंग देने की क्रिया सबको विदित थी। औरों के साथ विचार और क्रियाओं की इस समानता के होते हुए भी सिंधु-सभ्यता का उसी प्रकार निजी व्यक्तित्व और राष्ट्रीय विशेषता है जैसे उसकी समकालीन अन्य महती नदी-मातृक सभ्यताओं की थी।

सिंधु-संस्कृति के विशिष्ट भारतीय लक्षण, जिनका उल्लेख अभी हो चुका है, संक्षेप में ये हैं—वस्त्रों के लिए रुई का प्रयोग, जो पश्चिम के अन्य देशों को दो-तीन

---

1. Burrow = tila; पुरातत्त्व-शास्त्र में शव के ऊपर बना हुआ थूहा। इसका प्राचीन अंग्रेज़ी में रूप था beorg। तुलना कीजिए जर्मन भाषा का berg = पहाड़; प्राचीन तिऊतन (bergoz); आर्य भेर्घ (Bhergh) = ऊँचाई।

शिव पशुपति

सहस्र वर्ष बाद भी ज्ञात नहीं था; (2) नागरिक जीवन और सुख-सुविधाओं की ऊँची स्थिति, जैसा कि साधारण पुरवासियों के काम में आने वाले आरामदेह घर, स्नान-प्रबंध, कुएँ और पानी के निकास की मोरियों से ज्ञात होता है। जो बात प्रागैतिहासिक मिस्र या पश्चिमी एशिया के अन्य किसी भी देश में न थी, जहाँ की वास्तविक कला में आलीशान महल, मंदिर और समाधियाँ तो थीं, किंतु थोड़ी पूँजी वाले मनुष्य या सर्वसाधारण के वास-स्थानों पर अधिक ध्यान नहीं दिया गया था; (3) तक्षण-कला में विशेष उन्नति, जैसे कि सोफयानी मिट्टी की ढली वस्तुओं से, या पत्थर की मुहरों में खुदे हुए वृषभ आदि पशुओं से, या ऊपर उल्लिखित मानवी मूर्तियों की अत्यंत सुंदर और मृदुल अंग-प्रत्यंग की रचना से विदित है; और (4) धर्म, जिसमें स्पष्ट ही अर्वाचीन हिंदू-धर्म की कितनी ही बातों के पूर्वरूप, जैसा कि ऊपर कहा जा चुका है, पाए जाते हैं।

काल : सिंधु-सभ्यता के काल का अनुमान उपरिनिर्दिष्ट उन समानताओं से अनुमानित होता है जो उसमें और प्राचीन काल की अन्य संस्कृतियों में, जिनका समय ज्ञात है, पाई जाती हैं; जैसे इतिहास के उषाकाल की सुमेर सभ्यता, एवं उसके बाद की जल-प्लावन से पूर्व की एलम (शूषा) और ईराक (तिग्रा-उफ्रातु) की सभ्यताएँ। सिंधु, एलम और ईराक की खुदाई में प्राप्त कई प्रकार की वस्तुओं में जो-कुछ विशेष समानताएँ देखी जाती हैं उन्हें यों ही कहकर नहीं टाला जा सकता, अवश्य ही ईसा-पूर्व चौथी सहस्राब्दी के अंत तक इन प्रदेशों के बीच में प्रचलित पारस्परिक संपर्क का ही वे फल हो सकती हैं।

इनमें सबसे महत्त्वपूर्ण पाँच मुहरें हैं, जिन पर सिंधु की छाप (लिपि और ककुद्मान वृष) असंदिग्ध है, और जो एलम और ईराक के प्राचीन स्थानों में मिली थीं। इनमें से उर और किश से प्राप्त दो मुहरें निश्चयपूर्वक पूर्व-सारगन-युग अर्थात् 2800 ई. पू. से पहले की हैं, यद्यपि मोहेंजोदड़ो में ऐसी मुहरें और भी प्राचीन स्तरों में प्राप्त हुई हैं। मोहेंजोदड़ो के अवशेषों के सात भिन्न स्तरों में प्रत्येक के लिए 500 वर्षों का भी समय माना जाए, क्योंकि बार-बार बाढ़ों के आने से वहाँ पुरानी वस्तुओं का ध्वंस और नई का निर्माण बहुत शीघ्रता से हुआ, तो सिंधु की सभ्यता का समय 3, 250-2,750 ई. पू. में उचित रूप से रखा जा सकता है, यद्यपि उसका मूल विकास और पूर्व इतिहास और भी पहले ले जाना होगा।

मुहरों के अतिरिक्त और भी कई प्रकार की वस्तुएँ और पदार्थ इन सभ्यताओं के आपसी घनिष्ठ संपर्कों को सूचित करते हैं। इनमें से उल्लेखनीय ये हैं–(1) अल्-उवैद से प्राप्त भारतीय सेलखड़ी के बरतनों के कुछ टुकड़े; (2) उपर्युक्त योगी की मूर्ति के वस्त्र पर तिफुलिया अलंकरण, जो सुमेर का समझा जाता है; (3) मुहरों पर शृङ्गवान् आकृतियाँ, जिनकी पहचान सुमेर के वीर-देवता (Hero-god)

इअबनी से की जाती है; (4) पच्चीकारी के काम की हकीक (Carnelian) की गुरियाँ, जिनकी निर्माण-विधि ठीक पूर्व-सारगन-युग की समाधियों में किश से मिली हुई गुरियों जैसी है; (5) बरतन, धूपदानी और तौलने के पत्थर के बट्टों आदि के प्रकार और आकार, एवं इसी तरह की अन्य बातें भी ।[1] श्री अर्नेस्ट मैके के अनुसार मोहेंजोदड़ो के रेखांकित बरतन उनकी अलंकरण-शैली के आधार पर शूषा-एक युग (लगभग 4,250 ई.पू.) अथवा शूषा-दो (लगभग 4,000 ई.पू.) बाद के युग के होने चाहिए, अर्थात् 3,250-2,750 ई.पू. के लगभग समय के, जिस काल के बिलोचिस्तान में श्री आरेलस्टाइन को प्राप्त हुए रेखांकित बरतन भी हैं ।

हाल में (1932) श्री वूली ने उर स्थान में एक समाधि की खुदाई करते हुए एक अन्य भारतीय मुहर उस स्तर से प्राप्त की है जिसे वे द्वितीय राजवंश और 2,800 ई.पू. के लगभग की बताते हैं, पर उसके समय और महत्त्व के बारे में उन्हें खुद संदेह है, क्योंकि वह अकेली एक कब्र में भराव की मिट्टी में पाई गई थी । ऊपर वर्णित पाँच मुहरों के विषय में भी तिथि-क्रम संबंधी इसी प्रकार की अनिश्चितता है ।

किंतु हमारे पास अपेक्षाकृत अधिक पुष्ट आधार उस सामग्री के रूप में है, जो शिकागो प्राच्य संस्थान के द्वारा प्रेषित ईराक में काम करने वाले विद्वन्मंडल (Iraq expedition) को बगदाद के समीप रेगिस्तान में स्थित टेल्ल असमर (प्राचीन एशनुन्न) की खुदाई में निश्चित स्तरों से प्राप्त हुई । इस स्थान में धरती के ऊपर ही अक्कद् देश के सम्राट सारगन (लगभग 2,500 ई.पू.) के समय की गोल लंबी मुहरें, बरतन और लेखयुक्त मिट्टी के ठीकरे प्राप्त हुए । एक मुहर में तो उसी वंश के अंतिम राजा षु-दुर-उल का नाम भी मिला । इसी सामग्री में निश्चितरूपेण भारतीय वस्तुएँ भी प्राप्त हुईं, जिनके सिंधु-उपत्यका से यहाँ लाए जाने में भी कोई संदेह नहीं रहता और इस प्रकार सिंधु-सभ्यता का भी संशयरहित काल ज्ञात हो जाता है । पशुओं से अंकित एक मुहर ऐसी मिली जिस पर हाथी और गैंडे के चित्र हैं, जो बाबेरू देश (बेबीलोनिया देश) में नहीं पाए जाते । इनके चित्रों की शैली में भी सिंधु-शैली की छाप है—विशेषतः हाथी के पैर, कान और त्वचा के दोहरे पर्त की एवं मेढ़े के कानों के अंकन की विशेष रीति में । इससे कोई संदेह नहीं रहता कि यह मुहर सिंधु की उपत्यका से लाई गई थी और 2,500 ई. पू. के लगभग एशनुन्न में आ चुकी थी । इस स्थान से प्राप्त ऐसी ही अन्य भारतीय वस्तुएँ ये हैं—छापने की चौकोर मुहरें जिनके पीछे पकड़ने का सूराखदार टुनटुना बना है और चितदाँव एक

---

1. लंदन की राजकीय प्राच्य पत्रिका, 1931, पृ. 593-6 में एक लेखक ने भारत और ईराक के बीच संपर्क के तीन सूत्र बताए हैं—लिपि, चित्रित बरतन और चौकोर ईंटें । भारतीय लिपि का तो आरंभ में ही सुमेर लिपि के सामने परित्याग कर दिया गया था । 3,500 ई. पू. के बाद भारतीय प्रकार की चौकोर ईंटें भी हट जाती हैं और उनका स्थान बीच में उभरवाँ ईंटें ले लेती हैं ।

के भीतर एक चौक बने हैं, जो बनावट मोहेंजोदड़ो में सामान्यतः मिलती है, पर मेसोपोटामिया में नहीं पाई जाती; हकीक की खचित गुरियाँ (जिन पर पच्चीकारी का काम है) जो निश्चित रूप से भारतीय होते हुए अक्कदी गुरियों के साथ मिली-जुली पाई गई हैं; अथवा पच्चीकारी के खाँचों में बैठाने के लिए हड्डी के छोटे-छोटे पत्तर, जिनकी आकृति वृत्त-जैसी गोलाई लिए है और जो मोहेंजोदड़ो से प्राप्त शंख के बने हुए इसी प्रकार के खचित पत्तरों से यथावत् मिलते हैं; पर वे मेसोपोटामिया के नहीं हैं।

बगदाद की इस खुदाई के स्थान में पाँच क्रमिक स्तर निकले हैं, अर्थात् (1) लारसायुग (2,186-1,931 ई.पू.), (2) प्राक्-सारगनयुग, जो आक्रमणकारी पर्वतीय जातियों से संबंधित है, (3) और (4) सारगनयुग, जिसकी मुहरें और अभिलिखित मिट्टी के ठीकरे मिले हैं, और (5) प्राचीनतम युग, जिसमें उर की समाधियों के समकालीन घर मिले हैं जो बीच में उभरी हुई ईंटों से बने हैं। इस प्रकार श्री वूली के कथनानुसार उर से प्राप्त सामग्री बगदाद की सामग्री से एक सहस्र वर्ष अधिक पुरानी है, अर्थात् लगभग 3,500 ई.पू. की है। इस तरह बाबेरू मिस्र से भी अधिक पुराना ठहरता है, जहाँ प्राचीनतम राजवंश का समय तीन हजार ईस्वी पूर्व से पहले का नहीं है। इस मत से तो सिंधु-सभ्यता का समय और भी पीछे ले जाना पड़ेगा।

अंततः यह ध्यान देने योग्य है कि एशनुन्न में सारगन-कालीन घरों से प्राप्त वस्तुएँ (जैसा कि लेखों में मिश्रित उल्लेख है) मोहेंजोदड़ो की सामग्री से वैसी गहरी समता नहीं रखतीं जैसी कि पहले कही हुई छह मुहरें। इस अंतर के पीछे भौगोलिक या तिथि-क्रम संबंधी कारण हो सकते हैं। बगदाद की मुहरें सिंधु-सभ्यता के मोहेंजोदड़ो-युग से बाद की या पहले की हो सकती हैं अथवा वे सिंधु सभ्यता के अन्य किसी केंद्र से बगदाद ले जाई गई होंगी। संभवतः दूसरा पक्ष अधिक सत्य है। जो भी हो यह तो स्पष्ट ही है कि मोहेंजोदड़ो में गोचर सभ्यता प्राचीन सिंधु-सभ्यता का एकमात्र अथवा सबसे प्राचीन उदाहरण नहीं है, जैसा कि पहले लिखा जा चुका है (ईराक-उत्खनन की खुदाई के अध्यक्ष डॉ. एच. फ्रेंकफोर्ट का 5 मार्च सन् 1931 को प्रकाशित पत्र)।

निर्माता : इस सभ्यता के निर्माता कौन थे ? मोहेंजोदड़ो में प्राप्त नर-कंकालों से चार नस्लों का प्रमाण मिलता है, अर्थात् आद्य-निषाद,[1] भूमध्यसागर से संबंधित जन[2] मंगोल और अल्पाइन[3]। आद्य-निषाद जाति के लोग (Proto-

1. जिनके वर्तमान वंशज कोल, भील आदि हैं।
2. वर्तमानकालीन लंबे कपाल वाले हिंदुस्तानियों में प्राप्त।
3. चौड़े सिर वाले गुजराती, मराठी, बंगाली आदि जातियों में निर्दिष्ट।

Australoids) भारतीय महाद्वीप के निवासी थे, भूमध्यसागरीय नस्ल के लोग एशिया के दक्षिणी भाग से आए, अल्पाइन पश्चिमी एशिया से, मंगोल-किरात वंश के पूर्वी एशिया से। इस प्रकार सिंधु की जनता उस पूर्व युग में भी नानादिग् देशागत थी। नर-कपालों से प्राप्त साक्षी का समर्थन मूर्तियों से भी होता है। मोहेंजोदड़ो से प्राप्त पत्थर की मूर्तियाँ कई नस्लों के सम्मिश्रण का संकेत करती हैं। पर इस प्रकार के प्रमाण में बहुत सावधानी की आवश्यकता है। शिल्पी या कलाकार नृविशेषज्ञ तो थे नहीं जो मूल मस्तकों की सच्ची प्रतिकृति बनाते। प्राप्त कपालों की संख्या भी इतनी कम है कि उससे मोहेंजोदड़ो की जनसंख्या में प्राप्त विविध जातियों का निःशंक अनुमान नहीं निकाला जा सकता। हड़प्पा से प्राप्त मस्तकों की संख्या कम ही है। और उसमें भी विशेषज्ञों द्वारा केवल तीन जाने गए हैं। दोनों स्थानों से प्राप्त अस्थि-पंजरों की सामग्री बहुत ही थोड़ी है।

दूसरा प्रश्न जो उठाया जा सकता है वह यह है—क्या सिंधु के निवासी द्रविड़ थे? यह इसलिए, क्योंकि जिन सुमेर के लोगों के साथ सिंधवासियों का इतना घनिष्ठ संबंध था, वे भी उस नृवंश के माने जाते हैं जिसके द्रविड़ हैं। बिलोचिस्तान की ब्राहुई भाषा बताती है कि अत्यंत प्राचीन काल में द्रविड़ लोग उत्तर के उन प्रदेशों में थे। इस प्रश्न में कठिनाई यह है कि सुमेर और द्रविड़ इन दोनों जातियों की निश्चित परिभाषा दुष्कर है, क्योंकि वे स्वयं मिलावट से बने हैं। यदि द्रविड़ को पश्चिम से आए आक्रमणकारियों के रूप में मान लिया जाए तो भी उनका मूल नृवंश भारतीय निषाद जाति के साथ अंतर्विवाह के कारण घुल-मिलकर परिवर्तित हो गया। यदि उन्हें भारत का ही मूल निवासी माना जाए, तो वे स्वयं आदिवासी निषाद वर्ग के ठहरते हैं, जो पीछे चलकर स्वाभाविक विकासक्रम से एवं बाहरी तत्त्वों की मिलावट से द्रविड़ हो गए। दोनों ही अवस्थाओं में, चाहे वे पश्चिम से पूर्व या पूर्व से पश्चिम गए हों, मोहेंजोदड़ो से प्राप्त थोड़े-से नर-कंकालों की पहचान से, न उन्हें द्रविड़ कह सकते हैं न सुमेरवासी।

वैदिक सभ्यता के साथ सिंधु-सभ्यता के मिले हुए सूत्र : अंत में, प्रश्न यह है कि सिंधु के निवासी और उनकी संस्कृति का ज्ञान ऋग्वेद में पाया जाता है या नहीं अर्थात् सिंधु संस्कृति वैदिक संस्कृति से पहले की है या पीछे की एवं उसकी पूर्वज है या वंशज?

ऋग्वेदकालीन भारतवर्ष की समीक्षा हम आगे करेंगे। ऋग्वेद की सामग्री के सम्यक् पर्यालोचन से यह ज्ञात होगा कि उसमें जो अनार्य लोगों और उनकी सभ्यता के उद्धरण हैं, वे सिंधु के निवासी जनों पर लागू हो सकते हैं। जैसा आगे चलकर बताया जाएगा, ऋग्वेद की प्राचीनता 15वीं शताब्दी ई. पूर्व के उन लेखों से सिद्ध

होती है, जो खत्ती जाति की राजधानी बोगज कुई से मिले हैं, और जिसमें ऋग्वैदिक देवताओं के विशेष नाम हैं, जिससे सिद्ध होता है कि ऋग्वेद का जन्म इतने पूर्व काल में हुआ था कि उसकी संस्कृति भारत से मेसोपोटामिया तक उस प्राचीन समय में भी पहुँच गई थी। यदि छठी शती ई. पू. के लगभग बौद्ध धर्म के उदय से पहले संस्कृत भाषा और साहित्य के विकास पर सही दृष्टिकोण से विचार किया जाए तो हम ऋग्वेद को 2,500 ई. पू. के बाद नहीं रख सकते, जबकि उसके रूप का अंतिम संपादन हो चुका था। तिथिक्रम-संबंधी इन समस्याओं को ध्यान में रखते हुए आचार्य लेंडन ने यह परिणाम निकाला था कि 'यह बहुत अधिक संभव है कि भारतीय आर्य ही इंडो-जर्मन जाति के सबसे प्राचीन प्रतिनिधि हैं।' अपने मत के समर्थन में उनका यह अनुमान है कि ब्राह्मी-लिपि सिंधु-लिपि से ही निकली है।

अनार्य अथवा भारतीय आदिम निवासियों के बारे में भी ऋग्वेद में बहुत-सी सामग्री है। आर्येतरों को उसमें दास, दस्यु या असुर कहा गया है। एक में रतमुहे (पिशंग), पिशाच और राक्षसों का उल्लेख है, जो भीषण शब्द निकालते और युद्ध के समय हल्ला करते थे। इसमें अनार्य वीरों और जनों का भी उल्लेख है (अग्रिम अवतरण देखिए)। इसमें अनार्य सभ्यता की कुछ सार्थक विशेषताओं का उल्लेख है जो सिंधु-सभ्यता की सूचक और उसके सदृश हैं। उदाहरण के लिए आर्येतर लोगों को अपरिचित भाषा में बोलने वाला (मृद्धवाक्), वैदिक कर्मों से रहित (अकर्मन्), वैदिक देवों के न मानने वाले (अदेवयु), श्रद्धा और धार्मिक विश्वास से रहित (अब्रह्मन), यज्ञों से शून्य (अयज्वन्), एवं व्रतों से रहित (अव्रत) कहा गया है। वे केवल अपने नियमों का पालन करने वाले (अन्यव्रत) थे। इन नकारात्मक संकेतों के अतिरिक्त एक निश्चयात्मक सूचना अनार्यों के विषय में दी गई है कि वे लिंग-पूजक थे (शिश्नदेवाः ऋ. 7/21/5; 10/99/3)।

अनार्य संस्कृति के इस ऋग्वैदिक वर्णन में ऐसी कोई बात नहीं है जो सिंधु-संस्कृति के उलटी पड़ती हो। हम ऊपर देख चुके हैं कि सिंधु-निवासियों के धार्मिक आचार में लिंग-पूजा का विशेष स्थान था, जबकि उनकी भाषा, जो अब तक पढ़ी और समझी नहीं जा सकी है, संस्कृति से बिलकुल भिन्न थी, जैसा ऋग्वेद में लिखा है।

आर्येतर सभ्यता के वास्तविक स्वरूप के विषय में यह कहा जा सकता है कि ऋग्वेद में नगर और पुर, पृथिवी और उर्वी अर्थात् लंबी-चौड़ी धरती, जो गायों से भरी हुई होती थी (गोमती), सौ खंभों वाले (शतभुजी), पत्थरों से बने हुए (अश्ममयी) और शरद ऋतु में काम आने वाले (शारदी) दुर्गात्मक नगरों का वर्णन है जिनमें लोग नदियों की बाढ़ से आत्म-रक्षा करते थे। एक आर्येतर देश के सौ पुरों का भी इसमें उल्लेख है। वैदिक देव इंद्र को भी यहाँ पुरंदर 'पुरों का भेदन करने वाला' कहा गया है। क्या इन सब उल्लेखों का मेल सिंधु-उपत्यका की

नगर-प्रधान सभ्यता से मिलता हुआ नहीं दीखता ? ऋग्वेद में एक व्यापारी जाति का वर्णन है जिसे पणि कहा गया है, एवं तुर्वशु और यदु नाम के जनों को समुद्र पार का कहा गया है ।

मोहेंजोदड़ो से प्राप्त कुछ नर-कपाल आदिम जाति के, जिसे ऋग्वेद में अनास अथवा चपटी नाक वाली और कृष्ण-वर्ण अथवा काले-कलूटे रंग वाली कहा गया है, प्रतीत होते हैं ।

अधिकांश पशु, जो सिंध के लोगों को ज्ञात थे, ऋग्वेद में भी मिलते हैं; जैसे भेड़, बकरी, कुत्ता, बैल (4/15/6; 8/22/2; 7/55/3) । ऋग्वैदिक मनुष्य मृग (10/39/8), वराह (10/86/4), गौर, जंगली भैंसा, (10/51/6), सिंह (10/28/10) और हाथी (8/2/6), इन पशुओं से शिकार के लिए परिचित थे और ये ही सिंधु-उपत्यका में भी ज्ञात थे । केवल घोड़े ऋग्वैदिक भारत में पाले जाते थे, सिंधु-उपत्यका में नहीं ।

धातुओं में ऋग्वेद में सोने (हिरण्य) के (1/122/2) गहनों का वर्णन है । ये आभूषण कान के कुंडल (कर्ण-शोभन, 7/78/3), कंठे (निष्कग्रीव, 2/33/10) नूपुर (खादि, 1/166/9 और 5/54/11) और हार (रुक्मवक्ष) और गले में मणियाँ (मणिग्रीव, 1/122/14) थे । इनमें से अधिकांश आभूषण मोहेंजोदड़ो के पुरवासी भी पहनते थे ।

सोने के अतिरिक्त ऋग्वेद में एक अयस् नामक दूसरी धातु का भी वर्णन है, जिसके बर्तन बनते थे (अयस्मय, 5/30/15) । इस धातु को ठठते या पीटकर बढ़ाते भी थे (अयोहत, 9/1/2) । संभवतः ऋग्वेद में अयस् का अर्थ ताँबा है । अथर्ववेद में बाद में लोहे को 'श्याम अयस्' कहा गया है और ताँबे को लाल (लोहित) अयस् (11/3/1/7) कहकर भिन्न माना गया । ऋग्वेद में पत्थर के कुछ हथियारों का भी उल्लेख है, जैसे अश्मचक्र या पत्थर की गरारी (10/101/7), अद्रि (1/51/3), अथवा अशनि या पत्थर के गुल्ले (6/6/5) ।

सिंधु उपत्यका में अज्ञात कई प्रकार के कवचों का वर्णन ऋग्वेद में आता है; जैसे वर्म (6/75/1), वह कवच या बख्तर जो धातु के तवों को सीकर (स्यूत) बनाया जाता था (1/35/15) और शरीर पर कसा हुआ रहता था, अथवा अयस् (4/37/4) या सोने (हिरण्य, 2/34/3) का बना हुआ शिप्र (5/54/11) । ऋग्वेद में स्त्री-पुरुषों के केश-संस्कार के समतुल्य ही मोहेंजोदड़ो में भी बालों में कंघी करके तेल डालने की प्रथा थी । स्त्रियाँ बालों की पटियाँ काढ़ती थीं । एक युवती को चतुष्कपर्दा (ऋग्वेद, 10/114/3) अर्थात् चार जूड़े वाली कहा गया है । पुरुष भी अपने केशों का कभी-कभी जूड़ा बाँधते थे, या सिर पर सामने की ओर सोने का पात या सिंगारपट्ट पहनते थे (ओपश, 1/173/6) । वसिष्ठों को दाहिनी ओर

जूड़ा बाँधने वाला बताया गया है (7/33/1)। पुरुष दाढ़ी (श्मश्रु, 2/11/17) भी रखते थे।

सिंधु-सभ्यता की अद्वितीय विशेषता अर्थात् रुई से वस्त्र बुनने की कला ऋग्वेदकालीन भारतवर्ष में भी एक सुपरिचित उद्योग है। ऋग्वेद में बुनकर को वाय (10/23/6), करघे को वेमन्,[1] चरखी को तसर (10/130/2), ताने को ओतु (10/130/2), बाने को तंतु (6/2/9), ताना पूरने के खूँटों को मयू (10/130/2) कहा गया है।

ऋग्वेद की इस सामग्री का उल्लेख यह बताने के लिए नहीं किया गया है कि ऋग्वैदिक सभ्यता सिंधु-सभ्यता की पूर्वगामिनी या उत्तराधिकारिणी थी। हमारा अभिप्राय केवल यह दिखाने का है कि जिन भौगोलिक और ऐतिहासिक परिस्थितियों में ऋग्वेद की रचना हुई (जिनका आगे वर्णन किया जाएगा) उनमें आर्येतर लोगों की संस्कृति और जीवन-परिस्थितियों से आर्यों का परिचित हो जाना स्वाभाविक था, जिनमें से कुछ का उल्लेख ऋग्वेद में आ गया है और जो मोहेंजोदड़ो से प्राप्त सामग्री से मिलता है। तात्पर्य यह है कि ऋग्वेद के आर्येतर वे लोग हो सकते हैं जिन्होंने सिंधु-सभ्यता का निर्माण किया। इस अनुमान का मेल इस सर्वस्वीकृत मत से भी ठीक बैठता है कि ऋग्वेद का काल 2,500 ई. पू. के बाद का नहीं है तथा वह सिंधु-उपत्यका के प्राथमिक इतिहास के लगभग समकालीन ठहरता है।[2]

प्रागैतिहासिक मानव : अब हमें ऊपर-तले की इन प्रागैतिहासिक संस्कृतियों का संबंध उन मानव-जातियों के साथ यथासंभव लगाकर देखना चाहिए जो इनके जन्मदाता थे। यह पुरातत्त्व का नृतत्व से संबंध मिलाना हुआ। मानव-जातियों, उनके मूल, जन्म और संबंधों की छानबीन शारीरिक, भाषा-संबंधी एवं सांस्कृतिक विशेषताओं पर निर्भर है। इस प्रकार का अध्ययन एक विशेष अतिरिक्त ग्रंथ के सिवाय नहीं हो सकता।

कपाल संबंधी सामग्री : मानव जातियों के अध्ययन के लिए प्रागैतिहासिक कपालों की सामग्री भारतवर्ष में अभी थोड़ी ही है। केवल कुछ ही जगह यह मिली है—आदिचनल्लूर और दक्षिण भारत में कुछ स्थान, स्यालकोट, भरतपुर के पास बयाना, बिलोचिस्तान में नाल और मोहेंजोदड़ो। बस भारतीय प्रागैतिहासिक कपाल-विद्या का क्षेत्र इतने ही में समाप्त हो जाता है। इन स्थानों में मिले हुए

1. यह प्रमाण मूल ऋग्वेद में नहीं, यजुर्वेद—19/83 में है।—अनुवादक
2. देखिए सर जॉन मार्शल और दूसरे लेखकों की पुस्तक—'मोहेंजोदड़ो और सिंधु-सभ्यता' 3 जिल्दों मे।

नर-कपाल विभिन्न प्रकार के हैं, आद्य आग्नेय कुल, भूमध्यसागरीय कुल, पर्वतीय कुल अथवा लंबी कपाली[1] और नाटी कपाली के। इससे ज्ञात होता है कि मोहेंजोदड़ो की जनता में सब लोग समान मानव-कुल के नहीं थे, किंतु मिली-जुली आबादी थी।

यह भी मानना पड़ता है कि भारत के सबसे पहले के निवासियों में लंबी कपाली और नाटी कपाली, दोनों प्रकार के लोग थे; जैसा उपलब्ध नर-कपालों से ज्ञात होता है।

मानव-कपाल की इन दो रूपों में भिन्नता पहले-पहल उन वानर या वनमनुष्यों के वंश में मिलती है जिनसे मनुष्य का विकास हुआ। पुरखा कुल का आकार नाटी कपाली का था और कपाल का लंबा रूप बाद में विकसित हुआ। यद्यपि शुरू से ही कुछ अनुपात ऐसे लोगों का भी था जो लंबी कपाली के थे।

हब्शी : भारत में सबसे पहले बसने वाले मनुष्य कृष्णदेह और नाटे हब्शी जाति के थे, जिनमें से बचे हुए कुछ लोग आज भी अंडमान द्वीप में रहते हैं; और शायद सुदूर दक्षिण भारत के छोर पर रहने वाली कड़ार और उरली जातियाँ भी इनमें से हैं, जिनका कद नाटा और बाल घुँघराले हैं। इस श्यामांग नाटी जाति ने धनुष का आविष्कार किया। यही संस्कृति को उनकी देन थी।

आदिम आग्नेय या निषाद वंशी लोग : नाटे श्यामांग लोगों के बाद एक लंबी कपाली वाली दूसरी जाति आई जिन्हें आदिम आग्नेय-वंशी अथवा आदिम निषाद जाति कहा गया है। अब उनका मूल निवास फिलस्तीन में माना जाता है, न कि पूर्वी द्वीपसमूह या आस्ट्रेलिया में जैसा कि अब तक समझा जाता था। ये आदिम आग्नेय-वंशी लोग ही भारतवर्ष के सच्चे आदिवासी हैं क्योंकि उनकी सूरत-शक्ल और विशेषताओं से युक्त मानव का नमूना ही भारतवर्ष में आगे चलकर स्थिर हो गया, यद्यपि इस देश में वे लोग बहुत पहले पश्चिम से आए थे। इनकी सूरत-शक्ल की छाप सबसे शुद्ध रूप में वेद्दा लोगों में मिलती है। भारतवर्ष में

---

1. अंग्रेजी Dolicho-Cephalic—वे कपाल जिनकी चौड़ाई लंबाई के 4/5 से कम हो। हिंदी लंबा कपाल—यह शब्द संस्कृत साहित्य में प्रयुक्त हुआ है। मानव-जातियों के वर्गीकरण के लिए दो मुख्य आधार-भाव हैं। पहला, कपाल की नाप (Cephalic Index), अर्थात् कपाल की अधिकतम चौड़ाई (एक कान के ऊपर से दूसरे कान के ऊपर तक की नाप) का उसकी अधिकतम लंबाई (ललाट की शिरोरेखा से सिर की गुद्दी तक के नाप) से अनुपात। यह नाप 75 प्रतिशत या उससे कम हो तो लंबी कपाली और उससे ऊपर हो तो नाटी कपाली मानी जाती है। दूसरा नासिका संबंधी नाम (Nasal Index), अर्थात् नाक की चौड़ाई का उसकी ऊँचाई से अनुपात। पतली नाकवाले (तुंगनासिकः—Leptorrhine) चेहरे के नक्श में यह अनुपात 70 प्रतिशत से कम और चपटी नाक वाले (पृथुनासिकः—platyrrhine) नक्श में 85 से 100 प्रतिशत होता है।

सबसे ऊँची जातियों को छोड़कर अन्य दूसरी जातियों में जो चौड़ी नाक और काला रंग मिलता है, वह इसी मूलभूत जातीय तत्त्व से आया है ।

कृष्णद्वीपीय जातियाँ : नाटे हब्शी और आदिम निषादीय जाति-तत्त्वों के सम्मिश्रण से विकसित होकर जो नया स्थिर जाति-तत्त्व निर्मित हुआ, वह कृष्णद्वीपीय (melanesian)[1] कहलाता है । इस सूरत-शक्ल के लोग आसाम और बर्मा के बीच के पहाड़ी इलाके में, निकोबार द्वीप में और मलाबार समुद्री तट पर पाए जाते हैं । इनकी संस्कृति के कुछ विशेष चिह्न हैं, जैसे मृत व्यक्ति के शव को खुले में छोड़ देना और छोटी-छोटी डोंगियों को देवता मानकर उनकी पूजा करना । लेकिन इस जाति के लोग सांस्कृतिक इकाई के रूप में हमारे देश में अलग नहीं पाए जाते । वे औरों के साथ घुले-मिले हैं ।

आदिम आग्नेय वंशी जाति द्वारा संस्कृति को देन : मुंडा :आदिम आग्नेय या निषाद वंश के लोगों ने नव-पाषाण-युग की संस्कृति की नींव डाली और मिट्टी के बरतनों का आरंभ किया, किंतु भाषा के क्षेत्र में उनकी देन अधिक स्थिर और महत्त्वपूर्ण है । वे लोग उन आग्नेयवंशी भाषाओं के बोलने वाले थे जो पंजाब से न्यूजीलैंड तक और मेडागास्कर से ईस्टर द्वीप तक के विशाल क्षेत्र में फैली हुई हैं । भारतवर्ष में इन भाषाओं का वंश 'मुंडा' कहलाता है, जो इस देश में बोली जाने वाली भाषाओं में सबसे प्राचीन है । भारतवर्ष के मुंडा-भाषी क्षेत्रों पर विचार करने से इस बात पर प्रकाश पड़ता है कि आदिम आग्नेय जातियों के आने और फैलने का मार्ग कौन-सा था । उनका फैलाव या तो पूर्व से पश्चिम की ओर या पश्चिम से पूर्व की दिशा में होना संभव है । मुंडा-भाषा लद्दाख और सिक्किम के बीच में हिमालय की भीतरी पट्टी में, मध्यप्रदेश के पश्चिम में, और दक्षिण की ओर गंजाम और विशाखपत्तन के पहाड़ी क्षेत्र में जीवित है लेकिन गोदावरी से नीचे नहीं । न केवल दक्षिण-पूर्वी एशिया और प्रशांत महासागर की भाषाओं के साथ मुंडा भाषा की समानता है, बल्कि संश्लेषात्मक प्रकृति वाली प्राचीन सुमेर देश की भाषा से भी । इस प्रकार यह समझा जाता है कि आग्नेयवंशी भाषाएँ एशिया के मध्यभाग में या दक्षिण-पूर्वी भाग में किसी एक जगह पहले-पहल उत्पन्न हुईं, जहाँ से वे दक्षिण की ओर फैल गईं ।

मुंडा भाषा-भाषी लोगों को मुंडा, कोल, निषाद आदि नामों से पुकारा जाता है । उनकी संख्या 60 लाख से ऊपर है, जिनमें ये हैं—संथाल (लगभग 23 लाख), भील (18 लाख), कुरुंब (9 लाख), मुंडा (6 लाख), शवर (5 लाख), हो (4 लाख) ।

1. Mela= मलिन, काला या कृष्ण । Nesia = द्वीप ।

इनमें और भी कुछ छोटे कबीले, जैसे कोरवा (सरगुजा और मिर्जापुर में), जुंग (ढेंकानल में), या कोर्कू (पंचमढ़ी के पहाड़ी इलाके में) सम्मिलित हैं। संथाल परगना और छोटा नागपुर, मध्यप्रदेश के कुछ भाग, उड़ीसा और मद्रास, इस लंबे-चौड़े क्षेत्र में एक पृथक् आदिम मुंडा या कोल जाति की सभ्यता अनेक युगों से चली आ रही है, जिसके विशेष लक्षण ये हैं—स्वतंत्र ग्राम-संस्थाएँ, सामूहिक रीति से शिकार करना तथा व्रत रखना, जाति-भेद का अभाव, प्रत्येक कबीले द्वारा बलि देकर अपने वृक्षदेवताओं की पूजा करना, जाति के अपने नियम-विधान, छोटे अपराधों के लिए जाति-बिरादरी की दावत के रूप में दंड और भारी अपराधों के लिए जाति से बाहर करना या कृषि आदि के द्वारा दंडित करना,[1] इत्यादि।

किरात (मंगोल) : द्रविड़ भाषाओं से भिन्न कुछ भाषाओं में किरात या मंगोल भाषाओं के अंश पाए जाते हैं, जिन्हें मौन-ख्मेर भाषाएँ कहते हैं। उनके बोलने वाले आसाम की खासी पहाड़ियों में, उत्तरी बर्मा के पहाड़ी इलाके में, दक्षिणी बर्मा, मलाया प्रायद्वीप और निकोबार द्वीप के कुछ भागों में रहते हैं। पूर्व से आने वाले मंगोल जातीय आगंतुकों के साथ ये भाषाएँ भारत में आईं, कुछ तो ब्रह्मपुत्र नदी के किनारे-किनारे तिब्बत से और कुछ चीन से बर्मा में माँगंगा (मीकांग), सालवीन और इरावती नदियों के रास्तों से। यह भी ज्ञातव्य है कि पूर्व की ओर से कुछ अन्य अभियानों के साथ भारत में भोट (तिब्बती) और चीनी परिवार की दो भाषाएँ और आ गईं। एक तो भोट-बर्मी, जिसके बोलने वाले लोग हैं अलमोड़ा और गढ़वाल के भोटिए, उत्तरी आसाम के डफला, अबोर, मीरी और

1. डॉ. हैडन के अनुसार मुंडा-भाषी लोग भारतीय द्वीपसमूह में बसने वाली जाति के थे, जो गंगा की अंतर्वेदी और पश्चिमी बंगाल के अपने मूल स्थान से पोलीनीशिया तक फैल गई थी। उसकी सांस्कृतिक पहचान कुछ वस्तुओं में पाई जाती है, जैसे भारत और लंका के पश्चिमी तट पर मिलने वाली छोटी पालदार डोंगी (Outrigger Canoe), नारियल का पेड़ एवं भारतीय द्वीपसमूह, हिंद-चीन, बर्मा और भारत के कुछ हिस्सों में पाई जाने वाली वाशी या बसूली, जिसके ऊपरी भाग में कंधों के दोनों ओर कोर निकली हों (Shouldered Celt)। चौरस कंधों की कोरदार बसूलियाँ इरावदी नदी के आसपास बहुत होती हैं। संथाल परगना एवं भारत के दक्षिणी और मध्य भाग में जिस तरह की पत्थर की बसूलियाँ प्रायः मिलती हैं उनसे इरावती वाली भिन्न होती हैं और उनका संबंध मोहेंजोदड़ो से प्राप्त काँसे और ताँबे की बिना कोरवाली बसूलियों से है। छोटा नागपुर क्षेत्र में प्रागैतिहासिक श्मशान-भूमियों में भी कोरदार ताँबे की आयसी वाशी (Celts) मिलती हैं। अतएव यह निश्चित नहीं कि इरावती प्रदेश में मिली हुई पत्थर की घिसी हुई और कोरदार बसूलियाँ (अश्मन्वती वाशी) भारत की ताम्र-वाशियों से पहले की हैं या बाद की। यदि ताम्र-वाशी बाद की हैं, तो मानना पड़ेगा कि कोरदार पत्थर की वाशी भारतवर्ष में हिंद एशिया से लाई गईं। यदि मोहेंजोदड़ो में प्राप्त ताम्र-वाशियाँ पूर्वकालीन थीं तो पत्थर की वाशी भारत या हिंद एशिया में पश्चिम की ओर गई होंगी। यह अधिक संभव है कि इरावती की चौरस और अत्यंत घुटी हुई वाशियाँ पत्थर की नकल न होकर किसी धातु के बने हुए मूल से निकली होंगी।

मिश्मी, पश्चिमी आसाम की पहाड़ियों के निवासी गारो, नागा पहाड़ियों के कूकी-चीन, कूच-बिहार, नौगंज, कामरूप और गोआलपाड़ा के बोदो या कोच, उत्तरी इरावती के पास के रहने वाले काचीन या सिङ्फो, और बर्मी लोग; और दूसरी स्यामी-चीनी परिवार की भाषा जो पूर्वी बर्मा के शान प्रदेश में बोली जाती है।

पूर्व से आने वाली मंगोल जाति का प्रभाव उनकी भाषा के क्षेत्र से कहीं अधिक आगे तक बढ़ गया था, जैसा कि मोहेंजोदड़ो में प्राप्त मिट्टी की मूर्तियों और नर-कपालों से ज्ञात होता है।

प्राचीनतम भाषाएँ : पूर्व विवरण से ज्ञात होगा कि भारत के इन आदिवासियों ने कुछ प्राचीनतम भाषाओं का दान देश को दिया, जैसे मुंडा (निषाद), मौन-ख्मेर (किरात वंश की), आग्नेय द्वीपों की एवं भोट-चीनी परिवार की भाषाएँ। जैसे आगे ज्ञात होगा, ये भाषाएँ द्रविड़ भाषाओं के द्वारा और भी अधिक दक्षिण-पूर्व की ओर ढकेल दी गईं, जिस प्रकार स्वयं द्रविड़ भाषाओं को आर्य भाषाओं के दबाव से स्थान छोड़ना पड़ा।

भूमध्यसागरवासी और आरमीनियन स्वरूपी लोग : आदिम निषाद या मुंडा जातियों के बाद भारत में भूमध्यसागर के तटवासी मनुष्यों की कई लहरें आईं। उनकी एक आरंभिक धारा अपनी संश्लेषात्मक भाषा के साथ गंगा की अंतर्वेदी की ओर बढ़ आई जहाँ उसने आरंभिक मुंडा जातियों के साथ घुलमिलकर उनकी आग्नेय भाषाओं को प्रभावित किया, जैसा कि ऊपर निर्देश किया गया है। उन्होंने नौ-प्रचार; कृषि और अनगढ़ पत्थरों के भवन-निर्माण की नींव डाली। पीछे से भूमध्यसागरीय आगंतुक लोगों ने अपनी उस उन्नत संस्कृति और सभ्यता को लेकर यहाँ प्रवेश किया जिसका निर्माण उन्होंने तिग्रा-उफ्रातु की अंतर्वेदी (मेसोपोटामिया) में आरमीनिया के मूल निवासियों के साथ मिलकर किया था। भूमध्यसागर तटवासी लोग लंबी कपाली के थे, जबकि अल्पाइन वंश के आरमीनियन पृथु-कपाल या चौड़ी कपाली के थे। यद्यपि उनकी मुख्य बस्ती आरमीनिया और अनातोलिया में थी, वे थोड़े-बहुत भूमध्यसागर तटवासी लोगों के साथ घुल-मिल गए, और एशिया माइनर और मेसोपोटामिया में फैल गए; यहाँ तक कि सुमेर देश की जनता में उनका महत्त्वपूर्ण स्थान था। इस प्रकार सुमेर देश की जनता भूमध्यसागरीय लंबे कपाल और आरमीनिया के चौड़े कपाल वाले लोगों के मिश्रण से बनी थी।

ये लोग विश्व के प्रागैतिहासिक मनुष्यों में सभ्यता के आदि निर्माणकर्ता के रूप

में पर्याप्त महत्त्व रखते हैं। उनकी वह सभ्यता फारस की खाड़ी और सीरिया के बीच के उपजाऊ प्रदेश की देन थी। यह सभ्यता चौथी सहस्राब्दी के अंत में, जैसा कि ऊपर कहा गया है, कला, नागरिक-जीवन की स्वच्छता और रहन-सहन की सुख-सुविधाओं की दृष्टि से, ऊँची कोटि पर पहुँच चुकी थी। इसकी भाषा द्रविड़ परिवार की थी और प्रागैतिहासिक मेसोपोटामिया की लिपि से मिलती-जुलती विशेष प्रकार की चित्रलिपि का उपयोग करती थी। भारतवर्ष में, विशेषतः तमिल लोगों में, ऊपर लिखी हुई भूमध्यसागरीय और आरमीनियन, दो धाराओं का मिश्रण हुआ है। संभवतः भारत और मेसोपोटामिया के बीच समुद्री-मार्ग से सीधा संपर्क था। मेसोपोटामिया और सिंधु-उपत्यका के बीच स्थल-मार्ग से संपर्क इन दो प्रदेशों में कुछ एक-जैसी वस्तुओं की प्राप्ति से और बलूचिस्तान में ब्राहुई भाषा के अस्तित्व से, सिद्ध होता है। ब्राहुई भाषा सूचित करती है कि मोहेंजोदड़ो के प्राचीन अधिवासी द्रविड़ भाषा-भाषी थे और संभवतः इस देश को सभ्यता की देन उन्होंने ही दी।

पर्वत प्रदेशीय (अल्पाइन) : पृथु-कपाल एवं तुंग-नासिक की विशेषताओं से युक्त जिस सूरत-शक्ल के व्यक्ति पूर्व में बंगाल एवं पश्चिमी भारत में विशेष रूप से पाए जाते हैं उनके अस्तित्व की व्याख्या मध्य एशिया के पामीर पर्वत के प्रदेश से इस देश में आने वाली एक जनधारा के द्वारा की जा सकती है। इस पृथु-कपाल जाति के लोग, जो यूरोपीय-एशियाई पर्वतीय (अल्पाइन) वंश के थे, सिंधुघाटी की ओर उतरे, वहाँ की मोहेंजोदड़ो सभ्यता को उखाड़ डाला और वे ही लोग भारत के पश्चिमी किनारे की ओर फैलते हुए वर्तमान प्रभु और मराठा जाति के पूर्वज बने। इन्होंने ब्राहुई लोगों में भी पृथु-कपाल जाति के अंश का प्रवेश कराया। फिर वही लोग मैसूर का पठार पार करते हुए और भी दक्षिण में घुस गए। किंतु मलाबार तट एक ओर बचा रह गया, जिसके कारण वहाँ द्रविड़ भाषा-भाषी प्राचीन लोगों की सभ्यता सर्वोत्तम रूप में सुरक्षित रह गई। वे लोग भारत-यूरोपीय परिवार की कोई भाषा बोलते थे, जिसके अवशेष अभी तक आर्यभाषा परिवार के अंतर्गत दरद भाषा में पाए जाते हैं, जिसे चितराल-निवासी, जो पृथु-कपालीय हैं, बोलते हैं। कालांतर में ये पृथु-कपालीय लोग वैदिक आर्यों से खदेड़े जाने पर, गंगा की अंतर्वेदी में होते हुए चपटे मस्तक की बनावट को पूर्व की ओर बंगाल तक लिए हुए चले गए।

द्रविड़ : इस प्रकार यह ज्ञात होता है कि सिंधु-उपत्यका की सभ्यता का संबंध द्रविड़ भाषा-भाषी उन लोगों से था जो कि भूमध्यसागर से आए थे और जिसमें आरमीनिया के निवासियों का रक्त भी मिला था और जिनकी उन्नत सभ्यता

मध्य-पूर्व में विकसित हुई थी। भारत में भूमध्यसागरीय एवं आरमीनियन लोगों की इस आरंभिक संस्कृति को हम वेद से पूर्वकाल का हिंदू-धर्म कह सकते हैं, जिसकी कई विशेषताएँ वही थीं जो बाद के हिंदू-धर्म में पाई जाती हैं। यह सभ्यता इतनी सशक्त थी कि इसने वैदिक सभ्यता पर भी अपनी छाप डाली। ऋग्वेद (1/6) में पुर, धन और दूध से नहाने वाली स्त्रियों के वर्णन में हमें उस सभ्यता की समृद्धि का संकेत मिलता है। ऋग्वेद के आर्येतर 'अनास' (चपटी नाक वाले) लोग आद्य निषादवंशी थे, जिससे यह अनुमान होता है कि भील आदि के रूप में वे लोग पहाड़ों और जंगलों में भरे हुए थे, यद्यपि भूमध्यसागरीय और पर्वतीय अल्पाइन वंश के लोग यहाँ आ चुके थे, अथवा वे लोग ऋग्वेद-पूर्व की सभ्यता का ह्रास होने से, सिंधु-उपत्यका के आधिपत्य से मुक्त भी हो सकते हैं। ऋग्वेद में वशिष्ठ और विश्वामित्र की भिड़ंत की कहानी दो संस्कृतियों के विरोध को सूचित करती है, जिनका एक-दूसरे से सम्मिलन क्षत्रिय के ब्राह्मण बन जाने से ज्ञात होता है। बाद की अनुश्रुतियों में आर्येतर ऋषियों का भी उल्लेख है। उत्तर-वैदिक युग की ब्राह्मी लिपि का मूल मोहेंजोदड़ो की चित्रलिपि से समझा जाता है। काफी पहले 1867 में ही श्री ई. टामस ने अनुमान किया था कि आर्यों ने विभिन्न देशों में भ्रमण करते हुए अपनी किसी लिपि का आविष्कार नहीं किया, किंतु जिस देश में वे जाकर बसे वहीं की लिपि को अपनी भाषा लिखने के काम में ले लिया। बहुत समय तक इस मत को किसी ने मान्यता न दी और ब्राह्मी लिपि का उद्गम सामी या म्लेच्छ लिपियों से खोजा जाता रहा और ऐसा समझा गया कि ब्राह्मी लिपि ईसा से एक सहस्राब्दी पूर्व फिनिशिया से लाई गई। अंत में 60 वर्ष के बाद अध्यापक लैंगडन ने सिद्ध किया कि ब्राह्मी अक्षर सिंधु की चित्रलिपि से बने हैं, जिसका प्रयोग आर्यों से पूर्व सिंधु-घाटी में रहने वाले लोगों ने अपने मुद्रा-लेखों में किया था। वह लिखते हैं, "आर्य संस्कृत-विद्वानों ने इन चिह्नों का अपनी भाषा के अनुसार सांकेतिक मूल्य रखा। इसका तात्पर्य यह है कि आर्य लोग उन चिह्नों का अर्थ जानते थे। उसे जानकर उन्होंने उनके वाच्यार्थों का संस्कृत में अनुवाद किया और उन संस्कृत शब्दों के अनुसार प्रत्येक लिपि-चिह्न का वर्णमाला में मूल्य या संकेत निश्चय कर दिया।"

इससे विदित होगा कि द्रविड़ भाषा-भाषी लोग आर्यों के यहाँ आने से पूर्व भारत के सबसे हाल के अधिवासी थे। वे उत्तर-पश्चिम से आए थे। उन्होंने अपनी भाषा के चिह्न ब्राहुई जाति में छोड़े (जो मोहेंजोदड़ो के अवशेषों को अपने पूर्वजों की कृति मानती है) और वे अपने साथ मेसोपोटामिया, एशिया माइनर और पूर्वी मध्य-सागर की संस्कृति लेकर आए थे। कभी-कभी द्रविड़ भाषा के स्थान-नाम मेसोपोटामिया और ईरान में मिल जाते हैं और मितन्नी लोगों में बोली जाने वाली एक प्राचीन बोली (खरियन) से दक्षिण की द्रविड़ भाषाओं की गहरी समानताएँ हैं।

अतएव तथ्य यह जान पड़ता है कि आर्यों के द्वितीय सहस्राब्दी ई. पू. में यहाँ

आने से पहले हमारा देश मुंडा या शवर जातियों का एक जमघट मात्र न था, जैसा कि अब तक समझा जाता रहा, बल्कि सिंधु-उपत्यका में और संभवतः गंगा की अंतर्वेदी में भी यहाँ एक ऊँची सभ्यता थी, जो तुलना में मेसोपोटामिया की सभ्यता की टक्कर की थी और जिसका उसके साथ आदान-प्रदान भी था।

उत्तर से दक्षिण की ओर उनके हटने के अवशिष्ट चिह्न : द्रविड़ लोग आर्यों के सामने हटते हुए और अपनी शक्ति के प्रमाण उत्तर में छोड़ते हुए दक्षिण की ओर बढ़े और अंत में वहीं बस गए। द्रविड़ भाषाओं के शब्द और अन्य प्रमाण वैदिक संस्कृत एवं प्राकृत भाषाओं में तथा उत्तर भारत की आधुनिक देशज बोलियों में भी पाए जाते हैं। भाषा-शास्त्रियों का कहना है कि भारत-यूरोपीय बोली में, जब वह भारतवर्ष में आई, एक परिवर्तन हुआ, जो केवल द्रविड़ परिवार की भाषाओं के कारण हो सकता था। यह परिवर्तन ऋग्वेद में दंत्य वर्णों के अतिरिक्त मूर्धन्यों के आ जाने से सूचित होता है जो न तो अवेस्ता की भाषा में है और न भारत-यूरोपीय अन्य सब भाषाओं में। द्रविड़ों के उत्तर से दक्षिण की ओर क्रमशः प्रवास करने के फलस्वरूप द्रविड़ भाषा और संस्कृति के कुछ-कुछ अवशेष जहाँ-तहाँ द्वीपों की तरह बच गए, जैसे राजमहल प्रदेश में, लाल और सौरिया नामक पहाड़ी जातियों में, छोटा नागपुर के उराँव (जिनकी संख्या 8 लाख है) और गोंडों में (जिनकी संख्या 30 लाख है), एवं उड़ीसा के काँध लोगों में।

द्रविड़ भाषा-भाषी जनसंख्या में तीन प्रकार के जातीय तत्त्व पाए जाते हैं–(1) लंबा कपाल पृथु-नासिका वाले या वेद्दा-मुंडा लोग, (2) लंबा कपाल तुंग-नासिका वाले लोग, अर्थात् भूमध्यसागरीय सूरत-शक्ल के लोग, और (3) पृथु-कपाल तुंग-नासिका वाले या पर्वतीय (अल्पाइन) जाति के लोगों की सूरत-शक्ल वाले। मोटे तौर पर दक्षिण के पठार में पृथु-कपाल लोगों की बस्ती है, जबकि उससे भी नीचे के प्रदेश में और दोनों समुद्र-तटों पर लंबी कपाली के लोग रहते हैं। पृथु-कपाल लोगों का अधिकाधिक संबंध उन्नत नासिका वालों से और उन्नत नासिका वालों का संस्कृत भाषा से पाया जाता है, जैसा कि कन्नड़, मलयालम, मराठी और तेलुगु लोगों में। किंतु तमिल, जिसका संस्कृत से सबसे कम संबंध है, लंबी कपाली और पृथु-नासिका वाले लोगों द्वारा बोली जाती है।

चौड़ी कपाली वाले पर्वतीय (अल्पाइन) सूरत-शक्ल के लोग पश्चिमी वेला-तट के किनारे गुजरात से कुर्ग तक फैले हुए हैं और बनारस से बिहार तक विशेषतः। बंगाल में भी उनकी बस्ती है जहाँ मध्य बंगाल और गंगा के नदी-मुख-प्रदेश में उनका संबंध ऊँची नाक वालों से है। उत्तर और पूर्व में उनकी बस्ती क्रमशः कम होती चली गई है। यों बंबई से बंगाल तक ही जातीय तत्त्व के निवासियों का ताँता फैला हुआ है। बंगालियों के मूल उद्गम को समझने के लिए

हमें पश्चिम की जनसंख्या पर विचार करना होगा, न कि पूर्व की या किरात वंश की ओर, जिनकी कुछ प्रधान विशेषताएँ, जैसे शरीर पर बालों की कमी, बंगालियों में नहीं पाई जाती।[1] [देखिए डॉ. बी. एस. गुहा का भाषण जो उन्होंने 1928 में भारतीय विज्ञान परिषद् की नृविज्ञान-शाखा के सभापति पद से दिया।]

1. यह अध्याय अधिकतर डॉ. जे. एच. हटन द्वारा भारतीय जनगणना की 1931 की रिपोर्ट, जिल्द 1, भाग 1, पृष्ठ 357-399 और 439-460 में प्रस्तुत की गई यथाकाल सिद्ध सामग्री के आधार पर लिखा गया है। 'वनस्पतियों का आदि उद्‌भव' नामक नए विज्ञान से संस्कृतियों के उद्‌गम पर भी कुछ अप्रत्याशित प्रकाश पड़ता है। संस्कृति न केवल मनुष्य बल्कि पौधों और पशुओं से भी संबंधित है। सभ्यता के मूल स्थान का पता लगाने के लिए यह देखना भी जरूरी है कि धान्य और पशु कहाँ सबसे पहले मनुष्योपयोगी तथा पालतू बनाए गए। इसकी खोज रूसी वैज्ञानिक कर रहे हैं। उनके नेता वाविलोव हैं जो रूस में क्रियात्मक वनस्पति विज्ञान और पौधों के पोषण-विभाग के अध्यक्ष हैं। उनके अनुसार गेहूँ की दो जातियाँ हैं जो आसानी से एक-दूसरे के साथ गर्भित नहीं होतीं। ये दो जातियाँ पृथक्-पृथक् स्थानों में उत्पन्न हुईं। ऐसा एक केंद्र अबिसीनिया में और दूसरा दक्षिण-पूर्वी अफगानिस्तान में है जहाँ गेहूँ के अधिकांश महत्त्वपूर्ण भेदों का जन्म हुआ। यह प्रदेश हिंदुकुश और हिमालय के बीच में फैला हुआ प्रदेश है, जिसमें पंजाब और पड़ोस का पहाड़ी इलाका भी शामिल है। इन वैज्ञानिकों का कहना है कि अबिसीनिया उस कृषि का मूल स्थान था, जिससे मिस्री सभ्यता का निर्माण हुआ। दूसरा प्रदेश न केवल भारतीय और मेसोपोटामिया के गेहूँ का जन्म-स्थान था बल्कि उसके उन महत्त्वपूर्ण प्रकारों का भी जो यूरोप और उत्तरी अमेरिका में होते हैं। रोटी के उपयोगी गेहुँओं के अलावा और भी बहुत-से कृषि-पौधों का जन्म यहीं हुआ, जैसे दालें, रुई, सन, शलजम, गाजर, आडू आदि।

हाँ, यह भी संभव है कि सभ्यता का विकास दूसरे ही धान्यों से हो गया हो, जैसे मक्का से, किंतु मक्का में बी/2 नामक प्राण तत्त्व (विटामिन) की बहुत कमी है। सिर्फ मक्का खाने वाले लोगों को Pellagra नामक त्वचा-रोग हो जाता है। यह एक बड़ा कारण है जिससे मध्य अमेरिका की मक्का पर आश्रित सभ्यता प्राचीन विश्व की गेहूँ, जौ और चावल खाकर पनपने वाली सभ्यताओं के समान ऊँची न उठ सकी। इन कारणों से तो यह माना जा सकता है कि भारतवर्ष ही सभ्यता की आदि जन्मभूमि है। [जे. बी. एस. हाल्डेन कृत Inequality of Man, पृष्ठ 46-48,71-76]।

3. भौगोलिक और सामाजिक पृष्ठभूमि

भारत का मुख्य इतिहास आर्यों के भारत में आगमन से आरंभ होता है। यह आवश्यक है कि हम शुरू में ही उस इतिहास के स्थूल आधार की भौगोलिक परिस्थितियों का अध्ययन करें जिन्होंने युगों तक उस इतिहास की धारा को प्रभावित किया। रिचर्ड हकलुइत की एक पुरानी उक्ति है कि भूगोल और तिथिक्रम इतिहास के लिए चाँद-सूरज जैसे या दाहिनी-बाईं आँख जैसे हैं। भारतीय भूगोल की मुख्य विशेषताएँ, जिन्होंने उसके इतिहास पर प्रभाव डाला, ये हैं: (1) पृथकत्व, (2) संपर्क, (3) विशालता, (4) विविधता, और (5) एकता।

पृथकत्व : किसी भी महाद्वीप के शायद ही किसी भाग को प्रकृति ने इस प्रकार से देश के रूप में स्पष्ट रूप से अलग और लक्षित बनाया होगा जैसा कि भारतवर्ष को। उत्तर में पर्वतों द्वारा सुरक्षित और दक्षिण में समुद्र से घिरा हुआ होने के कारण, भारतवर्ष निस्संदेह भौगोलिक इकाई है और ये स्पष्ट परिचिह्नित सीमाएँ उसे सारे संसार से अलग निरूपित करती हैं। हिमालय पूर्व से पशिचम तक 1,600 मील लंबी और औसतन ढाई सौ मील चौड़ी एक अखंड दोहरी दीवार के रूप में है। इस उत्तरी दीवार के उस पार तिब्बत की ओर तीन महानदों का उद्गम है—सिंधु, शतद्रु (सतलज), ब्रह्मपुत्र। दक्षिणी दीवार के इस तरफ भारत की ओर गंगा व उसकी उत्तरी सहायक नदियों के उद्गम हैं। हिमालय की अर्गला के पूर्वी कोने पर कई पहाड़ी शाखाएँ फैली हुई हैं, जैसे पटकोई, नाग लुशाई की पहाड़ियाँ, जो घने जंगलों से ढँकी हैं और ब्रह्मा देश की इरावती नदी की घाटी को भारतीय मैदानों से अलग करती हैं एवं चीन से भारत आने के सीधे मार्ग को बीच में रोकती हैं। हिमालय के उत्तर-पश्चिमी कोने पर सबसे ऊँचे पहाड़ी डाँडों का एक कोण बनता है। उसकी एक भुजा कराकुर्रम पर्वत है, जिसमें गॉडविन-ऑस्टिन नामक चोटी ऊँचाई में संसार में दूसरे स्थान पर है। दूसरी भुजा हिंदूकुश है। ये दो भुजाएँ लेह, गिलगित और चित्राल के प्रदेश को घेरे हुए हैं जो कि भारतीय राष्ट्र की उत्तर में आखिरी रक्षा-चौकियाँ हैं। हिंदूकुश के उस पार सफेद-कोह और दक्षिण में सुलेमान पहाड़ भारत को अफगानिस्तान से अलग करते हैं और खीरथर पहाड़ियाँ

हैं जो उसे बिलोचिस्तान से पृथक् करती हैं।

दक्षिण की ओर का समुद्र प्राचीन समय में भारत को अन्य सब देशों से अलग रखता था। केवल शांति के समय कुछ व्यापारिक संपर्क विदेशों के साथ समय-समय पर होता था, जैसा कि पाल से चलने वाले पोतों से एवं किनारे-किनारे होने वाली उस युग की धीमी और भयभीत करने वाली यात्राओं से संभव था। समुद्र की चौड़ी खाई उस पार से हो सकने वाले हमलों से भी देश की भरपूर रक्षा करती रही, जब तक कि आशा अंतरीप की परिक्रमा करके यूरोप के लोग यहाँ न आ धमके। 1498 में वास्को-डि-गामा के तीन छोटे जहाज कालीकट में आ पहुँचे और उन्होंने सबसे पहले समुद्री मार्ग से आने वाले साहसी लुटेरों के लिए रास्ता खोल दिया। यह देश को जीत लेने का एक मार्ग था, जिस पर बाद में चार यूरोपीय शक्तियाँ अर्थात् पुर्तगाली, हालैंडवासी, फ्रांसीसी और अंग्रेज एक के पीछे एक आईं और सफल हुईं। अब तो नौसंतरण विद्या ने समुद्र को यातायात और आक्रमण का राजमार्ग बना डाला है और देश का नियंत्रण भी समुद्र के ऊपर अधिकार रखने पर निर्भर हो गया है। बंबई, कराची, मद्रास, कलकत्ता, कोलंबो आदि बंदरगाहों का अब भारत की रक्षा के लिए भारी महत्त्व हो गया है। कोलंबो, जहाँ भूमध्यसागर, आशा अंतरीप, आस्ट्रेलिया और सिंगापुर के चारों समुद्री मार्ग मिलते हैं, भारतीय महासागर में समुद्री सैनिक शक्ति का सबसे बड़ा केंद्र है। यह भी स्मरण रखना चाहिए कि भारतवर्ष के दूसरे देशों के साथ समुद्री संपर्क होने में और भी कई प्राकृतिक और स्थायी बाधाएँ हैं, जैसे पश्चिमी किनारे पर सह्याद्रि पर्वतमाला एवं पूर्वी किनारे पर प्राकृतिक बंदरगाहों की कमी, किनारे के पास समुद्र का छिछलापन और किनारे पर खड़ी चट्टानें। भारत का समुद्री तट संभवतः सैनिक शक्ति के रूप में उसके उत्कर्ष प्राप्त करने के अनुकूल नहीं है। देश का अधिकांश तो भीतर घुसा हुआ स्थल भाग है और स्वभावतः मनुष्य भी कूपमंडूक हैं। नार्वे या इंगलैंड की तरह, जहाँ देश का कोई भाग समुद्र से दूर नहीं है, भारत का समुद्री तट उन गहरी खाड़ियों, खातों और नदी-मुखों से रहित है, जो धरती के भीतरी भागों को समुद्र के निकट ले आती हैं। जो थोड़े-बहुत खात और खाड़ियाँ इस देश में हैं वे भी बड़े बंदरगाहों के लिए उपयुक्त नहीं हैं। इस समय भारतवर्ष में केवल बंबई ही अच्छा प्राकृतिक बंदरगाह है। मद्रास और कोलंबो कृत्रिम बंदरगाह हैं और कलकत्ता तो नदी-मुख पर बसा है। इस प्राकृतिक बाधा के कारण भारतीय पोत और नाविक-विद्या ने इतिहास के निर्माण में कम भाग लिया।

जब कि एक ओर भारतवर्ष बाह्य संसार से अलग है, दूसरी ओर उसके अपने कुछ भाग भी एक-दूसरे से पृथक् हैं। विंध्य पर्वत-श्रृंखला और उसके घने जंगल सदा से उत्तर और दक्षिण भारत के बीच दीवार की तरह रहे हैं। प्राचीन संस्कृत-ग्रंथों से ज्ञात होता है कि आर्यों के दक्षिण की ओर फैलने के मार्ग में बहुत

दिनों तक विंध्याचल की बाधा बनी रही। आज भी जातीय तत्त्व, भाषा और सामाजिक रीति-रिवाजों में भारत के ये दो भाग एक-दूसरे से बहुत भिन्न हैं। उदाहरण के लिए, लगभग 500 ई.पू. प्राचीन बौधायन के धर्मसूत्र में कहा गया है कि दक्षिण को उत्तर से अलग करने वाली प्रथा ममेरी बहन के साथ विवाह-संबंध है, जो अभी तक दाक्षिणात्यों में चालू है। सच तो यह है कि दक्षिण का अपना अलग ही इतिहास रहा, जिसमें उत्तर-भारत के साथ संपर्क के अवसर कम थे। चंद्रगुप्त मौर्य, अशोक, अकबर और औरंगजेब के समान विरले ही शासक हुए, जिनके राज्य में उत्तर और दक्षिण दोनों ही सम्मिलित थे। दक्षिण की अपेक्षाकृत पृथकता के कारण ही मुस्लिम आक्रमणों से उसकी रक्षा हुई, जिन्होंने कई शतियों तक उत्तरी भारत को हिला दिया था। विंध्याचल की शृंखला, जिसमें सतपुड़ा भी शामिल है और नर्मदा एवं ताप्ती की नदी-द्रोणियाँ भी जिसका भाग हैं, खंभात की खाड़ी से राजमहल की पहाड़ियों तक फैली है। भारत के मध्य भाग में विंध्य और सतपुड़ा के छोरों से मध्यप्रदेश का पठार बना है। पूर्व की ओर पूर्वी घाट की पहाड़ियों तक गोदावरी और महानदी के बीच का प्रदेश भी, जो उत्तर की तरफ सोन नदी की घाटी से मिल जाता है, पहाड़ियों और जंगलों से घिरा होने के कारण सबसे अलग है, जहाँ आदिवासी लोग सभ्यता से दूर संथाल परगना एवं मध्यभारत के पहाड़ों और जंगलों में रहते आए हैं। ऐतरेय ब्राह्मण (लगभग 2,000 ई. पू.) के युगों में भी आंध्र, पुंड्र, शबर, पुलिंद और मूतिब जैसे अनार्य लोग आर्यावर्त की सीमा पर विंध्याचल के जंगलों में पूर्व की ओर निवास करते हुए कहे गए हैं। सुदूर दक्षिण में अन्नमलै, पलनी और एलामलै पहाड़ियाँ (कार्डमम हिल) केरल राज्य को अलग करती हैं जिसमें आधुनिक काल के कोचीन और ट्रावनकोर के रजवाड़े थे। इस भूमिगत पृथकत्व का प्रभाव सामाजिक रीति-रिवाजों पर पड़ा; जैसे माता से चलने वाला दायभाग (जिसके अनुसार बहन का लड़का या भानजा किसी पुरुष का उत्तराधिकारी बनता है), जो प्रथा आर्य एवं भारत के अन्य भागों के सामाजिक रीति-रिवाजों से अलग है। इस प्रकार के पृथकत्व का दूसरा उदाहरण दक्षिण भारत के दो घनी आबादी वाले प्रदेशों का एक-दूसरे से अलग होना है, अर्थात् मद्रास से तंजौर तक का कर्नाटक का मैदान और कोचीन-कालीकट के बीच का मलाबार का समुद्र-तट। इन दोनों प्रदेशों के विलगाव की दीवारों में सेंध फोड़कर उन्हें एक-दूसरे के संपर्क में लाने वाला मार्ग कोयंबतूर के पास का पालघाट नामक दर्रा है, जिसके द्वारा कर्नाटक की उपजाऊ भूमि की वस्तुएँ मलाबार के समुद्री तट पर स्थित बंदरगाहों तक पहुँचती हैं। चोलमंडल की ओर का समुद्री कगार और मलाबार तट के पीछे फैली हुई सह्याद्रि पर्वतमाला इन दो दीवारों ने दक्षिण भारत को अपेक्षाकृत अन्य प्रदेशों से अलग रखा। इनके बीच में पालघाट की सेंध ने पारस्परिक संपर्क का द्वार खुला रखा, जिसके कारण उसका बहुत महत्त्व था।

संपर्क : इस भौगोलिक पृथकत्व के होते हुए भी भारतीय समाज का अंग विलक्षण रूप से कई प्रकार की मिलावट से या पृथक् तत्त्वों से बना है, जो निश्चय ही बाहरी जगत् के साथ भारतवर्ष के संपर्क और देशांतरों से लोगों के यहाँ आकर बसने और आक्रमणों का परिणाम है। यों किसी हद तक भारतीय इतिहास ने अपने भूगोल को झूठा सिद्ध कर दिया है। विचार और जनसंख्या के विश्वव्यापी आंदोलनों ने भारतवर्ष की पृथकता को कुतरकर उसकी सभ्यता में कई जातीय और सांस्कृतिक अंशों को मिला दिया है जो मोटे तौर पर इस भाँति है : (1) प्राक्द्रविड़, (2) द्रविड़, (3) आर्य, (4) ईरानी, (5) यवन, (6) रोमन, (7) शक, (8) हूण, (9) इस्लाम,और (10) यूरोपीय।

प्रश्न यह है कि इन सब विदेशी प्रभावों का यहाँ आगमन कैसे संभव हुआ ? वे कौन-से मार्ग थे जिससे ये प्रभाव भारत में घुस सके ? उत्तर-पूर्वी सीमा में ऐसी दरारें बहुत थोड़ी हैं जिनसे भारी मात्रा में कोई भारी प्रभाव या हलचल यहाँ आ सकती। जेलप, नाटु और डोंकिया के तीन पहाड़ी जोते, जो सिक्किम से तिब्बत में जाते हैं, इतने ऊँचे हैं कि उनसे बहुत कम यातायात छनकर आ सकता है। पूर्व में ब्रह्मपुत्र की घाटी तिब्बत की ओर से भारत में आने का रास्ता बताती है, मीकांग, सालविन और इरावती चीन की ओर से वैसा ही मार्ग बनाती हैं, लेकिन इस राह से भी भारी यातायात और विदेशी आगमन घने जंगल और भयंकर जंगली जानवरों के कारण तथा उत्तरी बर्मा पर अंग्रेज़ों के दखल कर लेने के कारण संभव नहीं हुआ। इस दिशा में भारतवर्ष की सैनिक रक्षा एक प्रकार से राम-भरोसे छोड़ दी गई है।

उत्तर की तरफ 1,500 मील लंबी हिमालय की दीवार बिलकुल दुर्गम और दुष्प्रवेश्य है। पामीर की ओर से गिलगित के रास्ते पर कुछ दर्रे हैं और तिब्बत की ओर से लेह के रास्ते एवं सतलज की घाटी से भारत में आने के लिए मार्ग हैं। मुजताग (बर्फानी पहाड़), कराकुर्रम (काला पहाड़) और चङ्चेन्मो के तीन 18,000 फुट से ऊँचे दर्रों में होकर थोड़ा-बहुत माल-असबाब का आना या यातायात पंजाब और पूर्वी तुर्किस्तान या तिब्बत के बीच होता है। लेकिन ये मार्ग व्यापारियों के काम के हैं, सैनिक आक्रमण या विदेशी कबीलों के आगमन के लिए उपयोगी नहीं। मध्यकालीन बौद्ध चीनी यात्री भी, जो श्युआन् च्वाङ् की भाँति स्थल-मार्ग से आते थे, इन दर्रों से भारत में नहीं आए। वे पहले तिब्बत के उत्तर में लंबे रेगिस्तानी रास्तों से होते हुए पश्चिम में वंक्षु नदी पर जा पहुँचते थे और वहाँ से हिंदूकुश पार करके भारत का मार्ग पकड़ते थे।

दक्षिण में समुद्री-मार्ग से भारत में विदेशी प्रभाव सदा छनकर आता रहा और शांतिमय व्यापारिक संपर्क भी चलता रहा; पहले मिस्र और बाबेरू (बेबीलोन) से, और बाद में रोम साम्राज्य के साथ। कुछ भारतीय वस्तुएँ, जैसे नील, इमली की

लकड़ी या मलमल, जिसमें ममी लपेटी गई थीं, मिस्र की समाधियों में मिली हैं। उस लूट के माल में, जो मिस्र के फरओह जहाज में भरकर ले गए थे, हाथीदाँत, सोना, कीमती रत्न, चंदन और बंदर शामिल थे, जो मूल में भारत से आए थे। कुछ विद्वानों के विचार से बाइबिल में भी भारत के साथ प्राचीन व्यापार के प्रमाण उन वस्तुओं के नामों के रूप में मिलते हैं जो उस समय केवल भारत ही विदेशों को भेजता था, जैसे बहुमूल्य रत्न, सुवर्ण, हाथीदाँत, आबनूस की लकड़ी (सं. कोविदार), मोर और मसाले, जो सुलेमान के जहाज पर लदे हुए व्यापारी माल का अंश थे। भारतीय सागौन की लकड़ी उर नामक राजधानी के अवशेषों में मिली है और बावेरू की भाषा में मलमल का नाम 'सिंधु' था। 'बावेरूजातक' नामक पालि पुस्तक में (लगभग 500 ई. पू.) भारतीय व्यापारियों के बावेरू के बाजारों में मोर ले जाने का निश्चित उल्लेख है। चावल, मोर और चंदन जैसी विशिष्ट भारतीय वस्तुओं का ज्ञान यूनानियों को उनके भारतीय अर्थात् तमिल नामों से था। क्योंकि भारत और बावेरू के बीच का व्यापार 480 ई. पू. में बंद हो चुका था, इसलिए यह मानना पड़ेगा कि अमुक वस्तुएँ उससे भी बहुत पहले भारत से बावेरू पहुँचती थीं, जिसके फलस्वरूप वे 460 ई. पू. के लगभग यूनान में पहुँच सकीं और सोफोक्लीज (495-406 ई. पू.) के समय में, जिसने उनका उल्लेख किया है, ऐथेन्स नगरी में ये घरेलू वस्तुएँ बन गई थीं। प्राचीन भारतीय साहित्य के अनुसार इस समस्त प्राचीन व्यापार के मुख्य केंद्र शूपरिक (सोपारा) और भरुकच्छ (भरूच) नामक कोंकण-तट के दो प्रसिद्ध पत्तन थे। कालांतर में रोम के साथ भारत का व्यापार, जो सम्राट् अगस्तस और नीरो के समय में सबसे अधिक बढ़ा, मुरचीपत्तन (मुजिरिस, वर्तमान क्रंगनूर), जो मलाबार तट पर था, और काबेरीपत्तन (पुहार), जो चोलमंडल तट पर था, नामक दो केंद्रों से होता था। यहीं से मसाले, सुगंधित पदार्थ, रेशम, मलमल, सूती वस्त्र, मोती और रत्न, जिनकी रोम में बड़ी माँग और आवभगत थी, पोतों पर लादकर भारत से रोम ले जाए जाते थे। मोती के व्यापार का केंद्र, पांड्य देश की प्राचीन राजधानी कोरके (कोल्लकनगर, आधुनिक तिन्नेवली) थी, जो अब बालू से पट गया है। बहुमूल्य रत्नों में वैदूर्य की सबसे अधिक माँग थी, जो कोयंबतूर और सालेम की खानों में होता है। कोयंबतूर और मदुरा में रोम के सिक्के भी बहुत मिले हैं। पुराने तमिल ग्रंथों में 'शक्तिशाली यवन और मूक म्लेच्छों' के तमिल राजाओं की सेवा में रहने का उल्लेख है। आयोनिया के यूनानियों के साथ भारत का संपर्क होने के बाद 'यवन' शब्द संस्कृत में लिया गया। इसी संपर्क के परिणामस्वरूप मलाबार-तट पर यहूदी और ईसाइयों की दो छोटी बस्तियों की नींव पड़ी। मिस्र, बावेरू और रोम का युग समाप्त होने पर दक्षिण अरब में यवन के सौदागरों ने भारतीय व्यापार में हाथ डाला। 622 ई. में इस्लाम का उदय होने के बाद अरब सागर और अफ्रीकी तटों के सब बंदरगाह अरबों के

नियंत्रण में आ गए और फ़ारस की खाड़ी से भारत और चीन तक का समुद्र-पथ भी उन्हीं के अधिकार में चला गया। पंद्रहवीं शती के अंत तक भारत का पश्चिम के साथ संबंध बस इतना ही था कि भारतीय लोग अपने पश्चिमी समुद्र-तट के किनारे का व्यापार स्वयं कर लेते थे। उसके बाद तो नौ-संतरण-विज्ञान की समुद्र पर विजय हुई और यूरोपीय जातियों के भारत में घुस आने का मार्ग खुल गया, क्योंकि उनसे पहले के आक्रमणकारी और विजेता तो केवल उत्तर-पश्चिम के स्थल-मार्गों से ही आ पाते थे।

भारत का उत्तर-पश्चिमी सीमा-प्रदेश देखने में पर्वतों से रक्षित है, फिर भी वह अत्यधिक भेद्य सीमा-प्रदेश है, जिसकी रक्षा के लिए हमेशा महँगी तैयारी करनी पड़ती है। इस भाग के सुरक्षित न होने का एक कारण यह भी है कि यह अत्यंत लंबी सीमा-पंक्ति लड़ाकू कबायली इलाकों में से होती हुई अफगानिस्तान तक चली गई है, जिसके उस पार यूरोप की स्थल-शक्तियों का खटका बना रहता है।

उत्तर-पश्चिमी सीमा का पूरा महत्त्व समझने के लिए भारत से मिली हुई सरहद से आगे बढ़कर ईरानी पठार के मानचित्र को भी, जिसमें अफगानिस्तान, बिलोचिस्तान और ईरान ये तीन पड़ोसी देश सम्मिलित हैं, समझना होगा। यह पठार उत्तर-पूर्व में पामीर की अगम्य ऊँचाई से जा मिला है और उत्तर-पश्चिम में आरमीनिया की; परंतु और दिशाओं में सुगम है, जैसे ईरान की खाड़ी और अरब सागर की ओर, एवं भारत और उत्तर में तुर्किस्तान या तूरान की ओर। अतएव भारत की रक्षा के लिए ईरान की खाड़ी और अरब सागर का नियंत्रण आवश्यक है और ईरानी पठार के दक्षिण-पूर्व की ओर किसी भी विदेशी शक्ति के अड्डे न होने चाहिए। अफगानिस्तान की ओर से काबुल नदी के रास्ते और सीस्तान की ओर से भारत में पहुँचना सरल है, और यह मानी हुई बात है कि दोनों स्थानों से विदेशी शक्तियों को अलग रखना चाहिए। हिंदूकुश, जो सिंधु और वंक्षु के बीच का जल-विभाजक है, दोनों ओर से सुगम है और नदियों के किनारे भारत तक पहुँचने के कई रास्ते वहाँ से फूटते हैं, जिनमें सबसे प्रसिद्ध और चालू खैबर का मार्ग है। खैबर का मार्ग काबुल से शुरू होकर काबुल नदी के किनारे-किनारे आता है। अफगानिस्तान की ओर से आने वाली कुर्रम नदी कुर्रम दर्रे से होकर बन्नू ज़िले में होती हुई सिंधु में मिल जाती है। तोची घाटी गज़नी और भारत को मिलाती है, जिसमें बहती हुई तोची नदी वज़ीरिस्तान के पहाड़ों से निकलकर कुर्रम में मिल जाती है। गोमल की नदी और घाटी अफगानिस्तान और डेरा इस्माइलखाँ के बीच में है। उस पार, जहाँ अफगानिस्तान के पहाड़ों की ढलान पश्चिम की ओर है, एक दूसरा रास्ता उनकी जड़ में से होता हुआ खुले पठार के ऊपर हेरात से कंदहार तक चला गया है, जहाँ से सीस्तान भी निकट ही है और जो कंदहार से दक्षिण-पूर्व की

ओर पथरीली भूमि में होता हुआ सिंधु के खादर में जा मिला है। भारत की ओर आने वाली अंतिम पहाड़ी के दर्रे के नाम पर इस रास्ते का नाम बोलन-मार्ग है। ईरान को भारत से मिलाने वाली यातायात की अंतिम कड़ी बिलोचिस्तान के समुद्री तट के पास से होती हुई मकरान के सामनेवाले क्षेत्र से गुजरती है। यह मार्ग इतिहास में प्रसिद्ध है, क्योंकि सिकंदर ने 325 ई. पू. में भारत से लौटते हुए (रानी श्मीरमा और सम्राट कुरुष इन पूर्व-विजेताओं के उदाहरण को लेते हुए) इसी मार्ग को चुना था; किंतु इससे उसकी सेना का सर्वनाश हो गया। कालांतर में अरब के व्यापारी इस मार्ग से बहुत आते-जाते थे। खैबर और बोलन के प्रधान मार्गों को आड़े तौर पर जोड़ने वाला एक मार्ग कंदहार और काबुल के बीच में ग़ज़नी के आसपास से गुजरने वाली बहुत-सी नदी-घाटियों की एक शृंखला है। सिकंदर के द्वारा बलख और भारत की चढ़ाइयों में इधर से ही अभियान करने के कारण यह रास्ता इतिहास में प्रसिद्ध है। और अभी हाल में जनरल रॉबर्ट्स, 1882 के अफगान युद्ध में इसी मार्ग से काबुल से कंदहार की सहायता के लिए पहुँचे थे। काबुल-कंदहार पथ की ओर से कई दर्रे भारतीय सीमा-प्रदेश की पर्वतीय मेखला में घुसते हैं।

इस भूगोल से प्राचीन और अर्वाचीन भारतीय इतिहास की बहुत-सी घटनाओं की कुंजी मिलती है। उत्तर-पश्चिम सीमा-पर्वतों की दीवार में पड़े हुए ये घट्टे, जिनका अभी उल्लेख किया गया है, सब युगों में शांतिमय यातायात और उग्र आक्रमण, विस्तृत जातीय प्रसार और आवागमन के लिए मार्ग देते रहे हैं। इन्हीं भागों से प्रागैतिहासिक युग की जातियाँ भारत में घुसीं और आर्य, जो भारतीय इतिहास के विधाता हैं, आए; और पिछले ऐतिहासिक युगों में अनेक विदेशी आक्रमणकारी प्रविष्ट हुए, जैसे कुरुष् और दारा; सिकंदर, सेल्यूकस और दिमीत्रियस, शक पह्लव और कुषाण। इनके संबंध में भारत और रोम साम्राज्य के बीच में स्थल-मार्ग से व्यापारिक यातायात जोर-शोर से चला, और अंत में मध्य-युग में भी इसी मार्ग से मुसलमान आए। भारतीय इतिहास की सबसे महत्त्वपूर्ण शक्ति अर्थात् यूरोपीय लोग ही एकमात्र अपवाद हैं जो इस रास्ते न आकर दक्षिण की ओर के समुद्री मार्ग से देश में घुसे। आधुनिक काल में भारत की रक्षा-योजना खैबर और बोलन के दो सुभेद्य बिंदुओं पर दृष्टि रखकर संगठित की गई। भारत की रक्षक सेना दो भागों में बँटी थी--एक उत्तरी सेना जो खैबर के बचाव के लिए कलकत्ता से इलाहाबाद और दिल्ली को लाँघती हुई पेशावर तक फैली थी; और दूसरी दक्षिणी सेना, जो मद्रास और बंबई के राज्यों में बोलन मार्ग की रक्षा करने वाली प्रधान चौकी क्वेटा नगर पर दृष्टि रखते हुए फैलाई गई थी, और जिसकी सहायता के लिए ब्रिटेन से भी सैनिक शक्ति समुद्र के जरिए कराची से पहुँचाई जा सकती थी। भारत की सीमा-रक्षा का एक और मजबूत उपाय कराची

से शुरू होने वाली नॉर्थ वेस्टर्न रेलवे थी, जिसकी शाखाएँ बोलन और खैबर तक फैली हुई थीं, और जिसकी पीठ पर राजपूताना के रेगिस्तान की डँड़वार थी।

सभी युगों में भारत की रक्षा के लिए राजपूताना के रेगिस्तान का सैनिक और सामरिक महत्त्व बता सकना कठिन है। जलविहीन यह मरुभूमि कच्छ के रन्न से उत्तर-पूर्व की ओर 400 मील लंबी और 150 मील चौड़ी पट्टी की तरह चली गई है और अपने पीछे अरावली पहाड़ियों के मजबूत पुश्तों के साथ एक दूसरी रक्षा-पंक्ति बनाए हुए है, ताकि बोलन और मकरान के रास्तों से शत्रुओं का प्रवेश रोका जा सके। एक बार जहाँ खैबर की घाटी पार की, दिल्ली तक मैदान साफ हो जाता है। दिल्ली सारे भारत का ऐतिहासिक मध्य-बिंदु है। अरावली शृंखला के उत्तरी नुक्कड़ पर, जहाँ उत्तर-पश्चिम से आनेवाली आक्रमणकारिणी सेनाएँ पंजाब की नदियों के रास्ते आ पहुँचती हैं, यदि हम खड़े हों, तो पंजाब के मैदानों से देश के भीतर की ओर, जहाँ भारत का हृदय है और जिसमें गंगा-जमुना की अंतर्वेदी शामिल है, आनेवाले मार्ग की पूरी नाकेबंदी की जा सकती है। न तो छठी शती ई. पू. में ईरानी आक्रांता भारत के इस कपाट-द्वार तक पहुँच सका और न सिकंदर ही। उसे व्यास नदी पर ही रुक जाना पड़ा। सिर्फ मुसलमान ही इस द्वार से आगे बढ़ सके, जिसके फलस्वरूप हिंदुस्तान में उनके स्थायी पैर जम सके; लेकिन उन्हें भी 712 ई. में अरबों की सिंधु-विजय के दिन से लेकर 1193 ई. में दिल्ली की पहली सल्तनत स्थापित होने तक 500 वर्ष लग गए, और तब कहीं वे भारत के सीमा-प्रदेश से आगे बढ़कर, दिल्ली के फाटक में घुसकर देश के हृदय-क्षेत्र में दाखिल हो सके। इतने दिनों तक राजपूत राजाओं ने देश की प्राकृतिक-भौगोलिक रचना से लाभ उठाकर उत्तर-पश्चिम से सीधे दिल्ली की ओर बढ़ने वाले मुसलमानी आक्रांताओं से लोहा लेकर उन्हें रोके रखा और उनकी चढ़ाइयों के मार्ग में सामने की ओर अड़े रहे। एक बार जब दिल्ली का छत्र टूट गया, तभी मुसलमान देशभर में सबसे हेकड़ शक्तिवाले बन सके। ''राजपूताना की मरुभूमि के उस पार, और अफगानिस्तान के पठार की जड़ में फैला हुआ सिंधु नदी का कछार भारत के द्वार-प्रकोष्ठ की भाँति है। इस ड्योढ़ी के कोठे में 900 वर्षों तक मुसलमानों की बहुसंख्या रही। दिल्ली के उत्तर-पश्चिम में, मरुभूमि और हिमालय का मध्यवर्ती जो फाटक है, वहाँ युद्ध के मैदान चारों ओर छिटके हुए हैं— जिनमें जमुना के समीप के प्राचीन युद्ध-स्थल हैं, जहाँ आनेवाले मुसलमानों ने भारतीय प्रतिरोध पर विजय पाई और सतलज के आसपास की नई रण-भूमियाँ हैं, जिनमें बढ़ती हुई अंग्रेजी शक्ति ने सिक्खों को परास्त किया। यह कोरा संयोग नहीं है कि अंग्रेज वायसराय की ग्रीष्म राजधानी शिमला, हिमालय की चोटी पर है, जहाँ से साम्राज्य के प्राकृतिक नाक और अधिकार के लिए कशमकश का नियंत्रण किया जा

सके।" (कैंब्रिज हिस्ट्री ऑफ इंडिया, 3.24)[1]

विशालता : यद्यपि भौगोलिक दृष्टि से भारत एक अकेला और पृथक देश है, तो भी इसके महान् विस्तार के कारण इसे देश की अपेक्षा महाद्वीप कहना उचित होगा। विस्तार में, रूस को छोड़कर वह सारे यूरोप के क्षेत्रफल के बराबर है और ग्रेट ब्रिटेन से बीस गुना बड़ा है। उसके प्रांतीय विभाग ही, जैसे पंजाब, उत्तरप्रदेश और मध्यप्रदेश, एक-एक करके ग्रेट ब्रिटेन से बड़े हैं। बंगाल, बिहार और उड़ीसा, इनमें से प्रत्येक का क्षेत्रफल इंगलैंड और स्काटलैंड के बराबर है। बंबई और मद्रास के राज्य दोनों ही इटली से बड़े हैं और अकेला असम राज्य इंगलैंड के बराबर है। क्षेत्रफल के स्थान पर यदि जनसंख्या की दृष्टि से देखें तो भी भारत की विशालता कम नहीं होती। सारे संसार की जनसंख्या का पाँचवाँ अंश भारत में रहता है और जितना भूतपूर्व 'ब्रिटिश इंडिया' था, केवल उसी की जनसंख्या अमरीका के संयुक्त राज्य की जनसंख्या से ढाई गुना अधिक है। बंगाल, उत्तरप्रदेश या मद्रास जैसे प्रत्येक राज्य जनसंख्या में ग्रेट ब्रिटेन से अधिक हैं और असम जैसे छोटे राज्य की जनसंख्या भी बेलजियम, स्वीडन या हालैंड के बराबर है।

विविधता : भारतवर्ष की विशालता का एक परिणाम प्राकृतिक भूगोल और सामाजिक संस्कृति के क्षेत्रों में उसकी विविधता है, जिसके कारण भारत को उचित रूप से ही, संसार का 'संक्षिप्त प्रतिरूप' कहा जाता है।

(अ) प्राकृतिक-भौगोलिक : भारत में प्राकृतिक भूगोल की वे अनेक स्थितियाँ पाई जाती हैं, जो अन्य देशों में बँटी हुई मिलती हैं। अक्षांश और देशांश के विपुल विस्तार में भारत में तीनों प्रकार की जलवायु मिल जाती है : शीत कटिबंध या ध्रुवों-जैसी हिमालय के 15,000 फुट से अधिक ऊँचे प्रदेशों में तथा सम शीतोष्ण एवं उष्ण-कटिबंध जैसी जलवायु नीचे मैदानों से समुद्र-तट तक। जलवर्षण की दृष्टि से भी भारत में बहुत विविधता है, जैसे चेरापूँजी स्थान पर संसार की सबसे अधिक 480 इंच वार्षिक वृष्टि एवं सिंध और राजपूताना के कुछ भागों में तीन इंच से भी कम। जलवायु के इन विपुल भेदों के कारण भूमि की उपज के पदार्थों में भी बड़े भेद हैं। हूकर का कथन है कि भारत के वृक्ष और वनस्पति यदि सारे संसार में नहीं तो पूर्वी गोलार्ध में इतने ही बड़े किसी भी अन्य देश से अधिक विभिन्न हैं। ब्लांडफोर्ड के अनुसार, भारत में वृक्ष- वनस्पतियों की विभिन्न जातियाँ यूरोप से

---

1. इस अध्याय का अधिकांश भाग और दृष्टिकोण भारत पर अंग्रेजी शासन के दिनों की विचारधारा का सूचक है। 15 अगस्त, 1947 के बाद उस स्थिति में बहुत-कुछ हेर-फेर हो गया है। **—अनुवादक**

कहीं अधिक हैं, यद्यपि यूरोप भारत से क्षेत्रफल में दुगना है । जैसा कि लिली ने कहा है, सचाई यह है कि भारतवर्ष की उपज में वे सब वस्तुएँ शामिल हैं जो मनुष्य को अपने उपयोग के लिए चाहिए । इस प्रकार प्रकृति ने ही भारत को आर्थिक दृष्टि से आत्मनिर्भर और स्वतंत्र होने की अद्भुत योग्यता प्रदान की है; केवल मनुष्य को उसे सिद्ध करने की आवश्यकता है ।

(आ) सामाजिक : जन, भाषा, धर्म : मानवसमाज की पंचमांश भारत की महती जनसंख्या के अंतर्गत सांस्कृतिक और सामाजिक जीवन की भिन्नता के अधिक-से-अधिक भेद हैं । यहाँ मानव-जाति के नृवंश-तत्त्व-संबंधी तीन मुख्य भेद पाए जाते हैं—आर्य (काकेशिया) या श्वेतवर्णी, जिसके गोरा और साँवला दो भेद हैं; मंगोल, किरात या पीतवर्णी; और हब्शी (इथियोपिया) या कृष्णवर्णी (जो अंडमान द्वीप में रहते हैं) । इन मोटे भेदों के अंतर्गत नृवंश की दृष्टि से निम्नलिखित शारीरिक विशेषताओं वाले उपभेद हैं, जिनमें से अधिकांश का सुझाव श्री हर्बर्ड रिज्ले ने 1901 की भारतीय जन-गणना रिपोर्ट में दिया था :

(1) प्राक्-द्रविड़ आदिवासी मानव-जाति, जिसका नाटा कद, चौड़ी-चपटी नाक, और वे अन्य विशेषताएँ होती हैं, जिनका ऊपर वर्णन आ चुका है और जो भारत की विभिन्न वनचर जातियों में पाई जाती हैं ।

(2) द्रविड़-जाति, जिसका कद नाटा, रंग श्याम, केश घने, सिर लंबा और नाक चौड़ी होती है, उत्तरप्रदेश के दक्षिण और 76^0 पूर्वी देशांश के पूर्व के समस्त देश में फैली हुई है ।

(3) आर्य-जाति, जो काश्मीर, पंजाब और राजपूताना में मिलती है । इनका शरीर प्रांशु (लंबा), रंग गोरा, बाल घने, सिर लंबा और नाक नुकीली उठी हुई होती है ।

(4) तुर्की-ईरानी जाति, जो उत्तर-पश्चिमी सीमा-प्रांत, बिलोचिस्तान और सिंध के पश्चिमी इलाके में पाई जाती है । इसकी ऊँचाई औसत से कुछ अधिक, रंग गोरा, कपाल चौड़ा और नाक अधिक लंबी और नुकीली होती है । "सिंधु नदी जैसे ईरान और भारत के बीच की राजनीतिक सीमा है, वैसे ही वह तुर्की-ईरानी और भारतीय आर्य इन दो मानव-जातियों के बीच की भी सीमा है ।" (कैंब्रिज, हिस्ट्री ऑफ इंडिया, पृष्ठ 44)

(5) शक-द्रविड़ मानव-जाति । जो सिंधु नदी के पूर्व की ओर सिंध नामक प्रांत में, गुजरात और पश्चिमी भारत में पाई जाती है और तुर्की-ईरानी जाति जिसका भेद छोटे कद, अधिक लंबे सिर, अपेक्षाकृत छोटी नाक जैसी विशेषताओं के कारण है । इस नाम से तो ऐसा इंगित होता है कि जिन शकों ने पश्चिमी भारत में लगभग 120 ई. से 380 ई. तक राज्य किया, उनके कारण यह विदेशी पृथु-कपाल जातीय तत्त्व अपने यहाँ आ गया । किंतु शक लोग, जैसा कि इतिहास बताता है,

भारत के जातीय तत्त्व पर कुछ प्रभाव न डाल सके होंगे, क्योंकि संस्कृति पर प्रभाव डालना तो दूर, वे स्वयं ही क्रमशः हिंदू बन गए। यह विदेशी जातीय तत्त्व पश्चिमी एशिया और ईरान में रहनेवाले उस पृथु-कपाल पर्वतीय जन (अल्पाइन रेस) से आया होगा जो द्रविड़ों की भाँति पश्चिमी भारत में उस समय से बहुत पहले आए थे जबकि यातायात का मार्ग बीच में मरुभूमि पड़ जाने से रुक गया था।

(6) आर्य-द्रविड़ या हिंदुस्तानी जाति, जो पूर्वी पंजाब, उत्तर प्रदेश और बिहार में पाई जाती है। इनका सिर लंबा, रंग गेहुँए से लेकर साँवला तक और नाक कभी नुकीली और कभी चौड़ी और कद औसत से कुछ कम 5 फुट तीन इंच से 5 फुट 5 इंच के बीच में होता है। भारतीय आर्य और उनके द्वारा जीते गए द्रविड़ों के मिश्रण से यह जाति-तत्व बना। सरहिंद के देशांश के समीप हम इस सूरत-शक्ल की जाति को सबसे पहले पाते हैं। ऋग्वेद से भी ज्ञात होता है कि उसके समय में आर्यों का सन्निवेश सरहिंद या सरस्वती नदी से आगे न बढ़ा था। ऋग्वेद का संबंध सप्त-सिंधु देश से है। ब्राह्मणों और उपनिषदों के युग के साहित्य का संबंध कुछ और पूर्व में गंगा-जमुना के बीच मथुरा तक के प्रदेश से था, जिसकी संज्ञा ब्रह्म देश थी, जिसमें कुरुक्षेत्र भी शामिल था, जहाँ कितनी ही बार महाभारत के युग से पानीपत के युद्ध तक भारत के भाग्य का निर्णय हुआ। साहित्य की साक्षी नृविद्या के उस प्रमाण का समर्थन करती है जिसका संबंध दो प्रकार की मानव-जातियों के बीच की विभाजक रेखा से है, जो रेखा इतिहास के दो विभिन्न युगों और परिवर्तनों के विभाग को सूचित करती है; अर्थात् एक ओर भारतीय आर्यों का जन या कबीलों की टुकड़ियों के रूप में आकर बसना और उसके बाद उन्हीं भारतीय आर्यों का सरस्वती के इस पार अपने उपनिवेश स्थापित करना, जो कार्य बहुत धीरे-धीरे विजय[1] और मानवीय जातियों एवं संस्कृतियों के आपस में घोल-मेल से हुआ होगा।

(7) मंगोल या किरात जाति : यह बर्मा, असम और हिमालय के देश जिसमें भूटान और नेपाल शामिल हैं, पंजाब और काश्मीर के सीमांत प्रदेश में बसी हुई है। इस जाति का सिर चौड़ा, रंग गहरा पीला, चेहरे पर बाल कम, कद नाटा, चेहरा चपटा और पलकें तिरछी होती हैं। चीन और तिब्बत या भोट देश की तरफ से आनेवाली जाति की धारा ने भारतीय जनसंख्या में इस सूरत-शक्ल के लोगों को जन्म दिया।

(8) बंगाली जाति : यह बंगाल और उड़ीसा में बसती है। चौड़ा कपाल, रंग

---

1. ऋग्वेद में केवल एक बार (7/18/19) यमुना का उल्लेख है, जिसमें उसके किनारे पर हुए किसी युद्ध के प्रसंग का वर्णन है। उत्तरी यमुना और गंगा के बीच का भाग बाद में विजय के फलस्वरूप आर्यों के अधिकार में आया, जैसा कि 'शतपथ ब्राह्मण' (13/5/4/11-14) में कहा गया है। यह विजय दौःषंति भरत ने अपने युद्धों की सफल समाप्ति पर यमुना और गंगा के किनारों पर यज्ञ-महोत्सवों के रूप में मनाई थी।

साँवला, बाल घने, कद मँझला और इनकी नाक भी कुछ बीच की ऊँचाई की तथा कुछ चौड़ापन लिए होती है। रिज़ले ने, इस विचार से कि यह जाति द्रविड़ और मंगोल अंशों के मिलने से बनी है, इसे मंगोल-द्राविड़ नाम दिया। बंगाल और बिहार के बीच की विभाजक रेखा जिस प्रकार राजनीतिक है, वैसे ही नृवंश तत्त्व पर भी आश्रित है और साहित्य में भी उसकी झलक मिलती है। उदाहरण के लिए अथर्ववेद में मगध और अंग (भागलपुर-मुंगेर) देश के लोगों को आर्य-क्षेत्र से बाहर का कहा गया। 'शतपथ-ब्राह्मण' में एक कथा है, जो सूचित करती है कि ब्राह्मणों के यज्ञ आदिम पश्चिम से पूर्व की ओर बढ़ते हुए विदेह या तिरहुत तक फैले।

नृवंश पर आश्रित नस्ल-संबंधी विभिन्नता अपने साथ अनेक प्रकार की भाषाओं के भेदों को भी लिए हुए है। 1931 की जन-गणना रिपोर्ट के अनुसार भारत में प्रयुक्त बोलियाँ 225 हैं, जो मानवीय भाषा के चार बड़े विभागों में बाँटी जा सकती हैं, अर्थात् मुंडा-शबर, तिब्बती-चीनी, द्राविड़ और भायूरोपीय (संस्कृत से निकली भाषाएँ)। द्राविड़ परिवार की भाषाएँ तेलुगु, तमिल, कन्नड़ और मलयालम के रूप में दक्षिण में फैली हैं जहाँ प्रत्येक का महान् साहित्य है। उनके प्रसार की सीमा-रेखा के उत्तर में भारतीय आर्य-भाषा का साम्राज्य है, जिसके सामने कितनी ही बोलियाँ, जो अभी तक साहित्य के द्वारा मजबूत और स्थिर नहीं बन सकी हैं, लुप्त होती जा रही हैं। भारतीय-आर्य भाषाओं का विस्तार-क्षेत्र वही है जिसका उल्लेख प्राचीन संस्कृत ग्रंथों में हुआ है। 'शतपथ ब्राह्मण'(3/2/3/15) के अनुसार कुरु-पांचाल की वाक् उत्तरा अर्थात् श्रेष्ठ थी। यहाँ वाक् से तात्पर्य भारतीय आर्यों की बोली से ही है। यहीं से यह भाषा अन्य दिशाओं में फैली। कालांतर में मनु के अनुसार भारतीय-आर्य संस्कृति का क्षेत्र आर्यावर्त कहा गया है, अर्थात् हिमालय और विंध्याचल एवं पूर्व और पश्चिम के दो समुद्रों का प्रदेश। इसके अंतर्गत कुरु, पांचाल, मत्स्य और शूरसेन, इन चार जनपदों का समुदाय—अथवा ब्रह्मर्षि देश—उस संस्कृति का अगुआ था। यह उसके सर्वोत्तम ज्ञानियों का केंद्र था (2/22)। उसी प्रकार से हम अर्वाचीन समय में भी पाते हैं। एक तो मध्यदेशीय भाषाओं का केंद्रीय क्षेत्र है, जिसकी प्रतिनिधि बोली पश्चिमी बोली है और जिसके साथ बोलियों का एक भीतरी मंडल चारों ओर घिरा हुआ है, जैसे पश्चिम की ओर पंजाबी, राजस्थानी और गुजराती, उत्तर में पहाड़ी और पूर्व में पूर्वी हिंदी। उसी प्रकार का दूसरा बाहरी मंडल भी है, जिसमें पश्चिम की ओर काश्मीरी, लहँदा, सिंधी और कच्छी बोलियाँ, दक्षिण-पश्चिम में मराठी और पूर्व में बिहारी, बंगाली, असम और उड़िया बोलियाँ हैं। इसका तात्पर्य यह हुआ कि भारतीय-आर्य संस्कृति ब्रह्मर्षि देश से शुरू होकर, जहाँ कि मध्य-देशीय भाषाएँ बोली जाती हैं, गंगा-यमुना की अंतर्वेदी में फैलती हुई कोसल से विदेह और बंग

तक व्याप्त हो गई। इस विस्तार के ही अंतर्गत ऊपर लिखी हुई भीतरी और बाहरी मंडल की भाषाओं का क्षेत्र भी आ जाता है।

ब्रह्मर्षि देश एवं सप्तसिंधु प्रदेश में प्राचीनतम आर्य आवासों के बीच में जो भाषा-संबंधी तादात्म्य था, उसमें छठी शती ई. पू. के लगभग हखामनिवंशीय ईरानियों के बलख (प्राचीन वाल्हीक) देश के अपने अड्डे से भारतवर्ष में घुस आने के कारण कुछ गड़बड़ी उत्पन्न हो गई। ईरानी और भारतीय आर्यों के संपर्क का फल यह हुआ कि मिली-जुली बोलियों का एक नया वर्ग उत्पन्न हो गया, जिन्हें पिशाच भाषा कहा जाता है, जिनमें अभी तक बहुत-से पुराने वैदिक शब्द पाए जाते हैं और जो काबुल और स्वात (ऋग्वेद के कुभा और सुवास्तु) नदियों के क्षेत्र में बोली जाती हैं। पिशाच भाषाओं के और भारतीय-आर्य भाषाओं के बाहरी मंडल के पश्चिम में ईरानी भाषा की बोलियाँ शुरू हो जाती हैं, जैसे पश्तो और बिलोच।[1]

धर्म के क्षेत्र में भी भारत में सबसे अधिक विभिन्नता है। यहाँ सभी विश्व-धर्म पाए जाते हैं। अकेले हिंदू धर्म के अनुयायी 29 करोड़ हैं जो भारतीय जनसंख्या का दो-तिहाई है और संसार की जनसंख्या का आठवाँ भाग है। इतने करोड़ों आदमियों के अनुकूल यह धर्म अपने सिद्धांतों में अत्यंत सहिष्णु और उदारता में विश्वजनीन होना ही चाहिए। हिंदू धर्म समन्वयात्मक एवं सर्वग्राही रूप से व्यापक है; उसका दर्शन-शास्त्र विश्वजनीन है, उसका कोई परिमित या सीमाबद्ध लक्षण या व्याख्या भी नहीं है। यह अनेक बातों में अरूढ़ है और उसमें अपने-आपको हर नई स्थिति के अनुसार ढालने की क्षमता और लोच है; उसके गाथा-शास्त्र और पुराणों की कथाएँ बहुरूपिणी हैं। उसका कर्मकांड और आदेशात्मक विधियाँ भी वैसी ही बहुमुखी और यथाकाम संग्रथित होने वाली हैं। इन कारणों से हिंदू-धर्म अपरिमित मनुष्यों का सर्व-सामान्य धर्म बन गया है जो जाति-भाषा, राजनीतिक गठन, सामाजिक परंपरा और रुचियों में एक-दूसरे से बहुत भिन्न हैं। इस्लाम के माननेवालों की संख्या भारत में 7 करोड़ 80 लाख है, जो थोड़े-अधिक सब प्रांतों में फैले हैं, किंतु सीमाप्रांत, सिंध, पंजाब और बंगाल में जिनका बहुमत है। इसके अतिरिक्त 1 करोड़ 20 लाख बौद्ध, 60 लाख ईसाई, 40 लाख सिक्ख, 12 लाख जैन और 1 लाख पारसी हैं। भारत में मानवीय विकास की सभी अवस्थाओं और स्थितियों में प्रथमारंभ से लेकर उच्चतम दशा तक के लोग पाए जाते हैं। यह देश लोक-धर्म, जन-विश्वास, रीति-रिवाज, रहन-सहन, मत-मतांतर, भाषा-बोलियों, जातियों और समाज-संस्थाओं की दृष्टि से पूरा संग्रहालय कहा जा सकता है। पर यह मुर्दा चीजों का और ईंट-पत्थरों का 'अजायबघर' नहीं, बल्कि प्राणवंत मानव-जाति और अध्यात्मिक विचारों का, जो

1. देखिए कैंब्रिज हिस्ट्री आफ इंडिया, भाग 1, अध्याय 2, जहाँ से इस अध्याय की बहुत-सी सामग्री यथेच्छ ली गई है।

अपने-अपने ढंग से विकसित हो रहे हैं, महान कोश है।

एकता: उसके महाद्वीपीय विस्तार और विभिन्नता के कारण एक राष्ट्रीय इकाई के रूप में भारत की स्थिति सहज ही हमारे मन से ओझल हो जाती है। इस देश का समग्र रूप एकसाथ इकाई के रूप में हमारे ध्यान में नहीं आता। उसके एक-एक खंड या भाग को ही हम समझ पाते हैं। यह ठीक उसी तरह है जैसे एक पुरानी कहानी के अनुसार कुछ अंधे हाथी के एक-एक अंग को अलग-अलग टोहते हुए उसे ही पूरा शरीर समझ लेते हैं, अथवा हमें उपनिषद् की उस कहानी का ध्यान आता है जिसमें मनुष्य की इंद्रियाँ अपने-अपने बड़प्पन के लिए झगड़ती हैं और उस प्रमाण को भूल जाती हैं जिसके द्वारा पूरा शरीर चलता है और उनमें से हरेक जीवित रहती है। वस्तुतः अनेक में एक को, समुदाय में व्यक्ति को, मिश्रित वस्तुओं में शुद्ध को पहचानना कठिन काम है। विभिन्नता होना इस बात का प्रमाण नहीं कि वहाँ एकता का अभाव है, विभिन्नता तो जीवनी शक्ति, संपन्नता और बलिष्ठता का लक्षण है।

भारत की भौगोलिक एकता मानचित्र में देखने से तुरंत ही प्रत्यक्ष होती है। उसमें साफ यह प्रकट होता है कि किस प्रकार यह देश संसार के अन्य देशों से ऐसी सीमाओं के द्वारा अलग है जो अलंघ्य हैं और जो यूरोप के देशों की उन विवादग्रस्त कृत्रिम सीमाओं की भाँति नहीं, जिन्हें मनुष्य ने मान लिया है। फिर भी प्रश्न यह है कि कहाँ तक भारत की इस भौगोलिक एकता का यहाँ के लोगों ने अनुभव किया अथवा वह देश के इतिहास में आई। प्रकृति के वरदान निरर्थक हैं यदि उन्हें मनुष्य के हितार्थ काम में न लाया जाए और मनुष्य को उनकी खोज करने, उन पर अधिकार करने और उनका उपयोग करने की सूझ-बूझ न हो। राजनीतिक जीवन और सभ्यता के क्षेत्र में किसी जाति के उन्नति करने की पहली शर्त यह है कि उसके पास अपनी निश्चित और सुव्यक्त भूमि हो जिसे वह अपनी कह सके और अपनी मातृभूमि बना सके। जिस जाति के पास अपनी भूमि नहीं है और जो अस्थायी एवं अस्थिर परिस्थितियों में जीवन बिताती है जहाँ किसी वस्तु का ठिकाना नहीं और हरेक वस्तु अनिश्चित है, वह जाति संस्कृति और सभ्यता के विकास की अनुकूल परिस्थितियों से वंचित रहती है। यहूदियों के राजनीतिक विकास में एक बड़ी बाधा यह रही है कि वे अपने लिए मातृभूमि का निर्माण करने में कभी संगठित नहीं हो सके। राष्ट्र के लिए देश ऐसे ही है जैसे मनुष्य के लिए शरीर। वह उसके आत्म-विकास के लिए आवश्यक है। राष्ट्रीयता की उन्नति के लिए भाषा, धर्म, शासन, इतिहास, परंपरा, रहन-सहन और रीति-रिवाजों की एकता आवश्यक है, पर ये सब बातें गौण हैं। इनकी जड़ें समान देश में बिताए जानेवाले समान जातीय जीवन पर निर्भर हैं।

भारतीयों ने संस्कृति और सभ्यता में जो पहले ही उन्नति की, उसका कारण

यह था कि वे आरंभ में ही भारत देश को अपनी मातृभूमि बना सके। समस्त देश के लिए उन्होंने 'भारतवर्ष'—यह नाम दिया। पुराणों की परिभाषा के अनुसार भारतवर्ष "वह देश है, जो हिमालय के दक्षिण और समुद्र के उत्तर में है, जहाँ महेंद्र, मलय, सह्य, शुक्तिमान, ऋक्ष (गोंडवाना के पहाड़) विंध्य और पारियात्र (विंध्य का पश्चिमी भाग अरावली तक), ये कुल सात पर्वत हैं, जहाँ भरत के वंशज रहते हैं; जिसके पूर्व में किरात और पश्चिम में यवन बसते हैं। और जहाँ ब्राह्मण, क्षत्रिय, वैश्य और शूद्र वर्ण के लोग हैं।" (देखिए, विल्सन-कृत विष्णुपुराण 2/127-9) देश के लिए इंडिया नाम स्वदेशी नहीं, विदेशी है। पुराने समय में विदेशी लोग भारत को उसके उत्तर-पश्चिम में बहने वाले महा-नद सिंधु के नाम से पुकारते थे, जिसे ईरानियों ने हिंदु और यूनानियों ने हकार का लोप करके 'इंडोस' कहा। लेकिन भारतवर्ष नाम इंडिया की तरह केवल भौगोलिक संज्ञा नहीं है, उसका ऐतिहासिक महत्त्व है और इसका अर्थ है, 'भरत जन' का देश, अथवा भारतीय-आर्य संस्कृति का क्षेत्र, जिसके मुख्य प्रचारक भरत लोग थे। हिंदुओं की एक देशव्यापी स्तुति में मातृभूमि के स्वरूप की कल्पना और पूजा गंगा, यमुना, गोदावरी, सरस्वती, नर्मदा, सिंधु और कावेरी इन सात नदियों के देश के रूप में की गई है, जो इस समस्त भूखंड में फैली हैं। एक दूसरी स्तुति में मातृ-भूमि का स्वरूप बताते हुए उसे अयोध्या, मथुरा, माया (हरिद्वार), काशी, कांची, अवंतिका और द्वारावती इन सात पुरियों का देश कहा गया है, जो भारत के प्रमुख भागों में हैं। हिंदुओं की तीर्थयात्रा इन प्रार्थनाओं की भावना को पुष्ट करती है। इसके अनुसार प्रत्येक हिंदू का कर्तव्य है कि वह अपने जीवनकाल में अपने धर्म के इन पवित्र स्थानों का दर्शन करे। वैष्णव, शैव और शाक्त हिंदू-धर्म के इन तीनों संप्रदायों में अपने-अपने तीर्थ-स्थानों की सूचियाँ हैं, जो भारतवर्ष-भर में फैले हुए हैं, और किसी एक प्रांत तक सीमित नहीं हैं। इस प्रकार हिंदू-धर्म के सभी संप्रदाय अपने अनुयायियों को इस बात का आदेश देते हैं कि वे देश के विभिन्न और दूरतम भागों में तीर्थ-यात्रा के लिए जाएँ। इस प्रकार अपनी समान मातृ-भूमि के प्रति उनके हृदयों में जीवित जाग्रत प्रेम उत्पन्न किया जाता था। इसी विचार से शंकराचार्य ने अपने चार मठ देश के चार कोनों में बनाए, जैसे ज्योतिर्मठ उत्तर में (हिमालय पर बदरी-केदार के पास), शारदा मठ पश्चिम में द्वारका में, गोवर्द्धन मठ पूर्व में पुरी में और शृंगेरी मठ दक्षिण में मैसूर में। इस प्रकार हिंदू संस्कृति सांप्रदायिक भक्ति के द्वारा राष्ट्रीयता की सहायक है। कुछ धार्मिक ग्रंथों में जैसे 'भागवतपुराण' और 'मनुस्मृति' में राष्ट्रीयता उत्पन्न करनेवाले वचन पाए जाते हैं, जिनमें भारतवर्ष को देवों के द्वारा निर्मित देश कहा गया है, और यह भी संकेत है कि देवता भी इस भूमि को स्वर्ग मानकर यहाँ जन्म लेने की इच्छा करते हैं। और इन सबके ऊपर महत्त्वशालिनी यह उक्ति है कि जननी और जन्मभूमि दोनों स्वर्ग से भी बढ़कर हैं

'जननी जन्मभूमिश्च स्वर्गादपि गरीयसी।'

इन सब प्रार्थनाओं और श्लोकों से सूचित होता है कि हिंदुओं के अनुसार देश-प्रेम भी धर्म का अंग है। एक प्रसिद्ध अंग्रेज विद्वान् का कथन है,[1] ''हिंदू के लिए भारतवर्ष न केवल एक सत्ता से शासित होनेवाली राजनीतिक इकाई है—चाहे वह सत्ता ईसाई, मुसलमानी या हिंदू कोई भी हो—बल्कि वह उनकी अध्यात्म-संस्कृति का मूर्त रूप अथवा मातृदेवी है।…उसके लिए भारतवर्ष उसकी संस्कृति का मूर्तिमान रूप है, जिसमें उसने अपनी आत्मा को उँडेल दिया है। उसके विचारों में उसकी आत्मा का महान् रूप ही उसकी मातृभूमि है।''

किंतु धर्म के अतिरिक्त प्राचीन हिंदुओं को अपने राजनीतिक जीवन से भी मातृभूमि के प्रति अपनी भावनाओं को पुष्ट करने में सहायता मिली। जब देश एक शासन-सूत्र के अंतर्गत होता है तो उसकी एकता सहज ही समझ में आती है—प्राचीन हिंदू बहुत पुराने समय से ही देश में सर्वोपरि राजनीतिक सत्ता के आदर्श और अस्तित्व को जानते थे। उसके द्योतक कुछ महत्त्वपूर्ण वैदिक शब्द ये हैं—एकराट्, सम्राट्, राजाधिराज, सार्वभौम; और कुछ वैदिक यज्ञ हैं, जैसे राजसूय, वाजपेय और अश्वमेध। जो राजा दिग्विजय के द्वारा अपने-आपको अन्य राजाओं का अधिपति बना लेता था उसे इन यज्ञों के करने का अधिकार था। कुछ वैदिक ग्रंथों में और बाद के महाभारत एवं पुराणों में भी ऐसे सार्वभौम राजाओं या सम्राटों की सूचियाँ पाई जाती हैं। इन पुराकाल के राजाओं के अतिरिक्त ऐतिहासिक युग में भी देश में कितने ही सम्राट् हुए हैं, जैसे चंद्रगुप्त मौर्य, अशोक, समुद्रगुप्त, हर्ष, मिहिरभोज और मुस्लिम युग में अकबर और औरंगज़ेब। कुछेक ने अपने सर्वोपरि आधिपत्य की घोषणा के लिए अश्वमेध यज्ञ भी किया था, जैसे पुष्यमित्र, समुद्रगुप्त, कुमारगुप्त प्रथम, आदित्यसेन और पुलकेशिन् प्रथम। इस प्रकार सार्वभौम सम्राट् के पद का भारतवर्ष में लंबा इतिहास है। धार्मिक ग्रंथों में क्षत्रिय राजाओं के लिए उचित जिन आदर्शों का उल्लेख है, सार्वभौम सम्राट् की कल्पना उसके सर्वथा अनुरूप थी, जिसके अनुसार वे अपने ऐश्वर्य का विस्तार अपनी मातृभूमि की चतुरंत सीमाओं तक कर सकते थे।

देश की एकता का द्योतन उस विशिष्ट संस्कृति के द्वारा भी होता है जिसकी छाप सारे देश पर लगी हुई है। चौबीस करोड़ जनसंख्या वाले हिंदुओं ने, जो इस देश के प्रधान 'जन' हैं, उस संस्कृति का निर्माण किया है। फारस देश के लोग पहले भी भारत को हिंदुओं का देश 'हिंदु-स्थान' कहते थे। ''इसमें संदेह नहीं कि भारतवर्ष और हिंदू धर्म का परस्पर शरीर और आत्मा की तरह घनिष्ठ संबंध

---

1. इंगलैंड के भूतपूर्व प्रधानमंत्री श्री जे. रैम्से मैकडानल्ड द्वारा लिखित भूमिका, जो उन्होंने लेखक की पुस्तक 'दि फंडामेंटल यूनिटी ऑफ इंडिया' (लौंगमेन्स, लंदन) के लिए लिखी।

है।'' [जे रैम्से मैकडानल्ड, ऊपर उद्धृत पुस्तक से] हिंदू-धर्म ने समस्त भारतवर्ष को दृढ़ और स्थायी सांस्कृतिक एकता प्रदान की है जिसने युग-युगांतर में राजनीतिक उथल-पुथल के धक्कों को सहा है। वह सांस्कृतिक एकता हिंदू धर्म के अंतर्गत विशेष प्रकार के जातीय स्वराज्य की छत्रछाया में सुरक्षित रही है एवं देशी और विदेशी शासन-यंत्रों से उसका संपर्क कम ही हुआ है। भारतवर्ष मुख्यतया गाँवों का देश है। ये गाँव स्वराज्यभोगी प्रजातंत्र के रूप में जीवित रहते थे। इनमें अपनी संस्कृति की रक्षा के लिए स्थानीय संस्थाओं और संगठनों का एक जाल बिछा हुआ था, जिस पर राजधानी या केंद्रीय शासन में होनेवाली उथल-पुथल का कोई असर न पड़ता था। 'हिंदू धर्म', इस नाम से प्रसिद्ध भारत की आत्म-संस्कृति की प्रधान विशेषताएँ क्या हैं? हिंदू-धर्म की जो निजी परिभाषा है उसी में इनका संकेत भी मिलता है, अर्थात् वर्णाश्रम-धर्म, वह धर्म जो वर्ण और आश्रम-संज्ञक दो प्रकार के विभागों पर आश्रित है, एवं हिंदू धर्म का सबसे विशिष्ट और उसमें एकता लानेवाला गुण है। मूलतः जैसाकि वैदिक साहित्य से ज्ञात होता है, ब्राह्मण, क्षत्रिय, वैश्य और शूद्र, इन चार अपने में पूर्ण सामाजिक वर्गों या जातियों में समाज का बँटवारा करने में वर्ण-संस्था का जन्म हुआ। समय पाकर ये जातियाँ अनेक उप-जातियों में बँट गईं। इस समय भारत-भर में हिंदू सैकड़ों जातियों और उपजातियों में बँटे हुए हैं। जाति-पाँति के भेद के विषय में, जो भारतीय सामाजिक जीवन की बडी विशेषता है, बहुत भ्रम भी पाया जाता है। इसका संबंध मुख्यतया व्यक्ति के निजी, घरेलू और धार्मिक जीवन से है, सार्वजनिक जीवन से नहीं। इसमें दो भिन्न-भिन्न जातियों के परस्पर रोटी-बेटी के संबंध का निषेध है, अर्थात् संतति-शास्त्र के आधार पर दो भिन्न जातियों के व्यक्ति आपस में विवाह-संबंध नहीं कर सकते और न एक ही थाली में बैठकर भोजन कर सकते हैं, अथवा अशुद्ध हाथों से छुआ भोजन कर सकते हैं। भोजन व्यक्ति का निजी कर्म है। यह उतना ही पवित्र है जितना ईश्वर को संबोधित करके किया हुआ संख्या-कर्म। पर यह स्मरण रखना चाहिए कि जाति-पाँति का भेद हिंदू धर्म का एक अंग-मात्र है। उसका दूसरा अंग व्यक्ति के जीवन में चार आश्रमों में विभक्त है, जिनकी पूर्ति स्वाभाविक रीति से होनी चाहिए। ये आश्रम इस प्रकार हैं: (1) ब्रह्मचारी या विद्या-अध्ययन करनेवाला छात्र, (2) गृहस्थ या घर-गृहस्थी सँभालने वाला विवाहित व्यक्ति, (3) वानप्रस्थ या वन में रहनेवाला भिक्षु, और (4) संन्यासी अथवा वह तपस्वी साधु जो ध्यान या ईश्वर-चिंतन में लीन रहता है। जीवन का तीसरा आश्रम पचास वर्ष की आयु में आरंभ होता है। इस काल में गृहस्थ के लिए उचित है कि वह सांसारिक और घरेलू जीवन से अपने को अलग कर ले और विश्वजनीन उच्च जीवन की साधना में तथा दूसरों की सेवा में अपने-आपको लगा दे। जैसा पहले कहा जा चुका है, अपने बाह्य सामाजिक रूप में हिंदू धर्म के दो अंग हैं—एक, वर्ण-व्यवस्था और

दूसरी, आश्रम-व्यवस्था। दुर्भाग्य से आश्रमों की अपेक्षा जाति-पाँति का महत्त्व अधिक बढ़ गया हैं। जाति जन्म के आधार पर व्यक्तियों को एक-दूसरे से अलग करती है, किंतु आश्रम की प्रथा लोगों को एक्य की ओर खींचती है और सभी जातियों के लोगों को एक-एक आश्रम से संबंधित विशेष प्रकार के नियमों में बाँधती है, जिससे वे निश्चित मार्ग से स्वाभाविक अवस्थाओं को पार करते हुए उन्नति की ओर बढ़ सकें।

हिंदू संस्कृति का मुख्य वाहन संस्कृत भाषा है। जनता को एक सूत्र में बाँधने के लिए संस्कृत का जो प्रभाव पड़ा है, उसे पूरी तरह कह सकना कठिन है। मौनियर विलियम्स ने इस विषय में ठीक कहा है (Hinduism, पृ. 13)—"यद्यपि भारत में पाँच सौ से अधिक बोलियाँ हैं पर धार्मिक भाषा केवल एक है और धार्मिक साहित्य भी केवल एक है, जिसे हिंदू धर्म के सभी अनुयायी, चाहे वे जाति-पाँति, बोली, सामाजिक स्थिति और मत की दृष्टि से कितने ही भिन्न हों, मानते हैं और श्रद्धा से पूजते हैं। वह भाषा संस्कृत है और वह साहित्य संस्कृत-साहित्य है। वही वेद या विश्वजनीन ज्ञान का एकमात्र कोश है। हिंदू धर्म, दर्शन, व्यवहारशास्त्र और गाथा-शास्त्र का एकमात्र साधन वही है, केवल वही ऐसा दर्पण है जिसमें हिंदुओं के सभी मत-मतांतर, विचार, रीति-रिवाज और प्रथाएँ ठीक-ठीक प्रतिबिंबित हुई हैं, और (यदि एक चौथे रूपक का हम प्रयोग कर सकें तो) वही ऐसी खान है जहाँ से देशी भाषाओं को उन्नत करने की सामग्री मिल सकती है, अथवा महत्त्वपूर्ण धार्मिक और वैज्ञानिक विचारों के प्रकाशन की सामग्री प्राप्त की जा सकती है।"

अपनी निजी विशिष्टता रखनेवाली इस भारतीय संस्कृति ने कालांतर में इस प्रकार सारे देश को एकता के सूत्र में बाँध दिया कि देश और संस्कृति अभिन्न समझी जाने लगीं और एक-दूसरे की समानार्थक हो गईं। देश संस्कृति बन गया और संस्कृति देश बन गई। देश भौगोलिक रूप से अपर अध्यात्म जगत् का स्वरूप बन गया। यह भारतीय आर्य-संस्कृति जब ऋग्वेद के समय से यहाँ आरंभ हुई तो पीछे के युगों में उत्तरोत्तर विस्तार को प्राप्त होती हुई सप्तसिंधु, ब्रह्मर्षिदेश, ब्रह्मावर्त, मध्यदेश, आर्यावर्त्त, जंबूद्वीप अथवा भारतवर्ष नामक क्षेत्रों में फैल गई। यहाँ तक कि अपनी प्रबल महाप्राणता के कारण यह भारत की सीमाओं के उस पार विदेशों में भी पहुँच गई और उसने अपने लिए समुद्र-पार के देशों में 'बृहत्तर भारत' का निर्माण कर लिया। भारतीय विचार और संस्थाएँ आज तक स्याम, कंबोडिया (कंबोज देश), जावा (यव-द्वीप), सुमात्रा (सुवर्ण-द्वीप), बाली (बलि-द्वीप) और बोर्नियो (वारुण-द्वीप) के साहित्य, मंदिरों और स्तूपों की कला-कृतियों, लोकवार्ताओं, अनुश्रुतियों, रीति-रिवाजों और रहन-सहन में पाई जाती हैं। यह सब उपनिवेशों में जानेवाले भारतीयों के श्रम का फल है। इनमें से कुछ देशों ने तो अपना धर्म भी भारत से मिला लिया है, जैसे तिब्बत, नेपाल और

चीन, जहाँ महायान बौद्ध धर्म का प्रचार है; एवं बर्मा, सिंहल, स्याम और कंबोज देश जहाँ हीनयान बौद्ध धर्म का प्रचार है। कर्मण्य और प्रगतिशील राष्ट्रीयता के कारण ही देशांतरों में उपनिवेशों का जन्म होता है, जिनके पीछे अपनी मातृभूमि और निजी संस्कृति की भावना प्रेरणा देती रहती है।

इतिहास पर प्रभाव : भारत की इस मौलिक एकता को देखते हुए भी देश की विशालता, भौगोलिक परिस्थितियों की अनेकरूपता और सामाजिक अवस्थाओं की विविधता ने देश के इतिहास और राजनीति के विकास पर स्वाभाविक प्रभाव डाला। हमेशा ही सारे देश को इकाई के रूप में संगठित करने और एक केंद्र से एक सम्राट् या एक शासन-तंत्र से प्रशासित करने में कठिनाई का अनुभव किया जाता रहा है। परिणाम यह हुआ कि भारतीय इतिहास में उस प्रकार की एक इकाई या एकसूत्रित उन्नति, जैसे अंग्रेज़ी या फ्रांस के इतिहास में मिलती है, बहुत कम संभव हुई। प्रायः भारतवर्ष का इतिहास संपूर्ण देश के लिए एक सूत्र में ग्रथित विकास की कहानी न होकर कितने ही छोटे-छोटे गौण और विश्रृंखल टुकड़ों में बँट गया है। एक निर्दिष्ट धारा के अनुसार एक केंद्र से विकसित होने के बजाय भारतीय इतिहास प्रायः विभिन्न और एक-दूसरे से स्वतंत्र केंद्रों से भी विकसित होता रहा है, जो विभिन्न जातियों और प्रदेशों को आधार मानकर बने हैं और हरएक ने एक-दूसरे के साथ संपर्क या सादृश्य के बिना अथवा विरोध में आकर अपने-अपने पृथक् ढंग से अपना विकास किया है। भारत के राजनीतिक इतिहास को कई भागों और खंडों में टटोलना पड़ता है, जिनमें कई व्यवधान हैं और कहीं-कहीं एक-दूसरे से असंबंधित रूप में ऐतिहासिक पुनर्गठन के प्रयत्न हैं और कहीं-कहीं तो कुछ कड़ियाँ खोई हुई भी हैं। युग-युगांतर में होनेवाले कितने ही राजाओं और जातियों ने भारतीय इतिहास का निर्माण किया है, जैसे उत्तर में मौर्य, कुषाण, आंध्र, गुप्त और गुर्जर वंशों एवं दक्षिण में पल्लव, चालुक्य और चोल वंशों ने अथवा कालांतर में मुसलमान, मराठों, सिक्ख और अंग्रेजों ने। ये लोग कितने ही केंद्रों से, जो प्रायः बदलते रहते थे, राज्य करते थे, जैसे पाटलिपुत्र, पुरुषपुर, पैठण, नासिक, उज्जैन, कन्नौज, बादामी, कांची, कल्याणी और तंजौर, अथवा दिल्ली, पूना, लाहौर, कलकत्ता. जो भारतीय इतिहास के पृथक्-पृथक् युगों में विभिन्न राज्यों की राजधानो रहे हैं। हिंदूकालीन भारत में केवल एक बार ऐसा देखने में आता है कि समस्त देश एक ही शासन-तंत्र और एक ही ऐतिहासिक धारा के अंतर्गत आ गया। यह अशोक का मौर्य-साम्राज्य था, जिसने अपना शासन समस्त देश पर एवं 'बृहत् भारत' के अंगभूत अफगानिस्तान और बिलोचिस्तान पर भी स्थापित किया और वह उन सबका सार्वभौम सम्राट् बन गया।

परंतु हमें यह भी स्मरण रखना चाहिए कि एक केंद्रीय शासन की स्थापना मे

देश की विशालता जैसे बाधक थी वैसे ही प्राचीन युग की विशेष अवस्था भी, जिसमें कि यंत्र-युग से पूर्व आवागमन की वे अनेक कठिनाइयाँ थीं जो अब कोयला, बिजली या तेल से उत्पन्न शक्ति के द्वारा हटा दी गई हैं। शासन प्रभावशाली हो और उसका प्रभुत्व सब लोग देश के बड़े भाग में और सुदूरतम प्रदेशों में भी बराबर स्वीकार करें, इसके लिए यह आवश्यक था कि स्थानीय स्वराज या स्वशासन का अधिकार प्रदान करके शासन-यंत्र का विकेंद्रीकरण किया जाए। इसका परिणाम यह हुआ कि भारतीय सामान्य इतिहास और जीवन तो पीछे पड़ गया एवं स्थानीय जीवन और इतिहास बहुत कुछ आगे आ गए। इस प्रकार भारतीय इतिहास परस्पर असंबंधित स्थानीय इतिहासों का एक संग्रह-मात्र बन गया। उसमें सारे भारतवर्ष पर लागू राजनीतिक जीवन की कहानी बहुत कम मिलती है।

देश की भौगोलिक विशालता के प्रभावों की अमिट छाप भारतीय इतिहास पर पड़ी है। यद्यपि वर्तमान काल में यातायात की सुविधाओं ने देश और काल को छोटा कर दिया है फिर भी वे प्रभाव अभी तक मौजूद हैं। अब भी समस्त भारत समान शासन के अंतर्गत नहीं है। 1951 के पूर्व तक की स्थिति यह थी कि देश के एक-तिहाई भाग में अनेक रजवाड़ों की सत्ता थी, जो उस राजनीतिक अवस्था से उत्पन्न हुए थे, जिसमें देश के एकीभूत इतिहास की अपेक्षा छोटे-छोटे स्थानीय इतिहासों को प्रोत्साहन मिला। इस तरह के रजवाड़ों की संख्या छह सौ से कुछ अधिक थी। ब्रिटिश भारत में यद्यपि एक शासन था, फिर भी इतने बड़े देश में चुस्त और प्रभावशाली शासन-यंत्र की स्थापना के लिए उसे कितने ही प्रांतों में बाँटना पड़ा था, जिनमें से कुछ तो यूरोप के कई देशों के बराबर थे। अंग्रेजी राज्य और रजवाड़ों को मिलाकर भारत के शासन को एकसूत्र में ग्रथित करना उसके राजनीतिक विकास का अगला कदम था, जो अभी हाल में पूरा हुआ है।

पर यह स्मरण रखने की बात है कि प्रत्येक स्थान के अलग-अलग इतिहास के उस गड़बड़झाले के पीछे अखिल भारतीय इतिहास की एक पृष्ठभूमि सदा से रही, जो राजनीतिक न होकर सांस्कृतिक थी। वह एकता भारतीय विचार और दर्शन के इतिहास में पिरोई हुई है, जो प्रादेशिक सीमाओं और शासन की छोटी-छोटी इकाइयों से ऊपर है। समस्त भारतवर्ष पर विचार और जीवन के एक-जैसे आंदोलनों की छाप पड़ी है, जिससे एक-जैसे आदर्श और एक-सी संस्थाओं का यहाँ उदय और विकास हुआ, जिनके कारण भारतीय सभ्यता संसार की अन्य सभ्यताओं से अलग पहचानी जाती है और जो उस इतिहास को 'मानव-जाति के सामाजिक, धार्मिक और बौद्धिक विकास में एक स्वतंत्र इकाई के रूप में' प्रतिष्ठित करती हैं। (वी. ए. स्मिथ. अर्ली हिस्ट्री ऑफ इंडिया, चौथा संस्करण, पृष्ठ 5)

4. भारत में आर्य

ऋग्वेदीय सभ्यता

आर्यों के मूल के विषय में ऋग्वेद की साक्षी : भारत का इतिहास एक प्रकार से इस देश में आर्य-जाति का इतिहास है । उसका आरंभ आर्यों के भारत में आगमन से होता है । उसका सबसे प्राचीन स्रोत 'ऋग्वेद संहिता' है, जो न केवल भारतीय आर्यों का बल्कि समस्त आर्य-जाति का सबसे प्राचीन ग्रंथ है । इस ग्रंथ से न केवल भारत में आर्यों के इतिहास के प्रारंभ पर प्रकाश पड़ता है, बल्कि अन्य देशों के आर्य-इतिहास पर भी, जिसमें उनकी भाषा, शब्दों के रूप, स्वर और छंद, धर्म और सभ्यता की पूर्वकालीन विकास की अवस्थाएँ सम्मिलित हैं ।

समान आर्यभाषा और निवासस्थान : भाषा-शास्त्र के विद्वानों का कहना है कि ऋग्वेद की भाषा व्याकरण और धातुओं की दृष्टि से ईरानी, यूनानी, लातीनी, ट्यटनी, कैल्ट और स्लाव भाषाओं से मिलती है, जैसे वे सब एक ही मूलभाषा से निकली हुई हों । परिवार के निकटतम संबंधों एवं जीवन के मौलिक अनुभवों के सूचक शब्द इन भाषाओं में एक-से हैं, जैसे पिता, माता, पुत्र, पुत्री, ईश्वर, हृदय, आँसू, परशु, वृक्ष, श्वान और गौ आदि शब्द । उदाहरण के लिए देखिए : संस्कृत—मातृर, लैटिन—मातेर, अंग्रेजी—मदर; संस्कृत—सूनु, लिथवानियन—सूनु, प्राचीन जर्मन की खड़ी बोली—सुनु, इंग्लिश—सन ।

भाषा-शास्त्र की यह साक्षी महत्त्वपूर्ण आरंभिक इतिहास की साक्षी प्रस्तुत करती है । इस प्रकार से संबंधित भाषाएँ सूचित करती हैं कि उनके अर्वाचीन बोलनेवालों के पूर्वज किसी एक स्थान में रहते थे और एक ही भाषा बोलते थे । इन भाषाओं के बोलने वाले अपने उस मूल निवास से चलकर अलग-अलग समूहों में बँट गए । किंतु उनके पूर्वज एक ही आर्य 'जन' के अंग थे, जिसे हम 'वीर' कह सकते हैं, क्योंकि पुरुषवाची वीर (Wiros) शब्द इस परिवार की अधिकांश भाषाओं में पाया जाता है ।

प्रश्न यह है कि 'वीर' संज्ञक आर्य लोगों का मूल निवास-स्थान या देश कहाँ था । इस विषय में भायूरोपीय या भारत-जर्मनीय भाषाओं में प्राप्त सामग्री के आधार पर कुछ अनुमान ही लगाया जा सकता है । पहली बात यह है कि 'वीर'

जाति किसी द्वीप में या समुद्र-तट के निकट नहीं रहती थी, क्योंकि उनकी भाषा में समुद्र के लिए शब्द नहीं है। दूसरे, वे शीतोष्ण जलवायु में रहते थे जहाँ उन्हें बाँज, बेंत और कुछ पीतदारु परिवार के वृक्षों का परिचय हुआ।[1] तीसरे, वे लोग नियत स्थान में बसे हुए थे, खानाबदोश या घुमक्कड़ न थे। वे महीनों श्रम करके अन्न उत्पन्न करते और बैल, गाय, भेड़, घोड़ा, कुत्ता और सुअर इन जानवरों को पालते थे, किंतु गधा, ऊँट और हाथी नहीं। घोड़ा और गाय विभिन्न भौगोलिक परिस्थितियों के सूचक हैं। घोड़ा खुले मैदानों में चरने जाता है, जहाँ उसके बछेड़े (किशोर) मादा के पीछे-पीछे घूमते रहते हैं; गाय जब चरने जाती है, अपने बछड़े को पीछे छोड़ तो देती है लेकिन उससे दूर नहीं हटती। मूल आर्य-वास स्थान ऐसा होना चाहिए जहाँ पशुओं के चरने और कृषि दोनों की सुविधा हो, अर्थात् अश्व-पालन के अनुकूल लंबे-चौड़े घास के मैदान और भेड़ों के चरने के अनुकूल घास से भरी हुई पहाड़ी उडार दोनों निकट हों।

डॉ. गाइल्स के मतानुसार (कैंब्रिज हिस्ट्री ऑफ इंडिया, भाग 1, अध्याय 3) वृक्ष, वनस्पति और पशु-पक्षी-संबंधी ऊपर की साक्षी से (1) भारतवर्ष, (2) पामीर प्रदेश, जो आरंभिक निवास के लिए बड़ा अनुपयुक्त है, (3) यूरोप के उत्तरी मैदान जहाँ पहले घने वन थे, (4) रूस के दक्षिणी मैदान, और (5) उत्तरी ध्रुव, ये प्रदेश मूल आर्य-वास स्थान नहीं हो सकते। उनका सुझाव है कि हंगरी, आस्ट्रिया और बोहेमिया वाला यूरोप का टुकड़ा ही वह प्रदेश था।

आर्यों का फैलना : इस मूल देश से पूर्व की ओर जो आर्य फैले (जिनसे भारतीय इतिहास का संबंध है), वे नए जंगल और गोचरों की खोज में डैन्यूब नदी के किनारे-किनारे वालेशिया तक बढ़े और आगे दक्षिण में बासफोरस और दर्रे दानियाल पर जा उतरे। उन्हें पार करके एशिया माइनर का पठार पार करने के

---

1. अंग्रेज़ी Oak, Beech, Willow and some coniferous trees, अं. ओक=हिंदी बाँज। इसलिए भारत-यूरोपीय भाषा में कई समान शब्द हैं, जिनका मूल अर्थ 'वृक्ष' था। संस्कृत और जन्द भाषा में 'द्रु' शब्द का, यूनानी भाषा में 'द्रुस' का अर्थ बाँज वृक्ष था। इन शब्दों के स्वर विभिन्न होते हुए भी मूल व्यंजन द्-र् समान थे, जिनका अर्थ कभी वृक्ष और कभी बाँज का पेड़ किया जाता था। बाँज यूरोप में जंगल का राजा, प्रधान वृक्ष, 'वनस्पति' समझा जाता रहा है जिस पर देवों का निवास था।

   अं. विलो=हिंदी बेंत, O. H. G. *Wila.* Lat. *vitex*=Zend *Vaeli*, पहलवी, *wid* फारसी बेद bid.

   अं. बीच beech के लिए हिंदी-पर्याय नहीं मिला। यह मध्य और पश्चिमी यूरोप का वृक्ष है। O.H.G. *buobha. A.S. boce* Lat. *fagus*, slav *buky*, भूर्ज (अं. बर्च *birch*, लिथुआनी *berizas*) ऐसा वृक्ष था जो यूरोप से भारत तक पाया जाता था।

   कोनिफरस वृक्ष—देवदारु, चीड़, कैल आदि की जाति के वृक्ष जिनमें पत्तियों की जगह 'सुइयाँ' होती हैं। कहा जाता है कि बाँज आदि पत्रल वृक्षों को हटाकर उनके स्थान पर शनैः-शनैः 'सूची' वाले वृक्षों ने दखल जमा लिया।

बाद वे उफ्रातु और तिग्रा नदियों की अंतर्वेदी के सिरे पर जा निकले। किंतु वहाँ अन्य बलवान जाति का राज्य होने के कारण उससे बचते हुए तब्रेज़ और तेहरान के रास्ते ईरान में प्रविष्ट हुए और मशद, हेरात और बलख की ओर आगे बढ़े।

ऋग्वेद और अवेस्ता में साम्य : अंतिम प्रदेश में वे आर्य बसे जो भारतीय और ईरानियों के पूर्वज थे। इसलिए उनके धार्मिक ग्रंथ ऋग्वेद और अवेस्ता में भाषा और विचार की समता किसी भी यूनानी, लातीनी या भारतीय-जर्मन साहित्य से अधिक है। न केवल इक्के-दुक्के शब्द और वाक्यांश बल्कि पूरे-पूरे वाक्य भारतीय भाषा में बिना शब्दावली या वाक्य-रचना को बदले परिवर्तित किए जा सकते हैं। यह निम्नलिखित उदाहरण से स्पष्ट होगा–

1. छंद

अवेस्ता	**वैदिक भाषा**
तत् थ्वा	तत् त्वा
पेर्श एर्स	पृच्छा ऋजु
मोइ वोचा	मा वच
अहुरा	असुर
ता चीत्	ता चित्
मज्दा	मेधिष्ठ
वश्मी	वश्मि
अन्याचा	अन्याचा
वीद्ये	विदे

2. देवता

अवेस्ता	**वैदिक**
इंद्र	इंद्र
वायु	वायु
मिथ्रु	मित्र
नाओनहइथ्य	नासत्य
वेरेथ्रघ्न	वृत्रघ्न

इससे ज्ञात होता है कि हिंदुओं और ईरानियों के पूर्वज औरों की अपेक्षा अधिक काल तक एक-दूसरे के साथ रहे। संभवतः वे सबसे अंत में अपने मूल वास-स्थान से

निकले, क्योंकि उनकी भाषा में आर्य-संस्कृति का सबसे अधिक अंश धातु, व्याकरण, शब्द, गाथाओं और उपाख्यानों के रूप में आया।

ऋग्वेद काल के विदेशी और भारतीय प्रमाण: अब प्रश्न यह है कि इन महत्त्वपूर्ण देशांतरों में प्रवास का संभावित काल कौन-सा था। इन पर भारत के बाहर की एक नई सामग्री से प्रकाश पड़ता है। एशिया माइनर के बोगाज कुई नामक स्थान में 1400 ई. पू. के कुछ अभिलेख मिले हैं, जिनमें खत्ती (Hittites) और मितानी (Mitani) जातियों में हुई संधि का उल्लेख है। वहाँ संधि की शर्तों की रक्षा के लिए साक्षी रूप में दिए हुए देवताओं के नाम इस प्रकार हैं–

'इलानि मि-इत्-र अश्-शि-इल् (इलानि) उ-रु-व न-अश्-शि-इल् (इलु) इन्-दार (इलानि) न-श-अ (तृ-ति-इअ-अ) न्-न......' ये नाम ऋग्वेद में दिए हुए मित्र, वरुण, इंद्र और दोनों नासत्य देवताओं से मिलते हैं। चूँकि ये देवता अवेस्ता में भी आए हैं, कुछ विद्वानों का विचार है कि वे उस काल के अविभक्त आर्यों के देवता हैं, जब भारतीय और ईरानी एक-दूसरे से अलग नहीं हुए थे। किंतु इन अभिलेखों में नामों के जो रूप हैं वे ऋग्वेद से अधिक मिलते हैं। इस हालत में यह मानना पड़ेगा कि ऋग्वेद और उसकी आर्य-संस्कृति 1400 ई. पू. से बहुत पहले भारत में जड़ जमा चुकी थी, जिससे वह सुदूर एशिया माइनर की तत्कालीन संस्कृति पर अपना प्रभाव डाल सकी।

बोगाज़ कुई अभिलेखों के ही समय के कुछ प्रसिद्ध पत्र तल्ल्-अल्ल्-अमरना गाँव से मिले थे, जिनमें कुछ मितानी राजाओं के नाम संस्कृत रूपों से मिलते हैं। आर्ततम, तुषरत्त, सुततर्न (वैदिक सुत्राण) बेबीलोनिया पर राज्य करनेवाले लगभग 1746-1180 ई. पूर्व कस्सी (kassites) राजाओं के नाम संस्कृत में हैं, जैसे शुरिअस् (सूर्य), मर्यतस् (वैदिक मरुतस) इत्यादि। असुर बनीपाल के (लगभग 700 ई. पू.) पुस्तकालय में, असीरिया में पूजे जानेवाले देवताओं की सूची मिली है, जिसमें अस्सर-मज़स् नाम है, जो अवेस्ता के मुख्य देव अहुर मज्द का रूपांतर है, यद्यपि अस्सर अवेस्ता के अहुर की अपेक्षा संस्कृत के असुर से अधिक मिलता है।

भारतीय साहित्य के प्रमाणों से भी आर्यों के भारत-देश में आगमन और ऋग्वेद की वैसी ही प्राचीनता ज्ञात होती है। यदि भारत में बौद्ध धर्म का उदय 600 ई. पू. के लगभग माना जाए तो उसमें पूर्वकालीन रूप से उल्लिखित भारतीय साहित्य और संस्कृति उस युग से पहले की होनी चाहिए। संस्कृत साहित्य के सूत्र, आरण्यक, उपनिषद्, ब्राह्मण, चार वैदिक संहिताएँ एवं उनसे पूर्ववर्ती मूल मंत्र-समूह, जो पीछे ऋग्वेद-संहिता के रूप में संकलित हुआ, इन भिन्न-भिन्न शैलियों के विकास के लिए हमें पर्याप्त समय मानना पड़ेगा। अतः उचित उपपत्ति से लगभग 2500 ई. पू. में ऋग्वेद का काल मानना होगा।

ऋग्वेद में सभ्यता का ऊँचा स्तर : स्वयं ऋग्वेद में आर्यों के इस आवागमन के विषय में एक शब्द भी नहीं है। उसमें स्थान-विशेष में बसे हुए जन, व्यवस्थित समाज और पूर्ण उन्नत सभ्यता का वर्णन है। हिंदू अनुश्रुति का विश्वास है कि ऋग्वेद में भारतीय संस्कृति के उषा-काल के स्थान पर उसके मध्याह्नकाल के दर्शन होते हैं। यह संस्कृति सरस्वती देवी की उसी मूर्ति के समान है जो पूर्ण युवती के रूप में एक समय में प्रकट हुई। भारतीय विचारों के महान् वट-वृक्ष का मूल ऋग्वेद है, जिससे अनेक मत, दर्शन और धर्मों की शाखा-प्रशाखाएँ फूटी हैं। ऋग्वेद आज तक उस गायत्री मंत्र का मूल स्रोत है, जिसके अक्षरशः जप में श्रद्धा रखनेवाले करोड़ों हिंदू उसके प्रत्येक स्वर, वर्ण और शब्द को पवित्र मानते हैं और उसके स्थान में मनुष्य विरचित किसी भी अनुवाद या अन्य जप को स्वीकार नहीं करते।

ऋग्वेदकालीन भारत की नदियाँ, प्राकृतिक दृश्य और जन : ऋग्वेद के आर्य विस्तृत भू-प्रदेश में बसे हुए थे। उस क्षेत्र में उन्होंने स्वतंत्रता से अपनी संस्कृति और विशेष प्रवृत्तियों का विकास किया। ऋग्वेदकालीन भारत की भौगोलिक सीमाएँ ऋग्वेद में आए कुछ नामों से जानी जाती हैं। पश्चिम की ओर कुभा (काबुल), क्रुमु (कुर्रम), गोमती (गोमल), सुवास्तु (स्वात) नदियाँ बताती हैं कि उस समय अफगानिस्तान भी भारतवर्ष का अंग था। उसके बाद पंजाब की पाँच नदियों का उल्लेख है–सिंधु (सिंधु), वितस्ता (झेलम), असिक्नी (चिनाब), परुष्णी (इरावती या रावी), विपाश् (व्यास) और उनके साथ ही शतद्रु (सतलुज) और सरस्वती, यमुना और गंगा के नाम भी आए हैं। ऋग्वेद के एक भाग में जहाँ उषा के सूक्त हैं, पंजाब के अद्‌भुत सौंदर्यशाली प्रातःकाल की झाँकी मिलती है। लेकिन उसके अधिक भाग में बिजली, मेघों और पर्वतों में घनघोर वर्षा के रूप में रौद्र प्रकृति का वर्णन है जो पंजाब में नहीं ब्रह्मावर्त के उस प्रदेश में पाई जाती है जहाँ सरस्वती और दृषद्वती नदियाँ बहती हैं। यहीं ऋग्वेद का अधिकांश भाग बना होना चाहिए।

ऊपर कहा हुआ भौगोलिक प्रदेश कई वैदिक जनों में बँटा हुआ था, जिनमें से कुछ प्रधान जनों के नाम मिलते हैं–जैसे गांधारि (जो अपने ऊनी माल के लिए प्रसिद्ध थे), मूजवंत[1] (जहाँ का सोम प्रसिद्ध था), अनु, द्रुह्य, और तुर्वश (परुष्णी के तट पर), पुरु और भरत (जो मध्य देश में थे)।

---

1. मूल लेखक ने मूजवंत को कुहा के तट पर लिखा है। वस्तुतः मूजवंत की पहचान मुँजान इलाके से की जानी चाहिए जो वंक्षु नदी के दक्षिण में गलचा भाषा-भाषी क्षेत्र है और जहाँ की बोलियाँ आर्य-भाषा परिवार की हैं।

राजनीतिक संगठन : दस राजाओं का युद्ध : ऋग्वेदकालीन भारत में राजनीतिक एकता का भी पूरे वेग से विकास हो रहा था। ऋग्वेद में दाशराज्ञ (7/33/2, 5/83/8) अर्थात् दस राजाओं के युद्ध का वर्णन है जो भरतों के राजा सुदास के साथ हुआ। यह संघर्ष उत्तर-पश्चिम में बसे हुए पूर्व-कालीन जन और ब्रह्मावर्त के उत्तरकालीन आर्यों के बीच राज्याधिकार के लिए हुआ। मालूम होता है कि ऋग्वेद के समय की सभी जातियों ने, जिनमें अनार्य भी थे, इस महान् युद्ध में भाग लिया। सिंधु नदी के पश्चिम में पाँच जन मुख्य थे—अलिन (वर्तमान काफिरिस्तान), पक्थ (वर्तमान पख्तून), भलान (संभवतः बोलन दर्रे के निवासी), शिव (सिंधु के पास) और विषाणिन्। इनके अतिरिक्त पाँच दूसरे जन सिंधु के इस पार के भीतरी प्रदेश के थे, जैसे अनु, द्रुह्य, तुर्वश, यदु और पुरु। इस जमघट में तीन जगुना तटवासी ही थे जो अनार्य ज्ञात होते हैं। वे अज, शिबु और यक्षु थे। उनका नेता भेद था। इस समूह में शिम्यु नाम का एक और अनार्य राजा भी था। दूसरे आर्य राजाओं में कवश, शंबर और दो वैकरण थे जो अपने साथ अपने अनुयायी इक्कीस जनों को और लाए। राजाओं के पुरोहित ऋषि लोग इस युद्ध में नेतृत्व करते हैं। विश्वामित्र, दाशराज्ञ-संगठन के नेता थे और उनके प्रतिपक्षी सुदास के नेता वसिष्ठ थे। अनुओं के नेता भृगु थे। इस युद्ध में विजयी सुदास ऋग्वेदकालीन भारत के सर्वोपरि सम्राट् बन गए।

ऋग्वेदकालीन जनों में भरतों के अतिरिक्त पुरु भी महत्त्वपूर्ण थे। वे दोनों आगे चलकर कुरुओं में मिल गए। उन्हीं के सहकारी क्रिनि और सृंजय थे।

विभिन्न आर्य जनों में प्रभुत्व के लिए यह संघर्ष उस राजनीतिक विकास का अंग था जिसके द्वारा ऋग्वेदकालीन भारत बड़े राजनीतिक समूहों में संगठित होकर एक सार्वभौम या सम्राट् के शासन में आ रहा था। इस राजनीतिक विकास का उतना ही महत्त्वपूर्ण परिणाम यह हुआ कि आर्य लोग आदिम निवासी अनार्य जातियों पर पूर्ण रूप से अपनी विजय स्थापित कर सके। आर्य और अनार्य लोगों के मौलिक द्वंद्व की झाँकी ऋग्वेद में प्रायः मिलती है। इस संघर्ष का कारण सांस्कृतिक भी था और राजनीतिक भी।

ऋग्वेद में अनार्य : ऋग्वेद में अनार्यों को दास, दस्यु या असुर कहा गया है। कुछ अनार्य सरदारों के नाम इस प्रकार आए हैं—इलिबिस, धूनि, चुमुरि, पिप्रु, वर्चिन् और शंबर। कुछ अनार्य जनों के नाम भी हैं जैसे शिम्यु, कीकट, अज, यक्षु और शिग्रु। ऋग्वेद 1/133/4 में पिशंग वर्ण के पिशाचों और राक्षसों का उल्लेख है, जो युद्ध के समय भयंकर कोलाहल करते थे।

आर्य और अनार्य जनों का भेद स्पष्ट मिलता है। वह शारीरिक भी है और सांस्कृतिक भी। अनार्य काले रंग के और अनास या चपटी नाक वाले थे (जैसे

द्रविड़। (1) उनकी भाषा वैदिक-संस्कृत से भिन्न थी जो स्पष्ट नहीं थी (मृध्र-वाक्); (2) वे वैदिक-कर्मकांड से शून्य थे (अकर्मन्); (3) वे वैदिक देवों को नहीं पूजते थे (अदेवयु); (4) वे देवों के लिए भक्ति से रहित थे (अब्रह्मन्); (5) वे यज्ञ से विरहित थे (अयज्वन्); (6) वे वैदिक व्रतों का पालन नहीं करते थे (अव्रत); (7) उनके स्थान में वे भिन्न प्रकार के व्रत या धार्मिक नियमों को मानते थे (अन्यव्रत); (8) वे वैदिक देवों के निंदक थे (देवपीयु); और (9) वे लिंग की पूजा करते थे (शिश्नदेव)।[1] (7/21/5; 10/99/3)।

आर्यों ने अनार्यों को वनों और पहाड़ों की ओर हटा दिया और उन्हें दास बना लिया। वैदिक साहित्य में प्रायः 'दासी' का उल्लेख आता है। ऋग्वेद के 'पुरुष सूक्त' में विराट पुरुष के शरीर से चार वर्णों की उत्पत्ति का उल्लेख करते हुए चौथे वर्ण शूद्र का नाम आया है, जिसमें दास भी सम्मिलित थे। अंतर्विवाह या मैत्री-संबंध के फलस्वरूप आर्यों और अनार्यों के बीच में अनिवार्यतः एक प्रकार का मिश्रण भी हो रहा था। इस प्रकार की मैत्री के उदाहरण ऊपर कहे हुए दाशराज्ञ युद्ध में आ चुके हैं। आर्यों ने भारत में तीन प्रकार का नियोग-कार्य पूरा किया, देश की विजय, उसका उपनिवेशीकरण और उसे संस्कृति प्रदान करना। आदिवासियों को जीतना और उन्हें अपने में पचा लेने का काम भी आवश्यक था।

---

1. इनमें से कुछ विशेषण आर्यों के लिए भी प्रयुक्त हुए हैं। ऋग्वेद 7/8/3/7 में दस राजा और उनके सहायक जो सुदास के शत्रु थे, अयज्यु (यज्ञरहित) और 7/18/16 में अनिंद्र (इंद्र को न माननेवाले)। अन्यत्र ऋग्वेद 7/104/14-15 में स्वयं वसिष्ठ ऋषि को अनृत देव (झूठे देवों को माननेवाला) कहा गया है। इस प्रमाण के आधार पर और इस बात से कि सुदास के विरुद्ध लड़नेवालों में अनार्य सरदार और जातियाँ थीं, श्री रमाप्रसाद चंदा ने यह परिणाम निकाला था कि ऋग्वेदीय इतिहास का संबंध आर्यों या इंद्रपूजक राजाओं के घरेलू युद्ध से था न कि आर्यों और अनार्यों के युद्धों से। उनका यह भी मत था कि ऋग्वेद के युग में आर्यों का विस्तार और युद्ध आदिवासियों के साथ नहीं हुआ किंतु उस समय आर्य और दास एक ही मातृभूमि के पुत्रों की तरह आपस में मेल कर चुके थे। उनकी कुछ दूसरी मान्यताएँ, जो विवादग्रस्त हैं, ये हैं—(1) इंद्र, वरुण, अग्नि और अन्य देवों के माननेवाले ऋषियों के धर्म को सिंधु उपत्यका के लोगों ने स्वीकार कर लिया था, जिनका अपना धर्म और संस्कृति अवनति पर थीं। (2) भरत, पुरु, यदु, तुर्वश, अनु, द्रुह्यु आदि वैदिक क्षत्रिय जन भारत की भ्रातृ-युगीन जनता के प्रतिनिधि थे। (3) ऋषि अर्थात् ब्राह्मण और क्षत्रियों में भारी सांस्कृतिक मतभेद था। क्षत्रिय या इतर जातियाँ नर बलि, अनुमरण (सती प्रथा) और ऐसे ही ब्राह्मण विद्विष्ट रीति-रिवाजों को मानती थीं। (4) जातियों की विभिन्नता संस्कृति के भेद से उत्पन्न हुई। (5) वैदिक धर्म और सिंधु उपत्यका के धर्म का जब एक-दूसरे से संपर्क हुआ तो दो बातों में परिवर्तन हुआ। एक तो योग-परंपरा, जिसमें पहले बलि की विशेषता थी, वैदिक धर्म के अनुकूल बनाई गई। दूसरे, लोक-धर्म में बहुत-सी अवैदिक बातों की मान्यता जारी रही। योग का जन्म इसी देश में हुआ, इसका प्रमाण मोहेंजोदड़ो में मिली हुई कुछ पत्थर की मूर्तियाँ हैं, जिनके नेत्र अर्धनिमीलित और दृष्टि नासाग्र पर केंद्रित है। चंदा के अनुसार ये प्रागैतिहासिक सिंधु सभ्यता और उत्तरकालीन हिंदू-जैन-बौद्ध-सभ्यता के बीच की कड़ियाँ हैं। (पुरातत्त्व विभाग का मेमॉयर, सं. 41)

किंतु कृष्ण-वर्ण अनार्यों को परास्त करना हँसी-खेल न था। ऋग्वेद के अनार्य अपनी बढ़ी-चढ़ी सभ्यता के साथ दुर्गों में सुरक्षित थे। ऋग्वेद में उनके पुरों और दुर्गों का उल्लेख है (1/4/1/3) जिन्हें लोहे का (आयसी, 2/58/8), पत्थर का (अश्ममयी 4/30/20), लंबे-चौड़े (पृथिवी), विस्तृत (उर्वी), गउओं से भरे हुए (गोमती, अथर्व. 8/6/23) कहा गया है। ऐसे ही सौ खंभोंवाले दुर्गों (शतभुजी, ऋग्वेद 1/16/8; 7/15/14) और शरत्कालीन, जलौध से बचानेवाले दुर्गों का उल्लेख हुआ है।

हड़प्पा और मोहेंजोदड़ो की खुदाई में मिले हुए नगरों के खंडहरों में इस सभ्यता के अवशेष मिले हैं। आर्यों के प्रमुख विरोधी अनार्य पणि लोग थे जो यास्क के अनुसार वाणिज्य व्यवसायी थे (निरुक्त 6/27)। यही सिंधु उपत्यका की वाणिज्य-प्रधान सभ्यता के निर्माता थे, जैसा कि वहाँ की खुदाई में मिले हुए समुद्री शंखों की बनी हुई वस्तुओं से ज्ञात होता है। सिंधु-घाटी में आर्यों को एक उन्नत सभ्यता से टक्कर लेनी पड़ी[1]। वह अनेक नगरों में फैली हुई थी, जिन्हें जीतना आवश्यक हो गया। इसलिए आर्यों के देव इंद्र 'पुरंदर' अर्थात् पुरों के भेदन करने वाले कहे गए।[2] (ऋग्वेद 1/10/3/3)।

ऋग्वेद के कुछ मंत्रों से आर्य और अनार्य के इस संघर्ष पर प्रकाश पड़ता है। मंत्र 1/104/7-8 में पृथ्वी को दास लोगों की श्मशान-भूमि (उपवर्हणी) कहा गया है। मंत्र द्वितीय, 20/6/7 में इंद्र को पुरंदर और कृष्ण-योनि दासों की सेनाओं का नाश करनेवाला कहा गया है। मंत्र 4/16/13 में 50 सहस्र कृष्ण-वर्ण दासों को युद्ध-भूमि में मारने और पुरों के नाश करने का उल्लेख है। मंत्र 4/30/21 में 30 सहस्र दासों को माया से मूर्छित करने का उल्लेख है। मंत्र 1/43/8 में वंगृद नामक अनार्य राजा के सौ पुरों का ऋजिश्वा के द्वारा भेदन करने का वर्णन तब आया है, जबकि कृष्ण वर्ण वाले दासों पर चढ़ाई की गइ। अनेक मंत्रों में पर्वत-निवासी दास सेनापति शंबर के पुरों या दुर्गों के ध्वंस का उल्लेख है, जिनकी संख्या नब्बे (1/130/7), निन्यानवे (2/19/6), और सौ (2/14/6) कही गई है। मंत्र 10/22/8 में इंद्र के लिए की गई आर्यों की स्तुति में परिस्थिति को संक्षेप में इस प्रकार कहा गया है–'हमें सब ओर से दस्यु घेरे हुए हैं। वे यज्ञ-कर्म नहीं करते (अकर्मन), न वे किसी चीज को मानते हैं (अमंतु), उनके व्रत हमसे भिन्न हैं।

1. पंजाब के दक्षिण में फैली हुई एक सभ्यता का परिचय आर्यों को था, यह बात ऋग्वेद के एक मंत्र (6/20/12, उसकी आवृत्ति 1/174/9) से ज्ञात होती है जिसमें यह कहा गया है कि इंद्र तुर्वश और यदु को स्वस्तिपूर्वक समुद्र के पार ले आए। इससे अनुमान होता है कि ऋग्वेद के अन्य आर्य तो उत्तर-पश्चिम से आए थे, किंतु तुर्वश और यदु दक्षिण से आए और आर्य जाति में मिलने के योग्य माने गए। (श्री रमाप्रसाद चंदा, पुरातत्त्व विभाग का मेमॉयर,सं. 31)

2. वही।

(अन्यव्रतः), वे मनुष्यों-जैसा व्यवहार नहीं करते (अमानुषः)। हे शत्रुनाशन्, तू उनका वध कर और दासों का नाश कर।'

समाज, विवाह और परिवार : ऋग्वेदकालीन समाज सुसंगठित था। कुल उसकी इकाई थी और कुल का संगठन पितृमूलक था। कुल में मुख्यतः एक-पत्नीव्रत की प्रथा थी। बहुपतिक विवाह अज्ञात था। पति गृह का स्वामी और पत्नी गृह-स्वामिनी होती थी। सदाचार का भाव बहुत ऊँचा था। परिवार में अगम्यागमन, जैसे पिता-पुत्री का संबंध अथवा भाई-बहन का संबंध[1], किसी प्रकार विहित न था। बाल-विवाह, जो पीछे प्रचलित हो गया था (10/85/21-22), अज्ञात था। विवाह में वर-वधू को स्वयंवर की अनुमति थी (10/27/12)। कुमारी कन्याएँ कुमारावस्था में पिता की रक्षा में रहती थीं, और उसकी मृत्यु के बाद भाई की रक्षा में (2/17/7; 4/5/5)।

विवाह में यौतुक दान की प्रथा थी। ऋग्वेद के विवाह-सूक्त 10/85 से ज्ञात होता है कि विवाह के उपरांत वधू पिता के घर से पति के घर ले जाई जाती थी और अपने नए घर में सास, ससुर, ननद, देवर के ऊपर अधिकार रखनेवाली सम्राज्ञी मानी जाती थी। इस सूक्त से यह भी ज्ञात होता है कि विधिवत् संपन्न हुए विवाह को पुरुष या स्त्री किसी भी तरह समाप्त नहीं कर सकते थे और विधवा के विवाह की कल्पना न थी, यद्यपि एक मंत्र में (10/40/2) अपत्यरहित पुरुष की विधवा पत्नी का देवर के साथ संबंध कहा गया है। यज्ञों में पत्नी पति की सहभागिनी थी।

दायाधिकार या उत्तराधिकार : पिता की संपत्ति का अधिकारी पुत्र होता था, पुत्री नहीं, किंतु यदि पुत्री ही पिता की एकमात्र सन्तान हो तो उत्तराधिकार उसी को मिलता था। गोद लेने का अधिकार भी था (7/4/7-8)।

संपत्ति : संपत्ति के स्वामित्व का अधिकार भी माना जाता था। पशु या गाय, अश्व, हिरण्य, दास-दासी आदि चल संपत्ति में स्वामित्व की अनुज्ञा थी। उसी प्रकार भूमि के स्वामित्व की अनुज्ञा थी। भूमि का बँटवारा खेतों के रूप में किया जाता था जिनके क्षेत्रफल की नाप होती थी। कृषि-योग्य खेतों के बीच में परती भूमि खिल्य कहलाती थी (10/33/6; 1/110/5; 6/28/2; 10/142/3)।

आर्थिक जीवन : गोचर भूमि और कृषि : आर्थिक जीवन का केंद्र पशु-संपत्ति थी। बैलों से हल चलाने और शकट खींचने का कार्य लिया जाता था। घोड़े रथ

1. ऋग्वेद 10/10/10 में उन पूर्व युगों की (उत्तरा युगानि) का एक संकेत है जब बहनें अयोग्य (अजामि) विवाह अर्थात् भाई के साथ संबंध कर लेती थीं।

खींचने और आजि या दौड़ के काम में आते थे। भेड़, बकरी और गधे अन्य पालतू जानवर थे। कुत्ते चौकीदारी, पशुओं की रक्षा, रात की पहरेदारी आदि के काम में आते थे (4/15/6, 8/22/2, 7/55/3)। गोपालों की देखरेख में गायें गोष्ठ (1/191/4) में चरती थीं। गोपाल के पास अंकुश होता था और वह गड्ढे में गिरने, खोने या चुराए जाने से गौओं को रक्षा करता था। कभी-कभी गौओं के लिए लोग धाड़ें भी मारते थे (गविष्ठि, 1/91/23)। गायों के कानों पर स्वामित्व-सूचक चिह्न बना दिए जाते थे।

ऋग्वेद में कृषि को बहुत महत्त्व दिया गया है। पंचविंश ब्राह्मण (17/1) के अनुसार कृषि से ही आर्य की पहचान व्रात्य से की जाती थी, जो तत्कालीन हिंदू समाज से पृथक् थे।

हल से जोती जानेवाली धरती उर्वरा या क्षेत्र कहलाती थी। हल में छह, आठ या बारह तक बैल जोड़े जाते थे (8/6/48; 10/101/4)। अन्न पक जाने पर हँसिया (दात्र, सृणि) से काटा जाता था और तब बाँधकर गट्ठे बनाए जाते थे (पर्श) (8/78/10; 10, 101/3, 131/2)। उसे खलिहान (खल) में इकट्ठा करके मँडनी की जाती थी (10/48/7)। चलनी (तितउ) और सूप (शूर्प) का भी उल्लेख किया गया है (10/71/2)। उसाई करनेवाला धान्यकृत् कहलाता था (10/94/13)। अन्न मापने के बरतन को उर्स्दर कहा गया है (2/14/11)।

खात शकन् या करीष कहलाती थी। शतपथ ब्राह्मण में एक स्थान पर जुताई, बुआई, लवनी और मँडनी का उल्लेख आया है (कृषंतः, वपंतः, लुनंतः, मृणंतः, 1/6/1/3)।

सिंचाई : मनुष्यों के लिए कुएँ (अवट) और पशुओं के लिए लकड़ी को चरही (द्रोण, आहाव) (10/101/7) का उल्लेख है। कुएँ से सिंचाई का पानी खींचने के लिए चरस (कोष), बरत (वरत्रा) और गरारी (अश्म-चक्र) का प्रयोग किया जाता था (10/101/5-6)। ऊपर निकाला हुआ पानी चौड़ी पनाली या बरहों (सुषिरा सूर्मि) द्वारा खेतों में ले जाया जाता था (8/69/12)। पोखर (हृद) और नहरों (कुल्या) से सिंचाई होती थी (3/45/3; 10/99/4)।

खेती के शत्रु : खेती को हानि पहुँचाने वाले शत्रुओं, जैसे कीड़ों, चिड़ियों टिड्डियों आदि का उल्लेख है (10/68/1)। अतिवृष्टि और अनावृष्टि से भी खेती को हानि पहुँचती थी।

धान्य : खेती में होनेवाले अन्न को यव और धान्य कहा गया है (1/117/21, 6/13/4)। बृहदारण्यक उपनिषद (6/3/13) में दस तरह के ग्राम्य धान्यों का वर्णन है—ब्रीहि, यव, तिल, उड़द (माष), गेहूँ (गोधूम), मसूर, चना (अंड), प्रियंगु, खल्व, और खलकुल।

धन : गाय, घोड़े और अच्छे पुत्र, इन्हें ही धन समझा जाता था (अश्विनं सुपुत्रिणं वीरवंत रयि नशते स्वस्ति, 5/4/11)।

मृगया : ऋग्वेदकालीन भारतीय कृषि और पशु-पालन के अतिरिक्त जीविका, विनोद और जंगली जानवरों से पशुओं की रक्षा के लिए शिकार भी खेलते थे। इसके साधन ये थे—वाण (इषु, 2/42/2), जाल (अथर्व. 10/1/30) जिन्हें पाश (3/45/1), निधा (9/83/4), या मुक्षीजा (ऋ. 1/525/2) भी कहा जाता था। इनके लगानेवाले बहेलिए निधापति होते थे (9/83/4)। हिरन (ऋश्य) खंदकों में पकड़े जाते थे (ऋश्यदा) (10/39/8)। वराह का शिकार कुत्तों से किया जाता था और जंगली भैंसे का शिकार फेंके जानेवाले कमंद से (क्षेप्नोः जायाः 10/51/6)। सिंह को पकड़ने के लिए गड्ढे की युक्ति काम में लाई जाती थी (परिपद 10/28/10), अथवा शिकारियों द्वारा छिपकर (द्रुहसप्रद 5/74/4) हाँका करते हुए चारों ओर से सिंह को बीच में घेरकर भी शिकार किया जाता था। (सिंह न क्रुद्धमभितः परिष्ठुः, (5/15/3)। जंगली हाथियों के (मृग) पकड़ने के लिए पालतू हथिनियाँ (धेनु) काम में लाई जाती थीं (8/2/6)।

कारु-शिल्प : बढ़ई (तक्षा 9/112/1) शिल्पियों का अगुआ था। वह युद्ध या सवारी के लिए रथ, माल ढोने के लिए छकड़े (अनस् 3/33/9) बनाता था, जिनकी छत 'छदिस्' कहलाती थी (10/85/10)। वह परशु (1/105/18) और बसूले (वाशी से) काम करता था और सुन्दर नक्काशी का काम करता था (प्रिया व्यक्ता तष्टानि, 10/86/5)। धातु का काम करने वाले कर्मार कहलाते थे (10/72/2), जो धातु को आग में गलाते थे (अधमत 10/72/2; 5/9/5) (उपध्माता इव धमति)। वह चिड़ियों के पंखों की धौंकनी (पर्णेभिः शकुनानाम) और सूखी लकड़ियों से धातु गलाकर उसके बर्तन बनाता था (अयस्मय धर्म, 5/30/15)। लोहे को पीटकर भी बर्तन बनाए जाते थे (अयोहत, 9/1/2)। सुनार (हिरण्यकार) सोने के आभूषण गढ़ता था (1/122/2)। सोना सिंधु-जैसी नदियों से, जिसे 'हिरण्यवर्तिनि' कहा गया है। (6/61/7) और भूमि से (निखातं रुक्मम्, 1/117/5) प्राप्त किया जाता था। चर्मकार प्रत्यचा, गोफना, रथ कसने की बद्धियाँ, रास, चाबुक या मशक (दृति) आदि चमड़े का सामान तैयार करता था। चमड़ा कमाने की कला भी ज्ञात थी (वैदिक इंडैक्स, 1/234, 257)। कपड़ा बुननेवाला (वासो वाय, 10/26/6) अपने करघे (वेम) पर बुनाई का काम करता था। बुनने की करघी 'तसर' कहलाती थी, ताना 'ओतु' और बाना 'तंतु' कहलाता था (6/2/9)। बुनाई का काम अधिकतर स्त्रियाँ करती थीं (1/92/3)। एक मंत्र में (9/112/3) ऋषि ने अपने पिता को भिषज और माँ को चक्की पीसनेवाली (उपलप्रक्षिणी) कहा है।

व्यापार और नगदी : ऋग्वेद में व्यापारी के लिए वणिक् शब्द है (1/122/11)। वस्तुओं के विनिमय की प्रथा थी। दस गायों को देकर इंद्र की एक प्रतिमा लेने की बात एक मंत्र में कही गई है (क इमं दशभिर्ममेंद्रं क्रीणाति धेनुभिः, 4/24/10)। हाट के भाव-ताव एवं सौदा पक्का करने के उत्तरदायित्व का भी उल्लेख हुआ है–'कोई थोड़े दाम पर (कनीय वस्न) भारी मूल्य की वस्तु बेच देता है, पर फिर लेने वाले के पास जाकर यह कहता है कि मैंने नहीं बेची (अविक्रीत) और अधिक मूल्य चाहता है, किंतु इसलिए कि उसने कम मूल्य पर अधिक वस्तु दे दी है, वह मूल्य नहीं बढ़ा सकता (भूयसा कनीयो न अरिरेचीत्)। मूल्य कम हो या अधिक बिक्री के समय जो तय हो उसे ही दक्ष विक्रेता और दीन क्रेता दोनों को मानना चाहिए (4/24/9)। रुपए-पैसे का उल्लेख मंत्र 1/126/2 में झलकता है, जहाँ सौ निष्क और अश्व देने का वर्णन है। ऋण का व्यवहार भी चलता था (2/27/4)। प्रायः कितव या पासा खेलनेवाले ऋण-ग्रस्त हो जाते थे। एक जगह आठवाँ या सोलहवाँ भाग ब्याज के रूप में या मूल लौटाने के रूप में देने का उल्लेख है (यथा कलां यथा शफं यथ ऋणं सन्नयामसि, 8/47/17)।

सामुद्रिक व्यापार भी होता था। ऋग्वेद (7/95/2) में समुद्र शब्द का अर्थ निश्चित रूप से सागर है, जहाँ सरस्वती नदी के पर्वत से समुद्र तक बहने का उल्लेख है। समुद्र से प्राप्त होनेवाले धन (रयिं समुद्रात् 1/47/6, वसूनि समुद्रात् 7/6/7; 9/97/44), का भी उल्लेख हुआ है, जिसका तात्पर्य मोती या समुद्री व्यापार से होनेवाला लाभ हो सकता है (1/48/3; 56/2, 4/55/6)। एक कहानी में भृज्यु के जहाज (नाव) के समुद्र में टूट जाने का उल्लेख है। वह अथाह और आश्रयरहित समुद्र में गिर पड़ा जहाँ से सौ डाँडों से युक्त जहाज में अश्विनीकुमारों ने उसका उद्धार किया (भुज्युम् अस्तं शतारित्रां नावम् आतंस्थि-वांसम 1/116/3-5)। इनमें निश्चित रूप से पोतों द्वारा समुद्र की यात्रा करने का प्रमाण पाया जाता है।

वेशभूषा : लोगों की वेशभूषा (वासस्, 1/34/1; वसन 1/95/7, वस्त्र 1/26/17) में एक अधोवस्त्र (नीवी) और एक उत्तरीय (अधीवास, 1/140/9) शामिल थे। वस्त्र प्रायः भेड़ की ऊन से बनते थे (ऊर्णा, 4/22/2)। परुष्णी की ऊन और गंधार की भेड़ें (1/126/8) प्रसिद्ध थीं। पेशस्कारी नाम की स्त्रियाँ सुईकारी के कसीदे से वस्त्र (पेशस्) तैयार करती थीं। सुनहली ज़री या कमखाब की लंबी अचकन (हिरण्मयान् अत्कान्) का भी उल्लेख है। मुनि लोग अजिन (1/16/10) या दूसरे प्रकार के चर्म, जिन्हें 'मल' कहा गया है, पहनते थे (मुनयो वातरशनाः पिशंगा वसते मला, 10/136/2)।

आंभूषण : स्त्री और पुरुष दोनों ही सोने के आभूषण पहनते थे; जैसे कानों में कर्णशोभन (8/78/3), गले में निष्क (1/33/10), हाथों में कड़े और पैरों में खड़ुवे (खादि, 1/166/9; 5/54/11 पत्सु खादयः) और छाती पर सुनहले पदक (वक्षःसु रुक्मा)। गले में मणियाँ भी पहनी जाती थीं (मणिग्रीव, 1/122/14)। बालों को काढकर उनमें तेल डालते थे। स्त्रियाँ बालों की पट्टियाँ बनाती थीं। कभी-कभी पुरुष लंबे बाल रखते थे। वसिष्ठ कुल के लोगों में अपनी लंबी जटाओं का जूड़ा सिर के दाहिनी ओर बाँधने का रिवाज था (दक्षिणतस्कपर्दा वसिष्ठाः 7/33/1)। एक मंत्र में एक युवती स्त्री को चतुष्कपर्दा कहा गया है (चतुष्कपर्दा युवतिः सुपेशा, 10/114/3)। कुछ लोग दाढ़ी (श्मश्रु, 2/11/17) रखते थे, पर क्षौर कराने की प्रथा भी थी। सिल्ली पर उस्तरा तेज करने का भी उल्लेख है (सन्नः शिशीहि भुरिजोरिव क्षुरम्, 8/4/16)। नाई को 'वप्ता' कहा गया है। वप्तेव श्मश्रु वपसि 10/142/4)।

अन्न और पान : क्षीर और उससे बननेवाले घृत और दधि का भोजन में सर्वाधिक महत्त्व था (1/109/3, 1/134/6; 8/2/9)। क्षीरपाकौदन अर्थात् दूध में पकाए हुए भात (जिसे खीर कहते हैं) का भी उल्लेख है। अन्यत्र दृति या चमड़े की मशाक में भरे हुए दही से बननेवाले पनीर का भी वर्णन है (दधन्, 6/48/18, दृतेरिव दधन्वतः सुपूर्णस्य)। खूब घी डालकर बनाए हुए मालपूए खाने का भी वर्णन आया है (अपूपं घृतवन्तम् 10/45/9)। जौ को कूटकर उसकी भूसी अलग करके भूनकर पीसते थे और उसके सत्तू दही में मिलाकर करंभ नामक भोज्य-पदार्थ बनाते थे (1/187/9-10)। मांस प्रायः यज्ञीय पशुओं का, जैसे भेड़-बकरी (अजावयः) का होता था। गऊ को अघ्न्या अर्थात् वध के अयोग्य कहा गया है (8/101/5-16)। सुरा निंदित समझी जाती थी (7/86/6)। उसे पीकर लोग दुर्मद हो जाते थे और सभा-समितियों में आपस में लड़ जाते थे (पीतासो युध्यन्ते दुर्मदासो न सुरायाम् 8/2/12)। सोम का यज्ञों में विधान था। ऋग्वेद के संपूर्ण नवें मंडल में और छह अन्य सूक्तों में सोम की प्रशंसा की गई है। सोमवल्ली मूजवंत पर्वत पर (1/93/6) अथवा कीकटों के देश में (3/53/4) उत्पन्न होती थी। सोमरस के तैयार करने में सोमलता को कूटने-छानने आदि की प्रक्रिया बड़ी जटिल थी, जिसका पूरा विवरण इस समय स्पष्ट नहीं है। उसे भूमि पर बिछी हुई खाल (त्वक्, 9/65/25) पर फैला कर वेदी या धिषणा (1/109/3) पर रखकर ग्रावा पत्थरों से कूटते थे या मूसली (मंथा) से ऊखल में कूटकर रस निकालते थे जो चमू नाम के पात्रों में (9/99/8) इकट्ठा किया जाता था; यह देवों के लिए होता था अथवा चमस या कलश नामक बर्तनों में सोम को भरते थे जो ऋत्विजों के लिए होता था। कूटने से पहले सोमलता को पानी में भिगोकर रखा जाता था जिससे

अधिक रस निकल सके (आप्यायन 9/74/9)। सोम की पहचान निश्चित नहीं, कुछ लोग उसे द्राक्षा और कुछ गन्ना मानते हैं। सोम की मादकता और आनंददायिनी विशेषता का उल्लेख किया गया है (8/18)।

आमोदप्रमोद : इनमें रथ की दौड़, घोड़ों की दौड़, पासे खेलना (अक्षदेवन), नृत्य और गान सम्मिलित थे। दौड़ के लिए आजि शब्द था (5/37/7)। दौड़ के मैदान को काष्ठा या सत्य कहते थे। वह मैदान चौड़ाई और लंबाई में नपा-तुला होता था। विश्पला नामक एक तेज घोड़े का उल्लेख आया है। अक्ष या पासे का खेल खेलते समय लोग हार-जीत का दाव (विज 1/92/10) लगाते थे। अक्ष खेलने के दुष्परिणामों का भी उल्लेख है। उससे लोगों का सर्वनाश हो जाता था और ऋण उतारने के लिए अपने-आपको दूसरे के यहाँ दास तक बनाना पड़ जाता था। कितव या जुआरी पुत्र को पिता की डाँट-फटकार सहनी पड़ती थी (पतेव कितवं शशात्य 2/29/5)। स्त्री और पुरुष दोनों ही झाँझ-मंजीरे (आधाटि 10/146/2) के वाद्यों के साथ नृत्य में भाग लेते थे। उस समय तीनों ही प्रकार के वाद्यों का आविष्कार हो चुका था—अवनद्ध वाद्य जैसे दुंदुभि (1/28/5), तंतुवाद्य जैसे कर्करि (2/43/3) अथवा वाण या वीणा, जिसके सप्त-स्वरों की ठीक पहचान हो चुकी थी (वाणस्य सप्तधातुः 10/32/4) और सुषिर वाद्य जिसे नाव्ठी कहा जाता था (इयमस्य धम्यते नाव्ठी 10/135/7)।

राजतंत्र : ऋग्वेदकालीन भारतवर्ष के राजनीतिक विकास को निम्नलिखित उत्तरोत्तर विस्तृत होते हुए संगठनों के रूप में समझा जा सकता है—

(1) गृह अथवा कुल
(2) ग्राम
(3) विश् (कबीला)
(4) जन
(5) राष्ट्र

कुल : सामाजिक संगठन की मूलभूत इकाई कुल थी जिसमें पिता या ज्येष्ठ भ्राता के जो कुलप कहलाता था (10/179/9) अनुशासन को मानते हुए कई सदस्य एक ही गृह में (3/53/6, 2/42/3) एक साथ रहते थे। गृह न केवल संपूर्ण अविभक्त परिवार के रहने के लिए पर्याप्त होता था, अपितु उस कुल के गोधन (7/56/16) और भेड़-बकरियों के लिए भी (10/106/5), जो दिन में व्रज या गोचर-भूमि में चरकर रात को घर लौट आते थे (2/38/8)। एक घर में कई शालाएँ होती थीं और वे सब बाहर से बंद की जा सकती थीं।

ग्राम : कई कुलों के समूह की संज्ञा ग्राम होती थी (1/44/10)। ग्राम का उलटा अरण्य या जंगल था जो जंगली पशु और वृक्षों से भरा रहता था (10/90/8)। ग्राम शब्द का तात्पर्य गाँव के लोगों से भी था, जैसे मंत्र 3/33/11 में ग्राम अर्थात् गाँव के लोगों को गोधन के लिए उत्सुक कहा गया है। गाँव का मुखिया ग्रामीण कहलाता था (10/62/11; 107/5)।

विश् : गाँव से बड़ी संस्था विश् नामक बस्ती थी, जिसका मुखिया विश्-पति होता था (1/37/8)। यह कहना कठिन है कि ऋग्वेदकालीन विश् स्थानीय बस्ती की संज्ञा थी अथवा रक्त से संबंधित कबीला। यह भी स्पष्ट नहीं कि ग्राम अथवा कुल और गोत्र के साथ विश् का ठीक संबंध क्या था।

जन : विश् से बड़ा समूह जन था (10/84/2)। मंत्र 2/26/3 में पुत्र, जन्म (= कुल), विश् और जन, इन चारों का उत्तरोत्तर क्रम से उल्लेख किया गया है। मंत्र 10/91/2 में एक ओर जहाँ गृह का वर्णन है, वहाँ उसके मुकाबले उससे भिन्न विश् और जन का भी उल्लेख किया गया है। जन के प्रसंग में पाँच जनों का पंचजनाः एवं यादव जन (यादवाः 8/6/46, 48) और भारत जन (3/43/12) का उल्लेख मिलता है। राजा को जन का गोप्ता या रक्षक कहा गया है (3/43/5)।

राष्ट्र : देश या राज्य के लिए राष्ट्र शब्द था (4/42/1)[1]।

राजा : वेदकालीन राज्य-पद उन परिस्थितियों का स्वाभाविक परिणाम था, जो आर्यों के शत्रुओं के साथ युद्ध-निरत रहने से उत्पन्न हुई थीं। जैसे यूरोप की उत्तराखंड की आर्य-शाखाओं में, वैसे ही वैदिक इतिहास में भी प्रायः युद्ध के कारण राजा की उत्पत्ति हुई थी। ऋग्वेद 10/124/8 में जनता की उस दुर्दशा का वर्णन है जो शत्रुओं के विरुद्ध नेतृत्व करनेवाले राजा के अभाव में उनकी होती है। यों राजा आक्रमण के समय और रक्षा के समय दोनों ही प्रकार के युद्धों में स्वयं अगुआ बनता था। उसे जन का गोप्ता (गोप्ता जनस्य) और दुर्गों का भेदन करनेवाला (पुरां भेत्ता) कहा गया है।

इन सेवाओं के बदले में प्रजा को अपनी इच्छा से अथवा राजा के बल के कारण राजा की आज्ञा के अधीन रहना पड़ता था और राज-सत्ता की स्थिति के लिए उन्हें कर देना पड़ता था, जिसे बलि कहते थे (1/64/4)। इसी कारण राजा बलिहृत्

---

1. और भी कई राजनीतिक संस्थाओं के नाम आते हैं। व्राजपति जिसकी स्थिति ग्राम-समूहों से बने हुए जन के नेता के रूप में थी और कुलों के मुखिया कुलप जिसके अनुवर्ती रहते थे (10-179/2)। शर्ध, व्रात और गण से तात्पर्य उन सैनिक समूहों से था जो जन, ग्राम या कुल की इकाई के अनुसार युद्ध करते थे (5/53-11)।

कहलाता था (7/6/5; 10/173/6)। जीते हुए शत्रुओं से भी राजा को कर मिलता था (7/6/5; 18/19)। उसके बदले में राजा प्रजाओं में न्याय का वितरण करता था। व्यवहार-संबंधी मामलों में वही अंतिम धर्माध्यक्ष (1/25/13) था एवं दंड-नीति के क्षेत्र में भी वही प्रजा का रक्षक (पायुर विशः) था। उसके अधिकार विस्तृत थे, कोई उसे दबा न सकता था (अदब्धः 4/4/3)। स्वयं वह दंड से ऊपर था (अदंड्य), किंतु प्रजा के लिए वह मुख्य दंडधर होता था और राज-कार्य के लिए गुप्तचरों की भी सहायता लेता था (8/47/11)। राजा की विशेषता उसका भव्य वेष (त्वेष संदृश, 1/85/8) एवं उसका प्रभविष्णु राजप्रासाद था, जिसे सहस्र स्तंभोंवाला सभास्थान कहा गया है (सहस्रस्थूण मदस्, 2/41/5)। राजा के साथ उसका परिकर भी रहता था। एक स्थान पर सहस्र द्वारोंवाले गृह का उल्लेख है (सहस्र द्वारं गृहम् (7/88/5))।

राजा के मंत्री : इन सबमें प्रधान पुरोहित था, जिसका अर्थ है 'आगे स्थापित' (1/1/1)। उसे पुरोधा भी कहते थे एवं उसके कार्य को पौरोहित्य (7/60/12; 83/4)। शिक्षक, पथ-प्रदर्शक, ऋषि तथा मित्र के रूप में वह राजा का मुख्य साथी था। ऋग्वेद में पुरोहितों के उदाहरण ये हैं—विश्वामित्र और वसिष्ठ तृत्सु वंश के भरत राजा सुदास के पुरोहित (3/33/53, 7/18), कुरु श्रवण राजा का पुरोहित (10/33) और शांतनु का पुरोहित देवापि (10/98)। मुख्य कार्य राजा के घर में पुरोहिताई करना था। धार्मिक बातों में वह राजा का दूसरा प्राण था, किंतु राजनीति में भी वह नेतृत्व करता था। युद्ध में वह राजा के साथ जाता और उसकी रक्षा और जय के लिए देवों की स्तुति करता था (7/18/13)। भारतीय इतिहास के सभी युगों में ब्राह्मणों का राजनीति में प्राधान्य इसी कारण रहा है। राजा के पार्श्ववर्ती लोगों में दो और थे, सेनानी अर्थात् सेना का नेता (7/20/5; 9/96/1) और ग्रामणी जो शासन और सैनिक कार्यों के लिए ग्राम का नेता था (10/62/11; 107/5)। एक राज्य में अनेक ग्रामणी होते होंगे, किंतु वेदों में राजा के मंत्रियों में एक ही ग्रामणी का उल्लेख आया है, जो संभवतः गाँव की जनता और उनके हितों का प्रतिनिधि था। राजा के व्यक्तिगत पार्श्वचर उपस्ति (10/97/23) और इभ्य (1/65/4) भी कहलाते थे।

परिषदें : राजा की एकछत्र शक्ति की कुछ रोक-थाम करनेवाली दो सार्वजनिक संस्थाएँ थीं, सभा और समिति, जिनके द्वारा जनता के हित से संबंध रखनेवाली महत्त्वपूर्ण बातों में, यहाँ तक कि स्वयं राजा के चुनाव में भी, जनता की इच्छा प्रकट की जाती थी।

ऋग्वेद के अनेक मंत्रों में सभा का उल्लेख है (6/28/6, 8/4/9, 10/34/6), किंतु उनसे उसके स्वरूप और कार्यों पर निश्चित प्रकाश नहीं पड़ता। उसका अर्थ

संसद् भी है और सामाजिक सम्मिलन तथा सार्वजनिक विषयों पर विचार करने के लिए सभा-स्थान भी। द्यूत क्रीड़ा के लिए भी सभा का प्रयोग होता था। सभा में श्रेष्ठ व्यक्ति सभासद् (10/71/10) और सभा के योग्य व्यक्ति सभेय कहलाता था (2/24/13)। उत्तम कुल में उत्पन्न (सुजात 7/1/4) व्यक्ति सभा में जाते थे। सभा के योग्य धन (रयिः सभावान् 4/2/5) का भी उल्लेख है। इन शब्दों से कुछ ऐसा ज्ञात होता है कि ऋग्वेदकालीन सभा वृद्ध या प्रवर जनों की परिषद् या समिति थी। ऋग्वेद के कितने ही मंत्रों में समिति का भी उल्लेख आता है, किंतु उसके ठीक स्वरूप पर प्रकाश नहीं पड़ता। राजा के समिति में प्रिय पात्र होने (10/97/6) और समिति में उसके उपस्थित होने के कर्तव्य का भी उल्लेख हुआ है (9/92/6, राजा सत्या समितीरियानः)। एक मंत्र में इस प्रकार का वर्णन है कि राजा अपने अभिभावी तेज से समिति में जाता है और वहाँ अन्य सदस्यों के चित्त और व्रतों को अपने अनुकूल करता है[1] (10/166/4)। अन्यत्र कहा गया है कि राजा और समिति में राष्ट्र की अभिवृद्धि के लिए संजान (संमनस्कता) का होना आवश्यक है। इस मंत्र में प्रार्थना की गई है कि राजा और समिति दोनों के मंत्र, मन, चित्त, प्रयत्न और हृदय समान हों (10/191/3-4)।

न्याय : इस विषय की सामग्री अपेक्षाकृत कम है। उस समय यह प्रथा थी कि मारे गए व्यक्ति के संबंधियों को धन देकर उसकी जान के बदले में उऋण हो सकते थे। एक व्यक्ति या मनुष्य को शतदाय (2/32/4) कहा गया है, क्योंकि उसके प्राणों का मूल्य सौ गायें था। कंजूस और जनता में अप्रिय पणि लोगों को वैरदेय (5/61/8) कहा गया है, अर्थात् जिससे वैर का बदला चुकाया जाए। इस प्रकार प्राणघात के लिए द्रव्य देने की प्रथा से आँख के बदले आँख निकालने और दाँत के बदले दाँत तोड़ने की आदिम, क्रूर प्रथा का सुधार हुआ और बदला लेने के निजी अधिकार पर भी पाबदी हुई। उग्र (7/38/6) और जीवगृभ् शब्द (10/97/11), जिसका शब्दार्थ है जीवित पकड लेना, राजा के दंडधर या रक्षा-पुरुषों के वाचक माने गए हैं। झगड़ों में पंचफैसला करनेवाले को मध्यम-सी अर्थात् बीच में रहनेवाला कहा गया है (10/97/12)। बाद की तैत्तिरीय संहिता (2/3/1/3) में गाँव के न्यायकर्त्ता पंच को ग्राम्य-वादिन् कहा गया है।

युद्ध : ऋग्वेद काल में युद्ध आत्मरक्षा और विजय के लिए तथा पड़ोसी राज्यों का धन लूटने के लिए लड़े जाते थे (10/142/4)। लड़ाई को युद्ध (10/54/2) या रण (1/61/1-9) कहते थे। सेना पृत् या पृतना (7/20/3) कहलाती थी। उसमें

1. अभिभूरहमागमें विश्वकर्मेण धाम्ना।
आ वश्चित्तमा व्रतमा वोऽहं समितिं ददे।।

पैदल (पत्ति, अथर्व 7/62/1) और युद्ध के लिए साथ प्रयाण करते हुए रथी (2/12/8) होते थे। रथों का पैदल सेना के साथ युद्ध अथवा मुष्टा-मुष्टि युद्ध (मुष्टि हत्या 1/8/2), जो पैदल सैनिक रथारोहियों के साथ करते थे (5/58/4), का भी वर्णन मिलता है। सैनिक योद्धा (1/143/5) के साज-सामान का उल्लेख दाशराज्ञ (6/75) युद्ध के वर्णन में आया है। वह जिन हथियारों से सुसज्जित रहता था, उनका वर्णन इस प्रकार है–

(1) उसके पास धनुष (8/72/4) और बाण (6/75/17) होते थे। धनुष मजबूत डंडे को टेढ़ा झुकाकर और दोनों सिरों को प्रत्यंचा से मिलाकर बनता था। यह प्रत्यंचा (ज्या, 6/75/11) गाय के चमड़े की बद्धी से बनती थी। बाण कान तक खींचकर छोड़ा जाता था, इसलिए उसे कर्ण-योनि, अर्थात् जो कान के पास से जन्म ले, कहते थे। तरकश निषंग कहलाता था (5/57/2 : सधन्वान इषुमंतो निषंगिणः अर्थात् धनुष-बाण और तरकश से सज्जित योद्धा)।

(2) कवच (वर्म) कई धातु के टुकड़ों को एकसाथ सीने से बनता था (स्यूत, 1/31/15, 10/101/8), वह अत्क भी कहलाता था, जो बुना जाता था (व्युत) और खूब कसकर बैठता था (सुरभि अत्क, 1/122; 6/29/3)।

(3) हाथ का दस्ताना जो कि प्रत्यंचा की रगड़ से हाथ की रक्षा करता था (6/75/14)।

(4) झिलम टोप (शिप्र)–यह लोहे या ताँबे का बनता था (अयः शिप्रा, 4/37/4), या सोने का (2/34/3, हिरण्य-शिप्रा), शिरस्त्राण पहने हुए योद्धा (शिप्रिन्) कहलाता था (1/29/2)।

अन्य हथियार ये थे–असि, उसकी म्यान (असि धार), परतला (वाल; (1/162/20), सृक्ति या भाला (7/18/17), बल्लम (सृक्, 1/32/12), दिद्यु या फेंककर चलानेवाला अस्त्र (1/71/5), और अद्रि (1/51/3) या अशनि (6/6/5) अर्थात् गोफने में रखकर फेंकने के गोले-गोलियाँ। हथियारों के चलाने में (आयु-धानि) अभ्यास-जनित निपुणता का परिचय दिया जाता था (1/92/1)।

रथ में दो, तीन (10/33/5) या चार (2/18/1) घोड़े जोते जाते थे जिन्हें सारथि (1/55/7) लगाम (रश्मि) और चाबुक (कशा, 5/83/3) से वश में रखता था। योद्धा का साथी उसके पास ही बाईं ओर रथ पर बैठता था और इसीलिए सव्यष्ठा (2/19/6; 10/102/6) कहलाता था।

युद्ध के अन्य साज-सामान ये थे, ध्वज (7/85/2), दुंदुभि (1/28/5) और युद्ध-घोष (क्रंद 2/12/8)। युद्ध की कला के अंतर्गत ये बातें थीं–आक्रमण से रक्षा के लिए बनाए हुए शत्रु के पुश्तों या मिट्टी की प्राकार को ध्वस्त करना (6/47/2) अथवा अग्नि से दुर्गों (पर 7/5/3) को हरण करना।

विद्या : ऋग्वेदकालीन सभ्यता का आधार सादा जीवन और उच्च विचार था। मिस्र और असीरिया की सभ्यताओं में भौतिक उन्नति की सूचक जो विशाल इमारतें हैं उनका यहाँ अभाव है, किंतु बुद्धि और आध्यात्मिक उन्नति संबंधी प्रमाणों की कमी नहीं। जीवन सीधा-सादा था, किंतु विचार ऊँचे और परात्पर तक जानेवाले एवं नित्य वस्तुओं का चिंतन करनेवाले थे। ऋग्वेद के कुछ मंत्र, जैसे गायत्री-मंत्र, ज्ञान के उच्चतम छोर का स्पर्श करते हैं और आज भी मानवीय आत्मा को उनसे बल मिलता है। कोई हिंदू चाहे वह कितना ही अर्वाचीन हो, इन मंत्रों में एक शब्द, स्वर या मात्रा का परिवर्तन भी स्वीकार नहीं करेगा।

ऋग्वेद का इतिहास उस युग की संस्कृति का इतिहास है। ऋग्वेद अपने वर्तमान रूप में एक संग्रह-ग्रंथ है, जिसमें कई भाग और तिथिक्रम-संबंधी कई स्तर हैं। उसमें देवताओं की स्तुतियाँ, आवाहन, यज्ञपरक मंत्रों के अतिरिक्त नाराशंसी गान, जीवन-संबंधी कविताएँ और उच्चतम दार्शनिक चिंतन-संबंधी मंत्र हैं। स्वयं ऋग्वेद में प्राचीन और नवीन कविता एवं पूर्व और नूतन ऋषियों का, जो मंत्रों के द्रष्टा थे, परिचय प्राप्त होता है (1/1/2; 109/2 इत्यादि)। उसकी सामग्री की रचना युगों-युगों तक होती रही। प्रत्येक ऋषि उन मंत्रों का द्रष्टा था, जिनका उसने अपने तप और ध्यान की शक्ति से साक्षात्कार किया (10/109/4; 154/2)। वे मंत्र उस ऋषि के पुत्रों और शिष्यों अर्थात् उसके कुल में परंपरा से सुरक्षित रहते थे। इस प्रकार प्रत्येक ऋषि-कुल एक वैदिक विद्यालय के समान था, जहाँ उनके मंत्रों का संग्रह सुरक्षित रहता था और पिता-पुत्र अथवा गुरु-शिष्य द्वारा आगे चलता रहता था। इन समस्त ऋषि-कुलों या वैदिक विद्यागृहों के कार्य के फलस्वरूप मंत्रों की प्रभूत सामग्री व्यापक राष्ट्रीय संग्रह के रूप में संचित हो गई। इस विशाल साहित्य अथवा मंत्रों के तरल समुदाय में से पूजा-उपासना के लिए एक सुलभ संग्रह की आवश्यकता थी; यों ऋग्वेद संहिता का जन्म हुआ। उसी में से उन्हीं नियमों के अनुसार साम, यजु और अथर्व, ये तीन अन्य वैदिक संहिताएँ बनीं। इस प्रकार वैदिक विद्या के विकास की चार अवस्थाएँ मिलती हैं—(अ) सबसे पूर्व मंत्रों का उदय; (इ) विभिन्न केंद्रों या विद्यागृहों अर्थात् ऋषियों के कुलों में नूतन रचना द्वारा मंत्रों का बाहुल्य; (उ) ऋग्वेद संहिता के रूप में मंत्रों का एकत्र चुनाव; एवं (ऋ) उस मौलिक सामग्री से, जो ऋग्वेद संहिता में सुरक्षित और संगृहीत की गई, अन्य तीन वैदिक संहिताओं का विकास।

ऋग्वेद में उल्लिखित यह विकास दीर्घकालीन इतिहास का सूचक है। 'ऋग्वेद में प्राप्त सब मंत्रों के अस्तित्व में आने के लिए सैकड़ों वर्षों के समय की अपेक्षा हुई होगी' (मैकडानल्ड)। 'सबसे पहले मंत्रों की रचना और ऋग्वेद संहिता की पूर्ति के बीच में अनेक शताब्दियाँ व्यतीत हुई होंगी' (विंटरनिज़)। इसीलिए जब हम ऋग्वेद के समीप आते हैं तो उसमें हमें भाषा और दार्शनिक

विचार-संबंधी ऊँचे सृजन का परिचय मिलता है। ऋग्वेद की संस्कृति में कहीं भाषा के विकास की उपेक्षा का प्रमाण नहीं मिलता। उसका व्याकरण-संबंधी ठाट नितांत परिपूर्ण है। प्रत्येक क्रिया के लकार, वचन, पुरुष सुनिश्चित हैं और कारक एवं विभक्तियों के रूप भी नियत हैं, जो भाषा के रूपों के अधिक उन्नत विकास की दशा का परिचय देते हैं। बुनसेन के कथनानुसार "वैदिक सूक्तों के सबसे प्राचीन अंश भी मानव-जाति के अर्वाचीन इतिहास के अंग हैं।"

ऋग्वेद संहिता में सूक्तों का चुनाव और क्रम जिन सिद्धांतों के अनुसार किया गया है और जिन उपायों से मंत्रों के पाठ की रक्षा की गई है, वे मौलिकता तथा बढ़ी-चढ़ी साहित्यिक कुशलता के सूचक हैं। सर्वप्रथम ऋग्वेद के छह ऋषि ऐसे चुने गए जिनके सूक्त उस साहित्य का सबसे अधिक प्रतिनिधित्व करते थे और संरक्षण के योग्य थे। उन ऋषियों के नाम ये हैं : गृत्समद, विश्वामित्र, वामदेव, अत्रि, भरद्वाज और वसिष्ठ। उनके बनाए हुए मंत्र ऋग्वेद के मंडल दो से सात तक छह विभागों में संगृहीत कर दिए गए, जिन्हें उनके 'कुल-ग्रंथ' कहा जा सकता है। इस संग्रह में निम्नलिखित सूक्त और जोड़ दिए गए : (1) अन्य ऋषि परिवारों के सूक्त जो प्रथम मंडल के सूक्त 51 से 191 तक उत्तरार्द्ध के रूप में संगृहीत हैं, (2) प्रथम मंडल के पूर्वार्द्ध के अंतर्गत पाए जानेवाले सूक्त, (3) कण्व ऋषि के पारिवारिक सूक्त जिनसे आठवाँ मंडल बना है; (4) सोम-संबंधी सूक्तों का एकत्र संग्रह जो सब नवें मंडल में एक स्थान पर रख दिए गए, अन्य सूक्तों के साथ नहीं मिलाए गए, एवं (5) परिशिष्ट रूप में प्रथम मंडल के बराबर की संख्यावाले 191 सूक्त जो दसवें मंडल में पाए जाते हैं, जिसमें भाषा, छंद और विषय की दृष्टि से कुछ विशेषताएँ हैं और जिसमें दार्शनिक सूक्त तथा विवाह, अंत्येष्टि आदि फुटकर विषयों के मंत्र भी हैं।

इस प्रकार जो संहिता बनी उसमें 70 हजार पंक्तियाँ हैं, जिनमें 5 हजार दोहराई गई हैं। इसका कारण यह ज्ञात होता है कि ऋषियों के सामने मंत्रों का एक पूर्वनिर्मित तरल समुदाय था जिसमें से नूतन ऋषि भी सुविधानुसार उस सार्वजनिक साहित्यिक संपत्ति में से कुछ भाग ग्रहण कर लेते थे। यह स्मरण रखना चाहिए कि सूक्तों के प्रथम विकास और संहिता रूप में उनके संग्रह की लंबी अवधि के बीच के मंत्रों के शब्दों की यथावत् रक्षा बड़े प्रयत्न से की गई। संहिता पाठ के संग्रहकर्ताओं ने पूर्व ऋषियों के वास्तविक शब्दों को स्व-संपादित पाठ में सुरक्षित रखा है एवं उनके स्वर और रूपांतरों की विशेषताओं में कुछ भी संशोधन या हेर-फेर किए बिना उन्हें ज्यों-का-त्यों रहने दिया है। इसके अपवाद केवल कुछ स्थल हैं जिनमें जिस काल में मंत्रों का संकलन किया जा रहा था, उस काल की संस्कृत भाषा के उच्चारण या संधि के नियमों के अनुसार कुछ परिवर्तन आवश्यक थे, जैसे कि 'सुम्न' की जगह 'द्युम्न' नहीं किया गया, किन्तु 'त्वंहि अग्ने' की जगह 'त्वंह्यग्ने' लिखा गया।

संहिता पाठ के स्थिर होने पर उसकी रक्षा की अन्य युक्तियाँ निकाली गईं, जिससे कालांतर में पाठांतर या पाठभ्रष्ट होने की संभावना नहीं रही। यहाँ उन पर विचार करना अच्छा होगा यद्यपि वे युक्तियाँ पर्याप्त समय बाद अस्तित्व में आईं। सर्वप्रथम संहिता पाठ में से ही एक पाठ तैयार किया गया, जिसमें प्रत्येक शब्द सन्धि और समास का विग्रह करके अपने पद रूप में रखा गया। इसे पदपाठ कहते हैं। दूसरा पाठ क्रमपाठ था जिसमें पदपाठ का प्रत्येक शब्द एक बार अपने से पहले पद के अंत में और दोबारा अपने से आगे वाले पद के पूर्व पढ़ा जाता है। उदाहरण के लिए अ, इ, ऊ, ऋ, यदि पदपाठ के चार शब्द हों तो वे क्रमपाठ में अई, इउ, उऋ इस भाँति पढ़े जाएँगे।

इन वैदिक ग्रंथों की पाठशुद्धता को बचाए रखने के लिए और भी कुछ विशेष ग्रंथों की रचना हुई, जिन्हें प्रातिशाख्य और अनुक्रमणी कहते हैं। प्रातिशाख्यों में उदाहरणपूर्वक संधि के नियम बताये गए हैं, जिनके द्वारा पदपाठ संहिता-पाठ में परिवर्तित किया जा सकता है। वेद के अनुक्रमणी ग्रंथों में सूक्त, मंत्र, शब्द, यहाँ तक कि अक्षरों की संख्या भी दी गई है जिससे ग्रंथ-परिमाण की सच्चाई जानी जा सकती है। ''इन युक्तियों की सहायता से भारतीय ग्रंथों की पाठ-परंपरा जैसी सच्ची है वह किसी भी अन्य प्राचीन साहित्य में अद्वितीय है'' (मैकडानल्ड, इंडियाज़ पास्ट)।

शिक्षा : उस युग में विद्या और शिक्षा के उपायों पर भी विचार करना आवश्यक है। जैसा ऊपर कहा जा चुका है, आचार्य का घर ही विद्यालय था, जहाँ वह अपने शिष्यों को, जिनमें अधिकांश उसके पुत्र या संबंधी आदि होते थे, वैदिक और शास्त्रीय ग्रंथ पढ़ाता था जिनकी रचना में उसका भी उत्तरदायित्व था। ये ग्रंथ कंठस्थ किए जाते थे। ऋग्वेद (7/103/4) में आचार्य के पढ़ाए हुए शब्दों के शिष्यों द्वारा दुहराए जाने का उल्लेख है। प्रवचन और उच्चारण का बहुत अधिक महत्त्व था। उच्चारण के सात प्रकार (1/164/3-5; तैत्तिरीय संहिता 6/4/7/3) और वाक् की चार अवस्थाओं का उल्लेख आता है। एक स्थान पर विश्वामित्र को पारायण में निपुण कहा गया है। किंतु शिक्षा का मौलिक ढंग तप था। तप आत्मदर्शन की युक्ति थी। तप के प्रभाव से ही दैवी प्रेरणा-युक्त मुनि (देवेषित, 10/136/2, 4,5), अथवा विप्र (प्रेरणा से भरे हुए मंत्रगायक, 1/129/2,11 ; 162/7 ; 4/26/1 ; विप्र धातु कंपन अर्थ में प्रयुक्त), अथवा मनीषी (7/103)—इस प्रकार के विशिष्ट विद्वानों का निर्माण होता था। ये लोग उस ज्ञान के अधिकारी थे जिसका केवल एक अंश मानवी वाक् या शब्द के द्वारा प्रकट होता है। यहाँ हमने ऋग्वेद के उस गहन दार्शनिक मत का उल्लेख किया है जिसके अनुसार सृष्टि में व्यक्त तत्त्व अव्यक्त अव्यय का एक अंश-मात्र है। एक दूसरे रोचक मंत्र (7/103) में उस प्रकार के मानसिक चिंतन और ध्यान का उल्लेख है, जिसके

फलस्वरूप ज्ञान या प्रकाश की पूर्णता मिलती है और जिसे प्राप्त कर लेने पर शिष्य स्वयं प्रवक्ता आचार्य बनने के योग्य होता है, ठीक उसी प्रकार जिस प्रकार संवत्सर तक चुपचाप पड़े हुए मण्डूक पर्जन्य मेघों के आने पर बोलने लगते हैं ।[1]

धर्म और दर्शन : ऋग्वेद-काल में जीवन की जो सरल पद्धति थी उसकी तुलना में धार्मिक जीवन उतना ही जटिल था जैसाकि उस युग के बहु-देवतावाद से ज्ञात होता है ।

सर्वप्रथम प्रकृति के प्रधान कार्यों के द्योतक देवताओं का एक वर्ग है जैसे (अ) द्यौः; (आ) पृथिवी (द्यावापृथिवी = आकाश और भूमि, 1/143/2; 159/1) आदि; (इ) वरुण जो मूलतः आकाश के देवता थे और जिनके लिए ऋग्वेद के कुछ सर्वोत्तम सूक्त कहे गए हैं । वरुण को असुर भी कहा गया है जो ईरानी देव अहूर मज्द से संबंधित है । ऋग्वेद के दार्शनिक सूक्तों में वरुण ऋत के अधिपति हैं जो विश्वजनीन नियमों की संज्ञा थी और पीछे चलकर जिसका प्रयोग विश्व के नैतिक नियमों के लिए होने लगा; (ई) इंद्र, जो कि मेंह, बरसने वाले मेघ और विद्युत के देवता थे । जब आर्य पंजाब के सूखे प्रदेश से पूर्व की ओर वृष्टि और विद्युत के क्षेत्र ब्रह्मावर्त की पुण्य-भूमि की ओर बढ़े तब ऋग्वेदकालीन धर्म में वरुण की अपेक्षा इंद्र शनैः-शनैः प्रधान बन गए; (उ) सूर्य, जिसका पूजन पाँच रूपों में किया जाता था, जैसे (1) सूर्य, (2) सवितृ, सूर्य की प्रेरक शक्ति का वाचक, (3) मित्र, जो भारत की अपेक्षा ईरान में अधिक प्रसिद्ध हुआ, जहाँ हम उसे वरुण के साथ संयुक्त पाते हैं, (4) पूषन्, औषधि और वनस्पति-जगत् की वृद्धि में सहायक सूर्य की शक्ति का प्रतीक, (5) विष्णु, जो ऋग्वेद में आकाशचारी सूर्य के रूप हैं, यद्यपि आगे चलकर उनकी पूजा पृथक् देव के रूप में होने लगी; (ऊ) रुद्र, जो प्रकृति के उग्र रूप के देवता थे और अपरकालिक शिव के पूर्वरूप थे, (ऋ) दो अश्विन, जो प्रातः और सायंकाल के नक्षत्रद्वय के वाचक थे; (लृ) मरुत, जो झंझावात के देवता और रुद्र के सहायक थे; (ए) वायु; (ऐ) वात, हवा के देवता; (ओ) पर्जन्य, वृष्टि, जल और नदियों के देवता; (औ) उषा, प्रातःकाल की अधिष्ठात्री देवी, जिसकी प्रशंसा में ऋग्वेद के कुछ अत्यंत सुंदर सूक्तों की रचना हुई ।

इसके अनंतर कुछ अन्य देवताओं का वर्ग है जिसका गृहस्थ जीवन से संबंध था, जैसे (अ) अग्नि, जिसके तीन रूप थे : आकाश में सूर्य, अंतरिक्ष में विद्युत् और पृथिवी पर भौतिक अग्नि, (आ) सोम (अमृत का पेय), जिससे संबंधित सूक्त ऋग्वेद के अत्यंत रहस्यमय सूक्त हैं । सोम को चंद्रमा का पर्यायवाची भी माना जाता है ।

---

1. संवत्सरं शशयाना ब्राह्मणा व्रतचारिणः ।
वाचं पर्जन्यजिन्वितां प्रमण्डूका अवादिषुः ।।

कुछ अमूर्त देवताओं का भी एक वर्ग था,जैसे (अ) श्रद्धा, (आ) मन्यु ।

कुछ अन्य छोटे देवता भी थे, जैसे (अ) ऋभु, आकाशचारी देवयोनियाँ, (आ) अप्सराएँ,और (इ) गंधर्व ।

कहीं-कहीं देवों की कल्पना पशु-रूप में भी की गई है, जैसे इंद्र की वृषभ रूप में और सूर्य की अश्व रूप में । किंतु इतने से ही ऋग्वेद काल में अश्व-पूजा सिद्ध नहीं होती । ऋग्वेद में पशु-प्रतीक-संबंधी विश्वास (टोटेमिज़्म) का भी कोई चिह्न नहीं मिलता अर्थात् किसी पशु को पूर्वज मानकर उस पशु को पवित्र और देवता मानने का विश्वास ऋग्वेद में नहीं पाया जाता; और न सर्प-पूजा के ही चिह्न हैं, यद्यपि सर्प को समुद्र का देवता अथवा अवर्षणकारी असुर कहा गया है, जिसका वध इंद्र के द्वारा होता है । हाँ, कहीं-कहीं इंद्र की मूर्ति को शत्रुओं से रक्षा करने वाला कहा गया है, जिसमें हमें कुछ झलक उस प्रकार के विश्वास की मिलती है जिसमें गंडे-तावीज को देवता की शक्ति से युक्त मानकर रक्षार्थ प्रयुक्त किया जाता था ।[1] ऋग्वेदीय देवों के शत्रु भी थे जिन्हें असुर और राक्षस कहा गया है ।

ऋग्वेदीय धर्म का मुख्य रूप उन देवताओं की पूजा करना है जिन्हें निर्दिष्ट यज्ञों द्वारा प्रसन्न करके उनसे वरदान या प्रसाद पाने की अभिलाषा की जाती थी । विशेष-विशेष यज्ञों के द्वारा वे देवता वश में किए जा सकते थे । यज्ञ में क्षीर, अन्न, घृत, मांस और सोम की आहुतियाँ दी जाती थीं । किंतु ऋग्वेद में जिसका विशेष विस्तार है वह है सोमयज्ञ । यज्ञीय कर्मकांड की इतनी वृद्धि हुई कि उसके विधान के लिए विभिन्न ऋत्विजों का विकास हुआ; जैसे होता मंत्र-पाठ के लिए, अध्वर्यु कर्मकांड के लिए और उद्‌गाता सामगान के लिए । इनके साथ सहायक भी होते थे । कुछ यज्ञ बहुत विस्तारयुक्त और व्ययसाध्य होते थे, जिन्हें केवल राजा या रईस लोग (मघवन्) ही कर सकते थे । ऋग्वेद का दृष्टिकोण धनिक-वर्ग के लिए है जिसमें सार्वजनिक धर्म, जो जनता के लिए उपयुक्त हो, कम ही मिलता है ।

इस कर्मकांड-प्रधान धर्म का पर्यवसान उस गहन दर्शन के रूप में हुआ जिसकी अभिव्यक्ति ऋग्वेद के दसवें मंडल तथा कुछ अन्य सूक्तों में पाई जाती है । वहाँ बहु-देवतावाद को खुले तौर पर और साहस के साथ चुनौती दी गई है और विश्व की मूलभूत एकता का प्रतिपादन करते हुए उसे एक अद्वितीय ब्रह्म की रचना कहा गया है जिसके विश्वकर्मा, हिरण्यगर्भ, प्रजापति अथवा अदिति (सर्वोपरि अग्रिम मातृशक्ति) इत्यादि अनेक नाम दिये गए हैं । सृष्टि को विराट पुरुष (सर्वोपरि ब्रह्मतत्त्व) के आत्म-यज्ञ का परिणाम बताया गया है अथवा असत तत्त्व के अग्नि या जलीय रूप में विकसित होने पर सृष्टि-रचना मानी गई । एक ऋग्वैदिक मंत्र (1/164) में बड़ी ही स्पष्टता से उस "एक तत्त्व (एकं सत्)"

---

1. अंग्रेजी : Fetishism

का उल्लेख है "जिसे ज्ञानी लोग अनेक भाँति से पुकारते हैं (विप्राः बहुधा वदंति), जैसे अग्नि, यम अथवा मातरिश्वा के विभिन्न नामों से।"

अंततः ऋग्वेद मृत्यु के अनंतर होने वाले उस जीवन में विश्वास करता है जो यम से अनुशासित लोक में प्राप्त होता था।[1]

5. उत्तरकालीन वैदिक सभ्यता

प्रमाण सामग्री : ऋग्वेदकालीन सभ्यता उस सभ्यता से भिन्न थी जो उत्तरकालीन वैदिक साहित्य से, जैसे उत्तरकालीन संहिताओं, ब्राह्मणों, आरण्यकों और उपनिषदों से प्रकट होती है।

आरंभ में यह जानना आवश्यक है कि किस प्रकार वैदिक साहित्य के विभिन्न भाग एक-दूसरे में से विकसित होते गए। ऋग्वेद-संहिता मूल ग्रंथ था। उसी में से सामवेद-संहिता बनी। किंतु यजुर्वेद की कृष्ण और शुक्ल इन दो संहिताओं में नई सामग्री भी है। वह उन मंत्रों के रूप में है जो यज्ञीय कर्मकांड कराते समय अध्वर्यु के लिए आवश्यक थी। कृष्ण यजुर्वेद संज्ञा इस कारण पड़ी, क्योंकि उसमें मूलमंत्र-भाग के साथ उनकी गद्यात्मक व्याख्या भी शामिल है। शुक्ल यजुर्वेद की वाजसनेयी संहिता में मंत्र-भाग और यजुष्-भाग अर्थात् पद्य और गद्य दोनों ही हैं। किंतु व्याख्यात्मक गद्य-भाग 'शतपथ ब्राह्मण' के रूप में बिलकुल अलग संगृहीत है। चौथी संहिता अथर्ववेद संहिता थी। वह यज्ञ के निरीक्षक 'ब्रह्मा' के उपयोग के लिए थी। इसमें सात सौ इक्कीस सूक्त और लगभग छह हजार मंत्र हैं, जिनमें से कुछ तो ऋग्वेद से भी पहले के हैं और कुछ में बहुत-सी घरेलू जीवन की बातें आती हैं; उदाहरण के लिए (1) रोगों को दूर करनेवाले जादू-टोने के मंत्र (जैसे 5/22 जिसमें तकमा या ज्वर का उल्लेख है); (2) कृषक, अजपाल और व्यापारी लोगों के लिए शुभाशीर्वादसूचक मंत्र; (3) संज्ञान या मेल-जोल के लिए शंसन के मंत्र (स्वामी के साथ, समिति के साथ, अथवा न्यायालय में); (4) विवाह और प्रेम के गीत; (5) राजा आदि से संबंधित मंत्र एवं इसी प्रकार के अन्य विषय।

संहिताओं के बाद ब्राह्मण, आरण्यक और उपनिषदों का विकास हुआ।

ब्राह्मण भारत-यूरोपीय गद्य-साहित्य के सबसे प्राचीन ग्रंथ हैं। उनमें वैदिक यज्ञीय कर्मकांड की सूक्ष्म-से-सूक्ष्म बातों का विवेचन है और तत्संबंधी अनेक कथाओं द्वारा कर्मकांड का महत्त्व समझाया गया है एवं कर्मकांड की उत्पत्ति पर भी विचार किया गया है। उनका संबंध वेदों से है, जैसे ऐतरेय ब्राह्मण ऋग्वेद से संबंधित है और उसमें सोमयज्ञ और राज्याभिषेक विधि का वर्णन किया गया है। पंचविंश ब्राह्मण का संबंध सामवेद से है जिसमें व्रात्यस्तोम यज्ञों का वर्णन है, जिनके द्वारा अनार्य लोग आर्य-समुदाय में सम्मिलित किए जाते थे। शतपथ

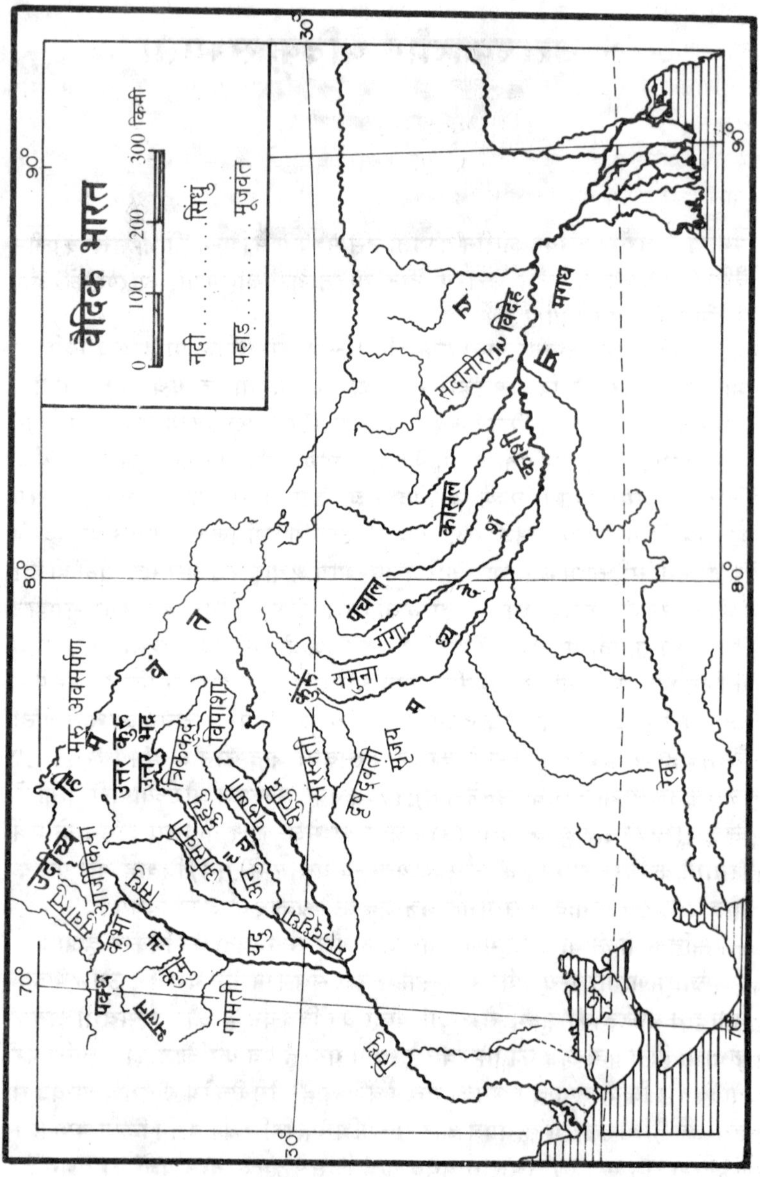
वैदिक भारत
0 100 200 300 किमी
नदी .... सिंधु
पहाड़ .... मूजवंत
उदीच्य
आर्जीकिया
मेरु
अवसर्पण
उत्तर कुरु
उत्तर मद्र
त्रिककुद
विपाशा
कुरु
यमुना
गंगा
पंचाल
कोसल
काशी
सदानीरा
विदेह
मगध
सरस्वती
दृषद्वती
सृंजय
रेवा
यदु
गोमती
कुभा
पक्थ
सिंधु

ब्राह्मण का संबंध शुक्ल यजुर्वेद से है। इसमें अनेक विषय हैं और यह वैदिक युग का सबसे मूल्यवान ग्रंथ है। गोपथ ब्राह्मण का संबंध अथर्ववेद से है।

ब्राह्मणों के अंतिम भाग आरण्यक हैं। उनका यह नाम इसलिए पड़ा क्योंकि उनमें वर्णित दार्शनिक और रहस्य-संबंधी विषयों के अध्ययन के लिए अरण्य का एकांतवास आवश्यक था। उपलब्ध आरण्यक ग्रंथों में ऐतरेय, कौषीतकी और तैत्तिरीय हैं, जो उस नाम के ब्राह्मण के ही भाग हैं। पहले दो का संबंध ऋग्वेद से और तीसरे का कृष्ण यजुर्वेद से है।

आरण्यक उपनिषदों से पहले की कड़ी थे। उपनिषद् ब्राह्मण साहित्य के अंतिम विकास को सूचित करते हैं और आरण्यकों का अंतिम रूप उनमें पाया जाता है। उनकी भाषा से, जो लौकिक संस्कृत के अत्यंत निकट है और लगभग पाँच सौ ईस्वी पूर्व में विकसित हुई, ज्ञात होता है कि वे वैदिक साहित्य के समाप्ति-काल की रचनाएँ हैं। ऋग्वेद में मोटे तौर पर दो प्रकार के विषय हैं, ज्ञानकांड और कर्मकांड। इनमें से कर्मकांड का विकास ब्राह्मणों में और ज्ञानकांड का उपनिषदों के रूप में हुआ। उपनिषदों का संबंध यज्ञीय विधि से नहीं किंतु आत्मविद्या से है, जिसके द्वारा जीवात्मा संसार से मुक्त होकर विश्वात्मा या ब्रह्म में लीन हो जाती है। सामवेद का छांदोग्य और शुक्ल यजुर्वेद का बृहदारण्यक सबसे प्राचीन और महत्त्वपूर्ण हैं। दूसरे प्रसिद्ध उपनिषद् ये हैं: कठ, ईश, श्वेताश्वतर, मैत्रायणीय, तैत्तिरीय, मुंडक, प्रश्न, मांडूक्य और केन। कठ के अतिरिक्त अन्य उपनिषद् बुद्ध से अधिक प्राचीन नहीं माने जाते। उत्तर वैदिककालीन इतिहास और सभ्यता के अध्ययन के लिए उपरिलिखित विशाल विविधविषयक साहित्य का आश्रय लेना आवश्यक है।

भौगोलिक सीमा का विस्तार : ऋग्वेद के युग में सभ्यता का केंद्र पश्चिम से, जहाँ पंजाब में पंचजन लोगों का निवास था, पूर्व की ओर, जहाँ सरस्वती और दृषद्वती के बीच में भारत जन की स्थिति थी, विस्तारोन्मुख रहा था। किंतु इस उत्तर-युग में सभ्यता के पूर्व की ओर प्रसार की यह प्रक्रिया निश्चित रूप से पूरी हो चुकती है। उसका केंद्र कुरुक्षेत्र था जिसके दक्षिण में खांडव. उत्तर में तूर्घ्न और पश्चिम में परीणह था। इस केंद्र के चारों ओर, जो पीछे मध्यप्रदेश कहलाया और जिसमें कुरु-पंचाल सम्मिलित थे, शवस् आर उशीनर एव उत्तरकुरु और उत्तरमद्र और सात्त्वत् दक्षिण की ओर बसे हुए थे, जैसा कि ऐतरेय ब्राह्मण के एक प्रसिद्ध भौगोलिक अवतरण से ज्ञात होता है। पश्चिम के देश पीछे पड़ते गए और कुरु-पंचाल की अपेक्षा पूर्व के जनपदों, जैसे कोसल (अवध), विदेह (उत्तरी बिहार), मगध (दक्षिणी बिहार) और अंग (पूर्वी बिहार) का महत्त्व बढ़ता गया। दक्षिण की ओर विंध्य प्रदेश में, जिसका नाम किसी भी वैदिक ग्रंथ में नहीं मिलता, कुछ ऐसी जातियाँ बसी थीं जो पूरी तरह से ब्राह्मण वर्ण-व्यवस्था का अंग नहीं बनी थीं, जैसे अंध्र, पुलिंद (अशोक के अभिलेखों में उल्लिखित), मूतिब, पुंड्र और

शबर (जो अब भी मद्रास और उड़ीसा की सीमा में रहते हैं और मुंडा भाषा बोलते हैं); एवं निषध तथा विदर्भ का प्रदेश जो ऐतरेय ब्राह्मण (7/34/9) और जैमिनीय उपनिषद् ब्राह्मण (2/440) में उल्लिखित है। प्रकट है कि उस समय तक आर्य-सभ्यता विंध्य के उस पार नहीं फैली थी।

नए राज्य और जन : कुरु-पंचाल : देश-विस्तार के परिणामस्वरूप नए जनपद और जन अस्तित्व में आए जहाँ जीवन के नए केंद्र स्थापित हुए। इस काल में ऋग्वेद के अनु और द्रुह्यु, तुर्वश, क्रिवि और कुरु, पुरु और भरतों का नाम नहीं सुन पड़ता, किंतु नए जन और एकीकृत राज्यों का नाम आने लगता है जिनमें कुरु-पंचाल मुख्य थे। ग्रंथों के अनुसार वे वैदिक संस्कृति के सर्वश्रेष्ठ प्रतिनिधि, शिष्टाचार के आदर्श, उत्तम संस्कृत भाषा के वक्ता (शतपथ 3/2/3/15), यज्ञों में विधिपूर्वक यजन करनेवाले थे। उन्हीं में सर्वोत्तम राजा थे और सर्वश्रेष्ठ परिषद् भी कुरु-पंचाल में ही थी। और भी कितनी ही बातों में वे अग्रणी थे। पंचाल के राजा प्रवाहण जैवलि के विषय में कहा गया है कि वे सदा पांचाल-परिषद् में उपस्थित होते थे (छांदोग्य उप. 5/3; बृहद् उप. 6/2/17)। कुरु-पंचालों के जिस विरोध का उल्लेख महाभारत में आता है, वैदिक ग्रंथों में उसका कहीं पता नहीं। वहाँ तो कुरु-पंचालों के एकीभूत राज्य का वर्णन है जो संस्कृति और समृद्धि का केंद्र था, यद्यपि उससे पूर्वकालीन कुरुओं का पृथक् इतिहास उतार-चढ़ाववाला था। कुरु-पंचाल-उन्नति की पराकाष्ठा परीक्षित और जनमेजय के समय में हुई। उनकी राजधानी आसंदीवत् थी (शतपथ ब्रा. 13/5/4/2) एवं मष्णार (ऐत. ब्रा 8/23/3) और कारोती (एत. ब्रा. 9/52/15) नामक दो अन्य प्रधान नगर भी थे। अथर्ववेद में इस समृद्धि का चित्र खींचते हुए कहा गया है कि परीक्षित के राष्ट्र में लोग ऐसे सुखी और संपन्न थे कि पत्नी अपने पति से पूछती थी—'दही, दूध में चलाए हुए सत्तू या मधुपान, इनमें से आपके लिए क्या लाऊँ ?' छांदोग्य उपनिषद् में एक उल्लेख है कि कुरु-जनपद में कभी ओले या टिड्डियों के उपद्रव से अकाल पड़ गया था। बृहदारण्यक में भी कुरुओं का नाश करनेवाली किसी विपत्ति का उल्लेख है। किंतु कुरु-पंचाल का संयुक्त राज्य दीर्घकाल तक समृद्धि के साथ बढ़ता रहा। उसकी राजधानी काम्पिल्य एवं कौशंबी और परिचक्रा नामक मुख्य नगर से उसका भौगोलिक विस्तार सूचित होता है (शतपथ ब्रा. 13/5/4/7)।

कोसल, काशी और विदेह : आर्यों का पूर्व की ओर प्रसार शतपथ ब्राह्मण के एक उपाख्यान से सूचित होता है (1/4/1/10,17), जिसमें कहा गया है कि विदेघ माथव (विदेह के राजा) सरस्वती से चलकर, जहाँ वैदिक संस्कृति की मूल भूमि थी, सदानीरा नदी पार करते हैं, जो उस समय कोसल की पूर्वी सीमा थी (आधुनिक

गंडक), और विदेह-भूमि में पहुँचते हैं[1]। साहित्यिक साक्षी से वस्तुतः ऐसा ज्ञात होता है कि इस समय वैदिक संस्कृति के मुख्य केंद्र तीन राज्य थे—कोसल, काशी और विदेह, जो कभी-कभी एकसाथ मिल भी जाते थे। अट्णार के पुत्र, 'पर' कोसल और विदेह दोनों के राजा कहे गए हैं (शांखायन श्रौतसूत्र, 16/9/11) एवं जल जातूकर्ण्य कोसल, काशी और विदेहों के पुरोहित कहे गए हैं (वही, 16/29/6)। इस युग के सबसे प्रसिद्ध राजा दो दार्शनिक सम्राट् थे, काशी के अजातशत्रु और विदेह के जनक, इनके साथ ही श्वेतकेतु और याज्ञल्क्य विचार-जगत् का नेतृत्व कर रहे थे।

मगध और अंग : आर्य-सभ्यता के क्षेत्र से बाहर मगध का प्रदेश था। अथर्ववेद में (5/22/14) मगध और अंग दोनों को दूरस्थ प्रदेश कहा गया है। इसमें वंग देश के व्याघ्र का भी उल्लेख है और कहा गया है कि राजा अभिषेक के समय व्याघ्र-चर्म के आसन पर बैठता था (व्याघ्रो अधि वैयाघ्रे)। इस प्रकार इन जनपदों का एकसाथ उल्लेख गोपथ ब्राह्मण में भी आया है। यजुर्वेद (वाजसनेयी संहिता, 30/5/22) में मगध के लिए कहा गया है कि उसे अतिक्रुष्ट को सौंप दो, जिससे ज्ञात होता है कि उसका संबंध चारण-कार्य से था। कुछ लोग कीकट का अर्थ मगध करते हैं, यदि यह ठीक हो तो मगध को निकृष्ट देश मानने का भाव ऋग्वेद के समय में आ गया था। अथर्ववेद में इस विद्वेष का उल्लेख और भी स्पष्टता से हुआ है, जहाँ कहा गया है कि तक्मा या विषम ज्वर उत्तर में गंधारि, बल्हिक और मूजवंत देश में और पूर्व में अंग और मगध में चला जाए (5/22/7, 14)[2]। इस अरुचि का कारण यह था कि इन प्रदेशों में ब्राह्मण धर्म का प्रभाव अधूरा था। यहाँ आदिम निवासियों की बस्ती थी और पीछे यहाँ बौद्ध धर्म का प्रचार हुआ, जो वर्ण-धर्म को स्वीकार न करता था। अथर्ववेद में मगध के निवासियों को व्रात्य कहा गया है (15/2/1), जो अंत्यज और फिरंदर समझे जाते थे एवं एक प्रकार की प्राकृत बोली बोलते थे। उनके बारे में कहा गया है कि वे उच्चारण में मुख-सुख वाली भाषा (अर्थात् संस्कृत) को भी कठिन कहते थे (पञ्चविंश ब्राह्मण 17/1/9)। संस्कृत में जिन क्लिष्ट संयुक्त व्यंजनों का प्रयोग होता है, प्राकृत में उनका निभाव कठिन है।

---

1. यह ज्ञातव्य है कि विदेघ माथव के इस प्रयाण में उनके पुरोहित और पथप्रदर्शक गोतम राहूगण नामक ऋग्वेदकालीन ऋषि थे जो यह सिद्ध करता है कि आर्य सभ्यता का पूर्व की ओर प्रसार ऋग्वेद के समय में ही हो चुका था। इसीलिए पूर्व की अंतिम सीमा पर और केंद्र से अधिक दूर होते हुए भी राजा जनक एवं ऋषि याज्ञवल्क्य की अध्यक्षता में विदेह राज्य वैदिक संस्कृति का नेतृत्व कर रहा था।

2. गंधारि = गांधार, जलालाबाद से तक्षशिला तक का प्रदेश।
बल्हिक = बलख, उत्तर-पश्चिमी अफगानिस्तान।
मूजवंत = वङ्क्षु या औक्सस नदी के दक्षिण का मुंजान प्रदेश।

लेकिन व्रात्यों को संस्कृत से एकदम अनजान भी नहीं कहा जा सकता, क्योंकि एक स्थान पर उन्हें दीक्षितों की वाणी बोलनेवाला (दीक्षित वाच्) कहा गया है। उनके लिए यह संभव था कि वे कुछ यागादि करके ब्राह्मण धर्म में प्रविष्ट हो सकें। उन्हें अनार्य न कहकर ब्राह्मण-संस्कृति में अस्नात कहना ही ठीक होगा। ऐतरेय आरण्यक (2/1/1) में वंग, वगध और चेरों को पक्षी अर्थात् अनार्य कहा गया है जो ऐसी भाषा बोलते थे जो आर्यों के लिए दुर्बोध थी। हो सकता है, वगध मगध का अपपाठ हो। चेर विंध्य की एक जंगली जाति थी। कौषीतकी उपनिषद् (6/1) में इसका सार यह दिया हुआ है कि आर्य-क्षेत्र के अंतर्गत आनेवाले देशों में उशीनर, वश, मत्स्य, कुरु, पंचाल, काशी और विदेह मुख्य थे।

सामाजिक दशा : जबकि ऋग्वेद में पिता-पुत्र वंशानुक्रम से चलनेवाले ब्राह्मण और क्षत्रिय एवं तीन वर्ण (8/35/16-18) अथवा चार वर्णों के विभाग (1/113/6; 10/90/12, पुरुषसूक्त) का उल्लेख है, इसमें जातिपाँति के भेदों का पूरा-पूरा विकास पाया जाता है, जिसकी तह में विभिन्न पेशों की संख्या-वृद्धि और अनेकरूपता पाई जाती है, जो व्यवस्थित जीवन के साथ प्रायः देखी जाती है। आदिवासियों के साथ संपर्क का यह आवश्यक परिणाम था और इसके साथ रक्त की शुद्धि और वर्ण-विभेद के अनेक जटिल प्रश्न भी उत्पन्न हो गए थे।

अभी तक जाति-प्रथा इतनी कठोर न बनी थी जैसी आगे चलकर सूत्रों के युग में हो गई। यह ऋग्वेदकालीन ढिलाई और सूत्रकालीन कड़ाई के बीच की कुछ मिली-जुली जाति-व्यवस्था थी। ऋग्वेद में अंतर्जातीय विवाह का निषेध केवल भाई-बहन या पिता-पुत्री के व्यभिचार के विरोध में ही था। शतपथ ब्राह्मण (1/8/3/6) में विवाह-संबंधी यह प्रतिषेध रक्त-संबंध की तीसरी या चौथी पीढ़ी तक पाया जाता है, और ब्राह्मण और क्षत्रिय अपने से छोटी जातियों अर्थात् शूद्र के साथ भी विवाह कर सकते थे। क्षत्रिय राजा शर्यात की पुत्री सुकन्या ब्राह्मण च्यवन ऋषि के साथ ब्याही गई थी (वही, 4/1/5/7)।

उस काल में जाति-परिवर्तन कम देखा जाता है, किंतु असंभव नहीं था। ऋग्वेद के विश्वामित्र को ऋषि कहा गया है, किंतु ऐतरेय ब्राह्मण में क्षत्रिय। ऋग्वेद के कुछ मंत्र क्षत्रिय ऋषियों के बनाए हुए हैं। उपनिषदों में कुछ मार्के के उदाहरण हैं जिनमें ज्ञानी राजा ब्राह्मण शिष्यों को उपदेश देते हैं जैसे विदेह के राजा जनक, केकय के राजा अश्वपति, काशी के राजा अजातशत्रु और पंचाल के राजा प्रवाहण जैवलि। परंतु इन उदाहरणों से यह नहीं सिद्ध होता कि इन राजाओं की जाति में कोई परिवर्तन हो गया था; केवल वे ब्राह्मण का कार्य करते देखे जाते हैं। इससे इतना ही प्रकट होता है कि उस युग के कुछ राजा विद्या के बड़े भक्त और संरक्षक थे। दूसरी ओर समस्त वैदिक साहित्य में एक भी उदाहरण ऐसा नहीं है कि

कोई वैश्य कभी पुरोहित या राजा, ब्राह्मण या क्षत्रिय के पद पर पहुँचा हो। केवल पहले दो वर्ण ही आपस में घनिष्ठ संबंध रखते थे।

इस युग में जाति-पाँति का विकास जिस दिशा में हो रहा था उसका अच्छा परिचय युग के प्रतिनिधि ग्रंथ ऐतरेय ब्राह्मण (7/29) से मिलता है। इस उद्धरण में ब्राह्मण को दान लेने वाला (आदायी), सोमपायी, सदाश्रम या कार्यशील (अवसायी) और इच्छानुसार विचरण करनेवाला (यथाकाम प्रयाप्य) कहा गया है, जिससे ज्ञात होता है कि वे राजाओं के साथ स्वेच्छा से संबंध जोड़ने में स्वतंत्र थे। वैश्य के संबंध में कहा गया है कि वह दूसरे को कर देता है (अन्यस्म बलिकृत्) और दूसरे यथेष्ट उसका उपभोग करते हैं (अन्यस्याद्यः) और मनमाना बल-प्रयोग भी करते हैं (यथाकामज्येयः), अर्थात् राजा जब चाहे उसे अपनी भूमि से छुड़ा सकता था। शूद्र को दूसरे का सेवक कहा गया है (अन्यस्त प्रेष्यः) जिसे मनमाने ढंग से लोग उखाड़ फेंकते थे (कामोत्थाप्यः) और उसके प्राण तक ले लेने में नहीं हिचकते थे (यथाकामवध्यः)। इससे प्रकट होता है कि क्षत्रिय या राजा के मुकाबले शूद्र का कुछ भी अधिकार अपने धन, संपत्ति या प्राण के विषय में न था। इस उद्धरण में यह माना गया है कि ब्राह्मण धार्मिक क्षेत्र में स्वतंत्र था किंतु व्यावहारिक जीवन की बातों में वह क्षत्रिय राजा के अधिकार और न्याय का अनुवर्ती था। इससे यह भी सूचित होता है कि वैश्य को भूमि या संपत्ति रखने का अधिकार इसी शर्त पर था कि अपनी रक्षा करने के बदले में क्षत्रिय को कर दे। क्षत्रिय या राजा भूमि के स्वामी और वैश्य कृषक थे। राजा आदिवासियों की विजय के उपलक्ष्य में भूमि और दासों का जो वितरण करता था वे क्षत्रियों को ही प्राप्त होते थे।

आर्थिक जीवन : अथर्ववेद में कृषक, अजपाल या वणिक् की समृद्धि के लिए जो अनेक प्रार्थनाएँ (पौष्टिकानि) हैं, उनसे आर्थिक जीवन की प्रगति सूचित होती है। उसमें हल चलाने, बीज बोने, अन्न उगाने, वृष्टि, पशु-समृद्धि एवं खेती की बाधक ईति, वन्य पशु या लुटेरे आदि से रक्षा के लिए मंत्र आए हैं। कृषि और पशु-पालन में बराबर उन्नति हो रही थी। इतने बड़े और भारी हल (सीर) बनने लगे थे जो चौबीस बैलों से खींचे जा सकें (काठक संहिता 15/2)। हल की खूड सीता कहलाती थी (काठक 20/3)। शतपथ ब्राह्मण में खेती की चारों प्रक्रियाओं का क्रमशः उल्लेख किया है—जुताई, बुवाई, लवनी और मड़नी (कृषंतः वपंतः लुनंतः मृणंतः 1/6/1/3)। उसमें गोबर (करीष) की खाद का भी उल्लेख है (2/1/1/7), और अथर्ववेद में (3/14/3/4; 19/31/3) पशुओं की प्राकृतिक खाद को मूल्यवान माना गया है। कई प्रकार के धान्य होते थे, जैसे चावल (व्रीहि), जौ (यव), मूँग, उड़द, तिल और गेहूँ (गोधूम), मसूर आदि, जिनकी सूची वाजसनेयी संहिता में (18, 12) दी हुई है। उनके बोने की ऋतुओं का भी उल्लेख है, जैसे जौ जाड़े में

बोया जाता और गरमी में पकता था; चावल की फसल वर्षा-काल में बोई जाती और शरद ऋतु में पकती थी; किंतु मूँग, उड़द और तिल कुछ देर से शरद् में पकते थे (तैत्तिरीय संहिता 7/2/10/2)। वर्षा में दो फसलें भी तैयार होती थीं (तैत्तिरीय सं. 5/1/7/3)।

धंधों और पेशों में भी बहुत उन्नति हुई, जिनकी सूची यजुर्वेद में दी हुई है (वाजसनेयी संहिता 30/7)। इस रोचक सूची में कई नए पेशेवरों के नाम हैं जैसे—कई तरह के मछुवे (धीवर, दाश और कैवर्त), किसान (कीनाश) और खेत बोने वाले (वप्), धोबी (वास पल्पूली), मनिआर (मणिकार), बेंत का काम करनेवाले (विदलकारी), रस्सी बटनेवाले (रज्जु सर्ज्ज), रथकार, धनुष्कार, इषुकार, लोहा गलानेवाले लुहार (अयस्ताप), सुनार (हिरण्यकार), कुम्हार (कुलाल), वन-जंगल की देख-रेख करनेवाले (वनप), जंगली आग बुझानेवाले (दावप), गोपाल, भिषज, वस्त्रों पर सुईकारी या कमखाब का काम करनेवाले इत्यादि। 10,800 इष्टकाओं से बनाई जानेवाली श्येनचित वेदी से उस समय के वास्तुशिल्प की निपुणता सूचित होती है। यह वेदी पंख फैलाए हुए गरुड़ की आकृति की बनती थी (वाजसनेयी संहिता, 11-18, अग्निचयन)। पेशेवर नट (वंश नर्तिन्, यजु. 30/21), नाविक (नावाज, शतपथ 2/3/3/15), कर्णधार (शंबी, अथ. 9/2/ 6)। नाव में आगे और पीछे की ओर बने हुए दो मंच (नौमंड, शतपथ 2/3/3/15), डाँड़ (अरित्र), खेवनहार (अरिता), एवं समुद्री यात्राओं के लिए उपयोगी सौ डाँड़ोंवाले बड़े जलपोत (शतारित्र नौ, वाजसनेयी संहिता 31/7)—इन सबका भी उल्लेख है। अथर्ववेद (5/19/8) में नष्ट होते हुए राष्ट्र की उपमा पानी भरती हुई टूटी नाव से दी गई है (तद्वैराष्ट्र-मास्रवति नावं भिन्ना मिवोद्कम)। वणिक् व्यापार (वाणिज्या, शतपथ 1/6/4/11) और ब्याज पर रुपए देनेवाले बोहरे का भी वर्णन है (कुसीदी, शतपथ 13/4/3/11)। कई स्थानों पर (ऐतरेय ब्राह्मण 3/30/3, 4/25/8/9, 7/18/8; बृहदारण्यक उपनिषद् 1/4/12 इत्यादि) श्रेष्ठी या प्रधान व्यापारी का उल्लेख है। संभवतः वह श्रेणि का मुखिया होता था और श्रैष्ठ्य शब्द श्रेणि के प्रधान पद के विशेष अर्थ में प्रयुक्त हुआ है।

उद्योग-धंधों में लगी हुई स्त्रियों का भी उल्लेख है, जैसे रँगनेवाली (रजयित्री), सुईकारी का काम करनेवाली या कसीदा काढ़नेवाली (पेशस्कारी), बाँस का काम करनेवाली (कंटकीकारी) और बेंत की टोकरी आदि बनानेवाली (विदलकारी)।

धातुओं के बढ़े हुए प्रयोग से सभ्यता की उन्नति सूचित होती है। यजुर्वेद के एक मंत्र में (18/13) धातुओं का इस प्रकार उल्लेख है—हिरण्य (सोना), अयस् (काँसा), श्याम (लोहा), लोह (ताँबा), सीस (सीसा) और त्रपु (राँगा)। ऋग्वेद में अयस् का अर्थ स्पष्ट नहीं है, किंतु अब लोहे के लिए श्याम अयस् (अथर्व 11/3/1/7; 9/5/4) और ताँबे के लिए लोहित अयस् (अथर्व. 11/3/1/7) अथवा लोहायस् (शतपथ 5/4/1/2) शब्दों का उल्लेख है।

ताँबा भिन्न-भिन्न पात्र बनाने के काम आता था (अयस् पात्र, अथर्व 8/10/22)।

सीसे की गोलियाँ जुलाहे ताने में लटकाते थे (वाजसनेयी संहिता, यजु. 19/80)।

चाँदी आभूषण (रुक्म, शतपथ 12/8/3/11), बरतन (पात्र, तैत्तिरीय 2/2/9/7; 3/9/6/5) और निष्क नाम गोल आभूषण या सिक्के बनाने के काम में आती थी (पंचविश ब्रा.17/1/14)।

सोना (हिरण्य) सिंधु आदि नदियों से प्राप्त होता था (ऋग्वेद 10/75/8) या खान से निकलता था (अथ. 12/1/6, 26/44) या गलाकर बनाया जाता था (शतपथ 6/1/3/5, तस्मादश्मनोऽयो धमन्ति अयसो हिरण्यम्) या जल में से धोकर निकाला जाता था (शतपथ 2/1/1/5)। सोना गले के निष्क नामक आभूषण, कर्णशोभन नामक कान के आभूषण और पात्र बनाने के काम आता था (शतपथ 5/1/2/19)। सोने की निश्चित तौल के सूचक भी कुछ शब्द हैं, जिनसे सोने के सिक्कों का प्रमाण मिलता है, जैसे (1) अष्ठाप्रूड (संभवतः मूल शब्द अष्टाप्रुष् था जिसका अर्थ 8 बुंदकियों से चिह्नित था, काठक संहिता 11/1) और (2) शतमान = सौ रत्तियों की तोल (शतपथ 5/5/5/16)।

इस नए युग में हाथी (हस्ती या वारण), जो अपने शरीर-बल (वर्चस् अथर्व. 3/22/6) और वृष-शक्ति (अथर्व. 6/70/2) के लिए प्रसिद्ध था, पालतू बना लिया गया था। हाथीवान की संज्ञा हस्तिप थी (वाजसनेयी 30/11)।

राजनीतिक अवस्था : राजतंत्र सशक्त होता हुआ शासन का सामान्य रूप ग्रहण कर चुका था। राजाधीन जनपदों की संख्या और विस्तार बढ़ रहा था।

राजा : राजत्व के उद्गम के विषय में ऐतरेय ब्राह्मण (1/1/14) में यह विचित्र उल्लेख आया है :

"देव और असुर परस्पर युद्ध करते थे। असुरों ने देवों को परास्त कर दिया। देवों ने कहा, 'हमारे यहाँ राजा न होने के कारण (अराजतया) असुर विजयी होते हैं; हम भी राजा का चुनाव करें।' सब सहमत हुए (राजानं कर्वामहा इति तथेति)।"

साम्राज्य : कई ग्रंथों में पाए जानेवाले जो राजनीति-शास्त्र के पारिभाषिक शब्द हैं जैसे नधिराज, राजाधिराज, सम्राट और एकराट्—उनसे सूचित होता है कि सर्वोपरि सत्ता और साम्राज्य-शक्ति के भाव का विकास भी हो रहा था, जिसमें एक व्यक्ति राजाधिराज बनता था। ऐतरेय ब्राह्मण (8/15) के अनुसार समुद्रपर्यंत पृथ्वी का शासक एकराट् कहलाता था। अथर्ववेद के अनुसार (3/1/4/1) एकराट् सर्वोपरि शासक को कहते थे. जैसे प्राच्य देश की प्रजाओं के अधिपति थे (प्राङ् विशांपतिः)।

सम्राटों के राज्याभिषेक के लिए विशेष संस्कारों का भी निर्माण हुआ, जैसे वाजपेय, राजसूय और अश्वमेध, जिनका ग्रंथों में वर्णन है। आपस्तंब श्रौत सूत्र (20/1/1) के अनुसार अश्वमेध करने का अधिकार केवल सार्वभौम सम्राट् को था अर्थात् जो समस्त भूमि या पृथ्वी का शासक होता था। गोपथ ब्राह्मण के अनुसार राजसूय के द्वारा राजा बनता था; इसी प्रकार सम्राट् के लिए वाजपेय, स्वराट् के लिए अश्वमेध, विराट् के लिए पुरुषमेध और सर्वराट् के लिए सर्वमेध यज्ञों का विधान था।

इससे भी महत्त्वपूर्ण बात यह है कि ग्रंथों में उन राजाओं के नाम दिए हैं जो अपनी विजयों से इन राजनीतिक यज्ञों के अधिकारी बने। ऐतरेय ब्राह्मण (8/2/3) और शतपथ ब्राह्मण (13/5/4) में दो भरतवंशी राजाओं की पृथिवी-विजय का यशोगान है, जैसे दोःषंति, जिसने सत्वंत-जन को हराया और कुरु राष्ट्र में, मष्णार स्थान में, साचीगुण नामक स्थान में और गंगा-यमुना के किनारे अश्वमेध यज्ञों द्वारा विजय प्राप्त की। इसी प्रकार दूसरा राजा सात्राजित शतानीक था जिसने काशी जनपद के राजा को हराया। ''भरत के महत्त्व को न पूर्व के न बाद के जनों में कोई प्राप्त कर सका, जैसे पृथिवी पर खड़े हुए किसी भी व्यक्ति के लिए हाथों से आकाश का छूना कठिन है।[1] ऐसे बारह सम्राटों के नाम ऊपर के दो ग्रंथों में आए हैं। ऐतरेय ब्राह्मण (8/15) के अनुसार इन राजाओं के समक्ष यह आदर्श था–''मैं सब प्रकार के विजयी की जय करूँ, सब लोकों को प्राप्त करूँ और सब राजाओं के ऊपर श्रेष्ठता, प्रतिष्ठा और परमता प्राप्त करूँ, एवं साम्राज्य, भौज्य, स्वराज्य, वैराज्य, पारमेष्ठ्य, राज्य, महाराज्य आधिपत्य तथा सबके ऊपर सार्वभौम बनकर समुद्रपर्यंत पृथ्वी का एकराट् शासक बनूँ।''

जनतंत्रीय विशेषताएँ : यद्यपि एकाधीन राज्यतंत्र इस प्रकार सुदृढ़ स्थिति प्राप्त कर चुका था किंतु वह निरंकुश या सर्वहारा न होकर कई प्रकार से मर्यादित ही था। राजतंत्र के भीतर कई प्रजातंत्रीय संस्थाएँ भी थीं जिनका महत्त्व भूलना न चाहिए। ये इस प्रकार थीं– (1) राजा के वरण में जनता की सम्मति (जैसाकि, विशस्त्वा बृणतां राज्याय, इस राज्याभिषेक मंत्र से ज्ञात होता है), (2) अभिषेक के समय राजा के स्वायत्त अधिकारों पर लगाई गई मर्यादाएँ, (3) राजा का राज्य-कार्य के लिए मंत्रि-परिषद् पर निर्भर रहना, और (4) सभा और समिति नामक जनता की सस्थाएँ जो राजा के निरंकुश अधिकारों पर रोक लगाती थीं।

राजा का चुनाव : अथर्ववेद के कई मंत्रों में राजा के चुनाव की सूचना पाई जाती है। छठे कांड के सूक्त सत्तासी और अट्ठासी राजा के चुनाव से संबंधित हैं।

---

1. महदद्य भरतस्य न पूर्वे नापरे जनाः। दिवं मर्त्यमिव बाहुभ्याम नोदापुः पंचमानवाः। (शतपथ ब्राह्मण 13/5/3/14)।

अथर्ववेद 6/73 और 8/74 सूक्तों से विदित होता है कि राजा जनता की भक्ति और समर्थन प्राप्त करने के लिए कितने उत्सुक रहते थे। जनता की भक्ति और पुष्टि राजा के सपत्न-शत्रु और ईर्ष्यालु बंधु-बांधवों से रक्षा के लिए आवश्यक थी (7/34; 1/29; 1/30)। अथर्व 3/3 में स्वराज्य में राजा के पुनः स्थापन-संबंधी मंत्र हैं। अथर्व. के एक मंत्र में राजा के राज्य से बहिष्कृत होकर दूसरे क्षेत्र में विचरने का (अन्य क्षेत्रे अपरुद्धं चरंत, 3/3/4) और अपनी प्रजा (प्रतिजनाः) एवं विरोधियों से (प्रतिमित्राः) पुनः आहूत होकर स्वागत पाने का उल्लेख है। अथर्व. 3/8/2 में एक बार सिंहासन से उतारे हुए राजा के पुनः वरण किए जाने का उल्लेख है। अथर्व. 8/10 में राजा के अपने राज्य से च्युत होकर पुनः पदारूढ़ होने के लिए प्रयत्न करने का उल्लेख है। अन्य स्थानों में भी राजाओं के अपने राज्य से बहिष्कृत किए जाने और खोए हुए ऐश्वर्य की प्राप्ति के लिए पुनः यत्न करने का वर्णन है। (तैत्तिरीय संहिता 2/3/1; शतपथ ब्राह्मण 12/9/3/3 इत्यादि)। पंचविंश ब्राह्मण (19/7/1-4) में राड्यज्ञ नामक एक विशेष संस्कार का उल्लेख है, जिसके द्वारा पदच्युत राजा पुनः राज्य कर सकता था अथवा राज्यारूढ़ अवस्था में अपने प्रति प्रजा की खोई हुई भक्ति पुनः प्राप्त करता था। वाजसनेयी संहिता (अध्याय 19/21) में पदच्युत राजा के पुनः सिंहासन प्राप्त करने से संबंध रखनेवाले कर्मकांड का वर्णन है।

प्रजाओं की सहमति पर निर्भर राजा की यह नई स्थिति कुछ समुचित शब्दों से भी प्रकट होती है। अथर्ववेद (4/22) में उसे राजाओं में राजा (क्षत्राणां राजेंद्रः), प्रजाओं का अधिपति (विशां विश्पतिः), कोष का एकमात्र स्वामी (धन-चपतिर्धनानाम्), जन का एकमात्र अधिपति और नेता (एकवृषं जनानां), समस्त प्राणियों का प्रभु (वृक्षः विश्वस्य भूतस्य), मनुष्यों में सर्वोच्च (ककुद् मनुष्याणां), और देवताओं के समकक्ष (देवानाम् अर्धभाक्) कहा गया है।

अभिषेक के समय की प्रतिज्ञाएँ : इनका अच्छा ज्ञान राजसूय-संबंधी कर्मकांड से प्राप्त होता है, जिसका सर्वोत्तम वर्णन शतपथ ब्राह्मण में आया है। इसके अनुसार एक विधि यह है कि मनोनीत राजा पृथिवी या मातृभूमि की अनुमति इन शब्दों में प्राप्त करे–'माता पृथिवी ! तुम मेरी हिंसा न करो और मैं तुम्हारी हिंसा न करूँ।' टीकाकार के अनुसार ऐसा करना इसलिए आवश्यक था कि भूमि उसका परित्याग न कर दे (मेयं नावधुन्वीत)। व्याख्याकार की सम्मति में यह रूपक सूचित करता है कि राजा और देश इस प्रकार एक-दूसरे के हितैषी हों जैसे माता और पुत्र (5/4/3/20)। इसके अनंतर प्रसवितृ देवताओं के लिए आहुतियाँ दी जाती हैं। धर्ममय शक्ति (सत्यप्रसव) के लिए सविता को, गार्हपत्य के लिए अग्नि को, वनस्पति और कृषि की रक्षा के लिए सोम को, वाक्शक्ति के लिए बृहस्पति को,

ज्येष्ठ क्षत्र या उत्तम शासन के लिए इंद्र को, पशु-रक्षा के लिए पशुपति रुद्र को, सत्य के लिए मित्र को, और सबके अंत में धर्मपति वरुण को, जिससे धर्म के संस्थापक के रूप में राजा की वास्तविक विशिष्टता प्रकट होती है (शतपथ ब्रा. 5/3/3/2-9)। हिंदू राजतंत्र के अनुसार धर्म ही सच्चा अधिपति है, और राजा दंड या शासन का वह रूप है, जो धर्म की रक्षा और संस्थापना करता है। ऊपर लिखी आहुतियाँ राजा की विविध विशेषताओं और कर्तव्यों की प्रतीक हैं। वैदिक अनुश्रुति में राजा के दैवी अधिकार की कल्पना नहीं है, किंतु मंत्रों द्वारा राजा में दैवी गुणों का अध्यारोप किया जाता है। इसके अनंतर सत्रह स्थानों से एकत्र संभृत जलों से राजा का अभिषेक किया जाता है। इनमें सर्वप्रथम वह बहती हुई धाराओं का जल लेता है जिनकी प्रतिनिधि पवित्र सरस्वती मानी गई थी। फिर क्रमशः नदीपति समुद्र का जल, स्यंदमान-जल, कूप्य-जल, परिवाही जल और यहाँ तक कि स्थावर ह्रद का जल भी लिया जाता था। सरस्वती वाक् का प्रतीक थी, स्यंदन-जल वीर्य का, परिवाही जल भूमा या समृद्धि का, समुद्र विश् या प्रजाओं का और स्थावर ह्रद राजा के प्रति प्रजाओं की दृढ़ भक्ति का सूचक था जो कि पुष्करिणी के ठहरे हुए जल की तरह स्थिर (स्थावरा) और अचंचल (अनपक्रमणी, शतपथ 5/3/4/14) होती थी। अभिषिचन ब्राह्मण (अध्वर्यु), क्षत्रिय और वैश्य मिलकर करते थे जो कि राष्ट्र की तीन इकाइयाँ थीं। राजसूय के कर्म-कांड का दूसरा महत्त्वपूर्ण अंग आसंदी पर बैठने से पूर्व राजा का अभिषेचन या स्नान था। राजा को सर्वप्रथम धृतव्रत अर्थात् व्रतों में प्रतिष्ठित होना चाहिए (ऐतरेय ब्रा.8/18)। उसे धर्म एवं यज्ञों के प्रति सत्यात्मक होना चाहिए (सत्यसव, सत्यधर्म, तैत्तिरीय ब्रा. 1/7/10/1-6) और तब निम्नलिखित शपथ लेनी चाहिए: ''जिस रात्रि को मेरा जन्म हुआ और जिस रात्रि को मेरी मृत्यु होगी, इन दोनों के बीच में जो मेरा यज्ञफल और दानादि पुण्य हैं, जो मेरा लोक में धर्म, आयु और प्रजाएँ हैं वे सब नष्ट हो जाएँ यदि मैं तुझसे द्रोह करूँ।''[1]

आसंदी पर राजा के आरोहण करते समय राष्ट्र के चार अंगों—ब्राह्मण, क्षत्रिय, वैश्य और शूद्र—को आमंत्रित किया जाता है कि वे महार्घनिधि की भाँति मनोनीत राजा की रक्षा करें। तब राजा की घोषणा इन शब्दों में की जाती है : ''हे जनता! अमुक व्यक्ति तुम्हारा राजा है, किंतु हम ब्राह्मणों का राजा सोम है'' (शतपथ ब्रा. 5/3/3/12; 5/4/2/3)। इससे इस सिद्धांत का समर्थन होता है, जैसा पहले कहा जा चुका है कि धर्म, जिसका प्रतिनिधि ब्राह्मण है, उस राजा या छत्र से ऊपर है, जिसका शासन जीवन के उन व्यवहारों और क्षेत्रों पर है जो धर्म के

---

1. एतेनैन्द्रेण महाभिषेकेण क्षत्रियं शापयित्वा अभिषिचेत स ब्रूयात सह श्रद्धया याञ्च रात्रीमजायेहं याञ्च प्रेतास्मि तदुभययमन्तरेणेष्टापूर्त्तं मे लोकं सुकृतमायुः प्रजां वृंजीथा यदि ते द्रुह्येयमिति। (ऐतरेय ब्रा. 8/15)

अंतर्गत नहीं आते। शतपथ ब्रा. (5/4/4/5) के अनुसार राजा और श्रोत्रिय दोनों ही मनुष्यों में धर्म के धारण करनेवाले हैं, क्योंकि दोनों ही जो असाधु है उसके कहने या करने में असमर्थ होते हैं। अन्यत्र (शतपथ 2/2/2/6) कहा गया है कि जो ब्राह्मण वेद का स्वयं अध्ययन करनेवाले और अध्यापन करानेवाले हैं, वे मनुष्यों में देवतुल्य हैं (अथ ये ब्राह्मणः शुश्रूवांसोऽनूचानस्ते मनुष्यदेवाः)। पुनः घोषणा की जाती है : ''तुम्हें यह राष्ट्र दिया जाना है, कृषि के लिए, जनता के क्षेम के लिए और सर्वविध पोषण और उन्नति के लिए (इयं ते राट्। कृष्यै त्वा क्षेमाय त्वा रय्यै त्वा पोषाय त्वा, यजु. 9/22)। इससे स्पष्ट है कि राज्य निक्षेप की तरह राजा को सौंपा जाता है और राजा के उस पर अधिकृत रहने की कसौटी जनता की कुशल-क्षेम और उन्नति है। अभिषेक के बाद एक दूसरी महत्त्वपूर्ण क्रिया की जाती है जिसका स्वरूप यह था कि अध्वर्यु और उसके सहकारी,राजा की पीठ पर प्रतीक-रूप में दंड स्पर्श करते थे (दंडैर्घ्नन्ति)। इसके फलस्वरूप राजा का पद अदंड्य कर दिया जाता है एवं यह दंडवध से अतीत मान लिया जाता है (एनं दंडवधमति नयंति, शतपथ 5/4/4/7)। इससे इस मत की पुष्टि होती है कि राजा स्वयं दंड से अतीत रहते हुए उस दंड को धारण करता है जो धर्म का रक्षक है। राजा धर्म का विधाता या स्रोत नहीं, वह उसको धारण करानेवाला है।

मंत्री : राजा मंत्रियों पर आश्रित था, यह तथ्य राज्याभिषेक में उनको मिले हुए कार्य से सूचित होता है। इस कर्मकांड की प्रक्रिया में उन्हें रत्निन् कहा गया है अर्थात् रत्नों के प्राप्त करनेवाले, जिन रत्नों को मनोनीत राजा उनमें से प्रत्येक के घर जाकर रत्न-हवि नामक इष्टि के द्वारा प्रदान करता था। इस क्रिया का महत्त्व राजा के द्वारा उच्चारित इस वाक्य से ज्ञात होता है : एतद् वा अस्यैकं रत्नयत् सेनानीस्तस्मा एवैतेन सूयते तं स्वमनपक्रमिणं कुरुते : यह उसका एक रत्न है जो सेनानी है, उसके लिए ही राजसूय में राजा का अभिषेक होता है। इस इष्टि के द्वारा राजा उस रत्निन् को अपने अनुकूल करता है (शतपथ 5/3/1/6)। इसी प्रकार प्रत्येक रत्निन् से राजा कहता था और उसे अभीष्ट था कि अपने अभिषेक के लिए उनकी सम्मति और उनकी भक्ति प्राप्त करे। प्रत्येक रत्निन् को राज्य के मुकुट में एक-एक रत्न (अस्येकं रत्नम्) कहा गया है।

रत्न-हवि इष्टि का वैधानिक महत्त्व उन दो शब्दों से प्रकट होता है—एक राजकर्तृ और दूसरा राजकृत्—जो अथर्ववेद (3/5/7) और ब्राह्मण ग्रंथों में (ऐतरेय 8/17/5; शतपथ 3/4/1/7; 13/2/18) उन व्यक्तियों के लिए आते हैं जो 'स्वयं राजा न होते हुए' राजा के अभिषेक में सहायता देते थे। ऐतरेय ब्राह्मण के अनुसार ये 'राजकर्ता' ही राजा के आसंदी पर बैठने की नियमानुसार

जन से घोषणा करते थे।[1]

अथर्ववेद में राजकर्त्ताओं के नाम ये हैं–(1) सूत्र, (2) रथकार, (3) कर्म्मार, (4) ग्रामणी और (5) राजानः । अंतिम श्रेणी में राजा के सगे-संबंधी श्रीमंत लोग होते थे जिनका राजा के अभिषेक के लिए समर्थन कई जगह आवश्यक कहा गया है। उदाहरण के लिए अथर्व (1/9/3-4) में राजा के लिए अपने सजात संबंधियों पर श्रेष्ठता प्राप्त करने की प्रार्थना है (सजाताना श्रौष्ठयाधेहि एनम्), 3/4/3 में सजातों द्वारा राजा के स्वागत का उल्लेख है (अच्छा त्वा यंतु हुविनः सजाताः) एवं 1/19 और 1/20 सूक्तों में सजातों को राजा का अमित्र और सपत्न कहा गया है। वस्तुतः ये सजात लोग जो स्वयं भी राजा कहलाते थे, राजा को घेरे रहते थे और उनकी गणना करना और उनसे मित्रता रखना राजा का आवश्यक कर्तव्य था।

कालांतर के ग्रंथों में राजकर्त्ताओं की संख्या बढ़ गई। तैत्तिरीय में रत्नियों की संख्या बारह है–(1) ब्राह्मण अर्थात् पुरोहित, (2) राजन्य (सजात राजा), (3) महिषी (पटरानी), (4) वावाता (प्रिय रानी), (5) परिवृक्ति (निराकृत पत्नी), (6) सूत, (7) सेनानी, (8) ग्रामणी, (9) क्षत्ता (दौवारिक), (10) संगृहीता (कोषाध्यक्ष), (11) भागदुध् (राजग्राह्य कर संचित करनेवाला) और (12) अक्षावाप (अक्ष अर्थात् आय-व्यय का गणनाध्यक्ष; यहाँ कुछ लोग अक्ष का अर्थ द्यूत भी करते हैं)। शतपथ ब्रा. (5/5/1/1) में दो नाम और हैं–(1) गोनिकर्तन (गवाध्यक्ष, जो बैलों को निर्लक्ष्य बधिया कराने के कारण इस नाम से आधीत होता था, कुछ लोग इसका अर्थ मृगयाध्यक्ष भी करते हैं) और (2) पालागल (दूत) एवं मैत्रायिणी संहिता (2/6/5) के अनुसार तक्षा, रथकार, जिसे राजन्य राजा कहा गया है और ग्रामणी, जिसे वैश्य-ग्रामणी कहा गया है, ये नाम अधिक हैं। पंचविंश ब्राह्मण (19/1/4) में एक अधिक प्राचीन और छोटी सूची उन वीरों की है, जो राजा के सहायक थे जिनमें उनका भ्राता, पुत्र, पुरोहित, महिषी, सूत, ग्रामणी, क्षत्ता और संगृहीता सम्मिलित थे।

इन रत्नियों में भी श्रेष्ठता का पूर्वापर क्रम नियत था। रत्न-हवि इष्टि के समय जिस क्रम से राजा उनके घर पर जाता था, वह उनके पद का सूचक है। सर्वप्रथम सेनानी के यहाँ और तदनंतर पुरोहित एवं दूसरों के यहाँ। केवल क्षत्ता, गोनिकर्तन और अक्षावाप को रत्न-हवि राजा के प्रासाद में ही दी जाती थी। राजसूय यज्ञ के समय भी इनके पद का पौर्वापर्य्य का कुछ संकेत मिलता है। जब राजा स्फ्य नामक यज्ञीय खड्ग पहले राजभ्राता को, और तब क्रमशः राजभ्राता सूत या स्थपति को, सूत या स्थपति ग्रामणी को और ग्रामणी सजात को प्रदान करता

1. इमं जनाः अभ्युत्कोशत सम्राजं साम्राज्यं भोजं भोजपितरं स्वराज स्वाराज्यं विराज वैराज्य परमेष्ठिन पारमेष्ट्य राजनं राजपितरं क्षत्रमजनि क्षत्रियोऽजनि विश्वस्या भूतस्याधिपतिरजनि विशामत्ताऽजनि, अमित्राणां हंताऽजनि ब्राह्मणानां गोप्ताऽजनि धर्मस्य गोप्ताऽजनि इति।–ऐतरेय 8/17

था (शतपथ 5/4/4/15-19)।

परंतु यह निश्चित नहीं कि ये नाम राजा के सभासद और निजी परिचारकों के हैं अथवा सार्वजनिक पदाधिकारियों के। सूत, जिसका अर्थ प्रायः सारथि या अश्वाध्यक्ष समझा जाता है, राजकवि या गायक भी हो सकता था, क्योंकि उसके विशेषण अहंति अ-योद्धा, (वाजसनेयी 16/18), अहंत्य (तैत्तिरीय 4/5/2/1) या अहंत्व, (= अहन्य, अवध्य; काठक 17/2) आए हैं। रामायण व महाभारत में सूत का निश्चयपूर्वक यही रूप है। ऐसे ही ग्रामणी भी ऋग्वेद में सैनिक पदाधिकारी है। वह वैश्य के लिए सर्वोच्च समृद्धि का पद कहा गया है। (तैत्तिरीय 2/5/4/4) और इस रूप में वह ग्राम-संख्या की व्यावहारिक और सैनिक प्रमुखता का सूचक था। ग्रामणी पद पर आरूढ़ सर्वोच्च व्यक्ति, जिसकी गिनती राजा के निकटवर्ती मंडल में थी, संभवतः मंत्रिपरिषद् में जनपदीय हितों का प्रतिनिधि था, जैसे कर्म्मार उद्योग-धधों का, सेनानी रथकार और सूत सेना का एवं संगृहीता और भागदुध् आर्थिक विषयों का। इसी प्रकार अक्षावाप भी "सार्वजनिक पदाधिकारी समझा जा सकता है, जो राज्य की अक्षशालाओं की अध्यक्षता करता था और उनसे प्राप्तव्य आय वसूल करता था, जैसाकि कालांतर में भी होता रहा" (वैदिक इंडेक्स 2/200, टिप्पणी)। उदाहरण के लिए कौटिल्य ने दूताध्यक्ष को राज्य का एक विशिष्ट अधिकारी माना है। बात कुछ ऐसी है कि राजा के भवन के निकटवर्ती कार्याध्यक्ष ही राज-मंत्रियों के रूप में विकसित हो रहे थे, जैसा इंग्लैंड के आरंभ-कालीन इतिहास में भी मिलता है।

स्थपति एक ऐसा पदाधिकारी था जो रत्नियों में नहीं गिना गया। चाक्र नामक स्थपति का वर्णन मिलता है कि उसने दुष्टरीतु नामक अपने स्वामी को अपनी शक्ति से राज्यासन तक पहुँचाया, जहाँ से वह अपनी विद्रोही प्रजा सृंजयों द्वारा पदच्युत कर दिया गया था (शतपथ ब्रा. 12/8/1/17)। यों स्थपति का अर्थ स्थानीय प्रशासक ज्ञात होता है, जैसे निषाद-स्थपति पद में जो सूत्रग्रंथों में मिलता है (आपस्तंब श्रौत सूत 9/14/12)। पर क्योंकि उसका पद सूत के नीचे था, उसे प्रायः मुख्य न्यायाधिकारी समझा जाता है, जो व्यवहार और शासन-संबंधी दोनों काम करता था।

जन-संसदें : सभा : सभा और समिति नामक जन-संसदों का वर्णन अथर्ववेद (7/12/1) में आया है, जहाँ उन्हें प्रजापति की 'दुहितरौ' (दो-पुत्रियों) के रूप में भारतीय राजतंत्र की मूलोत्थानीय और प्राचीनतम संस्था सूचित किया गया है। सभा का सदस्य सभेय, सभासद या सभासीन कहा गया है। सभा का प्रमुख सभापति था (वाजसनेयी 16/14)। सभा का रक्षापुरुष सभापाल कहा जाता था (तैत्तिरीय 3/7/4/6)।

राजा के लिए सभा का इतना महत्त्व था कि प्रजापति भी सभा के बिना अपना कार्य नहीं कर सकते थे (छा. उप. 8/14/1)। ऋषि गौतम का उल्लेख है कि वे राजा से मिलने के लिए सभा मे जाते हैं (वहीं,5/3/6)। शतपथ ब्रा. (3/3/5/14) में एक राजा के सभा करने का उल्लेख है जिसमें उसके अधीन राजा एकत्र होते हैं।

सभा वादविवाद और विचार-विनिमय द्वारा सार्वजनिक कार्य भुगताने के लिए एक संसद थी, अतएव वाग्मिता और वाद-शक्ति का बड़ा महत्त्व था और उनकी प्राप्ति के लिए प्रार्थना की जाती है (अथर्व. 7/12, एवं 12/1/56 या : सभा अधिभूम्याम्⋯समितय : तेषु चारु वदेम ते)। एक मंत्र में प्रार्थना है कि उपस्थित सदस्यों के बीच में मैं सुंदर भाषण करूँ (चारु वदामि संगतेषु); कि सभासद लोग वक्ता की बात का समर्थन करें (ये ते के च सभासदस्ते ते मे सन्तु सवाचसः); कि वक्ता सभा में समासीन सदस्यों के तेज (वर्चस्) और बुद्धि (विज्ञान) को अपने वश में करके उन्हें मंत्रमुग्ध कर दे; समस्त सभासदों का मन मेरे ही भाषण में आबद्ध हो जाए और रम जाए (मयि वो रमतां मनः, अथर्व. 7/12/4)।

भाषण के नियम थे, जिनकी त्रुटि से जनित पाप का यजुर्वेद में उल्लेख है (सभायां यदेनश्चकृमा वयं 3/45; पुनः 20/2/17)। भाष्यकार ने इस प्रकार की त्रुटि या सभा-संबंधी अतिक्रमण का उदाहरण देते हुए, महाजन तिरस्कार अर्थात् सभा के प्रतिष्ठित अधिकारियों के अपमान का उल्लेख किया है।

बहुमत से निश्चय करने की प्रथा का परिज्ञान था, जैसा कि अथर्ववेद में सभा के संबंध में प्रयुक्त नरिष्टा पद (7/12/3) से ज्ञात होता है, जिसका अर्थ सायण ने 'अहिसिता परैरभिभाव्या' किया है, क्योंकि सभा में अनेक व्यक्ति एकत्र होकर जो एक बात कहें, वह दूसरों पर भी बाधक हो (बहवः संभूय यदि एकं वाक्य वदेयुः तत् हि न परैः अतिलंघ्यम्)।

अंत में, सभा न्यायालय का कार्य भी करती थी। यजुर्वेद (30/6) में समाचार को धर्म या न्याय के लिए दीक्षित कहा गया है, अतएव समाचार का अर्थ ऐसा किया जा सकता है—"धर्म का निरूपण करने के लिए न्यायालय के रूप में एकत्र सभा में उपस्थित होनेवाला," जो ग्रंथों में प्रयुक्त सभासद इस शब्द के समान है (अथर्व. 3/29/1; 7/12/2; 19/55/5; ऐतरेय ब्रा. 8/21/14,इत्यादि) जिसका तात्पर्य सभा में उपस्थित अन्य किसी सदस्य से नहीं, बल्कि केवल निर्णायक से ही हो सकता है जो सभा में व्यवहार-संबंधी प्रश्नों का निर्णय करता था। संभवतः इस शब्द के अर्थ से कुलवृद्ध भी अभिप्रेत थे, जिनसे वह सभा बनती थी जो सामान्य काम-काज की अपेक्षा न्याय-संबंधी निर्णय के लिए अधिक बार बैठती थी। इस संबंध में ऋग्वेद का एक मंत्र उल्लेख योग्य है (10/71/10), जहाँ एक व्यक्ति को किल्बिष या अपराध से मुक्त किए जाने पर सभा से प्रसन्नतापूर्वक लौटते हुए कहा गया है

(किल्बिष-स्पृत् अपराध संस्पृष्ट; पितुषणिः –अपराधमुक्त)। पारस्कर गृह्य सूत्र में सभा को नादि और त्विषि अर्थात् शब्दवती और प्रकाशवती कहा गया है। शब्द का कारण सभा में होनेवाला धर्म-निरूपण था और प्रकाश का कारण वह अग्नि थी जो दिव्य परीक्षाओं के लिए सभा-भवन में रखी जाती थी।

तैत्तिरीय संहिता (2/3/1/3) में गाँव के न्यायाधिकारी ग्राम्यवादिन का उल्लेख है और मैत्रायणी (2/2/1) में उसकी सभा का।

समिति : ऊपर कहा जा चुका है कि अथर्ववेद (7/12) में सभा और समिति को प्रजापति की दो पुत्रियाँ कहा गया है, जिसका अर्थ है आद्य संस्थाएँ जो भारतीय संस्कृति के उषाकाल में स्थापित हुईं। संभवतः साहित्य और इतिहास में जनतंत्रीय संस्थाओं का यह प्राचीनतम उल्लेख है और इसी के साथ ऋग्वेद के अंतिम सूक्त में उल्लिखित जनतंत्र-विषयक वे तथ्य हैं जो पहले कहे जा चुके हैं। उपलब्ध प्रमाणों से यह स्पष्ट ज्ञात नहीं होता कि समिति और सभा में संगठन और कर्तव्यों की दृष्टि से क्या अंतर था। संभवतः सभा वृद्ध जनों की छोटी और चुनी हुई संस्था थी और न्यायालय का कार्य करती थी, जबकि समिति बड़ी जनता की संसद थी। अतएव समिति के लिए अथर्ववेद के कई मंत्रों में कहा गया है कि राजा के चुनाव में वह विश् या जन की वाणी की प्रतिनिधि थी। एक मंत्र में समिति राजा का समर्थन करती है (ध्रुवाय ते समितिः कल्पतामिह) और अन्यत्र वह राजा के दुष्कर्मों और अत्याचार के कारण उसका अनुमोदन नहीं करती (नास्मै समितिः कल्पते, 5/19/15)। यह भी कहा गया है कि शत्रुओं को परास्त करने के लिए और राज्यासन पर अपनी स्थिति दृढ़ करने के लिए समिति के समर्थन की राजा को आवश्यकता थी। (ध्रुवोच्युत,6/88/3)।

विद्या और शिक्षा : इस युग में, जैसा हम देख चुके हैं, विस्तृत और विभिन्न प्रकार के साहित्य का उदय हुआ। उपनिषद् सदृश कुछ ग्रंथों में बुद्धि और ज्ञान की पराकाष्ठा देखी जाती है। यह साहित्य का स्वर्णयुग था जिसका जन्म उन चरण-संज्ञक वैदिक संस्थाओं में हुआ जो अपनी शिक्षा-विधि की क्षमता और सफलता के लिए विख्यात थीं। इन शिक्षा-संस्थाओं पर उचित ध्यान नहीं दिया गया है, और न उस युग के बहुत-से ग्रंथों में से किसी में उनका सीधा वर्णन ही पाया जाता है। उस युग के साहित्य में इधर-उधर बिखरे हुए वाक्यों से, इतर विषयक अवतरणों से अथवा प्रसंगोपात्त उदाहरणों से इनका परिचय जाना जाता है।

अथर्ववेद और यजुर्वेद में ब्रह्मचर्य आश्रम के नियम : ब्रह्मचर्य-प्रणाली का सर्वप्रथम उपदेश अथर्ववेद में आया है (11/3; और भी 6/108/2; 133/3)।

सबसे पहले उपनयन संस्कार का उल्लेख है, जिसके द्वारा आचार्य ब्रह्मचारी को एक नए जीवन में दीक्षित करता था, जिसे द्वितीय जन्म कहा गया है और जिससे वह ब्रह्मचारी द्विज बनता था। उपनयन के द्वारा ब्रह्मचारी को नया, सायण की व्याख्या के अनुसार विद्यामय शरीर प्राप्त होता था, जो माता-पिता से प्राप्त स्थूल शरीर से भिन्न था। शिष्य के लिए इस नए मिले हुए जीवन के विशेष चिह्न और नियम थे। वह कृष्ण मृगचर्म पहनता है (कार्ष्ण वसानः), मौंजी-मेखला बाँधता और लंबे बाल रखता (दीर्घश्मश्रु) है। वह सायं-प्रातः अग्निहोम के लिए समिधा लाता है, जिस अग्नि की उपासना के द्वारा वह स्वयं तेजस्वी बनता है (समिधा समिद्धः—संदीपितः—सायण)। भिक्षा भी उसके कर्तव्यों में से है। उसके लिए इंद्रिय-निग्रह (श्रम) और तप आवश्यक हैं। तप से वह आचार्य को तृप्त करता है (आचार्य तपसा पिपर्ति)। शिष्य का पाप आचार्य को भी लगता है। (शिष्यपापं गुरोरपि)। उसका जीवन एकदम नियमों से कसा हुआ (दीक्षित) होता है। एक मंत्र में ब्रह्मचारी के द्वारा आचार्य को दक्षिणा आदि से संतुष्ट करने का उल्लेख है (11/3/15)। विद्या के उद्देश्य और फल श्रद्धा, मेधा, प्रज्ञा, धन, आयु और अमृतत्व बताए गए हैं (19/64/14)। इस प्रकार सांसारिक और आध्यात्मिक दोनों क्षेत्रों में सफलता-प्राप्ति उसका अभिप्राय था। विशेष अवस्थाओं और स्थानों में अनध्याय रखने के भी उल्लेख हैं, जैसे अंतरिक्ष में मेघों के आने पर, आँधी चलने पर, वृक्ष-वनस्पतियों के घने झुरमुट में या घास-फूस से भरे हुए जंगल में (अंतरिक्षे, वाते वक्षेषु, उलपेषु, 7/66/1)।

यजुर्वेद (तैत्तिरीय सं. 6/3/10/5) में ब्रह्मचर्य द्वारा ऋषिऋण या संस्कृति के प्रति अपने कर्तव्य से उऋण होने का उल्लेख है, जैसे यज्ञ द्वारा देवऋण से और संतान (प्रजनन) द्वारा पितृऋण से।

ब्राह्मण-ग्रंथों में ब्रह्मचर्य के नियम : शिक्षा-पद्धति की ये विशेषताएँ उत्तर कालीन ग्रंथों में भी वर्णित हैं। इस पद्धति का मूलतत्त्व छात्र का शिक्षक के कुल में निवास करना था, जिससे उसकी संज्ञा अंतेवासी (बृहदारण्यक 6/3/15) या आचार्यकुल-वासी (छांदोग्य 2/23/1) होती थी। आचार्यकुल में रहते हुए उसके ये कर्तव्य थे : आचार्य के लिए भिक्षान्न लाना (छांदोग्य 4/3/5), अग्नि परिचर्या करना (वही 4/10/2), घर का कार्य करना (शतपथ 3/6/2/15)और आचार्य के लिए गो-सेवा करना (छांदोग्य 4/4/5)। शतपथ ब्राह्मण (11/3/3/5) के अनुसार दारिद्र्यव्रत लेकर आचार्य के लिए भिक्षावृत्ति स्वीकार करने में शिष्य आत्म-संस्कृति या विनय का भाव प्राप्त करता है, एवं अग्नि में समिधाधान करने से वह अपने आत्मा या मन को तेज और ब्रह्मवर्चस् से (वही 11/5/4/5) प्रदीप्त करता है। गोचरण से विद्यार्थी को कई लाभ होते थे, जैसे वातातपिक जीवन या

खुली वायु में व्यायाम, गो-पालन की शिक्षा और ऐसे ही अन्य लाभ। छात्र के लिए दिन में सोना वर्जित था (वही)।

गुरुकुलवास : छात्रावस्था के आरंभ और उसकी अवधि के समय एक-से न थे। श्वेतकेतु ने 12 वर्ष की आयु में अध्ययन आरंभ किया और 12 वर्ष तक जारी रखा (छांदोग्य 6/1/2)। उपकोसल ने भी अपने आचार्य सत्यकाम जाबाल के पास 12 वर्ष अध्ययन किया (वही 4/10/1)। इससे भी लंबे अध्ययन-काल का उल्लेख है, जैसे 32 वर्ष तक या जीवनपर्यंत (वही 8/7/3; 15)।

चरक : इन गुरुकुलों या घरेलू शिक्षा-संस्थाओं के अतिरिक्त, जिनमें पृथक्-पृथक् अध्यापक स्वयं अपने शिष्य चुनकर शिक्षा देते थे, ग्रंथों में अन्य प्रकार के शिक्षा-साधनों का भी उल्लेख है। नियमित छात्रावस्था की समाप्ति पर शिक्षा की समाप्ति नहीं होती थी। तैत्तिरीय उप. (1/11) में विदा होते हुए स्नातक के प्रति आचार्य का एक उल्लेखनीय अनुशासन दिया हुआ है (अर्वाचीन विश्वविद्यालयों के दीक्षांत भाषण का पूर्वरूप) जिसमें अंतेवासी से कहा गया है कि वह स्वाध्याय और प्रवचन अर्थात् ज्ञान का स्वयं उपार्जन और दूसरों को उसके वितरण में प्रमाद न करे। अनेक शिक्षित व्यक्ति ऐसे थे जो गृहस्थ आश्रम में प्रवेश करने के बाद भी ज्ञान-साधना बनाए रखते थे और इसके लिए परस्पर शास्त्रीय चर्चा अथवा प्रसिद्ध विशेषज्ञों से एवं विभिन्न केंद्रों तथा विद्वानों से शिक्षा-लाभ करते रहते थे। स्थान-स्थान में विचरण करनेवाले इन विद्वानों को चरक कहा गया है (बृहदारण्यक 3/3/1), जो देश में वास्तविक ज्ञान-प्रचार करते थे (शतपथ 4/2/4/1)। ग्रंथों में इनके कितने ही उदाहरण आते हैं। कुरु-पंचाल देश के उद्दालक आरुणि उत्तर में जाकर वहाँ के उदीच्य विद्वानों को शास्त्रार्थ के लिए ललकारते हैं, पर फिर उनके प्रमुख शौनक के आगे नतमस्तक होते हैं (वही 11/4/1/24)। उन्होंने मद्र देश में जाकर वहाँ के प्रसिद्ध दार्शनिक पतंचलकाप्य से उपदेश ग्रहण किया (बृ. उ. 3/7/1)। पाँच महाशाल महाश्रोतियों ने एकत्र होकर परस्पर विचार किया—"आत्मा क्या है ? ब्रह्म कौन है ?" तब वे भगवान् उद्दालक आरुणि और राजा अश्वपति कैकय के पास वैश्वानर विद्या की शिक्षा लेने के लिए गए (वही 10/6/1/12; छा. उ. 5/11)। नारद अपने समय की सब विद्याओं का अध्ययन समाप्त करने के बाद और उच्चतर उपदेश के लिए सनत्कुमार के पास जाकर जिज्ञासा करते हैं (छा. उ. 7/14)।

परिषद् : इस प्रकार की उच्च शिक्षा के लिए नियमित संस्थाओं का उल्लेख आता है; जैसे पंचाल-परिषद्, जिसे पांचाल जनपद के राजा प्रवाहण जैवलि का संरक्षण

प्राप्त था जो सदा उसकी बैठकों में उपस्थित रहते थे (छा. उ. 5/3; बृ. उ. 6/2/1-7)।

विद्वत्सम्मेलन : गुरुकुलों, उच्च शिक्षा की परिषदों और 'चरक' विद्वानों के अतिरिक्त, राजाओं की ओर से आमंत्रित विद्वत्सभाओं द्वारा भी ज्ञान को बहुत प्रोत्साहन मिलता था। इसका एक अच्छा उदाहरण वैदेह जनक द्वारा बहु-दक्षिण यज्ञ के समय आमंत्रित वह सभा थी जिसमें कुरु और पांचाल जनपद के अनेक ब्राह्मण सम्मिलित हुए थे। उस सभा में प्रमुख विद्वान् याज्ञवल्क्य थे जिनके सामने उस समय के आठ अग्रणी दार्शनिकों ने अपने तत्त्वचिंतन-संबंधी कठिन प्रश्न रखे। उनके नाम इस प्रकार थे—(1) उद्दालक आरुणि, जो एक विद्वन्मंडल के केंद्र थे, जहाँ से उपनिषदों के चिंतन को बहुत अधिक लाभ हुआ, (2) जनक के होता अश्वल, (3) आर्तभाग, (4) ज्येष्ठ आरुणि के सहपाठी भुज्यु, (5) उशस्त, (6) कहोड, (7) शाकल्य, और (8) वचक्नु की विदुषी दुहिता गार्गी। सब प्रश्नों का संतोषप्रद उत्तर देने के कारण याज्ञवल्क्य अपने समकालीन दार्शनिकों में श्रेष्ठ माने गए और राजा का एक सहस्र गौओं का पुरस्कार उन्हें प्राप्त हुआ जिनमें से प्रत्येक के सींगों में पाँच-पाँच सुवर्ण-पाद बँधे हुए थे (बृ. उ., 3)।

तत्कालीन विद्या और ज्ञान का एक उदाहरण : याज्ञवल्क्य : वस्तुतः याज्ञवल्क्य का जीवन उस समय की ज्ञान-साधन की संस्थाओं और परिस्थितियों पर अच्छा प्रकाश डालता है। आरंभ में वे उद्दालक आरुणि के शिष्य थे जिनका पुत्र श्वेतकेतु उनका सहपाठी था। पुनः अपने साथी श्वेतकेतु और सोमशुष्म के साथ हम उन्हें देश में विचरण करता हुआ देखते हैं। तभी उनकी वैदेह जनक से भेंट हुई, जिसने उन्हें ज्ञान-चर्चा में हरा दिया। वे दोनों तो चले गए, किंतु याज्ञवल्क्य का सत्यान्वेषण सच्चा था, अतएव वे जनक के पीछे जाकर बिना हिचकिचाहट एक क्षत्रिय राजा से उपदेश प्राप्त करते हैं। विद्या का उपदेश पाकर ब्राह्मण-शिष्य याज्ञवल्क्य ने अपने क्षत्रिय-गुरु राजा को एक वरदान दिया। जनक ने कहा—"हे याज्ञवल्क्य! मेरा एक काम-प्रश्न (इच्छानुसार पूछा जानेवाला प्रश्न) तुम्हारे पास धरोहर रहा" (श. ब्रा. 11/6/2)। इसके बाद याज्ञवल्क्य को हम जनक द्वारा बुलाई गई उपरोक्त दार्शनिक सभा में पाते हैं जहाँ वे अपने गुरु उद्दालक की अपेक्षा श्रेष्ठ सिद्ध होते हैं। पुनः तीन बार हम उन्हें अपने अपूर्व उपदेष्टा राजा जनक को भी ज्ञान देते हुए पाते हैं। जित्वन्, उदंक, बर्कु, गर्दभीविपीत, सत्यकाम और शाकल्य, इन छह विद्वानों ने ब्रह्मा की छह पृथक्-पृथक् परिभाषाएँ जनक को बताईं। याज्ञवल्क्य ने उन व्याख्याओं के उपनिषद् या रहस्य का उपदेश जनक को दिया। अन्य अवसर पर जनक ने उनसे प्रश्न किया—मृत्यु के उपरांत हम सब कहाँ जाएँगे? डॉयसन के अनुसार "इस प्रश्न का याज्ञवल्क्य के उत्तर से अधिक

उपयुक्त समाधान आज भी हमारे पास नहीं है।" (फिलॉसफी ऑफ दि उपनिषद् पृ. 90)। जनक इस उत्तर से इतने प्रभावित हुए कि उन्होंने अपने-आपको सेवक कहकर उपदेष्टा गुरु के सामने अपना सारा राज्य रख दिया। एक तीसरे अवसर पर याज्ञवल्क्य ने राजा को ब्रह्म के विषय में अपना अंतिम उपदेश दिया कि ब्रह्म की प्राप्ति के लिए अपने-आपको इषणाओं से रहित करना आवश्यक है। "इस प्रकार जानते हुए पूर्व समय के ज्ञानियों ने संतति की इच्छा न की। उन्होंने सोचा जिनके पास यह आत्मिक ज्ञान और ब्रह्मलोक है उन्हें प्रजा की क्या आवश्यकता है?" पुनश्च, आत्मा वह है जो भूख-प्यास, दुःख और रोग, जरा और मृत्यु से अतीत है; उस आत्मा को जानकर ब्राह्मण पुत्र की कामना, धन की कामना और लोक-संग्रह और स्वर्ग की कामना से ऊपर उठकर त्यागमय जीवन अपनाकर अगृही भिक्षु बन जाते हैं और आत्मज्ञान से प्राप्त होनेवाली महिमा से ही जीवित रहते हैं। उस अवस्था में वे ध्यान में निरत हो जाते हैं और अंततः ब्रह्म में लीन हो जाते हैं (बृ. उ.)।

याज्ञवल्क्य स्वयं अपनी शिक्षा अपने ऊपर लागू करने में कम तत्पर न थे। उनकी दो स्त्रियाँ थीं—मैत्रेयी और कात्यायनी। एक दिन उन्हें बुलाकर वह बोले—"मैं प्रव्रज्या लेकर इस स्थान से वन में जाना चाहता हूँ। आओ, तुम दोनों के लिए अंतिम व्यवस्था कर दूँ।" मैत्रेयी ने कहा, "भगवन्, वित्त से पूर्ण इस सारी पृथ्वी की भी यदि मैं स्वामिनी बनूँ तो क्या मुझे अमरत्व प्राप्त हो जाएगा?" याज्ञवल्क्य ने कहा, "नहीं, धन से अमरत्व की आशा नहीं रखनी चाहिए।" इस पर मैत्रेयी बोली, "जिससे मैं अमर न बन सकूँ उसे लेकर मैं क्या करूँ? भगवन्, आप जिस अमरत्व को जानते हैं, वही मुझे बताइए।" तब याज्ञवल्क्य ने मैत्रेयी को ब्रह्म का उपदेश दिया और प्रव्रजित हुए (बृ. उ. 4/6)।

प्राचीन भारत की विद्या या संस्कृति उन आश्रमों का फल थी जो एकांत अरण्य में बनाए जाते थे। यह नगर की संस्कृति न थी। अरण्यों में उपार्जित ज्ञान आरण्यक नामक विशेष ग्रंथों में उपनिबद्ध हुआ था। भारतीय संस्कृति अपने आरंभिक युगों में अरण्यों में प्रतिपालित हुई, नगरों में नहीं।

शिक्षा के क्षेत्र में स्त्रियाँ और क्षत्रिय : इस शिक्षा-पद्धति की दो विशेषताएँ ध्यान देने योग्य हैं—पहली यह कि स्त्रियाँ बौद्धिक क्षेत्र में महत्त्वपूर्ण भाग लेती थीं; जैसे गार्गी, जिसने दार्शनिकों की परिषद के समक्ष उच्च ज्ञान के विषयों पर भाषण दिया या जैसे मैत्रेयी जिसने उच्चतम ब्रह्म-विद्या प्राप्त की। ऋग्वेद में भी विश्ववारा, घोषा, अपाला सदृश स्त्रियों ने मंत्रों की रचना की। दूसरी विशेषता ज्ञान के क्षेत्र में क्षत्रियों का यह सक्रिय भाग है, जो विद्या के उपासक और संरक्षक के रूप में राजाओं ने लिया, जिनमें विदेह के राजा जनक अति प्रसिद्ध थे। इनके विद्या-संबंधी

कार्यों का ऊपर उल्लेख हो चुका है। पंचाल के राजा प्रवाहण जैवलि भी इनमें थे, जिन्होंने शिलक, दालूभ्य (छा. उ. 1/8), श्वेतकेतु और उनके पिता उद्दालक (वही, 5/3), इन ब्राह्मण विद्वानों को भी उपदेश दिया। कैकेय देश के राजा अश्वपति भी विद्वान् थे जिनसे ब्राह्मण शिष्यों ने उपदेश लिया (वही, 5/11)। राजा प्रतर्दन (कौ. ब्रा. 26/5), अथवा राजा जानश्रुति (छा. उ. 4/1-3) भी इसी प्रकार के ज्ञानी थे। ब्राह्मण विद्वानों में अग्रणी नारद ने स्वयं अनेक विद्याओं में पारंगत होते हुए भी आत्म-विद्या के विषय में सनत्कुमार से उपदेश लिया (कौ. ब्रा. 7/1)। सनत्कुमार ने नारद से कहा कि उनका समस्त अध्ययन शब्द-मात्र का ज्ञान था, अर्थात् वे मंत्रवित् तो बने आत्मवित् नहीं। उद्दालक् आरुणि और उसके पुत्र श्वेतकेतु राजा चित्र गंगायनि से उपदेश लेते हैं (कौ. उ. 1/1)। जानश्रुति पौत्रयिण भी ज्ञानी सम्राट् थे (छा. उ. 4/2/3)। राजा बृहद्रथ भी इस श्रेणी में थे (मैत्रायणी उ.)। काशिराज अजातशत्रु ज्ञानी थे, जिनकी विद्या की श्रेष्ठता शिष्य-समूह प्रसिद्ध ब्राह्मण दार्शनिक दृप्त-बालाकि गार्ग्य ने भी स्वीकार की थी, जिनका अपना विद्याजनित यश उशीनर, सात्वत-मत्स्य, कुरु-पंचाल और काशी-विदेह तक फैला हुआ था (बृ. उ. 2/1/1)।

वेदपाठ : मौलिक परंपरा के द्वारा धार्मिक ग्रंथों की रक्षा भी शिक्षापद्धति का उद्देश्य था। वेदपाठ की आवश्यकता सर्वोपरि थी। प्रातःकाल पक्षियों के कलरव से भी पूर्व ब्रह्मचारी वेदपाठ का आरंभ कर देते थे (पुरा वयोभ्यः, पक्ष्यादीनां वाग्वदनारम्भात्प्रागित्यर्थः, तै. सं. 6/4/3/1; ऐ. ब्रा. 2/15)। ऐतरेय आरण्यक (8) में ऋग्वेद के प्रसिद्ध मंडूक सूक्त का उल्लेख करते हुए ऋक् परायण के तीन प्रकार कहे हैं—प्रतृण्ण, निर्भुज और उभयमंतरेण अर्थात् शब्दों को एक-एक करके, जोड़े में, या लगातार पढ़ते हुए, जिनका संबंध क्रमशः पद-पाठ, क्रम-पाठ और संहिता-पाठ से था। इसी के साथ स्वर-संबंधी शिक्षाशास्त्र का भी विकास हुआ। ऐतरेय और शतपथ के आरण्यकों में घोष ऊष्मा, व्यंजन, दंत्य, दंत्य नकार और मूर्धन्य णकार एवं श, ष, स और संधि के नियमों का भी उल्लेख पाया जाता है। इससे भी आगे बढ़कर उपनिषदों में शिक्षा का ज्ञान और भी विकसित हुआ, जहाँ स्वरों की मात्रा, बल (स्वर), साम और संतान इनका भी उल्लेख हुआ, (तै. उ. 1/1/2)। मेधा के लिए भी प्रार्थनाएँ मिलती हैं—"ईश्वर हमें मेधा से युक्त करे, हम अपने कानों से अधिकाधिक श्रुत ज्ञान का उपार्जन करें, और जो हम पढ़ें उसकी रक्षा करें (स मेंद्रो मेधयास्पृणोतु, कर्णाभ्यां भूरि विश्रुवम्। श्रुतं मे गोपाय—तै. उ. 1/4)। मध्याह्न के समय वेदपाठ उच्च स्तर से किया जाता था। उच्चारण और वाक् की शुद्धि उत्तम संस्कृति का चिह्न मानी जाती थी। अपूत वाक् बोलने वाले ब्राह्मण कुलों को ऋत्विक् बनाने का निषेध किया गया है (ऐ. ब्रा.7/2/7, श. ब्रा. 3/21)।

वैदिक वाङ्मय के व्याख्या-ग्रंथ : अर्थ को न जानकर शब्दमात्र का अध्ययन ऋग्वेद में निंदित माना गया है (10/71/5, वाचं सुश्रुवां अफलामपुष्पाम्)। यास्क के निरुक्त में भी ऐसे व्यक्ति को ठूँठ (स्थाणु), और केवल मात्र बोझ ढोनेवाला (भारहार) कहा गया है (निरुक्त, 1/18)।

इस प्रकार वैदिक ग्रंथों पर आश्रित व्याख्या-ग्रंथों की बहुत वृद्धि हुई। छह वेदांग और आयुर्वेद, धनुर्वेद, गांधर्ववेद और स्थापत्यवेद इन विशिष्ट शास्त्रों का जन्म हुआ। इनका संबंध उन एक अथवा अधिक वैदिक व्याख्याशैलियों से था जिनका उल्लेख ऐतिहासिक, आध्यात्मिक, आधियाज्ञिक और स्वाभाविक इन चार नामों से यास्क ने किया है।

संवाद द्वारा अर्थ का विकास : वैदिक ग्रंथों की व्याख्या या अर्थ-विकास संवाद पर भी आश्रित था, जिसमें तैत्तिरीय ब्राह्मण के अनुसार प्रश्निन् (प्रश्नकर्त्ता), अभिप्रश्निन् (प्रतिप्रश्नकर्त्ता) और प्रश्नविवाक् (उत्तरदाता) भाग लेते थे। अथर्ववेद में प्रावाचिक का भी उल्लेख है (तुलना कीजिए निर्वचन शब्द, जिससे निरुक्त बना)।

अध्ययन के विभिन्न विषय : उस काल में विकसित हुए अध्ययन के विषयों का भी ग्रंथों में उल्लेख आता है। छान्दोग्य उपनिषद् में इनकी अच्छी सूची मिलती है जैसे (1) ऋग्वेद, (2) यजुर्वेद, (3) सामवेद, (4) अथर्ववेद, (5) इतिहास और पुराण, जिसे पंचम वेद कहा गया है, (6) व्याकरण, जिसे वेदों का ज्ञान-साधन कहा है (वेदानां वेदः), (7) पित्र्य, श्राद्ध और और्ध्वदैहिक क्रियाओं से संबंधित, (8) राशि अर्थात् अंक-विद्या, (9) दैव या निमित्तशास्त्र, (10) खनिज-विद्या, (11) वाकोवाक्य, अर्थात् तर्कशास्त्र, (12) एकायन, अर्थात् नीति-शास्त्र, (13) देव-विद्या जिसका अर्थ निरुक्त या देवार्थविधि किया जाता है, (14) ब्रह्म-विद्या, अर्थात् ब्रह्म-संबंधी ज्ञान (जिसका अर्थ कुछ लोग शिक्षादि वेदांग-परक कहते हैं,[1] (15) भूत-विद्या या प्राणिशास्त्र, (16) क्षत्र-विद्या, अर्थात् सैनिकशास्त्र, (17) नक्षत्र-विद्या, ज्योतिष, (18) सर्प-विद्या, विष चिकित्सा-संबंधी गारुड़-विद्या, (19) देवजन-विद्या, अवांतर देवों से संबंधित नृत्य, गीत, वाद्य गंधयुक्त और अन्य शिल्पादि विज्ञान। कुछ टीकाकार समास तोड़कर देव-विद्या का अर्थ संगीत और जन-विद्या का अर्थ आयुर्वेद करते हैं।[2] अथर्ववेद के कुछ मंत्रों में जहाँ ज्वर का वर्णन है (5/22), आयुर्वेद-संबंधी मूल्यवान सामग्री पाई जाती है।

---

1. वस्तुतः ब्रह्म से यहाँ यक्ष अभिप्रेत था और ब्रह्म-विद्या का अर्थ है यक्षविद्या। **–अनुवादक।**
2. इनमें से अध्ययन के कुछ विषय अनार्य संपर्क का फल समझे जाते हैं, जैसे सर्प-विद्या, देवजन-विद्या, भूत-विद्या (अश्वलायन गृह्यसूत्र के अनुसार पिशाच-विद्या के अर्थ में), दैव-विद्या (सम्मोहन वशीकरण,

विभिन्न शाखाएँ और चरण : यह ध्यान देने योग्य है कि यह समस्त साहित्य देश-भर में फैले हुए वैदिक अध्ययन और व्याख्या के कार्य में संलग्न चरण-नामक अनेक शिक्षा-संस्थाओं का फल था। आरंभ में मूल वैदिक मंत्रों की रक्षा और प्रचार, देश के विभिन्न भागों में फैले हुए कुलों और गोत्रों में हुआ। कालांतर में अन्य संस्थाओं का विकास हुआ, जिनमें गुरु और शिष्य रक्त-संबंध के अतिरिक्त विद्या-संबंध के आधार पर एक-दूसरे के साथ संगत होते थे। ये संस्थाएँ चरण कहलाईं जिसमें वेद की एक-एक शाखा का अध्ययन करनेवाले और जाननेवाले विद्वान् एकत्र होते थे। ऋग्वेद का अध्ययन कई शाखाओं के रूप में होता था। प्रत्येक शाखा का अध्ययन करनेवाला चरण (या विद्यालय) अपनी शाखा के प्रति आग्रह रखता था। जैसे वेद की शाखाएँ विभिन्न चरणों में विभिन्न होती थीं उसी प्रकार, लेकिन उससे कुछ व्यापक रूप में, चरणों में पढ़े जानेवाले ब्राह्मण-ग्रंथ भी अलग-अलग थे। प्रत्येक चरण या वैदिक विद्यालय में शाखा या मंत्रपाठ, कर्मकांड में मंत्रों का विनियोग और अपने ब्रह्मचारी तथा अध्यापकवर्ग के आचार और अनुशासन-संबंधी नियम निजी होते थे। मूल संहिताओं के थोड़े-थोड़े पाठांतरों पर आश्रित वैदिक शाखाओं की पाठ-परंपरा को सुरक्षित रखने का चरणों में बड़ा ध्यान रखा जाता था।

परा विद्या : मुंडकोपनिषद् में अध्ययन के ये सब विषय, जैसे चार वेद, छह वेदांग (शिक्षा, कल्प, व्याकरण, निरुक्त, छंद और ज्योतिष) अपरा विद्या के अंतर्गत माने गए हैं। इसके अनुसार परा विद्या शब्द सर्वोच्च ज्ञान या आत्म-ज्ञान के लिए ही है, जो कि उपनिषदों का सच्चा विषय है जो सब विद्याओं की प्रतिष्ठा है और जो वेद का अंत (वेदांग) अर्थात् वैदिक विज्ञान का अंतिम और सबसे ऊँचा पद है (मु. उ. 1/1/2/3; 3/2/6)। नारद ने दुःखपूर्वक यह स्वीकार किया है कि वेद और दूसरे विषयों के उनके सारे पांडित्य ने भी उन्हें सच्चे ज्ञान या आत्म-विद्या से, जिससे वे शोक-समुद्र के पार जा सकें, रहित ही रखा (छा. उ. 7/1)। कठोपनिषद् में स्पष्ट कहा है कि ''न तो आत्मा 'वेद-ज्ञान' से मिलती है, न मेधा से और न बहुत पोथों के पढ़ने से,'' और उसमें समस्त अपरा विद्या को, जिसमें वेद भी सम्मिलित हैं, अविद्या (सच्ची विद्या का अभाव) ही माना गया है। इसलिए कुछ उपनिषदों में वैदिक यज्ञों

जिसमें तैत्तिरीय ब्राह्मण (2/4) के अनुसार नाग लोग विशेषकर निष्ठित थे), अथवा असुर-विद्या (शतपथ ब्राह्मण के अनुसार)। गोपथ ब्राह्मण (1/10) के अनुसार सर्प-विद्या, असुर-विद्या और पिशाच-विद्या ये तीन एवं इतिहास और पुराण मिलकर पाँच नए वेद थे। इससे भी आर्य और अनार्य सभ्यताओं का संपर्क और प्रभाव सूचित होता है। उस संपर्क की सूचना पुरुषमेध के प्रकरण में तैत्तिरीय ब्राह्मण (3/4/2/13) के उस उल्लेख से भी मिलती है, जिसमें सूत, मागध, ऋतुल (राजा और जनपद-संबंधी आख्यानों के कहने वाले) का, जो जनता के प्रशिक्षण का कार्य करते थे, वर्णन शैलूष, नर्तक और स्थपति आदि के साथ-साथ किया गया है।

का मूल्य भी बहुत कम आँका गया है। मुंडक (1/2/7) के अनुसार यज्ञीय कर्मकांड को श्रेयस्कर माननेवाले लोग मूढ़ हैं। उसी स्वर में बृहदारण्यक (1/4/10) में देवों को आहुति देनेवाले व्यक्तियों की तुलना उन पशुओं से की गई है जो अपने स्वामी के लाभ के लिए कार्य करते हैं। ऐतरेय आरण्यक (3/2/6) में कहा गया है–"किसलिए हम वेदों का अध्ययन करें ? किसलिए हम यज्ञ करें ? हम तो प्राण की वाक् में और वाक् की प्राण में आहुति देते हैं।"

इसकी प्राप्ति किस प्रकार हो : इस प्रकार शिक्षा का ध्येय सर्वोच्च ज्ञान, आत्मा का ज्ञान, ब्रह्म-ज्ञान अथवा आत्म-साक्षात्कार था। इस प्रकार का ज्ञान प्रथम आश्रय की सीमा में रहकर शिष्य-जीवन व्यतीत करने से प्राप्त होना संभव न था; इसके लिए जीवन समर्पण करने की आवश्यकता थी। ब्रह्मचर्य आश्रम में तो इसकी नींव रखी जाती थी। इसकी प्राप्ति के लिए अधिक उच्चतर और दीर्घकालीन प्रयत्न की आवश्यकता थी, जैसा कि बृहदारण्यक (4/4/22) में कहा है–"ब्राह्मण वेदाध्ययन से, यज्ञ से, दान से, तप से, उपवास से, उसे जानने का प्रयत्न करते हैं, और जो उसे जान लेता है, वह मुनि हो जाता है। ब्रह्मलोक की कामना करते हुए लोग घर छोड़कर प्रव्रज्या ग्रहण करते हैं, यह जानकर पूर्व-कालीन विद्वानों ने संतान की इच्छा नहीं की और पुत्रैषणा, वित्तैषणा एवं लोकैषणा से ऊपर उठकर भिक्षाचरण किया।" कठोपनिषद् (2/15) में वेद, तप और ब्रह्मचर्य, ये उसी एक आत्मा को जानने के साधन कहे गए हैं। मुंडक (2/7) में तप, श्रद्धा, सत्य, ब्रह्मचर्य और यज्ञ-विधि को उसी एक देव से संप्रसूत कहा है। मैत्रायणी उपनिषद् (4/3/4) के अनुसार ज्ञान विद्या, चिंता और तप का फल है। तैत्तिरीय उपनिषद् (3) का वचन है–'तप से ब्रह्म को जानो।' जैसा ऊपर कहा जा चुका है, याज्ञवल्क्य ने सर्वश्रेष्ठ दार्शनिक का पद प्राप्त कर लेने के बाद भी संसार को त्यागकर वन का आश्रय लिया, जिससे तप द्वारा वे ब्रह्म का ज्ञान प्राप्त कर सकें। इन सब प्रमाणों से यही सूचित होता है कि शिक्षा का उद्देश्य सर्वोपरि सत्य और अंतिम तत्त्व के ज्ञान की प्राप्ति समझी जाती थी, किंतु साधारणतः उसकी प्राप्ति संभव न थी। केवल ब्रह्मचारी, गृहस्थ, वानप्रस्थ और संन्यासी के जीवनपर्यंत किए हुए तपःपूत प्रयत्नों से ही आत्म-ज्ञान की प्राप्ति संभव थी।

कठोपनिषद् में यम ने नचिकेता की आत्म-विषयक जिज्ञासा की परीक्षा किए बिना उसे ज्ञान का उपदेश नहीं दिया। मर्त्य की जो-जो कामनाएँ होती हैं उन सबको उसे प्रदान करने का प्रलोभन देकर उसने नचिकेता को विरत करना चाहा, "शतायु पुत्र और पौत्र, बहुसंख्यक पशु, हाथी, घोड़े, सुवर्ण, पृथिवी का राज्य, सुंदर स्त्रियाँ और इच्छानुसार चिर-जीवन, जो-जो चाहो माँग लो।" किंतु नचिकेता ने उत्तर दिया, "ये वाहन, नृत्य और गीत तुम अपने पास ही रखो, धन से

कोई मनुष्य सुखी नहीं हुआ।'' तब यम ने स्वीकार किया, ''हे नचिकेता, मैं तुझे विद्या का अनुरागी मानता हूँ, ये बहुत-से भोग भी तुझे लुभा न सके।'' राजा जानश्रुति सयुग्वा रैक्व ऋषि के पास छह सौ गायें निष्क और अश्वतरी रथ उपहार में लाए किंतु रैक्व ने उनको अस्वीकार करते हुए कहा, ''अरे शूद्र, ये गौएँ या निष्कों का हार और यह रथ, तेरे ही पास रहें (छा. उ. 4/2)।''

ये आख्यान इस बात की भली-भाँति सूचना देते हैं कि सर्वोपरि सत्य के ज्ञान के लिए किस आंतरिक विकास की आवश्यकता थी।

कर्मकांड और ऋत्विज् पद्धति की वृद्धि : ब्राह्मण ग्रंथों से विदित होता है कि यज्ञीय कर्मकांड और ऋत्विज् संबंधी प्रणाली की उस समय बहुत वृद्धि हुई। एकाह सोमयज्ञों से लेकर द्वादसरात्र, एक संवत्सर या कई वर्षों तक चलने वाले अनेक प्रकार के यज्ञों का विकास हुआ। ऋग्वेद में (2/1/2) होता, पोता, नेष्टा, अग्नीध, प्रशास्ता, अध्वर्यु और ब्रह्मा इन सात ऋत्विजों का और उद्गाता एवं उसके सहायक प्रस्तोता इन दो सामवेदीय ऋत्विजों का नाम आता है। यज्ञों में निम्नलिखित सत्रह ऋत्विजों की आवश्यकता होती थी :

(1) होता, और उसके सहायक मंत्रावरण, अच्छावाक, ग्रावस्तुत्।
(2) उद्गाता, और उसके सहायक प्रस्तोता, प्रतिहोता और सुब्रह्मण्य।
(3) अध्वर्यु, और उसके सहायक प्रतिष्ठाता, नेष्ठा और उन्नेता।
(4) ब्रह्मा, और उसके सहायक ब्राह्मणाच्छंसी, अग्नीध्र, और पोता।

सत्रहवाँ ऋत्विज सदस्य था जो प्रधान ऋत्विज के पद से समस्त यज्ञ की देखभाल करता था। अध्वर्यु के तीन छोटे सहायक और होते थे—शमिता, वैकर्त और चमसाध्वर्यु।

कर्मकांड का अध्यात्म अर्थ : कुछ यज्ञों के पीछे एक नए अध्यात्म अर्थ और परोक्ष प्रतीकों की उद्भावना हो रही थी। यज्ञीय वेदी और त्रेताग्नि के लिए बननेवाली चितियों के संबंध में यह बात स्पष्ट सूचित होती है। ग्रंथों में चितियों का आवश्यकता और उपयोगिता से कहीं अधिक विस्तृत वर्णन पाया जाता है, क्योंकि उससे विश्व की मूलभूत एकता के प्रतीक की व्याख्या होती है। इस परोक्ष अर्थ की व्यंजना सर्वप्रथम ऋग्वेद के पुरुषसूक्त में पाई जाती है, जिसमें विराट् पुरुष से सृष्टि की कल्पना की गई है। ब्राह्मणों में पुरुष के स्थान में प्रजापति है और ''यज्ञ के विषय में कल्पना की गई है कि विश्व की स्थिति के लिए वह निरंतर आवश्यक है। इस यज्ञ की पूर्ति वेदीनिर्माण का उद्देश्य है, जिसके रूप में विराट् प्रजापति के ही स्वरूप का निर्माण किया जाता है। वेदी में स्थापित अग्नि ही प्रजापति है एवं प्रजापति और अग्नि दोनों ही यजमान के दैवी प्रतिरूप हैं। स्वयं प्रजापति का

स्वरूप संवत्सर है और संवत्सर ही मृत्यु है। इस प्रकार यज्ञ के द्वारा यजमान मृत्युरूप हो जाता है और इस प्रक्रिया से मृत्यु के ऊपर उठ जाता है एवं सदा के लिए अनित्य दुःखमय जगत् से ऊपर अमृत आनंद का आलोक प्राप्त कर लेता है। इस प्रकार प्रजापति और यजमान दोनों का प्रज्ञान या चैतन्य रूप-स्वरूप विदित होता है। 'शतपथ ब्राह्मण' में सत्य के जिज्ञासु के लिए निर्देश है कि वह उस आत्मा का ध्यान करे जो प्रजायुक्त है, चैतन्यमय है, ज्योतिर्मय है और दिव्य स्वभाववाला है।" [कैंब्रिज हिस्ट्री ऑफ इंडिया, 1/142]।

उपनिषदों में माया, कर्म, पुनर्जन्म, मुक्ति और आत्मा-संबंधी विचार : इसी मत को लेकर उपनिषदों में और अधिक विस्तार पाया जाता है। तदनुसार ब्रह्म या आत्मा ही एकमात्र मूलभूत आयतन और अंतिम तत्त्व है, जैसा ऊपर कहा गया है। अवश्य ही उपनिषदों में एक नए दर्शन का प्रतिपादन है, जो यज्ञरूप कर्मों का प्रतिपक्षी है और लगभग 2500 वर्षों तक हिंदू-धर्म का दार्शनिक दृष्टिकोण रहा है। सत्य-ज्ञान के फलस्वरूप प्रत्यंगात्मा के विश्वात्मा या ब्रह्म में अंतर्लीन हो जाने से प्राप्त होनेवाला संसार-मोक्ष ही उनका उद्देश्य है। इस ध्येय के लिए यज्ञीय कर्म व्यर्थ है और ज्ञान महत्त्वपूर्ण है। इस जीवन-क्रम में पार्थिव भोग और स्वर्गीय सुख के लिए बिलकुल स्थान नहीं है। आत्मा और ब्रह्म की एकता तत्त्वमसि इत्यादि वाक्यों में (छा. उ.) घोषित की गई है। मानवीय दर्शन के इतिहास में सर्वप्रथम बृहदारण्यक उपनिषद् में ही ब्रह्म या परात्मा का ज्ञान और निश्चित वर्णन पाया जाता है (मैकडानल्ड, इंडियाज़ पास्ट, पृ. 46)। भौतिक जगत् का माया रूप में उल्लेख बाद के श्वेताश्वतर उपनिषद् में मिलता है यद्यपि प्राचीन उपनिषदों में भी यह विचार अंतर्निहित है। अंततः, पुनर्जन्म का विचार भी शतपथ ब्राह्मण में पहले-पहल आता है, जहाँ यह कहा गया है कि बार-बार जन्म और मृत्यु के रूप में कर्म-फल प्राप्त होता है। उपनिषदों में इसी का विस्तार करते हुए कहा गया है कि सत्य-ज्ञान से युक्त परिव्राजक देवयान द्वारा ब्रह्म में लीन हो जाता है और परा विद्या से रहित सद्गृहस्थ पितृयान गति प्राप्त करके कर्मफल के अनुसार पृथ्वी पर पुनः-पुनः जन्म लेता है। यों हम देखते हैं कि इस युग में हिंदू धर्म में प्रमुख दार्शनिक मतों का प्रतिपादन हुआ।

रुद्र और विष्णु देवताओं का प्रादुर्भाव : उक्त दार्शनिक मत के साथ-साथ एक दूसरा आंदोलन और चल रहा था, जिससे अर्वाचीन भारतीय धर्मों के महान् देवता रुद्र और विष्णु का प्रादुर्भाव हुआ। प्रजापति का स्थान अब रुद्र को मिल रहा था जो पहले भी यजुर्वेद में लोकसम्मत देवता के रूप में आते हैं, और ऐतरेय ब्राहमण में

भूपति का उल्लेख है, जो देवों के उग्र रूप का प्रतीक था, और प्रजापति का हनन करनेवाले रुद्र का भी रूप था। विष्णु यज्ञ-रूप है, इस मत से उनके बढ़ते हुए पद की सूचना मिलती है, जो इस बात का भी प्रमाण है कि वैदिक जीवन में उनका महत्त्वपूर्ण स्थान था।

6. वेदोत्तरकालीन साहित्य
अर्थात् सूत्र, महाभारत, रामायण और धर्मशास्त्रों में वर्णित सभ्यता

काल : ऊपर कहे हुए तीन प्रकार के ग्रंथ, जिनसे कि उत्तरकालीन ब्राह्मण-साहित्य बना, लगभग 800 ई. पू. से आरंभ होते हैं। उनमें से कुछ प्रमुख ग्रंथ अपने वर्तमान रूप में बहुत अधिक बाद के भी हैं। किंतु वह सामग्री उन ग्रंथों की अपेक्षा, जिनमें वह उपनिबद्ध है, अत्यधिक प्राचीन है। मोटे तौर पर यह कहा जा सकता है कि वेदोत्तरकालीन इस साहित्य में भारतीय संस्कृति का वह चित्र प्रस्तुत है जैसा कि जैन-धर्म और बौद्ध-धर्म के उदय से पूर्व स्थिर हो चुका था।

सूत्र : संक्षिप्त नियमों के रूप में एकत्र पिरोए हुए शास्त्रीय अनुशासन के ग्रंथ 'सूत्र' कहलाए (सूत्र, अर्थात् धागा)। अधिक-से-अधिक सामग्री कम-से-कम शब्दों में सूत्रों के द्वारा दी जाती है। उन्होंने विशाल धार्मिक साहित्य-संबंधी सामग्री के सार को कंठाग्र करने के लिए सरल रूप में प्रस्तुत करके सुरक्षित करने में सहायता दी। पहले सूत्र-ग्रंथ वेदांग-संबंधी थे, जिनमें कल्प, शिक्षा, व्याकरण, निरुक्त, छंद और ज्योतिष, ये छह विषय थे। इन सबका उद्देश्य धार्मिक ग्रंथों की व्याख्या, रक्षा और उन्हें व्यावहारिक विनियोग के उपयुक्त बनाना था। इनमें सबसे महत्त्वपूर्ण ग्रंथ भाषा-संबंधी हैं, जिनका विषय शिक्षा, शब्द-निरुक्ति और व्याकरण है। इनमें सबसे मूल्यवान और अब तक प्रचलित यास्क का 'निरुक्त', जो वेदेतर लौकिक संस्कृत-गद्य का सर्वप्रथम उदाहरण है, और पाणिनि की अष्टाध्यायी है। यह पिछला ग्रंथ वेदोत्तर संस्कृत-साहित्य का आरंभ-बिंदु और उसके समग्र विकास का नियामक था, यद्यपि उसका आधार ब्राह्मण, उपनिषद् और सूत्रों के शब्दप्रयोग की भाषा थी, न कि लौकिक संस्कृत। वैदिक व्याकरण के रूपों की चर्चा इसमें लौकिक संस्कृत के अपवाद-रूप में आई है।

अन्य सूत्र-ग्रंथ कल्प नामक वेदांग से उद्गत हुए और तीन प्रकार के हैं : (अ) श्रौत सूत्र, जिनमें महायज्ञों का वर्णन है। इनमें अनुष्ठान के लिए बहुत से ऋत्विजों की आवश्यकता होती थी; (आ) गृह्यसूत्र, जिनमें गृह-यज्ञों और कर्मकांड का वर्णन है। इनका अनुष्ठान गृहस्थ लोग करते थे, और (इ) धर्मसूत्र, जिनमें परंपरा-प्राप्त आचार और व्यवहार का प्रतिपादन है।

पाणिनीय व्याकरण में सभ्यता का चित्र[1] : पाणिनीय व्याकरण अपने युग के इतिहास पर कुछ प्रकाश डालती है। गोल्डस्टूकर ने इस आधार पर कि पाणिनि केवल तीन वैदिक संहिताओं और निघंटु (यास्क का निरुक्त) से परिचित थे, उनका काल 7वीं सदी ई. पू. से पहले माना था। श्री रामकृष्ण गोपाल भंडारकर का भी यही मत था, कारण कि पाणिनि के ग्रंथ में दक्षिण भारत का अधिक परिचय नहीं पाया जाता। मैकडानल्ड के मतानुसार (इंडियाज़ पास्ट, पृ. 136), ''पाणिनि का काल 350 ई. पू. के लगभग मान लिया जाता है, किंतु इसके लिए प्रमाण अति संदिग्ध है; शायद यह कहना अधिक निरापद है कि वे 500 ई. पू. के बाद, संभवतः तुरंत बाद, हुए थे।''

भौगोलिक विस्तार : पाणिनि के भौगोलिक क्षेत्र की सीमाएँ पूर्व में कलिंग (4/1/70), पश्चिम में सिंध (4/3/32), और कच्छ (4/2/133), उत्तर में तक्षशिला (4/3/93) और स्वात नदी का प्रदेश (4/2/77), और दक्षिण में अश्मक (4/1/173; = गोदावरी-तट पर प्रतिष्ठान) तक विस्तृत थीं। विभिन्न प्रदेश या राज्य जनपद कहलाते थे, जिनमें से उन्होंने बाईस का नामोल्लेख किया है, जैसे कैकय (7/3/2), गंधार (4/1/169), कंबोज (4/1/175), मद्र (4/2/131), अवंति (4/1/176), कुरु (4/1/172; 2/130), साल्व (4/1/173), कोसल (4/1/171), भरत (4/2/118; 8/3/74), उशीनर (4/2/118), यौधेय (4/1/178), वृजि (4/2/131), और मगध (4/1/170)। इनके अतिरिक्त पाणिनि ने प्राच्य जनपदों (4/1/178) का उल्लेख किया है, जिनमें 'काशिका' के अनुसार पंचाल, विदेह, अंग और वंग सम्मिलित थे।

शासन-संबंधी विभाग : इन राज्यों के नाम उनमें रहने वाले क्षत्रियों के नाम से पड़े थे (4/1/168)। उनके क्षत्रिय शासक जनपदिन (4/3/100) कहलाते थे। एक ही जनपद के नागरिक सजनपदाः कहलाते थे (6/3/85)। जनपद का प्रतिनिधि उसका शासक राजा था, अतएव जनपद की भक्ति और क्षत्रिय राजा की भक्ति समानार्थक थी (4/3/100)। इस प्रकार उस युग में भी देश-प्रेम का जीता-जागता भाव लोगों में था।

भिन्न-भिन्न जनपदों को सुनिश्चित सीमाएँ एक-दूसरे से पृथक् करती थीं (4/2/124)।

जनपद से नीचे उतरकर विषय (4/2/52), नगर और ग्राम शासन के विभाग थे। कबीले का नाम अपने ग्रामणी के अनुसार रखा जाता था (5/2/78)।

---

1. प्रमाण-ग्रंथ—वासुदेवशरण अग्रवाल, पाणिनिकालीन भारतवर्ष (इंडिया इन पाणिनि), मेरे निरीक्षण में संपादित पी-एच. डी. और डी. लिट् निबंध, लखनऊ विश्वविद्यालय।

उस काल में परिज्ञात साहित्य : पाणिनि ने ऋग्वेद (6/3/55), सामवेद (1/2/34), यजुर्वेद (2/4/4) एवं ऋग्वेद की शाकल शाखा (4/3/128), उसके पदपाठ (4/2/61) और सूक्त, अध्याय और अनुवाक विभाग (5/2/60) तथा कृष्ण यजुर्वेद की काठक शाखा (7/4/38) का उल्लेख किया है।

उन्हें ब्राह्मण-ग्रंथों का भी परिचय था और उन्होंने तीस और चालीस अध्यायों वाले (5/1/62) दो ब्राह्मणों का उल्लेख किया है, जो कीथ के अनुसार ऐतरेय और कौषीतकी ब्राह्मण थे।

उन्होंने तित्तिर, वरतंतु (जिनके शिष्य कौत्स यास्क के समय में थे) काश्यप और कौशिक, शौनक, कठ, चरक, कलापिन् छगलिन् एवं कलापी और वैशंपायन के शिष्य ऋषियों द्वारा प्रणीत छंदस् ग्रंथों का उल्लेख किया है (4/2/101-109)। सूत्रों में से उन्हें प्राचीन ऋषियों के पुराण प्रोक्त कल्पसूत्रों (4/3/105) का परिचय था, और साथ-ही-साथ उन्होंने अपने समकालीन सूत्र-ग्रंथों का जैसे पराशर और कर्मंद के भिक्षु-सूत्र, एवं शिलाली और कृशाश्व के नटसूत्र (4/3/110-111) का भी उल्लेख किया है।

उन्हें विभिन्न प्रकार के लौकिक साहित्य का भी परिचय था, जिसमें नाटक (शिशुकंदीय, 4/3/88), श्लोक (3/1/25), गाथा, कथा (4/4/102) या महाभारत (6/2/38) की भी गणना थी। उन्हें व्याख्यान साहित्य का भी परिचय था, जैसे पुरोडाश (4/3/70) की व्याख्या करने वाले ग्रंथ, व्याकरण-संबंधी ग्रंथ, जिनका विषय संज्ञा (नाम) और धातु (आख्यात 4/3/72) थे, छंद-संबंधी ग्रंथ एवं ऋचाओं से संबंधित आर्थिक और यज्ञों के व्याख्यापरक आध्वरिक ग्रंथ।

पाणिनि ने इन सब विविध ग्रंथों का वर्गीकरण इस प्रकार किया है–(1) दृष्ट ('प्रतिभासित', अर्थात् श्रुति), (2) प्रोक्त जिनका प्रवचन किया गया हो, अर्थात् अपेक्षाकृत गौणस्थानीय ग्रंथ, (3) उपज्ञात, (लेखक द्वारा प्रथम बार मौलिक रूप में उपदिष्ट) और कृत (विरचित), और (4) व्याख्यान (अर्थात् अन्य ग्रंथों की व्याख्याएँ)।

शिक्षा : उपनयन की विधि आचार्य-करण (1/3/36) कहलाती थी। शिष्य को छात्र कहते थे, क्योंकि गुरु सब दोषों से उसे ढककर रखते (आच्छादित) या बचाते थे (4/4/62)। एक ही गुरु के शिष्य सतीर्थ्य और सब्रह्मचारी (6/3/85) कहलाते थे। छात्रों का नाम आचार्य के नाम के अनुसार, जैसे पाणिनि के छात्र पाणिनीय (6/2/36), अथवा उनके अध्ययन के विषयों के अनुसार पड़ता था, जैसे छंद का अध्ययन करने वाला छांदस, व्याकरण का वैयाकरण और उसी प्रकार निरुक्त का नैरुक्त, उक्थ का औक्थिन, वैदिक अग्निष्टोम, वाजपेय आदिक ऋतुओं का अध्येता आग्निष्टोमिक या वाजपेयक, और उसी प्रकार सूत्रों का अध्येता वार्तिक सूत्रिक, साँग्रह सूत्रिक आदि (4/2/59-60)।

पढ़ाने वाले को साधारणतया अध्यापक कहा जाता था। वेदपाठ या छंदों का पारायण करने वाले विशेषज्ञ श्रोत्रिय (5/2/84) कहलाते थे। वैदिक मंत्रों के अर्थों का प्रवचन करने वाले गुरु को प्रवक्ता कहतें थे। कभी-कभी ऐसा होता था कि एक चरण दूसरे वैदिक चरण की पारायण-विधि को अपना लेता था, जिसे अनुवाद कहा जाता था (2/4/3)। गुरु वेदपाठ कंठ कराते समय प्रायः पाँच बार मंत्र को दोहराते थे, लेकिन जो शिष्य केवल एक बार सुनकर ही धारण कर लेता था उसे एकसंधग्राही (5/1/58) कहते थे। वेदपाठ करते हुए जितनी अशुद्धियाँ कोई छात्र करता था, उन्हीं की संख्या के अनुसार उसका नाम पड़ जाता था, जैसे ऐकान्यिक, द्वैयान्यिक इत्यादि, त्रयोदशान्यिक. चतुर्दशान्यिक तक।

वैदिक विद्यालय या चरणों में स्त्रियाँ भी प्रविष्ट होती थीं। कठचरण की छात्रा कठी कहलाती थी। स्त्रियों के लिए छात्रावास छात्रिशालाएँ कहलाते थे (6/2/86)।

प्रत्येक चरण के अंतर्गत अध्यापक और उच्च छात्रों की चुनी हुई मंडली परिषद् कहलाती थी। वैदिक शाखाओं के संदिग्ध पाठ और अर्थों के विषय में परिषद् के निर्णय चरण के लिए मान्य होते थे। प्रातिशाख्य ग्रंथ इन्हीं परिषदों की उपज थे।

आर्थिक जीवन : पाणिनि से उन्नत आर्थिक जीवन संबंधी सामग्री मिलती है। जनपदों में पनपने वाले भिन्न-भिन्न शिल्प या देशों के लिए उन्होंने जानपदी वृत्ति (4/1/42) शब्द का उल्लेख किया है। कुछ लोग वेतन से भी जीविकोपार्जन करते थे (वेतनादिभ्यो जीवति 4/4/12)। सरकारी कर्मचारी इसी श्रेणी में थे। ये अध्यक्ष और युक्त कहलाते थे (6/2/66/67)। आयुधजीविका अर्थात् शस्त्रोपजीवी लोगों का भी उल्लेख हुआ है (4/4/14)। भृत्ति या मजदूरी लेकर काम करने वाले कर्मकार मजदूरों का भी उल्लेख आता है (1/3/36), जो ठहराई शर्तों में बँधकर (परिक्रयण 1/4/44) काम करते थे। कर्मकारों को मजदूरी नगद और सामग्री के रूप में दी जाती थी (2/2/22)।

व्यापार और सूद : क्रय, विक्रय (4/4/13) से सूचित व्यापार और दुकानदारी का उल्लेख आता है, और उससे संबंधित ब्याज पर रुपए के लेन-देन (4/4/31) का भी वर्णन है। एक जगह दस प्रतिशत ब्याज का उल्लेख है, जिसमें दस रुपए देकर ग्यारह उगाहने की प्रथा थी (कुसीद दशैकादशात्)। ऋण जिस मास में देय होता था उसके आधार पर ऋण का नाम पड़ता था (4/3/47), जैसे अगहन में (खरीफ की फसल से) देय ऋण आग्रहयानिक, अन्यथा संवत्सर के अंत में देय ऋण सांवत्सरिक कहलाता था। जौ का भूसा देकर ऋण के निर्यातन का भी उल्लेख है (4/3/48)।

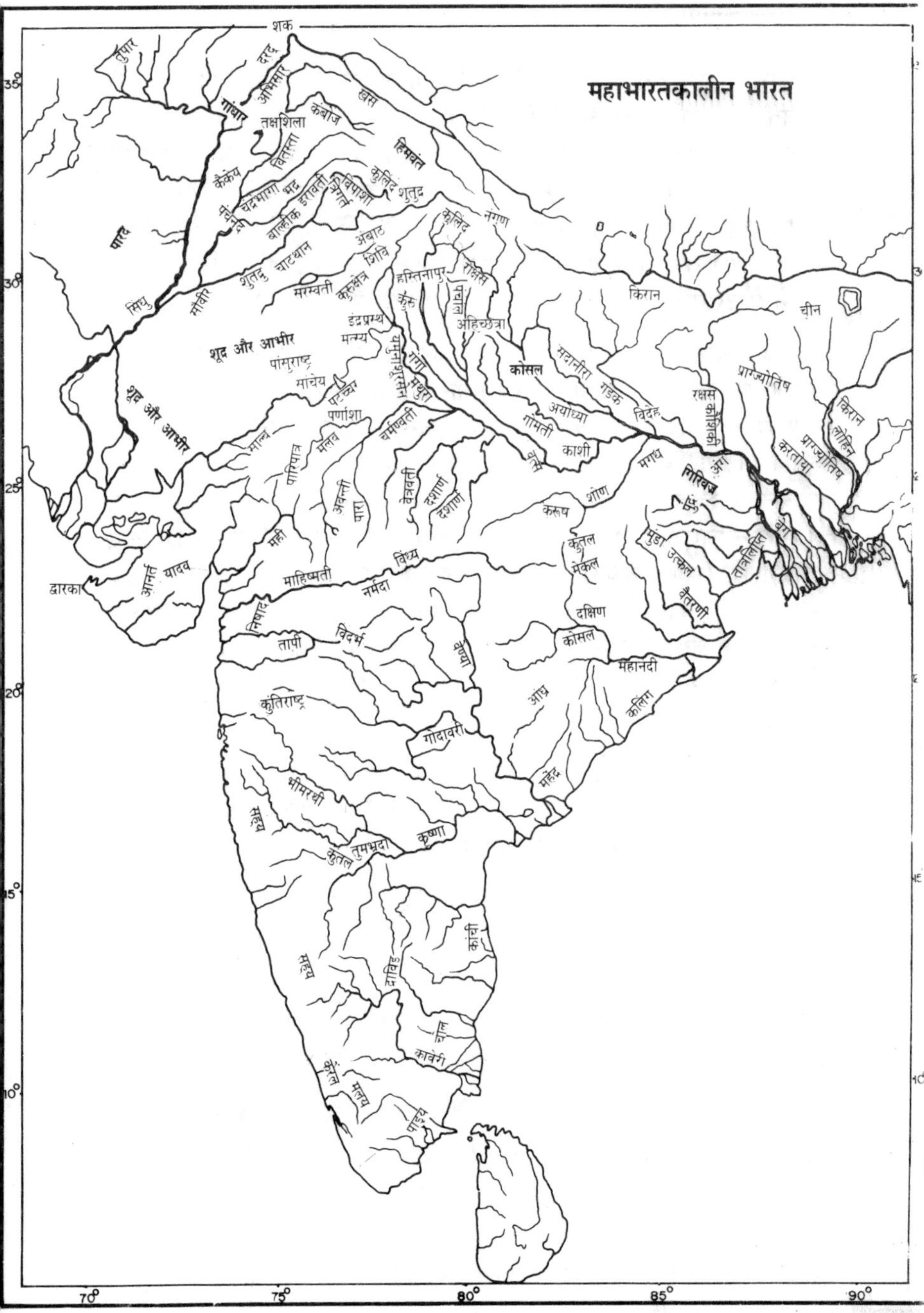

महाभारतकालीन भारत
शक
तुषार
दरद
अभिसार
गांधार
खस
तक्षशिला
कंबोज
हिमवंत
वितस्ता
कैकेय
चंद्रभागा
मद्र
इरावती
विपाशा
कुलिंद
शुतुद्र
बाल्हीक
पारद
कुलिंद
नगण
अंबाष्ठ
शिवि
शुतुद्र
वाटधान
सिंधु
सौवीर
सरस्वती
कुरुक्षेत्र
हस्तिनापुर
कुरु
इंद्रप्रस्थ
अहिच्छत्रा
किरात
चीन
मत्स्य
शूद्र और आभीर
पांसुराष्ट्र
मांचेय
शूरसेन
मथुरा
कोसल
सदानीरा
गंडक
प्राग्ज्योतिष
रक्षस
कौशिकी
किरात
लौहित
अयोध्या
गोमती
विदेह
पर्णाशा
चर्मण्वती
काशी
मगध
अंग
करतोया
प्राग्ज्योतिष
शूद्र और आभीर
माल्व
पारियात्र
मलव
गिरिव्रज
अवन्ती
पारा
वेत्रवती
दशार्ण
दशार्ण
शोण
करूष
पुंड्र
कुंतल
मेकल
उत्कल
ताम्रलिप्त
वंग
मही
द्वारका
आनर्त
यादव
माहिष्मती
विंध्य
नर्मदा
वैतरणी
दक्षिण
निषाद
तापी
विदर्भ
कोसल
महानदी
आंध्र
कलिंग
कुंतिराष्ट्र
गोदावरी
महेंद्र
भीमरथी
कृष्णा
कुंतल
तुंगभद्रा
कांची
द्राविड
कावेरी
पाण्ड्य
35°
30°
25°
20°
15°
10°
70°
75°
80°
85°
90°

कृषि : कृषि संबंधी शब्दावली में हल या उसका पर्याय सीर (4/3/124) प्रचलित थे। जुताई और बुवाई की विधियों का भी उल्लेख है (5/4/58/59)। फसलों का नामकरण उस महीने के नाम से होता था, जिसमें वे बोई जाती थीं (4/3/44-45), और खेतों के नाम, उनमें बोए जाने वाले धान्यों के नाम से रखे जाते थे, जैसे खेतों में ब्रीहि, शालि (जड़हन), जौ, साठी (षष्टिक), तिल, उड़द (माष), अलसी (उमा), सन (भंगा) इत्यादि धान्य बोए जाते थे (5/2/2-4)। मुनियों के द्वारा खेतों में से उंछवृत्ति या सिल्ला बीनने का भी उल्लेख है (4/4/32)।

शिल्प और कलाएँ : 'अष्टाध्यायी' में कई प्रकार के शिल्पों का वर्णन आता है। गोणी (अनाज भरने का थैला), आवाय (करघा) और प्रवाणि (ढरकी या कंघी, 5/4/160), इन शब्दों से बुनाई का परिचय मिलता है। करघे से तुरंत उतारे हुए थान का भी उल्लेख है (तंत्रादचिरापहृते 5/2/70)। पतंजलि के अनुसार आवाय वह जगह थी, जहाँ बुनकर कपड़ा बुनते थे। ऊनी वस्त्र (ऊर्णा, 4/3/158) का भी उल्लेख आता है। रंगाई के लिए नील (4/1/42), लाख, गोरोचना और कर्दम (मटियाले रंग के लिए कीचड़), और मिट्टी के ठीकरों (शकल) से बनने वाले रंगों का उल्लेख है (4/2/2)। कुम्हार कुलाल कहलाता था (4/3/118), और उसके बरतन-भाँडे कौलालक। चमड़े के काम करने वालों का भी अस्तित्व था (5/1/14-15)। चिड़ीमार शांकुनिक कहलाता था। मत्स्य और मृगों के शिकार का भी उल्लेख आता है (पक्षिमत्स्यमृगान् हंति, 4/4/35)।

संगीत : संगीत का भी प्रचार था। मृदंग (4/4/85), मड्ढुक (हुड़क) और झर्झर (झाँझ, 4/456), तूर्यांग (वृंदसंगीत, 2/2/2), गाथक (गाने वाले) और नर्तक (नाचने वाले) का (3/1/145-146) उल्लेख आता है।

श्रेणी : शिल्पियों का संगठन श्रेणि-रूप से ज्ञात होता है, जैसा कि गाँव के लिए काम करने वाले ग्रामतक्षा, और अपने ही ठीहे पर स्वतंत्र काम करने वाले कटौतक्षा इन दो विशेषणों से (5/4/95) विदित होता है।

शुल्क : शुल्क या चुंगी आय का साधन (आयस्थान, 4/3/75) थी। शराब चुआने की भट्ठी (आसुति, 5/2/112) और भभके (शुंडिका, 4/3/76) का भी उल्लेख है।

नाप-तौल : कई प्रकार की नाप-तौल विदित थी, जैसे खारी (5/1/33), पात्र (5/1/40), बिस्त (बित्त, 5/1/31), शतमान (5/1/27), आढक (5/1/53), आचित (4/1/22), पुरुष (पुरसा जो पानी या खाई की माप थी, 5/2/38), दिष्ट और वितरित (बालिस्त, 6/2/31)।

सिक्के : पाणिनी के समय में निम्नलिखित सिक्के विदित थे—कार्षापण (5/1/29),

निष्क (5/1/20/30), पण (5/1/34), पाद, माषा (5/4/1), और शाण[1] (एक छोटा ताँबे का सिक्का, 5/1/35)।

संभूय संस्थाएँ (Corporations) : एकीकृत या संघीभूत जीवन, जन-शासन और गण-संस्थाओं की उन्नति उन कई शब्दों से विदित होती है, जिनका पाणिनि ने संबंधित संस्थाओं के लिए उल्लेख किया है। इन शब्दों का परिचय इस प्रकार है :

1. कुल और वंश (6/1/19) : कुल परिवार की संज्ञा थी। वही कई पीढ़ियों तक चलने पर वंश कहलाता था। किंतु वंश रक्त-संबंध और विद्या-संबंध दोनों प्रकार से बनता था।

2. गोत्र : (4/1/162-165) : यह रक्त-संबंध पर आश्रित इकाई थी, जिसका निकास एक वंश-स्थापक या गोत्रकृत से माना जाता था, जिसके नाम पर गोत्र का नाम पड़ता था, जैसे वत्स द्वारा संस्थापित वत्स-गोत्र में उसका पुत्र वात्स, पौत्र वात्स्य, और प्रपौत्र वात्स्यायन कहलाता था। इसी प्रकार सपिंड से तात्पर्य पितृकुल के छह पूर्वजों से और उनके छह पीढ़ी तक के वंशजों से था। पाणिनि ने अनेक प्राचीन और प्रसिद्ध गोत्रों का नामोल्लेख किया है, जैसे अत्रि, भृगु, अंगिरा इत्यादि, जिनमें से कई उस समय नामशेष हो चुके थे। कभी-कभी ऐसा होता है कि गोत्र के वंशज भी बहुत प्रसिद्ध हो जाते और उनके नाम से नए गोत्र चल पड़ते, जैसे आंगिरस गोत्र में उत्पन्न कपि और बोध से नए गोत्र चले (4/1/107)। पिता के अज्ञात होने पर माता के नाम से भी गोत्र की ख्याति होती थी (4/1/14)। कभी-कभी किसी प्रसिद्ध व्यक्ति से भी वंश चल पड़ता था, जैसे मुखर से मौखरि। ऐसे लौकिक गोत्र गोत्रावयव (4/1/79) कहलाते थे।

3. चरण (4/3/104) : वेद की विशेष-विशेष शाखाओं के अध्ययन के लिए विद्यालयों की संज्ञा चरण थी। चरण के संस्थापक आचार्य उस शाखा का अध्ययन कराते थे, और उन्हीं के नाम से चरण का स्मरण होता था। उनके शिष्यों द्वारा नए चरणों की स्थापना भी संभव थी, जैसे वेदव्यास के शिष्य वैशंपायन थे, जिन्होंने यजुर्वेद को क्रमबद्ध किया। इन्हीं वैशंपायन के शिष्य आरुणि और कलापी थे, जिन्होंने नए चरणों की स्थापना की।

4. संघ (3/3/86) : इनके दो भेद थे: गण (3/3/86), और निकाय (3/3/42)।

निकाय : धार्मिक संघ था, जिसमें जन्म के कारण छोटे-बड़े का भेद नहीं था (अनौत्तराधर्य संघ)।

गण : राजनीतिक संघ की संज्ञा थी, जिसमें सभी जाति के लोग सम्मिलित होते थे,

---

1. वस्तुतः शाण चाँदी का छोटा सिक्का था, जिसकी तौल 100 रत्ती के शतमान का आठवाँ भाग या 121/2 रत्ती के बराबर थी (अष्टौ शाणाः शतमानं वहंति, वनपर्व 134/14)। —**अनुवादक**

और शासक-क्षत्रियों का विशेष वर्ग होता था, जो मूर्धाभिषिक्त राजन्य कहलाते थे (6/2/34, तथा उस पर काशिका टीका)। राजन्य श्रेणी के क्षत्रिय ही संघ की शासन-समिति के सदस्य हो सकते थे। संघ-शासन में राजनीतिक दल भी होते थे, जो वर्ग कहलाते थे और नेता के नाम पर जिनका नाम पड़ता था, जैसे अंधकवृष्णि-संघ में वासुदेववर्ग्य, अक्रूरवर्ग्य अर्थात् वासुदेव और अक्रूर दल के अनुयायी। संघ में अधिकार के लिए स्पर्धा भी रहती थी, जैसे अंधकवृष्णि-संघ में थी। इसके कारण संघ दो दलों में बँट जाता था, जिसे व्युत्क्रमण कहते थे (द्विवर्ग-संबंधी पृथगवस्थिता द्वंद्वं व्युत्क्रांता इत्युच्यंते, 8/1/15), और प्रत्येक दल द्वंद्व कहलाता था (6/2/34)। पाणिनि ने कुछ संघों का नामोल्लेख किया है, जैसे यौधेय (5/3/117), और क्षुद्रकमालव (खंडिकादि गण में, 4/2/45)। उन्होंने संघों के समुदाय का भी उल्लेख किया है, जैसे त्रिगर्त देश के छह संघों का समुदाय त्रिगतषष्ठ कहलाता था (5/3/116), अथवा अंधक और वृष्णियों का भी संयुक्त संघ था (5/3/114), जिसमें शासन की सभा प्रत्येक संघ के राजन्य नेता से बनी थी, जिसके पीछे अपना-अपना वर्ग था, जैसे शिनि और वासुदेव, श्वाफल्क और चैत्रक, या अक्रूर और वासुदेव, जो भिन्न-भिन्न वर्गों के थे। क्षुद्रक और मालव-संघों की संयुक्त सेना क्षौद्रक-मालवी सेना कहलाती थी (4/2/45)।

गण के रूप में संघ के अंतर्गत सब जातियों में विभक्त समग्र जनता सम्मिलित थी, जिन्हें संघ के लाभ एक समान प्राप्त थे। ब्राह्मण और क्षत्रिय के वाचक शब्द शूद्र के लिए प्रयुक्त होनेवाले शब्दों से पृथक् थे; जैसे क्षुद्रक संघ के अंतर्गत ब्राह्मण और क्षत्रिय की संज्ञा क्षौद्रक और शूद्र की क्षौद्रक्य होती थी।

छंदसो निर्मिते (4/493) सूत्र के अनुसार व्युत्पादित् 'छंदस्य' शब्द का अर्थ था, जो छंद या सदस्यों के मत के अनुसार निश्चित हो। इससे सूचित होता है कि संघ में कार्य का संचालन सदस्यों के मतानुसार होता था। पालि में भी मत (वोट) के लिए छंद शब्द है।

पूग (5/3/112) भी एक प्रकार का संघ था, जिसमें नाना जाति के ऐसे लोग सम्मिलित होते थे, जिनकी जीविका अनिश्चित थी, किंतु एकसाथ अर्थ या काम साधने की इच्छा से वे लोग उस संघ में आ जाते थे। इस तरह के पूग का नेता ग्रामणी कहलाता था। गण और संघ की तरह पूग भी सहकारी संगठन था (5/2/52)। पाणिनि ने नवयुवकों के पूगसंज्ञक गुणों का भी उल्लेख किया है (6/2/28), जो कुमार-पूग कहलाते थे, जैसे लोहध्वज नाम के पूग के अंतर्गत जवानों का संगठन कुमार-लोहध्वज कहलाता था।

राजा : राजा की एक परिषद् होती थी, जिसके सदस्य पारिषद्य कहलाते थे (4/4/44)। परिषद् का तात्पर्य मंत्रि-परिषद् से था, जिसके द्वारा अधिकार-संपन्न

राजा परिषद्वल कहलाता था (5/2/112)। सरकारी कर्मचारियों के लिए सामान्य संज्ञा युक्त थी (6/2/66)। विभाग का अधिपति अध्यक्ष कहलाता था (6/2/67)। नियम और अनुशासन का अधिकारी वैनयिक कहलाता था; आचार और धर्म (कानून) का व्यावहारिक; राजकीय अर्थसाधन का औपयिक (5/4/34)।

धर्मसूत्रों में सभ्यता की अवस्था[1] : काल : अब हम इतिहास-साधन के लिए सूत्र-साहित्य पर विचार करेंगे। सूत्र तीन प्रकार के थे—श्रौत, गृह्य और धर्म, जो सब कल्प के अंग थे, पर पीछे से अलग ग्रंथों के रूप विकसित हुए। धर्मसूत्रों में से ही व्यवहार और दंड (दीवानी और फौजदारी) के नियमांश को लेकर पीछे श्लोकात्मक धर्मशास्त्रों की रचना हुई, जिनमें वैदिक पृष्ठभूमि कम हो गई और न्यायपरक भाग बढ़ गया। श्रोतसूत्र, जिनमें हविर्याग और सोमयागों का वर्णन है, इतिहास की दृष्टि से हमारे लिए वैसे महत्त्वपूर्ण नहीं, जैसे गृह्य और धर्मसूत्र। मुख्य सूत्र-ग्रंथ तिथिक्रम के अनुसार ही हैं—गौतम, बौधायन. वसिष्ठ और आपस्तंब, यद्यपि आपस्तब की अपेक्षा वसिष्ठ की प्राचीनता कुछ संदिग्ध हैं। इन सूत्रों का काल सातवीं से दूसरी शता ई. पू. तक है। इनमें विभिन्न वैदिक चरणों और विभिन्न प्रदेशों से संबंधित आचारों का उल्लेख हुआ, जैसे आंध्रप्रदेश में आपस्तब के सूत्र से लेकर उत्तर-पश्चिम में वसिष्ठ के सूत्र की मान्यता थी।

भौगोलिक पृष्ठभूमि : उनमें आए हुए भौगोलिक उल्लेखों से ज्ञात होता है कि सूत्र-ग्रंथ परिमित क्षेत्र और चुने हुए प्रदेशों में ही प्रचलित थे। बौधायन (1/1/2/13-15) के अनुसार कलिंग, आरट्ट देश (पंजाब), सौवीर (वर्तमान सिंध), पुंड्र (उत्तरी बंगाल) और बंग (पश्चिमी बंगाल) में जाकर प्रायश्चित्त करना चाहिए। उसमें अवंति, मगध, अंग (भागलपुर, मुंगेर) और सुराष्ट्र (काठियावाड़) के लोगों को मिश्रित वर्ण का अतएव संदिग्ध आचार-विचार का कहकर उनकी कुत्सा की है। आर्यों का भौगोलिक क्षत्र सकुचित होकर पटियाला[2] और बिहार[3] के बीच में, और हिमालय और मालवा[4] की पहाड़ियों के बीच में सीमित रह गया था। एक ऐसे भी मत का उल्लेख किया गया है, जिसमें केवल गंगा-यमुना के बीच की सीमित भूमि आर्यावर्त मानी गई है, किंतु वसिष्ठ ने एक और ही मत का उल्लेख किया है, जिसके अनुसार हिमाचल और विंध्याचल एवं पूर्वी और पश्चिमी समुद्रों के बीच का देश आर्यावर्त था।

---

1. प्रमाण-ग्रंथ—पी. वी. कणे, हिस्ट्री ऑफ धर्मशास्त्र लिटरेचर, भाग 1; कैंब्रिज हिस्ट्री, भाग 1, अध्याय 12.
2. सरस्वती के अदृश्य होने से पूर्व का भाग (वसिष्ठ 1/8; बाधायन 1/1/2/9)।
3. कालकवन, जो बिहार में कहा जाता है।
4. पारिपात्र पर्वत, विंध्याचल का पश्चिमी भाग, जो उत्तर-दक्खिन अरावली की ओर बढ़ा हुआ है।

परिवारिक जीवन : उसके संस्कार और यज्ञीय कर्म : गृह्य-सूत्रों में व्यक्ति, परिवार, कौटुंबिक जीवन और गृह्य कर्मकांड का वर्णन आता है। उनमें धर्म या सामाजिक विषयों एवं व्यक्ति और राज्य के बीच के व्यापक संबंधों को गौण स्थान दिया गया, जो सब धर्मसूत्रों का मुख्य विषय था। केवल परिवार की सीमा के भीतर जहाँ वे आ जाते हैं, उन अवस्थाओं को छोड़कर, राजनीतिक और सामाजिक जीवन की सूचनाएँ उनमें कम ही मिलती हैं। गृहस्थ-जीवन में जन्म से मृत्युपर्यंत मनुष्य के समस्त कर्तव्य-कर्मों का निदेश उनमें मिलता है और जीवन की प्रत्येक महत्त्वपूर्ण अवस्था को चित्रित करनेवाले संस्कारों का भी वर्णन आता है। जन्म से पूर्व, जन्म के समय, नवजात शिशु के नामकरण, अन्नप्राशन, चूड़ाकर्म, उपनयन और समावर्तन, जबकि स्नातक आचार्य कुल से लौटकर विवाह द्वारा गृहाश्रम में प्रविष्ट होना चाहता था, इन सब अवस्थाओं से संबंधित विशेष-विशेष संस्कार थे। आठ प्रकार के विवाह कहे गए हैं– ब्राह्म, प्राजापत्य, आर्ष, दैव, गांधर्व या कामज विवाह, आसुर, जो यौतुक पर निर्भर हो, राक्षस, बलपूर्वक विवाह, और पैशाच। इसमें से पहले चार प्रशस्त और बाद के चार विवाह निंदित कहे गए हैं।[1] प्रत्येक गृहस्थ के लिए नित्य पंच महायज्ञों का करना आवश्यक कहा गया है, जो इस प्रकार थे– ब्रह्मयज्ञ, स्वाध्याय और अध्यापन के रूप में; पितृयज्ञ, अन्नोदक द्वारा पितरों के तर्पण के रूप में; देवयज्ञ, अग्नि में सिद्धांत की हवि के रूप में; भूतयज्ञ, बलि या भोजन देकर; नृयज्ञ या अतिथि-यज्ञ, अतिथियों की सेवा-शुश्रूषा और अन्नदान आदि के रूप में। इसके बाद सात पाक-यज्ञों का भी गृहस्थ के लिए विधान था, जो नियत समय पर छोटी इष्टियों के रूप में किए जाते थे, जैसे अष्टका (कार्तिक से माघ तक के चार महीनों में कृष्णपक्ष की अष्टमी के दिन होनेवाली इष्टि), श्रावणी (श्रावण मास की पूर्णिमा के दिन), आग्रहायनी (आग्रहायन मास की चतुर्दशी या पूर्णिमा के दिन), चैत्री (चैत्र मास की पूर्णिमा के दिन), आश्वयुजी (आश्विन मास की पूर्णिमा के दिन), पार्वण (अमावस्या और पूर्णिमा को होने वाली दर्श पौर्णमास इष्टियाँ) और श्राद्ध (प्रतिमास अमावस्या को पितरों का मासिक श्राद्ध)।

वर्ण और आश्रम : सामाजिक संगठन वर्णाश्रम धर्म के अनुसार बना हुआ था, जिसे

---

1. ब्राह्म विवाह में कन्या का दान पिता स्वेच्छा से वर को देता है। प्राजापत्य में वर कन्या की याचना करता है। आर्ष में कन्या का पिता गोयुग्म लेकर कन्या-दान करता था। दैव में यज्ञ कराने के लिए आने वाला ऋत्विज ही वर रूप में चुन लिया जाता था। गांधर्व या कामज विवाह वैध संस्कार हो जाने के बाद सर्वोत्तम विवाह कहा जा सकता है, जिसका उत्कृष्ट उदाहरण शकुंतला और दुष्यंत का विवाह है। आसुर विवाह में कन्या वर द्वारा मोल ली जाती थी; यह वैश्यों और शूद्रों के लिए ही विहित माना गया है (मनु 3/24)। आश्वलायन के अनुसार पैशाच विवाह में चोरी से कन्या का अपहरण कर लिया जाता था। राक्षस विवाह में बलपूर्वक लड़-भिड़कर अपहरण किया जाता था। दोनों में कन्या का अपहरण करके ही विवाह किया जाता था, अतएव उसे क्षात्र विवाह कहते थे; जैसा कि महाभारत में अर्जुन और सुभद्रा का विवाह हुआ। इससे मिलते-जुलते स्वयंवर विवाह में कन्या अपनी इच्छा के अनुसार पति का वरण करती थी।

अस्पष्ट, विस्तृत तथा जटिल स्वरूप वाले हिंदू-धर्म की सर्वोत्तम परिभाषा कहा जा सकता है । यह पद्धति दो बातों पर आश्रित है—पहली बात वर्ण या जाति । वर्ण की शुद्धि विवाह पर एवं भोजन और अस्पृश्य वस्तु के स्पर्शवर्जन पर निर्भर है । उसके नियम भिन्न जाति के साथ विवाह का और अंतर्जातीय भोजन का निषेध करते हैं । पूर्वकालीन-सूत्रों में ये नियम इतने कड़े न थे । गौतम के अनुसार ब्राह्मण या द्विज तीन उच्च वर्णों का दिया हुआ भोजन खा सकता है और आपत्ति के समय शूद्र का दिया हुआ भी (17/1 आदि); किंतु दंडिक (पुलिस अधिकारी), कंजूस, कारागृह के अधिकारी या शत्रु का अन्न कुत्सित कहा गया है । आपस्तंब (1/6/18/1 आदि) के अनुसार ब्राह्मण अपने से नीचे के तीन वर्णों के घर में भोजन न करे । विवाह के लिए जाति का इतना महत्त्व नहीं, जितना कुल का । विवाह-संबंधी नियम अनुमति देते हैं कि शूद्र कन्या केवल चौथी पत्नी के रूप में ब्राह्मण के साथ विवाह कर सकती है । उनकी संतान मिश्रित संतान, द्विज का पद न पाने पर भी धर्मसम्मत (वैध) मानी जाती थी ।

आश्रम-संबंधी नियम भी हिंदू-समाज-व्यवस्था के जीवन के लिए उतने ही आवश्यक थे, जितने कि जात-पाँत के नियम, जिनमें खानपान और विवाह का अधिक बंधेज था, और जिन पर अब अत्यधिक जोर दिया जाता है । इन नियमों के अनुसार व्यक्ति को क्रमशः चार आश्रमों का जीवन में पालन करना चाहिए, अर्थात् ब्रह्मचारी या दीक्षित विद्यार्थी का जीवन, गृहस्थ या वैवाहिक अवस्था, वानप्रस्थ और संन्यासी । ब्रह्मचर्य आश्रम की आवश्यकता इतनी अधिक मानी गई थी कि जो द्विज होकर इसका पालन नहीं करते थे, वे पतित समझे जाते थे । "ऐसे व्यक्ति के साथ न किसी को व्यवहार करना चाहिए, न शिक्षा देनी चाहिए, न यज्ञ कराना चाहिए और न किसी प्रकार उसका अनुकरण करना चाहिए (पारस्कर गृ. सू. 2/5/40 आदि) ।" उनकी संतान व्रात्य मानी जाती थी । इससे विदित होता है कि हिंदू धर्म में तीन द्विज वर्णों के लिए आनेवार्य शिक्षा का आग्रह है, और यह शिक्षा, केवल आरंभिक ही नहीं होती थी, साधारणतः आरंभिक कक्षा तक ही होकर नहीं रह जाती थी, यह तो अनिवार्य उच्च शिक्षा की व्यवस्था थी ।

भिन्न-भिन्न वर्ण और उनका कर्तव्य : विभिन्न वर्णों और आश्रमों के कर्तव्य इस प्रकार कहे गए हैं : प्रथम तीन वर्णों के समान कर्म हैं— अध्ययन (शिक्षा), इज्या (यज्ञ), दान । ब्राह्मण के लिए विशेष कर्म हैं— प्रवचन (अध्यापन), याजन (यज्ञ करना), और प्रतिग्रह (दान स्वीकार करना) । क्षत्रिय के विशेष कर्म हैं— सब प्राणियों की रक्षा (सर्वभूतरक्षणम्), न्याय के अनुसार दंड व्यवस्था (न्यायदंडत्वम्), श्रोत्रिय या विद्वान् ब्राह्मणों का पालन और आपदग्रस्त ब्राह्मणेतरों का भी पालन; ब्राह्मणेतर भिक्षुकों का पालन और पोषण (अकर), जो लोग सार्वजनिक सेवा करते हैं, (उपकुर्वाणः) जैसे चिकित्सक, उनकी भी वृत्ति का प्रबंध करना (कुछ लोग इसमें छात्रों को भी रखते हैं);

युद्ध के लिए तैयार रहना (योगश्च व्रिजए) ; सेना के साथ राष्ट्र में सर्वत्र विचरण करना (रथधनुर्भ्यां चर्या = राष्ट्रस्य सर्वतोऽटनम्); युद्ध में पश्चात्पद हुए बिना मृत्युपर्यंत डटे रहना (संग्रामे संस्थानमनिवृत्तिश्च); राज्य की रक्षा के लिए आवश्यक कर-संग्रह करना (तद्रक्षणधर्मित्वात्)। वैश्य के विशेष कर्म हैं– कृषि, वाणिज्य, पाशुपाल्य, कुसीद (महाजनी काम)। शूद्र (जिसे एक जाति कहा गया है, क्योंकि उपनयन द्वारा होने वाले दूसरे जन्म से वह रहित है) के विशेष कर्म ये हैं– सत्य, नम्रता और शौच का पालन; आचमन मंत्र के बिना स्नान; श्राद्धकर्म; अपने आश्रित कुटुंबियों का भरण-पोषण (भृत्यचरणम्[1], दासों को इसकी आज्ञा न थी); स्वदारवृत्ति (अपनी ही जाति में विवाह करना, अथवा जीवनपर्यंत गृहस्थ अवस्था में रहना); परिचर्या (वृत्ति लेकर उच्च वर्णों की सेवा करना); शिल्पवृत्ति या शिल्प द्वारा स्वतंत्र जीविकोपार्जन, जैसे नाई, धोबी, रंगरेज़, बढ़ई या लुहार का काम।

कुछ नियम ऐसे हैं, जिनसे ज्ञात होता है कि शूद्र का पद बहुत पतित नहीं था। उदाहरण के लिए, जब वह काम में अशक्त हो जाता था तो मालिक को उसका भरण करना आवश्यक था एवं उसके लिए भी ऐसी ही स्थिति होने पर अपने स्वामी का भरण-पोषण करना उचित था। इस पिछली अवस्था में शूद्र को धन का स्वामित्व भी दिया गया है। धर्मपरायण शूद्र वर्ण के लोग नमस्कार मंत्र का उच्चारण एवं पाकयज्ञ भी कर सकते थे।

चार आश्रम : चार आश्रम हैं– ब्रह्मचारी, गृहस्थ, भिक्षु और वैखानस।

ब्रह्मचारी की विशेषता उसका अपने आचार्य के यहाँ रहना था (आचार्य कुलवसनम्)। वे दो प्रकार के थे–(1) उपकुर्वाण (गुरु-दक्षिणा देकर घर लौटने वाले), और (2) नैष्ठिक (आयुपर्यंत ब्रह्मचर्य-व्रत लेकर विद्याध्ययन करनेवाले)।

गृहस्थ के अनेक कर्मों में मोटे तौर पर यज्ञ, अध्ययन और दान, ये तीन कर्म थे। अपने-आपको तीन ऋणों से मुक्त करना भी उसके लिए आवश्यक था–यज्ञ द्वारा देवऋण से, संतानोत्पत्ति द्वारा पितृऋण से और पर्व के दिनों में ब्रह्मचर्य-व्रत द्वारा ऋषिऋण से। जीवन के अंतिम दोनों आश्रमों का विशेष लक्षण तप था।

भिक्षु के लिए निम्नलिखित बातें आवश्यक थीं–अनिचय[2] (वस्तुओं का संग्रह न

---

1. भृत्यचरण का वास्तावक अर्थ है भृति या मजदूरी लेकर काम करना। यहाँ शूद्र के लिए तीन प्रकार की जीविका कही गई है:(1) भृमि, जैसे खेती या मकान बनवाने के लिए रोजाना मजदूरी या भृति पर कमेरों का काम करना, (2) जीविका परिचर्या जिसमें नाई, बारी, मेहतर, धोबी आदि जातियाँ सम्मिलित हैं, जो पीढ़ी-दर-पीढ़ी के बंधेज से सेवा करते हैं, और उसका पारिश्रमिक पाते हैं। इसमें चिर-प्राचीन शब्द वृत्ति था, जिससे हिंदी बिरत निकला है। भृति और वृत्ति के अतिरिक्त तीसरा उपाय शिल्प के द्वारा जीविकोपार्जन था। –अनुवादक

2. क्योंकि भिक्षु के लिए धन-संग्रह निषिद्ध है, विष्णु (96/1) ने एक प्राजापत्य इष्टि का विधान किया है, जिसमें वह अपनी समस्त संपत्ति दक्षिणा-रूप में दान दे देता है।

रखना); ऊर्ध्वरेता (ब्रह्मचारी); वर्ष में एक स्थान पर रहना (ध्रुवशीलो वर्षासु); केवल भिक्षा के लिए गाँव में प्रवेश करना, और वह भी गाँववालों के भोजन समाप्त कर लेने पर, अथवा उस समय जब उनके द्वारा प्रत्याख्यान की संभावना न हो, और अपनी वाणी, चक्षु और इंद्रियों को रोककर बिना आशीर्वाद दिए लौट आना; शरीर को ढँकने के लिए (आच्छादनार्थ) कौपीन धारण करना या पुराने चीथड़ों (प्रहीण) को खूब धोकर (निर्णिज्य) पहनना; वृक्षों से तोड़कर फल या पत्ती न खाना और वनस्पतियों की भी हिंसा न करना; वर्षा-ऋतु के बाद किसी गाँव में दो रात न ठहरना; और अपने प्राण-धारण के लिए बीज-हिंसा न करना (जैसे मूसली से कच्चे चावल इत्यादि न दलना), बल्कि केवल पक्व भोजन की भिक्षा ग्रहण करना, और सब भूतों के प्रति सद्भाव रखना एवं हानि-लाभ में उदासीन वृत्ति रखना।

वैखानस भिक्षु वे कहलाते थे, जो ऋषि विखनस के बनाए हुए नियमों का पालन करत थ (बौधायन 2/6/14)। उसे मूल-फल खाकर (पकाया अन्न नहीं), तप करते हुए (तपःशीलः) वन में रहना चाहिए, और प्रातः-सायं अग्नि की परिचर्या और हवन करना चाहिए, जैसा कि श्रामणक संज्ञक वैखानस शास्त्र में कहा गया है। मूल-फल भी जो वह खाए, वे जंगली होने चाहिए, ग्राम्य के नहीं, (अग्राम्य भोजी)। आपद्धर्म के रूप में वह दूसरों (जैसे व्याघ्रादि) द्वारा मारे हुए पशुओं का मांस खा सकता था। इसके लिए महायज्ञों (देव, पितृ, मनुष्य, भूत और ऋषियों की पूजा) का अनुष्ठान अब भी आवश्यक था, जिनमें जंगली मूल-फल-पत्ती आदि से अग्निहोत्र किया जाता था। यदि वह वन में सपत्नीक रहता तो औदुंबर (तापसभेद), वरिंच या बालखिल्य की भाँति तप करता था; अथवा जब अपत्नीक होता तो उद्दंडक, उंछवृत्तिका या पंचाग्नि-मध्यशायी (पंचाग्नि तापन) रूप से तप करता था। उसे उचित है कि कृष्ट भूमि पर न रहे, गाँव में न जाए, वर्ष-भर के लिए अन्न का संचय न करे, जटा रखे और केवल वल्कल और अजिन (चीराजिन) धारण करे (गौतम 3 और 10, जाति और आश्रम-विषयक अध्याय)।

यह ध्यान देने योग्य है कि गौतम ने भिक्षु शब्द का तृतीय आश्रम के लिए प्रयोग किया है, किंतु बौधायन और आपस्तंब ने इसके स्थान पर परिव्राजक शब्द का और वह भी चौथे आश्रम के अर्थ में प्रयोग किया है। भिक्षु और श्रामणक शब्दों का प्रयोग और यह आदेश कि भिक्षु वर्षा-ऋतु में बाहर विचरण न करे, बौद्ध-धर्म के साथ संबंधित कहे जाते हैं। बौधायन (2/6/11) ने श्रामणक और भिक्षु के वर्षावास (पालि, वस्सो) का उल्लेख किया है। उसमें भिक्षु या वैखानस के जल छानने के वस्त्र का भी उल्लेख है, जो बौद्ध भिक्षु की विशेषता थी।

बौधायन के अनुसार संन्यासी या परिव्राजक (जिन्हें भिक्षु, यति और प्रव्रजित भी कहा गया है), नैष्ठिक, विधुर, अनपत्य गृहस्थ और सप्तति वर्ष से अधिक आयु वाले ऐसे गृहस्थ, जिनके पुत्र गृहस्थाश्रम में सुप्रतिष्ठित हो गए हों, संन्यास लेकर चतुर्थ

आश्रम में प्रवेश करते थे । अनपत्य गृहस्थों को शालीन (शाला या गृह के स्वामी), यायावर (जो पहले से ही इच्छानुसार विहार करने वाले थे), और चक्रचर (जो जीविका के लिए बारी-बारी से धनाढ्यों का आश्रय लेते हैं) कहा गया है (देखिए, 2/10/17)।

आपस्तंब ने ऐसे व्यक्तियों का उल्लेख किया है, जो अवैध ढंग से भिक्षु बन जाते हैं, टीकाकार के अनुसार इसका तात्पर्य शाक्य भिक्षु या बौद्धों से है (1/18/31)। उसने संन्यासी या परिव्राजक की सुंदर परिभाषा इस प्रकार दी है—"सत्य और अनृत्य, सुख और दुःख, वेद, इस लोक और परलोक को त्यागकर जो केवल आत्मा की जिज्ञासा करता है" (2/9/21/13)। पर उसने ऐसे भिक्षुओं का भी उल्लेख किया है, जो स्त्री के साथ या बिना स्त्री के भी होते थे, यद्यपि दोनों ही गाँव के बाहर रहते थे (2/9/22/7)।

काल, प्रामाण्य और विषय की दृष्टि से चार धर्मसूत्रों की तुलना : जैसा ऊपर सूचित किया गया है, गौतम, बौधायन, आपस्तंब और वसिष्ठ इन चारों के धर्मसूत्रों का काल 600 से 300 ई.पू. के बीच में था । जैसा तन्त्र-वार्तिक में कुमारिल ने कहा है, सामवेदी गौतम धर्मसूत्र को मानते थे, तैत्तिरीय शाखा वाले बौधायन और आपस्तंब को, और ऋग्वेदी वसिष्ठ को । इनमें गौतम सबसे प्राचीन थे । बौधायन ने स्वयं स्थानीय आचारों के विषय में गौतम का प्रमाण दिया है (गौतम ध.सू. 11/20)। दोनों की सम्मति है कि वैदिक परंपरा और स्मृति के विरोध में स्थानीय सदाचार प्रमाण नहीं माना जा सकता । मनुस्मृति ने गौतम को उतथ्य का पुत्र कहा है (3/16)। गौतम ने यवन का भी उल्लेख किया है (4/17), किंतु भारतवर्ष यवनों (आयोनियन) से छठी शती ई.पू. और उससे भी पहले के ईरानी सम्राट् दारा और ख्षयार्ष (जर्कसीज़) के समय से परिचित था ।

इन सूत्रकारों को जिस साहित्य का परिचय था, उसके विषय में गौतम ने वैदिक संहिता और ब्राह्मण, उपनिषद् (19/13), वेदांग (8/5/11/19), इतिहास (8/6), पुराण (वही), उपवेद और धर्मसूत्र (11/19) का उल्लेख किया है। सामविधान ब्राह्मण (अ. 26) और तैत्तिरीय आरण्यक (अ. 25) में से कुछ अवतरण भी उसमें लिए गए हैं । गौतम और बौधायन दोनों के द्वारा वैखानस शास्त्र और श्रामणक शास्त्र का उल्लेख पाणिनि के भिक्षु-सूत्रों (4/3/110-11) का स्मरण दिलाता है । बौधायन ने तैत्तिरीय शाखा की संहिता, ब्राह्मण और आरण्यक से एवं शतपथ ब्राह्मण से भी अवतरण लिए हैं, तथा उसने धर्म-विषयं पर लिखने वाले कुछ आचार्यों का प्रमाण दिया है, जैसे औपजंघनि (2/2/33), कात्य (1/2/47), काश्यप (1/11/20), गौतम (1/1/23), प्रजापति (2/4/15), मनु (4/1/14), मौदगल्य (2/2/61), और हारीत (2/1/50)। आर्यावर्त की भौगोलिक सीमाओं के विषय में उसमें भाल्लविनों की एक गाथा भी उद्धृत की

गई है (1/1/29), जिसका स्रोत 'निरुक्त' में वर्णित कोई निदान ग्रंथ है; एवं आसुर कपिल के किसी ग्रंथ से एक पद्य अवतरण दिया गया है, जिसके अनुसार आश्रम-प्रणाली का आविष्कर्ता कुछ विचित्र ढंग से आसुर कपिल को बताया गया है (2/6/60)। उसमें नाट्याचार्य या नटकर्म का भी उल्लेख किया गया है, किंतु उपपातक के रूप में। पाणिनि ने भी नटसूत्रों का उल्लेख किया है (4/3/110-111)। आपस्तंब ने प्रायः ब्राह्मण ग्रंथों का प्रमाण दिया है, और छंद, कल्प, व्याकरण, ज्योतिष, निरुक्त, शिक्षा इन वेदांगों का और 'छंदोविचिति' नामक छंद-ग्रंथ का उल्लेख किया है। उसने धर्म पर लिखने वाले कुछ आचार्यों का नाम लिया है, जैसे कण्व, काण्व, कुणिक, कल्स, कौत्स, पुष्करसादि, वार्ष्यायणि, श्वेतकेतु और हारीत (1/6/19)। उसमें अकेले ही जैमिनि-कृत 'पूर्वमीमांसा' का परिचय भी पाया जाता है, उदाहरण के लिए 1/1/4/8, जहाँ श्रुति और स्मृति के सापेक्षिक मूल्य पर विचार किया गया है (जो कि जैमिनि 1/3/3 के तुल्य है); और (1/4/12/11) जिसमें कहा है कि जो कर्म आनंद-प्राप्ति के लिए किया जाता है उसे शास्त्र पर आश्रित नहीं समझना चाहिए (= जैमिनि 4/1/2); 2/4/8/13, जिसमें न्यायविदों अर्थात् मीमांसकों के इस समय का उल्लेख है कि अंगों को वेद नहीं कहा जा सकता (= जैमिनि 1/3/11-14); 1/4/12/9 जिसमें यह कहा गया है कि यज्ञ में मंत्र-पाठ के विषय में वैदिक अनध्याय के नियम लागू नहीं होते (=जैमिनि 12/3/14)। वसिष्ठ में कुछ नई सामग्री भी है; जैसे दत्तक-संबंधी नियम (अ. 15), अथवा लेखों का व्यवहार-सिद्धि में प्रामाण्य (अ. 16/10-15), या म्लेच्छों की भाषा सीखने का निषेध (6/41)।

धर्म के इन आचार्यों में एकमत्य और मतभेद की भी कितनी ही बातें हैं। इसमें से कुछ इस प्रकार हैं—

गौतम, बौधायन और वसिष्ठ ने कई प्रकार के गौण पुत्रों का उल्लेख किया है, पर आपस्तंब उसके बारे में चुप है। गौतम, बौधायन (2/2/17/62) और वसिष्ठ नियोग को प्रशस्त मानते हैं, पर आपस्तंब उसे हेय ठहराते हैं (2/6/13/1-9)। गौतम और बौधायन (1/11/1) में आठ प्रकार के विवाहों का वर्णन है, पर आपस्तंब ने प्रजापत्य और पैशाच छोड़कर छह ही प्रकार कहे हैं (2/5/11/17-20) बौधायन (2/2/4-6) ने ज्येष्ठ पुत्र को दाय में अधिक भाग दिलाया है, पर आपस्तंब इसका विरोध करते हैं (2/6/14/10-14)। बौधायन ने रथकार को उपनयन की आज्ञा दी है (2/4/6), पर आपस्तंब ने नहीं (1/1/1/19)। आपस्तंब मिश्र वर्णों के बारे में भी चुप हैं, जिनकी लंबी सूचियाँ गौतम और बौधायन में पाई जाती हैं। कुसीद या तगड़ा सूद वसूल करने के बारे में भी दोनों में चोखा मतभेद है। गौतम ने ब्राह्मण के लिए इस पेशे की आज्ञा दी है, यदि कारिंदे की मार्फत (10/6), कृषि और वाणिज्य की भाँति, इसे भी किया जाए। ''ये नियम,

जिनमें ब्राह्मणों को भद्र कृषक, और वैश्य-संचालित व्यापार या लेन-देन के कामों में अकर्मकृत साझीदार होने की अनुमति है, अन्य स्मृतियों में नहीं पाए जाते।" [बुहलर, सेक्रिड बुक्स ऑफ दी ईस्ट, भाग 2, पृष्ठ 288, टिप्पणी] आपस्तंब में वार्धुषिक वृत्ति (बढ़ती ब्याज लेना) के विरुद्ध प्रायश्चित की विधि है, और वृद्ध याजीवी के घर भोजन का निषेध है (1/9/27/10; 6/18/22)। बौधायन ने इसकी तुलना ब्रह्म-हत्या से की है, और ब्राह्मण कुसीदी को शूद्र कहा है, पर उसमें पहले दो वर्णों के लिए अनुमति है कि नास्तिक, शूद्र और वैसे ही लोगों से सूद का व्यवहार करे (1/5/79-81)।

बौधायन को दाक्षिणात्य माना जाता है। उसने समुद्र-यात्रा संबंधी उत्तर के देशाचार को पातक कहा है, जो मनुष्य-हत्या से कुछ ही कम है (2/1/41)। साथ-ही-साथ उसमें दक्षिणापथ को भी मिश्र जातियों के प्रदेश के रूप में निंदा के योग्य कहा है। यदि वे दाक्षिणात्य थे, तो हमें दक्षिणापथ के अर्थ को सीमित करके उन्हें कहीं रखना पड़ेगा। आपस्तंब को भी इस कारण दाक्षिणात्य माना जाता है कि उसने श्राद्ध को उदीच्यों की विशेषता कहा है (2/7/17/17)। हरदत्त द्वारा उद्धृत एक श्लोक के अनुसार शरावती के उत्तर का प्रदेश उदीच्य था। चरण-व्यूह की टीका में महार्णव का उद्धरण देते हुए आपस्तंबियों को नर्मदा के दक्षिण-पूर्व की ओर अर्थात् आंध्रदेश और गोदावरी के मुख के आस-पास के प्रदेश में रखा गया है।

आपस्तंब और बौधायन में विद्या-प्रचार और शिक्षा के विषय में भी दो रोचक कथन हैं। आपस्तंब के अनुसार वह ज्ञान जो लोक-परंपरा से स्त्री और शूद्रों में है विद्या की अंतिम सीमा है, और वह अथर्ववेद का पूरक माना गया है।[1] संभवतः यह अर्थशास्त्र की ओर इशारा है, जो चरण-व्यूह के अनुसार अथर्ववेद का उपवेद था। दूसरा कथन बौधायन गृह-सूत्र (1/7/2-8) का है जिसमें विद्वानों या ब्राह्मणों की कोटियाँ इस प्रकार बताई गई हैं :

(1) ब्राह्मण, जो उपनयन के और ब्रह्मचर्य-व्रत लेने के बाद वेद का थोड़ा-बहुत अध्ययन करता है;
(2) श्रोत्रिय, जिसने एक वैदिक शाखा का अध्ययन किया है;
(3) अनूचाण, जिसने अंगों का अध्ययन किया है;
(4) ऋषिकल्प, जिसने कल्प-ग्रंथों का अध्ययन किया है;

1. वस्तुतः आपस्तंब का अभिप्राय यह है कि वही लोक-साहित्य और लोकवार्ता संबंधी वेदज्ञान, जो अथर्ववेद में संकलित हुआ है परंपरा से आता हुआ स्त्रियों और छोटी जातियों में फैला हुआ है। विद्या की ऊपरी सीमा वेद में है और नीचे की सीमा इस लोक-साहित्य में है। आपस्तंब का यह दृष्टिकोण नितांत यथार्थमूलक है। **—अनुवादक**

(5) भ्रूण, जिसने सूत्र और प्रवचन-ग्रंथों का अध्ययन किया है;
(6) ऋषि, जिसने चारों वेदों का अध्ययन किया है;
(7) देव, जिसने इनसे अधिक प्रगति की है।

यह भी उल्लेखनीय है कि सूत्र-ग्रंथों में ब्राह्मणेतर अध्यापकों की भी कल्पना है (गौतम 7/1-3; बौधायन 1/3/41-43; आपस्तंब 2/4/25-27)।

धर्मसूत्रों में सामाजिक आचार और नियम एवं व्यवहार और दंड-संबंधी नियमों का उल्लेख पाया जाता है। आचार और नियम सारे भारतवर्ष में एक-से न थे। भारत के उत्तरी और दक्षिणी भागों में, जिनकी विभाजक-रेखा बीच की नर्मदा नदी है, इस विषय में पर्याप्त भेद था। उदाहरण के लिए दक्षिण का विशेष आचार, जिसका बौधायन ने उल्लेख किया है (1/17 आदि) और जो आज तक प्रचलित है मातुलकन्या या फुफेरी बहन से ब्याह करना है, और उत्तर के विशेष आचार, जिन्हें दक्षिण में निंदित समझा गया, शस्त्रास्त्र वाणिज्य, ऊन का व्यापार और समुद्र यात्रा थे। बौधायन के अनुसार (2/1/2/2) समुद्र-यात्रा करने से मनुष्य,जाति से पतित हो जाता है।

कानून : कानून के विषय में यह ज्ञातव्य है कि उसका निर्माता राजा नहीं था, जो केवल दंडकर्ता के रूप में धर्म-संबंधी नियमों का पालन और व्यवस्था कराता था। गौतम के अनुसार (11/19) ''नियमों का व्यवहार या न्यायकर्म वेद, धर्मशास्त्र, वेदांग, पुराण और उपवेदों के अनुसार नियमित होगा।'' भिन्न-भिन्न श्रेणियों और जातियों के लोग स्वयं अपने लिए नियम बनाते थे। ''राजा का कर्तव्य है कि वह जनपद, जाति और कुल के धर्मों या विशेष नियमों पर ध्यान दे और चारों वर्णों को अपने-अपने विहित कर्मों को करने के लिए बाधित करे'' (वसिष्ठ 19/1-24)। और भी, ''राजा के लिए वर्णों और आश्रमों की रक्षा करना आवश्यक है···जाति और कुल तथा जनपदों के सब नियम, जो वेद-विरुद्ध नहीं हैं, देश में प्रमाण-स्वरूप माने जाएँगे, और कृषय, वणिक्, गोपाल, वृद्ध याजीवी और शिल्पी स्वयं अपने-अपने लिए नियम बना सकते हैं'' (गौतम 11/21)। इस अवतरण से उस स्वशासन का परिचय मिलता है, जिसका उपभोग कृषि, उद्योग-धंधे, वाणिज्य और व्यवहार के क्षेत्र में संगठित श्रेणियाँ (guilds) या आर्थिक इकाइयाँ करती थीं। वसिष्ठ ने एक रोचक प्रकरण में बताया है कि लेखों की प्रमाण-सामग्री का परस्पर-विरोध होने पर स्थानीय श्रेणियों की बात का विश्वास मानना चाहिए (16/15)।

व्यवहार-संबंधी कानून : सूत्रों में व्यवहार-संबंधी कानून का विवेचन राजा के कर्तव्यों के अंतर्गत किया गया है। राजकर्म के सीमित क्षेत्र में इस कानून के मुख्य

विषय कर-ग्रहण और दायभाग, ये दो ही थे। गौतम के अनुसार राजा उपज का दशमांश, अष्टमांश या षष्ठांश, शिल्पियों से एक मास में एक दिन का कार्य, वाणिज्य पर बीसवाँ भाग, पशु और स्वर्ण पर पचासवाँ भाग. और मूल, फल, पुष्प, औषधि, शहद, मांस, तृण और काष्ठ का साठवाँ भाग ले सकता था (11/1 आदि; 10/25 आदि)।

अंश या दाय का नियमन अभी तक किसी एक सर्वसामान्य राजनियम के रूप में नहीं पाया जाता; विवाह के प्रकरण में ही उनकी चर्चा आती है, जिसके लिए समान गोत्र या मातृकुल की छह पीढ़ियों में निषेध था। उत्तराधिकार के नियमों में सपिंडों का निरूपण है, जो कि पुत्र के अभाव में अपनी छह पीढ़ियों तक अंशहारी या उत्तराधिकारी होते थे। सपिंड केवल पुरुष ही हो सकते हैं। विधवा को दाय में अधिकार नहीं दिया गया और कन्या को भी। आपस्तंब के अनुसार उत्तराधिकार तभी मिलता है जब पुत्र, गुरु या शिष्य न हो। उल्लिखित व्यक्तियों के अभाव में राजा संपत्ति का स्वामी होता था। एक मत ऐसा भी है कि केवल ज्येष्ठ पुत्र ही अंशहारी बनता है। बौधायन के कथनानुसार सगे संबंधियों के अभाव में, सपिंड और सपिंडों के अभाव में सकुल्य (दूर के संबंधी) उत्तराधिकार पाते हैं, एवं ज्येष्ठ पुत्र संपत्ति में से कोई एक सर्वोत्तम वस्तु चुन सकता है अथवा पिता चाहे तो पुत्रों में उसे बराबर भी बाँट सकता है।

स्त्रियों की स्थिति का भी उल्लेख है। स्त्रियाँ स्वयं अपनी ओर से वैदिक यज्ञ या गृह्य पाक-यज्ञ नहीं कर सकती थीं। यज्ञ या उत्तराधिकार के विषय में वे स्वतंत्र न थीं (बौधायन 2/2/3/44; गौतम 18/1)। सतीप्रथा अज्ञात थी। वसिष्ठ के अनुसार स्त्रियाँ भी स्व (संपत्ति) के अंतर्गत थीं (16/18)।

फौजदारी कानून : दंड या फौजदारी कानून के क्षेत्र में अभिघात, व्यभिचार और चोरी मुख्य अपराध थे। शूद्र यदि हत्या, चोरी या भूमि का अपहरण करे तो उसकी सम्पत्ति छीनकर उसे वध-दंड दिया जाए (आपस्तंब 2/27/16); ब्राह्मण पुरोहित वैसा करे तो उसे अंधा कर दिया जाए (वही, 17)। ब्राह्मण को गाली देने वाले क्षत्रिय पर 100, और वैश्य पर 150 कार्षापण दंड हो, किंतु ब्राह्मण यदि क्षत्रिय को गाली दे तो 50, और वैश्य को दे तो 25 कार्षापण दंड भरे; पर शूद्र के साथ वैसा व्यवहार करे तो वह साफ छूट जाए (गौतम 12/8 आदि)।

दंड के क्षेत्र से बाहर की बातों पर भी जाति-भेद का असर पड़ा, जैसे ब्याज की दर पर। गौतम (12/29) और बौधायन (1/5/10/22) में ब्याज की दर 20 कार्षापण पर प्रतिमास 5 माष कही गई है, जो 15 प्रतिशत वार्षिक हुई। वसिष्ठ (2/48) के अनुसार 'दो, तीन, चार, पाँच प्रतिशत मासिक वृद्धि वर्णों के क्रम से स्मृति में आदिष्ट है,' उच्च जाति के लिए दर कम होगी। दूसरी ओर कुसीद वृत्ति

(अधिक सूद) की वैश्य के लिए अनुमति है, ब्राह्मण या क्षत्रिय के लिए नहीं (वही 2/4; बौधायन 1/5/10/21)। जाति-संबंधी ये नियम घोर आपत्तिकाल में शिथिल कर दिए जाते थे, जब कि नीच वृत्ति-कर्म की भी उच्च वर्णों को जीविकोपार्जन के लिए अनुमति थी। उदाहरण के लिए, वाणिज्य और कृषि की आज्ञा ब्राह्मण और क्षत्रिय के लिए आपद्धर्म रूप में थी (वसिष्ठ 2/24 आदि), पर यदि वे आवश्यकता के बाद भी ऐसा करते रहें तो जातिच्युत हो सकते थे (वही 3/3)।

सूत्रों में जिस जीवन का चित्रण है, वह ग्रामों का है, नगरों का नहीं, जिसके विषय में कुछ हेठा भाव था। आपस्तंब (धर्मसूत्र 1/32/21) में लिखा है, "उसे चाहिए कि नगरों में न जाए।" बौधायन (ध.सू. 2/3/6/33) इससे भी आगे है–"जो धूल-धक्कड़ से भरे हुए शहर में रहता है उसके लिए मोक्ष पाना असंभव है।" इसी प्रकार उन बलिहोमों से भी देहात के किसान-जीवन का ही संकेत मिलता है। खेती के संबंध में जिनका विधान किया गया है; जैसे अशनि सीता और अरडा-अनधा आदि गोष्ठ देवताओं के लिए इष्टियाँ अथवा पर्जन्य, इंद्र और भग-संबंधी इष्टियाँ; एवं सीताहोम और खलधान होम आदि (गोभिल गृह्यसूत्र 4/4/28 आदि; 30 आदि)। इसके अतिरिक्त गाँव के बाहर जाकर चतुष्पथ या पर्वत के पास बलि देने के आदेश भी बराबर मिलते हैं जिनसे गृहस्थों के संबंध में भी नगर की अपेक्षा ग्राम-जीवन का संकेत अधिक पाया जाता है (वही 3/5/32-5)। इसी कारण सूत्रों में जिस वस्तु का उल्लेख है वह केवल सभा या सार्वजनिक द्यूतशाला है जो राजा की ओर से बनवाई जाती थी, पर इसका भी पटाव छप्पर का होता था, जैसा कि उसमें बन सकने वाले छिद्र से सूचित होता है।

दूसरे धर्मसूत्रों में भी निर्दिष्ट अवस्था बहुत भिन्न नहीं है। गौतम ने दिन-रात के किसी भी समय शहर में वेदपाठ का कड़ा निषेध किया है। उसमें राजा का डंडे से चोर को मारने का उल्लेख है (12/43), जिसका समर्थन आपस्तंब का यह वचन (ध.सू. 12/25/4) करता है–"चोर अपने बाल खोलकर कंधे पर डंडा रखकर राजा के सामने उपस्थित हो, उस डंडे से राजा उसका वध करे।" इससे छोटे क्षेत्र में राज्य के छोटे राजा और कर्मचारियों की सहायता के बिना उसके स्वयं शासन करने का संकेत प्राप्त होता है।

पर आपस्तंब का एक दूसरा स्थान (2/10/25) इससे उन्नत राजनीतिक जीवन की साक्षी देता है। उसमें कहा है कि राजा को चाहिए कि पुर का निर्माण करे, और अतिथिशाला से युक्त प्रासाद बनाए एवं सभा का निर्माण करे, जिसमें पासा खेलने के पट्ट का भी प्रबंध हो। राजकीय कर्मचारी ऐसे स्थानों का भी प्रबंध करते थे, जिनमें प्रहरण क्रीड़ा (शास्त्रों के खेल), नृत्य, गीत और वृंद-संगीत आदि होते थे। राजा को चाहिए कि गाँवों और नगरों में जनता की रक्षा करने के लिए

कर्मचारियों सहित आर्यपुरुषों को नियत करे। नगरों के चारों ओर एक-एक योजन तक और गाँवों में एक कोस तक चोरों से रक्षा करना उनका कर्तव्य था। अपने सीमा-क्षेत्र में चोरी हुई वस्तु उन्हें लौटानी या भरनी पड़ती थी, और राजा के लिए करों का संग्रह भी करना पड़ता था। इससे नागरिक और ग्राम-जीवन एवं बड़े राज्य-संगठन की सूचना मिलती है।

जीवन का व्यापक दृष्टिकोण इस बात से कुछ सीमित हो गया था कि समुद्र-यात्रा, विदेश-यात्रा या म्लेच्छों की भाषा सीखने का निषेध कर दिया गया था (वसिष्ठ 6/41; आपस्तंब 1/3/2/18)।

रामायण-महाभारतकालीन सभ्यता : रामायण और महाभारत संज्ञक दो इतिहास-ग्रंथ अपने वर्तमान रूप में सूत्र-युग के हैं, यद्यपि उनकी सामग्री अत्यधिक प्राचीन है।

काल : रामायण की भौगोलिक पृष्ठभूमि उसे महाभारत से पहले का सिद्ध करती है। उसमें विंध्याचल के बहुत आगे तक का विस्तार नहीं है और दक्षिण की जगह दंडकारण्य का उल्लेख है, पर महाभारत में भारत के सभी प्रदेशों का और उसके अनेक जनपदों का, जिनमें आर्य-संस्कृति के फलते-फूलते केंद्र थे, परिचय मिलता है।

साहित्य-रचना की दृष्टि से इन काव्यों के तीन अंश हैं—आख्यान, वंशावली और नीति, जिनमें से हरेक का मूल अति प्राचीन ग्रंथों में खोजा जा सकता है—ऋग्वेद में, जिसमें उर्वशी, यम-यमी, और सूर्या और किल्व या अक्षधूर्त[1] के छंदोबद्ध आख्यान हैं (10/91; 10; 85; 34 आदि), ऐतरेय आदि ब्राह्मण-ग्रंथों में, जिनमें हरिश्चंद्र का आख्यान इतिहास की विस्तृत शैली में कहा गया है; कालांतर की गाथाओं में जो बड़े आदमियों की प्रशंसा या स्तुति में गाई जाती थीं; और नागशंसी नामक वीराख्यान या पँवाड़ों में, जबकि वंशावली का उद्गम उपनिषदों की देवजन विद्या से ज्ञात होता है। अथर्ववेद, ब्राह्मण और उपनिषदों में जिस इतिहास-रूप पुराण का उल्लेख है उसका साहित्यिक उत्तराधिकार रामायण-महाभारत में ही मिलता है। महाभारत के प्रवक्ता पाराशर्य व्यास के द्वारा उसका संबंध शुक्ल यजुर्वेद से स्थापित होता है, जिसमें पाराशर का नाम मुख्य रूप से आता है। पुनश्च, जनमेजय का उल्लेख महाभारत और शतपथ-ब्राह्मण दोनों में हुआ है, और महाभारत ने शतपथ को समस्त ब्राह्मण-ग्रंथों में सर्वश्रेष्ठ माना है।

और भी पहले के ग्रंथों में महाभारत के पात्रों का उल्लेख है, जिससे केवल इतना सूचित होता है कि महाभारत का वर्तमान रूप उनके बाद का है। उदाहरण

---

1. वास्तविक अर्थ में ऋग्वेद 10/34 में किल्व की दुर्दशा का वर्णन आख्यान नहीं कहा जा सकता, हाँ नीतिपरक अवश्य है।—**अनुवादक**

के लिए, तैत्तिरीय आरण्यक में व्यास और वैशंपायन दोनों का नामोल्लेख है, किंतु महाभारत के रचयिता या संस्कर्ता के रूप में नहीं। पाणिनि ने महाभारत शब्द का उल्लेख किया है, पर ग्रंथ के अर्थ में नहीं, विशेषण के रूप में, जिससे भरतों के किसी महत् की सूचना हो[1] (6/2/38), किंतु उन्होंने वासुदेव, अर्जुन और युधिष्ठिर का नामोल्लेख किया है, और पहले दो का देवता के रूप में।

यह भी उल्लेखनीय है कि पांडव, जिनके कौरवों के साथ युद्ध का वर्णन महाभारत का मुख्य विषय है, ब्राह्मण सदृश अपेक्षाकृत नवीन ग्रंथों तक में अविदित हैं।

महाभारत के बड़े आचार्य सुमंत, जैमिनि, वैशंपायन और पैल का उल्लेख शांखायन के गृह्य-सूत्र में आया है।

अपने वर्तमान रूप में महाभारत पातंजल महाभाष्य के समय अर्थात् द्वितीय शती ई.पू. में भली प्रकार अस्तित्व में आ चुका था। वही समय भारत में विदेशी यवन, शक, पह्लव आक्रांताओं के आने का है, जिनका महाभारत में उल्लेख पाया जाता है। सच यह है कि महाभारत का रूप परिवर्धन और क्षेपकों द्वारा विकसित हो रहा था। आश्वलायन गृह्य-सूत्र में महाभारत और (उसके संक्षिप्त रूप) भारत का उल्लेख है।

इतिहास : मूलतः रामायण का विषय राम-रावण का युद्ध है, जिन्हें आर्य और अनार्य संस्कृतियों के प्रतिनिधि और मूर्तरूप माना जा सकता है। युद्ध का अंत लंबे और कठिन संग्राम के बाद आर्य की अनार्य पर विजय के रूप में होता है, जिसका जीतना उसके संगठन-बल और सुदूर लंका में राक्षसराज रावण की अत्युन्नत भौतिक सभ्यता के कारण दुष्कर था। रावण को शिव का भी अनन्य भक्त कहा गया है, जिसके कारण उसने बहुत-सी अतिमानुषी और आत्मिक शक्तियाँ प्राप्त कर ली थीं। दूसरी ओर राम विष्णु के अवतार एवं अध्यात्म-बल के प्रतीक थे। उनके पृष्ठपोषक वसिष्ठ और विश्वामित्र नामक दो ब्राह्मण-ऋषि सच्चे पथ-प्रदर्शक थे जिन्होंने इस युद्ध का बंधेज बाँधा और आर्य-पक्ष के अभ्युदय के लिए राम को उसमें अधिकृत कार्यसाधक के रूप में ले आए। वानर-राजाओं और उनकी सेनाओं ने युद्ध में राम की सहायता की, और यदि ये अनार्य जाति के लोग हों, तो इससे आर्यों का अनार्यों के ऊपर बढ़ता हुआ अधिकार प्रकट होता है। अंततः रामायण आर्य-संस्कृति के दक्षिण की ओर लंका तक प्रसार की सूचना देती है। किंतु उसकी लोकप्रियता तथाकथित इतिहास के लिए नहीं है, बल्कि पूर्ण

1. वस्तुतः पाणिनि ने भारत और महाभारत इन दोनों शब्दों का ग्रंथ के लिए ही उल्लेख किया है। आश्वलायन गृह्य-सूत्र में भी दोनों का साथ-साथ नाम है, और दोनों ही उस काल में पृथक्-पृथक् विद्यमान थे। **—अनुवादक**

चरित्रवान व्यक्तियों के चित्रण के लिए है—आदर्श पिता, पुत्र, भ्राता, पत्नी, पति, मित्र और सेवक जो कोटि-कोटि हिंदुओं के मन में घर किए हुए हैं।

महाभारत का विषय भी युद्ध ही है—आर्य और अनार्य के बीच में नहीं, किंतु स्वयं आर्यजनों के बीच में; और कोई एक विशेष भाग नहीं, सारा भारत इसमें सम्मिलित था। दोनों वीर-काव्यों में युद्ध का मूल बीज एक-सा है, अर्थात् रामायण में कथा की नेत्री सीता और महाभारत में कृष्णा (द्रौपदी), इन कथानेत्रियों के प्रति अधिक्षेप और अपहरण का दुर्व्यवहार। महाभारत के कुरुक्षेत्र युद्ध के प्रभाव में भारत के सभी आर्य राजा आ गए, जो कौरवों या पांडवों इन दो पक्षों में किसी एक की ओर से लड़े। पांडव और उनके मित्र मध्यदेश के थे, जैसे पंचाल, काशी, कोशल, मगध, मत्स्य, चेदि और मथुरा के यदु जबकि कौरवों के पक्ष में ये लोग थे—उत्तर-पूर्व में प्राग्ज्योतिष का राजा, चीन और किरात; उत्तर-पश्चिम में कंबोज, यवन, शक, मद्र, कैकय, सिंधु और सौवीर; पश्चिम में भोज, दक्षिण में दक्षिणापथ के राजा, दक्षिण-पूर्व में आंध्र और मध्य-देश में माहिष्मती और अवंति के राजा।

सन्निवेश : सभ्यता का आधार भूमि पर बसे हुए जन-सन्निवेश होते हैं, जो कि क्रमशः वर्धमान रूप में इस प्रकार हैं— (1) घोष, पशुओं का स्थान, जिसे व्रज भी कहते हैं; (2) पल्ली, छोटी अनार्य बस्ती (पल्लीघोषाः ; महाभारत 12/326/20); (3) दुर्ग, रक्षा के लिए सुरक्षित स्थान; (4) ग्राम, दुर्ग को केंद्र मानकर उसके चारों ओर बढ़ने वाला सन्निवेश; (5) खर्वट और पत्तन, कस्बे, और (6) नगर या शहर। नगर के लिए कंगूरे (कपि शीर्षक) युक्त अट्टालक और सात परिखाओं के रूप में रक्षा का विशेष प्रबंध किया जाता था, और शृंगाटक या चतुष्पथों के रूप में नगर का सूत्रमापन भी किया जाता था। उसके मार्ग जल से सुसिक्त और दीपिकाओं से प्रकाशित होते थे (3/284/3, 15-5/16 आदि)। रामायण में चार (2/48/16) और महाभारत में छह चतुष्पथों का उल्लेख है। नगर में राजप्रासाद सभा या न्यायाधिकरण, द्यूतशाला, संगीतशाला और मल्लों की क्रीड़ाशालाएँ होती थीं। नगर के हृदय या आभ्यंतर भाग के चारों ओर वणिजों की पण्यवीथियाँ या इसी प्रकार के भाग, छोटे लोगों के घर और उद्यान होते थे (महाभारत 4/22, आदि)। वीरकालीन नगरों में चार द्वार होते थे, किंतु लंका में आठ द्वार थे (6/93)।

राजनीति और शासन : शासन का ठाट दशम-प्रणाली पर आयोजित था। उसकी इकाई ग्राम थी, जिसका नेता ग्रामीण चारों दिशाओं में एक कोस तक रक्षा के लिए उत्तरदायी था। उसके ऊपर क्रमशः दशग्रामी, विंशपति, और शतग्रामी (दूसरा नाम ग्रामशताध्यक्ष) थे,जो दस, बीस और सौ गाँवों के शासक थे। उनके

ऊपर अधिपति होता था, जो एक सहस्र गाँवों का शासक था। इस क्रमशः बढ़ते हुए मंडल के भीतर ये अधिकारी कर वसूल करते, और अर्थदंड लेते थे, और एक से दूसरे उच्चाधिकारी के पास उसे जमा करते थे, और अंत में समस्त आय और उसका वृत्तांत राजा के पास केंद्रित होता था जो सबका अधिपति था। (मनु 7/115-125; याज्ञवल्क्य 1/321; आपस्तंब 2/10/26/4 आदि)।

राजा : राजा निरंकुश शासक नहीं था। उसे धर्म और नीति के अनुसार शासन चलाना होता था। अत्याचारी राजा अधिकारच्युत कर दिया जाता था; प्रजाओं का उत्पीड़न करने वाला राजा पागल कुत्ते की भाँति वध-दंड का पात्र था। दुष्ट राजा को सिंहासन छोड़ना पड़ता था (महाभारत 5/149/25)। उनका नियमित रूप से पृथ्वीपति के रूप में अभिषेक और पट्टबंध होता था (महाभारत 12-40; रामायण 2/69)।

संघीय संस्थाएँ : राजा को जनपद, कुल, जाति-श्रेणी और पूग, इन संघीय संस्थाओं के धर्मों या आचार और नियमों का पालन आवश्यक था।

गण : महाभारत शांतिपर्व में गणसंज्ञक संघीय शासन का उल्लेख आता है, जो उस समय प्रचलित थे। कई गणों का संयुक्त शासन (संघातगण) भी होता था।

महाभारत (13/81) में पाँच गणों का उल्लेख है—अंधक, वृष्णि, यादव, कुकुर और भोज, जिन्होंने एक संघ के अंतर्गत अपने-आपको संगठित किया था। इसके संघ-मुख्य कृष्ण थे, जिन पर उन सबके अभ्युदय का भार था। संयुक्त संघ के सदस्य-राज्य अपने-अपने नेता, जिसकी संज्ञा ईश्वर थी, की अधीनता में स्वायत्त थे। उदाहरण के लिए भोजों का नेता अक्रूर था। अक्रूर के अनुयायियों मे बलदेव भी थे (वही, 12/81/14)। आहुक स्वयं यादव था और उसी नाम की दूसरी शाखा का नेता भी (5/86)। आहुक लोग कृष्ण के मित्र थे (3/51)। इस संयुक्त संघ के अंतर्गत एक प्रकार का वर्गगत शासन भी चालू था (वर्ग=पार्टी)। वर्ग-नेताओं में अधिकार के लिए संघर्ष भी होता था। इस संबंध में आहुक, अक्रूर, गद, प्रद्युम्न, संकर्षण (बलदेव) और बभ्रु-उग्रसेन के नाम आते हैं। बभ्रु के अतिरिक्त, जिसने कृष्ण के विरुद्ध संगठन किया, और सब कृष्ण के अनुयायी थे। (12/81/17)। कृष्ण को भी कभी-कभी अपने पक्ष के लोगों की भक्ति के विषय में शिकायत रहती थी। उन्होंने नारद से शिकायत की कि संकर्षण अपने बल से, गद अपने गुणों से, प्रद्युम्न अपने सौंदर्य से अभिमान में चूर्ण होकर उन्हें असहाय छोड़ देते हैं, और आहुक और अक्रूर बभ्रु के विरोध में स्वयं सब अधिकार अपने हाथ में लेते हैं। परंतु नारद ने कृष्ण को परामर्श दिया कि वे संघ-मुख्य के अपने पद के उत्तरदायित्व तक ऊँचा उठकर आभ्यंतर भेदों से संघ की रक्षा करें, जो कि संघ

के नाश का कारण होता है (12/81)।

संघ कई प्रजातंत्रीय इकाइयों के समुदाय की संज्ञा थी किंतु गण से प्रत्येक का बोध होता था। गण को अपनी उन्नति के लिए भेद या आपसी फूट से बचना चाहिए, अपने प्रधान पुरुषों तक ही अपनी भेद की बातों को सीमित रखना चाहिए (मंत्रगुप्ति, प्रधानेषु), गण-मुख्यों और ज्ञानवृद्धों की समिति द्वारा शासन चलाना चाहिए, शास्त्र और परंपरागत धर्मों और व्यवहारों का पालन करना चाहिए, पक्षपात न करना चाहिए, व्यक्ति के विनयगुण के आधार पर ही सार्वजनिक सेवा-कार्य में किसी की नियुक्ति करनी चाहिए और समस्त आंतरिक भेदों को जड़ से ही शांत कर देना चाहिए। ये भेद कुल में उत्पन्न होते हैं, और कुल-वृद्धों की उपेक्षा से गोत्र में फैल जाते हैं, और बढ़ते-बढ़ते सारा गण उनमें डूब जाता है (12/107)।

निरंकुशता का नियंत्रण : राजा की निरंकुशता पर रोकथाम करने वाली संस्थाएँ मंत्रि-परिषद् और सभा थीं। सैंतीस मंत्रियों में से, जिनमें चार ब्राह्मण, आठ क्षत्रिय, इक्कीस वैश्य, तीन शूद्र और एक सूत सम्मिलित थे, सदस्यों की मंत्रि-परिषद् बनाई जाती थी (महा. 12/85/6-11)। प्रधानामात्य को मंत्री कहते थे। प्रतिदिन राजा का पहला काम मंत्र-गृह में अपने मंत्रियों से पृथक-पृथक या एकसाथ मंत्रणा के लिए जाना था (2/5/38)। सभा का अध्यक्ष या सभाध्यक्ष राज्य के अठारह मुख्य अधिकारियों (तीर्थों) में गिना जाता था (2/5/38)। ''वह सभा नहीं जिसमें वृद्ध न हों, वे वृद्ध नहीं जो धर्म के अनुसार न कहें'' (5/35/58)—इस वाक्य में सभा का रूप न्याय-संस्था का है। न्यायाधिकारी की संज्ञा सभास्तार थी (4/1/24)।

वीरकालीन राज्य-संस्था का घनिष्ठ संबंध अभिजातवर्गात्मक संस्था से था, जिनमें राजा के मित्र और बंधु, अधीन राजा, सैनिक नेता या शूर और पुरोहित सम्मिलित रहते थे। ये कुलीन लोग मंत्रणा में भाग लेते, सभाओं का संचालन करते, सेना का नेतृत्व करते, और समस्त युद्ध-संबंधी कामों में राजा के सहायक प्रतिनिधि या उपराज्य का कार्य करते थे। राजा उन सबमें अपने गुणों के कारण मुख्य था, जिसके आधार पर वस्तुतः वह चुना जाता था, वंशानुक्रम के कारण नहीं। उसकी श्रेष्ठता उसके शक्ति-बल में होती थी (वीर्यश्रेष्ठाश्च राजानः, महा. 1/136/19) यह भी कहा है कि ''ये तीन व्यक्ति राजा को बनाते हैं—शतकुलीन, शूर और सेना का संचालक'' (सेनां प्रकर्षति 12/75/22 आदि)। विभिन्न श्रेणियों के इन कुलीन पुरुषों के नाम इस प्रकार थे—(1) मंत्रिन्, या मंत्रि-परिषद् के सदस्य; (2) अमात्य, सामान्य अधिकारी, जिनमें से चुने हुए आठ—एक सारथि, तीन दास, और चार ऋत्विज—राजा के अंतरंग परिचारक होते थे, (1/140/2 आदि); (3)

सचिव, जो सर्वोच्च स्थानीय सैनिक अधिकारी होते थे, और राजा की अनुपस्थिति में उसके कार्यों का निर्वाह करते थे (1/49/23); (4) पारिषद्, परिषद् के सदस्य जो राजा की अनुपस्थिति में राज्य की रक्षा भी करते थे (5/38/14-20); (5) सहाय, उच्चस्थानीय मंत्री, जो राजा के सहायक होते थे (12/83/22; 57/23); (6) अर्थकारिन्, राज्य-कार्यों के लिए उत्तरदायी अधिकारी, जिनकी संख्या मंत्रि-परिषद् में पाँच होती थी (वही); और (7) धार्मिक, या न्यायाधिकारी (12/121/46; रामायण 6/3/13)। यह ध्यान में रखना चाहिए कि इन विभिन्न पदाधिकारियों के कार्यों और कर्तव्यों का पृथक निदेश न होने के कारण उनके महत्त्व का भेद करना कठिन है।

अंत में यह भी ज्ञातव्य है कि इन ग्रंथों में राज्य के विभागाधिपति तीर्थ-संज्ञय मुख्य अठारह अधिकारियों का भी उल्लेख आता है (2/5/38; रामायण 2/109/45)। उनके नाम ये हैं-- (1) मंत्री (परिषद् का प्रधान), (2) पुरोहित (मुख्य ऋत्विज), (3) युवराज, (4) चमूपति (सेना का मुख्य सेनापति), (5) द्वारपाल, (6) अंतर्वंशिक (अंतःपुर का अधिकारी), (7) कारागाराधिकारी, (8) द्रव्यसंचयकृत (मुख्य प्रबंधक), (9) अर्थविनियोजक (कृत्याकृत्यों में धन का ठीक प्रकार विनियोग या व्यय-विभाग करने वाला, कृत्याकृत्येषु चार्थानां विनियोजक), (10) प्रदेष्टा (मुख्य न्यायपति), (11) नगराध्यक्ष, (12) कार्यनिर्माणकृत (निर्माण-विभाग का मुख्य अधिकारी), (13) धर्माध्यक्ष, (14) सभाध्यक्ष (सभा का प्रमुख), (15) दंडपाल (दंडव्यवस्था का मुख्य अधिकारी), (16) दुर्गपाल (दुर्गों का अधिकारी), (17) राष्ट्रांतपालक (सीमांत प्रदेशों के मुख्य अधिकारी), (18) अटवीपालक (वन-विभाग का मुख्य अधिकारी)।[1]

भारतीय अनुश्रुति के अनुसार भारतीय इतिहास : पुराण : साहित्य के एक अंग के रूप में पुराण वीर-काव्यों और धर्मशास्त्रों से शैली और भाव में बहुत मिलते हैं, क्योंकि उनकी रचना भी उसी प्रकार की संस्कृत भाषा और श्लोकों में हुई है। कहीं-कहीं दोनों में कुछ लंबे अंश एक समान हैं। साधारणतः पुराणों में ये पाँच विषय होने चाहिए–(1) सर्ग (सृष्टि); (2) प्रतिसर्ग (प्रलय के बाद पुनः सृष्टि या जगत् की अवांतर प्रलय); (3) वंश (देशों और ऋषियों की वंशावलियाँ), (4) मन्वंतर (काल के महायुग), (5) वंशानुचरित (चार युगों में राज्य करने वाले राजवंशों का इतिहास), जिनको मिलाकर एक 'महायुग' बनता है। पर यह आदर्श योजना वर्तमान पुराणों में पूरी तरह घटित नहीं मिलती। पुराणों की ऐतिहासिक सामग्री विषय-संख्या (5) तक सीमित है, पर वह अठारह में से केवल सात पुराणों में

1. मैं इन सूचनाओं के लिए ई. डब्ल्यू. हापकिन्स के अमेरिकन ओरियंटल सोसाइटी की पत्रिका (भाग 13) में प्रकाशित लेख का ऋणी हूँ।

मिलती है, जिसके फलस्वरूप ग्यारह पुराणों में इस प्रकार की इतिहासपरक सामग्री का अभाव है। कहा जाता है कि पुराणों का पारायण लोमहर्षण सूत या उनके पुत्र उग्रश्रवा ने किया। यह सूचित करता है कि पुराणों का आधार जो अनुश्रुति थी, वह ब्राह्मणों की रक्षा में न थी। वायुपुराण में स्पष्ट कहा है (1/1/26-8) कि सूत का जन्म राजाओं के यशोगान के लिए आख्यान और अनुश्रुतियों के निधिपालक के रूप में हुआ, जिनका वेद से संबंध न था। फिर भी पुराण अधिकांश में ब्राह्मणों द्वारा प्रतिसंस्कृत होकर उनसे प्रभावित हो गए और धार्मिक प्रयोजन के लिए उपयोग में लाए जाने लगे। उनका नैतिक प्रयोजन इस प्रकार स्फुट किया गया है—''जिसने सूर्यवंश के इक्ष्वाकु, जह्नु, मांधाता, सगर और रघु के, जो सब-के-सब नाश को प्राप्त हो चुके हैं, ययाति, नहुष और उनके वंशजों के , जो अब नाम-शेष हो गए हैं, और उन महा-बलशाली दुर्धर्ष-विक्रम और अपरिचित वैभव वाले राजर्षियों के, जिन्हें और भी उग्र शक्ति वाले काल ने पचाकर केवल कथा-मात्र बना दिया है, चरित सुने हैं, उस व्यक्ति के मन में ज्ञान का उदय होगा और वह अपनी संतान, स्त्री, गृह-द्वार, भूमि और धन में ममत्व न करेगा'' (विष्णु पुराण, 4/240)। इस प्रकार राजाओं का इतिहास भी मानवी इच्छाओं के मिथ्याभिमान को बताने के लिए ही कहा गया है। यों महान् देवता शिव और विष्णु की प्रशंसा में निर्मित पुष्कल धार्मिक भाग पुराणों में समाविष्ट हो गया। फलस्वरूप पुराण इस समय उत्तरकालीन हिंदू-धर्म में धर्मग्रंथ माने जाते हैं, जैसे प्राचीन ब्राह्मण-धर्म के लिए वेद थे। केवल उन्हें वेदों-जैसी पवित्रता और पाठशुद्धि, जिसके कारण वेदों का पाठ क्षेपक-रहित बना रहा, प्राप्त नहीं।

पुराण की प्राचीनता उपनिषत्काल तक जाती है, जहाँ इतिहास-पुराण को अध्ययन का मान्य विषय स्वीकृत किया गया है, और यहाँ तक कि उसे पंचम वेद कहा गया है। इसका तात्पर्य यह था कि रामायण-महाभारत के साथ पुराण भी जनता के लिए वेद की भाँति थे।

सब पुराणों में 'विष्णु पुराण' सर्वोत्तम रूप में सुरक्षित है। पुराणों में आपसी भिन्नताएँ स्थानीय प्रभावों के कारण भी हैं, जैसे 'ब्रह्मपुराण' में उड़ीसा की छाप का पता लगता है, 'पद्म' का संबंध पुष्कर से है, 'अग्नि' का गया से, 'वराह' का मथुरा से, 'वामन' का थानेश्वर से, 'कूर्म' का काशी से और 'मत्स्य' का नर्मदा-तटवासी ब्राह्मणों से। विद्यमान पुराण ग्रंथ-संबंधी प्राचीनतम उल्लेख 'आपस्तम्ब धर्मसूत्र' में आता है (2/9/24/6) जिसमें द्वितीय शती ई. पू. के लगभग 'भविष्य पुराण' का उल्लेख किया गया है जिससे उक्त पुराण का और भी अधिक प्राचीन समय पाँचवीं शती ई. पू. के लगभग ज्ञात होता है (पार्जीटर : प्राचीन भारतीय ऐतिहासिक अनुश्रुति, पृष्ठ 44-54)।

भौगोलिक पृष्ठभूमि : पुराणों में कुछ निश्चित भौगोलिक उल्लेख आते हैं। देश

की संज्ञा भारतवर्ष है। उसे हिमालय के दक्षिण और समुद्र के उत्तर विस्तृत कहा गया है। भरतों की प्रजाओं का निवास होने के कारण इसका नाम भारतवर्ष पड़ा। उसमें सात मुख्य कुल-पर्वत हैं—महेंद्र, मलय, सह्य, शुक्तिमत, ऋक्ष, विंध्य और पारिपात्र (या पारियात्र)। यह भी कहा गया है कि भारत के पूर्व में किरात, पश्चिम में यवन और मध्य में आर्य बसते हैं, जिनके भेद ब्राह्मण, क्षत्रिय, वैश्य और शूद्र नामक चार वर्ण हैं (विष्णु पुराण 2/ 127-129)। हिमालय एवं सात कुल-पर्वतों से निकलने वाली नदियों और भिन्न-भिन्न जनपदों में बसने वाले जनों के नामों की भी उनमें ब्यौरेवार सूचियाँ हैं। इस सामग्री का कुछ भाग अद्यावधिक करने के लिए बाद में परिवर्तित भी किया गया। इसीलिए इनमें यवन, शक और पह्लवों का जो पहली-दूसरी शती ई. पू. में भारत में आए, और हूणों का, जिन्होंने छठी शती ई. में गुप्त साम्राज्य को ध्वंस कर डाला, उल्लेख पाया जाता है।

महाभारत युद्ध तक का इतिहास : पुराणों में आदिराज मनु वैवस्वत की कल्पना की गई है, जिससे भारत के सब राजवंशों का उद्गम हुआ। उसकी पुत्री इला थी, जिससे पुरुरवा ऐला का जन्म हुआ, जिसने प्रतिष्ठान (आधुनिक प्रयाग के पास झूसी) को आदिम भारतीय सन्निवेश के रूप में अपनी राजधानी बनाकर राज्य किया। मनु के दूसरे पुत्र इक्ष्वाकु ने मध्यदेश में अयोध्या को राजधानी बनाकर शासन किया।

इक्ष्वाकु के पुत्र निमि ने विदेह में अपने को प्रतिष्ठित किया और उसके पुत्र दंडक ने दक्षिण के वन में, जो उसके नाम से दंडक वन कहलाया। दूसरी धारा से मनु के अन्य पुत्र सौद्युम्न ने गया और पूर्वी जनपदों में राज्य-स्थापना की। पुरुरवा के अन्य पुत्र अमावसु ने कान्यकुब्ज और पौत्र ने काशी बसाई।

इक्ष्वाकु के वंशज ययाति की अधीनता में ऐल साम्राज्य की स्थापना हुई जिनके पाँच पुत्रों के नाम यदु, तुर्वसु, द्रुह्यु, अनु और पुरु थे, जो सब ऋग्वेद के समय में प्रसिद्ध हो चुके थे। इस प्रकार वेदों और पुराणों की अनुश्रुति एक-दूसरे से जुड़ जाती है। इन पाँच पुत्रों ने आपस में भारत के उत्तरी मध्यदेश को, जिसमें काशी और कान्यकुब्ज के प्राचीन ऐल राज्य भी थे, बाँट लिया। पुरु को पितृ-पितामह का बीच का प्रदेश, अर्थात् गंगा-यमुना की अंतर्वेदी का दक्षिणार्ध, जिसकी राजधानी प्रतिष्ठान थी, प्राप्त हुआ। यदु को दक्षिण-पश्चिम भाग, चर्मण्वती (चंबल), वेत्रवती (बेतवा) और शुक्तिमती (केन) नदियों से सिंचित प्रदेश प्राप्त हुआ। द्रुह्यु ने यमुना के पश्चिम और चंबल के उत्तर वाले पश्चिमी भूभाग में अपने पैर जमाए। अनु ने उत्तर में अर्थात् गंगा-यमुना की अंतर्वेदी के उत्तरार्ध भाग में, और तुर्वसु ने रीवाँ प्रदेश के समीप दक्षिण-पूर्व में अपने-आपको स्थापित किया।

यदु के वंशजों ने विशेष उन्नति की, जो वृद्धि को प्राप्त होकर हैहय और यादव इन दो बड़ी शाखाओं में बँट गए, और यदु के राज्य के उत्तरी और दक्षिणी भागों पर

अधिकृत हो गए। यादवों ने शशबिंदु के नेतृत्व में आगे कदम बढ़ाया और पौरवों एवं द्रुह्यु के प्रदेशों को भी जीत लिया।

यादवों के इस राज्य के प्रतिस्पर्धी मांधाता के अधीन अयोध्या का राज्य था, जिसने कान्यकुब्ज, पौरवों के राज्य और द्रुह्यु लोगों के प्रदेश को भी जीत लिया, जिसके फलस्वरूप द्रुह्यु के राजा गंधार को भागकर गांधार देश में शरण लेनी पड़ी, जिसका नाम उसी के नाम पर रखा गया। उसके पुत्र मुचुकुंद ने नर्मदा के तट पर माहिष्मती (आधुनिक मांधाता) और पुरिका में अपने-आपको प्रतिष्ठित किया।

मांधाता की दिग्विजयों की प्रतिक्रिया के रूप में हैहय, आनव और द्रुह्यु लोगों में बड़ी उथल-पुथल हुई। आनव दो शाखाओं में बँट गए। एक उशीनर के नेतृत्व में पंजाब की ओर फैले और उन्होंने द्रुह्यु लोगों को गांधार की ओर एवं उससे भी बाहर म्लेच्छ देशों की ओर खदेड़कर यौधेय, अंबष्ठ, शिबि, मद्र, कैकय और सौवीर जनपदों की स्थापना की। तितिक्षु के नेतृत्व में आनव शाखा पूर्व की ओर विदेह और वैशाली से परे फैल गई, और उसने राजा बलि की अधीनता में अंग, वंग, पुंड्र, सुह्य और कलिंग के पाँच राज्यों की स्थापना की।

इस स्थिति में हैहय साम्राज्य ने कार्तवीर्य अर्जुन की दिग्विजयों के रूप में पदार्पण किया, जिसने नर्मदा के तट पर बसे हुए भार्गव ब्राह्मणों को मार भगाया। उन्होंने कान्यकुब्ज और अयोध्या के क्षत्रियों के यहाँ शरण ली। इस अभिसंधि के दुर्विपाक के रूप में जमदग्नि हुए, जिनके पुत्र परशुराम ने तालजंघ के अधीन हैहय राज्य को नष्ट कर दिया, किंतु यह स्वल्पकालिक ही रहा।

तालजंघों ने वीतहोत्र, शार्यात, भोज, अवंति और तुंडिकेर इन पाँच शाखाओं में बँटकर सारे उत्तर भारत में अपना अधिकार फैलाया, और उत्तर-पश्चिम से आने वाले शक, यवन, कंबोज, पारद और पह्लवों की सहायता से कान्यकुब्ज और अयोध्या के राज्यों को बिलट डाला और अपनी विजयों का विदेह और वैशाली तक विस्तार किया।

अयोध्या ने सगर के नेतृत्व में पुनः सिर उठाया और उसने हैहय के प्रभुत्व को मिटाकर उत्तर भारत में फिर अपने राज्य की स्थापना की। इस भारी उलटफेर में जो राज्य जीते बचे वे ये थे—विदेह, वैशाली, पूरब के आनव राज्य, मध्यदेश में काशी, रीवाँ में तुर्वसु का वंश, और विदर्भ का नया यादव राज्य।

पुराना पौरव राज्य भी सगर की मृत्यु के बाद दुष्यंत और उसके पुत्र भरत के नेतृत्व में पुनः उत्थान को प्राप्त हुआ। किंतु इस बार एक नए क्षेत्र में गंगा-यमुना की अंतर्वेदी के उत्तरी भाग में हस्तिनापुर को राजधानी बनाकर पुराने प्रतिष्ठान को छोड़ दिया गया। इन नव-संस्थापित राज्यों में भरतों का बहुत विस्तार हुआ, जैसे कृवि या पंचाल के दो राज्यों के रूप में—उत्तरी, जिसकी राजधानी अहिछत्र थी, और दक्षिणी, जिसकी राजधानी कांपिल्य थी।

अयोध्या को अत्यंत योग्य राजाओं की परंपरा के अधीन पुनः शक्ति प्राप्त हुई। इनमें भगीरथ, दिलीप, रघु, अज और दशरथ आदि थे, जिनके समय में अयोध्या का नाम कोसल पड़ गया था।

मध राजा की अधीनता में यादव भी शक्तिशाली हुए और माधवों का राज्य गुजरात से यमुना तक फैल गया।

दशरथ के काल की राज्य-शक्तियों का इस प्रकार सन्निवेश रामायण के वर्णन से मिलता है। इससे ज्ञात होता है कि अयोध्या या कोसल पूर्व के विदेह, अंग और मगध, पंजाब के कैकय, सिंधु और सौवीर, पश्चिम के सौराष्ट्र और दाक्षिणात्य राज्यों का मित्र-राज्य था।

राम के बाद अयोध्या की स्थिति फिर गौण हो जाती है। अगले युग में यादव और पौरव राजनीतिक मंच पर मुख्य अभिनेता के रूप में सामने आते हैं।

यादवों के चार राज्य थे, जिनमें अंधक और वृष्णि मुख्य थे। अंधक का राज्य मथुरा में था, जहाँ उसका पुत्र कुकुर उत्तराधिकारी हुआ, जिसके वंशज कुकुरों ने वहाँ कंस के पूर्व तक राज्य किया। वृष्णि ने अपने वंशज अक्रूर के पूर्व तक राज्य किया।

इस युग में दूसरे यादव राज्य विदर्भ, अवंति और दशार्ण थे और एक हैहय राज्य माहिष्मती में था। वृष्णियों के अतिरिक्त अधिकांश यादव भोज भी कहलाते थे।

लगभग इसी समय उत्तरी पांचाल में ऋग्वेद में ख्याति-प्राप्त सृंजय, च्यवन, और सुदास नामक प्रभावशाली राजाओं का राज्य था। सुदास ने पौरव राजा संवरण को हस्तिनापुर से भगाकर उसके विरुद्ध दाशराज्ञ युद्ध का सगठन किया, किंतु सुदास के बाद उसके राज्य का ह्रास हुआ. और पौरवों ने फिर उठान लेकर हस्तिनापुर को आत्मसात् कर लिया, एवं उत्तरी पांचाल को जीत लिया। कुरु के नेतृत्व में पौरव राज्य प्रयाग तक फैल गया था। इसके बाद उसका पुनः ह्रास हुआ। आगे चलकर प्रतीप और शांतनु के अधीन वह फिर बलयुक्त बना। शांतनु के पौत्र धृतराष्ट्र और पांडु थे। धृतराष्ट्र के पुत्र दुर्योधन आदि कौरव कहलाए और पांडु के पाँच पुत्र पांडव, जिनके नाम युधिष्ठर, भीम, अर्जुन, नकुल और सहदेव थे।

इस प्रकार हम पुराणों में सुरक्षित सामग्री के आधार पर अविच्छिन्न इतिहास-क्रम के उस युग तक आ जाते हैं जब कि महाभारत के युद्ध का बानक बन रहा था।

महाभारत युद्ध के बाद का इतिहास : भारतयुद्ध के बाद का इतिहास पुराणों से भी सूचित होता है। उस युद्ध की कालगणना में भी उनसे सहायता मिलती है। पार्जीटर ने इस प्रकार इसे निकाला है—322 ई. पू. को चंद्रगुप्त मौर्य के राज्यारंभ की तिथि मानकर (जैसा अन्य प्रमाणों से निश्चित हो चुका है) हम पुराणों की

सहायता से उसके पूर्वकालीन वंशों की तिथियाँ निकाल सकते हैं। उसके पूर्व नौ नंद, महापद्म और उसके आठ पुत्र हुए, जिनकी अवधि सौ वर्ष थी। पुराण के सर्वोत्तम पाठ के अनुसार सौ वर्ष की गणना उनकी आयु की थी, राज्य-काल की नहीं। यदि महापद्म बीस वर्ष की आयु में गद्दी पर बैठा तो वह (322 + 80) 402 ई. पू. में इस पद पर आया। अब महापद्म और भारत-युद्ध के बीच की अवधि के विषय में तीन मत हैं। उनमें जो सबसे अधिक तर्कसम्मत हो सकता है उसके अनुसार सर्वक्षत्रांतक महापद्म के समय से पूर्व भारत-युद्ध तक इतने राजाओं ने राज्य किया था, अर्थात् 24 ऐक्ष्वाकु, 27 पंचाल, 24 काशी, 28 हैहय, 32 कलिंग, 25 अश्मक, 36 कुरु (पौरव), 28 मैथिल, 23 शूरसेन और 20 वीतहोत्र। यदि हम महापद्म की विजयों के लिए बीस वर्ष का युक्तियुक्त समय मान लें तो (402-20) 382 ई. पू. में वे समाप्त हो चुकी थीं। इन समकालीन दस राजवंशों की इस सूची के अतिरिक्त पौरव, ऐक्ष्वाकु और बार्हद्रथ राजाओं की वंशावली की अन्य सूची भी मिलती है, जिसमें पूर्वकाल के और भविष्य के राजाओं के बीच में विभाजक-रेखा खींची हुई पाई जाती है। यह रेखा भारत-युद्ध के समय खींची गई। इक्ष्वाकु वंशावली में दिवाकर के बाद 25 भावी राजाओं के नाम हैं, जब कि दूसरी सूची में 24 हैं। पौरव या कुरु-सूची में भविष्य के राजाओं की संख्या 25 है, जबकि दूसरी सूची में 36 दी हुई है। किंतु एक सुप्रमाणित पाठांतर के अनुसार यह संख्या 36 की जगह 26 है। इस प्रकार दोनों सूचियों में राजाओं की संख्या और एक ही आदिबिंदु से दूसरे बिंदु तक अर्थात् भारत-युद्ध से 382 ई.पू. में महापद्म की दिग्विजय तक उनकी कालगणना बिलकुल मिल जाती है। यदि 36 कुरुओं को 26 शुद्ध कर दें तो दस राजवंशों में राजाओं की कुल संख्या 257 हुई, और हरेक में औसत क्षेत्र-संख्या 26 हुई। यदि प्रत्येक राजा के राज्य का औसत 18 वर्ष माना जाए तो 26 राजाओं का राज्यकाल 468 वर्ष होता है। 382 में 468 जोड़ने से 850 ई. पू. का समय आता है। मगध वंश की राजसूची से भी यही परिणाम निकलता है। मगध के भावी बार्हद्रथ राजा सेनाजित् के बाद सोलह कहे गए हैं। पाँच प्रद्योत एवं दस शिशुनाग राजाओं के साथ-साथ इन्होंने 402 ई. पू. में महापद्म के राज्याधिरोहण वर्ष तक राज्य किया। प्रद्योत मगध के राजा न थे, अतएव उन्हें छोड़कर 26 राजाओं के लिए (850—402) 448 वर्षों का समय आता है, अर्थात् 17 वर्ष का औसत राज्यकाल, जो उस परिवर्तनशील युग में कुछ बहुत अनहोना नहीं कहा जा सकता।

अंततः भारत-युद्ध की तिथि निकालने के लिए, हमें उन राजाओं का समय जोड़ देना चाहिए जिन्होंने ऊपर कहे हुए तीन राजवंशों से पहले राज्य किया था, अर्थात् पाँच पौरव, चार ऐक्ष्वाकु और छह बार्हद्रथ। इन पंद्रह राजाओं का औसत पाँच हुआ, जिनके लिए 100 वर्ष का राज्यकाल मानकर 950 ई. पू. भारत-युद्ध की तिथि निकलती है।

यह उल्लेखनीय है कि यह काल-गणना (1) ग्यारह समकालीन भारतीय राजवंश,और (2) दूसरे देशों के चौदह ऐतिहासिक राजवंशों की राज्य-कालगणना के विश्वसनीय आधार पर औसत निकालते हुए निश्चित की गई है, और इसलिए इसे 'युक्तिसंगत निकटतम अनुमान' के रूप में स्वीकार किया जा सकता है (पार्जीटर, वही, पृष्ठ 179-183)। पार्जीटर की गणना के विरुद्ध संभवतः एक युक्ति यह दी जा सकती है कि इसका आधार एक राजा के राज्यकाल के लिए 18 वर्ष का औसत माना गया है जो कि उस गणना में राजाओं की संख्या को देखते हुए औसत के रूप में अल्प है। इसके अतिरिक्त दो प्रमाण और भी हैं, जिन्हें बिलकुल छोड़ न देना चाहिए। पहला यह कथन है कि महापद्म के अभिषेक और भारत-युद्ध के बीच में मगध में 22 बार्हद्रथ, 5 प्रद्योत और 10 शिशुनागों ने राज्य किया, जो 1408, या 1498, या 939 वर्षों तक रहे। दूसरा कथन महाभारत का ही यह है (महा. 14/66-70) कि महापद्म के अभिषेक और परीक्षित के जन्म, जो कि महाभारत-युद्ध के ठीक बाद हुआ, के बीच में 1050 (या 1015) वर्ष का समय बीता। पार्जीटर ने यह कहकर कि इससे प्रत्येक राजा का औसत ऊँचा बैठता है, इन संख्याओं को उड़ा दिया था। शायद बीच का रास्ता निकल सकता है यदि हम एक राजा को एक पीढ़ी मान लें, क्योंकि यह स्पष्ट नहीं है कि उत्तराधिकार हमेशा पिता से पुत्र को प्राप्त होता रहा। यदि एक पीढ़ी की गणना 25-33 वर्ष की जाए जैसी कि प्रायः की जाती है, तो महाभारत के 1015 वर्ष या कम संख्या वाले 938 वर्ष इतने अतिमात्र न रह जाएँगे। तिथिक्रम-संबंधी अतिशय महत्त्व की एक दूसरी बात भी है जिसका किसी भी प्रस्तावित गणना के साथ मेल बैठाना होगा। यह निम्नलिखित व्यक्तियों की समसामयिकता है—बिंबसार, उदयन, प्रसेनजित्, प्रद्योत, अजातशत्रु, बुद्ध और महावीर, जैसा कि पालि और जैन-ग्रंथों के आधार पर स्थापित हो चुका है। बौद्ध अनुश्रुति बुद्ध का समय 623-543 ई. पू. निश्चित करती है, और महावीर उनसे लगभग तीन वर्ष पूर्व निर्वाण को प्राप्त हुए। पुराणों में दी हुई कई वंशावलियाँ उन राजाओं के नाम देती हैं, जो बुद्ध के समकालीन थे, जैसे मत्स्यपुराण की पौरव सूची में 25 राजाओं के बाद उदयन का नाम आता है; या उसके और अभिमन्यु के बीच में जो सूची में दूसरा है, और जो भारत-युद्ध में मारा गया, 23 पीढ़ियाँ होती हैं। दूसरी सूची इक्ष्वाकुओं की है जिसमें 24 राजाओं की परंपरा प्रसेनजित तक पहुँचती है। यदि इनमें से हम चार नाम निकाल दें, अर्थात् बुद्ध-वंश के संस्थापक शाक्य का, बुद्ध के पिता शुद्धोदन का, स्वयं बुद्ध का और उसके पुत्र राहुल का, जिन्हें स्पष्टतः कोसल के सूतों ने अपने राजवंश की प्रतिष्ठा बढ़ाने के लिए जोड़ दिया है, तो बुद्ध के समय से भारत-युद्ध के बीच 22 पीढ़ियाँ रह जाती हैं। मागध वंशावली में भारत-युद्ध में मारे गए सहदेव और अंतिम राजा रिपुंजय के उत्तराधिकारी राजा प्रद्योत के बीच में 22 राजाओं के ही नाम हैं।

संभवतः पुराणों ने भूल की है। पालि ग्रंथों में प्रद्योत को अवंति का राजा कहा गया है, मगध का नहीं, जिसका वह बड़ा भयंकर वैरी था। पालि ग्रंथों की सहायता से हम पुराणों की भूल सुधार सकते हैं। यदि मगध के रिपुंजय के बाद के छह प्रद्योतों के नाम सूची में से निकालकर उसके उत्तराधिकारी बिंबसार को नए वंश के संस्थापक के रूप में मान लें, जिस वंश में शिशुनाग वंश-संस्थापक न होकर, जैसा पुराण मानते हैं, बाद का राजा ही था, तो ज्ञात होता है कि बुद्ध के तीन सामयिक राजा–बिंबसार, प्रसेनजित और उदयन–भारत-युद्ध के बाद क्रमशः बाईसवीं, तेईसवीं और चौबीसवीं पीढ़ी में थे।

अतएव हमें अब तीन प्रमाणों पर विचार करना है जिन्हें यथासंभव एक सूत्र में गूँथना होगा। यह तभी संभव है जब हम एक पीढ़ी के लिए स्वीकृत अवधि के अनुसार पीढ़ी को 33 वर्ष का मानकर गणना करें। इस आधार पर सर्वप्रथम बुद्ध से 24 पीढ़ी पूर्व की गणना द्वारा (24 × 33 + 623) 1415 ई. पू. भारत-युद्ध की तिथि पर हम पहुँचते हैं। दूसरे, महापद्म नंद से 31 पीढ़ी गिनने से उस घटना का समय (31 × 33 + 402) 1425 ई. पू. निश्चित होगा। तीसरे, महापद्म के अभिषेक से 1050 वर्ष जोड़ने से भी वह तिथि (1050 + 382) 1432 ई. पू. होती है। यों ये तीनों प्रमाण भिन्न-भिन्न स्रोतों से संगृहीत होने पर भी लगभग एक तिथिक्रम-संबंधी परिणाम पर पहुँचाते हैं, अर्थात् भारत-युद्ध का समय 1400 ई. पू. के लगभग था।

पुराणों के अनुसार आर्यों का मूल उद्गम : भारत का अनुश्रुतिमूलक इतिहास, जैसा कि हम ऊपर देख चुके हैं, (1) ऐल, (2) सौद्युम्न, और (3) मान्व या मानव, इन तीन वंशों से आरंभ होता है, जिनके केंद्र प्रतिष्ठान, गया, अयोध्या और मिथिला में थे। ऐल और उनकी शाखाओं के विस्तार के सामने दूसरे दो वंश पीछे हट गए, और सारे उत्तर भारत में विदर्भ तक ऐलों का ही प्रभुत्व छा गया। पार्जीटर ने यह साहसपूर्ण सुझाव दिया था कि ऐल या ऐर आर्य थे, सौद्युम्न मुंडा जाति के थे और मान्व द्राविड़ थे। ऐलों का मूल निवास कोई मध्य हिमालय का प्रदेश या उत्तरी देश था, जिसे पुराणों में इलावृत कहा गया है। भारतीय अनुश्रुति में आर्यों का उत्तर-पश्चिम से या भारत के बाहर से आकर आक्रमण करने अथवा आर्यों के पश्चिम से पूर्व की ओर प्रसार का तनिक भी उल्लेख नहीं पाया जाता। इसके विपरीत, उस अनुश्रुति में ऐलों के देश से बाहर जाने और द्रुह्यु लोगों के उत्तर-पश्चिम की ओर सिंधु-पार के देशों में फैल जाने का वर्णन आता है। इसी के अनुसार ऋग्वेद (10/75) में गंगा से लेकर नदियों की सूची पूर्व से उत्तर-पश्चिम की ओर बढ़ती हुई दी गई है, जो कि ऐलों के विस्तार और उत्तर-पश्चिम के बाहर उनके फैलाव से मेल खाती है। इसी प्रकार दाशराज्ञ युद्ध के ऋग्वेदीय वर्णन में

उत्तर पंचाल के ऐल राजा सुदास का, जिसके विपरीत वह युद्ध लड़ा गया था, पश्चिम की ओर पंजाब में घुसकर दिग्विजय करते हुए वर्णन है। यह इस मत के भी अनुकूल है कि ऋग्वेद का अधिकांश भाग गंगा-यमुना की अंतर्वेदी के ऊपरी भाग में और समतल मैदान में रचा गया। ऋग्वेद में सरस्वती को विशेष रूप से पवित्र कहा है, और अवध की नदी सरयू भी उसमें विदित है। इस मत को और भी समर्थन 1400 ई. पू. के बोगाजकुई के लेख में इंद्र, वरुण, मित्र और नासत्य, इन वैदिक देवताओं के उल्लेख से भी, जैसा पहले कहा जा चुका है, प्राप्त होता है, जिससे यह सिद्ध होता है कि 1500 ई. पू. से पहले भारतवर्ष से बाहर मनुष्यों का निश्चरण हुआ था, जो अपने साथ अपने देवताओं को भी लेते गए थे। इसलिए भारत में आर्यों का मूल विकास और उनकी संस्कृति इससे भी बहुत पूर्व काल की होनी चाहिए। पार्जीटर ने इससे भी आगे बढ़कर उत्तर-पश्चिम के बाहर भारतीय निर्यात का संभावित समय भी निकाला है। पुराणों से भारतीय इतिहास के विकास का सूचक जो वंश-वृक्ष बनाया गया है, उसमें भारत-युद्ध से 55 पीढ़ी पूर्व द्रुह्यु लोगों का बाहर विस्तार हुआ था। यदि एक पीढ़ी के लिए बारह वर्ष माने जाएँ, तो भारत से बाहर द्रुह्यु-निर्गम 1000 ई. पू. के भारत-युद्ध से (55 × 13 = 660 वर्ष) पूर्व हुआ होगा। यों वह सत्रहवीं शती ई. पू. में हुआ, जिससे पंद्रहवीं शती ई. पू. में एशिया माइनर में वैदिक देवताओं की संभावना की भी व्याख्या हो जाती है।

वैदिक तिथिक्रम के साथ संपर्क : भारत-युद्ध और परीक्षित की तिथि, जिसका ऊपर निश्चय किया गया है, वैदिक तिथिक्रम के कुछ प्रश्नों का थोड़ा समाधान करने में भी सहायक होती है। महाभारत के अनुसार, अर्जुन के पौत्र और अभिमन्यु के पुत्र परीक्षित का, जो हस्तिनापुर के राजा थे, पुत्र जनमेजय हुआ, जिसके समय की दो घटनाएँ प्रसिद्ध हैं। उसने तक्षशिला में एक नागयज्ञ किया और उसने पहले-पहल वैशम्पायन से महाभारत का पारायण सुना। इस पर ध्यान देना भी रोचक है कि कुछ वैदिक ग्रंथ, जैसे 'अथर्ववेद', 'शतपथ', 'ऐतरेय ब्राह्मण' और 'बृहदारण्यक उपनिषद्' में भी परीक्षित और जनमेजय का नाम आता है, किंतु बिलकुल भिन्न अनुश्रुतियों के साथ, जिससे पुराणों में उल्लिखित इन्हीं नाम के व्यक्तियों से विभिन्न व्यक्ति सिद्ध होते हैं, जो अत्यंत प्राचीन-काल में हो चुके थे।

'बृहदारण्यक उपनिषद्' (3/3) में यह प्रश्न है—"परीक्षित कहाँ चले गए (क्व पारीक्षिता अभचन्निति ?)" और यह उत्तर भी है—"वहाँ जहाँ अश्वमेध यज्ञ करने वाले जाते हैं।"

इस उद्धरण से ज्ञात होता है कि (1) परीक्षित लोग उपनिषद् युग में अतीत इतिहास का विषय बन चुके थे, और कीर्तिशेष हो गए थे; (2) उन्होंने कोई ऐसा घोर पातक किया था जिससे उनका लोप हो गया; (3) उन्होंने प्रायश्चित रूप में

अश्वमेध यज्ञ किया था, जो निष्फल रहा; और यह परीक्षित अश्वमेध याज्ञिक होने के कारण महाभारत के जनमेजय से भिन्न थे जिसने नाग-यज्ञ किया था।

इससे प्रकट होगा कि 'बृहदारण्यक उपनिषद्' की कहानी में अन्य वैदिक ग्रंथों में पाए जाने वाले पूर्वकालीन पारीक्षित आख्यानों की एक प्रतिध्वनि है।

पारीक्षित के यश और वैभव के उत्कर्ष का संकेत सर्वप्रथम अथर्ववेद (20/127/7-10) में मिलता है, जहाँ उसके राज्य में कुरु जनपद की 'दधि, मंथ और यव की समृद्धि' का उल्लेख है।

'शतपथ ब्राह्मण' (11/5/4/13) में परीक्षित जनमेजय के सदन, उसमें जौ के आसव से भरे हुए घड़े (पूर्णान् परिश्रुत कुम्भान्) और काठी कसे हुए सुंदर अश्वों (काष्ठभृतः हयान्) का उल्लेख है। उसी ग्रंथ में यह भी कहा गया है कि जनमेजय पारीक्षित ने ''एक धान्य खाने वाला, स्वर्णमंडित, हरितस्रज से अलंकृत, शबलित अश्व आसंदीवान् नगर से देवों के लिए यूप में बाँधा (13/5/4/1-4)।''

'ऐतरेय ब्राह्मण' में भी कई स्थानों पर जनमेजय के यश और वैभव की कथा है।

एक स्थल (7/27) में कहा गया है कि जनमेजय पारीक्षित ने एक यज्ञ किया जिससे उसने काश्यप ब्राह्मणों को बहिष्कृत रखा। इस अवतरण में जनमेजय के ब्राह्मणों के साथ विरोध का प्रथम संकेत मिलता है। इसी विरोध के कारण जनमेजय और उसके वंश की अभिवृद्धि को अत्यंत क्षति पहुँची थी। दूसरे स्थल (7/34) में कहा गया है कि जनमेजय 'महत् को प्राप्त होकर महाराज पद पर आसीन हुए और आदित्य की भाँति श्रीसंपन्न होकर उन्होंने सब दिशाओं से बलि का आहरण किया और उनका राष्ट्र उग्र और दुर्धर्ष (अव्यथ्य) बन गया।'

तीसरे अवतरण में (8/21) कहा गया है कि उसके पुरोहित ''तुर कावषेय ने जनमेजय पारीक्षित का ऐंद्र महाभिषेक से अभिषेक किया। इसलिए जनमेजय चारों दिशाओं में पृथ्वी की विजय करते हुए विचरे और उन्होंने मेध्य अश्व से यजन किया। इस विषय में यह यज्ञीय गाथा गाई जाती है—'आसंदीवति धान्यादं रुक्मिणं हरितस्रजम्। अबध्नात् अश्वं सारंग देवेभ्यो जनमेजयः।' आसंदीवत् में जनमेजय ने धान्य खाने वाला, स्वर्ण से मंडित, हरितस्रज से अलंकृत शबलित रंग का एक घोड़ा देवों के लिए यूप में बाँधा।''

यहाँ यह उल्लेखनीय है कि ऐतरेय के अनुसार जनमेजय ने अश्वमेध-यज्ञ साम्राज्य-प्राप्ति के उपलक्ष्य में किया था, किसी पाप के प्रायश्चित के लिए नहीं, जिसका वहाँ कुछ भी संकेत नहीं है। इससे ऐतरेय की अनुश्रुति शतपथ और बृहदारण्यक की अपेक्षा अधिक प्राचीन विदित होती है। वस्तुतः जैसा कीथ ने अपने ऐतरेय के अनुवाद (पृ० 45) में लिखा है, ''ऐतरेय का समय वही है जो मध्यदेश के भरतों का है, जब जनमेजय का यश पूर्ण उत्कर्ष पर था।'' उनका यह

भी कथन है—''जनमेजय का काल वेदों की प्राचीन संहिताओं की समाप्ति का समय है और ऐतरेय में उसकी पद-प्रतिष्ठा से उनकी ठीक संगति बैठ जाती है।'' ऐतरेय में उस पद के हास का कोई संकेत नहीं मिलता।

जनमेजय के पाप की कहानी, जिसका 'बृहदारण्यक' में संकेत है, 'शतपथ' में पाई जाती है, जिसका कथन है कि ''जनमेजय और उसके पुत्रों, पारीक्षित के पौत्र पारीक्षितियों ने अश्वमेध-यज्ञों एवं अपने पुण्य कर्मों से एक के अनंतर दूसरे ने पाप-कर्मों का परिमार्जन किया।'' उसी ग्रंथ में यह पाप ब्रह्महत्या कहा गया है। उसके पुत्रों के नाम ये थे—भीमसेन, उग्रसेन और श्रुतसेन, जो पारीक्षित थे। इस प्रायश्चितार्थ अश्वमेध यज्ञ के लिए इंद्रोत-दैवापि शौनक को मुख्य ऋत्विज बनाया गया है। 'ऐतरेय' में जनमेजय के पुरोहित एक भिन्न व्यक्ति तुर हैं, जो किसी दूसरे उद्देश्य से किए हुए कर्मों से संबंधित थे, प्रायश्चित्तीय कर्म से नहीं।

उस पाप की अनुश्रुति, जिससे जनमेजय और उसके पुत्रों का अधःपतन हुआ, कौटिल्य के समय तक पाई जाती है, जिन्होंने अपने अर्थशास्त्र में लिखा है—'कोपाज्जनमेजयो ब्राह्मणेषु विक्रांतः'—अर्थात् ब्राह्मणों के प्रति कोपजनित अत्याचार से जनमेजय पराभव को प्राप्त हुआ।

परीक्षित और जनमेजय के संबंध में ये वैदिक अनुश्रुतियाँ सिद्ध करती हैं कि वे महाभारतकालीन उन्हीं नामों वाले व्यक्तियों से भिन्न थे। इस मत का समर्थन पुराणों से भी होता है, जिनके अनुसार उसी वंश में दो परीक्षित और तीन जनमेजय हुए थे। अतएव यह मानना युक्तिसंगत है कि जनमेजय प्रथम को, जो अति प्राचीन पूर्वपुरुष था विचार-कोटि से अलग रखकर परीक्षित प्रथम और उसका पुत्र जनमेजय द्वितीय वैदिक अनुश्रुति से संबंध रखते हैं, और जनमेजय तृतीय महाभारत से। इसे ध्यान में रखकर कि पुराणों के अनुसार जनमेजय द्वितीय और जनमेजय तृतीय के बीच में बीस पीढ़ियों का अंतर था और जनमेजय तृतीय की तिथि 1400 ई. पू. से गणना करके, हम इस परिणाम पर पहुँचते हैं कि परीक्षित प्रथम और जनमेजय द्वितीय, एवं शतपथ और ऐतरेय ब्राह्मणों का समय 2000 ई. पू. के लगभग था। ब्राह्मण ग्रंथों का यह निर्णीत समय वैदिक संहिता के काल को और पीछे हटा देता है, और अंततः ऋग्वेद का समय भी पीछे चला जाता है और सिंधु-सभ्यता से, जिसकी चर्चा ऊपर की गई है, उसका मेल बैठ जाता है।[1]

धर्मशास्त्र : प्राचीन भारतीय सभ्यता के संबंध में धर्मशास्त्र नामक ग्रंथ अत्यधिक प्रकाश डालते हैं। उनमें मुख्य या प्रतिनिधि ग्रंथ मनु, विष्णु, याज्ञवल्क्य और नारदप्रणीत स्मृति-ग्रंथ हैं। 'विष्णु-स्मृति' के अतिरिक्त ये सब श्लोकों में हैं।

---

1. मैसूर ओरियंटल कान्फ्रेंस (दिसंबर, 1935) के इतिहास विभाग के समक्ष दिए हुए मेरे सभापति भाषण से संकलित।

इनका जो वर्तमान रूप है उसमें रामायण-महाभारत की भाँति बहुत अंश समय-समय पर पीछे भी जोड़ा गया।

मनुस्मृति[1] और उसका समय : मनु का धर्मशास्त्र हिंदू-धर्म के संबंध में प्रमुख और सबसे अधिक प्रामाणिक ग्रंथ है और हिंदू-समाज एवं सभ्यता के लोकमान्य स्वरूप को प्रकट करता है। मनु का नाम अत्यंत प्राचीन काल से कई रूपों में मिलता है। ये मानव-जाति के आदिपुरुष, राज-संस्था के प्रथम कर्त्ता और धर्म के प्रथम व्यवस्थापक हैं। तैत्तिरीय और मैत्रायणी संहिताओं (2/2/10/2; 1/1/5) में और 'छांदोग्य उपनिषद्' (8/15) में उन्हें वैदिक ऋषि और तांड्य ब्राह्मण (23/16/7) में धर्म का विधान करने वाला कहा गया है। यास्क ने (लगभग 700 ई. पू.) 'निरुक्त' में (3/1/4) मनु का एक श्लोक प्रमाण-रूप में उद्धृत किया है जिसके अनुसार पुत्रों को पिता की संपत्ति में बराबर भाग मिलना चाहिए, बौधायन (4/1/14; 3/16) और आपस्तंब (2/16/1) के धर्मसूत्रों में भी धर्म-कर्ता के रूप में मनु का प्रमाण दिया गया है।

यद्यपि मनु के वचन या श्लोक अति प्राचीन थे, परंतु समय पाकर उनमें वृद्धि होती रही और अंत में वे वर्तमान 'मनुस्मृति' या 'मानव-धर्मशास्त्र' के रूप में संगृहीत कर लिए गए जो बहुत बाद की रचना है। यह धर्मशास्त्र मानव-चरण की धर्मसूत्र कृति पर आश्रित होना चाहिए। इस वैदिक विद्या-संस्थान या चरण का आधार कृष्ण यजुर्वेद की शाखा थी जिसने अपने मानव-धर्मसूत्र का विकास किया। जैसा पाणिनि ने कहा है (चरणाद्धर्माम्नाययोः, 4/3/126; 2/46), उस युग में प्रत्येक चरण न केवल अपने अध्ययन में आने वाले आम्नाय या वैदिक शाखा के लिए ही प्रसिद्ध था, बल्कि धर्म-विषयक ग्रंथ-विशेष के लिए भी। उदाहरण के लिए, काठक से तात्पर्य कठ शाखा और चरण से था, बल्कि काठक धर्मसूत्र से भी। उसी का श्लोकबद्ध रूप वर्तमान विष्णुस्मृति है। ऐसे ही मनुस्मृति भी कृष्ण यजुर्वेद के मैत्रायणीय चरण के अंतर्गत बनी।

मनुस्मृति ने प्राचीनतर धर्मशास्त्रों का प्रमाण देते हुए (3/232) अत्रि, वसिष्ठ, गौतम और शौनक (3/16) का उल्लेख किया है; पर याज्ञवल्क्य (1/45) के धर्मशास्त्र में और विष्णु में, जो मनु पर अधिक आश्रित हैं, स्वयं मनु का प्रमाण दिया गया है एवं नारद और बृहस्पति में भी। ये सभी उससे बाद की कृतियाँ हैं।

भौगोलिक पृष्ठभूमि : मनुस्मृति की भौगोलिक पृष्ठभूमि विंध्याचल के उत्तर तक सीमित है, पर तैत्तिरीय शाखा के अनुयायी आपस्तंब, हिरण्यकेशी और बौधायन

---

1. इस प्रकरण के लिए मैं अपने बहुमानित शिष्य श्री वासुदेवशरण अग्रवाल द्वारा एम. ए. के लिए लिखित मनुस्मृति-विषयक निबंध का अनुगृहीत हूँ।

में नर्मदा के दक्षिण की चर्चा है। मनु ने आर्य संस्कृति के चार क्षेत्रों का उल्लेख उनके वर्धमान परिणाम के अनुसार किया है; अर्थात् (1) ब्रह्मावर्त, सरस्वती और दृषद्वती के बीच में (पंजाब का वर्तमान हिसार जिला); (2) ब्रह्मर्षि देश, जिसमें कुरुक्षेत्र, मत्स्य, पंचाल और शूरसेन जनपद थे; (3) मध्यदेश, जो हिमालय, विंध्य, सरस्वती और प्रयाग के बीच का प्रदेश था; और (4) आर्यावर्त, जो दो पर्वतों और पूर्वापर समुद्र के बीच का भूभाग था। यहीं कृष्णमृग[1] विचरता है, और वैदिक यज्ञों की भूमि है। इसके बाहर अनार्य देश या म्लेच्छ देश है जो एक ओर सतलज से काबुल तक और दक्षिण में द्रविड़ तक फैला हुआ है (2/17; 19; 23)। संभवतः मनु के धर्म ब्रह्मर्षि देश के लिए विहित थे, जैसा उसके दो वचनों से ज्ञात होता है। पहले वाक्य में (8/92) कहा गया है कि जो सत्यवादी है वह गंगा और कुरु क्या करने जाए। दूसरे (11/77) में सरस्वती के तटवर्ती तीर्थों की यात्रा की चर्चा है।

बुद्धोत्तरकालीन विशेषताएँ : मनुस्मृति बौद्ध-युग के बाद की रचना है। इस तथ्य की सूचना संभवतः उसके इन लेखों से मिलती है– (अ) कंबोज, यवन, शक, पारद, पह्लव (पार्थिअन), चीन, किरात, दरद्, खश, चोड, और द्राविड़। इन ऐतिहासिक जातियों को पतित क्षत्रिय कहा गया है (10/44); (आ) शूद्र राजा शास्त्र की मर्यादा का उल्लंघन करते हैं (4/61; 87); (इ) स्त्रियाँ श्रमण भिक्षुणी होने लगी थीं (5/90); (ई) वेद और देवताओं की निंदा (4/163); (उ) चैत्यवृक्ष, जहाँ भूत-यक्ष आदि का निवास था (9/264); और (ऊ) वेद-बाह्य स्मृतियों और दार्शनिक मतों का उल्लेख (12/95), जिनमें से अधिकांश का संबंध बौद्ध-धर्म से है।

बहुसंख्यक जनपदों का अस्तित्व : मनु ने स्वराष्ट्र (7-32) और परराज्य (7/68), मित्र और शत्रु राष्ट्र (7/32), मंडलराष्ट्र (7/154) इनका उल्लेख किया है, जो एक-दूसरे के साथ विभिन्न मैत्री संबंधों से बँधे होते थे। इनमें कुछ मध्यम या केंद्रस्थानीय, कुछ उदासीन या तटस्थ और कुछ विजिगीषु या विजयाकांक्षी (9/312) राज्य होते थे। इससे विदित होता है कि मनु में जिस आर्यावर्त का चित्र है वह अनेक जनपदों में बँटा हुआ था और राजनीतिक दृष्टि से एक न था।

मनु का अभीष्ट राज्य : मनु के दृष्टि-पथ में वह राज्य था जिसके लिए कुरुक्षेत्र, मत्स्य, पंचाल और शूरसेन से सेना की भरती की जाती थी (7/193) ऊपर की

1. यह ध्यान देने योग्य है कि कृष्णमृग भारत के लंबे-चौड़े कृषि-संपन्न, समृद्ध, समतल, प्रदेश में ही स्वाभाविक निवास बनाता है; मरुभूमि, पर्वतीय प्रदेश और वन-देशों में वह बिलकुल नहीं होता। ये स्थान जैसे पूर्वकाल में थे वैसे ही अब भी आदिम जातियों से भरे हुए हैं। [बूहलर, प्राच्य पुस्तकमाला, 14/3, टिप्पणी 13]

परिभाषा के अनुसार यह ब्रह्मर्षि देश हुआ। इनकी राजधानी गंगा और कुरुक्षेत्र दोनों से दूर थी (8/92)।

राजनीतिक विभाग : राज्य की संज्ञा राष्ट्र थी, उसके नागरिक राष्ट्रीय कहलाते थे (10/61)। राष्ट्र में उसका राजा और प्रजाएँ (9/226) होती थीं। राष्ट्र के अंतर्गत कई देश (9/251) अथवा जनपद या विषय (7/134) होते थे।

सामंत : राजा के सहायक, अधीन सरदार सामंत कहलाते थे जो उसके प्रति भक्ति प्रदर्शित करते (7/69; 9/310) और सैनिक सहायता देते थे (9/272)।

शासन की इकाइयाँ : शासन की इकाइयों का संगठन दशम पद्धति के अनुसार किया गया था, जिसके अंतर्गत अधिकार के उत्तरोत्तर क्रम से ये इकाइयाँ थीं; (अ) ग्राम, सबसे छोटी इकाई, जिसका प्रबंधक ग्रामणी था (7/120); (आ) दश ग्रामों का समूह, जिसका अधिकारी दशी कहलाता था (7/115); (इ) बीस गाँवों का समूह, जो विंशी के अधीन था; (ई) सौ गाँवों का अधिपति शतेश कहलाता था; और (उ) एक सहस्र ग्रामों का समूह, जिसका शासक सहस्रेश होता था। विष्णु में एक सहस्र ग्रामों के स्थान पर 'समस्त देश' का उल्लेख है।

अधिकारियों की वृत्ति : इन अधिकारियों को वृत्ति दी जाती थी, नगद वेतन नहीं। ग्रामणी को अन्न-पान, ईंधन और शाक इत्यादि (7/118) मिलता था; दशी को एक परिवार के पोषण के लिए पर्याप्त भूमि, विंशी को पाँच परिवारों के लिए पर्याप्त भूमि (जिसकी जुताई के लिए 20 हलों की आवश्यकता होती थी); शतेश को पूरे एक गाँव की आय, सहस्रेश को एक पुर की आय (7/119) दी जाती थी।

परिषद् और सभा : राजा को राष्ट्र में सर्वोच्च स्थानीय और प्रजा का एक मात्र भोक्ता कहा गया है (5/94)। वह सचिवों की सहायता से, जो सहाय्य (सेक्रेटरीज़) कहलाते थे (7/31; 36), शासन करता था। सात या आठ मंत्रियों की परिषद्, जिनका प्रधान मुख्यामात्य (7/58) कहलाता था, शासन में राजा की परामर्शदात्री थी। राजा अपनी प्रजा से सभा में मिलता था (7/146)।

शासन के सामान्य कार्य में कुछ गोपनीयता न थी; किंतु राष्ट्र के महत्त्वपूर्ण (परम) मामलों में राजा अकेले प्रधान-मंत्री से मंत्रणा करता था (7/58-69)।

शासनीय विभाग : शासन के निम्नलिखित विभाग थे– (अ) अर्थ, जो राजा की अपनी देख-रेख में रहता था। इसके अधीन कर-ग्रहण, आय-स्थान और खान एवं कोष्ठागार की देख-रेख थी (7/62); (आ) चार कर्म, शासन के छोटे-बड़े सब अधिकारियों के काम का निरीक्षण (7/81); (इ) सेना और रक्षा, ये दोनों एक अमात्य के अधीन थे, यद्यपि संग्राम-भूमि में युद्ध के समय सेनापति और बलाध्यक्ष अधिकार आरूढ़ होते थे (7/65, 189); (ई) स्थानीय शासन एक विशेष अमात्य

के अधीन था जो ऊपर कहे हुए ग्राम और दशम पद्धति के अंतर्गत उसके ऊपर के अधिकारी का कार्य देखता था और अधिकार-क्षेत्र संबंधी उनके विवादों को निपटाता था (7/120)।

रक्षा : राष्ट्र की रक्षा के लिए 200, 300 या 500 गाँवों की इकाई के बीच-बीच में 'गुल्म' नामक सैनिक टुकड़ियाँ रखी जाती थीं (7/114)। वे प्रायः सारे देश में फैली हुई थीं (7/192)।

सरकारी कर्मचारी : सरकारी कर्मचारी युक्त कहलाते थे (8/34)। उच्च-विभागाधिकारी महामात्र कहे जाते थे (9/259)।

नगर : नगर का शासन उच्चपद के विशेष अधिकारियों के अधीन होता था (7/121), जिन्हें रक्षि-पुरुष (पुलिस) और गुप्तचर (7/122, 123) और विषयपति या एक सहस्र ग्रामों के अधिपति सहस्रेश के ऊपर भी अधिकार रहता था (7/122)। नगर से संबंधित समस्त बातें उसके अधिकार में होती थीं। (सर्वार्थचिंतक, 7/121)। नगर या राजधानी का चुनाव उसकी प्राकृतिक या कृत्रिम रक्षा-योग्यता के अनुसार किया जाता था (7/70), जैसे परिखा या खाई (9/289), और द्वारयुक्त प्राकार या नगर की चारदीवारी। नगर में कितने प्रकार के विषयों का प्रबंध करना पड़ता था, इसका कुछ अनुमान उसकी निम्नलिखित संस्थाओं से किया जा सकता है—सभा (आम-दरबार) की जगह, प्रपा, भोजनालय, पानगृह, समाज और प्रेक्षण या नाटक आदि खेल-तमाशों के स्थान, शिल्पियों के निवास-स्थान (कारुक- वेशन), वेश (9/264-5) कोष्ठागार और आयुधागार (9/280)।

ग्राम : ग्राम-शासन इसी प्रकार ग्राम की संस्थाओं की देखभाल करता था, जैसे कुएँ (कूप, उद्यान), तड़ाग, सर, वापी, प्रस्रवण, सेतु, उपवन और आराम (3/201-203), गोष्ठ, जिनमें एक-एक सहस्र गौएँ तक किसी एक की या सम्मिलित स्वामित्व की रहती थीं (11/127) और गोचर-भूमि (परिहार), जिसकी चौड़ाई औसतन 600 फुट गाँव के चारों ओर होती थी, जिसमें गाँव भर के ढोर चरते थे (8/237-238)।

जनतंत्रीय प्रवृत्तियाँ : हिंदू राजा के सर्वाधिकार के भीतर प्रजा को स्वायत्त शासन की बहुत अधिक मात्रा प्राप्त थी। राजा का पद मुख्यतः दंडधर का होता था, अर्थात् वह धर्म या कानून की स्थापना और जनता को उसके अनुसार चलाने के लिए शासक-मात्र था। मनु के अनुसार धर्म या कानून के स्रोत ये थे—(अ) वेद या श्रुति, (आ) स्मृति या धर्मशास्त्र, (इ) शील,और (ई) आचार, अर्थात् धर्मपरायण व्यक्तियों के रीतिरिवाज। धर्म-संबंधी संदिग्ध विषय धर्म के जानने वाले शिष्टों की परिषद् तय करती थी। परिषद् में 3 से 10 तक सदस्य होते थे— 10 सदस्यों में 3

वेदों के, 1 तार्किक, 1 मीमांसक, 1 नैरुक्त, 1 धर्म-पाठक और 3 सदस्य 3 आश्रमों (ब्रह्मचर्य, गृहस्थ और वानप्रस्थ) से लिए जाते थे (2/6; 12/110-112)। दूसरी बात यह है कि जनता अपनी संघीय संस्थाओं के द्वारा अपने लिए स्वयं नियम बनाने में स्वतंत्र थी। कुल, जाति, श्रेणी और जनपद इसी प्रकार की संस्थाएँ थीं। राजा का कर्तव्य था कि वह उन नियमों पर अपनी स्वीकृति की छाप लगाकर उनका पालन कराए जिन्हें ये स्वायत्त संस्थाएँ, जातियाँ और संघ अपने लिए बनाते थे। विभिन्न जनपदों के धर्मों या सामयाचारिक नियमों का भी राजा पालन कराता था (8/41; 46)।

सामाजिक दशा : समाज में पहला भेद आर्य और अनार्य का था (10/66-67)। अनार्य लोग दस्यु (10/45) और म्लेच्छ (2/23) कहलाते थे। दस्यु शब्द चांडाल, श्व पाक और इतर जातियों के लिए भी लागू होता था (5/131; 10/51) जो शूद्रों से भी नीची थीं (8/66)।

अनार्य : ये घुमंतु जाति के लोग थे (परिव्रज्या च नित्यशः) जो गाँवों के बाहर श्मशान भूमि, चैत्य वृक्ष, जंगल या पर्वत के पास बस जाते थे। वे टूटे-फूटे पात्रों का प्रयोग करते थे। कुत्ते और गधे यही उनका धन था, मृत व्यक्तियों के वस्त्र उनका वेश था, फेंके हुए बर्तनों की जूठन उन्हें भोजन के लिए दे दी जाती थी और शरीर पर वे लोहे के गहने पहनते थे। रात के समय उनके गाँव में आने का निषेध था और दिन में भी वे केवल विशेष काम होने पर अपने सब चिह्नों को प्रकट करते हुए ही आ सकते थे। अनाथ व्यक्तियों के शव को वे चिताभूमि में ढोकर ले जाते थे और घातक का कार्य भी वे करते थे (10/51-53)। मृगया उनकी जीविका थी (5/131)। न्यायालय में उनकी साक्षी न मानी जाती थी (8/66) और उन्हें संपत्ति का अधिकार भी न था, क्योंकि कहा है—'क्षत्रिय यदि अकाल-ग्रस्त हो तो दस्युओं के धन का अपहरण कर सकता है' (11/18)।

आर्यों की समाज-व्यवस्था : इसमें द्विजाति वर्ण अर्थात् ब्राह्मण, क्षत्रिय, वैश्य एवं एकजाति अर्थात् शूद्र, इनका समुदाय था। पाँचवें वर्ण के लिए गुंजाइश न थी (10/4)।

कुछ मिश्रित जातियाँ (अंतर-प्रभवाः) थीं जो व्यभिचार, असवर्ण या निषिद्ध स्त्रियों के साथ विवाह और स्वजाति के लिए उचित कर्मों के उल्लंघन से बन जाती थीं (10/24)। इन जातियों के बीच में अंतर्जातीय विवाह से उत्पन्न बहुत प्रकार से संकर-संतति होती थी जो किसी एक वर्ग में न रखी जाकर, सब शूद्र कहलाती थी (10/41) और पेशों के अनुसार (स्वकर्मभिः) उनका नाम पड़ जाता था (10/140)।

एक सर्वमान्य नियम यह था कि 'जो आर्य पिता से अनार्य स्त्री में जन्म लेता है वह गुण-कर्म के अनुसार आर्य बन सकता है' (10/67)। सम्भवतः यह नियम

विदेशियों की सुविधा के लिए और शिल्पी वर्ग के लिए बनाया गया था, 'जिनका हाथ सदा शुद्ध रहता है' (नित्यं शुद्धः कारुक-हस्तः 5/129) उन नए शूद्रों को जन्मजात शूद्र और अस्पृश्यों की अपेक्षा समाज में ऊँचा स्थान दिया गया था।

जातियाँ : सामाजिक जीवन वर्ण और आश्रम नियमों से संचालित होता था, जिसे वर्णाश्रम धर्म कहते हैं।

ब्राह्मण : यह सबसे ऊँचा वर्ण था (1/100)। किंतु उनका पद उसके धन-संपत्ति पर नहीं, बल्कि उसके चरित्र और आध्यात्मिक गुणों पर निर्भर था। यह ब्रह्म का ज्ञान (ब्रह्मधारण, 1/93), तप, नियमधारण (10/3), और सब भूतों के प्रति मैत्रीभाव से युक्त होता था (मैत्रो ब्राह्मण उच्यते; 2/87)। वह अध्यापक, ऋत्विज, न्यायपति (8/9), मुख्यामात्य (7/58), सभासद् (8/10-11) और धर्म-परिषद् के सदस्य के रूप में (8/20) कर्तव्यों का निर्वाह करता था।

वह दंड के अधीन था, किंतु उसे वध-दंड नहीं दिया जाता था (2/380)।

ब्राह्मण इन बातों से पतित हो जाता था—भोजन और प्रतिग्रह-संबंधी नियमों के उल्लंघन से, कुछ निंदित कर्म या पेशों के करने से (3/150-166; 4/153-154) और धर्म या गुणों के बिना केवल जन्म से ब्राह्मण होने के घमंड के जीविकोपार्जन करने से (जातिमात्रोपजीवी, 7/85)।

क्षत्रिय : तीनों द्विजातियों के सामान्य कर्म स्वाध्याय, यज्ञ और दान थे। क्षत्रिय का विशेष कर्म शस्त्रों का अभ्यास और सैनिक वृत्ति ग्रहण करना था (10/79)।

वैश्य : वैश्य के विशेष कर्म (1) कृषि, (2) दुकानदारी (विपणि-कर्म), (3) व्यापार (वाणिज्य) और (4) पशुपालन (पशुपाल्य) थे, जो सम्मिलित रूप से वार्ता कहे जाते थे (9/326)। उनके धन से ब्राह्मणों की सांस्कृतिक संस्थाएँ चलती थीं। (11/12)। उसे समुद्र-यात्रा की आज्ञा थी (समुद्रयायी 3/158), जिसके लिए उसे बहुत-सी भाषाएँ सीखनी पड़ती थीं (9/332)।

शूद्र : सेवा करना उनके जीवन का कर्म था (8/410, 413) जिसमें कूड़ा और मैल की सफाई, शव ले जाना और ऐसे ही दूसरे काम थे। उसे संस्कारों का अधिकार न था, और न वह धार्मिक ग्रंथों के अध्ययन का अधिकारी था। केवल उनका सारांश वह सुन सकता था (4/99; 10/2). किंतु विवाह-संस्कार, गृह्याग्नि में नित्य भोजन-पाचन और श्राद्ध का उसके लिए निषेध न था (4/223; 3/197)। मनु ने तो शूद्र अध्यापकों और शिष्यों का भी उल्लेख किया है (3/156), जिससे ज्ञात होता है कि शूद्र के लिए विद्याध्ययन का निषेध न था (2/238,240)। चूँकि शूद्र संस्कृति के निम्न स्तर पर हैं, अतएव देश में उनकी बहुसंख्या (शूद्र भूयिष्ठम्) उनके नाश का कारण होती है (10/61. 125)।

दास : वह सात प्रकार का होता था—युद्ध में बंदी (ध्वजाहृत), अन्न के लिए दास बना हुआ (भक्तदास), दासी माता से उस घर में उत्पन्न (गृहज), खरीदा हुआ

(क्रीत), किसी से दिया हुआ (दत्रिम), पैतृक धन के रूप में प्राप्त (पैतृक), और ऋण निर्यातन के लिए बना हुआ दास (दंडदास)। अपनी जन्मजात दास्य-स्थिति को बदलना उसके वश में न था। न वह संपत्ति का स्वामी हो सकता था (8/414-17)। परंतु इस प्रथा के दोष उस दया-भाव से कुछ कम हो जाते थे जो दासों के प्रति स्वामी का आवश्यक कर्तव्य था (4/180, 10/124)।

स्त्री : स्त्री को वेदाध्ययन का अधिकार न था। विवाह के अतिरिक्त उसके सब संस्कार अमंत्रक ही किए जाते थे (2/66; 9/18)। वह अपने पुरुष-संबंधियों के संरक्षण में रहती थी। कौमार अवस्था में पिता की, यौवन में पति की और वृद्धावस्था में माता के रूप में पुत्रों की रक्षा उसके लिए सदा सुलभ रहती थी (5/148; 9/3)। कानून की दृष्टि में वह स्त्री-धन के अतिरिक्त संपत्ति की स्वामिनी नहीं बन सकती थी (8/416)। स्त्री-धन उसे कई प्रकार के दानों से प्राप्त होता था (9/194)। उसका मुख्य कर्तव्य घर का प्रबंध करना था, जिसमें आय की रक्षा और व्यय भी शामिल थे (9/11)।

आश्रम : इसकी संख्या चार थी, अर्थात् ब्रह्मचर्य, गृहस्थ, वानप्रस्थ और संन्यास। तीनों द्विजातीय वर्णों के लिए इसका पालन आवश्यक था। वर्ण एक-दूसरे को बाँटते थे, किंतु आश्रम समाज में एकता और समता का भाव उत्पन्न करते थे।

ब्रह्मचर्य : ब्रह्मचर्य का आरंभ उपनयन-संस्कार से होता था जो ब्राह्मण के लिए 8, क्षत्रिय के लिए 11 और वैश्य के लिए 12 वर्ष की आयु में किया जाता था। यदि कोई-कोई बालक सुबुद्ध हुआ तो यह आयु 5, 6 और 8 वर्ष भी हो सकती थी (2/36-37)। वह छात्रावस्था-काल में आचार्य के घर में रहकर वेश, भोजन और नियम-पालन के द्वारा जीवन में व्रत और तप की शिक्षा प्राप्त करता था। इस पद्धति का मूल आधार ब्रह्मचर्य या इंद्रिय-संयम था (2/93, 94)। शिक्षा का उद्देश्य बौद्धिक (वेद-ग्रहण) और आत्मिक (व्रतादेशन) उन्नति करना था (2/173), जिसका आश्रम तप या ध्यान था (ब्रह्माधिगमिकं तपः; 2/164)।

विद्यार्थियों के नित्यकर्म इस प्रकार थे—(1) संध्या और अग्निहोत्र (2/101, 108), (2) अग्नि-परिचर्या, (2/187), (3) स्वाध्याय, (4) आचार्य के लिए या अपनी संस्था के लिए भैक्ष्यचरण, (5) खेतों और जंगलों से जल, ईंधन, मिट्टी, पुष्प आदि लाना, और (6) अध्यापक का प्रवचन या निर्वचन सुनना।

अध्ययन के लिए : ये इस प्रकार थे—(1) श्रुतिसंज्ञक, 3 वेद (2/10; 11/264), जिनका अध्ययन भिन्न-भिन्न शाखा या संहिताओं के रूप में किया जाता था। इनका विकास चरण-संज्ञक विभिन्न वैदिक विद्यालयों में किया गया था (3/145); (2) चुने हुए वैदिक सूत्र और मंत्र (11/249-260); (3) अथर्ववेद

(11/33) अशुभ वस्तुओं से रक्षा के लिए; (4) ब्राह्मण, जिनमें से मनु ने स्वाध्याय (4/100) के लिए ऐतरेय (6/3) का नामोल्लेख किया है; (5) आरण्यक, जो वेद समाप्ति के बाद पढ़े जाते थे (4/123); (6) उपनिषद्, जिनमें वेद का रहस्य-ज्ञान था (2/140) और जो आरण्यक ग्रंथों के अंतिम भाग थे, जिसके लिए मनु ने कहा है, ''वन में रहते हुए ब्राह्मण को चाहिए कि ब्रह्म के साथ पूरा सान्निध्य प्राप्त करने के लिए उपनिषदों का स्वाध्याय करे'' (6/29) ; (7) वेदांग, जिनकी संख्या 6 थी (3/185), जैसे निरुक्त और कल्प (12/111; 2/140); (8) दर्शनशास्त्र, जिनमें से मनु ने मीमांसा, न्याय (12/111), वेदांत (2/160), संभवतः योग (6/72) का भी नामोल्लेख किया है; (9) धर्मशास्त्र या स्मृति (2/10; 3/232); (10) इतिहास और पुराण (3/232); (11) वैखानस सूत्र भिक्षुओं के लिए (6/21); (12) पाषंडियों का नास्तिक-शास्त्र (11/65; 12/95) और (13) वार्ता या धर्मेतर विषय, जिसके कई विभाग थे (4/19; 9/331-32), जिनमें आन्वीक्षकी और दंड-नीति भी सम्मिलित थी (7/43)।

विशेषज्ञ : छात्र लोग वैदिक या शास्त्री के रूप में विशेषज्ञ बनते थे। पहले का उद्देश्य 4 वेदों (3/184) या उससे कम, 1 वेद तक (3/2), या किसी एक शाखा या उसके एक अंश पर अधिकार प्राप्त करना था। उनमें जो व्युत्पन्न हो जाते थे वे श्रोत्रिय, ऋत्विज या ब्रह्मवादी कहलाते थे (3/128; 2/143; 2/113)। शास्त्री लोग शास्त्रों या वेदांगों में विशेष व्युत्पत्ति प्राप्त करते थे।

छात्रावस्था की अवधि : यह अवधि अध्ययन के विषय पर निर्भर थी और 36, 18 या 9 वर्ष की या 1 वेद के अध्ययन के लिए आवश्यक समय की हो सकती थी (3/1, 2)। विद्यार्थी अपना अध्ययन पूरा कर लेने पर, चाहे उसके व्रत की अवधि पूरी न हुई हो, लौट सकता था या जब व्रत पूरा हो गया हो, अध्ययन चाहे पूरा न हुआ हो; या अध्ययन और व्रत दोनों को समाप्त करके लौटता था। पहली दशा में वह विद्या-स्नातक, दूसरी में व्रत-स्नातक और तीसरी में विद्या-व्रत-स्नातक कहलाता था (4/31)। जो छात्र अपना सारा जीवन अध्ययन में व्यतीत करते,वे नैष्ठिक कहलाते थे (2/243)।

शिक्षा का वर्ष : इसमें दो सत्र होते थे। इसमें प्रत्येक सत्र का आरंभ उपाकर्म नामक सार्वजनिक होम से किया जाता था और उसकी समाप्ति उत्सर्ग होम से होती थी। ऋग्वेदियों और यजुर्वेदियों के लिए पहले सत्र का आरंभ श्रावणी पूर्णिमा को होता था और सामवेदियों के लिए एक महीने पीछे (4/96); यह सत्र साढ़े चार महीने चलता था और इसमें केवल वेदों का अध्ययन किया जाता था। इसकी समाप्ति पौष के महीने में या माघ-शुक्ल प्रतिपदा को (4/97) होती थी। उपाकर्म

और उत्सर्ग के बाद तीन दिन का अनध्याय रहता था। यदि उत्सर्ग माघ में होता तो दूसरा सत्र 3 दिन की छुट्टी के बाद माघ-शुक्ल-पंचमी को होता था, जिसे आज तक बसंत पंचमी या सरस्वती पूजा का दिन कहते हैं। दूसरे सत्रों में वेदांगों का अध्ययन किया जाता था।

शिक्षा के वर्ष में अनध्याय या छुट्टी के दिन इस प्रकार थे—प्रत्येक मास में दो अष्टमी, दो चतुर्दशी, अमावस्या और पूर्णिमा, उपाकर्म और उत्सर्ग के बाद की छह छुट्टियाँ और तीन चातुर्मासी पूर्णिमाएँ (4/113, 119; 26-6/10)। इन नियमित अनध्यायों के अतिरिक्त नैमित्तिक छुट्टियाँ भी विशेष कारणों से होती रहती थीं, जैसे अंधड़, बादल, मेंह, कोहरा, अग्नि, ग्रहण या डकैती आदि कारणों से।

अध्यापक: ये दो प्रकार के थे—(1) उपाध्याय, जो जीविका के लिए अध्यापक-वृत्ति को स्वीकार करके वेद या वेदांग का कोई-सा भाग पढ़ाते थे (2/141); (2) आचार्य, जो शिष्य को कल्प-सूत्रों और उपनिषदों सहित वेद निःशुल्क अध्यापन कराते थे (2/140)। शिक्षा समाप्त कर लेने पर शिष्य गुरु को यथाशक्ति दक्षिणा देता था, जैसे क्षेत्र, स्वर्ण, गौ, अश्व, छत्र, उपानह, धान्य, शाक, फल या वस्त्र (2/246)।

भृतकाध्यापक और भृति देकर अध्ययन करने वाला शिष्य, दोनों निन्दित समझे जाते थे और उन्हें श्राद्ध भोजन में निमंत्रित नहीं किया जाता था (3/156)।

साधारण अध्यापकों के अतिरिक्त मनु ने अध्यापन-विधि के विशेषज्ञों का भी उल्लेख किया है (अध्यायज्ञाः = अध्यापनविधिज्ञाः, 4/102) जो शिक्षा-संबंधी विषयों में कुशल थे।

अंतिम दो आश्रम : तीसरा आश्रम 'वानप्रस्थ' का था जो संसार त्यागकर वनों में आश्रम बनाकर रहते थे (6/7), जहाँ वे वन्य धान्य, फल और मूलों पर निर्वाह करते और अपने लिए नमक भी स्वयं बना लेते थे (6/12)। वर्ष में दो बार उन्हें उंछ या सिल्ला बनाने की आज्ञा थी (6/11)। चौथा आश्रम संन्यासी का था। वह परिव्राजक-रूप में विचरण करता, दिन में भिक्षान्न से एकभुक्त होकर रहता, हठयोग (6/70-2) और ध्यान योग (6/73) का अभ्यास करता और वेदांत या उपनिषद् में उपदिष्ट आत्मा का ध्यान करता (6/83)। मनु में श्रमण-संप्रदाय की स्त्री-परिव्राजिका का भी उल्लेख है जो बौद्ध भिक्षुणी ज्ञात होती हैं (5/90; 8/363)।

आर्थिक जीवन : मनु से नगर, पुर और ग्रामों में पनपने वाले नागरिक और ग्रामीण, उभयविध जीवन का परिचय मिलता है।

आवास : घर मिट्टी, ईंट, पत्थर और लकड़ी से (8/250) पंक्तियों में बनाए जाते थे (8/392), और उनके बीच में सड़क और गलियाँ (पथ, 4/45; राजमार्ग, 9/282) होती थीं। वे कई मंजिलों (पृष्ठ 3/91) के भी होते थे। गृह-निर्माण-कला को वास्तु-संपादन कहा जाता था (3/255) और स्थपति को गृह-संवेशक (3/163)। घरों को एक-दूसरे से पृथक् करने वाली गृह-सीमाएँ होती थीं। गृह-सीमा के विवाद में पड़ोसियों की साक्षी अंतिम प्रमाण मानी जाती थी (8/262)।

ग्रामों से बाहर सीमा की सूचना के लिए मंदिर बनाने की प्रथा थी (8/248)। ग्राम और नगरों में सार्वजनिक उपयोग में आने वाली इमारतों का पहले वर्णन हो चुका है।

कृषि : कृषि के ज्ञान के लिए बीजों, भूमि के भेद और गुणों का परिचय आवश्यक था (9/330)। बीजों में मिलावट करने वालों के लिए दंड का विधान था (9/291), जिससे बीज-शुद्धि का विचार प्रमाणित होता है। वाप-युक्त क्षेत्र केदार कहलाते थे (9/38)। निम्नलिखित फसलें बोई जाती थीं—कपास, जौ, गेहूँ, चावल, मूँग, तिल, उड़द, गन्ना और शाक (9/39)। वसंत और शरद् में दो फसलें होती थीं (6/11)।

खेती के उपकरणों या औजारों में लोहे की फाली लगा हुआ लकड़ी का हल (10/84), बैलों का जुआ और कुओं से पानी उठाने के लिए बरत और चरस (वरत्रा-उदंजन, 6/12) की गिनती थी।

कृषि शूद्र जाति के मजदूर ठहराव के अनुसार करते थे, जैसे जोतने वाले को उपज का आधा भाग देने की शर्त या अधबटाई पर आर्धिक (4/253)। बीज डालना भी उसी का काम था (9/53)। भूमि की किस्म के अनुसार उपज का चौथा, आठवाँ या बारहवाँ भाग राज्य का होता था। राजा का कर्तव्य था कि दंड का भय दिखाकर लोगों को ठीक प्रकार से कृषि करने पर बाध्य करे (8/243)।

ग्राम्य पशुओं में गाय, भैंस, भेड़, बकरी की गणना थी, जिन्हें पेशेवर ग्वाले (पशुपालाः) जंगल में चराते थे और वे ही जंगली जानवरों और चोरों से उनकी रक्षा के लिए उत्तरदायी थे (8/232-235)।

गोपालन, दुग्धोत्पत्ति, दूध का बेचना और घी बनाना भी ज्ञात था (4/253; क्षीरभृत्, 8/231)। भेड़ और ऊन (ऊर्ण) की बिक्री का भी उल्लेख है (3/166)।

शिल्प : शिल्पी, कारुक (10/100) और यंत्र-प्रवर्तक (11/64) लोग भी थे जो सामाजिक प्रतिष्ठा में शूद्रों से अच्छे माने जाते थे (10/99)। प्रत्येक शिल्पी के लिए मास में एक दिन का श्रम या कमाई राजा को देना आवश्यक था (7/75,138)।

शिल्प और धंधों में निम्न का उल्लेख है—सुनार (हेमकार, 9/292), जिनकी

सच्चाई का स्तर श्लाघनीय न था (वही); लुहार (कर्मार, 4/215) जो भट्ठी में लोहे की शलाखें गरम करते थे (दीप्तशूल, 3/133) और हल (सीता), फड़वे (11/133), भाले (ऋष्टि), शक्ति (8/315) और लोहे का डंडा (आयस दंड, 8/315), शस्त्रास्त्र (9/293; 10/79), लंबी कीलें (शंकु, 8/271), लोहे की घंटियाँ (3/133), लोहे की पोली मूर्तियाँ (सूर्मि, 11/103), और लोहे का पलँग (आयस-शयन, 8/372) आदि वस्तुएँ बनाते थे; रंगरेज (4/216); धोबी (वही) जो रीठे से ऊनी कंबल, क्षार से रेशमी और ऊनी वस्त्र, और गौर सर्षप से छाल्टीन के वस्त्र (8/396) धोते थे; तेली (3/158) जो कोल्हू (चक्र 4/85) चलाते थे; दर्जी (तुन्नवाय, 4/214); बुनकर (तंतुवाय, 8/397), जो कपास ओटकर बिनौले (कार्पासास्थि, 4/78) भी अलग कर लेते थे और तब सूत कातकर (सूत्र-तंतु) सूती, रेशमी, छाल्टीन के और ऊनी वस्त्र एवं निर्यात के लिए महीन वस्त्र (8/397) भी बनाते थे और 10 पल सूत से 11 पल तैयार वस्त्र लौटाते थे (8/327); कुम्हार (8/327); बेंत और बाँस का काम करने वाले (वही); धनुष-बाण बनाने वाले (3/160), ईंट पाथने और पकाने वाले (8/250); चमड़े का काम करने वाले (चर्मकार, 10/36,49), जो थैले (जीन), जूते (उपानह) और चाबुक (शिफा, 8/369) आदि बनाते थे; और मद्य बनाने वाले (शौंडिक)।

वाणिज्य : नगद लेन-देन और वस्तुओं की अदला-बदली (10/94), दोनों ही प्रथाएँ प्रचलित थीं। राज्य व्यापारियों से परामर्श करके और आयात (आगम), निर्यात (निर्गम), भणसाल की अवधि (स्थान) और माल की माँग और उपलब्धि पर विचार करके वस्तुओं का मूल्य निर्धारित करता था (8/401)। व्यापारियों के सामूहिक संगठन (कुलाः = व्यवहर्तसमूहा, 8/201) का भी उल्लेख है जो क्रय-विक्रय और उसके व्यवहारों का नियमन करते थे। मिलावट के लिए कानून की ओर से दंड मिलता था (8/203) और नापतौल में छल (तुलाकूट, मानकूट) के लिए भी दंड की व्यवस्था थी (9/286-7)।

व्यापार-मार्ग वन-कांतार, जलीय प्रदेश और जंगलों में होते हुए जाते थे (7/185)। माल मनुष्य, पशु और गाड़ियों पर ढोया जाता था (8/405)।

नदी का यातायात नावों से होता था, जिसका तरपण्य दूरी और स्थानीय दर के हिसाब से तय किया जाता था (8/406)।

समुद्री यातायात के लिए दर नियत न थी, क्योंकि दूरी का ठीक हिसाब लगाना कठिन था (वही)।

नौ-प्रचार संबंधी असावधानी के कारण जो क्षति होती थी, उसकी पूर्ति नौ या प्रवहण के स्वामी को करनी पड़ती थी; किंतु अपने अधिकार से बाहर की दुर्घटनाओं से होने वाली हानि के लिए वे उत्तरदायी न थे (8/408-9)। इस नियम में बीमे का भी प्रबंध आ जाता है। ये नावाधिपति साँयात्रिक ढंग से अर्थात् अपनी-अपनी पूँजी

के अनुसार हानि-लाभ बाँटकर साझेदारी का व्यापार करते थे।

निर्यात वाणिज्य का नियमन राज्य की ओर से होता था। जिस माल में राजा का एकाधिकार था, या जिसका निर्गम प्रतिषिद्ध था, उसका निर्यात करने वाले व्यापारी की संपत्ति जब्त कर ली जाती थी (8/399)। उदाहरण के लिए, प्राच्य देश में हाथी, काश्मीर में केसर, रेशम और ऊनी माल, पश्चिमी देशों में घोड़े, दक्षिण में रत्न और मोती आदि, एवं जो माल दूसरे देशों में कम होता था, उस सब का निर्यात सीमित कर दिया जाता था (मेधातिथि)। मेधातिथि ने अकाल के समय, जो मनु को भी विदित थे (8/22), अन्न का निर्यात प्रतिषिद्ध कोटि में माना है।

वाणिज्य शुल्क : वाणिज्य पर तट-कर, चुंगी, पौन टोटी आदि कर लगते थे जो सब शुल्क कहे जाते थे। शुल्क के पीछे आधार यह था कि राज्य और व्यापार दोनों को लाभ का उचित अंश मिलना चाहिए (7/128)। क्रय-विक्रय के भाव, माल लाने-ले जाने की दूरी (अध्वानं), मुख्य और गौण मूल्य, एवं मार्ग में शंका-स्थलों का विचार करके (7/127) शुल्काध्यक्ष व्यापारियों के परामर्श से शुल्क का निश्चय करते थे (8/398)। यह दर विक्रय-मूल्य का बीसवाँ भाग होती थी (वही)। वाणिज्य पथों पर शुल्कशालाएँ बनाकर शुल्क ग्रहण करने की समुचित व्यवस्था की जाती थी और रात्रि के समय भी शौल्कशालिक अधिकारी नियुक्त रहते थे, जिन्हें अधिकार था कि प्रत्येक माल की संख्या, परिमाण, गुण आदि की जाँच-पड़ताल करें और उनके संबंध में व्यापारियों के कथन की परीक्षा करें। इस विषय में झूठे कथन पर दंड दिया जाता था। इसी प्रकार अनधिकृत मार्ग और समय से माल निकाल ले जाने पर भी दंड था (8/400)। राज्य की ओर से नदियों पर उतराई के घाटों का भी प्रबंध रहता था, जहाँ बोझे के हिसाब से तरपण्य लगता था, किंतु ब्रह्मचारी, प्रव्रजित, मुनि और गर्भिणी स्त्री उससे मुक्त रखे गए थे (8/407)।

व्यवहार और वृद्धि-प्रयोग : रुपया सूद पर देने की प्रथा थी (वृद्धि-प्रयोग, 9/333; 10/115), जिसके लिए ऋण-पत्र (करण, 8/154) लिखने का रिवाज था, जिसे प्रतिवर्ष नया भरना पड़ता था (8/155)। अधमर्ण या ऋण लेने वालों को राज्य इन बातों से बचाता था–(1) सूद-दर-सूद (चक्रवृद्धि), (2) धर्म्य दर से अधिक ब्याज, (3) मूल के बराबर ब्याज की वृद्धि (द्विगुण वृद्धि या महावृद्धि), (4) ब्याज भरने के स्थान पर दास्य-भाव की स्वीकृति, और (5) दबाव में पड़कर ब्याज की मोटी दर मान लेना (8/153)। ब्याज की साधारण दर 15 प्रतिशत थी (8/140)। टीकाकार के अनुसार बंधक या लखरहित होने से असुरक्षित ऋण पर ब्याज की ऊँची दर ली जाती थी (8/142)।

मुद्राएँ : मुद्राएँ सोने, चाँदी और ताँबे की होती थीं (8/131)। सोने का सिक्का सुवर्ण था जिसकी तौल 80 कृष्णल (= 150 ग्रेन) के बराबर थी। चाँदी के सिक्के निम्नलिखित थे–

2 कृष्णल या रत्ती	= 1 रौप्यमाषक
16 माषक	= 1 धरण
10 धरण	= 1 शतमान

ताँबे की मुद्रा कार्षापण थी = 80 कृष्णल या रत्ती = 150 ग्रेन (8/135-36)। प्रायः इसे केवल पण कहते थे। सबसे छोटी मुद्रा अष्टभाग पण (पण का आठवाँ भाग) थी। पण का आधा, चौथाई और आठवाँ भाग क्रमशः अर्धपण, पादपण और अष्टभागपण कहलाता था (8/404)। भृतकों को दैनिक भृति 1 से 6 पण तक मिलती थी (7/126)।

सोने, चाँदी और ताँबे की मुद्राओं का आपेक्षिक मूल्य स्पष्ट नहीं ज्ञात होता। एक अवतरण में (8/284) छह सुवर्ण के निष्क 100 (चाँदी के) पणों से मूल्य में अधिक कहे गए हैं।

तुलामान शुद्धि की व्यवस्था के लिए विशेष अधिकारी नियुक्त किए जाते थे, जो हर छह महीने में उनकी जाँच करते थे (8/403)।

खनिजकर्म : निम्नलिखित धातुएँ उपयोग में आती थीं—सोना, चाँदी, ताँबा, काँसा, सीसा (सैसक, 11/133), राँगा (रैत्य 5/114), लोहा और टीन (त्रपु, 5/114)। क्षार और अम्ल से धातुओं के मल का शोधन किया जाता था (5/114), खड़ पत्थरों से लोहे की उत्पत्ति का उल्लेख है (अश्मन- लोहमुत्थितम् 9/321)। पत्थर की शिलाएँ भी काम में आती थीं (उपल 11/167)। हीरे आदि रत्न (अश्ममय रत्न) खानों से निकाले जाते थे (8/100)। खनिज कर्म पर राज्य का स्वत्व था (11/64) और राज्य लाभ का आधा अंश ले लेता था (8/33)। इसे संचित करने वाले विशेष अधिकारी अर्थ-समाहर्ता थे (7/60)।

दूसरे धर्मशास्त्र : ये मनु की अपेक्षा गौण हैं और थोड़े में उनका परिचय दिया जा सकता है।

विष्णु-स्मृति : विष्णु-स्मृति की कुछ सामग्री गौतम और आपस्तंब धर्म-सूत्रों के सदृश प्राचीन है (जैसे राजधर्म और दंड-संबंधी प्रकरण), किंतु उसका अधिकांश भाग मनुस्मृति पर आधारित है। लगभग 160 श्लोक मनु से लिए गए हैं और अनेक सूत्र मनु के श्लोकों के केवल गद्य-रूप हैं। अपने वर्तमान रूप में यह याज्ञवल्क्य-स्मृति से भी बाद की है, जिसकी कुछ सामग्री इसमें ली गई है।

स्मृति भूगोल : उसका भौगोलिक विस्तार भी सूचित करता है कि वह मनु के बाद की है। उसमें आर्यावर्त की परिभाषा का आधार सांस्कृतिक है अर्थात आर्य जीवन-प्रणाली बिताने वाले चार वर्णों का प्रदेश (84/4), और इसके तीर्थ-स्थान सारे भारत में कल्पित किए गए हैं। इस प्रकार आर्यावर्त या आर्याधिकृत भारतवर्ष की सीमाओं का विस्तार हो रहा था और म्लेच्छ पीछे हट रहे थे। अब आर्यावर्त

केवल उतना प्रदेश न था जितने में कृष्णमृग विचरता है, जैसा मनु के समय में था। इसमें दक्षिण की पाँच नदियों (दक्षिणे पंचनवे, 85/51) और श्रीपर्वत, सप्तार्श (= सतारा ?) एवं गोदावरी का उल्लेख है।

उल्लिखित ग्रंथ : इसमें चार वैदिक संहिता, ऐतरेय ब्राह्मण (15/45), वेदांग (30/3, आदि), व्याकरण (83/7), इतिहास (3/70, आदि), पुराण (वही), और धर्मशास्त्रों (वही) का नामोल्लेख है।

रोचक सामग्री : उसकी कुछ अन्य रोचक बातें इस प्रकार हैं—सप्ताह के सात दिन और वृहस्पतिवार के लिए जैंव शब्द का प्रयोग; सती-प्रथा (25/14), पुस्तकों का उल्लेख (18/44; 23/56); पीतवस्त्र पहने हुए भिक्षु (संभवतः बौद्ध) और कापालिक (63/36) एवं शूद्र भिक्षु (5/114), जिनका दर्शन अशुभ माना जाता था; वासुदेव-पूजा की विशेष विधि (अ. 49); म्लेच्छ एवं अंत्यजों के साथ भाषण का प्रतिषेध (71/59) तथा म्लेच्छ देशों में यात्रा का निषेध (84/2)।

राजनीति : विष्णु का राजनीतिक तंत्र मनु के समान है। इसमें भी दस और सौ गाँवों के अधिपतियों का उल्लेख है जो देशाध्यक्ष के अधीन होते थे (3/5)। देश की विजय करने वाले राजा को चाहिए कि वहाँ के धर्मों को अस्तव्यस्त न करे (तद्देश धर्मान् नोच्छिन्द्यात्) और प्राचीन राजवंश के किसी कुमार को वहाँ के सिंहासन पर स्थापित करे (3/26,30)।

एक उल्लेख में वस्त्र (पट) या ताम्रपट पर लिखे हुए एवं राजकीय मुद्रा से अंकित राजा के दान का उल्लेख है (3/58)।

मुद्राएँ : विष्णु की मुद्राएँ मनु की अपेक्षा अधिक विकसित हैं। उसमें इनका वर्णन है :

3 यव	= 1 कृष्णल
5 कृष्णल	= 1 माष
1·2 माष	= 1 अक्षार्ध
1 अक्षार्ध + 4 माष (= 16 माष)	= 1 सुवर्ण
	= 1 सुवर्ण
4 सुवर्ण	= 1 निष्क
तोल में दो कृष्णल	= 1 रौप्यमाषक;
और 16 कृष्णल	= 1 धरण।

याज्ञवल्क्य-स्मृति : ब्राह्मण और उपनिषदों में याज्ञवल्क्य का नाम प्रसिद्ध है। वे शुक्ल यजुर्वेद के द्रष्टा हैं। उन्हें स्मृति के रचयिता नहीं माना जा सकता, क्योंकि

उनकी शैली और विषय इतने नये हैं, यद्यपि शुक्ल यजुर्वेद से उसका घनिष्ठ संबंध है। मिताक्षरा के अनुसार, याज्ञवल्क्य के एक शिष्य ने इस धर्मशास्त्र को प्रश्नोत्तर रूप में संक्षिप्त किया।

मनु से तुलना : याज्ञवल्क्य का धर्मशास्त्र मनु की अपेक्षा अधिक सुव्यवस्थित और संक्षिप्त है। इसमें मनु के 2700 श्लोकों की सामग्री एक सहस्र से कुछ ही अधिक श्लोकों में भर दी गई है और उसमें कुछ नए विषय भी आ गए हैं। ये इस प्रकार हैं–(1) विनायक-पूजा और ग्रहशांति (1/271-308); (2) पाँच प्रकार की दिव्य परीक्षाओं का विस्तृत वर्णन (2/95-113), जब कि मनु में केवल दो का ही सामान्य उल्लेख हुआ है (8/114); शरीर-रचना और चिकित्सा-संबंधी बहुत-सी सामग्री (3/75-108)। और भी कई बातों में मनु और याज्ञवल्क्य में भेद है, जो याज्ञवल्क्य के अधिक विकसित और नूतन परिस्थितियों में बनने के सूचक हैं। इसके कुछ उदाहरण ये हैं–

मनु में ब्राह्मण को शूद्र-कन्या के साथ विवाह की अनुमति है (3/13) जिसका याज्ञवल्क्य ने घोर विरोध किया है (1/59)। मनु में नियोग की निंदा की गई है (9/59/68), याज्ञवल्क्य में नहीं (1/68-9)। मनु ने स्पष्टतः विधवा के उत्तराधिकार के विषय में कुछ नहीं कहा, किंतु याज्ञवल्क्य ने विधवा को समस्त उत्तराधिकारियों में प्रथम स्थान दिया है और दाय के भाग पाने वालों का क्रमानुसार वर्गीकरण किया है। मनु द्यूत के विरोधी हैं (9/224-6), याज्ञवल्क्य ने उसे राज्य के नियंत्रण में रखकर राज्य की आय का साधन बताया है (2/2003)। याज्ञवल्क्य कुछ अन्य विषयों के विवेचन में भी अधिक व्यवस्थित और नूतन सामग्री देते हैं, जैसे (अ) दिव्य परीक्षा, (आ) न्यायालय में साक्षी में प्रस्तुत प्रमाण (मनु ने लेखगत प्रमाण को बिलकुल भुला दिया है, यद्यपि उसमें लेख-पत्रों का परिचय पाया जाता है, (8/51-2), (इ) न्यायालय में न्याय-संबंधी पद्धति के नियम (मनु, 8/53-6, याज्ञ. 2/5-11 और 16-21), और (ई) स्वत्व एवं भुक्ति के सिद्धांत और नियम (मनु, 9/44,54, याज्ञ. 2/24-9)।

कुछ उद्धरण : याज्ञवल्क्य में काषाय वस्त्र पहनने वाले भिक्षुओं का दर्शन अशुभ कहा है (1/273) वहाँ उनका तात्पर्य बौद्ध भिक्षुओं से होना चाहिए, क्योंकि अन्यत्र उसने स्वयं मोक्षार्थी के लिए काषाय-धारण का विधान किया है (3/157)। वेदज्ञ ब्राह्मणों के लिए विहारों का भी उल्लेख किया है (2/185)।

परिज्ञात साहित्य : साहित्य के क्षेत्र में याज्ञवल्क्य में इन ग्रंथों का उल्लेख है–चार वेद, छह वेदांग और पुराण, न्याय, मीमांसा एवं धर्मशास्त्र को मिलाकर चौदह विद्याएँ; आरण्यक (1/145) और उपनिषद् (3/189), इतिहास, पुराण, वाकोवाक्य, और नाराशंसी गाथा (1/45)। पर अध्ययन के ये सब विषय

उपनिषदों के समय में भी थे । 'याज्ञवल्क्य-स्मृति' में आन्वीक्षकी (दर्शन-शास्त्र), दंडनीति (1/311), सामान्य रूप से स्मृतियाँ (2/5 और 1/154) एवं सूत्रों और भाष्यों (3/189) का उल्लेख आता है । उसने इस मत का प्रतिपादन किया है कि जहाँ धर्मशास्त्र और अर्थशास्त्र का विरोध हो वहाँ धर्मशास्त्र को बलवान मानना चाहिए (2/21) ।

संघीय संस्थाएँ : अंत में यद्यपि याज्ञवल्क्य राजतंत्र और शासन के विषय में चुप है, उसमें अनेक जन-संस्थाओं के नाम आए हैं, जो राष्ट्रीय हित के कितने ही विभिन्न क्षेत्रों में जन-शासन का प्रतिनिधित्व करती थीं । ग्रामसंस्था को समूह कहा गया है, जिसके अधिकारी कार्यचिंतक कहे गए हैं, जो धर्मज्ञ, शुचि और अलुब्ध होते थे (2/191) । समूह के कार्य में जो कुछ उपार्जित किया जाए, उसे यथावत् अर्पित कर देना चाहिए । जो ऐसा नहीं करता उससे उस धन का ग्यारह गुना दंड दिलवाना चाहिए (2/193) । संघ के लिए गण शब्द है । उसका विधान संवित् कहलाता था । उसका उल्लंघन करने वाले का सर्वस्व हरण करके उसे राष्ट्र से प्रवासित कर देना चाहिए (2/190) । ये स्वायत्त संस्थाएँ उत्तरोत्तर क्रम से इस प्रकार थीं—कुल, जाति, श्रेणी, गण और जनपद । इनमें से हरेक अपने लिए नियम बनाता था और राजा भी उनके धर्मों का सम्मान और स्थापना करके उनसे उनका प्रतिपालन कराता था (1/361) । कुल और श्रेणी न्याय-सभा का कार्य भी करती थीं, जिनमें कुल श्रेणी की अपेक्षा छोटा था और इन दोनों से उच्च न्याय-सभा पूग की थी । श्रेणी भिन्न-भिन्न जातियों के व्यक्तियों की सभा थी, जो एक पेशा या धंधा करते थे, किंतु पूग एक स्थान की सब जातियों और धंधों का प्रतिनिधि होता था, अतएव उसका अधिकार सर्वोपरि था (2/30) । नीचे की संस्था से ऊपर व्यवहार-विधि या न्याय की अपील की जाती थी ।

नारद-स्मृति की मनु और याज्ञवल्क्य के साथ तुलना : धर्म के 18 व्यवहारों के नाम व क्रम में नारद मनुस्मृति के अनुसार है । दोनों में 50 श्लोक समान हैं और कितने ही श्लोकों की सामग्री एक-जैसी है । किंतु नारद में कई नई बातें हैं जो मनु और याज्ञवल्क्य से उनका भेद सूचित करती हैं । उदाहरण के लिए, उसमें मनु की दो दिव्य परीक्षाओं के स्थान पर (8/114) पाँच दिव्यों के नाम और वर्णन हैं, जिसमें उसने दो नाम ऐसे दिए हैं (ऋणदान अध्याय, श्लोक 259-348) जो याज्ञवल्क्य में नहीं हैं । मनु के विपरीत उसमें नियोग (विवाह-संबंध, 80-88) और स्त्रियों के पुनर्विवाह (वही, 97) की आज्ञा है । मनु में सात प्रकार के दास हैं, नारद में पंद्रह प्रकार के हैं । याज्ञवल्क्य की भाँति उसने राजकीय नियंत्रण में द्यूत की अनुमति दी है, उसे आय का एक साधन माना है और मनु की तरह उसका निषेध नहीं किया । वस्तुतः मनु की अपेक्षा नारद में क्रमबद्धता और विभागोपविभाग अधिक हैं; जैसे

दान-संबंधी नियमों के उसमें 32 प्रकार हैं; 18 व्यवहार-पदों को 132 में बाँटा गया है। यह याज्ञवल्क्य के बाद की स्मृति है, जैसा कि उसकी न्यायालय की पद्धति से, जो अधिक क्रमबद्ध और विस्तृत है, या अधिक-संख्यक परिभाषाओं से, या नई सामग्री, जैसे सात प्रकार की दिव्य परीक्षाओं से ज्ञात होता है। कुछ बातों में यह याज्ञवल्क्य से अधिक पुराणपंथी है। याज्ञवल्क्य से भेद रखते हुए नारद पति के बाद उसकी संपत्ति पर विधवा का उत्तराधिकार नहीं मानते, और न याज्ञवल्क्य की तरह गोत्रज और बंधुओं के उत्तराधिकार के संबंध में ही कोई नियम देते हैं।

कुछ नई बातें : नारद में व्यवहार-धर्म और नीति के सिद्धांतों के विषय में कुछ नई बाते हैं। उदाहरण के लिए, प्रत्येक व्यक्ति का घर उसका दुर्ग है (ऋणदान, 32), अथवा राजा कितना भी विगुण या गुणरहित हो, प्रजा द्वारा ऐसे ही पूज्य है जैसे पत्नी से पति (प्रकीर्णक, 20-2)।

मुद्राएँ : नारद में दीनार का नाम दो बार आया है, एक बार स्वर्ण के आभूषण के रूप में और दूसरा सिक्के के लिए, जिसे सुवर्ण भी कहा है। इससे उसका समय निश्चित कर लेने में सहायता मिलती है। स्वर्ण-दीनार पहले-पहल रोम में 207 ई.पू. में बनाए गए और रोम-देशीय डिनेरियस सिक्के के बराबर तौल की मुद्राएँ भारत में सर्वप्रथम कुषाण राजाओं ने बनाईं जिन्होंने प्रथम शती ईस्वी से राज्य किया। इससे नारद का काल 100 और 300 ई. के बीच में पड़ता है।

नारद का स्थान : नारद का स्थान निश्चित करना कठिन है। एक स्थान में उसने कहा है कि चाँदी का कार्षापण दक्षिण में चालू था और प्राच्य देश में वह 20 पण के बराबर था। पंचनद प्रदेश में चालू कार्षापण को वे प्रमाण नहीं मानते (प्रकीर्णक 116-117)[1]।

कामसीखतर : कामसीखतर शिल्पियों और साझे-संबंधी नियमों के लिए हम नारद के अनुगृहीत हैं। नवकर्मिक शिल्पी को चाहिए कि पहले अपने पिता या अभिभावक की अनुमति प्राप्त करे और आचार्य शिल्पी के पास प्रविष्ट होने से पहले शिक्षा-काल की अवधि भी निश्चित करा ले। उसके लिए अपने शिल्पी-गुरु के साथ रहना आवश्यक है। उसका घर—गुरु का घर—ही उसकी कर्मशाला थी। गुरु उसके साथ पुत्रवत् व्यवहार करे और स्वगृह से भोजन देकर शिक्षित करे, उससे और कुछ काम न कराए और न उसके श्रम से अनुचित आर्थिक लाभ उठाए। यदि शिष्य शिक्षा पूरी भी कर चुके तो भी निश्चित काल से पहले वह

---

1. डॉ. मुकर्जी ने जो लिखा है कि नारद के अनुसार पूर्व में कार्षापण 20 पण का था उसका मूल श्लोक से समर्थन नहीं होता और इस बात का भी कि नारद पंचनद के कार्षापण को प्रमाण नहीं मानता। नारद के मूल श्लोक का अभिप्राय तो इससे उलटा है। **—अनुवादक**

आचार्य को न छोड़े। आचार्य के पास रहते हुए जो कर्म वह करे उसका आर्थिक फल आचार्य को ही प्राप्त हो। जो शिक्षा देते हुए दोषरहित आचार्य को छोड़ता है, वह वध (शारीरिक दण्ड) और बंध के योग्य है। गृहीशिल्पी होने पर आचार्य को यथाशक्ति पुरस्कृत करना उसका कर्तव्य था, अथवा पूर्व-समझौते के अनुसार वह आचार्य के यहाँ वैतनिक कार्य करना भी स्वीकार कर सकता था (5/16-21)। शिल्प की यही शिक्षा थी, जिसकी सफलता ने भारतवर्ष को उद्योग-धधों के क्षेत्र मे सर्वोच्च स्थान प्रदान किया और प्लिनी से लेकर टेवरनियर तक कितनी ही शताब्दियों तक देश के समृद्ध निर्यात वाणिज्य को पुष्ट किया।

साझा—सम्भूय समुत्थान : शिल्प और वाणिज्य साझेदारी के आधार पर किया जाता था जिसे संभूय समुत्थान कहा गया है। फल के लिए मिलकर कर्म करने वाले व्यापारी अपने-अपने अंश के अनुसार व्यय, वृद्धि और हानि में भागीदार होते थे। व्यक्तिगत कर्म के लिए प्रत्येक व्यक्ति स्वयं उत्तरदायी था और उससे होने वाले लाभ का फल भी स्वयं भोग सकता था (3/1-6)।

सामूहिक संस्थाएँ : नारद ने कुछ स्वायत्त संस्थाओं का भी उल्लेख किया है जैसे कुल, श्रेणी, गण (1/7), पूग, व्रात और पाषंडों का समूह तथा नैगम व्यापारियों का समुदाय (10/2)। इनमें से प्रत्येक संस्था उस स्थिति या विधान के अनुसार चलती थी जिसकी पारिभाषिक संज्ञा समय थी।[1] समय का पालन सदस्यों के लिए आवश्यक था और राजा भी उसकी संरक्षा कराते थे। 'व्यवहार मयूख' के अनुसार व्रात शब्द सगे-संबंधियों के समूह या कुल के लिए था। विभिन्न जाति और पेशे वाले लोगों का समूह पूग कहलाता था और गण इन सब समूहों के संघ का नाम था। इस प्रकार गण इस क्रम में सबसे बड़ी संस्था थी और गाँव का सारा संघ उसके अंर्तगत था। कुल, श्रेणी और गण अपने सदस्यों के लिए न्यायालय का काम भी करते थे। किंतु वे राजसभा के अधीन थे और उन सबके ऊपर स्वयं राजा अंतिम न्यायकर्त्ता के स्थान पर था (1/7)। इस प्रकार सामूहिक जीवन के इन विभिन्न क्षेत्रों में गाँव के लोगों के लिए शासन का बहुत बड़ा क्षेत्र खुला था।

1. पाषाण्ड नेगमादीनां स्थितिः समय उच्यते (10/1)।

7. उत्तरी भारत की दशा

(समय : लगभग 650–325 ई.पू.)

राजनीतिक इतिहास : अब तक हमारे सामने भारतीय संस्कृति और सभ्यता का एक चित्र वैदिक साहित्य, संहिता, ब्राह्मण और उपनिषदों के आधार पर अपने आरंभिक समय से लेकर उस पूर्ण विकास और अंतिम रूप-निर्माण की अवस्था तक आ चुका है, जो रामायण, महाभारत, सूत्र और स्मृतियों से उसे प्राप्त हुआ। अब हम सांस्कृतिक इतिहास से पृथक् राजनीतिक इतिहास के सूत्रों को जोड़ना चाहते हैं। राजनीतिक इतिहास का मुख्य आधार तिथिक्रम का ढाँचा है। भारत के सांस्कृतिक इतिहास का प्रारंभ, जैसा ऊपर दिखाया गया है, सुदूर प्राचीन काल में हुआ, किंतु उसके राजनीतिक इतिहास का आरंभ 650 ई. पूर्व से पहले दृष्टि में नहीं आता। पुनश्च, राजनीतिक इतिहास के सूत्र बिखरे हुए हैं और एकीभूत राष्ट्रीय इतिहास के पट के रूप में हम उन्हें बुना हुआ नहीं पाते। उत्तरी भारत के लिए भी बहुत काल बाद तक वह स्थिति प्राप्त नहीं हुई थी।

विभिन्न युगों में विभिन्न राज्य : हम देख चुके हैं कि वैदिक साहित्य के युगों में देश-भर में फैले हुए आर्य-सभ्यता के प्रतिनिधि नौ राज्य थे, जिनके नाम ये हैं–(1) गंधार. सिंधु के दोनों ओर विस्तृत, जिसकी दो राजधानियाँ, पूर्व में तक्षशिला और पश्चिम में पुष्पकलावती नामक नगरों में थीं, जिनका बाद में रामायण में उल्लेख हुआ है (8/114-11)। छांदोग्य उपनिषद् (6/14) के अनुसार उसके विचारक उद्दालक-आरुणि गंधार से परिचित थे, और जातक संख्या 487 एवं 377 के अनुसार आरुणि पिता-पुत्र दोनों तक्षशिला के विद्यार्थी थे; (2) कैकय, जहाँ के दार्शनिक राजा अश्वपति विख्यात थे; (3) मद्र, जहाँ के आचार्य पतंजल काप्य प्रसिद्ध थे; (4) वश-उशीनर, मध्य-देश का उत्तरी भाग, जिसके आगे गोपथ ब्राह्मण (2/9) के अनुसार उदीच्य देश था; (5) मत्स्य, जो उपनिषदों के अनुसार विद्या का प्रसिद्ध स्थान था (बृहदारण्यक, उपनिषद् 2/1); (6) कुरु; (7) पंचाल; (8) काशी, जहाँ के दार्शनिक राजा अजातशत्रु विख्यात थे; (9) कोशल। इन जनपदों से परे, जो तत्कालीन आर्य-देश के भाग थे, मगध और अंग आदि अन्य जनपद भी थे जिनमें ब्राह्मणधर्म का प्रसार पूरी तरह न हुआ था, जैसा कि ऊपर

कहा जा चुका है। इसी के बाहर कुछ अनार्य लोगों के जनपद भी थे, जैसे अंध्र, पुलिंद, मूतिब, शबर, पुड्र और नैषध, जिनके नाम 'ऐतरेय ब्राह्मण' के ऊपर लिखे हुए प्रमाण में दिए हुए हैं और जो दक्षिणापथ के अंग थे। (तुलना कीजिए, ऋग्वेद का दक्षिणापथ, 10/61/8)।

भारतीय जनपदों के विकास की दूसरी कड़ी पाणिनीय व्याकरण (लगभग 700 ई.पू.) में मिलती है, जिसमें पूर्वनिर्देशानुसार 22 जनपदों के नाम हैं, जिनमें कई नए भी हैं, जैसे सिंधु, कच्छ, अश्मक, सुवास्तु, कंबोज, अवंति, शाल्व, भरत, यौधेय, वृजि, कलिंग एवं प्राच्य जनपद कहलाने वाले राज्य।

बौधायन के धर्मसूत्र (लगभग 600 ई. पू.) ने इन जनपदों को आर्यों के लिए प्रतिषिद्ध कहा है. जैसे सौवीर (आधुनिक सिंध), आरट्ट (पंजाब), सुराष्ट्र, अवंति, मगध, अग (पश्चिमी बगाल), पुड्र (उत्तरी बंगाल) और वंग (पूर्वी बंगाल)।

पूर्वकालीन बौद्ध युग के उपलब्ध साहित्य में बौद्ध-युग से भी पहले की परंपराएँ सन्निविष्ट हैं और उसके अनुसार भारत का राजनीतिक मानचित्र और भी भरा-पूरा मिलता है। 'अंगुत्तर निकाय' (1/213; 4/252, 256, 260) जैसे प्राचीनतम पालि-ग्रंथों में कई जगह सोलह जनपदों की सूची मिलती है। संस्कृत-ग्रंथ 'महा-वस्तु' में भी इसे आंशिक रूप में दुहराया गया है। सोलह महा जनपद इस प्रकार थे—(1) अग, (2) मगध, (3) कासी, (4) कोसल, (5) वज्जि, (6) मल्ल, (7) चेटि (चेदि), (8) वंस (वत्स), (9) कुरु, (10) पंचाल, (11) मच्छ (मत्स्य), (12) सूरसेन, (13) अस्सक (अश्मक), (14) अवंति, (15) गंधार, (16) कंबोज।[1]

इनमें पहले बारह का उल्लेख 'जनवसभ सुत्त' में आता है (दीर्घ निकाय 2/200 आदि)। 'दीर्घ निकाय' में अन्यत्र (2/235), जिसका उद्धरण 'महावस्तु' में भी है (3/208, 209) सात जनपदों और उनके मुख्य नगरों का उल्लेख इस प्रकार है :

1. कलिंग, राजधानी दंतपुर
2. अस्सक, राजधानी पोतन
3. अवंति, राजधानी माहिष्मति
4. सौवीर, मुख्य नगर रोरुक
5. विदेह, राजधानी मिथिला
6. अंग, राजधानी चंपा
7. कासी, राजधानी वाराणसी

---

1. संख्या 15 और 16 के स्थान में 'महावस्तु' में शिव और दशार्ण का नाम है। 'अंगुत्तर निकाय' (पालि टैक्स्ट सोसायटी) वंस की जगह वंग पाठ है।

बाद के ग्रंथ 'महानिद्देस' में (लगभग 253 ई.पू.) दक्षिण-पूर्वी भारत के सागर और कलिंग का, गांधार की जगह योन का उल्लेख पाया जाता है।

जैन-ग्रंथ 'भगवती' में सोलह जनपदों के नाम ये हैं—अंग, बंग, मगह, मलय, मालव, अच्छ, वच्छ (वत्स), कोच्छ, पाढ़ (पुंड्र), लाड़ (राढ़), वज्जिमोलि (मल्ल), कासी, कोसल, अवाह और संभुत्तर। इस विस्तृत भौगोलिक पृष्ठभूमि से ज्ञात होता है कि यह जैन-ग्रंथ बौद्ध-ग्रंथ के बाद बना है (हर्नले, उवासगदसाओ, 2, परिशिष्ट)। इसी प्रकार, 'उत्तराध्ययन सूत्र' (अध्याय 18) में इन जनपदों के नाम हैं—दशार्ण, कलिंग, पंचाल, विदेह, गांधार, सौवीर, काशी ; और 'सूत्र-कृतांग' (2/2) में इनके अतिरिक्त द्रविड़ और गौड़ का भी नाम है। आर्य-भाषा न समझने वाले म्लेच्छों का भी उल्लेख है (वही 1/12/15-16)।

देशों की सूची के अतिरिक्त बुद्ध के काल में प्रसिद्ध नगरों की सूची भी मिलती है, जैसे चंपा, राजगृह, श्रावस्ती, साकेत, कौशांबी और काशी (दीघ निकाय, (2/146, 169)।

ये जनपद बौद्ध-धर्म के उदय से पूर्व विद्यमान थे, क्योंकि युद्ध के समय में इनमें से दो स्वतंत्र नहीं रहे थे; कासी को कोसल ने, अंग को मगध ने पचा लिया था।

बुद्ध के काल में पालि-ग्रंथ चार बड़े राज्यों का, कोसल, मगध, अवंति और वंस और इससे भी अधिक रोचक अनेक गणराज्यों का उल्लेख करते हैं।

बुद्ध के समय के चार बड़े राज्य : कोसल : ग्रंथों में कासी और कोसल के झगड़े का उल्लेख है। बुद्ध से पहले कासी अधिक बलशाली राज्य था (जातक, 1/262 आदि; 3/115 आदि; विनय, 2/13 आदि)। सबसे पहले कासी के राजा ब्रह्मदत्त ने सावत्थी (श्रावस्ती) के राजा दीघिति के राज्य-काल में कोसल पर धावा किया और उसको अपने राज्य में मिला दीघिति के पुत्र को लौटा दिया (विनयग्रंथ भाग 2,293-305) तब तत्कालीन कोसल के राजा वंक दब्बसेन और कंस ने बदला लेने के लिए कासी पर आक्रमण किया (जातक 1/262; 2/403; 3/13, 168, 211; 5/112)। अंत में कंस ने कासी को जीत लिया। बुद्ध के समय में कोसल का राजा पसेनदि (प्रसेनजित्) था। उसकी शिक्षा तक्षशिला में लिच्छवि राजकुमार महालि और कुसिनारा के मल्ल राजकुमार के साथ हुई थी (धम्मपद अट्ठकथा, 1/337-8)। वह अपने दान के लिए प्रसिद्ध था। उसने दो ब्राह्मणों को उक्कट्ठ और सालवतिका नामक दो नगर प्रदान किए (दीघ, 1/87, 224)। उसके मंत्री मृगधर्म (उवासगदसाओ; 2, परिशिष्ट, पृ. 56) श्रीवड्ढ और दीघ कारायण थे (संयुत्त निकाय, 2, पृ. 188)। वह बुद्ध के भक्तों में से था (संयुत्त निकाय, 1/68, 102) और उसी आयु का था (भगवापि आसीतिको अहंपि आसीतिको, 'बुद्ध 80 वर्ष के हैं, मैं भी 80 वर्ष का हूँ,' मज्झिम निकाय, 2/124)।

प्रसेनजित् और बुद्ध के संबंध का साक्ष्य भरहुत शिल्प के एक शिलापट्ट पर अंकित मिला है । इस पट्ट पर दो लेख हैं—(1) राजा प्रसेनजित् कोसलो और (2) भगवतो धम-चकम । इससे ज्ञात होता है कि प्रसेनजित् बुद्ध का भक्त था, जिसका अंकन धर्मचक्र के रूप में किया गया है । मूर्ति में राजा अपने प्रासाद के द्वार के बाहर चार घोड़ों के रथ में बैठकर निकल रहे हैं और उनके साथ हाथी, घोड़े और पैदलों का जुलूस है । मूर्ति के ऊपर के भाग में एक दुतल्ला घर है । भूमितल पर खंभों वाला खुला मण्डप है जिसके मध्य में दो उपासकों के बीच में धर्मचक्र रखा हुआ है, ऊपर के तल्ले में स्पष्ट ही पुण्यशाला है, जहाँ सम्राट् ने बुद्ध से अंतिम बार भेंट की थी ।

उस समय कोसल के तीन मुख्य नगर—अयोज्झा, साकेत और सावत्थी—और कई छोटे पुर थे—जैसे सेतव्या (पायासि सुत्तंत) और उट्ठ (अंबट्ठसुत्त) । प्रसेनजित् के अधीन पाँच राजा थे जिनका अंतर्भाव कोसल में हो चुका था । उसमें और मगध के राजा अजातसत्तु (अजातशत्रु) में युद्ध हुआ करता था । अंत में पसेनदि पकड़ा गया और उसकी पुत्री वाजिरा से अजातसत्तु ने विवाह कर लिया । उन दोनों का झगड़ा इस बात पर शुरू हुआ कि काशी के पास के एक गाँव को, जिसे पसेनदि ने बिबिसार के साथ अपनी बहन के ब्याह में अभिषेक-मूल्य के रूप में दिया था, फिर वापस कर लिया । वापस ले लेने का कारण यह था कि अजातसत्तु द्वारा बिंबसार के वध के बाद पसेनदि की बहन ने प्राण त्याग दिए। बस इसी पर अजातसत्तु ने लड़ाई ठान दी (संयुत्त, 1/68, आदि; जातक, 2/403) । जब पसेनदि अपनी वृद्धावस्था में साकिय जनपद के मेदलुंप ग्राम में बुद्ध से मिलने के लिए गया हुआ था (संयुत्त, 2/89, पृ. 118) उसके मंत्री दीघ कारायण ने विद्रोह कर दिया और उसके लड़के विडूडभ (विरुद्धभ) को गद्दी पर बिठाया । पसेनदि शरण-याचना के लिए अपने जामाता अजातसत्तु के पास राजगृह गया, पर नगर-द्वार के बाहर ही उसकी मृत्यु हो गई ।[1]

विडूडभ ने शाक्य जनपद में अनेक निर्दोष व्यक्तियों का वध कराकर अपने को कलंकित किया । कारण यह था कि उसके पिता ने शाक्यों से एक असली क्षत्रिय कन्या विवाहार्थ माँगी थी, पर शाक्यों ने धोखा करके वसभ खत्तिया नाम की एक दासी-पुत्री को भेज दिया जो विडूडभ की माता हुई । इसी का बदला लेने के लिए

1. प्रसेनजित् की मृत्यु की पूरी कथा 'धम्मपद अट्ठकथा' (4/3) में मिलती है । राजा ने कुसिनारा के मल्ल बंधुल को पहले अपना सेनापति, फिर न्यायपति बनाया । बंधुल की सर्वजनप्रियता के कारण दूसरे अधिकारियों ने उसके विरुद्ध षड्यंत्र करके राजा को भी अपने साथ मिला लिया और उसने सीमांत में, जहाँ बंधुल को बनावटी विद्रोह का दमन करने के लिए भेजा गया था, उसे मरवा डाला । राजा को पीछे अपनी इस मूर्खता पर पश्चात्ताप हुआ और बंधुल के स्थान पर उसके भतीजे दीघ कारायण [कौटिलीय अर्थशास्त्र 5/5 में आचार्य रूप में उल्लिखित] को नियुक्त किया । उसने भी, जब प्रसेनजित् अपना राजमुकुट और खड्ग उसे सौंपकर बुद्ध से मिलने गया, और विडूडभ को गद्दी पर बिठाकर अपने पितृव्य का बदला लिया ।

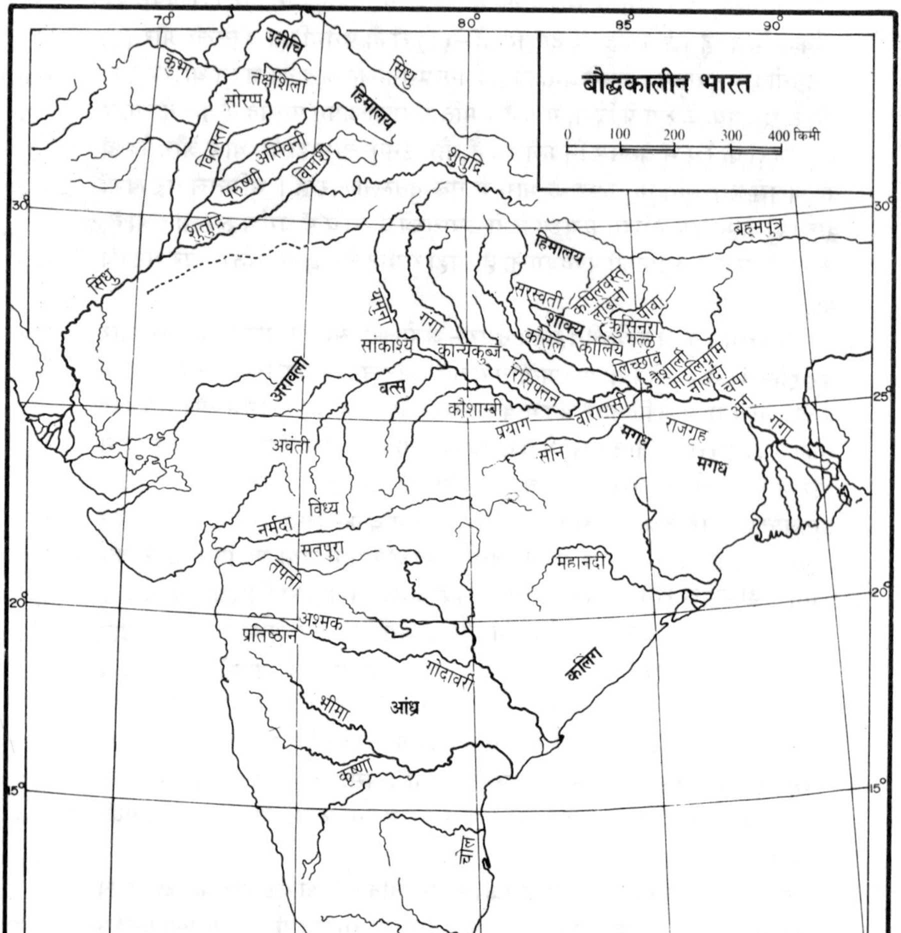
बौद्धकालीन भारत
0 100 200 300 400 किमी
उदीचि
कुभा
तक्षशिला
सोरप्प
सिंधु
हिमालय
वितस्ता
असिवनी
परुष्णी
विपाशा
शुतुद्रि
ब्रह्मपुत्र
यमुना
गंगा
सरस्वती
कपिलवस्तु
शाक्य
कोसल
कोलिय
कुसिनारा
मल्ल
पावा
सांकाश्य
कान्यकुब्ज
अरावली
इसिपत्तन
लिच्छवि
वैशाली
पाटलिग्राम
नालंदा
चंपा
अंग
वत्स
कौशाम्बी
प्रयाग
वाराणसी
मगध
राजगृह
अवंती
सोन
विंध्य
नर्मदा
सतपुरा
तप्ती
महानदी
अश्मक
प्रतिष्ठान
गोदावरी
कलिंग
भीमा
आंध्र
कृष्णा
चोल
कावेरी
पांड्य

उसने ऐसा किया। विडूडभ ने सावत्थी में अचिरवती नदी के किनारे शाक्यों को युद्ध में हराया, किंतु नदी में बाढ़ आ गई और सारी सेना समेत उसे बहा ले गई (धम्मपद अट्ठकथा, 1/359)।

कोसल में यह असुरक्षित समय था। विनय (1/220) में उल्लेख है कि साकेत और सावत्थी के बीच का मार्ग बटमारों से भरा हुआ था।

अंत में कोसल मगध में मिला लिया गया।

अवंती : यह पुराना जनपद था। युद्ध के समय में उसका राजा पज्जोत (प्रद्योत) था जिसने कोसांबी के राजा उदेन (उदयन) और मधुरा (मथुरा) के सूरसेनों के राजा अवंतिपुत्त के साथ वैवाहिक संबंध किए थे। राजगृह पर उसकी चढ़ाई के विचार को जानकर अजातसत्तु भी डर गया था (मज्झिम निकाय,3/7)। यद्यपि निष्ठुरता के कारण उसका विरुद 'चड' प्रसिद्ध था, तथापि पीछे चलकर अपने पुरोहित महाकच्छायन के प्रभाव से वह बौद्धधर्म से प्रभावित हो गया और बुद्ध को लाने के लिए उसने महाकच्छायन से इच्छा प्रकट की। महाकच्छायन ने बुद्ध के पास जाकर कहा, ''भगवन्, राजा पज्जोत आपके चरणों की वंदना करके धम्म सुनना चाहते हैं।'' बुद्ध ने राजा को धम्मदेसना करने के लिए सात उपदेशकों के साथ विदा किया और तब पज्जोत बौद्ध बन गया (थेरीगाथा अट्ठकथा)।

तब अवंती बौद्ध-धर्म का प्रसिद्ध केंद्र बन गई। अभयकुमार, इसिदासी, इसिदत्त, धम्मपाल, सोना और महाकच्चान-जैसे उत्साही बुद्ध भक्तों का वह जन्म स्थान था, जिनमें से अंतिम दो को स्वयं भगवान् बुद्ध ने चुना था (अवतरणों के लिए देखिए, कैंब्रिज हिस्ट्री ऑफ इंडिया, 1/186)।

जिस भाषा में ये आरंभिक उपदेशक धर्मोपदेश करते थे वह अवंती की जनता की भाषा (पाणिनि के शब्दों में लौकिक) थी, ब्राह्मणों की धार्मिक या छांदस भाषा नहीं। बुद्ध की भी इच्छा थी कि उनका धर्म जनता के पास जनता की ही भाषा में पहुँचाया जाए। इस प्रकार यद्यपि बौद्ध-धर्म मगध में आरंभ हुआ, पर अवंती में आकर ही उसे बाह्य रूप प्राप्त हुआ, जिसमें अब वह विदित है। उसकी मौलिक भाषा मागधी न थी, जैसा प्रायः माना जाता है (वही पृ. 187)।

वंस : इसकी राजधानी कोसांबी थी जो वेदिसा (भिलसा) होकर जाने वाले महत्त्वपूर्ण वणिकपथ द्वारा उज्जैनी (उज्जयिनी) से जुड़ी थी। बुद्ध के समय में उसके शासक राजा उदेत (संयुत्त, 4/110-113) थे जो परंतप के पुत्र थे। भास के 'स्वप्नवासवदत्ता' नाटक में मगध के राजा दर्शक की बहन पद्मावती उदयन की रानी कही गई है। हर्षकृत 'प्रियदर्शिका' नाटिका में अंग के राजा दृढ़वर्मन की पुत्री से उदेन (उदयन) के विवाह का उल्लेख है। उसकी दूसरी नाटिका 'रत्नावली' में सागरिका के साथ उसके प्रेम का वर्णन है, जो उसकी पत्नी वासवदत्ता की, जिसका

उल्लेख 'धम्मपद अट्ठकथा' में आया है, परिचारिका थी। इस अन्तिम ग्रंथ के अनुसार उदेन की तीन पत्नियाँ थीं—(1) वासुलदत्ता, जो अवंती-राजा पज्जोत की पुत्री थी। पज्जोत ने एक चातुर्यपूर्ण युक्ति से हाथी के आखेट में उदेन को पकड़वा लिया और उसे अपनी पुत्री को वीणा की शिक्षा देने के लिए नियुक्त किया। दोनों में प्रेम हो गया और तब वे विवाह करने के लिए कोसांबी को भाग निकले। (2) सामावती, भद्दवतीय नामक अर्थपति की कन्या जो बुद्ध की भक्त हो गई थी और मागंदिया द्वारा ईर्ष्यावश कराए हुए महल के एक अग्निकांड में जल मरी थी। (3) मागंदिया, जिसके साथ बुद्ध ने विवाह का निषेध किया था। घोसिताराम के पिंडोल भारद्वाजी भिक्षु के प्रभाव से उदेन बौद्ध-धर्म का समर्थक हो गया था (संयुत्त, 4/110-12)। कोसांबी में चार बौद्ध संघाराम थे, जिनमें एक घोसिताराम और दूसरा पावारिया का आम्र-विहार था जहाँ बुद्ध प्रायः आकर ठहरते और वे उपदेश देते थे जो त्रिपिटक में सुरक्षित हैं। 'कथा सरित्सागर' में उसकी विजयों का वर्णन है और 'प्रियदर्शिका' में उसकी कलिंग-विजय एवं अपने श्वसुर दृढ़वर्मन् को अंग के सिंहासन पर पुनः बैठाने का उल्लेख है। इस प्रकार अनुश्रुति के अनुसार वह महत्त्वपूर्ण राजनीतिक व्यक्ति ठहरता है जिसका प्रभाव विवाह-संबंध और देश-विजय के द्वारा अवंती से अंग और कलिंग तक के विस्तृत भू-भाग पर छाया हुआ था। जातक संख्या 353 में सुंसुमारगिरि का भाग जनपद वंस का अधीन राज्य कहा गया है।

मगध—बिंबिसार—लगभग 603-515 ई. पू.; उनकी स्त्रियाँ और पुत्र : बुद्ध के समय में मगध ने बिंबिसार और उसके पुत्र अजातशत्रु के नेतृत्व में सर्वोच्च स्थान प्राप्त कर लिया। बिंबिसार पंद्रह वर्ष की आयु में सिंहासन पर बैठा (महावंस, 2/29-30)। उसने विवाह-संबंध जोड़ना आरंभ किया, जिससे उसके राजनीतिक प्रभुत्व को बहुत बल मिला। उसकी एक रानी, जैसा कि ऊपर कहा है, कोसल के राजा प्रसेनजित् की बहन थी, जिसके विवाह में एक लाख कार्षापण की आय वाला कासी जनपद का गाँव दहेज में दिया गया था (जातक 2/403)। दूसरी का नाम रानी चेल्लना था, जो वैशाली के लिच्छवि-प्रमुख चेटक की सात कन्याओं में सबसे छोटी थी (जैकोबी, जैन-सूत्र, 1/41-45, सेक्रेड बुक्स ऑफ दि ईस्ट)। 'अभितायुर्ध्यान सूत्र' में उसकी एक अन्य रानी वैदेही वासवी का उल्लेख करते हुए लिखा है कि किस प्रकार वह अपने पति के लिए, अजातशत्रु द्वारा उसके कारागृह में रखे जाने पर, भोजन ले जाया करती थी (सेक्रेड बुक्स ऑफ दि ईस्ट, 22/193-256)। उसकी पहचान चेल्लना से की जा सकती है, जिसके विषय में ऐसी ही कथा प्रसिद्ध है, जैसा आगे कहा गया है। तीसरी पत्नी मद्र देश के राजा की कन्या खेमा थी (थेरीगाथा, अट्ठकथा, 139-143)।

उसके कई पुत्र थे, जो भिन्न-भिन्न रानियों से जन्म लेने से, राजनीतिक स्वार्थों के टकराने के कारण, उसके लिए चिंता के विषय बन गए थे। जैन और बौद्ध-ग्रंथों में कभी-कभी इनके विषय में मतभेद पाया जाता है। जैन-ग्रंथों में इन पुत्रों के नाम हैं—कुणिक (अजातशत्रु), हल्ल और वेहल्ल जो चेल्लना के पुत्र थे, अभय (श्रेणिक की पत्नी नंदा का पुत्र), नंदिसेन, मेधकुमार और अन्य कई (आबश्यक सूत्र, पृ. 697)। बौद्ध-अनुश्रुति में अजातसत्तु को वैदेही पुत्तो कहा है (सुमंगल विलासिनी, 1/139; डायलॉग्स, 2/78), किंतु आगे चलकर उसे ही कोसल राजकुमारी का पुत्र कहा है। उसके दूसरे पुत्र विमल कोंडञ्ञ (अंबपाली का पुत्र), वेहल्ल और सीलव थे (थेरीगाथा, अंग्रेजी अनुवाद, पृ. 55, 269, और अट्ठकथा पृ. 536; थेरीगाथा, अनुवाद, पृ. 120)।

राजधानी : बिंबिसार की राजधानी गिरिव्रज थी, जो महाभारत के अनुसार मगध के राजा जरासंध की राजधानी थी। वहीं वैहार, वराह, वृषभ, ऋषिगिरि और चैत्यक इन पाँच पहाड़ियों के नाम आए हैं जो चारों ओर से गिरिव्रज की रक्षा करती थीं। प्रसिद्ध सत्तपण्णि की गुहा, वैहार पर्वत पर ही थी, जहाँ 543 ई. पू. में प्रथम बौद्ध संगीति हुई। अजातशत्रु ने उसके अधिवेशन (धम्म-संगीति) में बड़ी सहायता पहुँचाई और तत्काल गुफाद्वार पर एक भव्य मंडप में सभापति और वक्ताओं के लिए दो मंच बनवाए एवं भिक्षुओं के लिए भूमि पर बैठने के लिए मूल्यवान् आस्तरण बिछवाए (महावंस, अध्याय 3)। पीछे बिंबिसार ने अपनी राजधानी राजगृह में बनाई जिसे बुद्धघोष ने बिंबिसारपुरी लिखा है (विमलाचरण लाहाकृत बुद्धघोष, पृ. 87)। उसका नगरमापन करनेवाला सूत्रधार और राजप्रासाद का स्थपति महागोविंद था (विमानवत्थु अट्ठकथा, पृ. 82)। राजगृह का द्वार संध्या होने पर राजा समेत सबके लिए बंद कर दिया जाता था (विनय, 4/116 आदि)।

विजय और राज्य : जैन-ग्रंथों के अनुसार कौशांबी के राजा शतानीक ने अंग और उसकी राजधानी चंपा की विजय की, किंतु शीघ्र ही बिंबिसार ने उसे जीत लिया और चंपा को पट्टनगर बनाकर अपने पुत्र कुणिक को वहाँ का शासक नियुक्त किया ('चंपायां कुणिको राजा' भगवती सूत्र, 300)। एक पुराण में उल्लेख है कि बिंबिसार ने अंग में राज-ग्राह्य भाग दान में दे डाला था (दीघ निकाय, 1/111)। एक जातक के अनुसार (सं. 545) राजगृह कभी अंग का नगर था। उसकी प्रधान पुरी चंपा बौद्ध जगत् की छह महानगरियों में थी, जैसा कहा जा चुका है। एक अन्य जातक (सं. 539) में चंपा के नगरद्वार, अट्टालिका और प्राकार का उल्लेख है और कहा है कि वहाँ के व्यापारी सुवण्ण-भूमि की समुद्र-यात्रा करते थे। अंग में एक दूसरा स्थान आपण था (संयुत्त, 5/225), और तीसरा अस्सपुर था जहाँ बुद्ध ने उपदेश दिया था (मज्झिम-निकाय, 1/271 आदि)। इस प्रकार अंग जैसे समृद्ध

जनपद की विजय बिंबिसार के राज्य के लिए मूल्यवान् सिद्ध हुई।

अब उसके राज्य में 80,000 ग्राम थे, जिनका क्षेत्रफल 300 योजन था, जिसे अजातशत्रु ने 500 योजन तक बढ़ाया (विनय, 1/179; सुमंगल 1/148)। ग्रंथों में कुछ महत्त्वपूर्ण गाँवों के नाम भी हैं, जैसे सेनानिगाम (मज्झिम, 1/166), एकनाला, जहाँ भारद्वाज नामक ब्राह्मण का निवास था, जिसे बुद्ध ने अपना शिष्य बनाया (संयुत्त, 1/172), खानुमत, अन्य ब्राह्मण गाँव (दीघ, 1/127) अथवा नालकगाम, जहाँ सरिपुत्त ने उपदेश दिया था (संयुत्त, 4/251 आदि)। बिंबिसार के राज्य में कुछ संघ भी थे, जो अपने-अपने राजकुमार या नेता के अधीन थे (सुमंगल, 1/279-294)।

शासन : बिंबिसार का शासन सुसंगठित और सक्षम था। प्रधान अधिकारी महामात्र कहलाते थे; शासनकारिणी मुख्य सभा सब्बात्थक (समस्त अर्थों और कार्यों के लिए उत्तरदायी); न्यायाधिकारी वोहारिक और सेनाधिकारी सेनानायक कहलाता था। उसकी दंड-व्यवस्था कारागृह, अंगच्छेद आदि के रूप में बड़ी कठोर थी (विनय, 7/3, 5)। 80,000 गाँवों के मुख्य ग्रामिक अपनी सभा में एकत्र होते थे (विनय, वही)।

धर्म : जैन और बौद्ध दोनों ही उसे अपना अनुयायी कहते हैं। उत्तराध्ययन सूत्र (20/58) में कहा गया है कि किस प्रकार राजाओं में चक्रवर्ती सिंह बिंबिसार बड़ी भक्ति के साथ मुंडिकुक्षि चैत्य में अपनी रानियों, परिचारकों और संबंधियों के साथ महावीर के, जो अणगार भिक्षुओं में सिंह (अणगार सीह) थे, पास आए और धर्म में दृढ़ रूप से आस्थावान हुए। जैन धर्म के प्रति उनका झुकाव उनकी लिच्छवि वंश की रानी चेल्लना के प्रभाव से ही ज्ञात होता है। हेमचंद्र ने (त्रिषष्टि शलाका. 106. 10/11) लिखा है कि "जब देश में भीषण हिमपात हुआ, सम्राट् देवि चेल्लना को साथ लेकर महावीर की अभ्यर्हण के लिए गए।" बौद्ध-ग्रंथों में अपने ढंग की कथाएँ हैं। पहले बिंबिसार और गौतम की भेंट का उल्लेख है। गौतम नाम से प्रकट होता है कि तब तक वह बुद्ध नहीं हुए थे। अभिनिष्क्रमण के ठीक बाद और संबोधि से सात वर्ष पहले की यह घटना है। बिंबिसार उस समय गिरिव्रज में था। (सुत्तनिपात, श्लोक 408; डायलॉग्स, 2-2)। उनकी अगली भेंट तब हुई जब बिंबिसार अपनी नई राजधानी राजगृह में जा चुका था। पहली ही भेंट में, गौतम के बुद्ध होने से प्रथम ही वह उनसे इतना प्रभावित हुआ था कि उसने उन्हें आवश्यक धन देकर उच्चपद पर प्रतिष्ठित करना चाहा। बुद्ध राजगृह में अपने नए और अप्रत्याशित शिष्य-समुदाय अर्थात् विख्यात कस्सप और उनके एक सहस्र जटिल शिष्यों को, जो उन्हें अपना भगवान् मान चुके थे, साथ लेकर प्रविष्ट हुए। और तब सेनिय बिंबिसार बहुत-से पुर-वासी और ब्राह्मणों को लेकर उनसे मिला और उनसे उपदेश लेकर धर्म की शिक्षा ग्रहण की। अगले दिन बुद्ध और उनके शिष्यों

को राजमहल में निमंत्रण मिला, जहाँ राजा ने उन्हें अपने हाथ से भोजन कराया और बुद्ध एवं संघ के लिए वेलुवन नामक उद्यान प्रदान किया (विनय, 1/39)। उसकी रानी खेमा के लिए कहा जाता है कि उसने राजा पसेनदि को बौद्ध-धर्म की शिक्षा दी थी (संयुत्त, 4/374)। बौद्ध-धर्म के प्रति बिंबिसार के अनुराग का एक प्रमाण यह है कि उसने अपने निजी चिकित्सक राजवैद्य जीवक को बुद्ध और संघ का चिकित्सक नियुक्त किया, अथवा एक बार गंगा पार करते हुए जब बुद्ध के पास नाविक को देने के लिए पैसा न निकला, तो सम्राट् ने समस्त भिक्षुओं के लिए ही तरपण्य निःशुल्क कर दिया था (ललितविस्तर, 5/526)। जैन और बौद्ध-धर्म के अतिरिक्त ब्राह्मणधर्म भी उसे अपना समर्थक मानता है (दीघ, 1/111, 127)।

मृत्यु : विनय की बौद्ध-कथा के अनुसार देवदत्त के सिखाने से अजातशत्रु खड्ग लेकर अपने पिता का वध करनेवाला ही था कि मंत्रियों ने उसे पकड़ लिया, जिनसे उसने अपना अपराध स्वीकार किया। मंत्रियों ने राजा को सलाह दी कि समस्त षड्यंत्रकारियों का वध करा दिया जाए, किंतु बिंबिसार ने अपने पुत्र को क्षमा कर दिया, और उसे राज्य भी दे दिया जिसके लिए वह इतना उतावला हो रहा था (विनय, 2/109) पर फिर भी अजातशत्रु ने अपने पिता को मरवा ही डाला और बुद्ध से अपराध स्वीकार किया कि 'राज्य के लिए उसने अपने धर्मात्मा पिता के प्राण लिए।' देवदत्त ने उसे यह कहकर इस हत्या के लिए उकसाया कि जीवन थोड़े दिनों का होता है, न जाने राज्य मिलने में कितनी देर लगे, 'अतएव हे राजकुमार ! पिता का वध करके राजा बनो' (विनय, 2/190; दीघ, 1/86; सुमंगल, 1/133-6; पेतवत्थु अट्ठकथा, 105)। 'महावंस' के अनुसार अजातशत्रु ने बुद्ध की मृत्यु से 8 वर्ष पूर्व अर्थात् 551 ई. पू. में अपने पिता का वध किया जबकि वह 52 वर्ष राज्य कर चुका था, अर्थात् उसका राज्य-काल 603 ई. पू. में आरंभ हुआ। जैन-ग्रंथ अजातशत्रु के प्रति कुछ अधिक उदार हैं। उनमें कहा गया है कि यद्यपि श्रेणिक अपने अन्य पुत्रों की अपेक्षा कुणिक को अपना उत्तराधिकारी बनाने का संकल्प कर चुका था, किंतु कुणिक ने अधीर और संदिग्ध होकर पिता को कारागृह में डाल दिया, जहाँ उनकी माता चेल्लना अपने पति बिंबिसार की देखभाल भक्तिपूर्वक करती थी, किंतु शीघ्र ही जब अजातशत्रु को माता से यह ज्ञात हुआ कि उसके पिता का उसके प्रति कितना प्रेम था (यहाँ तक कि एक बार उसकी मवाद-भरी अँगुलि को पिता ने उसकी पीड़ा कम करने के लिए अपने मुँह में चूस लिया था) तो उसका मन बिलकुल परिवर्तित हो गया। "मैंने अपने पिता के साथ बड़ा दुःखद व्यवहार किया है।" यह कहकर वह तुरंत कारागृह में गया और लोहे की गदा से उसकी शृंखलाओं को तोड़ डाला। किंतु श्रेणिक ने, पुत्र के इस अकस्मात् अपनी ओर आने से भयभीत होकर विष खाकर प्राणांत कर डाला (आवश्यक सूत्र 682-3, आदि)। इस प्रकार जैन-कथाओं में अजातशत्रु पितृहंता के रूप में नहीं है।

अजातशत्रु : लगभग 551-519 ई. पू.; उसकी देश-विजय : अजातशत्रु के समय में मगध को साम्राज्य-रूप में उन्नत होने का बहुत वेग मिला। उसके द्वारा पिता का वध करने के कारण कोसलकुमारी रानी वैधव्य-शोक से जीवित न रह सकी (जातक, 2/403), और कोसलराज प्रसेनजित् ने इसके बदले दहेज में दिया हुआ काशी जनपद का गाँव वापस ले लिया। इससे मगध और कोसल में युद्ध छिड़ गया। पहले तो अजातशत्रु का पलड़ा भारी रहा और उसने प्रसेनजित् को श्रावस्ती तक खदेड़ दिया पर शीघ्र ही प्रसेनजित् तगड़ा पड़ा और उसने छापा मार कर सेना के साथ अजातशत्रु को बंदी कर लिया और अधीनता स्वीकार करने पर विवश किया। अंत में दोनों में संधि हो गई और प्रसेनजित् ने उसे स्वतंत्र करके सेना, राज्य और वाजिरा नामक पुत्री भी विवाह में दी (संयुत्त, 1/84-6, जातक, 4/342; धम्मपद अट्ठकथा, 3/259)। जैन-ग्रंथों के अनुसार अजातशत्रु ने प्राच्य देशों के गुट को तोड़ डाला जिसमें काशी, कोसल और वहाँ के अठारह गणराज्य—नौ मल्लकि और नौ लिच्छवि, सम्मिलित थे ('वज्जी विदेहपुत्रे जइत्था, नव मल्लइ, नवलेच्छइ, कासी-कोसलगा अट्ठारसवीं गणरायाणो पराजइत्था;' भगवती सूत्र, 300)। इस शक्तिशाली गुट के विरुद्ध युद्ध का आरंभ अजातशत्रु ने लिच्छवि राजधानी वैशाली पर आक्रमण से किया। भिन्न ग्रंथ इस संघर्ष का कारण भिन्न बताते हैं। सुमंगल विलासिनी (विमलाचरन लाहा, बुद्धघोष, पृ. 111) के अनुसार गंगा के एक पत्तन के पास पर्वत में रत्नों की एक खान थी, जिसके विषय में अजातशत्रु और लिच्छवियों में आधे-आधे रत्न बाँट लेने का समझौता था। लिच्छवियों ने इस समझौते को तोड़कर युद्ध का सूत्रपात किया। जैन-वर्णन के अनुसार (हर्नले, उवासगदसाओ 2, परिशिष्ट, पृ. 7) संघर्ष का कारण राजकीय हस्ती सेयणग (सेचनक) था जिसके गले में मोतियों की अठारह लड़ी का कंठा था। बिंबिसार ने उसे अपने पुत्र बेहल्ल को दिया था, किंतु जब राज्यापहारी अजातशत्रु ने उस पर अपने दाँत गड़ाए तो बेहल्ल हाथी और मोती लेकर रक्षा के लिए अपने नाना चेगड़ के यहाँ वैशाली भाग गया। ''राजी से उस भगोड़े को वापस लेने में असफल होने पर कुणिक ने चेगड़ के साथ लड़ाई छेड़ दी।'' (हर्नले, वही; 'न ददासि तदा युद्ध सज्जो भवामिति', आवश्यक सूत्र, पृष्ठ 684)। यह भी कहा जाता है कि अजातशत्रु को इस युद्ध के लिए उसकी पत्नी पउमावई (पद्मावती) ने उभारा।

किंतु उन दिनों लिच्छवियों को जीतना सरल काम न था। छत्तीस राज्यों के विशाल संघ के वे नेता थे और अपनी सम्मिलित शक्ति का उन्हें भरोसा था। वस्तुतः राजा चेटक ने इस संघ को बुलाकर पूछा कि अजातशत्रु की बात मानी जाए या युद्ध किया जाए (निरयावली सूत्र)। लिच्छवियों को अपनी आंतरिक संघीय एकता का भी बल था। वे उस समय अपनी शक्ति और समृद्धि की पराकाष्ठा पर थे

जिसकी चर्चा और प्रशंसा प्रायः लोक में होती थी। बुद्ध की प्रामाणिक सम्मति में, जो मानव-चरित्र, घटनाओं और कार्यों में उनकी असाधारण सूक्ष्म दृष्टि का फल थी, लिच्छवि अभेद्य और अजेय थे, क्योंकि संघों की शक्ति और सफलता की सब शर्तों का वे पूरी तरह पालन करते थे, जैसे नियत समय पर होनेवाले संघ के पूर्णोपस्थितियुक्त अधिवेशन, मंत्र और नीति-विषयक एकता, प्राचीन परंपराओं, संस्थाओं और पूजाओं का यथावत् पालन, वृद्धों का मान, साधु-संन्यासी और स्त्रियों की प्रतिष्ठा इत्यादि (आगे देखिए)। अजातशत्रु के इस विचार की सूचना बुद्ध को सबसे पहले उसके मंत्री ने राजगृह में दी और बातचीत में यह स्वीकार किया कि लिच्छवियों की एकता को तोड़े और उसमें फूट डाले बिना सम्राट् की जीत कदापि संभव नहीं थी। तब अजातशत्रु ने सचमुच ही अपने मंत्री वस्सकार को भेजकर लिच्छवियों में फूट का बीज बोया। वस्सकार तीन साल तक वैशाली में रहकर अपने दुष्ट हथकंडे चलाता रहा। शीघ्र ही लिच्छवियों में उलटा भाव व्याप्त हो गया और धनी-रंक, सबल-निर्बल आदि विभिन्न वर्गों में ईर्ष्या फैल गई (डायलॉग्स, 2/78; विमलाचरन लाहा, वही, पृ. 112)।

अजातशत्रु इस कठिन कार्य के लिए पूरी तरह योग्य निकला। राजतंत्र में शत्रु-राज्य को वश में करने के लिए कथित छल-बल-कौशल का उसने पूरा उपयोग किया। युद्ध की गर्मी से भरकर उसने प्रतिज्ञा की, "वज्जी चाहे जितने बड़े और सशक्त हों, मैं उन्हें उखाड़ डालूँगा, मिटा डालूँगा, और धूलिसात कर डालूँगा!" (महापरिनिब्बान सुत्त)।

लेकिन उसका यह कार्यभार बड़ा गड़गज्ज था। लड़ाई छेड़ने से पहले उसे एक नया नगर और दुर्ग बनाना आवश्यक था। गंगा के उस पार दूर के लिच्छवियों पर चढ़ाई करने के लिए राजगृह दूर पड़ता था और बहुत अंदर घुसा हुआ था, इसलिए उसने ठीक गंगा के किनारे दुर्ग-निर्माण के लिए बढ़िया जगह चुनी और नई राजधानी के रूप में पाटलिपुत्र की नींव डाल दी। नगर का निर्माण उसके मुख्यामात्य सुनीध और वस्सकार की देख-रेख में हुआ। उन्होंने भोजन के लिए बुद्ध को निमंत्रित कर अपने को सम्मानित किया और बुद्ध जिस नगर-द्वार से बाहर निकले थे उसका नाम 'गौतम-द्वार' और जिस जगह उन्होंने घाट से गंगा पार की थी उसका नाम 'गौतम-तीर्थ' रखा। इसी अवसर पर बुद्ध ने पाटलिपुत्र के महान् उत्कर्ष की भविष्यवाणी की कि वह भारत का प्रधान नगर बनेगा और व्यापार-वाणिज्य का भी केंद्र होगा (वही)। जब पाटलिपुत्र का दुर्ग पूरा हो गया तो लिच्छवियों के विरुद्ध सैनिक कार्यवाही छेड़ी गई। अब लिच्छवि आपसी फूट से निःशक्त बनकर मानो चढ़ाई का न्यौता दे रहे थे। जैसे ही अजातशत्रु ने उनकी भूमि पर हमला किया, लिच्छवि आपस में ही बहस करने लगे कि पहले कौन आगे बढ़कर लड़े। उनमें से जो दब्बू थे, बोले, "जो लिच्छवि तगड़े हों आगे बढ़कर शत्रु

से लोहा लें।" यों अजातशत्रु ने सरलता से उन शत्रुओं पर विजय पा ली जो एक होकर उसका झटका सँभालने के बजाय आपसी तू-तू मैं-मैं में लग गए थे। जैन-ग्रंथों में उसके इस हमले का विवरण मिलता है, उसने कुछ नए प्रकार के युद्ध-यंत्रों से काम लिया, जैसे महाशिलाकंटक, जिससे बड़े-बड़े पत्थर के ढोके शत्रु पर चलाए गए और रथमुसल[1] जो इधर-उधर चक्कर खाकर जुड़े हुए मूसलों से शत्रु का भुस कर देता था (हर्नले, उवासगदसाओ, 2, परिशिष्ट पृ. 69,जिसमें भगवती का अवतरण दिया गया है)।

युद्ध के इस विवरण से भी स्पष्ट है कि मगध और लिच्छवियों के बीच की यह लड़ाई लंबी और करारी हुई। हम देख चुके हैं कि अजातशत्रु के लिए यह युद्ध किसी अकेले राज्य के विरुद्ध न था, किंतु गंगा के उस पार के छत्तीस सबल संघों के एक पूरे गुट के विरुद्ध था, जिसका नेता वैशाली का राजा चेडग उस काल के मुख्य राज्यों के साथ विवाह-संबंध में बँध जाने के कारण (जैसा नीचे बताया है) असामान्य राजनीतिक प्रभाव से युक्त था। इस युद्ध के लिए अजातशत्रु ने तरह-तरह की भली-भाँति सोची हुई तैयारियाँ लंबे समय तक कीं, जैसे नए नगर का निर्माण और अपने गुप्तचरों द्वारा शत्रु के पुर में आंतरिक एकता और दृढ़ भाईचारे को तोड़ने के लिए तीन वर्ष तक चुपके-चुपके अपना जाल बिछाते रहना। इसलिए जैन-ग्रंथों में ठीक ही इस लंबे युद्ध का समय कम-से-कम सोलह वर्ष कहा है। कहा गया है कि मंखलि गोसाल ने, जो 562 ई. पू. में गत हुए, जैसा नीचे दिखाया गया है, इस युद्ध को चलते हुए देखा था और छत्तीस संघराज्य, जिनके विरुद्ध लड़ाई छेड़ी गई थी, 546 ई. पू. तक भी बिना टूटे हुए सकुशल काम-काज चला रहे थे क्योंकि उस वर्ष अपने यहाँ की महान् ज्योति भगवान् महावीर के निर्वाण के अवसर पर उन्होंने सार्वजनिक प्रकाश-पर्व का आयोजन किया था (हर्नले द्वारा उद्धृत निरयावली सुत्त, वही, पृ.7, कल्पसूत्र, प्राची पुस्तकमाला, 22/256)। इस प्रकार लड़ाई कम-से-कम सोलह वर्ष (562-546 ई. पू.) तक चालू रही। यों अपने ही एक संबंधी 'वेदेहिपुत्तो' अजातसत्तु के हाथों वैशाली का पतन हुआ। अजातशत्रु की यह दिग्विजय जिससे वह प्राच्य देश का सर्वोच्च सम्राट् हो गया, उसके समान प्रतिद्वंद्वी मध्य-भारत में अवंती के राजा चंदप्रद्योत की ईर्ष्या का कारण बनी। इससे अजातशत्रु अपनी दोनों राजधानियों—पाटलिपुत्र और राजगृह—में बारी-बारी से रहता था, क्योंकि वहाँ से वह एक ओर से लिच्छवियों और दूसरी ओर से प्रद्योत के आ धमकने का सामना कर सकता था। अजातशत्रु को

1. यह रथ किसी स्वयंचालित यंत्र से युक्त होने से स्वयं गति करता था, क्योंकि उसे बिना घोड़ों और सारथि के चलने वाला कहा गया है, यद्यपि यह भी संभव है, जैसा मध्ययुग में ऐसे यंत्रों में होता था, कि भीतर छिपकर बैठा हुआ कोई आदमी पहियों को चलाता रहता था। (हर्नले, वही, पृ. 60)।

वास्तव में डर था कि कहीं प्रद्योत राजगृह पर चढ़ाई न कर दे इसलिए उसने वहाँ के दुर्ग को दृढ़ बनाया (मज्झिमनिकाय, 3/7)। परंतु बिंबिसार का प्रद्योत के साथ मेल-जोल था। जब उसे कामला रोग हुआ था तो बिंबिसार ने राजवैद्य जीवक को उसकी चिकित्सा के लिए भेजा था (आगे देखिए)।

धर्म: जैसा प्रायः पाया जाता है, जैन और बौद्ध दोनों ग्रंथों में अजातशत्रु को अपने-अपने धर्म का अनुयायी माना गया है। संभवतः शुरू में वह जैन था। जैन-ग्रंथों में उसकी धार्मिक भक्ति की प्रशंसा भरी पड़ी है। पहले लिखा जा चुका है कि बौद्ध-ग्रंथ उस पर पितृ-हत्या का जो दोष लगाते हैं उस जघन्य पाप से जैन अनुश्रुति उसे मुक्त समझती है। कहा जाता है कि कुणिक अपनी रानियों और विपुल परिजनों के साथ नातपुत्त से प्रायः मिलने आता था। वैशाली और चंपा में वह महावीर के संपर्क में आया और जैन-संघ के प्रति अपना भाव प्रकट किया (औपपातिक सूत्र 12, 27, 30; हेमचंद्र परिशिष्ट पर्वन्, सर्ग 4; आवश्यक सूत्र, पृ. 684, 687)। औपपातिक सूत्र (30) में वह महावीर और उनके शिष्यों के समक्ष प्रकट रूप में कहता है कि भगवान् ने सत्य उपदेश दिया और त्याग तथा अहिंसा के अपने संदेश से धर्म के मार्ग को प्रकाशित किया। परंतु बौद्ध-ग्रंथों के अनुसार वह बाद के जीवन में जैन-धर्म के बजाय बौद्ध-धर्म का भक्त हो गया था। शुरू में बुद्ध के एकमात्र घोरतम शत्रु और चचेरे भाई देवदत्त के कहने में आकर वह बौद्ध-धर्म से शत्रुता करता था। ग्रंथों में कहा है, ''तब देवदत्त ने अजातसत्तु से जाकर कहा, 'राजन्, अपने पुरुषों को ऐसी आज्ञा दो कि मैं समण गौतम को प्राणों से विरहित कर दूँ।' तब राजकुमार अजातसत्तु ने अपने पुरुषों को आज्ञा दी कि जैसा अर्हत देवदत्त तुमसे कहें वैसा करो'' (विनय टैक्स्ट, भाग 3, पृ. 243)। बुद्ध ने भी उसके इस भाव को अपने इस कथन से दुहराया है, 'भिक्षुओ, मगधराज अजातसत्तु, जो भी पापी हैं उनके मित्र हैं, उनसे प्रेम करते हैं और उनसे संसर्ग रखते हैं।'' पर उनके संबंध शीघ्र ही बदल गए। हम देख चुके हैं कि अपने पिता का घात करके वह शांति के लिए बुद्ध के पास गया और प्रार्थना की, ''भगवन्, मेरे इस अपराध को अपराध स्वीकार करें जिससे भविष्य में मैं उससे निवृत्त हो सकूँ।'' बुद्ध ने उसके इस पाप-निवेदन को स्वीकार किया, पर इसका यह अर्थ नहीं कि वह बौद्ध बन गया था। यह तो बहुत बाद में, संभवतः बुद्ध के निर्वाण के बाद हुआ (दीघ, पूर्व-उद्धृत)। और भी कहा है कि राजवैद्य ने उसे एक बार पूर्णिमा के समय आम्रवन में जाकर बुद्ध के दर्शन करने के लिए प्रेरित किया। उपस्थित संघ के गंभीर मौन से उसे छिपकर घात करने का संदेह हुआ, और उसने जीवक से पूछा, ''जीवक, कहीं मेरे साथ धोखा तो नहीं कर रहे हो? मुझे शत्रुओं के बीच तो नहीं ले आए? 1250 भिक्षुओं की इतनी बड़ी सभा में कोई छींकता-खाँसता भी नहीं है, कैसे एकदम सन्नाटा छाया हुआ है?'' जीवक ने उसे आश्वासन दिया कि छल की

कोई बात न थी और कहा, "सम्राट चलो, आगे बढ़ते चलो।" तब अजातशत्रु सरोवर की तरह शांत भिक्षु-संघ के पास आया और बोला, 'क्या ही अच्छा होता यदि मेरा पुत्र उदायि भद्द ऐसा शांत होता,जैसा यह भिक्षु संघ है।" (दीर्घ, 1, पृ. 50)।

यह रोचक है कि अजातशत्रु की बुद्ध के साथ भेंट का यह दृश्य भरहुत स्तूप (द्वितीय शती ई. पू.) के एक शिलापट्ट पर उत्कीर्ण किया गया है, जिससे उस अनुश्रुति की, यदि सत्यता नहीं, तो लोकप्रियता प्रकट होती है। मूर्ति पर यह साभिप्राय लेख भी है, "अजातसत्तु भगवयो बंदते"—अजातशत्रु भगवान की वंदना करता है। यह मूल ग्रंथ के इस वाक्य से मिलता है, "मागधो अजातसत्तु वैदेहिपुत्तो भगवती पादे सिरसा वंदति" (महापरिनिब्बान सुत्तत)। इस शिलापट्ट पर ये दृश्य हैं—(अ) राजा हाथी पर आरूढ़ है, उसके पीछे दो रानियाँ भी हाथी पर बैठी हैं; (आ) वह हाथी से उतरकर दाहिना हाथ उठाए हुए कुछ कहने की मुद्रा में बुद्ध के स्थान के पास खड़ा है (जैसा आख्यान में कहा गया है) और (इ) वह बुद्ध के आसन या बोधिमंडप के, जिस पर बुद्ध की पादुका अंकित है, सामने बैठकर अंजलि मुद्रा में प्रणाम कर रहा है और उसके पीछे दो रानियाँ अंजलि मुद्रा में खड़ी हैं।

अजातशत्रु की बुद्ध के साथ इस ऐतिहासिक भेंट ने उसके जीवन की गति में परिवर्तन कर दिया। वह उस समय के छह प्रधान धार्मिक नेता या तीर्थकों से क्रमशः भेंट करने के बाद बुद्ध से मिला था। इनमें मंखिल गोसाल और निगंठनात पुत्त (महावीर) जैसे प्रसिद्ध आचार्य भी थे। उनसे मिलने का अनुरोध उसके छह मंत्रियों ने किया था, पर ईप्सित शांति पाए बिना ही उसे उनसे विरक्त होना पड़ा (समिय सुत्त; सामंजफलसुत्त; आगे देखिए)। बाद में उत्साही बौद्ध की भाँति उसे हम बुद्ध की मृत्यु का समाचार सुनकर शीघ्रता से कुशिनारा जाते हुए देखते हैं। उसने बुद्ध के शरीर की अवशिष्ट अस्थियों में अपना भाग माँगने के लिए दूत भेजकर कहलाया, "भगवान् क्षत्रिय थे; मैं भी क्षत्रिय हूँ; मुझे भगवान् के अस्थि-अवशेष का भाग मिलना चाहिए। मैं भगवान् के अस्थि-अवशेष पर एक स्तूप बनाऊँगा और ब्रह्मभोज करूँगा।" (दीघ, 2,166)। तब कथा है कि महाकस्सप को, बुद्ध का शरीर और उसकी अवशिष्ट अस्थियाँ जिसके अधिकार में थीं, भय हुआ कि कहीं अजातशत्रु उन अवशेषों को क्षति न पहुँचाए जिन्हें आठ भागीदारों ने आठ अलग-अलग स्तूपों में स्थापित कर दिया था। उन्होंने सम्राट को समझाया कि दूसरे स्तूपों में उनके भाग यथावत् छोड़कर राजगृह में उनके लिए एक चैत्य बनवा दे (महापरिनिब्बानसुत्त अट्ठकथा; मिलाइए दिव्यावदान, पृ. 380)। महावंस के अनुसार उसने अपनी राजधानी राजगृह के चारों ओर चैत्य बनवाया; वहाँ के अठारह महाविहारों का संस्कार (मरम्मत) कराया, जिन्हें

बुद्ध-निर्वाण के बाद बौद्ध-भिक्षु छोड़कर चले गए थे, और राजगृह के पंच पर्वतों में वैभार पर्वत की सत्तपण्णि गुहा के द्वार के सम्मुख मंडल बनवाकर पहली बौद्ध-संगीति का अधिवेशन अपने संरक्षण में कराया, जैसा पूर्व में कहा जा चुका है।[1]

संघ : प्राचीनतम पालि और जैन-ग्रंथों में निम्नलिखित संघों का उल्लेख है :

1. कपिलवस्तु के साकिय।
2. अल्लकप्प के बुलि।
3. केसपुत्त के कालाम।
4. सुंसुमार गिरि के भग्ग।
5. रामगाम के कोलिय।
6. पावा के मल्ल।
7. कुसिनारा के मल्ल।
8. पिप्फलिवन के मोरिय।
9. मिथिला के विदेह।
10. वैशाली के लिच्छवि।
11. वैशाली के नाय (ज्ञातृक)।

1. साकिय : बुद्ध का जन्म इन्हीं साकियों (शाक्यों) में हुआ था और उन्हें अपनी बिरादरी में श्रेष्ठ कहा गया है (ञातिसेट्ठो, दीघ, पालि टैक्स्ट सोसायटी, 2,165)।

साकिय नगर और जनसंख्या : इस संघ की राजधानी कपिलवस्तु थी; इसमें और कई नगर थे, जैसे चातुमा, सामगाम, खोमदुस्स, सिलावती, मेदलुंप, नगरक, उलुंप, देवदह और सक्कर। बुद्ध की माँ देवदह की थीं और वे देवदह जा रही थीं कि मार्ग में बुद्ध का जन्म हुआ। खोमदुस्स ब्राह्मणों की बस्ती थी (राइस डेविड्स, बुद्धिस्ट इंडिया); क्षौम वस्त्र निर्माण का केंद्र होने से इसका यह नाम पड़ा (संयुत्त

---

1. इस संबंध में यह उल्लेखनीय है कि कुणिक का नाम मथुरा जिले में परखम और झींग का नगरा इन दो स्थानों पर मिली हुई मूर्तियों पर अंकित पाया गया है। जायसवाल ने उसकी पहचान अजातशत्रु से की थी, किंतु यह पहचान संभव नहीं। परखम की मूर्ति पर यह लेख है–(म) (णि) भद (= मणिभूद्रयक्ष) पूगे रामा… (ग) ठ (= यौष्ठि) (पटिथा) पि (तो) कुनि (क) ते वासिना (गोमितकेन) कता।' इसमें मणिभद्र के पूग में मूर्ति की स्थापना और कुणिक के शिष्य गोमितक द्वारा उसके बनाए जाने का उल्लेख है। दूसरी मूर्ति पर, जिसे मनसादेवी कहकर लोग पूजते हैं यह लेख है, (1) सापुतेहिकारितो (2) यखिला आवा कुनिकाते (3) (वासिनानाके) न कता।' इसमें उसी कुणिक के शिष्य नाक नामक शिल्पी का उल्लेख है जिसने यक्षि लाआवा की मूर्ति बनाई। एक तीसरी मूर्ति पवाया (पद्मावती) ग्वालियर में मिली है; इसके लेख में उसे मणिभद्र की बताया गया है। उसे मणिभद्र में भक्तों ने अपनी गोष्ठि में स्थापित किया था। (वासुदेवशरण अग्रवाल, उत्तर प्रदेशीय इतिहास परिषद् की पत्रिका, मई,1933 के अंक में 'प्री-कुषाण आर्ट ऑफ मथुरा' शीर्षक लेख)।

निकाय, अंग्रेजी अनुवाद, 1/233)। इस सघ में 80,000 कुल थे, या लगभग 5,00,000 जनसंख्या थी (राइस डेविड्स, डायलॉग्स ऑफ दि बुद्ध 1, 147)। केवल विरुढक ने 77,000 शाक्यों का वध कर दिया था (रॉकहिल, लाइफ ऑफ दि बुद्ध, पृ. 120)।

उसकी संघ सभा : संघ की एक सभा थी, जिसका अधिवेशन स्तंभों पर निर्मित संघागार में होता था। वह शासन और न्याय दोनों का काम करती थी। संघ का प्रधान, जो सभा की अध्यक्षता करता, राजा कहलाता था। बुद्ध के पिता शुद्धोदन इसी प्रकार के राजा थे और उनके चचेरे भाई भद्दिय भी (दीघ, 2, 52; विनय, 2, 181)। शाक्यों की सभा में 500 सदस्य थे (डायलॉग्स, 1/113)। महावस्तु में उसे शाक्य परिषद् कहा है। बुद्ध के समय में उसका नया भवन बना था, जिसका उद्घाटन बुद्ध ने कई व्याख्यानों के साथ किया (मज्झिम, 1/353 आदि; संयुत्त, 4/182 आदि)। यह महत्त्वपूर्ण प्रश्न शाक्यों की संघ सभा के सामने निर्णय के लिए उपस्थित किया गया था कि विरुढक के आक्रमण के समय राजधानी कपिलवस्तु के द्वार खोले जाएँ या नहीं। ''कुछ ने कहा, 'उन्हें खोल दो'; औरों ने ऐसा न करने की सलाह दी। कुछ बोले, 'क्योंकि इस विषय में कई मत हैं, हमें बहुमत मालूम करना चाहिए।' सो उन्होंने इस विषय में मत लिया।'' दुर्भाग्यवश विश्वासघाती कुछ ''शाक्य वृद्धों ने द्वार खोलने के पक्ष में मत दिया और सबने वैसा ही मत दे दिया'' (रॉकहिल, लाइफ ऑफ दि बुद्ध 1/119)।

शिक्षा और संस्कृति : शाक्य-संघ शिक्षा और सामाजिक उन्नति का भी केंद्र था। ललितविस्तर के वर्णन के अनुसार बुद्ध को बालकपन में तत्कालीन अनेक विद्या और शिल्पों की शिक्षा कपिलवस्तु में ही मिली थी। वहाँ एक शिल्प-विद्यालय भी था, ''जो शिल्पों की शिक्षा के लिए एक विशाल कूटागार के रूप में था'' (डायलॉग्स, भाग 4, खंड 3, पृ. 111, पाद-टिप्पणी)। पिता अपनी कन्याओं का विवाह शिक्षित वर को छोड़कर और किसी के साथ न करते थे। युवक गौतम के साथ कुमारी गोप के विवाह का प्रस्ताव उठने पर उसके पिता ने उत्तर दिया कि ''वह अपनी पुत्री को ऐसे राजकुमार को नहीं दे सकता जो घर पर ही विलास में पला हो और शिल्प एवं युद्धविद्या में अनभिज्ञ हो'' (ललितविस्तर)। महावस्तु के अनुसार (2/73) गौतम को यशोधरा के पाणिग्रहण के लिए 500 शाक्य कुमारों के साथ आयुध-कौशल-प्रदर्शन में भाग लेना पड़ा था। इसी कारण शाक्य अपने संघ से बाहर विवाह न करते थे, और एक अभिजात शाक्य कुमारी का विवाह कोसल के राजा प्रसेनजित् के साथ भी करने को तैयार न हुए; यद्यपि वे उसके अधीन थे और इस कारण विडूडभ ने प्रतिद्रोह से जलकर उनका सर्वनाश कर डाला (जातक 4/145)। शाक्य स्त्री-पुरुषों में से ही बौद्ध-धर्म के कुछ महान् प्रतिनिधि निकले, जैसे उपालि, नंदुपनंद, कुंडदन, जो कुलपुत्र थे। कितने ही

राजकुमारों ने और मुख्यामात्य के पुत्रों ने संसार त्यागकर बौद्ध-भिक्षु के रूप में संन्यास ले लिया (प्राची पुस्तकमाला, 19, 226-7)।

स्त्री भिक्षुणियाँ : भिक्षुणी-संघ की स्थापना का श्रेय शाक्य स्त्रियों को है। उनमें से कुछ ने थेरीगाथा में सुरक्षित गीतों की रचना की। सबसे प्रसिद्ध महाप्रजापति गोतमी बुद्ध की मौसी थीं। और भी तिस्सा, अभिरूपनंदा, मित्ता, सुंदरीनंदा, अर्हत पद को प्राप्त हुईं (थेरीगाथा, अंग्रेजी अनुवाद, पृ. 12-13, 22-23, 29, 55-60)।

2—5, 8—ये पाँच छोटे संघ थे, जिनके विषय में अधिक ज्ञात नहीं। बुलि कोलिय और मोरिय लोगों ने क्षत्रिय होने के कारण बुद्ध के शारीरिक अवशेषों के भाग की माँग की थी (महापरिनिब्बान सुत्तंत)।

बुलि : बुलियों का घनिष्ठ संबंध वेठ द्वीप के साथ था जहाँ ब्राह्मण द्रोण (बुद्ध के अवशेषों का एक भागीदार) की जन्मभूमि थी। बुलियों का स्थान भी वहीं पास में कहीं होना चाहिए अर्थात् शाहाबाद और मुजफ्फरपुर (वैशाली) के बीच में (धम्मपद अट्ठकथा, हार्वर्ड ग्रंथमाला; 28/247)।

कालाम : गौतम के गुरु मुनि आलार कालाम इसी संघ के थे। उनके नगर—केसपुत्त—का नाम पञ्चाल जनपद के वैदिक कालीन केशियों के साथ कुछ संबंध व्यक्त करता है।

भग्ग : भग्ग (भग) वत्सों के साथ संयुक्त थे। राजा उदेन (उदयन) का पुत्र बोधि राजकुमार सुंसुमारगिरि के भेषकला वन में स्थित कोकनद नामक स्थान में रहता था (जातक सं. 353; मज्झिम, 1/332-8; 2/91-7; संयुत्त 3/1-5; 4/116)। एक दिन उसने राजप्रासाद के सोपान पर बुद्ध के सम्मान में श्वेत वस्त्र बिछवा दिया, किंतु बुद्ध ने उसे हटवा दिया, क्योंकि भिक्षु होने के नाते उस पर पैर रखना ठीक नहीं था।

कोलिय : कोलिय और साकियों की भूमि के बीच में रोहिणी नदी बहती थी (थेरीगाथा, 5/529)। बाँध बनाकर रोका हुआ उसका जल दोनों की सिंचाई के काम आता था; इसी से उनमें झगड़ा हुआ। एक बार तो स्वयं बुद्ध ने विवाद का निपटारा किया था (जातक, अंग्रेजी अनुवाद, 5/219)।

उनके नगर : उनकी राजधानी रामगाम, कोलनगर या व्यग्घपज्ज भी कहलाती थी (सुमंगल, 1/262)। हलिद्दवसन (मज्झिम, 1/87), सज्जनेल (अंगुत्तर, 2/62), (सापूरग) (वही, 2/194), उत्तर (संयुत्त, 4/340) और कक्करपत्त, (अगुत्तर, 4/281) उनके कुछ ग्राम थे।

आरक्षा पुरुष : कोलियों में उनके आरक्षक पुरुष (पुलिस) विशेष प्रकार की शिरोभूषा वर्दी के समान पहनते थे और उत्पीड़न और अत्याचार के लिए कुख्यात थे (संयुत्त, 4/341)। जैसे शाक्य संघ के लोगों का उपनाम गौतम पड़ गया था, ऐसे ही कोलियों का व्यग्घपज्ज।

मोरिया : महावंश टीका के अनुसार (पृष्ठ 180, पालि टेक्स्ट सोसायटी), मोरिय, जो साकियों में ही थे, विडूडभ के अत्याचारों से जान बचाकर हिमालय के प्रदेश में चले गए और वहाँ उन्होंने मोरों की कूक से गुंजायमान स्थान में पिप्फलिवन नगर की नींव डाली। इस प्रकार वे भी क्षत्रिय थे और इनके कुल में मगध के प्रसिद्ध मौर्यवंश के संस्थापक चंद्रगुत्त (चंद्रगुप्त) का जन्म हुआ।

मल्ल : पावा और कुशिनारा की दो शाखाएँ : मल्ल संघ की दो शाखाएँ थीं; एक पावा में, दूसरी कुशिनारा में (दीघ. 2/165)। पावा (पावा = संस्कृत पापा जो अपापपुरी का बिगड़ा रूप था) नगर में महावीर का देहावसान हुआ, जब वे राजा अस्तिपाल के लेखक के घर में ठहरे थे या पापा के शाष्टिपाल के महल में, जैसा नीचे कहा है। कुशिनारा, जहाँ बुद्ध का निर्वाण हुआ, उस समय फूस के छप्परों और मिट्टी के घरों की छोटी बस्ती थी। बुद्ध बीमारी की हालत में पावा से पैदल चलकर यहाँ आए थे, जो कुशिनारा के समीप ही होना चाहिए। मल्लों के दूसरे स्थान ये थे—अनोमा नदी के तट पर अनूपिय (चुल्लवग्ग, 7/1/1) भोगनगर और उरुवेल कप्प (संयुत्त, 5/228; अंगुत्तर, 4/438)। मल्लों की दोनों शाखाएँ क्षत्रिय (डायलॉग्स, 2/162 आदि), और वासेट्ठ या वशिष्ठ गोत्रीय (दीघ. पालि टेक्स्ट सोसाइटी, 3/209) थीं।

संघ सभा और शासन सभा : मल्ल राष्ट्र संघ राज्य था (मज्झिम 1/231)। पावा के मल्लों ने उभटक नामक नया सभा-भवन बनाया था जिसका बुद्ध ने उद्घाटन किया (संगीतिसुत्त, दीघनिकाय)। बुद्ध के निर्वाण का समाचार आनंद ने सबसे पहले पावा के मल्लों के पास भेजा, जो उस समय अपने संघागार में संघ सभा का अधिवेशन कर रहे थे। बुद्ध की मृत्यु के बाद वे फिर उनके पवित्र अवशेषों के विषय में विचार करने के लिए एकत्र हुए (डायलॉग्स, 2/162, 4)। उनके शासनकर्त्ता पुरिस कहलाते थे जो पुलिस की भाँति थे (दीघ. 2/159, 161)। वे सैनिक प्रवृत्ति के थे और मल्ल कहलाते थे (जातक, कॉवेल 2/65)। बुद्ध ने एक बार कहा था कि मल्लसंघ अपने सदस्यों को प्राण या मृत्युदंड, देश-निर्वासन और न्यायरक्षा से बहिर्गत करने में पूर्ण स्वतंत्र थे।

शिक्षा : शिक्षा से भी उन्हें प्रेम था। कुशिनारा के एक मल्ल राजा ने अपने पुत्र बंधुल को शिक्षा के लिए सुदूर तक्षशिला भेजा जहाँ लिच्छवि राजकुमार महालि और कोसल के प्रसेनजित् उसके सहपाठी थे। उनके शाखानगर उरुवेन कप्प में भी दार्शनिक विचार हुआ था, जिसमें तपुस्स और भद्रगको गामणी सदृश गृहस्थ उपासकों ने प्रमुख भाग लिया था (अंगुत्तर, 4/438-488; संयुत्त, 4/327 आदि)।

कुछ प्रसिद्ध मल्ल : बौद्ध धर्म के कुछ सबसे महान् व्यक्ति मल्ल थे, जैसे (1) आनंद, (2) उपालि, (3) अनुरुद्ध, (4) देवदत्त, जो बुद्ध का हठी प्रतिपक्षी था,

(5) दब्ब, जिसे संघ ने उच्चपद पर चुना था (विनय, 3, 4), (6) खंड सुमन, जिसे छह प्रकार की अभिज्ञा प्राप्त हुई थी (थेरीगाथा, अंग्रेजी अनुवाद, पृष्ठ 90), और (7) सीह (वही, पृ. 80)।

नौ 'मल्लकि' : बुद्ध के उत्कट भक्त होते हुए भी मल्ल इतने उदार थे कि उन्होंने जिन महावीर के सम्मान में. पावा में उनके निर्वाण के बाद बड़ी दीवाली का आयोजन किया, जिससे उन्होंने 'प्रजा में महान् किंतु बुझे हुए अग्नि स्कंध' के प्रति अपनी भावना प्रकट की (जैनसूत्र, प्राची पुस्तकमाला, 22/266)।

संघीय संगठन : यह दीवाली नौ मल्लकियों के संघ ने मनाई थी, जिनकी पृथक् राजनैतिक सत्ता थी। 'जैन कल्पसूत्र' में एक ऐसे संघीय समुदाय का उल्लेख है जिसमें नौ मल्लकि, नौ लिच्छवि, कासी और कोसल के 18 गणराजा थे। यह संगठन (जैसा कहा जा चुका है) कुणिक अजातशत्रु के भय से अस्तित्व में आया।

लिच्छवियों से संबंध : कभी-कभी मल्ल और लिच्छवि भी झगड़ पड़ते थे। एक बार मल्ल सेनापति बंधुल अपनी स्त्री मल्लिका के साथ वैशाली तक गया। वहाँ उसके लिच्छवि महालि की पुष्करिणी में परवश स्नान कर लेने के कारण पूरा बखेड़ा खड़ा हो गया और 500 लिच्छवि मल्ल-सेनापति का पीछा करते हुए काट डाले गए (धम्मपद अट्ठकथा : पालि टेक्स्ट सोसायटी, 1/349, आदि)।

वज्जि संघ : प्राचीन सोलह महाजनपदों में वज्जि भी थे, जिन्होंने बुद्ध के समय से पहले ही अपने-आपको 8 संघों (अट्ठकुल) के एक समूह में संगठित कर लिया था, जिनमें विदेह, ज्ञातृक और लिच्छवि, और स्वयं वज्जि प्रधान थे। संभवतः दूसरे चार उग्र, भोग, ऐक्ष्वाकु और कौरव थे जिन्हें एक जैन-ग्रंथ में ज्ञातृक और लिच्छवियों को एक ही संघ राज्य की प्रजा और उसी सभा का सदस्य कहा गया है (प्राची पुस्तकमाला, 45, 339)। उग्र और भोग क्षत्रिय थे—और प्रथम जैन तीर्थंकर ने उन्हें नगर-मुख्य नियुक्त करके सम्मानित किया था (वही, 71, पाद्-टिप्पणी)। आगे चलकर बुद्ध के समय में लिच्छवि प्रमुख हो गए और उन्हीं से संघ का नाम पड़ गया।

विदेह : विदेह जैसा ऊपर उल्लेख किया गया है, आरंभ में राजाधीन था और जनक एवं ऋषि याज्ञवल्क्य के नेतृत्व में वैदिक संस्कृति का बड़ा केंद्र बना था। यह रोचक है कि जिस अनुश्रुति में विदेह को अनेक प्रसिद्ध राजाओं के शासन में राजाधीन जनपद कहा गया है, वही, बुद्ध के समय में उसे संघ बतलाती है।

मिथिला : उसकी राजधानी मिथिला थी, जिसमें 4 द्वारों के पास 4 बड़े वाणिज्य-स्थान (यवमज्झक) थे (जातक 6—पृ. 330-1) और बुद्ध के समय में व्यापार का बड़ा केंद्र था। यहाँ श्रावस्ती तक से व्यापारी अपना माल बेचने आते थे (थेरीगाथा, धम्मपाल-कृत परमत्थदीपिनी टीका, 3/277-8)। जातकों के अनुसार मिथिलापुरी का 7 योजन और विदेह का 300 योजन विस्तार था (कॉवेल,

जातक, 3/222) उसमें 16,000 ग्राम थे (वही) और वहाँ 6,00,000 (कार्षापण) नित्य दान में व्यय होता था (वही, 4/224)। यह प्राचीन राजाओं के त्याग और तप की परंपरा के अनुसार ही था जिसमें निमि जैसे लोग हुए, जो संसार से विरक्त होकर पच्चेक बुद्ध के पद पर पहुँच गए थे (वही, 3/230), या राजा विदेह, जो परिव्राजक होकर समान शील वाले गांधार के राजा के साथ हिमालय में रहने लगे थे (वही, 2/222/3), या राजा मखादेव (वही, 1/31-2), या साधिन, जो शील में देवों से भी महान् थे (वही, 4/224-7)।

विदेह राजकुमारियाँ : दूर-दूर के राजा भी विदेह राजकुमारियों के शील-गुण के कारण उनसे विवाह करना चाहते थे। अमितायुर्ध्यान सूत्र के अनुसार बिंबिसार की एक रानी वैदेही वासवी थी जिसने अजातशत्रु के द्वारा कारागृह में डाले गए अपने पति को भोजनादि पहुँचाकर उसकी प्राण-रक्षा की थी (प्राची पुस्तकमाला, 49/161-202)। भास के नाटकों में उदयन को वैदेहीपुत्र कहा गया है। जैन-धर्म के संस्थापक वर्धमान महावीर की माता विदेह की विदेहदत्ता नाम की स्त्री थी जिसके अन्य नाम त्रिशला और प्रियकारिणी भी थे (जैनसूत्र, प्राची पु. मा. 22/193-256)।

ज्ञातृक : जैन-धर्म के साथ उनका संबंध : ज्ञातृक काश्यप गोत्रिय क्षत्रिय थे (प्राची पु. मा.. 22/266) जिनमें महावीर का जन्म हुआ। सूत्रकृतांग (1/1/1/27) में उन्हें 'सर्वोच्च जिन महावीर, ज्ञात-पुत्र' कहा गया है। उनके पिता सिद्धार्थ ज्ञातृकों में मुख्य थे। इन्होंने लिच्छवि कुमार चेटक की बहन त्रिशला से विवाह किया। क्योंकि त्रिशला को वैदेही कहा गया है, इसलिए उनके भाई चेटक भी विदेह के रहे होंगे जो वैशाली में बस गए थे। इस विवाह के फलस्वरूप चेटक का राजा बिंबिसार से भी संबंध हो गया जिसने चेटक की पुत्री चेल्लना से विवाह किया।

ज्ञातृकों के इस विशेष संघ में वैशाली, कुंडग्गाम और वाणियगाम नगर थे किंतु इसकी राजधानी कोल्लाग नामक स्थान में थी जो कुंडग्गाम का एक सन्निवेश था। इस कोल्लाग को नायकुल अर्थात् ज्ञातृकों का निवास-स्थान उत्तर-खत्रिय-कुंडपुर-सन्निवेश या 'खत्तिय कुंडगाम नयरे' अर्थात् कुंडपुर का क्षत्रिय भाग (उसके माहरण या ब्राह्मण भाग से पृथक) कहा गया है (हर्नले, उवासगदसाओ, 2/1-7)। एक बौद्ध ग्रंथ के अनुसार बुद्ध कोटिग्गाम भी आए थे, जो ज्ञातृकों का निवास-स्थान था, और ज्ञातृक संघागार में ठहरे थे। वैशाली जाते हुए वहीं उन्होंने लिच्छवि सेनापति सीह निकंठ को अपने मत में दीक्षित किया (महावग्ग प्राची पु. मा., 17/104, आदि)। संभवतः कोटिग्गाम ही कुंडग्गाम था।

कोल्लाग के बाहर ज्ञातृकों ने एक पुण्यशाला, उज्जान, उसमें एक चैत्य (चेइए), जिसका नाम दुइपालस था, बनवाया। वे अपने शील, धर्म, अहिंसा,

सत्कर्म और मांस-भोजन से निवृत्ति के लिए विख्यात थे क्योंकि वे पार्श्वनाथ के अनुयायी थे।

वृद्धों की सभा : संघ का शासन कुल-वृद्धों की सभा करती थी जिनमें से एक सभापति होता था और उसके सहायक एक उपराजा और एक सेनापति थे (हर्नले, उवासगदसाओ, 2/4/-5)।

लिच्छवि : बौद्ध और जैन-ग्रंथ दोनों उन्हें क्षत्रिय कहते हैं। क्षत्रिय होने के नाते उन्हें बुद्ध के अवशेषों में भाग पाने का अधिकार मिला (महापरिनिब्बान सुत्तंत)। क्षत्रिय राजकुमारी त्रिशला का विवाह ज्ञातृ क्षत्रिय सिद्धार्थ के साथ हुआ जो महावीर के पिता थे। वे वशिष्ठ या वाशिष्ठ गोत्रिक थे (सेनार्ट, महावस्तु 1/283, 286, 289 आदि)। जैन-ग्रंथों में त्रिशला को वशिष्ठ गोत्र का कहा गया है (प्राची पु. मा.,22/193)। वशिष्ठ होने के नाते लिच्छवियों का संबंध पावा के मल्लों से जुड़ जाता है (डायलॉग्स, 3/202)। एक तिब्बती अनुश्रुति के अनुसार बुद्ध के पिता शुद्धोदन की स्त्रियाँ मया और महामया भी वृजि (लिच्छवि) राजकुमारियाँ थीं (लाहा, क्षत्रिय ट्राइब्स, पृ. 15)

वैशाली : लिच्छवियों की राजधानी वैशाली में थी। बुद्ध के समय में यह नगरी अपने वैभव के चरम उत्कर्ष पर थी। तिब्बती अनुश्रुति के अनुसार (राकहिल, लाइफ ऑफ़ द बुद्ध, पृ.62) उसमें तीन विभाग थे जिनमें क्रमशः 7000, 14,000 और 21,000 घर थे। संभवतः यह वैशाली कुडपुर और वाणियग्राम थे। उक्काचेला नाम के एक ग्रंथ स्थान का वर्णन भी आता है (संयुत्त, 4/261-2; 5/163-5)। एक जातक में वैशाली के तीन प्रकार और अट्टालकों का उल्लेख है (जातक 1/504)। महावस्तु में एक वर्णन है जिसमें अभ्यंतर-वैशाल और बाह्य वैशालक अर्थात् महा वैशाली के बाह्य निवासी और अपने नागरिकों का उल्लेख है, जिनकी संख्या 'द्विगुणित 84,000' थी। उन्होंने बुद्ध का भारी स्वागत करते हुए हाथियों और स्वर्णालंकृत रथों का जलूस निकाला और गंगा से लेकर नगर तक के मार्ग को पताकाओं, पुष्पमालाओं और स्वर्णपट्टों से सजाया, और गंधोदक से सिक्त करके बुद्ध के मार्ग में पुष्प बिछाए और सुगंधियाँ जलाईं। महावग्ग में वैशाली को ''आढ्य, समृद्ध और बहुजन संकुल नगर कहा है, जिसमें 7,707 प्रासाद, 7,707 कूटागार, 7,707 आराम, 7,707 कमल-पुष्करिणी थीं'' (विनय, प्राची पुस्तक-माला, पृ. 171)। उसके 7,707 राजाओं के लिए नगर में उतने ही प्रासाद थे और अनेक चैत्य और विहार भी थे। उसके 8 प्रसिद्ध चैत्य ये थे—(1) उदेन (वैशाली के पूर्व में), (2) गौतमक (दक्षिण में), (3) सप्तामलक (सत्तंब) (पश्चिम में), (4) बहुपुत्र (उत्तर में), (5) चापाल, (6) कपिनह्य, (7) सारंदद; और (8) मार्कटहृद (महावस्तु; महापरिनिब्बान-सुत्तंत और पाटिकसुत्तंत,

डायलॉग्स, 3/14)। बुद्धघोष की व्याख्या के अनुसार ये चैत्य यक्ष-पूजा के स्थान या बुद्ध-धर्म से पूर्वकाल के धर्मों के पूजा-स्थान थे (डायलॉग्स, 2/80/110)। किंतु जैन-ग्रंथों में चैत्य शब्द (चेइए) कई अर्थों में प्रयुक्त ज्ञात होता है, जैसे उद्यान के लिए (प्राची पु. मा., 45, पृ. 36, 100), या मंदिर या धार्मिक स्थान के लिए जिसमें उद्यान, वन-खंड और संबंधित भूमि गृहीत होती थी (उज्जान, वनषंड या वनखंड) और पूजा-स्थान एवं पुजारी आदि के लिए बनी हुई शालाओं का भी ग्रहण होता था (हर्नले, उवासगदसाओ, 2/2 पाद-टिप्पणी 4)।

लिच्छवियों ने इन सबका दान करके बुद्ध को दे दिया। इनके अतिरिक्त आम्रपाली गणिका ने अपना विशाल आम्रवन और बालिका ने बालिकाराम भी बुद्ध को दिए (सेनार्ट, महावस्तु, 1/295-9, 300; विनय, प्राची पु. मा.,पृ. 408)। लिच्छवियों ने महावन में एक कूटागारशाला भी बुद्ध के लिए बनवाई, जहाँ उन्होंने अनेक सूत्रों का उपदेश किया। कुछ इमारतें भिक्षु वास्तु-विशेषज्ञों की देख-रेख में ही बनीं। इस प्रकार की देख-रेख के अभाव में वैशाली के एक दरजी का घर, जो वह संघ के लिए बनवा रहा था, ''दीवार के सूत में खड़ी न करने में गिर गया'' (चल्लवग्ग, 6; प्राची पु. मा.,20/189-90)।

विधान और शासन : बुद्ध के बहुत पहले से ही लिच्छवि राज्य संघ की शासन-पद्धति द्वारा शासित था। उनके वैदेशिक संबंधों की देखभाल नौ लिच्छवियों की एक समिति करती थी जिन्होंने नौ मल्लिक और कासि-कोसल के अठारह गणराज्यों से मिलकर महावीर के मामा चेटक के नेतृत्व में एक संगठन बनाया, जैसा पहले कहा जा चुका है। चेटक को यह संगठन चंपा के राजा कुणिक अजातशत्रु के सशस्त्र सैनिक आक्रमण की आशंका से बनाना पड़ा था (जैन कल्पसूत्र, 128 और निरयावलिसूत्र, पृ. 27, वारेन सम्पादित)। तोमर उनका दूसरा नेता था, जिसे लिच्छवियों ने अपने नगर में बुद्ध के प्रथम आगमन का प्रबंध करने के लिए अपना प्रतिनिधि चुना था। ऐसा व्यक्ति नामक कहलाता था (रॉकहिल, लाइफ ऑफ़ दि बुद्ध पृ. 63-4)। भीतरी शासन के लिए संघ की सभा में 7,707 राजा थे, जो वैशाली के नागरिक 'द्विगुणित 84,000 ' अर्थात् 1,68,000 की जनसंख्या में से चुने जाते थे, और उनके साथ उतने ही उपराजा, सेनापति और भांडारिक होते थे। संघ के सदस्य होने के कारण वे सब ही प्रश्न-प्रतिप्रश्न और तर्क-वितर्क में रत रहने के लिए बदनाम थे (ते सब्बेपि पटिपुच्छावितक्का अहेसुं—निदान कथा, एक पञ्ञ जातक सं. 149 और चुल्ल-कलिंग जातक सं. 301)। राजाओं की यह संघीय सभा उस अनुश्रुति के अनुकूल है, जिसका उल्लेख पाणिनि में भी है (6/2/34), जिसके अनुसार गण-सभा में वे समस्त क्षत्रिय होते थे, जो शासन के लिए अभिषिक्त किए जाते थे और राजन्य कहलाते थे (अभिषिक्त राजन्य)। कौटिल्य ने भी उन संघों का उल्लेख किया है जिसमें राजा

उपाधि संघीय संगठन की मूल आधार थी (राजशब्दोपजीविनः)। लिच्छविगण के बहुसंख्य राजाओं का उल्लेख करते हुए ललित-विस्तर में कहा गया है कि लिच्छवि परस्पर एक-दूसरे को छोटा-बड़ा न मानते थे--और सब 'मैं राजा हूँ, मैं राजा हूँ,' ऐसा समझते (एकैक एवं मन्यते अहं राजा अहं राजेत, 3/23)।

इसमें से प्रत्येक राजा संभवतः अपने क्षेत्र में शासक था जिसके अपने अधिकारी और अपना कोष था; इस प्रकार 7,707 राजाओं की सभा संघ की सभा थी जो उतने ही समुदायों या वर्गों की प्रतिनिधि थी जिन सबकी सम्मिलित जनसंख्या 'वज्जिसंघ' कहलाती थी। संभवतः शासन का कार्य आठ (तुलना कीजिए अष्टकुल) या नौ सदस्यों की समिति करती थी, और वे नील, पीत, हरित, मंजिष्ट लोहित, श्वेत (ओदात), या मिश्रित (व्यायुक्त) वर्णों की वेशभूषा और साज-सज्जा धारण करते थे, जिनमें उनके वस्त्र, घोड़े, रथ, उष्णीष, छत्र, उपानह, चाबुक, छड़ी आदि सबकुछ उसी रंग का होता था (महापरिनिब्बान सुत्तंत, प्राची पु. मा., 11/31; अंगुत्तर पालि टैक्स्ट सोसायटी, 2/249; महावस्तु 1/269; दीघनिकाय 2/96)। नौ सदस्यों की सभा वैदेशिक कार्यों की और अष्टकुल सभा न्याय की देखभाल करती थी। अट्ठकुल सभा न्याय के लिए उच्च समिति थी। विशेषज्ञों की आरंभिक जाँच-पड़ताल के बाद अपराधी उसके सामने आते थे। ये विशेषज्ञ इस प्रकार थे : (1) विनिश्चय महामात्र, जो मामले के तथ्यों का निश्चय या संग्रह करता था; (2) व्यावहारिक, वकील और (3) सूत्रधार, जो धर्म और रीति-रिवाजों के सूत्र को जानकर उनके परिवर्तनशील बाहय रूप के भीतर छिपे हुए मूल भाव की व्याख्या करता था। अट्ठकुलका से दंडित व्यक्ति दंड प्राप्ति के लिए सेनापति, वहाँ से उपराजा और अंत में राजा के पास भेजा जाता था जो कि 'पवेणि-पोत्थक' नामक दंड और कानून के लिखित संग्रह के अनुसार दंड को नियमित करता था (बुद्धघोष-कृत अट्ठकथा, महापरिनिब्बान सुत्तत)। लिच्छविगण विवाह आदि विषयों में अपने नागरिकों के सामाजिक जीवन को नियंत्रित करता था। सबके लिए सामान्य नियम यह था कि कोई वैशाली से बाहर अथवा ऊपर कहे इसके तीन विभागों के बाहर विवाह न करे (वही)। पत्नी चुनने का कार्य भी गण करता था, ऐसा उल्लेख है (विनय टैक्स्ट, 4/225)।

संघ के उत्तम लक्षण (अपरिहानिय धम्म) : स्वयं बुद्ध लिच्छविगण के उत्तम गणों के विषय में इतने आश्वस्त थे कि उन्होंने अपना अभीप्सित मत प्रकट किया कि यह अजातशत्रु-जैसे सशक्त सम्राट् के आक्रमण के सामने भी अजेय ठहरेगा। ये अपरिहानिय धम्भ उनकी सम्मति में इस प्रकार थे--(1) "नियत समय पर सदस्यों की पूर्ण उपस्थिति के साथ संघ-सभा के अधिवेशन (अभिण्हं सन्निपाता सन्निपात बहुला भविस्संति); (2) एकमत या समग्र भाव से संघ में उपस्थित होना, एकमत

या समग्र भाव से अधिवेशन समाप्त करना और एकमत या समग्र भाव से संघ के कर्तव्य-कर्म करना, (समग्गा सन्निपतिस्संति समग्गा बुट्ठ-हिस्संति समग्गा सघकरणीयानि करिस्संति); (3) जों प्रज्ञप्त या स्वीकृत नहीं हुआ है, उसे स्वीकार न करना; जो स्वीकृत हो चुका है उसका समुच्छेद न करना, और वज्जिसंघ के यथास्वीकृत पूर्व-निश्चयों को लेकर उनके अनुसार कार्य करना (अप्पञ्ञतं न् पञ्ञापेस्संति, पञ्ञतं न समुच्छिन्दिस्संति, यथा पञ्ञत्तेसु सिक्खापदेसू समादाय वत्तिस्संति); (4) वज्जिसंघ के जो संघपितर या वृद्ध हैं और जो संघपरिणायक या नेता हैं, उनका सत्कार करना, उनके प्रति गौरव का भाव रखना, उनका सम्मान करना और पूजा करना और उनके वचन सुनकर उन्हें मानना, (ये ते संघपितरो संघपरिणायका ते तक्करिस्संति गुरु करिस्संति मानेस्संति पूजेस्संति तेसञ्च सोत्तब्बं मञ्ञिस्संति); (5) वज्जिसंघ में भीतर और बाहर जो चैत्य हैं, उनकी पूजा-मान्यता बनाए रखना और पूर्वकाल से नियत बलि एवं धार्मिक कृत्यों को जारी रखना, (वज्जि चेतियानि अब्भंतरानि चेव गाहिरानि च तानि सक्करिस्संति, गुरु करिस्संति, मानोस्संति पूजेस्संति तेसञ्च दिन्नपुब्बं कतपुब्बं, धम्मिककं बलि तो परिहास्संति नो परिहापेस्संति); (6) वज्जिसंघ में जो धार्मिक अर्हत हैं उनका सम्मान करना (वज्जीनं अरहंतेसु धम्मिका रक्खावरणगुत्ति-सुसंविहिता भविस्संति); और वज्जि स्त्रियों का सम्मान करेंगे, कुलस्त्री और कुल-कुमारियों का अपहरण या उनके साथ बलपूर्वक व्यवहार न करेंगे, (ये ते वज्जीनं वज्जिमहल्लका ते सक्करिस्संति, गरुकरिस्संति मानेस्संति । पूजेस्संति या ता कुलित्थियो, कुलकुमारियो ता न आवकस्स पसह्य वासेंति) (महापरि-निब्बान सुत्तंत) । इस अवतरण से ज्ञात होता है कि उस काल में संघ की सफलता के लिए यह आवश्यक समझा जाता था कि सदस्यगण संघ सभा का मान करें, जिसके अधिवेशन नियत समय पर होने चाहिए और जिनमें सदस्यों की बहुसंख्यक उपस्थिति होती थी; वे अपने प्राचीन धर्म, रीति-रिवाज और संस्थाओं के लिए सम्मान प्रदर्शित करें और वृद्धों के अनुभव के प्रति आदरभाव रखें और नीति और शासन-क्षेत्र में उनमें एकता हो ।

जातीय चरित्र : किंतु संघ की सफलता शासन पर इतना निर्भर न थी, जितना कि लोगों के चरित्र-बल पर । बुद्ध ने स्वयं कहा है कि "संघ के सदस्य विलास और आलस्य से रहित थे; वे महीन वस्त्रों के गद्दों पर न सोकर लकड़ी के तकिए लगाते थे और धनुर्विद्या में उत्साह से भाग लेते थे, वे कोमल, सुकुमार और हाथ-पैरों से निर्बल न थे" (संयुत्त 2/267-8) । वे क्रीडाओं में रुचि रखते थे एवं हस्त-शिक्षा और श्व-मृगया के भी शौकीन थे (थेरीगाथा, अंग्रेजी अनुवाद, पृ. 106; अंगुत्तर, 3/76) । उनमें से नई उम्र के लोग कुछ अल्हड़पन भी कर जाते थे जैसे घरों में उपहार के लिए भेजी जाती हुई मिठाई, गन्ने, फल, मालपुए आदि को लूट लेते थे,

किंतु बुद्ध के सामने इस नटखटपन से बाज आते थे (वही)। उनमें नैतिक साहस की कमी न थी। वड्ढ लिच्छवि ने दब्ब मल्ल पर झूठा आरोप लगाया पर फिर सचाई से अपनी भूल मान ली (विनय, प्रा. पु. मा.,पृ. 118-25)। वृद्धों, स्त्रियों, अपनी जातीय संस्थाओं के लिए उनके मन में आदर का भाव था, जैसा कहा जा चुका है, और उनके मन में प्राचीन पद्धति के लिए आग्रह भी था। शिक्षा पर भी वे बहुत ध्यान देते थे। कथा है कि महालि अध्ययन के लिए तक्षशिला गया और लौटने पर उसने 500 लिच्छवि-कुमारों को शिक्षित बनाया जिन्होंने स्वयं शिक्षित होकर सारे देश में शिक्षा फैला दी (धम्मपदं अट्ठकथा, पालि टैक्स्ट सोसायटी, 1, पृ. 338)। किसी वज्जिपुत्त की गाथा थेरीगाथा में संगृहीत भी है (थेरीगाथा, अंग्रेजी अनुवाद, पृ. 106)।

बुद्ध और महावीर का प्रभाव : लिच्छवियों ने बुद्ध और महावीर जैसे महान् धार्मिक आचार्यों के संपर्क में आकर अपने-आपको और भी उन्नत बनाया। महावीर स्वयं 'बेसालिए' या वैशालिक थे। (जैकोबी, जैनसूत्र, प्राची पु. मा., पृ. 261)। यह भी ऊपर कहा जा चुका है कि सुंदर वेश और बड़े ठाटबाट और वैभव के साथ सहस्रों की संख्या में मिलकर वे बुद्ध का अपने नगर में स्वागत करने के लिए गए थे। यह भी वर्णन आता है कि 500 लिच्छवि-युवक अपनी तड़क-भड़क त्यागकर बुद्ध का उपदेश सुनते थे जिससे लिच्छवि के वृद्ध पितामह महानाम ने आश्चर्य प्रकट किया कि ''जीवन में उद्धत वे बुद्ध के सामने इतने भले और मृदु स्वभाव के कैसे हो गए!'' (अंगुत्तर, 3/75-8)। कभी तो बुद्ध के प्रति उनके जोशीले स्वागत-सत्कार से भिक्षुकों के ध्यान में भी विघ्न पड़ता था (वही, पृ. 167/8)। एक बार भिक्षु पिंगियानि की बुद्ध की प्रशंसा में गाई हुई गाथा से प्रभावित होकर 500 लिच्छवियों ने भिक्षुक को 500 चीवर दिए जो भिक्षुक ने बुद्ध के सामने रख दिए (वही, 239)। कोई दुष्ट लिच्छवि राजकुमार, जिससे उसके माता-पिता भी तंग रहते थे, बुद्ध के एक उपदेश से ही बिलकुल बदल गया। इससे बुद्ध की बड़ी प्रशंसा हुई कि वह ''मनुष्यों के सच्चे विनेता हैं जो सत्य के जुए में मनुष्यों को जोत देते हैं'' (एकपञ्ञ जातक)। अन्य प्रसिद्ध बुद्ध-भक्त लिच्छवियों के नाम ये हैं–भद्दिय (अंगुत्तर, 2/190-4), साल्ह और अभय (वही, 200-2), नंदन महामात्र (संयुत्त 5/389-390), अंजन वनिय, एक राजकुमार जो अर्हत हो गया था (थेरीगाथा, पृ. 56), वज्जिपुत्त (वही पृ. 106);सीह, लिच्छवियों का सेनापति निगंट नातपुत्त या महावीर का शिष्य था, पीछे बुद्ध का भक्त हो गया (प्राची पु. मा., 17/108 आदि), सच्चक, जो इसी प्रकार बुद्ध-भक्त बना (मज्झिम, 1/227-237); एवं स्त्रियों में, सीहा, सीह की बहन की कन्या जो अर्हत-पद पर पहुँच गई थी (थेरीगाथा, पृ. 53-4), जेंता (वही, 23-4), वासेट्ठि जो

मिथिला में धर्म-दीक्षित होकर अर्हत बनी (वही, 79-80), और अंबपाली गणिका (वही, 120-5)। वैशाली में जैन-धर्म के भी कितने ही भक्त थे। जब बुद्ध और उसके शिष्यों के लिए आयोजित भोजन के अवसर पर सीह ने अपने नए उत्साह के कारण मांस बनवाया तो निगंठों ने वैशाली में घर-घर जाकर यह झूठा समाचार फैला दिया कि बौद्ध लोग सीह के घर गोमांस खाने आयेंगे (विनय, प्राची पु. मा., 17/116)। सच्चक नामक प्रसिद्ध जैन 500 लिच्छवियों को साथ लेकर बुद्ध का उपदेश सुनने महावन पहुँचा (मज्झिम, 1/227-237)। ऐसे ही अभय और पंडित कुमार भी थे (अंगुत्तर, 1/120-1)। आचार्य पुरण कश्यप के अनुयायी भी वैशाली में थे जैसे महालि (संयुत्त 3/68-70)।[1]

संघीय कार्यपद्धति : भारतीय राजनीतिक विकास में संघों के उदय से आवश्यक जनतंत्रीय कार्य-पद्धति का भी विकास हुआ, जिससे संघों का कार्य नियमित और प्रशासित होता था। उस समय श्लाघनीय लोकव्यापी लहर जनतंत्री मनोभाव और पद्धति के लिए फैल गई थी जिसके कारण राजनीतिक, आर्थिक और धार्मिक क्षेत्रों में भी संघीय कार्य-पद्धति से कामकाज का निर्वाह होने लगा।

संघ के अधिवेशन : पालि-ग्रंथों में बौद्ध-संघों की कार्य-प्रणाली के संबंध में रोचक सामग्री मिलती है जिससे ज्ञात होता है कि वे सच्चे जनतंत्रीय सिद्धांतों की छोटी-से-छोटी बातों का भी कड़ाई से पालन करते थे। जनतंत्र का सार यह है कि सार्वजनिक अधिवेशन या सभाओं में पारस्परिक वादविवाद से कार्य का निर्णय करके तदनुसार शासन चलाया जाए। पालि-ग्रंथों में धार्मिक संघों के इन अधिबेशनों का आदि से अंत तक वर्णन है।

बैठने का प्रबंध : अधिवेशन संघागार या उद्यान (आराम) में होते थे। आसनपञ्ञापकसंज्ञक विशेष अधिकारी, जो दस वर्ष का अनुभवी भिक्षु होता था, जेष्ठानुपूर्वीक्रम से आसन लगाता (चुल्लवग्ग, 12/2/7); बैठने के लिए चटाइ (वृसि) या सादे, बिना किनारीदार आसन होते थे (अदसकम् निस्सिदत्तम्, वही, 12/1/1)।

संघपूर्ति की उपस्थिति : अधिवेशन के लिए उपस्थिति की कम-से-कम संख्या का विचार भी था। बुद्ध ने उपसंपदा के अवसर पर केवल 2 या 3 भिक्षुओं के संघ को अनियमित कहा था। इस कार्य के लिए उन्होंने कम-से-कम 10 भिक्षुओं की गणपूर्ति का विधान किया था (महावग्ग, 1/31/2)। सीमांत प्रदेशों में, जहाँ भिक्षु-संख्या कम थी और कम-से-कम 10 भिक्षुकों का संघ बटोरने में कठिनाई

1. इस विषय में मुख्य प्रमाण-ग्रंथ राइस डेविड्स-कृत 'बुद्धिस्ट इंडिया' और श्री विमलचरण लाहा-कृत पांडित्यपूर्ण विस्तृत पुस्तक 'क्षत्रिय ट्राइब्स' है जिनसे मैंने भरपूर सहायता ली है। श्री लाहा की नई पुस्तक 'ज्योग्राफी ऑफ अर्लि बुद्धिज्म' (आरंभिक बौद्धकाल का भूगोल) भी सामग्री का भंडार है।

और कष्ट होता था (वही, 5/13/4), बुद्ध ने प्रधान को लेकर भिक्षुकों की संख्या घटाकर कम-से-कम 5 कर दी थी (वही, 5/13/11)। वस्तुतः ग्रंथों में भिन्न-भिन्न कार्यों के लिए संघ की नियतोपस्थिति की संख्या भी अलग-अलग कही गई है। महावग्ग (11/4/1) में 5 प्रकार के संघ कहे गए हैं जिनमें नियतोपस्थिति या पूरक संख्या 4 (चतुर्वर्ग, 5, 10, 20 और 20 से अधिक सदस्यों की होती थी। यों चतुर्वर्ग या 4 भिक्षुकों का संघ सबसे छोटा था (वही, 8/24/1), किंतु ऐसा संघ सीमांत देशों को छोड़कर अन्यत्र उपसंपदा आदि के महत्त्वपूर्ण कार्य न कर सकता था।[1]

अध्यक्ष : संघ का अध्यक्ष विनयधर कहलाता था। पूरक-संख्या में उसकी गिनती न होती थी (वही, 5/13/12)।

संघपूरक संख्या : भिक्खुनी, सिक्खमाना, सामणेर, दूसरे धर्मों के प्रतिनिधि या दूसरे जनपदों के व्यक्ति या जिनके विरुद्ध संघ ने कार्यवाही की हो, संघपूरक संख्या में न गिने जाते थे (वही, 9/4/2)।

कार्यपद्धति की नियमपरायणता : संघपूर्ति की संख्या के अभाव में संघ वग्ग या व्यग्र कहलाता था (समग्ग या समग्र का उल्टा, वही, 9/2/4)। असंपूर्ण भिक्षु-संघ का निर्णय वग्गकम्म अनियमित था और उस पर अमल न किया जाता था (अकम्मं न च करणीयं, 9/3/2)। अनुपस्थित सदस्यों की अनुमति से भी उसे नियमित नहीं बनाया जा सकता था (चुल्लवग्ग 11/1/10)। योग्य सदस्यों की पूरी बैठक सम्मुखा भी कहलाती थी (वही, 1/3), अवैध निर्णय को संघ की दूसरी बैठक किच्चाधिकरण के रूप में (कृत्याधिकरण) अर्थात् नियमित बैठक में कार्यवाही की संपुष्टि के समय विरुद्ध घोषित किया जा सकता था (चुल्लवग्ग 4/14/2)। इसके विषय में इस प्रकार कहा है, जो ऐसी बात हो, जिसे संघ को करना चाहिए (किच्चयता = कर्तव्यता), जो करणीय हो (करणीयता), ऐसा विषय जिसके लिए नियमानुसार आज्ञा लेनी उचित हो (अवलोकन कर्म), प्रस्ताव (ज्ञप्ति कर्म) 1 या 3 बार जिसकी संघ के सामने आवृत्ति हो, ये सब वैध कार्य-पद्धति के अंग हैं। समंतपसादिका टीका में बुद्धघोष ने अवलोकन कर्म की व्याख्या इस प्रकार की है, सीमत्थकं (सीमास्थकं) संघ सोधेत्वा छंदारहानं छंदं आहरित्वा समग्गास अनुमतिया तिक्खतुं (= त्रिकृत्वः), सावेत्वा कातब्बकम्म (प्राची पु. मा. 20, 47 में उद्धृत)। इस अवतरण में संघ के वैध अधिवेशन की सब शर्तें इस प्रकार हैं, (1) संघपूरक संख्या में उपस्थित (समग्गस), (2) केवल ऐसे सदस्यों से उसका संगठन

1. इस विषय में देखिए डा. सुकुमारदत्त-कृत 'अर्लि बुद्धिस्ट मोनाकिज्म' (केगन पाल, लंदन), जायसवालकृत हिंदू राज्यतंत्र; और विनयकुमार सरकारकृत 'पॉलिटिकल थ्यूरीज़ एंड इन्स्टीट्यूशन्स ऑफ हिंदूज़')।

जो सभा में उपस्थित होने के अधिकारी हैं, (3) उपस्थित या अनुपस्थित सब अधिकारी सदस्यों के छंद या मत का संग्रह, (4) विचार्य विषयों के लिए संघ की अनुमति, (5) 3 बार विचार्य विषय या ज्ञप्ति की घोषणा।

गणपूरक : संघ अधिवेशन में गणपूर्ति के लिए दूसरे संघ के सदस्य विशेष रूप से इस कार्य के लिए भेजे गए व्यक्तियों द्वारा बुला लिए जाते थे। जो सदस्य गणपूर्ति कराता था, उसे गणपूरक कहते थे (महावग्ग 3/6/6)।

कार्य के नियम : अधिवेशन के लिए संघ उपयुक्त नियम बनाता था। बैठक में प्रस्ताव के बिना कोई उपस्थित नहीं हो सकता था। प्रस्ताव (ज्ञप्ति) को औपचारिक रूप में उपस्थित करना (स्थापन) आवश्यक था। उसके बाद उसका नियमित अनुस्सावन या आवृत्ति होती थी (महावग्ग, 9/3/1-2) जिससे वे सब उसे सुन लें। इस प्रकार संघ के सामने वाद-विवाद केवल उसी प्रस्ताव तक सीमित रहता था। इधर-उधर की असंबद्ध बातों (अनग्र) के लिए कोई मौका न था। जिस ज्ञप्ति पर कोई मतभेद न होता था, वह एक बार पढ़ी जाती थी; अन्यथा होने पर उसका 3 बार पढ़ना आवश्यक था। पहली को ज्ञप्ति द्वितीय-कर्म और दूसरी स्थिति को ज्ञप्ति चतुर्थ-कर्म कहते थे (चुल्लवग्ग, 4/14/2/11)।

मौनरूपी सम्मति : ज्ञप्ति प्रस्तुत होने पर किसी सदस्य का मौन रह जाना उसकी सहमति समझी जाती थी। जो सदस्य पक्ष में होते थे, उन्हें मौन रखने को कहा जाता था, और जो कोई विरुद्ध होता, वह अपना मत व्यक्त करता था (महावग्ग, 1/28/5)।

अधिकर्म : संघ के द्वारा स्वीकृत प्रस्ताव संघ-कर्म कहलाते थे। संघ के इस प्रकार के स्वीकृत प्रस्ताव की मूल शब्दावली का पारिभाषिक नाम 'कर्मवाचा' था। वही, 9/3/1)।

उदाहरण : महावग्ग में दिए हुए उदाहरण के द्वारा यह कार्य-पद्धति सरलता से समझ में आ सकती है (1/28/3-6)। प्रस्तावकर्ता सर्वप्रथम उपस्थित सदस्यों के सम्मुख अपने इष्ट प्रस्ताव की घोषणा करता था, इसे ज्ञप्ति कहते थे। ज्ञप्ति के अनंतर संघ से प्रश्न पूछा जाता था कि क्या वह ज्ञप्ति से सहमत हैं? यह प्रश्न एक बार (ज्ञप्ति द्वितीय-कर्म) या चार बार (ज्ञप्ति चतुर्थ-कर्म) पूछा जाता था जैसा निम्नलिखित वर्णन से ज्ञात होगा—"विद्वान योग्य भिक्षु संघ से इस प्रकार ज्ञप्ति करे :

"भंते, संघ मेरी बात सुने। अमुक व्यक्ति 'क' उपसंपदा ग्रहण करना चाहता है। यदि संघ तैयार (प्राप्तकाल) हो तो संघ 'क' को संपदा दे।" यह ज्ञप्ति है।

"भंते, संघ मेरी बात सुने। अमुक व्यक्ति 'क' उपसंपदा ग्रहण करना चाहता है; संघ 'क' को उपसंपदा देना चाहता है। भदंत भिक्षुओं में से जो उपसंपदा के पक्ष में हों, वे मौन रहें और जो कोई उसके पक्ष में न हो वह भाषण करे (भाषेत)।"

''अब दूसरी बार मैं इसी अर्थ को कहता हूँ—भंते, संघ मेरी बात सुने···

''अब तीसरी बार फिर मैं इस अर्थ को कहता हूँ (तृतीयमपि एतदर्थं वदामि)। भंते, संघ मेरी बात सुने··· ।

'' 'क' ने उपसंपदा ग्रहण कर ली । संघ उसके पक्ष में है, अतएव मौन है । ऐसा मैं समझता हूँ (क्षमति संघस्य तस्मात्तूष्णीम्, एवं धारयामीति)।''

वादविवाद : ज्ञप्तियों को सदस्य मौन या तूर्ष्णीभाव से ही सदा ग्रहण न करते थे—प्रायः उससे वादविवाद भी उठ खड़ा होता था । सदस्यों में 'भंडन कलह और विवाद उठ खड़ा होता था' (चुल्लवग्ग, 4/8/9); 'अर्थहीन भाषण दिए जाते हैं और एक भी बात का अभिप्राय स्पष्ट नहीं होता' (वही, 14/19; 12/27)।

सम्मत होने की युक्तियाँ : प्राचीन भारतीय जनतंत्र का उद्देश्य था कि इन बैठकों में जैसे भी हो, सब निश्चयों के बारे में सदस्यों का एकमत प्राप्त किया जाय । इसके लिए सब संभव युक्तियाँ खोजी जाती थीं । इस भाँति सम्मत होने के लिए युक्त को 'तिनवत्थारक' (अर्थात् तृण से ढँकना) कहते थे । यह उपाय वहाँ काम में लाया जाता था जहाँ किसी संघ के भिक्षु झगड़े, कलह और वाद-विवाद में लगे ही रहते थे और एक-दूसरे पर दोषारोपण करते थे । तब ऐसा विचार होता था कि अगर संघ उन्हें ''उन दोषों के विषय में एक-दूसरे से निपटने के लिए स्वतंत्र छोड़ दे तो उससे उनमें और मनमुटाव और मतभेद बढ़ेगा ।'' अतएव एकता लाने के लिए बड़ा विचित्र ढंग काम में लाया जाता था । सदस्य लोग ''किसी निश्चित जगह पर इकट्ठे होते थे ।'' तब वे हरेक दल के नेता से कहते कि विवाद के विषय को अपने दल के सामने रखकर निपटा दे । इन वग्गित या दलीय बैठकों (पार्टी मीटिंग्स) में जो निश्चय होता था, उसे सारा संघ मान लेता था (वही, 4/16)।

यदि कभी किसी स्थान-विशेष (आवास) का संघ किसी प्रश्न को आपस में तय न कर पाता था तो ऐसी हालत में वे दूसरे आवास के किसी बड़े संघ से उस प्रश्न के निर्णय की प्रार्थना करते थे । आनेवाले भिक्षु विवादग्रस्त विषय के निश्चय के लिए संघ को समय की अवधि भी बतला देते थे । (वही, 4/14/19)।

उद्वाहिका सभा : समझौते के लिए तीसरा उपाय यह था कि एक उपसमिति नियत कर दी जाए जो उस पर विचार करे । इसे उब्बाहिक (उद्वाहिका) सभा कहते थे । यह एक प्रकार से विषय का अन्यत्र अर्पण (रेफरेंडम) था जिसके द्वारा विवादग्रस्त विषय सारे संघ से हटाकर समिति को अर्पित कर दिया जाता था (उद्वाहिका सभा का यह अर्थ भी हो सकता है कि वह सभा सदस्यों को निर्णय तक उद्वहन करती या पहुँचाती थी)। यह उपसमिति चुने हुए सदस्यों से बनाई जाती थी जो अपने गुणों के कारण, जैसे, शील, आचार, बहुश्रुत, सूत्रधर, सूत्र सन्निचय, विनयधर इत्यादि गुणों से युक्त होने के कारण ही चुने जाते थे (वही, 4/14/19)।

समिति को संख्या-पूर्ति की आवश्यकता न थी। एक जगह 8 सदस्यों की

समिति का उल्लेख है जिनमें एक प्रधान और एक मंत्री था। मंत्री प्रधान के आगे समिति द्वारा विभिन्न विचार्य विषय रखता जाता था और शलाका ग्रहण या गुप्त मतदान की रीति से निर्णय कराता जाता था (इदं पठमं सलाकं निखिपामि, वही 12/2/8)।

निर्विघ्न विचार के लिए समिति अन्य स्थान में, जो सुंदर, शांत और एकांत होता था, चली जाती थी। ऐसी जगह को वालिक-आराम कहा गया है।

ऐसी समिति कुछ-कुछ पंचायत के ढंग की होती थी और उसका निर्णय अवश्य माननीय होता था। एक प्रकार से वे बड़ी सभा द्वारा चुने हुए प्रतिनिधि होते थे जो विवादग्रस्त प्रश्न का निर्णय करते थे।

प्रतिनिधि चुनने का सिद्धांत : इस पंचसमिति आयोग के सदस्यों की नियुक्ति में प्रतिनिधित्व का सिद्धांत छिपा हुआ है।

निर्णीत विषय संबंधी बाधकता : जो निर्णीत हो चुका है उसे पुनः संघ के सामने न लाया जाए, यह सिद्धांत भी चुल्लवग्ग (4/14/16) में उल्लिखित है। वहाँ उस व्यक्ति के लिए दंड-विधान किया गया है जो किसी निर्णीत प्रश्न को (वुपसंत) फिर छेड़ता है (उक्कोटेति=उत्कोटयति), अथवा जिस निश्चय के लिए वह अपनी सम्मति दे चुका है (छंददायको), उसकी फिर शिकायत करता है (खीयति)।

विशेषज्ञों की उपस्थिति में निर्णय : इसके लिए 'सम्मुख-विनय', यह पारिभाषिक शब्द था (प्रोसीडिंग इन प्रेजेन्स)। यह उस जगह लागू होता था जहाँ सदस्य आपस में सहमत होकर किसी निर्णय पर पहुँचते थे। सम्मुख-विनय के लिए संघ, धम्म, विनय और विवाद से संबंधित व्यक्ति की उपस्थिति आवश्यक थी। संघ की उपस्थिति का अर्थ यह था कि सब अधिकारी सदस्यों (कम्मापत्ता= कर्म्मापन्नाः) की उपस्थिति, उनकी स्वीकृति की सूचना प्रस्तुत करना, जो उससे सहमत थे, और बैठक में उपस्थित सदस्यों के बीच में प्रस्ताव से किसी का विरोध न करना। इससे यह सूचित होता है कि जो सदस्य संघ की बैठक में अनुपस्थित रहते थे, उनकी समिति का वजन भी निर्णय पर पड़ता था। धम्म और विनय की उपस्थिति से तात्पर्य उनके विशेषज्ञों से था। इस प्रकार संघ अपना निर्णय विषय से संबंध रखनेवाले समस्त व्यक्तियों और उससे प्रभावित पक्षों को उचित प्रतिनिधित्व देकर करता था (वही)।

बहुमत : जब एकमत होने की सब युक्तियाँ और रास्ते बंद हो जाते थे, या ऊपर कही उद्वाहिका भी स्वयं निश्चय पर पहुँचने में असमर्थ रहती थी, तो सारा संघ मामले पर विचार करता था और बहुमत के द्वारा उसका निश्चय करता था। इस पद्धति को येब्भुय्यस्सिकेन (अर्थात् जो बहुत कहें वैसी क्रिया करना—यद् भूयसिका क्रिया, वही, 4/8/9) कहते थे।

जैसा ऊपर कहा जा चुका है, शाक्य संघ की सभा को ऐसा जीवन-मरण का प्रश्न भी, कि वे कोसलराज विडूडभ के लिए नगर के द्वार खोलकर उसकी अधीनता स्वीकार कर लें या नहीं, बहुमत से तय करना पड़ा था। इससे सूचित होता है कि जनतंत्र की यह मूलभूत बात राजनीतिक और धार्मिक दोनों प्रकार की संस्थाओं के लिए विशेषतः लागू थी; किसी एक में सीमित नहीं थी।

मतदान अधिकारी : ऐसा सदस्य जो पक्षपात, दोष, मोह और भय से रहित होता था, संघ के विशेष प्रस्ताव द्वारा मतदान का अधिकारी या शलाका ग्राहक नियुक्त किया जाता था (वही, 14/6)।

मतदान : मत के लिए बड़ा साभिप्राय शब्द था—'छंद' जिसका अर्थ है 'स्वतंत्रता'। इस प्रकार मतदान स्वतंत्र, स्वच्छंद होता था (महावग्ग, 2/23; 3/5; 9/3/5 आदि; चुल्लवग्ग, 4-14 आदि)। मतदान शलाकाग्रहण से होता था। शलाकाएँ लकड़ी की बनी हुई होती थीं और सदस्यों में बाँट दी जाती थीं। प्रत्येक सदस्य से कहा जाता था कि वह उस रंग की शलाका को चुने जो उसके मत के अनुरूप हो, और यह निर्देश रहता था कि वह इसे किसी को दिखाए नहीं।

शलाकाएँ एकत्र करनेवाला अधिकारी शलाका-ग्राहापक कहलाता था। उनके संग्रह की कई विधियाँ थीं : (1) छिपे ढंग से (गुह्यक), (2) कान के पास आहिस्ता से कहकर (स्वकर्णजल्पकं), (3) खुले रूप में (विवृतकं), और (4) सबके सामने (विश्वस्त)। स्वकर्णजल्पकं विधि में शलाका ग्राहापक मतदाता के कान के पास मुँह ले जाकर बता देता था कि किस रंग का क्या था और कौन-सी शलाका उसे चुननी चाहिए (वही)। बुद्धघोष के अनुसार (ओल्डेनबर्ग, विनयपिटक 2/315) शलाका-ग्राहापक स्वर्णजल्पकं विधि के प्रयोग द्वारा किसी अच्छे प्रस्ताव के लिए उसके मत को प्रभावित करता था। यदि मतदान 'धर्म' के विरुद्ध होता था तो वह उसे रद्द भी कर सकता था।

बहुमत सदा ग्राह्य न था : कहा जा चुका है कि बहुमत केवल अंतिम अवस्था में ही लिया जाता था क्योंकि इससे कुछ व्यक्तियों का बलपूर्वक नियंत्रण होता था। ग्रंथों में कहा है कि बहुमत की विधि वहाँ लागू न करनी चाहिए जहाँ बात बिलकुल तुच्छ हो (अवरमात्रक), या जहाँ प्रस्ताव पर निर्दिष्ट पद्धति द्वारा विचार किया गया हो (इसमें समिति या निर्णायक पंचों के विचार की बात भी सम्मिलित है जिसका विवरण ऊपर दिया गया है), या जहाँ विवादग्रस्त विषय सदस्यों को स्पष्ट नहीं हो, या जब मतदान से संघ के टूट जाने या नाश होने की आशंका हो। इसमें यह प्रकट होता है कि मतदान-अधिकारी या शलाका-ग्राहापक को बड़े पूरे अधिकार थे, जिनसे वह किन्हीं बातों में मतदान के फल को स्थगित या उसका निग्रह भी कर सकता था।

अवैध मतदान : जिसमें अधर्म से मत दिया जाए, या सदस्यों में असमान

व्यवहार से, या वर्ग में बाँटकर या मतदान की सम्मति (यथादृष्टि) के विपरीत वह मतदान अवैध होता था (वही)।

सारांश : उपरोक्त नियमों को लागू करते हुए ग्रंथों में स्पष्ट किया गया है कि यथोचित रूप से संगठित सभा का वैध निर्णय (धम्मेन समग्गकम्म) का क्या अर्थ था। समग्गकम्म या वैध निर्णय की शर्तें ये थीं : (1) सभा में वही व्यक्ति उपस्थित रहते थे, जो मतदान के अधिकारी (कम्मपिन्ना:) थे, (2) प्रस्ताव या ज्ञप्ति को एक या तीन बार दुहराकर (अनुस्सावनं) सभा के सामने रखना (स्थापन); (3) जो मतदान के अधिकारी हों उन सबके मतों का ग्रहण करना (छन्दारहानं छंदो आहटो होति); (4) उपस्थित सदस्यों से विरोध का न होना (सम्मुखीभूता न पठिक्कोसंति); और (5) आवश्यकतानुसार एक या तीन आवृत्ति द्वारा प्रस्ताव को पारित घोषित करना (एकया कम्मवाचया तोहि कम्मवाचहि कम्मं करोति, महावग्ग, 9/3/9)। यह भी स्पष्ट होता है कि प्रत्येक बौद्ध संघ, चाहे कितना छोटा हो, प्राचीन यूनान के नगर-राज्यों की भाँति अपने क्षेत्र (आवास) में सार्वजनिक मतदान के आधार पर सदस्यों के साथ सीधा संबंध रखने की पद्धति द्वारा प्रजातंत्रीय रीति से कार्य करता था। ऊपर कहा जा चुका है कि बुद्ध ने संघ की अपरिहानि या वृद्धि की एक शर्त यह कही थी कि सब सदस्य सभा की बैठकों में भाग लें जो पूरी (समग्गा) उपस्थिति से और बहुधा हुआ करे।

सभा का लेखक या पुस्तपाल : दीघनिकाय के महागोविंद सुत्तंत के वाक्यों (19-14) से ज्ञात होता है कि संघ की कार्यवाही लिखने के लिए लेखक भी थे। तावतिस देवों की सुधम्मा सभा में कहे हुए वचनों (वुत्त वचन) और कार्यवाही (पच्चनुसिट्ठ वचन) को लिखने के लिए 4 अधिकारी नियुक्त किए गए थे (जायसवाल, 'हिंदू पॉलिटी', पृ. 112)।

समग्र संघ मतप्रकाशन (रेफरेंडम) : अंत में कहा जा सकता है कि समग्र संघ के मतदान की विधि भी वैध उपाय था। जातक संख्या 1 में कहा गया है कि राजा का चुनाव समस्त नगर (सकल नगर) के मत से हुआ। नागरिकों ने एकमत होकर (एकच्छंदा: भूत्व) अपना निर्णय दिया (वही, 115)।

धार्मिक आंदोलन (श्रमण भिक्षुओं का उदय) : राज्य और संघों के ऊपर लिखे वर्णन से स्पष्ट है कि उस युग की राजनीति पर वर्द्धमान महावीर और गौतम बुद्ध जैसे धार्मिक नेताओं का, जिन्होंने जैन और बौद्ध-धर्म की स्थापना की, कितना प्रभाव था। मौलिक दृष्टि से देखने पर कहा जा सकता है कि ये दोनों धर्म स्वतंत्र असंबंधित आंदोलनों के रूप में उत्पन्न नहीं हुए किंतु ब्राह्मण-धर्म या वैदिक-धर्मरूपी एतद्देशीय संस्कृति की शाखाओं के रूप में ही इनका उदय हुआ। उन्होंने पूर्ववर्ती धर्म की कुछ बातों को चुना और अन्य बातों को छोड़कर उनको ही

महत्त्व देते हुए उन्हें अपने दृष्टिकोण का आधार बनाया। दोनों का संगठन भिक्षु-संघ के रूप में हुआ; अतएव पहले से चले आते हुए जो बहुसंख्यक परिव्राजक संप्रदाय थे, उनमें ही ये दो और बढ़ गए, यद्यपि ये उन सबमें अधिक महत्त्वपूर्ण सिद्ध हुए।

वैदिक संस्कृति से संन्यास-धर्म की उत्पत्ति : वस्तुत : संन्यास-धर्म का मूल बीज वेद में पाया जाता है और वैदिक दर्शन के सर्वश्रेष्ठ ग्रंथ उपनिषदों से उसका स्पष्ट समर्थन होता है। जैसा ऊपर कह चुके हैं, वैदिक धर्म का केंद्र ऋषि था, जो तप के द्वारा सत्य का साक्षात अनुभव करने की योग्यता रखता था, (ऋग्वेद, 10/109/4; आदि)। इससे वह देवेषित मुनि (देवों से प्रेरणा पाया हुआ), 'विप्र' मनीषी का पद प्राप्त करता था (पूर्व दिए हुए प्रमाण देखिए)। स्वयं आरण्यकों की रचना अरण्यों के आश्रमों में हुई जहाँ उपनिषदों की सम्मति में पराविद्या, वेदांत, आत्मिक ज्ञान के जिज्ञासु को अवश्य एकांतवास करना चाहिए (मुंडक उपनिषद्)। ''जो ब्रह्मविद् होता है, वह मुनि हो जाता है। केवल ब्रह्मलोक की कामना से मुनि अपना घर त्याग देते हैं। ऐसा जानकर प्राचीन समय के लोगों ने संतान की इच्छा नहीं की और प्रजा, धन और नए-नए लोगों की इच्छा त्याग करके भिक्षु के रूप में विचरण किया (भैक्षचर्य्य चरंति)'' (बृहदारण्यक उपनिषद, पूर्व उद्धृत)। तब भिक्षाचरण (भैक्षचर्य्या) और संसार का त्याग इस श्रुतिप्रतिपादित धर्म को स्मृतियों ने एक पद्धति का रूप दिया और प्रत्येक हिंदू के लिए (शूद्र को छोड़कर), अर्थात् वर्णाश्रम धर्म के मानने वाले प्रत्येक हिंदू के लिए यह आवश्यक विधान किया कि वह अपने जीवन का उत्तरार्ध दो आश्रमों में बिताए—प्रथम वानप्रस्थ, वनी या वैखानस संज्ञक आश्रम में और उसके बाद परिव्राजक या भिक्षु, या यति (मनु, 5/137), या मौनी (आपस्तंब, 2/9/21/1) या भिक्षाचरण करनेवाले संन्यासी के रूप में। इससे भी अधिक यह कि ब्राह्मण पद्धति में तप का जीवन केवल वयोवद्ध गृहस्थों के लिए न था; उसका द्वार उन नवयुवकों के लिए भी खुला थो अध्यात्म की खोज में संसार से विरक्त हो जाते और तब नैष्ठिक ब्रह्मचारी का पद प्राप्त करते थे।

ब्राह्मण-धर्म की समाज-व्यवस्था में उसका स्थान : इस प्रकार ब्राह्मण-धर्म की सामान्य व्यवस्था में लगभग आधे से अधिक समाज के लिए संसार से विरत होकर सत्य की जिज्ञासा में ज्ञानियों के पथ-प्रदर्शन में, भिक्षु या तपस्वी का जीवन व्यतीत करना विधिवत् था। अनिकेत विचरने वाला यह समुदाय विभिन्न धार्मिक संप्रदायों में संगठित था, जो अपने-अपने आचार्यों द्वारा अनुशिष्ट मत और तप के विभिन्न मार्गों का अनुसरण करते थे। बहुत पहले ही इनके नियम ग्रंथरूप में निबद्ध कर लिए गए थे। पाणिनि की कृति में ही भिक्षु-सूत्रों

का उल्लेख आता है, जो भिक्षु या परिव्राजकों के जीवन-व्रतों और नियमों के संग्रह-ग्रंथ ज्ञात होते हैं। पाणिनि ने कार्मंदिनः और पाराशरिणः—इन दो प्रकार के भिक्षुओं का भी उल्लेख किया है। संभवतः पाराशरी संप्रदाय महत्त्वपूर्ण था। बुद्ध ने भी पाराशरीय नामक एक ब्राह्मण आचार्य के मत का विवेचन किया था (मज्झिम, 3/298)। गौतम और बौधायन के प्राचीनतम धर्म-सूत्रों में भी विखनस के कहे हुए सूत्र-ग्रंथ का उल्लेख आता है, जिसका पालन वैखानस या वानप्रस्थी भिक्षु करते थे। वैखानस शास्त्र का नाम श्रामणक भी था, क्योंकि वह अपने श्रमणों के लिए उद्दिष्ट था। कुछ भिक्षु-धर्मों का, जो बौद्ध-धर्म से भी पहले के थे, उल्लेख यहाँ समीचीन होगा, यद्यपि उनका संकेत पहले भी किया जा चुका है; (1) गौतम का यह आदेश कि भिक्षु वर्षा ऋतु में किसी एक स्थान पर रहे (ध्रुवशीलो वर्षासु); (2) उनका यह आदेश कि भिक्षु व्यवहार-वस्तुओं का संचय न करें; प्राणिहिंसा, यहाँ तक कि बीज-हिंसा भी न करें; (3) भिक्षा के संबंध में उनके बताए हुए नियम; अथवा (4) वस्त्र से छना हुआ पानी पीने के संबंध में बौधायन का कथन। जैन और बौद्ध विनय के नियमों पर भली-भाँति विचार करके जैकोबी ने सिद्ध किया है कि उन दोनों का आधार ब्राह्मण भिक्षुओं के आचार-संबंधी नियम थे (प्रा. पु. मा., भूमिका, पृ. 22-30)।

तपस्वियों का ज्ञाननिरत जीवन : इस प्रकार भिक्षुधर्म वानप्रस्थ और परिव्राजक सन्यासियों के जीवन में मूर्त हुआ था, जिनके अपने-अपने विशेष नियम थे। दोनों में अंतर यह था कि वानप्रस्थ गाँव से बाहर, पास के जंगल में आश्रम बनाकर एक स्थान पर रहता था, किंतु परिव्राजक सदा विचरता रहता था, और "वर्षा को छोड़कर किसी अन्य ऋतु में दो रात एक स्थान पर न टिकता था" (गौतम, पूर्वोद्धृत)। किंतु संसार त्याग देने के विषय में दोनों के विचारों में मौलिक एकता थी। पालि-ग्रंथों में इसे आगार से अनगारिकावस्था में परिव्राजित होना कहा है। (अगारस्मा अनगारियं पब्बजति—दीघ, 1/60 आदि)। परिव्राजकों की एक विशेषता यही थी कि वे दार्शनिक चिंतन और ज्ञान-संबंधी विचार-विनिमय से प्रेम करते थे। उपनिषदों में इसके कई उल्लेख हैं कि विद्वान व्यक्ति-रूप में अथवा कई मिलकर देश में विचरते थे और विद्या के प्रसिद्ध केंद्रों में शास्त्रार्थ करते हुए ज्ञान का विस्तार करते थे। श्रुतियों में उन्हें चरक आचार्य कहा है, अर्थात् विचरण करनेवाले विद्वान्; स्मृतियों में उन्हें परिव्राजक कहा गया है। ये दार्शनिक विमर्श जनक-सदृश राजाओं की सभाओं में होते थे अथवा पांचालों की परिषदों-जैसी परिषदों में या संघागारों में, समयप्पवादक-शालाओं में, जैसा कि पालि-ग्रंथों में उन्हें कहा गया है, या सभाओं में, जैसा स्मृतियों में कहा है। पालि-ग्रंथों में उन स्थानों के संबंध में, जहाँ इस प्रकार के दार्शनिक विमर्श सार्वजनिक रूप में होते थे,

बहुत-सी सामग्री है। उदाहरण के लिए, श्रावस्ती में रानी मल्लिका उद्यान (डॉयलाग्स, 1/244), ''जहाँ विभिन्न संप्रदायों की दृष्टियों पर विचार किया जाता था'', अथवा वैशाली के बाहर महावन में लिच्छवियों का बनवाया हुआ कूटागार, अथवा चंपा की रानी गग्गरा की पुष्करिणी का सुरभित चंपक उद्यान (वही, 1/44), या राजगृह में मोर-निवाप (जहाँ मोरों को चुग्गा खिलाया जाता था) नामक स्थान (मज्झिम, 2/1/29)। ये वादविवाद परिव्राजकों द्वारा अपने मत का प्रचार करने के उत्साह के फल थे। प्रायः इनके परिणामस्वरूप उनके विभिन्न संप्रदायों और मतों में परस्पर आदान-प्रदान और परिवर्तन होता रहता था। बुद्ध के जीवन की कहानी 45 वर्षों के दीर्घकालीन धर्मोपदेश के फलस्वरूप बौद्धेतर आचार्यों के मत-परिवर्तन से भरी पड़ी है। जैन-धर्म ने भी अचेलक और आजीविकों से बहुत-कुछ ग्रहण किया, जैसा जैकोबी ने (जैन-सूत्र, भूमिका) और हर्नले ने (उवासगदसाओ, पृ. 108-111) दिखाया है।

ग्रंथों में जो चित्र खींचा गया है, उससे ज्ञात होता है कि वन के शांत और एकांत प्रदेश में स्थित आश्रम में प्रसिद्ध आचार्य के चारों ओर शिष्यों का समुदाय एकत्र हो जाता था और वे उसके साथ वन के कंद-मूल-फल खाते हुए निवास करते थे; ध्यान, पंचमहायज्ञ, तप का अभ्यास (तपःशीलः) करते थे अथवा अपने आचार्य से अपने विशेष सूत्र या शास्त्र के मूल ग्रंथों और सिद्धांतों का अध्ययन करते थे। दूसरे श्रेणी के भिक्षु अर्थात् परिव्राजक, भिक्षा माँगकर, अग्निपक्व आहार स्वीकार करके जीवन बिताते थे, और वानप्रस्थ और संन्यासियों के संपर्क में आते हुए उस प्रकार के संवादों में निरत रहते थे जिनमें अनेक गृहस्थ भी आकृष्ट होते थे। ''ऐसे ही दीघनख बुद्ध के पास गए, बुद्ध सकुलदायि के पास गए, बेखनस्स (क्या वह धर्मसूत्र में कथित वैखानस थे?) बुद्ध की सेवा में उपस्थित हुए और उसी प्रकार केनिय भी; एवं पोतलिपुत्त समिद्धि की सेवा में उपस्थित हुए'' (राइस डेविड्स, बुद्धकालीन भारत, पृ.142)।

बौद्धों से इतर भिक्षु-संप्रदाय : निस्संदेह देश में विचरण करनेवाले, व्यक्तिगत रूप से अनेक परिव्राजक आचार्य थे, किंतु इसमें संदेह है कि उनके संघ भी अलग-अलग थे, या जैन और बौद्ध संप्रदायों की तरह उनके संगठन थे। जैन और बौद्ध-ग्रंथों में ब्राह्मण-धर्म में कितने ही प्राचीनतर भिक्षु संप्रदायों के नाम हैं, किंतु वे दार्शनिक मतों के सूक्ष्म भेदों तक ही सीमित थे, जैसे साकियपुत्त समण अथवा निगंठनापुत्त। स्थापित संघों के रूप में उनका सामुदायिक अस्तित्व न था। इस प्रकार ब्रह्मजाल-सूत्र में बौद्ध-धर्म के उदय से पूर्व श्रमणों और ब्राह्मणों के 62 दार्शनिक मतों या दिट्ठियों का उल्लेख है और जैनग्रंथों (जैसे सूत्रकृतांग, 2/2/79)

में उनकी संख्या 363 है।[1]

उनके नामों की एक सूची अंगुत्तर में इस प्रकार मिलती है:

(1) आजीविक—इस मत के अनुयायी नंगे रहा करते थे और आहार-वृत्ति के संबंध में अत्यंत कठोर नियमों का पालन करते थे।

(2) निगंठ (= निर्ग्रंथ—बंधनरहित)—यह जैनों की संज्ञा थी जो केवल कौपीन धारण करते थे।

(3) मुंड सावक—मुंडित साधुओं के शिष्य, बुद्धघोष के अनुसार निगंठों के समान।

(4) जटिलक—जो केशों को जटा-रूप में बाँधते थे। जैसा पहले कहा गया है, गौतम ने जटिल संज्ञा वैखानस के लिए प्रयोग की थी। जटिल ब्राह्मण थे, उनका केंद्र उरुवेला में था, जो राजगृह के पास एक छावनी या सेना-ग्राम था, जहाँ कस्सप गोत्र के उरुवेला कस्सप, नदी कस्सप और गया कस्सप नामक 3 आचार्यों के साथ वे 1000 की संख्या में रहते थे। वे अग्नि की परिचर्या करते थे और बुद्ध ने उन्हें परिवास या परीक्षाकाल की शर्त से मुक्त कर दिया था, क्योंकि एक तो वे सहयोगी भिक्षु-संप्रदाय के सदस्य थे (महावग्ग, 1/38/3), और दूसरे उनका दार्शनिक मत समुन्नत था (वही)।

(5) परिव्राजक— ब्राह्मण-धर्म के अनुसार विचरण करनेवाले संन्यासियों की सामान्य संज्ञा।

(6) मगंडिक—अज्ञात।

(7) तेदंडिक—त्रिदंड धारण करनेवाले, जिनका उल्लेख मनु ने किया है (12-10)। ब्राह्मण-भिक्षुओं के लिए बौद्धों ने यह नाम रखा था।

(8) अविरुद्धक—जिनका मत विरुद्ध नहीं था, अर्थात् मित्र।

(9) गोतमक—गोतम के अनुयायी, जो बौद्ध-धर्म के संस्थापक गौतम से भिन्न कोई आचार्य थे, या तो बुद्ध के चचेरे भाई देवदत्त की, जो एक मत का प्रवर्त्तक था, यह संज्ञा थी, या गौतम-गोत्रीय कोई ब्राह्मण था, जिसके अनुयायी भिक्षु उसी के नाम से प्रसिद्ध थे।

(10) देवधम्मिका—जो देवों के धर्म का पालन करते हैं। इस संप्रदाय का उल्लेख अन्यत्र किसी ग्रंथ में नहीं मिला।

कुछ संप्रदायों के साथ लगे हुए सूची के नाम, यदि उनके नामों का अर्थ किया जाए, दूसरों के लिए भी शायद लागू हो सकें।

विभिन्न संप्रदायों के भिक्षुओं का सामान्य नाम समण-ब्राह्मण था, जो

---

1. टीकाकारों के अनुसार इन 363 मतों में 180 क्रियावादी, 84 अक्रियावादी, 67 अज्ञानिकवादी, और 32 वैनयिकवादी थे।

तत्कालीन धार्मिक जीवन के नेता थे (डायलॉग्स, 2/165)। अंगुत्तर (4-35) में दो प्रकार के परिव्राजक कहे गए हैं : (1) ब्राह्मण, (2) अञ्ञतितिथिय, अर्थात् दूसरे बुद्धेतर भिक्षु। ब्राह्मण परिव्राजकों को वादिशील (सुत्तनिपात), वितंड, लोकायत जो वाद-विवाद के अतिशय भक्त थे, भूतवादी (चुल्लवग्ग, 5/3-2), तेविज्ज, (3) वेदों में निष्णात (सुत्तनिपात, 594), पदक, वैदिक पदपाठ या छंदःशास्त्र के ज्ञाता, वैयाकरण, व्याकरण के पंडित और जल्पनिघंटु, केटुभ (व्युत्पत्ति-शास्त्र ?), इतिहास आदि विषयों में अभिज्ञ कहा गया है (वही, 1020)।

छह प्रधान आचार्य: बौद्धेतर संप्रदायों में छह सबसे बड़े आचार्यों के नाम बौद्ध-ग्रंथों में मिलते हैं, जिनका उन दर्शनों के संस्थापकों (तित्थकर) के रूप में इस प्रकार उल्लेख किया गया है : ''समण ब्राह्मण संघिनो गणिनो गणाचरिया ञता यसस्सिनो तित्थकरा साधुसम्मता बहुजनस्स'' अर्थात् वे धार्मिक जीवन के नेता, संघों के नेता, गणों के नेता, आचार्य, सुविख्यात दर्शनों के यशस्वी संस्थापक और बहुसंख्य जनता की दृष्टि में अत्यंत आदरणीय थे (सभियसुत, सामञ्ञफल सुत्त)। वे सब बुद्ध से आयु में ज्येष्ठ थे, ''क्योंकि उनकी तुलना में गौतम नवयुवक और धार्मिक जीवन में अभी नए-नए थे'' (संयुत्त 1/69)। वे ये थे—

(1) पूरण कस्सप : वे अक्रियावाद-मत या अकर्म के प्रचारक थे अर्थात् अच्छे कर्मों में कोई पुण्य नहीं और बुरे-से-बुरे कर्म में कोई पाप नहीं। क्योंकि वे अनुभव के पूरे थे, इसलिए पूरण कहलाते थे और ब्राह्मण होने के नाते कस्सप। वे नंगे रहते थे और उनके 80,000 अनुयायी थे।

(2) मंक्खलि गोसाल : उनका यह नाम इसलिए पड़ा था, क्योंकि उनके पिता स्वामी द्वारा गोशाला में नियुक्त होकर वहीं काम करते थे जहाँ गोसाल का जन्म हुआ। उनका सिद्धांत कर्म और कर्मफल दोनों का निराकरण था। मनुष्य के अधःपतन को मानते थे, किंतु उनका कहना था कि इसका कारण उस व्यक्ति का कर्म-विशेष नहीं, बल्कि आवागमन का चक्र या नियति है। उनका मत नियतिवाद कहलाता है।

(3) अजित केसकंबलि : उनका मत था कि मृत्यु के समय सबकुछ नष्ट हो जाता है, इसलिए कर्म द्वारा किसी फल की संभावना ही नहीं है। उनका मत उच्छेदवाद कहलाता है।

(4) ककुध कच्चायन : किसी ककुध वृक्ष के नीचे उत्पन्न होने के कारण यह नाम पड़ा। उनका मत इस प्रकार कहा गया है, ''जो सत् है, उसका विनाश नहीं हो सकता; जो असत् है, उससे कुछ उत्पन्न नहीं हो सकता'' (सतो नथि विनासो असतो नच्चि सम्भवो)। उनके मत में व्यक्ति का कोई उत्तरदायित्व नहीं। वे सात नित्य तत्त्व मानते हैं—पृथ्वी, जल, अग्नि, वायु, सुख, दुःख और आत्मा।

(5) निगंठ नातपुत्त : वे नात (ज्ञातृक) क्षत्रिय के पुत्र थे। सब बंधनों से रहित होने के कारण वे निगंठ कहलाए।

(6) संजय बेलट्ठपुत्त : उस काल की समस्याओं के उत्तर में उनके किसी मत का उल्लेख नहीं मिलता।

इन छह आचार्यों के पद की सूचना ऊपर कही हुई इस बात से मिलती है कि अजातशत्रु-जैसा उग्र स्वभाव का सम्राट् उनमें से हरेक के पास उपदेश के लिए गया। इनमें भी गोसाल और नातपुत्त सबसे अधिक प्रसिद्ध थे। जैन-ग्रंथों में गोसाल को आजीविकों के संप्रदाय का संस्थापक कहा गया है। आजीविक भिक्षुओं के लिए सम्राट् अशोक के लेखों में कुछ गुफाएँ दान करने का वर्णन आया है। आरंभ में गोसाल महावीर के शिष्य थे, पर पीछे उनमें मतभेद हो गया और वे अलग हो गए (हर्नले, उवासगदसाओ)। जैसे गोसाल का नाम बिगाड़कर आजीविक कहने लगे, अर्थात् वह जो जीविका (आजीव) के लिए भिक्षु बन गया हो। बुद्ध को आजीविक भिक्षुओं से चिढ़ थी (मज्झिम 1/483)। निगंठ नातपुत्त जैन-धर्म के संस्थापक भगवान् महावीर का नाम था।

बौद्ध-ग्रंथों में वर्णित अन्य आचार्य : इन छह समण या बौद्धेत्तर आचार्यों के अतिरिक्त पालि-ग्रंथों में कई अन्य आचार्यों का वर्णन है, जिनके अपने अनुयायी थे जो विद्या और तप के लिए प्रसिद्ध थे, जैसे ब्राह्मण रावरी जो अस्सक जनपद में गोदावरी के तट पर रहता था। उनके 16 शिष्य थे, जिनमें हरेक के बहुत-से प्रशिष्य थे और उसका "समस्त लोक में बहुत विस्तृत यश था।" उन्हें स्थान-स्थान पर घूमनेवाले विद्वान् कहा गया है जो उस काल के विभिन्न सांस्कृतिक केंद्रों में, जैसे पतिट्ठान, माहिसति, उज्जेनी, गोनद्ध, 'वेदिसा वनसभय', कोसांबी, साकेत, सावत्थी, सेतव्य, कपिलवत्थु, कुसिनारा, पावा, वेसाली और मगध जनपद के पुर आदि में घूमते थे। वे सब जटा रखते और मृगचर्म ओढ़ते थे (पारायनवग्ग)। इन आचार्यों के नाम और भी मिलते हैं : ब्राह्मण आचार्य सेल, जिसके 300 शिष्य थे, चंकी, तारुक्ख और उनके शिष्य भारद्वाज, पोक्खरसाति और उनका शिष्य वासेट्ठ, जाणुस्सोणि, तोदेय्य, जो सब तीन वेदों और संबंधित विषयों के माने हुए विद्वान थे (सुत्तनिपात, 594)। तेविज्ज सुत्त में (दीघनिकाय, 1/235) वासेट्ठ के कई ब्राह्मण संप्रदाय, यजुर्वेद के अध्वर्यु और तैत्तिरीय नामक चरण, सामवेद का छांदोग्य नामक चरण और ऋग्वेद के वह्वृच चरण का उल्लेख किया है। ग्रंथों में बहुत-से ऐसे परिव्राजकों का भी वर्णन है जिनसे बुद्ध का संपर्क हुआ। पोट्ठपाद से, जो अपने 300 शिष्यों के साथ मल्लिकाराम में रहता था, बुद्ध ने भेंट की थी (दीघ. 1/187)। भग्गवगोत्त अनुपिय में रहता था, जिससे मिलने पर बुद्ध को सूचना मिली कि लिच्छविपुत्त सुनक्खत्त चमत्कार न दिखाने के कारण उसे

छोड़कर चला गया था (वही, 3/1)। निग्रोध, राजगृह में गिज्झकूट के समीप आश्रम में अपने शिष्यों के साथ रहता था। बुद्ध भी वहीं ठहरे थे और वह उनसे मिलने आया (वही, 36)। मज्झिम निकाय में इन आचार्यों के नाम हैं, जाणुस्सोणि और पिलोतिक (1/175-7); वच्छगोत्त, जो वैशाली के पास एकपुंडरिका गाँव के परिब्बाजकाराम में रहता था (वही, 481-3); आग्गिवच्छगोत्त और महावच्छगोत्त (वही, 483-497); दीघनख (वही, 497-501); मागंदिय कुरु जनपद में (वही, 501-513); संदक, जो अपने शिष्यों के साथ कोसांबी में रहता था और जिसने बुद्ध के लाभ और यश से चिढ़कर उनका अनुयायी होना अस्वीकार किया (वही, 513-524); पोतलीपुत्तो, जिसने बौद्ध-भिक्षु समिद्धि के किसी उपदेश से अहमत होकर उसका साथ छोड़ दिया (वही, 3/207); अन्नभार, सकुलदायी और अन्य आचार्य, जो सप्पिनी नदी के किनारे किसी बड़े परिव्राजक-केंद्र में रहते थे (अंगुत्तर, 4/29-39); अनुगार, सकुलदायि जो राजगृह के पास वेलुवन में बने हुए मोरनिवाप के परिव्राजकाराम में रहते थे और जिनके विषय में, मिलने पर बुद्ध से कहा गया था कि वे समस्त आचार्यों में (छह श्रमण आचार्यों को लेकर) सबसे अधिक प्रतिष्ठित थे क्योंकि वह स्वल्प भोजन, साधारण वेश, परिमित परिग्रह, साधारण निवास और एकांत जीवन से संतुष्ट थे (मज्झिम, 2/1-22); समरण मंडिका का पुत्र उग्गाहमानो, जो मल्लिकाराम में रहता था, जहाँ उससे श्रावस्ती के स्थपति पंचकंग ने बुद्ध के दर्शन के लिए जाते हुए रास्ते में भेंट की और बुद्ध ने जिसके उपदेश का खंडन किया (वही 2/22-5); वेखनस्स, जो पहले श्रमणों का विरोधी था पर पीछे बुद्ध के प्रभाव में आ गया (वही, 40-4); सरभ, वह पहले बौद्ध-भिक्षु था, राजगृह की एक परिषद् में बौद्ध-धर्म छोड़कर परिव्राजक बन गया, पर बुद्ध ने परिषद् के सामने अपने धर्म की व्याख्या करके सबको अपने पक्ष में कर लिया (अंगुत्तर, 1/185-8); मोलियसीवक, जिसे बुद्ध ने अपने पक्ष में किया (वही 3/356); सुतवा और सज्झो (वही 4/369-371); सुसीम, जिसके राजगृह में बहुत-से अनुयायी थे (संयुत्त, 2/119-128); कुंडलिय, जो श्रमण और ब्राह्मणों के बीच में रहकर प्रायः परिषद् में उनके प्राचीन धर्म-विषयक उपदेश सुनता था और बुद्ध के पास जाकर उनके उपदेश से संतुष्ट हुआ (वही, 5/73-5); संजय, जिसके 1,000 अनुयायी थे, जिनमें कोलित और उपतिस्स नाम के ब्राह्मण ग्रामणी प्रसिद्ध सारिपुत्त और मोग्गलान थे और सुपिय भी था। उसके अन्य अनेक आचार्यों के साथ, बौद्ध धर्म स्वीकार कर लेने पर मगध के लोगों में खलबली मच गई और उन्होंने शिकायत की कि "भिक्षु गौतम तो संतति के अभाव, वैधव्य और कुटुंबों का नाश करने के लिए उत्पन्न हुआ है (धम्मपद अट्ठकथा, 1/88-90); सभिय, जो किसी क्षत्रिय परिव्राजक का पुत्र था और जो अत्यंत विद्वान् परिव्राजक और शास्त्रार्थ में अज्ञेय निकला एवं नगर-द्वार के पास आश्रम बनाकर राजकुमारों को शिल्प की शिक्षा देता था, पीछे बौद्ध भिक्षु हो गया (सुत्तनिपात अट्ठकथा,

2/421-2)। इस संबंध में इन आचार्यों का नामोल्लेख भी किया जा सकता है, आलार कालाम और उद्दक रामपुत्त जो दोनों बुद्ध के आरंभकालीन गुरुओं में थे (मज्झिम, 1/240); आजीवक भिक्षु उपक, जिसे बुद्ध कुछ अन्य भिक्षुओं जैसे संदक, पोतलिपुत्त या सुनक्खत के साथ अपने धर्म में नहीं ला सके (वही, पृ. 64 आदि; दीघ. 3/1/5); या ब्राह्मण, वप्प, भदिय, महानाम, अस्सिज और उन सबका नेता कोंडञ्ञ, जो अपने गुरु उद्दक के साथ बुद्ध के तप-साधन के समय साथी थे और बाद में उनके सर्वप्रथम शिष्य बने।

सब संप्रदायों के आचार्यों की लोकव्यापी प्रतिष्ठा : इससे प्रकट होता है कि उस युग में भारतीय धार्मिक जीवन की बड़ी विशेषता यह थी कि भिक्षुओं की संख्या और समुदाय अनेक थे, जिनके विषय में उदान के जच्चंद्धवग्ग (4, 5, 6) में यह लिखा है, "समबहुला नानातित्थिया समणब्राह्मणा परिब्बाजिका नानादिट्ठिका नानाखंतिका, नानारुचिकानानादिट्ठिनिस्सनिस्सिता" (उदान पृ. 66-7, पालि टैक्स सोसायटी) = "श्रमण और ब्राह्मणों के बहुसंख्यक और विविध संप्रदाय थे जो परिव्राजक-धर्म के माननेवाले अनेक दिट्ठि या दार्शनिक मतों, नाना खंति (क्षांति) या अनेक विश्वास, नाना रुचि और अनेक प्रकार की व्यवस्थाओं वाले (निस्सय = आश्रय) थे।" वे श्रावस्ती नगरी में मिले-जुले ठठ में भिक्षा के लिए निकलते थे और 'अपने भिन्न-भिन्न मतों का प्रतिपादन करते हुए और एक-दूसरे के साथ शब्दों के रूप में मुँह के हथियार से (मुखसत्थिहि) लड़ते जाते थे।" कस्सप सीहनादसुत्त में श्रमणों और ब्राह्मणों के लिए कहा है कि "वे शास्त्रार्थ में पटु, सूक्ष्म-बुद्धि और अनुभवी, बाल की खाल निकालनेवाले थे, और अपनी मेधा से विपक्षियों के मतों की धज्जियाँ उड़ाते हुए इधर-उधर विचरते थे"; वे भोजन और वस्त्र के विषय में तप का मार्ग ग्रहण करते (जैसा धर्मसूत्रों में कहा गया है), जैसे नीवार, श्यामाक आदि वन्य धान्य और फल-मूल खाते, नंगे रहते या फेंकी हुई कंथा, वल्कल या कृष्णमृगचर्म पहनते थे; शारीरिक तप के अतिरिक्त, शील, चित्त पञ्ञा (प्रज्ञा), तपोजिगुच्छा (अर्थात् अहिंसा) और विमुक्ति (मोक्ष) पर विशेष बल देते थे। सामञ्ञफलसुत्त में कहा गया है कि गृहस्थ लोग इस लोक और परलोक में सुख पाने के लिए श्रमण व ब्राह्मणों को दान देते थे (डायलॉग्स, 1/69); अथवा किसी राजा ने मंत्रियों के साथ पूर्णिमा रात्रि को आनंद लेते हुए यह इच्छा प्रकट की, "क्या कोई ऐसा श्रमण या ब्राह्मण है जिसे बुलाकर आज रात हम अपने चित्त को संतुष्ट करें?" (वही 66); अथवा राजा का दास भी यदि भिक्षु बनकर काषाय चीवर पहन ले और थोड़े-से भोजन, आवास और एकांत जीवन से संतुष्ट रहे तो राजा उसके लिए भी सम्मानित स्वागत, चीवर, पात्र, आवरण, भेषज और रक्षा आदि की व्यवस्था करेगा (वही, 77)। ये वाक्य साधु और परिव्राजकों को मिलनेवाले लोकव्यापी सम्मान के सूचक हैं, जो अशोक के समय तक भी प्रचलित रहा, क्योंकि

उसने अपने कई लेखों में धर्म की व्याख्या करते हुए श्रमण और ब्राह्मणों का सम्मान करना और उन्हें दान देना भी धर्म का अंग कहा है। यही भाव आज तक चला आया है।

ब्राह्मण-भिक्षु-संप्रदायों में आस्तिकता-विरोधी बातें : ऊपर उद्धृत वाक्यों से ज्ञात होता है कि ब्राह्मणों और श्रवणों के ऐसे संप्रदाय, जो बौद्ध न थे, दासों को अपने में प्रविष्ट कर लेते थे, यद्यपि बौद्ध संघ का यह नियम था कि कोई भी भागा हुआ दास भिक्षु नहीं बनाया जा सकता, अर्थात् केवल वही दास, जिसे उसके स्वामी ने आज्ञा दी हो या मुक्त कर दिया हो, संघ में प्रवेश पा सकता था (विनय प्रा. पु. मा., 1/199)। शूद्र भी संघ में लिए जाते थे जैसा दीघ के आजञ्ञसुत्त में और मज्झिम के मधुरसुत्त में कहा है। जातक 3/381 में एक कुम्हार, और 4/392 में एक चंडाल के श्रमण होने का उल्लेख है, किंतु बौद्ध श्रमण नहीं। इन अबौद्ध या ब्राह्मण भिक्षुओं में भी मतभेद, विरोध और नास्तिकता के चिह्न प्रकट होने लगे थे और उनमें ही जैन-धर्म और दोनों का असली बीज खोजा जा सकता है। ब्राह्मण-धर्म के पारिव्राजक धार्मिक संस्कार के उत्तरदायित्व से मुक्त थे, क्योंकि उनका जीवन भ्रमणशील था, पर कहीं इस शिथिलता का दुरुपयोग न हो, इसलिए वसिष्ठ ने (10/4) इस प्रकार चेतावनी दी है, "वह समस्त धार्मिक क्रियाओं का अनुष्ठान भले छोड़ दे, किंतु वेद का पारायण कभी न छोड़े।" इस प्रकार के स्पष्ट प्रतिषेध का अर्थ है कि जिन क्रियाओं का प्रतिषेध किया गया है, वे उनके जीवन में रही होंगी, और इस प्रकार की बातें ब्राह्मणेतर भिक्षुओं और विरोधियों में फैल रही थीं, जो जैन और बौद्ध-विचार-पद्धति के पूर्व-चिह्न थे।[1]

जैन-धर्म का उदय (पार्श्व का जीवन): जैन अनुश्रुति के अनुसार जैन-धर्म अत्यंत प्राचीन काल से चला आता था जिसमें 24 तीर्थंकरों की परंपरा हुई। उनमें प्रथम ऋषभ थे, जिन्होंने राजा होते हुए राजपाट अपने पुत्र भरत को देकर संन्यास ले लिया; तेईसवें पार्श्व थे जो ऐतिहासिक व्यक्ति हैं। भद्र-बाहु-कृत 300 ई. पू. से के पहले कल्पसूत्र-ग्रंथ के अनुसार (प्र. पु. मा., 22) पार्श्व क्षात्रिय थे जो काशिराज इक्ष्वाकुवंशी अश्वसेन और उसकी रानी बामा के पुत्र थे। उनका विवाह प्रभावती से हुआ था जो कुशलस्थल[2] के राजा नरवर्मन की कन्या थी, जिसका पुत्र प्रसेनजित्

---

1. इस विषय के मुख्य प्रमाण-ग्रंथ ये हैं : राइस डेविड्स के लेख, विशेषतः उनकी 'बुद्धिस्ट इंडिया' और 'डायलाग्स' ग्रंथों में सूत्रों की भूमिका; श्री विमलचरण लाहा के ग्रंथ, विशेषत : 'बुद्धिस्ट स्टडीज' में उनके लेख.जिनका मैं ऋणी हूँ।

2. हेमचंद्र ने हेमकोष में कुशलस्थल की पहचान कान्यकुब्ज से की है जो दक्षिण पंचाल की राजधानी थी। पुराणों में यहाँ के राजा सेनजित (= प्रसेनजित् ?) का उल्लेख है (पार्जीटर, प्राचीन भारतीय एतिहासिक अनुश्रुति, पृ. 146)। 'उत्तराध्ययनसूत्र' में दक्षिण-पंचाल में कांपिल्य के एक प्रसिद्ध राजा ब्रह्मदत्त का नाम है, जिनका उल्लेख पुराणों में भी आया है (वही, 282)। इससे मालूम होता है कि जैन अनुश्रुति ऐतिहासिक हो सकती है। ऊपर यह उल्लेख हो चुका है कि उस युग में काशी, कोसल और पंचाल इनकी गिनती बौद्ध और जैन ग्रंथों में 16 महा जनपदों में की जाती है।

था (हेमचंद्र, त्रिषष्टिशलाका पर्व 9)। राजकुमार पार्श्व को कोटिसादाणीय अर्थात् सर्वजनप्रिय कहा गया है। वे 30 वर्ष तक गृहस्थ जीवन में रहे। फिर विशाला नाम की अपनी पालकी में बैठकर काशी नगर के बीच से होते हुए पीछे चलती हुई जनता के साथ आश्रमपद नामक उद्यान में पहुँचे और वहाँ साढ़े तीन दिन बिलकुल निराहार रहकर भिक्षु बन गए। 83 दिन की गंभीर समाधि के बाद उन्हें सर्वोच्च ज्ञान या 'केवल' ज्ञान प्राप्त हुआ। उनके 8 गण और 8 गणधर थे, जिनके नाम ये हैं—शुभ, आर्यघोष, वसिष्ठ, ब्रह्मचारी, सौभ्य, श्रीधर, वीरभद्र और यश। पार्श्व के अनुयायियों में आर्यदत्त की प्रधानता में 16,000 श्रमण, पुष्पकुला की प्रमुखता में 38,000 भिक्षुणियाँ, सुव्रत की प्रधानता में 1,64,000 उपासक और सुनंदा के नेतृत्व में 3,27,000 उपासिकाएँ थीं, ऐसी अनुश्रुति है। वे 100 वर्ष तक जिए और सम्मेत शिखर (जिसका नाम पार्श्वनाथ पहाड़ी प्रसिद्ध हुआ, गोमो स्थान के पास) पर 73 शिष्यों के साथ निर्वाण को प्राप्त हुए। यह घटना महावीर की मृत्यु से लगभग 250 वर्ष पूर्व हुई। इस प्रकार पार्श्वनाथ आठवीं शती ई. पू. में हुए।

पार्श्व और महावीर के संबंध : जैन-धर्म के इतिहास में इसके बाद के महान व्यक्ति महावीर हुए। उनका और पार्श्व का संबंध प्राचीन आगम-साहित्य में कुछ सूचित होता है जहाँ केशि और गौतम की भेंट का वर्णन है। (प्रा. पु. मा., 45/119)। केशि पार्श्व के संप्रदाय का नवयुवक श्रमण था जो श्रावस्ती के तिंदुक वन में ठहरा हुआ था। उसी नगर के कोष्ठक नामक दूसरे वन में तीर्थंकर वर्द्धमान का, जो उस समय जीवित थे, शिष्य गौतम भी रहता था। केशि और गौतम दोनों के अपने-अपने बहुत-से शिष्य थे। दोनों के शिष्यों के मन में इस प्रकार की शंकाएँ उठा करती थीं—

'क्या हमारा धर्म सत्य है ? या दूसरे का धर्म सत्य है ? क्या हमारा आचार और मत सत्य हैं या दूसरे के ?'

'महान् मुनि पार्श्व का उपदिष्ट धर्म जो चार व्रत मानता है सत्य है या वर्द्धमान का उपदिष्ट धर्म, जो 5 व्रतों की आज्ञा देता है ?'

'क्या वह धर्म सत्य है जो (भिक्षु के लिए) वस्त्रों का निषेध करता है, या वह जो एक अधोवस्त्र और एक उत्तरीय की आज्ञा देता है ?'

अपने शिष्यों के विचार और संदेहों को जानकर दोनों आचार्यों ने आपस में मिलकर निश्चय करने का विचार किया और गौतम, केशि के प्रति शिष्टाचार के भाव से, क्योंकि वह प्राचीनतर संघ का अनुयायी था, उसके पास उपस्थित हुआ। उनकी भेंट ने महत्त्वपूर्ण रूप ले लिया, क्योंकि "वहाँ उत्सुकतावश अनेक विरोधी संप्रदाय और सहस्रों उपासक भी एकत्र हो गए।"

पार्श्व के 4 व्रत थे : (1) हिंसा न करना, (2) असत्य न बोलना, (3) चोरी न करना, और (4) परिग्रह या संपत्ति न रखना। वर्द्धमान ने इसमें ब्रह्मचर्य का व्रत और जोड़ दिया था। गौतम ने शंका का यह कहकर समाधान किया कि पाँचवाँ व्रत पार्श्व के

चौथे व्रत में अंतरित था, किंतु उसका अंत भाव में नहीं आता है। अतएव बाद में उसे स्पष्ट करने की आवश्यकता हुई। इससे यह भी सूचित होता है कि पार्श्व और महावीर के बीच के काल में भिक्षुओं के नैतिक जीवन का कुछ ह्रास हुआ था, जिसके लिए बीच के समय की अवधि पर्याप्त लंबी होनी चाहिए। इससे 250 वर्षों वाली अनुश्रुति का समर्थन होता है। दूसरी शंका के विषय में यह कहा गया कि "धर्मपरायण व्यक्तियों के बाह्य लिंग या चिह्न मोक्ष में सहायक नहीं होते, किंतु केवल ज्ञान, दर्शन और चरित्र ही मोक्ष दिलाते हैं।" इस अवतरण से सिद्ध होता है कि (1) जैन-धर्म में महावीर के जीवन-काल में दो संप्रदाय हो गए थे, एक पार्श्व के प्राचीन मत का अनुयायी और दूसरा महावीर के नए मत का अनुयायी। यह उल्लेखनीय है कि महावीर के "माता-पिता स्वयं पार्श्व के उपासक और श्रमणों के अनुयायी थे" (आचारांगसूत्र, 2/15/16); (2) कि पार्श्व के अनुयायी श्वेतांबरों या श्वेत वस्त्र धारण करनेवाले भिक्षुओं के पूर्व पुरुष रहे होंगे, और महावीर के अनुयायी दिगंबर या नंगे रहनेवाले भिक्षुओं के; और यह (3) कि महावीर के समय में दोनों दलों में किसी प्रकार मेल या एकता हो गई। यह कहा गया है कि "केशि और गौतम की भेंट में ज्ञान और चरित्र को सदा के लिए प्रमुख स्थान दे दिया गया और महत्त्वपूर्ण विषयों का निर्णय किया गया।" मज्झिम निकाय (35) में भी उल्लेख आता है कि किसी निगंठ पुत्र संवक ने नातपुत्त को शास्त्रार्थ में हराया। इस प्रकार पार्श्व और महावीर के अनुयायी महावीर और बुद्ध के जीवन-काल से पृथक् संप्रदायों के रूप में विद्यमान रहे।

वस्तुतः निगंठों के विषय में बुद्ध उल्लेखों से ज्ञात होता है कि यह काफी प्राचीन और सुसंगठित भिक्षुओं का संघ था। सामञ्ञफलसुत्त मंक्खलि गोसाल ने मनुष्यों के 6 प्रकार कहे हैं, जिनमें तीसरे निगंठ थे, जिनका संप्रदाय उस समय नया आरंभ किया हुआ न रहा होगा। बौद्ध-ग्रंथ में एक भूल यह है कि निगंठ नातपुत्त संज्ञक महावीर को पार्श्व के 4 व्रतों का उपदेष्टा कहा गया है। इस भूल का कारण यह हो सकता है कि पार्श्व का मत अभी तक बलवान था और महावीर का किया हुआ सुधार तब तक निगंठों द्वारा स्वीकृत नहीं था।

महावीर का काल : महावीर का समय उनके निर्वाण की परंपरा से ज्ञात हुई स्थिति से निकाला जा सकता है। अनुश्रुति है कि उनका निर्वाण विक्रम के जन्म से 470 वर्ष पूर्व हुआ। विक्रम संवत्, विक्रम जन्म के 18 वर्ष बाद 58 ई. पू. में आरंभ हुआ था; अतएव महावीर का निर्वाण (470+58+18) 546 ई. पू. हुआ था। जैन-लेखक हेमचंद्र (1172 ई.) ने दूसरी अनुश्रुति को माना है, जिसके अनुसार चंद्रगुप्त का राज्य-काल 313 ई. पू. में और महावीर की मृत्यु के, जो 468 ई. पू. में हुई, 155 वर्ष बाद माना है। बुद्ध-निर्वाण की अनुश्रुत तिथि 543 ई. पू. है और

बौद्ध-ग्रंथों में बुद्ध, महावीर और राजा कुणिक अजातशत्रु को समकालीन कहा है। बुद्ध की मृत्यु के लिए 543 ई. पू. की तिथि का समर्थन खारवेल के अभिलेख में आए हुए कुछ शब्दों से भी होता है।[1] अतएव महावीर के निर्वाण के लिए जो पहली तिथि 546 ई. पू. है, वह दूसरी तिथि की अपेक्षा सत्य के अधिक निकट है।

इसके अतिरिक्त बौद्ध अनुश्रुति के अनुसार भी महावीर बुद्ध से पहले दिवंगत हुए। संगीति सुत्तंत में सारिपुत्त ने कहा है, ''निगंठ नाथपुत्त अभी पावा में गत हुए हैं।'' यह भी विदित है कि सारिपुत्त स्वयं बुद्ध के पहले मृत्यु को प्राप्त हुए। पासादिक सुत्तंत में चुंद ने महावीर की मृत्यु का समाचार मल्ल जनपद के सामगाम में आनंद को सुनाया। प्रसेनजित् ने बुद्ध से कहा था कि महावीर उनसे आयु और भिक्षु-जीवन की अवधि में बड़े थे (मज्झिम निकाय, 2/143; संयुत्त जटिलसुत्त)।

उनका जन्मस्थान : उनके जन्म-स्थान और परिस्थितियों के विषय में पहले कहा जा चुका है। वे कुंडपुर या कुंडाग्राम नामक नगर के उत्तरी क्षेत्रिय विभाग में उत्पन्न हुए थे। आचारांग सूत्र में कुंडग्राम को सन्निवेश या सार्थों का पड़ाव कहा गया है। उवासगदसाओ (1/7) में उसे कोल्लाग कहा है जो तत्कालीन विदेह की राजधानी वैशाली नगरी का शाखा-नगर था। इसीलिए महावीर को सूत्र कृतांग (1/3) में 'वेसालिए' अर्थात् वैशालिक कहा है, और आचारांग सूत्र (2/15/17) में ''विदेह, विदेह के निवासी, विदेह के राजकुमार'' कहा है।

उनके पिता का नाम सिद्धार्थ था। श्रेयांस और यशस्वी भी उनके नाम थे। उनका गोत्र कश्यप था। उन्हें हमेशा क्षत्रिय कहा गया है, राजा नहीं। कुंडग्राम जैसी छोटी बस्ती का अधिपति राजा नहीं माना जा सकता था, जैसा कि अनुश्रुति हमें विश्वास दिलाती है। उनकी स्त्री को भी कभी देवी न कहकर केवल क्षत्रियाणी कहा गया है। वे ज्ञातृक संज्ञक अपनी बिरादरी के मुखिया थे, और उस स्थान के अन्य मुखियों में अधिक प्रभावशाली ज्ञात होते हैं, क्योंकि उनका विवाह-संबंध ऊँची जगह हुआ था।

उनकी माता : सिद्धार्थ ने प्रभावशाली लिच्छवि राजा चेटक की बहन से विवाह किया था, जिसकी पुत्री मगधराज को विवाही गई थी। महावीर के पिता की तरह उनकी माता के भी तीन नाम मिलते हैं: त्रिशला, विदेहदत्ता और प्रियकारिणी। वह वाशिष्ठ गोत्र की थी।

उनके भिन्न नाम : स्वयं महावीर के भी तीन नाम मिलते हैं : (1) वर्द्धमान, जो पिता ने इसलिए रखा था क्योंकि उनके जन्म-समय से सुवर्णादि की वृद्धि हुई थी; (2) श्रमण, क्योंकि वे राग-द्वेष से रहित थे; (3) भगवान् महावीर, यह नाम 'देवों

1. देखिए, मेरी पुस्तक 'मैन एंड थॉट इन एनशियंट इंडिया', लंदन, 1924 पृ. 131; और भी, जैकोबी, भारतीय विद्या, भाग 3, पृ. 177.

का' दिया हुआ था, क्योंकि वे भय और शंका के स्थान में निश्चल रहते थे और दुःख-सुख से उदासीन थे।

जन्म-महोत्सव : सिद्धार्थ ने अपने पुत्र का जन्म-उत्सव धूमधाम से मनाया। कुंडपुर में शुल्क कर (बलि) और प्रजा से वसूल किए जानेवाले भाग में छूट दी गई, क्रय-विक्रय स्थगित कर दिया गया था[1], किसी रक्षापुरुष को घरों में प्रवेश करने की आज्ञा न थी, छोटे-बड़े अर्थ-दंड क्षमा कर दिए गए, ऋण-उन्मुक्त कर दिए गए, तुला और मानों में वृद्धि कर दी गई, और सब बंदी मुक्त कर दिए गए। (कल्पसूत्र, अनुच्छेद 100/102)।

उनका परिवार : महावीर का विवाह कौंडिन्य गोत्र की यशोदा से हुआ। उनके एक पुत्री का जन्म हुआ जिसका नाम अणोज्जा या प्रियदर्शना था (आचारांग, 2/15/15)।

उनका भिक्षु-जीवन : वे तीस वर्ष तक विदेह नाम से (या 'विदेह में' कल्पसूत्र, 110) गृहस्थाश्रम में रहे (वही, 17)। तब उनके माता-पिता का देहांत हो गया और उन्होंने नंदिवर्द्धन नामक अपने बड़े भाई और राज्य के प्रमुख व्यक्तियों की अनुमति से संसार का त्याग किया, एवं इस अवसर पर अपनी शिविका में बैठकर धूमधाम से सेना और सवारी के साथ, कुंडपुर के सहस्रों प्रासादों के बीच में होते हुए ज्ञातृकों के षंडवन नामक उद्यान में पहुँचकर अशोक-वृक्ष के नीचे रुके और अपने सब अलंकार उतारकर दो दिन तक उपवास किया और केश मुंडित कराकर भिक्षु हो गए (वही, 116)।

तब वे कुमार नामक गाँव में आए (आचारांग, 2/15/24), जहाँ कायोत्सर्ग करके तप करने लगे। आरंभ में पूरे एक वर्ष और एक महीने तक "वे वस्त्र पहनते रहे। बाद में उन्होंने वस्त्रों को सुवर्ण-बालुका नदी में फेंक दिया (आचारांग, 1/8/2) और हाथ में ही भिक्षान्न लेकर नंगे घूमने लगे।" इस प्रकार बारह वर्ष तक अत्यंत क्लेश सहते हुए उन्होंने तपस्या की। यहाँ तक कि जीवित कीट, सरीसृप आदि उनके शरीर पर रेंगने लगे (वही)। तेरहवें वर्ष में उन्हें जृंभिकाग्राम के बाहर ऋजुपालिका नदी के तट पर गृहस्थ सामांग के क्षेत्र में स्थित जीर्ण चैत्य के समीप शालवृक्ष के नीचे कैवल्य प्राप्त हुआ और वे अर्हत्, जिन एवं केवली (सर्वज्ञ) बन गए।

उनका विहार : उन्होंने पहला वर्षावास अस्थिक ग्राम में बिताया, तीन चातुर्मास्य चंपा और पृष्ठिचंपा में, बारह वैशाली और वाणियग्राम में, चौदह राजगृह और उसके बाहरी भाग (बाहिरिका) में, छह मिथिला में, दो भद्रिका में,

1. इसका तात्पर्य यह था कि लोगों को आवश्यकता की वस्तुएँ दुकानों से बिना दाम के दे दी जाती थीं और उनका मूल्य राज्य से दुकानदारों को मिल जाता था। वाण ने हर्ष-जन्म के समय के उत्सव में भी इस प्रथा का उल्लेख किया है।

एक आलभिका में, एक पणितभूमि (वज्रभूमि) में, एक श्रावस्ती में और एक पावापुरी में, जहाँ राजा हस्तिपाल के अधिकरण में उनकी मृत्यु हुई (कल्पसूत्र, 122)।

क्लेश-सहन : अपने इन विहारों के दौरान में कर्मशाला, सभा, कूप, विपणि, निर्माणशाला, तृणकुटी, निषद्या, उद्यानशाला, नगर-श्मशान, जीर्ण आयतन या वृक्षमूल, इन सब आवास-स्थानों में उन्होंने चुपचाप सरीसृप, दुष्ट जन और ग्राम के रक्षापुरुष और शक्तिधारी सैनिकों से, जिन्होंने उन पर आक्रमण किए, गृहस्थी के प्रलोभनों से, अकेले स्त्री-पुरुषों से, मौन रहने के कारण उनसे दुर्व्यवहार करने वाले पथिकों से, अथवा शीत से घोर कष्ट सहे (आचारांग, 1/8/2)।

लाड (= राढ, या पश्चिमी बंगाल) के मार्ग-रहित प्रदेश में, बज्जभूमि (= वज्रभूमि. वीरभूमि, राढ का एक भाग) और सुब्भभूमि (सुह्य देश) में यात्रा करते हुए उन्हें विशेष यातना सहनी पड़ी, जहाँ लोगों ने उन पर हमला किया, कुत्ते छोड़े, देहाती भाषा के अपशब्दों का प्रयोग किया और मारपीट तक की। उस समय राढ वन्य जातियों का निवास-स्थान था (लुक्ख देस), जो रुई की जगह घास के कपड़े पहनते थे और कुत्ते पालते थे, जिससे वहाँ यात्रा करना मुश्किल था (वही, 3)।

धर्मप्रचार : वे धर्मोपदेश देकर अपने मत में लोगों को दीक्षित करते हुए इधर-उधर घूमते रहे। ''आरंभ में अकेले भिक्षु-रूप में विचरते थे; किंतु अब वे अनेक भिक्षुओं के साथ हैं, उनमें से प्रत्येक को विस्तार से धर्म का उपदेश करते हैं,'' इस प्रकार गोशाल ने उनके विषय में कहा था (सूत्रकृतांग, 2/6/1)।

गोशाल से संबंध : उनके भ्रमण और धर्मोपदेश के विषय में अधिक जानकारी और ब्यौरा उपलब्ध नहीं है। उनके उपदेश-काल की सबसे महत्त्वपूर्ण घटना उनका गोशाल के साथ संपर्क और जैन-धर्म के लिए उसके परिणाम हैं। पहली बार वे नालंदा में मिले और छह साल तक कठोर तप करते हुए कोल्लाग के पास पणियभूमि नामक स्थान में रहे (हर्नले, उवासगदसाओ, 2 परिशिष्ट)। तब उनमें मतभेद हो गया और दोनों अलग होकर एक-दूसरे के मतों के आलोचक बन गए। गोशाल श्रावस्ती में एक कुम्हार की दुकान में रहने लगे जो हालाहला नामक स्त्री की संपत्ति थी और, जैसा ऊपर कहा गया है, आजीविक मत के आचार्य के रूप में प्रसिद्ध हुए। अचेलक धर्म, शारीरिक क्लेश और रहन-सहन के ढंग में गोशाल का मत महावीर से कुछ भिन्न न था। फिर भी दोनों एक-दूसरे के निपट विरोधी हो गए और प्रायः अपने अनुयायियों के द्वारा मतभेद को लेकर संघर्ष करते थे। सूत्रकृतांग (2-6) में लिखा है कि गोशाल महावीर के सिद्धांतों का खंडन कर रहे थे तो महावीर के शिष्य आर्द्रक ने उनका मंडन किया। उनके खंडन की एक युक्ति इस प्रकार थी, ''जैसे कोई वणिज लाभार्थी होकर अपना भांड प्रदर्शित करके माल

बेचने के लिए भीड़ बटोर लेता है, इसी ढंग से श्रमण ज्ञातृपुत्र भी करते हैं।'' दूसरी युक्ति मे उनका कहना है कि महावीर इसलिए जनता में आने से डरते हैं कि कहीं कोई अधिक विद्वान भिक्षु उनसे प्रश्न न पूछ बैठे। दूसरी ओर जैन ग्रंथ गोशाल के विषय में यह बात कहते हैं कि उन्होंने अपने भिक्षुओं को स्त्रियों के साथ समागम की विचित्र ढील दे रखी थी।

प्रतिपक्षी संप्रदायों से वादविवाद: सूत्रकृतांग के आरंभ में तत्कालीन मतों का उल्लेख किया है, जिनकी पहचान टीकाकार ने इस प्रकार की है: (1) बौद्ध; (2) बार्हस्पत्य; (3) नास्तिक या चार्वाक; (4) वेदांती; (5) सांख्य; (6) अदृष्टवादी (भाग्यवादी); (7) आजीविक; (8) त्रैराशिक (जीव, अजीव, नोजीव, इन तीन राशियों को मानने वाला मत-विशेष का अनुयायी, जो जैन-संघ का निह्नव अर्थात् संघ-भेद था); (9) और शैव (प्रा. पु. मा., 45, 235-248, पाद-टिप्पणी)। उसी ग्रंथ में (2-6) कुछ प्रतिपक्षी संप्रदायों के साथ जैन वाद-विवाद का उल्लेख है, जैसे बौद्ध, वैदिक, वेदांती (एकदंडी), और हस्तितापस। इसमें उदक नामक निर्ग्रंथ, जो पार्श्व का अनुयायी था, और महावीर के शिष्य गौतम के बीच वाद-विवाद का उल्लेख है जो नालंदा के हृपति लेप के शेषद्रव्या नामक मज्जन-गृह के समीप हस्तियाम नामक उद्यान में हुआ, और जिसमें उदक ने गौतम के मत को मान लिया। उसी ग्रंथ (2/1-15-21) में कुछ भौतिक दर्शनों का उल्लेख है जो बौद्ध-ग्रंथ सामञ्ञफलसुत्त के अनुसार पूरणकस्सप और अजित केसकंबिलि से संबंधित कहे गए हैं; एवं एक दूसरे प्रकार के भौतिकवाद का उल्लेख है जिसे बौद्ध-ग्रंथों में पकुद्ध कच्चायन का मत कहा है जो वैशेषिक मत से मिलता-जुलता था। वहीं भाग्यवाद या नियतिवाद के विरुद्ध-पक्षीय मत पर भी विचार किया गया। इन विरुद्ध मतों को जैनों ने क्रियावाद[1], अक्रियावाद, अज्ञानवाद और वैनयिकवाद कहा है। अज्ञानवाद या अनीश्वरवाद का संबंध सामञ्ञफलसुत्त में संजय बेलट्ठिपुत्त के साथ कहा गया है।

अपने विरुद्ध मतों के अतिरिक्त महावीर के कुछ अपने उत्साही अनुयायी भी बौद्ध हो गए। इनमें से प्रसिद्ध लिच्छवि सेनापति सीह था। नातपुत्त ने यह कहकर

1. ''क्रियावाद वह मत है जिसके अनुसार आत्मा कर्मों से प्रभावित होती है। इस वर्ग में जैनधर्म और ब्राह्मण दर्शनों में वैशेषिक और न्याय (यद्यपि इनका स्पष्ट उल्लेख बौद्ध और जैन धर्मों के ग्रंथों में नहीं पाया जाता) एवं और भी बहुत से दार्शनिक मत, जिनकी ओर ग्रंथों में इशारा तो है किंतु जिनका नाम नहीं दिया है, शामिल हैं। अक्रियावाद वह सिद्धांत है जिसके अनुसार आत्मा कर्म नहीं करती अथवा कर्मों से प्रभावित नही होती। इस वर्ग में भौतिकवादियों के विभिन्न मत, ब्राह्मण दर्शनों में वेदांत, सांख्य और योग एवं बौद्ध दर्शन आते हैं। बौद्ध-धर्म से संबंधित क्षणिकवादी और शून्यवादी मतों का उल्लेख सूत्रकृतांग (1/14/4/7) में आया है।) (जैकोबी, प्रा. पु. मा. 45, भूमिका, पृ. 25)। वैयनिक भक्ति द्वारा मोक्ष-प्राप्ति में विश्वास करते हैं, जैसे अज्ञानवादी तप या कर्ममार्ग से।

कि निगंठ क्रियावाद मानते हैं और उसके विपरीत बौद्ध लोग अक्रियावाद, सीह को बुद्ध के दर्शन करने से विमुख करना चाहा, किंतु वे सफल न हुए। उनकी बात पर ध्यान न देकर सीह ने बुद्ध से भेंट की (महावग्ग, 6/31)। ऐसा ही उपाली के विषय में हुआ (मज्झिम, 56)।

उनके राजकीय अनुयायी : महावीर के कुछ प्रभावशाली पोषक थे, जिनके कारण उनके मत का विशेष प्रचार हुआ। इनमें से कुछ, जैसा ऊपर कहा जा चुका है, राजा और कुमार थे, जैसे मगध के बिंबिसार और अजातशत्रु या स्वयं उनके मामा लिच्छवियों के राजा चेटक। उवासगदसाओ (1-9) के अनुसार वाणियगाम के राजा (चेटक, जिन्होंने अपने विरोधी अजातशत्रु के मुकाबले जियसत्तु (जितशत्रु) नाम रख लिया था) "महावीर का उपदेश सुनने जाया करते थे, जैसे राजा कुणिक भी अन्य अवसर पर आए थे।" अंगुत्तर निकाय (3-74) से ज्ञात होता है कि अभय नामक विद्वान् लिच्छवि राजकुमार महावीर को बड़ी श्रद्धा से देखते थे। राजा बिंबिसार के एक पुत्र का नाम भी अभयकुमार था, जिसे जैन अपना आश्रयदाता मानते हैं। किंतु मज्झिमनिकाय (58) में लिखा है कि निगंठ नातपुत्त ने कुछ बने-बनाए प्रश्नों के आधार पर, जिनसे वे घबरा जाएँ, अभय को बुद्ध के साथ शास्त्रार्थ के लिए उभारा, किंतु इसका फल उलटा ही हुआ। बुद्ध ने अभय को जीतकर अपने पक्ष में कर लिया। बिंबिसार और अजातशत्रु दोनों को जैन और बौद्ध अपना-अपना आश्रयदाता कहते हैं। सच्ची बात यह है कि हिंदू-राजा सदा से सब साधुओं का सम्मान करते आए, चाहे वे किसी भी धर्म के हों। विशेषतः अजातशत्रु के विषय में तो कहा जा सकता है कि उसके जैसा चरित्र और राजनीतिक आकांक्षा रखने वाला व्यक्ति धर्म को केवल सांसारिक स्वार्थ-साधन के लिए ही मानता था। जैसे उसका पिता अंग-विजय के लिए उत्सुक था, वैसे ही विदेह, वृजि या लिच्छवि प्रदेश को जीतने के लिए अजातशत्रु तुला हुआ था। क्योंकि जैन-धर्म लिच्छवियों का राज-पोषित धर्म था, अतएव जैनों से उसकी नहीं पटी। उसने जैनों के विरोधी बौद्धों का पक्ष लिया, जिन्हें पहले वह अपने पिता का कृपापात्र बता चुका था। इस बात से वह अपने नाना और महावीर के मामा लिच्छवियों के राजा के विरुद्ध विश्वस्त मन से लड़ाई ठान सकता था।

जैसा जैन-ग्रंथों में लिखा है, विवाह-संबंधों के द्वारा महावीर का प्रभाव दूरस्थ राज्यों में फैल गया था। राजा चेटक की पुत्री चेल्लना बिंबिसार की रानी थी और उसी के कारण उसका जैन-धर्म की ओर झुकाव हुआ, किंतु चेटक की और कन्याएँ ऐसे ही अच्छे घरों में ब्याही थीं। सबसे बड़ी प्रभावती, सिंधुसौवीर जनपद के राजा उदायण से ब्याही थी, जिसके राज्य में 16 जनपद और 363 नगर थे (भगवती सूत्र 49; मेयर, 'हिंदू टेल्स', पृ. 97)। उसकी दूसरी पुत्री पद्मावती का विवाह चंपा के राजा दधिवाहन से हुआ था। उनकी कन्या चंदना पहली जैन-भिक्षुणी थी

(कल्पसूत्र, सूत्र 133; और आवश्यक सूत्र)। चंपा आरंभ में ही जैन-धर्म का केंद्र बन गया था। कई तीर्थंकर वहाँ गए थे। सुधर्मा से मिलने अजातशत्रु यहीं आया था। उसके उत्तराधिकारी जंबू, प्रभव, शय्यंभव और वासुपूज्य, सबका इस स्थान से घनिष्ठ संबंध था (हेमचंद्र, परिशिष्ट पर्व, सर्ग 4)। यह भी कहा है कि अजातशत्रु ने चंपा को अपनी राजधानी बना लिया था (वही, सर्ग 6)।

तीसरी पुत्री मृगावती कौशांबी के शतानीक से ब्याही थी। राजा और रानी दोनों ही भक्त जैन थे और उनका मंत्री और उसकी पत्नी भी इसी धर्म के थे (आवश्यक सूत्र)। राजा की बहन जयंती भी जैन थी। (भगवती सूत्र, 441-3)। उसके और प्रद्योत के बीच में युद्ध हुआ। प्रद्योत ने उसकी मृत्यु के बाद रानी मृगावती को महावीर के बीच में पड़ने से भिक्षुणी बन जाने दिया। उसका पुत्र उदयन भी कौशांबी का राजा स्वीकार किया गया है (हेमचंद्र, त्रिषाष्टिशलाका, पर्व 10, पृ. 142-5)। संस्कृत और बौद्ध अनुश्रुतियों के आधार पर भी वत्सराज उदयन की कथा हम ऊपर कह चुके हैं।

चौथी पुत्री शिवा का विवाह अवंति के राजा चंड प्रद्योत से हुआ था, जिसके विरुद्ध सौवीर के राजा उदायण ने, उसके द्वारा चुराई हुई जिन-प्रतिमा के उद्धार के लिए, युद्ध ठान दिया था (मेयर, 'हिंदू टेल्स', पृ. 109-10)।[1]

यों चेटक की पाँचों पुत्रियों ने अपने-अपने पतियों—सौवीर, अंग, वत्स, अवंति और मगध के राजाओं पर जैन-धर्म का प्रभाव डाला। इससे लिच्छविसंघ के जन और उनके मुख्य चेटक की भी सम्मानित स्थिति और प्रतिष्ठित पद का पता चलता है। जब कि जैन-धर्म का उस पर इतना ऋण है और जैन ग्रंथ उसकी प्रशंसा से भरे हैं, बौद्ध-ग्रंथ उसके विषय में अपेक्षाकृत चुप हैं।

संघों से सहायता: महावीर की मृत्यु के समय कासी और कोसल के 18 गण-राजाओं, 9 मल्लकों और 9 लिच्छवियों ने मिलकर जो प्रकाशोत्सव किया था, उससे इन राज्यों पर उनके निजी तथा जैन-धर्म के प्रभाव का पता चलता है। उनका सबसे अधिक प्रभाव अपने ही जाति-संबंधी लिच्छवियों पर था। उनके विषय में 'घर का जोगी जोगड़ा आन गाँव का सिद्ध' यह लोकोक्ति चरितार्थ नहीं होती। महावीर स्वयं उस संघ के सबसे प्रमुख नागरिक समझे जाते थे और जैन-ग्रंथों में उन्हें 'वेशालिए' या वैशालिक कहा है, और वैशाली को भी 'महावीर-जननी' या महावीर की जन्मभूमि कहा है (विमलचरण लाहा, क्षत्रिय जातियाँ, पृ. 31-32)। महावीर का भी वैशाली-प्रेम इस बात से सूचित होता है कि

1. शाह लिखित 'आउटलाइन्स ऑफ जैनिज्म इन नार्दर्न इंडिया' ग्रंथ में से इन तथ्यों और अवतरणों एवं जैन-सामग्री और ग्रंथों के संबंध में मूल्यवान सहायता के लिए मैं उनका आभार मानता हूँ।

उन्होंने अपने भिक्षु-जीवन के 42 वर्षावासों में से बारह वहाँ बिताए। पहले कहा जा चुका है कि ज्ञातृक और वज्जि, दोनों जैन-धर्म से प्रेम करते थे। महावीर और मल्लों का संबंध इससे प्रकट है कि वे उनके देश में राजा हस्तिपाल के प्रासाद में निर्वाण को प्राप्त हुए (स्टीवेन्सन, कल्पसूत्र, पृ. 91)। महावीर के बाद भी वे जैन-धर्म के भक्त बने रहे। उग्र, भोग, क्षत्रिय और लिच्छवियों के साथ मिलकर मल्लकों ने 22वें जिन का धूमधाम से स्वागत किया था (अंतगड़दसाओ, 8वाँ अंग)। काशी का जैन-धर्म से संबंध पार्श्व के समय से चला आता था, जैसा पूर्व में कहा गया है। कोसल की राजधानी श्रावस्ती भी महावीर का आतिथ्य करने में बढ़ी-चढ़ी थी और वहाँ वे बहुधा जाते थे।

उनके प्रमुख शिष्य : बुद्ध की भाँति महावीर भी अपने भक्त शिष्यों के लिए प्रसिद्ध हैं, जिनमें से कुछ ने कैवल्य प्राप्त किया था। कल्पसूत्र में उनके 11 प्रमुख शिष्य या गणधरों के नाम हैं, जो जैन-संघ के प्रमुख आचार्य थे और जिन्होंने 9 गणों को धर्म का उपदेश किया। "जैन-संघ में एक गणधर आचार्य के चरण या समस्त शिष्य-प्रशिष्य समुदाय को गण कहते हैं; कुल, एक आचार्य की शिष्य-परंपरा की संज्ञा होती है; और शाखा का तात्पर्य उन सब परंपराओं से है जिनका उद्गम एक आचार्य से होता है" (जैकोबी, प्राचीन पु. मा. 22/288, पादटिप्पणी)। जैन साहित्य में और भी उल्लेखनीय शिष्यों के नाम हैं, जैसे गर्दभालि, जिसने कांपिल्य के राजा संजय को भिक्षु बनाया (उत्तराध्ययन सूत्र, 28)। निम्नलिखित 10 प्रधान उपासकों का उवासगदसाओ में वर्णन है :

1. आनंद, वाणियगाम के प्रमुख व्यापारी, जिनसे राजा और राजकुमार भी परामर्श करते थे;

2. कामदेव, जो वैसे ही धनी थे और चंपा के राजा जियसत्तु के समय में हुए; पुन्नभद्द नामक उद्यान में उपासक बने;

3. चुलनीपिया (चूलनी का पिता), वाराणसी के पास कोट्ठगवन में उपासक बना;

4. सुरदेव, ऊपर के स्थान में ही उपासक बना;

5. चुल्लसयग, सावत्थी के राजा जियसत्तु (प्रसेनजित् ?—उस समय में जियसत्तू नाम देवानांप्रिय की तरह राजा की उपाधि होनी चाहिए) के समय में संखवन में उपासक बना;

6. कुंडकोलिय, दक्षिण पंचाल की राजधानी कंपिल्लपुर के सहस्संबवन उद्यान में उपासक बना;

यह रोचक है कि पहले मक्खलिपुत्त गोसाल के मत का अनुयायी था जो यह मानता है कि "उद्योग, परिश्रम या, पुरुषार्थ-जैसी कोई वस्तु नहीं; सब बातें पहले से ही नियत हैं, जिनमें कोई परिवर्तन नहीं हो सकता।" पर महावीर के मत में ऐसी

बात नहीं है; उनका मत इसके ठीक उलटा है।]

7. सद्दालपुत्त, पोलासपुर के 500 कुंभकारों की कर्मशालाओं का स्वामी, यह उनका अधिपति था, "जो भाँति-भाँति के छोटे-बड़े पात्र और घटचाक (चक्र) पर उस मिट्टी से उतारते थे जो पहले पानी से मिलाकर गूँधी जाती थी और जिसमें बाद में राख और गोबर मिलाया जाता था।" वह भी गोसाल के मत का अनुयायी आजीविक था। गोसाल ने फिर उसे अपने मत में लाना चाहा, पर यह देखकर कि उसके प्रति अब रुख न था, उसने यह चाल चली कि महावीर को 'महान' (माहण = ब्राह्मण), गोप, पथ-प्रदर्शक, उपदेष्टा और जीवन-सागर का नाविक' कहकर उनकी प्रशंसा की और कहा कि वह उनके साथ शास्त्रार्थ में असमर्थ था। कुंभकार ने इससे प्रसन्न होकर उसके शिष्यों के लिए आसन, पीठ और शयन की व्यवस्था अपनी कुंभकार कर्मशालाओं में कर दी, किंतु स्वयं पक्का जैन बना रहा।

8. महासयग, जो 8 करोड़ स्वर्ण-कंस और अन्य धन-संपत्ति का स्वामी था, और राजा सेनिय के समय में रायगिह नगर के गुणसिल उद्यान में उपासक बना;

9. नंदिणीपिया, राजा जियसत्तु के समय में सावत्थी के कोट्ठगवन में उपासक बना;

10. सालिहीपिया, जो उसी स्थान का था।

संभवतः महावीर और उनके धर्म की सबसे बड़ी प्रशंसा इन शब्दों में मिलती है, जो मज्झिमनिकाय (2/214) के अनुसार बुद्ध ने कहे थे :

"भिक्षुओ! कुछ अचेलक, आजीविक, निगंठ आदि भिक्षु हैं जो इस प्रकार उपदेश देते और मानते हैं—'जो कुछ व्यक्ति अनुभव करता है, चाहे वह सुख हो या दुःख हो या इन दोनों से अतिरिक्त अनुभव हो, सब पूर्वकृत कर्मों का फल होता है। अतएव तप के द्वारा पुराने कर्मों का निराकरण करने से और नए कर्मों की निवृत्ति से, भविष्य में जन्म-प्रवाह की गति नहीं होती; इस निवृत्ति से कर्म का नाश होता है; पाप का नाश होता है और भावना का नाश होता है, और इस प्रकार समस्त दुःख छूट जाता है।' ऐसा निगंठ कहते हैं... क्या यह सच है, मैंने उनसे पूछा कि आप इस तरह मानते और कहते हैं... उन्होंने उत्तर दिया... हमारे नेता नातपुत्त सर्वज्ञ हैं... अपने ज्ञान की गंभीरता से उन्होंने हमें उपदेश दिया है, 'तुमने पूर्व में पाप किए हैं। इस प्रकार कठोर और क्लेशदायी आचरण से तुम उनका क्षय करो... यों आगे चलकर सब कर्म और सब दुःख का क्षय हो जाएगा।' हम इसे स्वीकार करते हैं।"
पहले आ चुका है कि बुद्ध के समय में ही महावीर को संघी, गणी, गणाचार्य यशस्वी, तीर्थंकर, बहुसंख्यक मनुष्यों द्वारा सम्मानित (साधु-सम्मत बहुजनस्य), बुद्ध से आयु, अनुभव और परिव्राजक जीवन में ज्येष्ठ माना गया।

उनकी जीवन संबंधी कुछ तिथियाँ : भगवती और कल्पसूत्र की सामग्री को मिलाकर देखने से ज्ञात होता है कि महावीर (अ) 30 वर्षों तक गृहस्थ-जीवन में,

(आ) 12 वर्षों तक साधक तपस्वी के रूप में. और (इ) 30 वर्षों तक केवली या जिन के रूप में जीवित रहे। अपने 32वें वर्ष में उनकी गोशाल से भेंट हुई, जिसके साथ वे छह वर्षों तक रहे। अपने 38वें वर्ष में वे उससे अलग हुए। इसके बाद गोशाल ने जिनत्व प्राप्त करने से पहले की साधनावस्था में दो वर्ष व्यतीत किए और सोलह वर्ष तक जिनावस्था में रहे, जबकि महावीर की आयु छप्पन वर्ष की हुई। महावीर सोलह वर्ष तक और जीवित रहे। इस प्रमाण से महावीर का आयुकाल बहत्तर वर्ष निकलता है। अनुश्रुति के अनुसार यदि उनका निर्वाण 546 ई. पू. में हुआ हो तो उनका जन्म 618 ई. पू. में हुआ था।

जैनधर्म की साधना पद्धति : इतिहास के ग्रंथ में जैन-दर्शन या धर्म से हमारा उतना प्रयोजन नहीं। जीवन और अमरत्व के संबंध में उसके सिद्धांत और दार्शनिक मत को अलग रखकर, व्यावहारिक जीवन में जो उसकी साधना-पद्धति थी, उसका अच्छा परिचय 'उत्तराध्ययन-सूत्र तप का मार्ग' शीर्षक अध्ययन से (13वाँ अध्याय) प्राप्त होता है। जैन-धर्म कर्म से आरंभ करते हुए जन्म, मृत्यु या आवागमन के चक्र में उस कर्म के अवश्यंभावी परिणाम की व्याख्या करता है। अतएव तप द्वारा कर्म का क्षय करना और अशुभ कर्मों का आस्रव रोक देना (संवर कर देना) यही उद्देश्य है। उस धर्म की मुख्य बातें ये थीं : पाँच व्रत, जिनमें छठा और जोड़ दिया गया अर्थात् 'रात्रि के समय भोजन न करना', पाँच समितियाँ अर्थात् ईर्या (संयम से चलना), भाषा (संयम से बोलना); एषणा (विधिपूर्वक भिक्षा माँगना), आदान-निक्षेप (वस्तु को लेना और उसे ढंग से रखना), और प्रतिष्ठापना (मलमूत्र आदि का उचित प्रकार से विसर्जन करना); और तीन गुप्तियाँ अर्थात् मनोगुप्ति, वचोगुप्ति और कायगुप्ति, जिनके पालन से उन आस्रवों से छुटकारा मिलता है जो कर्मों को उत्पन्न करने के (कर्मोपादान-हेतु) कारण हैं। इस मूल आधार पर बाह्य और आभ्यंतर तप का विधान है। बाह्य तप ये हैं : (1) अनशन (उपवास); (2) अवमोदरिका, ऊनोदरी वृत्ति अर्थात् भोजन से क्रमशः निवृत्ति, यहाँ तक कि बत्तीस ग्रासों के पूरे आहार से एक ग्रास तक पहुँचना; (3) भिक्षुचर्या; (4) रस-परित्याग; अर्थात् दूध, दही, घृत आदि विकृतियों (विकारजनक पदार्थों) का त्याग करना; (5) कायक्लेश, वीरासन आदि कठिन आसनों द्वारा शरीर को कष्ट पहुँचाना; (6) संलीनता अर्थात् इंद्रियों का गोपन या वश में रखना। आभ्यंतर तप ये हैं : (1) प्रायश्चित्त या व्रतों के दोषों की शुद्धि का साधन; पापों को स्वीकार करके एवं अन्य निर्दिष्ट उपायों से उनका क्षय करना; (2) विनय; (3) वैयावृत्य, सेवा, (4) स्वाध्याय; (5) ध्यान; और (6) व्युत्सर्ग, शरीर का त्याग या उससे ध्यान हटाकर हर आसन में निश्चल रहना। इनमें से संख्या (3) और (4) की और भी रोचक व्याख्याएँ की गई हैं। निम्नलिखित व्यक्ति सेवा (वैयावृत्य) के अधिकारी

हैं : (1) आचार्य, (2) उपाध्याय, (3) स्थविर, (4) तपस्वी, (5) ग्लान (रोगी), (6) शैक्ष, नवदीक्षित शिष्य, (7) साधर्मिक (अपना सधर्मी), जैसे साधु साधु का सधर्मी है। ये संस्थाएँ भी सेवा की अधिक ऋणी हैं, जैसे (1) कुल, (2) गण और (3) संघ। संख्या (4) स्वाध्याय पाँच प्रकार का है : (1) याचना या पाठ दोहराना या कंठ करना; (2) पृच्छना या गुरु से उसके विषय में प्रश्न पूछना, (3) परावर्तना या आवृत्ति करना, (4) अनुपेक्षा या उस पर विचार करना; एवं (5) धर्मोपदेश या धार्मिक उपदेश देना। जो मुनि ये तप करता है, वह आवागमन से बिलकुल मुक्त या केवली हो जाता है।

लोक में जैन-धर्म अहिंसा और कायक्लेश के विषय में अधिक जोर देने के लिए प्रसिद्ध है। अहिंसा का आधार यह विश्वास है कि समस्त प्रकृति, जो बिलकुल जड़ दीखती है वह भी प्राण से युक्त है और जीवित हो सकती है। इस स्थिति के कारण जैन समस्त प्राणी, बीज, अंकुर, पुष्प, अंडे, माँद या गुफाएँ और ओस, कुहरा, ओले और नमी इत्यादि को सजीव मानता है (कल्पसूत्र, 44-45)। आत्मानुभव के लिए आवश्यक कायक्लेश के संबंध में जैन शरीर को कठोर यातना पहुँचाते हैं और नंगे रहना, प्रायोपवेशन (उपवास के द्वारा मृत्यु-प्राप्ति) को अच्छा समझते हैं। और बौद्धों की मज्झिम पटिपदा या बीच के मार्ग को सुख-भोग का रास्ता कहकर हेय समझते हैं। इस अतिशय अहिंसा का विचित्र फल यह हुआ कि व्यावहारिक जीवन में इनमें मनुष्य-जीवन के प्रति उतनी रक्षा का भाव नहीं देखा जाता जितनी पशु, जीवाणु और वनस्पति एवं बीजों के लिए।

महावीर के बाद जैन-धर्म, संघभेद : महावीर के बाद जैन-धर्म के इतिहास में बहुत दिनों तक कोई ऐतिहासिक घटना नहीं हुई। उनके जीवनकाल में संघ में फूट उत्पन्न नहीं हुई; केवल उनके भानजे और जामाता ने कुछ विरोध किया और बाद में तीसगुत्त नाम के भिक्षु ने। पर उनकी मृत्यु के बाद शीघ्र ही भेद ने सिर उठाया। जब आनंद ने चुंद से उनकी मृत्यु का हाल सुना, उसके मुख से निकला, "मित्र चुंद, भगवान के सम्मुख चर्चा का यह अच्छा विषय है" (डायलॉग्स, 3-203 आदि)। यह लिखा है कि पावा में महावीर की मृत्यु के बाद, "श्वेत वस्त्र धारण करनेवाले श्रावक, जो नातपुत्त के अनुयायी थे, बड़े क्षुब्ध, उद्विग्न और निगंठों के प्रति आकृष्ट हुए" (शाह, जैनिज़्म इन नॉर्दर्न इंडिया, पृ. 108)।

11 गणधरों में सुधर्मा और गौतम के अतिरिक्त और सब पहले ही गत हो चुके थे और गौतम भगवान् के निर्वाण के दिन ही केवली हुए, अतएव सुधर्मा महावीर के बाद संघ-प्रमुख बने। अगले 150 वर्षों तक संघ का इतिहास प्रायः घटनाशून्य है। अजातशत्रु के उत्तराधिकारी मगधराज उदायिन की जैन-धर्म पर कृपा थी, किंतु उसे भिक्षु के वेश में देखकर किसी राजकुमार ने उसका वध कर दिया। नंद

राजाओं का भी जैन-धर्म के प्रति कुछ अनुकूल झुकाव माना जा सकता है, यदि हम कलिंगराज खारवेल जैन के उस अभिलेख को सच मानें जिसमें आदि-जिन की प्रतिमा के राजा नंद के पास होने का उल्लेख किया है। इसी अंतर में पहले गणधर सुधर्मा 508 ई. पू. में गत हो गए और उनके उत्तराधिकारी जंबु 464 ई. पू. में, जिसके बाद 3 गण-स्थविर और हुए, और तब अंतिम नंद राजा के समय में जैन-संघ के दो अध्यक्ष हो गए थे: एक संभूतिविजय और दूसरे भद्रबाहु, जो कल्पसूत्र के कर्त्ता हैं। पहले का देहांत चंद्रगुप्त मौर्य के राज्यकाल में हुआ और उनका शिष्य स्थूलभद्र गद्दी पर बैठा। उसके ठीक बाद मगध में 12 वर्ष का घोर अकाल पड़ा, जिसके कारण संघ की क्षति से रक्षा करने के विचार से भद्रबाहु उसे लेकर दक्षिण की ओर चले गए और स्रवणबेलगोला नामक स्थान में बस गए। किंवदंती तो यह है कि चंद्रगुप्त मौर्य भी अपना राजपाट और संसार त्याग कर भिक्षु बनकर इस यात्रा-दल के साथ चले गए थे। जब दुष्काल बीत गया तो यात्री-दल लौट आया, किंतु भद्रबाहु संघ की प्रमुखता स्थूलभद्र को सौंपकर स्वयं नेपाल वले गए। यह समय जैन-संघ में भीतरी क्रांति का था। जो भिक्षु लौटकर आए, उन्होंने पीछे मगध में टिक जानेवाले भिक्षुओं को विनय के नियमों में शिथिल और धर्म में अविश्वासी कहा, क्योंकि उन्होंने अचेलकत्व नियम का उल्लंघन करके 'श्वेत वस्त्र' पहन लिए थे। पूर्वकालीन अंगों के विस्मृत हो जाने से यह भेद और बढ़ता गया। उस साहित्य का संग्रह करके उसे सुरक्षित रूप देने के प्रयत्न के लिए पाटलिपुत्र में सभा बुलाई गई पर लौटकर आए हुए भिक्षुओं ने उसमें भाग नहीं लिया। इधर पुराना धार्मिक साहित्य, जिसमें गणधरों के बनाए हुए 12 अंग थे, उनमें से बारहवें अंग के अंशभूत 14 पूर्व (पूर्वकालीन भाग) केवल भद्रबाहु को कंठ थे; और जब स्थूलभद्र उनसे नेपाल में मिलने गए तो उन्होंने प्रथम 10 पूर्व के प्रवचन की अनुमति दी। पाटलिपुत्र की सभा में इस प्रकार आंशिक रूप से जैन धार्मिक साहित्य को निबद्ध किया गया जो आगम कहलाया। उसमें कुछ नए ग्रंथ भी थे। वही साहित्य वर्तमान श्वेतांबर आगम का मूल है। जो भिक्षु लौटकर आए थे और अपने-आपको प्राचीनतर संघ का प्रतिनिधि मानते थे, वे दिगंबरों के धार्मिक गुरु हुए। उनकी मान्यता थी कि वास्तविक आगम सदा के लिए लुप्त हो गया था।

मगध से बाहर उसके केंद्र (उज्जैन और मथुरा): इस आंतरिक फूट से जैनों की शक्ति बहुत घट गई। पूर्व-भारत में जो उनका प्रभाव था, जाता रहा और वे पश्चिम में अधिवासित होने लगे। अशोक ने निग्रंथों को अपने समय का एक मुख्य संप्रदाय (पाषंड) कहा है; किंतु उसके पौत्र और उत्तराधिकारी दशरथ का झुकाव उनके प्रतिपक्षी आजीविकों के प्रति था। अशोक के दूसरे पौत्र संप्रति को जैन

अपना आश्रयदाता मानने लगे थे। इसका राज्य उज्जैन में था जो अब जैन-धर्म का केंद्र बन चुका था।

जैनों का दूसरा केंद्र मथुरा में बन रहा था। यहाँ बहुसंख्यक अभिलेख मिले हैं, जिनसे फूलते-फलते जैन-धर्म के अस्तित्व का प्रमाण मिलता है। इस संघ में महावीर और उनके पूर्ववर्ती जिनों की मूर्तियाँ और चैत्यों की स्थापना दान द्वारा की गई थी। उनसे यह भी ज्ञात होता है कि मथुरा का संघ स्पष्ट रूप से श्वेतांबर था और वह छोटे-छोटे गण, कुल और शाखाओं में बँटा हुआ था। इनमें सबसे पुराना लेख कनिष्क के 9वें (लगभग 87 ई.) वर्ष का है, और इसमें कोटिक गण के आचार्य नागनंदी की प्रेरणा से जैन उपासिका विकटा द्वारा मूर्ति की प्रतिष्ठा का उल्लेख है। स्थविरावली के अनुसार इस गण की स्थापना स्थविर सुस्थित ने की थी जो महावीर के 313 वर्ष बाद अर्थात् 154 ई. पू. में गत हुए। इस प्रकार इस लेख से श्वेतांबर संप्रदाय की प्राचीनता द्वितीय शती ई. पू. तक जाती है। मथुरा के कुछ लेखों में भिक्षुओं का भी उल्लेख है। इससे भी श्वेतांबरों का संबंध सूचित होता है, क्योंकि वे ही स्त्रियों को संघ-प्रवेश का अधिकार देते हैं।

बाद के जैन-इतिहास में सामग्री का अभाव है। केवल स्थविरावली या आचार्यों की सूचियाँ और कालकाचार्य कथानक नामक एक कथा-ग्रंथ मिलता है, जिसके अनुसार उज्जैन के राजा गर्दभिल्ल से अपमानित होकर कालक ने शक क्षत्रपों की सहायता ली, जिनका अधीश्वर शाहानुशाही (राजाओं का राजा, यह उपाधि कुषाण सिक्कों पर 'शाओनानो शाओ' के रूप में मिलती है) था और गर्दभल्ल को राज्यच्युत कर दिया। किंतु उसके पुत्र विक्रमादित्य ने शकों को पराजित किया, अपना राज्य पुनः प्राप्त किया तथा 58 ई. पू. में विक्रम संवत् की स्थापना की। इससे ज्ञात होता है कि कैसे उस प्राचीन काल में जैन उज्जैन में जाकर बसे और क्यों विक्रम संवत् से उनका संबंध हुआ।

वलभी की सभा : इसके बाद की महत्त्वपूर्ण घटना गुजरात में वलभी की सभा थी, जिसके सभापति देवर्द्धिगणि क्षमाश्रमण थे। जिस सिद्धांत को पाटलिपुत्र की सभा ने बहुत स्थिर किया था, वह समय के फेर से अस्त-व्यस्त हो गया था और लुप्त हो रहा था। अतएव उसे सुव्यवस्थित करके लिखित ग्रंथों के रूप में उसका प्रामाणिक संस्करण निश्चय करने के लिए वलभी की वाचना हुई। इस वाचना के परिणाम में जैन-साहित्य का वह रूप स्थिर हुआ जो इस समय भी मिलता है।[1]

बौद्धधर्म का उदय (शाक्य) : बौद्ध आख्यानों के अनुसार बुद्ध राजा के पुत्र थे, और यदि उन्होंने संसार न त्यागा होता तो वे चक्रवर्ती सम्राट होते। उनके कुल को

1. देखिए 'कैंब्रिज हिस्ट्री' भाग 1, अध्याय 6

'उत्तम और अविच्छिन्न क्षत्रिय-वंश' कहा गया है (सुत्तनिपात, 422-3)। यह शाक्यों का कुल था जो कोसल की राजधानी साकेत (महावस्तु के अनुसार) से निर्वासित होकर हिमालय के तट प्रदेश में चले गए और वहाँ उन्होंने कपिलवस्तु नगर की स्थापना की। अशोक-स्तंभ और लुंबिनी के पुरातत्त्व प्रमाणों से कपिलवस्तु स्थान की पहचान में सहायता मिली है। शाक्य जनपद, जैसा पहले कहा गया है, एक संघ था, और उसका शासन कुछ कुलीन व्यक्ति करते थे जो राजा कहलाते थे। इसकी गणना उन छह बड़े नगरों में न थी जहाँ आनंद ने बुद्ध के निर्वाण की कामना की थी। निर्वाण के बाद बुद्ध के शरीर-अवशेष का भाग माँगने वालों में अजातशत्रु तो था किंतु शाक्यों का कोई राजा न था; केवल शाक्य थे जो कोलिय, मल्ल, लिच्छवि आदि दूसरे संघ-राज्यों के समकक्ष थे।

शाक्यों का गौतम गोत्र था जैसे मल्लों का वसिष्ठ। बुद्ध को आंगिरस कहा गया है (जो गौतम गोत्र का उपभेद था)।

उनमें कुछ अनार्य प्रथाएँ थीं; जैसे उसी गोत्र में या प्रतिषिद्ध सपिंड संबंधियों के साथ विवाह कर लेना। वे वैदिक सभ्यता की भौगोलिक सीमा पर बसे थे। ई. जे. टॉमस (लाइफ़ ऑफ़ बुद्ध, पृ. 23) का अनुमान है कि उनका मूल कोल या मुंडा वंश का था।[1]

बुद्ध के माता-पिता : सिंहली ग्रंथों के अनुसार शाक्य राजा जयसेन और देवदह दोनों के एक-एक पुत्र और एक-एक कन्या थी। उनके पुत्रों का एक-दूसरे की कन्या से विवाह हो गया। उनकी सन्तानों का भी इसी प्रकार विवाह हुआ। इस प्रकार जयसेन के पौत्र, सीहहनु के पुत्र शुद्धोदन ने देवदह के पुत्र अंजन की दो पुत्रियों, माया और प्रजापती से विवाह किया। बुद्ध, जो उस समय सिद्धार्थ (और सर्वार्थसिद्ध भी) कहलाते थे, शुद्धोदन और माया के पुत्र और प्रजापती नंद की माता थीं।

जन्म और आरंभिक जीवन : बुद्ध के जन्म की तिथि उनके निर्वाण की तिथि से निकाली जाती है जो सिंहली अनुश्रुति के अनुसार 543 ई. पू. है। वे 80 वर्ष की आयु तक जीवित रहे, अतएव उनका जन्म 623 ई. पू. में हुआ। जैसा कहा जा चुका है, इस तिथि का समर्थन खारवेल के अभिलेख में दिए हुए कुछ तथ्यों और तिथियों से होता है, किंतु 623 ई. पू. की तिथि का सिंहली इतिहास-ग्रंथों की इस बात से विरोध पड़ता है कि अशोक का राज्याभिषेक बुद्ध-निर्वाण के 218 वर्ष बाद, अर्थात् 326 ई. पू. में हुआ। अशोक के अभिषेक की ठीक ज्ञात तिथि 270 ई. पू. है।

''दस मास तक बोधिसत्व को गर्भ में रखने के बाद जब प्रसव का समय निकट आया तो रानी महामाया की इच्छा अपने मातृ-कुल के नगर देवदह में जाने की

1. मैंने इस विषय के लिखने में इस विद्वत्तापूर्ण ग्रंथ से बहुत लाभ उठाया है।

हुई। राजा ने अनुमति दे दी और कपिलवस्तु से देवदह का मार्ग साफ करके कदली से सुशोभित, मंगल-कलश, ध्वजा-पताकाओं से अलंकृत करके रानी को पालकी में बिठाकर भेजा।" मार्ग में लुंबिनी उद्यान में वे रुकीं और शाल वृक्ष के नीचे उसकी शाखा पकड़े खड़ी थीं कि प्रसव-वेदना से व्याकुल हो गईं। इस प्रकार बुद्ध का जन्म हुआ। किंतु 7 दिन बाद उनकी माता का देहांत हो गया (मज्झिम 3/118; निदान कथा), और उनका लालन-पालन उनकी विमाता और मौसी महा-प्रजापती गौतमी ने किया जो उन्हें अपना ही स्तन्य-पान कराती थी।'

बुद्ध के निश्चित जन्म-स्थान की पहचान, अशोक द्वारा 250 ई. पू. में स्थापित स्तंभ से हो सकी है, जिस पर यह लेख है—'हिद बुधे जाते सक्यमुनीत,' यहाँ बुद्ध शाक्य मुनि का जन्म हुआ। इस स्थान को लेख में लुंबिनी (लुंमिनी) कहा गया है और आजकल रुम्मिनदेई या रुपनदेहि कहते हैं। वह नौतनवा स्टेशन से लगभग 12 मील नेपाल के बिथरी ज़िले में है। पाँचवें दिन नामकरण संस्कार हुआ, जिसमें 108 ब्राह्मण बुलाए गए।

भोग समृद्धि : वे भोग-विलास में बड़े हुए। काशी का चंदन और काशी के सूक्ष्म कासेय्यक वस्त्र, उत्तरीय और अधोवस्त्र, एवं 3 ऋतुओं के लिए 3 प्रासादों का उपभोग करते हुए (अंगुत्तर 1/145) 16 वर्ष की अवस्था को प्राप्त हुए। पिता ने उनके मनोविनोद के लिए गणिकाएँ भी नियुक्त कीं (जातक अट्ठकथा)। उनकी स्त्री के कई नाम मिलते हैं, जैसे भद्दकच्छा (बुद्धवंस 26/15), बिंबा (जातक अट्ठकथा, 1281 और 485 और महापदानुसुत्त अट्ठकथा), गोपा (ललितविस्तर), और यशोधरा (उत्तरी भारत के बौद्ध ग्रंथों में)।

भोग-विलास और महलों के सुख के बीच में रहकर भी जीवन के कुछ कठोर सत्यों, जैसे 'जन्म, जरा, रोग, मृत्यु, दुःख और अपवित्रता से वे अत्यंत प्रभावित हुए' (मज्झिम, 1/163)।

पुत्रजन्म और अभिनिष्क्रमण : तब उनके एक पुत्र का जन्म हुआ, पर उन्होंने सोचा कि 'इससे बंधन का जन्म हुआ'। इस कारण संसार त्यागने के उनके विचार को पुष्टि मिली। उसी रात जिस कमरे में उनकी पत्नी बच्चे के मस्तक पर हाथ रखे शयन कर रही थी उसकी देहली पर खड़े होकर उन्होंने बालक की ओर अंतिम बार देखा और महल का त्याग करके अपने घोडे कंथक पर सवार हो नगर से बाहर चले गए, और उनका सारथि छंदक घोड़े की पूँछ पकड़े हुए पीछे-पीछे गया। यह घटना उनकी आयु के 29 वें वर्ष में हुई। शाक्य, कोलिय और मल्ल के जनपदों से आगे निकलकर वे अनोमा नदी पार करके प्रातःकाल सूर्योदय होने पर मैनेयों के नगर अनुवैनेय में पहुँच गए। वहाँ उन्होंने अपने अलंकार और अश्व को छंदक को सौंप दिया और केश काटकर राजसी वस्त्र के बदले में गेरुआ वेश धारण कर लिया (ललितविस्तर)।

पालि-ग्रंथ मज्झिमनिकाय (1-240) में अभिनिष्क्रमण का एक सरल रूप बुद्ध के मुख से ही कहलाया गया है—"बोधि प्राप्त करने से पूर्व बोधिसत्त की दशा में ही मुझे विचार हुआ कि यह गृहस्थी का जीवन, जहाँ पूर्ण, शुद्ध धर्ममय जीवन का अभ्यास सरल नहीं, बहुत ही बाधक है…जब मैं किशोर अवस्था में जीवन के उठान पर कृष्ण केशों से युक्त नवयुवा था, जब अनिच्छा से युक्त मेरे माता-पिता अश्रुमलिन मुख से रुदन कर रहे थे, मैंने अपने केश-श्मश्रु काट डाले और काषाय वस्त्र धारण करके घर से बाहर हो अनिकेत जीवन में प्रविष्ट हो गया।"

उनके पहले गुरु (राजगृह के आलार और उद्रक) : इस नए जीवन में उनका पहला उत्तरदायित्व योग्य गुरु प्राप्त करना था। गुरु की आवश्यकता पर सर्वप्रथम उपनिषदों में ज़ोर दिया गया है। उनकी दृष्टि में अपने-आपको शिक्षित करने का प्रयत्न अंधे व्यक्ति की यात्रा के समान है। वे सर्वप्रथम आलार कालाम के पास गए और 'उत्तम, श्रेष्ठ और शांतिमय जीवन' की जिज्ञासा की। आलार ऋषि अपने समाधिबल के लिए प्रसिद्ध थे, क्योंकि मार्ग के किनारे बैठे हुए भी उन्होंने 500 शकटों के सार्थ को पास से जाते हुए न देखा और न सुना (महापरिनिब्बान सुत्तंत, 4/35)। पहले गौतम ने उनके ज्ञान को इस रूप में आत्मसात् किया कि वह उन्हें कंठ हो गया। किंतु यह सत्य का अनुभव न था; वह बाद में हुआ। जब वे शून्य अवस्था में पहुँच गए तब उनके गुरु ने शिष्य को अपने समकक्ष मान लिया, किंतु शिष्य ने समझा कि यह प्राप्ति भी अपूर्ण है। निर्वाण की प्राप्ति वह नहीं थी। अतएव अपने गुरु से विदा होकर उन्होंने सत्य की खोज में आगे की राह ली।

वही बात दूसरे गुरु उद्रक रामपुत्त के यहाँ हुई जिन्होंने गौतम को 'संज्ञा और असंज्ञा से भिन्न' अवस्था की प्राप्ति का मार्ग बताया।

तप : तब वे मगध जनपद के सैनिक-सन्निवेश उरुवेला नामक स्थान में गए और वहाँ नदी और ग्राम के समीप, जहाँ भिक्षा की सुविधा थी, रहकर उच्चतर ज्ञान के लिए प्रयत्न करने लगे। इस प्रयत्न का रूप उत्तरोत्तर कठोर होता हुआ तप था, जिसका जैन-धर्म में उपदेश है,[1] जिसके करने से उनका शरीर अस्थि-पंजर और

1. जैन-लेखक देवसेनाचार्य (8वीं शती) ने अपने दर्शनसार (6-10) ग्रंथ में वस्तुतः लिखा है कि बुद्ध आरंभ में जैन थे, और जैन आचार्य पिहिताश्रव ने सरयू नदी के तट पर स्थित पलाश नामक ग्राम में श्री पार्श्व के संघ में उन्हें दीक्षा दी और मुनि बुद्धिकीर्ति नाम रखा। कुछ समय बाद वे मत्स्य और मांस खाने लगे और रक्त वस्त्र पहनकर अपने धर्म का उपदेश देने लगे, और कहते थे कि इस प्रकार के भोजन में कुछ हानि नहीं (विमलचरण लाहा-कृत 'बुद्धिस्ट स्टडीज़' में कामताप्रसाद जैन का लेख, पृ. 118)। मज्झिमनिकाय में भी उनके सिर के केश और श्मश्रु नोचने का उल्लेख है (शीलाचार का अनुवाद 2-5), जो केशलुंच क्रिया नामक जैन-प्रथा से मिलता है। वास्तविक बात यह ज्ञात होती है कि बुद्ध ने पहले आत्मानुभव के लिए उस काल में प्रचलित दोनों साधनाओं का अभ्यास किया, आलार और उद्रक के निर्देशानुसार ब्राह्मण-मार्ग का, और तब जैन-मार्ग का और बाद में अपने स्वतंत्र साधना-मार्ग का विकास किया। श्रीमती राइस डेविड्स का भी मत है कि बुद्ध पहले गुरु की खोज में वैशाली पहुँचे, वहाँ आलार उद्रक से उनकी भेंट हुई; फिर बाद में उन्होंने जैन-धर्म की तपविधि का अभ्यास किया (गौतम द मैन, 22-5)।

त्वचा मात्र रह गया। उन्होंने श्वास-प्रश्वास और भोजन दोनों का नियमन किया और केवल मूँग, कुलथी, मटर और हरेणुका का अपने अंजलिपुट की मात्रा-भर स्वल्पयूष लेकर निर्वाह करने लगे।

किंतु यह कठोर काय-क्लेश भी उसी प्रकार निष्फल रहा। अतएव उन्होंने उसे भी छोड़ दिया और बोधि प्राप्त करने का दूसरा उपाय सोचा, जिसमें वे कामोपभोग और अपवित्र विचारों से बचते हुए अपना अभ्यास करें। वे भक्ष्य-भोजन, चावल, दही आदि फिर लेने लगे, जिससे उनके 5 ब्राह्मण साथियों ने यह सोचकर कि गौतम तप के मार्ग से विरत होकर भोग का मार्ग ग्रहण करना चाहते हैं, घृणा से उनका साथ छोड़ दिया।

श्रीमती राइस डेविड्स ने गौतम के इस आरंभिक अभ्यास-काल की कथा का यह स्वरूप बताया है—"उन्होंने अपनी खोज का आरंभ 5 परिव्राजकों के साथ किया जो पंचवग्गीय भिक्खु (पाँच के गुट में विचरने वाले भिक्षु) कहलाते थे; और जिनके नाम आञ्ञ, कोडञ्ञ, अस्सजि, वप्प, महानाम और भद्दिय थे, जिन्होंने नैतिक और मानसिक जीवन में उनकी बहुत प्रकार से सहायता की। उन्होंने तप करना आरंभ किया, जिसका वैशाली के जैनों में बहुत प्रचार था। वे समकालीन सिद्धांतों की भी चर्चा करते रहते थे, प्रकृति और कर्म के विषय में, जिसे निगंठों से लिया, ज्ञान (= ध्यान) के विषय में जिसे आलार और उद्रक से प्राप्त किया, एवं संसार-विषयक ब्राह्मणेतर विचारों की पद्धति, जिनका संबंध सांख्य से था और जिसकी आचार्य कपिल ने मथुरा या तक्षशिला में सर्वप्रथम शिक्षा दी थी, तथा और भी बहुत-सी बातों का वे पारस्परिक विचार किया करते थे। इस सामग्री में से गढ़कर गौतम ने अपना नया मार्ग निकाला (साक्य, पृ. 123)।

ध्यान की क्रमिक अवस्थाएँ : उनकी उन्नति की क्रमिक अवस्थाएँ इस प्रकार कही गई हैं : (1) प्रथम ध्यान, जिसमें विवेक से उत्पन्न प्रीति-सुख है और जो सवितर्क सविचार होता है; (2) वितर्क और विचारों का उपशम होने पर अवितर्क और अविचारयुक्त समाधि में उत्पन्न प्रीति-सुख का द्वितीय ध्यान; (3) प्रीति में विराग भाव होने से सुखयुक्त तृतीय ध्यान; (4) चतुर्थ ध्यान, जिसमें सुख-दुःख तथा सौमनस्य और दौर्मनस्य का अभाव हो गया; (5) इस प्रकार समाहित, परिशुद्ध, पर्यवदात, निर्मल, विगत उपक्लेश चित्त से पूर्वभव की अनुस्मृति का ज्ञान प्राप्त किया; (6) अपने-अपने कर्मानुसार सत्वों का ऊँच-नीच गति में जन्म और मृत्यु का ज्ञान; (7) मुझ में आस्रवों का क्षय हुआ है, इस प्रकार का ज्ञान होने पर मेरा चित्त कामास्रवों से, भवास्रवों से और अविद्यास्रवों से विमुक्त हुआ, यह दुःख है, यह दुःख का समुदय है, दुःख का निरोध है, और यह दुःख-निरोध का मार्ग है, ऐसे मैंने यथाभूत ज्ञान पाया; (8) चित्त विमुक्त होने पर मैंने जाना कि मेरा पुनर्जन्म क्षीण हुआ (मज्झिम, 1/240 आदि)।

सुजाता और सोत्थिय : धार्मिक ग्रंथों में गौतम द्वारा सत्य की खोज का उपरोक्त वर्णन है। ग्रंथों में इसे छह वर्ष का सतत प्रयत्न कहा है, किंतु बाद के लेखकों ने इस अवधि को और भी अधिक घटनापूर्ण चित्रित किया है। जातक के अनुसार गौतम पहले राजगृह गए जहाँ बिंबिसार ने अत्यंत भक्तिपूर्वक उनका स्वागत किया, पर सत्य के जिज्ञासु गुरुओं की खोज करनेवाले गौतम ने उसे स्वीकार नहीं किया। महावस्तु के अनुसार वे पहले आलार से मिले, फिर बिंबिसार से और तब उद्रक से, जिसके उपदेश के अनुसार उन्होंने राजगृह में अभ्यास किया। जब गौतम ने अद्रव भोजन लेने का निश्चय किया तो उरुवेला के सेनानी की पुत्री सुजाता ने उन्हें भोजन कराया, ऐसा जातक में कहा गया है। वे उस समय न्यग्रोध या बोधिवृक्ष के नीचे ध्यान में मग्न थे, पर धार्मिक ग्रंथों में इसका उल्लेख नहीं मिलता। सोत्थिय नाम के घसियारे ने उन्हें आसन के लिए कई मुट्ठे घास दी जिस पर वे संबोधि प्राप्त करने के समय तक बैठे रहे।

प्रथम शिष्य : बोधि प्राप्त करने के अनंतर बुद्ध ने सोचा कि अपना ज्ञान पहले अपने दो गुरु आलार और उद्रक को बताऊँ; पर वे उस समय तक जीवित न थे। तब उन्हें उन पाँच भिक्षुओं का ध्यान आया जिन्होंने उनकी बड़ी सेवा की थी और उस समय बनारस के इसिपत्तन के मृगदाव में ठहरे हुए थे, अतः उरुवेला से बनारस के लिए चले। बोधिवृक्ष और गया के बीच में उन्हें आजीविक भिक्षु उपक मिला, जिसे उनके बोधि प्राप्त करने का विश्वास न हुआ और जो अपने रास्ते लंबा पड़ा। इसिपत्तन में उन पाँच भिक्षुओं से भेंट हुई जिनके सामने बुद्ध ने अपना पहला उपदेश दिया, जिसे धर्मचक्र-प्रवर्तन-सूत्र कहते हैं (संयुत्त, 5/420), जिसमें बौद्ध-धर्म के मौलिक सिद्धांत पाए जाते हैं। वे इस प्रकार हैं :

प्रथम उपदेश : भिक्षु को चाहिए कि दोनों अतिशय के मार्गों को अर्थात् (1) अतिकिलमथप्रनुयोग और (2) कामसुखल्लक अनुयोग (शरीर का क्लेश और काम-सुख) इन दोनों बातों को बचाए।

उसे मज्झिम पटिपदा या बीच के रास्ते पर चलना चाहिए और सत्य-चतुष्ठ्य को पकड़ना चाहिए : (1) दुःख का सत्य, जो जन्म, जरा, रोग, मृत्यु, शोक, विलाप, चिंता, निराशा आदि के रूप में प्रकट होता है; (2) दुःख के समुदय का सत्य, अर्थात् जन्म, राग, सुख-भोग की कामना जिससे पुनर्जन्म होता है; (3) दुःख से निवृत्ति का सत्य जिसमें त्याग के भाव में आकर तृष्णा का अंत हो जाता है; (4) उस मार्ग का सत्य जो दुःख की निवृत्ति कराता है अर्थात् मज्झिम पटिपदा, जो आर्य-अट्ठांगिक मार्ग का ही दूसरा नाम है, जिसमें सम्यक् दृष्टि, सम्यक् संकल्प, सम्यक् वाक्, सम्यक् कर्म, सम्यक् जीविका (आजीव), सम्यक् व्यायाम या उद्यम, सम्यक् ध्यान और सम्यक् समाधि सम्मिलित हैं।

उपदेश के बाद वे पाँचों ब्राह्मण कोडञ्ञ, वप्प, भद्दिय, महानाम और

अस्सजि बुद्ध के शिष्य हो गए।

पहला संघ : इसके बाद के शिष्य ये थे—यश, जो बनारस के एक धनी श्रेष्ठी का पुत्र था, उसका पिता, जो पहला उपासक शिष्य बना, उसकी माता और उसकी पत्नी जो बुद्ध की पहली उपासिका-शिष्या बनी और यश के चार मित्र एवं उसके बाद उसके अन्य पचास साथी। यों साठ भिक्षुओं को लेकर बौद्ध-संघ ने अपना कार्य शुरू किया।

भद्रवर्गीय : वर्षा के बाद बुद्ध इसिपत्तन से उरुवेला लौट गए और मार्ग में 30 धनी युवाओं को अपने मत में दीक्षित किया, जिनके मुखिया का नाम भद्र था, अतएव वे भद्रवर्गीय कहलाते हैं।

एक हजार जटिल : उरुवेला में 500 जटिल अग्निहोत्री मुनि रहते थे, जिनमें मुख्य कस्सप थे, और वहाँ से कुछ नीचे नदी के पास उनके दो भाई रहते थे, एक नदीकस्सप 300 शिष्यों के साथ, और दूसरा गयाकस्सप 200 शिष्यों के साथ। 1000 जटिलों की इस मंडली को बुद्ध ने अपने धर्म में दीक्षित किया और उनको साथ लेकर राजगृह गए जहाँ राजा बिंबिसार और जनता यह देखकर चकित हो गई कि कस्सप के सदृश महामुनि ने भी सार्वजनिक रूप से भगवान् बुद्ध के प्रति अपनी श्रद्धांजलि भेंट की।

वेलुवन : बिंबिसार ने वेलुवन नामक उद्यान बुद्ध और संघ के लिए प्रदान कर दिया।

संजय का संप्रदाय (सारिपुत्त और मोग्गलान) : राजगृह की दूसरी महत्त्वपूर्ण घटना यह हुई कि 250 शिष्यों के साथ संजय का जो संघ था, वह टूट गया और वे सब-के-सब बौद्ध बन गए। सारिपुत्त और मोग्गलान अग्रणी थे और ये अतिशीघ्र बुद्ध के भी मुख्य शिष्य बन गए। टीकाकारों के अनुसार सारिपुत्त सारी के अथवा शारद्वती के पुत्र थे जिनका जन्म उपतिस्स नाम के ग्राम में हुआ था। ये मोग्गलान मोग्गली नामक ब्राह्मणी के पुत्र थे और राजगृह के पास कोलित नाम के ग्राम में जन्मे थे।

इन बहुसंख्यक मत-परिवर्तनों से मगध में खलबली मच गई और लोगों ने शिकायत की कि भिक्षु गौतम उनके मध्य में संतान का अभाव, वैधव्य और परिवारों का नाश करके छोड़ेंगे।

कपिलवस्तु में राहुल और नंद : इनके धर्म-प्रचार-काल में इसके बाद की महत्त्वपूर्ण घटनाएँ उनकी जन्मभूमि कपिलवस्तु में घटीं। वहाँ उन्होंने अपने पिता को, अंतःपुर की स्त्रियों को, जिनमें उनकी पत्नी भी थी, धर्म का उपदेश दिया और अपने पुत्र राहुल और मौसी गौतमी के पुत्र—अपने मौसेरे भाई नंद को भिक्षु बनाया। नंद की दीक्षा उसी दिन हुई जो दिन उसके युवराज्याभिषेक और जनपद-कल्याणी नाम की अति सुंदरी स्त्री के साथ विवाह के लिए नियत था। इन दोनों राजकुमारों

के भिक्षु बन जाने से राजा शुद्धोदन के राज्य का कोई उत्तराधिकारी न बचा। अत्यंत शोक में भरकर वे बुद्ध से बोले, "भगवन, पुत्र का प्रेम त्वचा, मांस, अस्थि को भेदता हुआ मज्जा तक पहुँचता है।" इस घटना के बाद बुद्ध ने यह नियम कर दिया कि कोई भी व्यक्ति उसके माता-पिता की अनुमति के बिना भिक्षु न बनाया जाए।

भद्रिक, अनुरुद्ध, आनंद, उपालि और देवदत्त की अनुप्रिय में दीक्षा : कुछ महत्त्वपूर्ण दीक्षाएँ अनुप्रिय में दी गईं। जब बुद्ध कपिलवस्तु से राजगृह लौटते हुए मार्ग में आ रहे थे, तो शाक्य राजाओं में से भद्दिय (भद्रिक) नाम के एक राजा अनुरुद्ध, आनंद, उपालि, नापित और चचेरे भाई देवदत्त को साथ लेकर बुद्ध से मिलने आए। ये सब भिक्षु बन गए और बौद्ध-धर्म के इतिहास में उन्होंने अति प्रसिद्धि प्राप्त की। केवल देवदत्त बुद्ध का विरोधी बना रहा, जैसे ईसाई मत में जूडास ईसा का था। बुद्ध ने आनंद को अपना अंग-परिचारक बनाया।

सुदत्त, अनाथपिंडिक (उनके द्वारा श्रावस्ती में जेतवन का दान) : राजगृह में बुद्ध सीतवन में ठहरे हुए थे जहाँ श्रावस्ती के श्रेष्ठी सुदत्त ने, जो कार्यवश वहाँ आए थे, उनसे दीक्षा प्राप्त की। उनकी बहन, राजगृह के श्रेष्ठी की पत्नी ने बुद्ध और संघ की जो आवभगत की, उससे सुदत्त बहुत प्रभावित हुए। श्रावस्ती लौटकर उनकी इच्छा हुई कि राजकुमार जेत का उद्यान मोल लेकर बुद्ध के निवास के लिए अर्पित करें। किंतु जेत ने कहा कि सिवाय उतनी मुद्राओं के बदले में, जितनी उसके फर्श पर बिछ जाएँ, वे उस उद्यान को न बेचेंगे। श्रेष्ठी ने तुरंत बात पकड़ ली और जेत ने उससे हटना भी चाहा, किंतु न्यायालय ने उसके विरुद्ध निर्णय दिया। तब सुदत्त ने छकड़ों में कार्षापण भरवाकर 18 कोटि मूल्यस्वरूप उद्यान-भूमि पर बिछा दिए। इस श्रद्धाजनित कार्य से प्रभावित होकर जेत ने स्वयं एक द्वारतोरण और भंडार वहाँ बनवाया। सुदत्त अपने विरुद्ध अनाथपिंडक के नाम से भी प्रसिद्ध है है (चुल्लवग्ग, पृ. 159, जातक, 1/92-3)।

भरहुत स्तूप की एक मूर्ति में इस विलक्षण दान का दृश्य अंकित है और उस पर यह उत्कीर्ण है—"जेतवन अनधपेडिको देति कोटि संथतेन केता"=अनाथपिंडिक कोटि धन से क्रय करके जेतवन का दान करता है। यह बौद्ध-ग्रंथों के इस वाक्य पर आश्रित है, "अनाथपिंडिको गहपति सकटेहि हिरञ्ञं निब्बाहापेतुं जेतवणं कोटिसंथारं संथरापेसि" (वही), = अनाथपिंडिक गृहपति शकटों में हिरण्यधन लदवाकर जेतवन में कोटि मुद्राओं की तह बिछा रहे हैं।

शिल्प में अंकित दृश्य में इस वर्णन की ये बातें दिखाई गई हैं : (अ) एक गाड़ी जिसके बैल खोल दिए गए हैं और उससे उतरे हुए (चौकोर) सिक्के धरती पर बिछाए जा रहे हैं; (आ) वेदिका के भीतर एक बोधिवृक्ष है जो बुद्ध की उपस्थिति का सूचक है, जिसके सामने अनाथपिंडिक कमंडल से दानसंकल्प का जल छोड़ रहा है

और दूसरी ओर 3 अन्य वृक्ष उद्यान के सूचक हैं जिनके चारों ओर मुद्राएँ बिछाई जा रही हैं; (इ) 2 कूटागार हैं जिनमें ऊपर वाले के समीप गंधकुटि लेख उत्कीर्ण है और निचले के पास कोसंबकुटि (संभव है कुसुंभ पुष्पों के सान्निध्य से इसका यह नाम पड़ा)।

विशाखा और उसके द्वारा पूर्वाराम का दान : बौद्ध-आख्यानों में (धम्मपद अट्ठकथा, 1/304; अंगुत्तर अट्ठकथा, 1/404) संघ की एक अन्य संरक्षिका का उल्लेख है, जिसका नाम विशाखा था। वह अंग जनपद के भद्दिय नाम के श्रेष्ठी की पुत्री थी। भद्दिय को राजा बिंबिसार ने राजा प्रसेनजित् के पास भेजा था कि कोसल में श्रेष्ठी का कार्य करे। श्रावस्ती की ओर जाते हुए मार्ग में उसने एक सुंदर स्थान में सायंकाल बिताया, जिसके कारण वह स्थान साकेत कहलाता था। प्रसेनजित् ने उसे वहीं निवास करने की अनुमति दे दी। विशाखा का विवाह पुण्यवर्द्धन से हुआ था जो साकेत के महाश्रेष्ठी मिगार का पुत्र था। मिगार अचेलक साधुओं का शिष्य था और उन्हीं के भड़काने से उसने विशाखा को निकलवाने के लिए उस पर दोषारोपण किया, किंतु उसने उन्हें असत्य सिद्ध कर दिया। वह उसे त्यागकर चली जाना चाहती थी, जब कि बुद्ध ने वहाँ पहुँचकर उसे अपने मत में दीक्षित कर लिया। एक बार विशाखा अपनी मूल्यवान शिरोभूषा विहार में भूल आई जहाँ वह बुद्ध का उपदेश सुनने गई थी। आनंद ने उसे सुरक्षित रख लिया किंतु विशाखा ने उसे वापस लेना स्वीकार नहीं किया और बेच देने के लिए कहा। वह इतना मूल्यवान था कि कोई ग्राहक न मिला, अतएव श्रावस्ती में एक विहार बनवाने के लिए उस धन का उपयोग किया गया। इस विहार का नाम पूर्वाराम था। वह कभी वहाँ और कभी जेतवन में ठहरा करते थे। उसने भिक्षुओं के लिए आठ प्रकार के दानों के सदावर्त की व्यवस्था की, अर्थात् वर्षावास के लिए चीवर, आगंतुक भिक्षु और जानेवाले भिक्षु के लिए भोजन, उसके परिचारक के लिए भोजन, रोगी भिक्षु और उसके परिचारक के लिए भोजन, रोगी भिक्षु के लिए औषध और पथ्य एवं भिक्षुणियों के लिए स्नान-शाटी।

इस दान से विदित होता है कि बौद्ध धर्म के आरंभिक दिनों में मान, प्रेम और समाज-सेवा का कितना व्यक्त भाव था, जिसके कारण उसके भक्तों की नैतिक और आध्यात्मिक उन्नति हुई।

धर्मोपदेश के दो वर्ष के भीतर ही इस प्रकार राजगृह, कपिलवस्तु और श्रावस्ती में तीन अति महत्त्वपूर्ण विहारों की स्थापना हो गई।

भिक्षुणी-संघ : धर्म-प्रचार के पाँचवें वर्ष में एक महत्त्वपूर्ण घटना हुई। यह भिक्षुणी-संघ की स्थापना थी। बुद्ध उस समय वैशाली की कूटागारशाला में ठहरे हुए थे जब उन्हें अपने पिता शुद्धोदन की मृत्यु का समाचार मिला और वे घर

लौटे। वहाँ उन्हें शाक्यों और कोलियों में रोहिणी नदी से सिंचाई का पानी लेने के बारे में झगड़े का निपटारा करना था। उस समय उनकी विधवा विमाता महाप्रजापती ने उपस्थित होकर उनसे भिक्षुणी बनने की आज्ञा चाही। बुद्ध ने अनुमति देने से तीन बार इन्कार किया और वैशाली लौट आए, पर वह उसके पीछे-पीछे 'सूजे पैरों से, धूल में लथपथ और रोती हुई द्वार के बाहर, वहाँ भी पहुँची। तब आनंद ने बीच में पड़कर उसे इस शर्त पर आज्ञा दिलाई कि वह आठ नियमों का कड़ाई से पालन करेगी; जैसे भिक्षुणी अपने पद का विचार न करते हुए सदा भिक्षु का अभिवादन करे, कभी किसी कारणवश भी भिक्षु की भर्त्सना न करे या उसे अपशब्द न कहे, जहाँ भिक्षु न हों वहाँ वर्षावास न करे, इत्यादि। किंतु बुद्ध ने सावधानी बरतते हुए यह कह दिया था कि ये कठोर नियम उसी प्रकार आवश्यक हैं जैसे तड़ाग के जल को रोकने के लिए बाँध की आवश्यकता होती है, पर स्त्रियों के संघ में आ जाने से संघ उस घर की तरह हो जाएगा जहाँ पुरुषों की अपेक्षा स्त्रियाँ अधिक होने से लुटेरों के घुस आने की आशंका हो, और जहाँ पहले संघ दीर्घजीवी होता और 1000 वर्ष तक रहता वहाँ अब 500 वर्ष चलेगा, अधिक टिकाऊ न रहेगा।

प्रसिद्ध भिक्षुणियाँ : भिक्षुणी-संघ के विषय में उनका संक्षिप्त इतिहास देना यहाँ उचित होगा। गौतमी के बाद उसकी पुत्री नंदा और भद्दा कच्चाना (बुद्ध-पत्नी यशोधरा) भी संघ में प्रविष्ट हुईं। थेरीगाथा में भिक्षुणियों के नाम उल्लिखित हैं जिनमें 12 प्रसिद्ध और ऐतिहासिक हैं। बिंबिसार की पत्नी खेमा राजा प्रसेनजित् को उपदेश देने के योग्य थी। धम्मदिन्ना ने एक पूरे सुत्त की रचना की थी (मज्झिम, 1/299)। श्रावस्ती की किसा (= कृष्ण) गोतमी एकमात्र संतान के गत हो जाने पर भिक्षुणी हुई और पीछे अर्हत् बनी।

बौद्धेतर स्त्री परिव्राजिकाएँ : टीकाओं में कुछ अबौद्ध स्त्री परिव्राजिकाओं के उल्लेख हैं। जैनकुमारी पटाचारा सारिपुत्त से दीक्षा लेकर भिक्षुणी बनी। कुछ विरोधी तीर्थिकों ने भिक्षुणी माणविका चिंचा को बुद्ध के चरित्र पर कलंक लगाने के उद्देश्य से षड्यंत्र में सम्मिलित किया। सुंदरी नामक एक अन्य परिव्राजिका को भी विरोधियों ने इसी प्रकार बुद्ध के विरुद्ध बहकाया।

उनके धर्म-प्रचार की कथा का फिर से वर्णन करते हुए हम देखते हैं कि पहले पाँच वर्षों में बुद्ध बनारस, राजगृह, कपिलवस्तु, श्रावस्ती और वैशाली इन पाँच प्रसिद्ध केंद्रों में गए। पर उनके 45 वर्ष के धर्म-प्रचार की घटनाओं का ठीक-ठीक तिथिक्रम वर्तमान प्राप्य सामग्री के आधार पर निश्चित करना कठिन है, क्योंकि ये उल्लेख मूल पालि साहित्य में न होकर प्रायः अट्ठकथाओं में आए हैं। उनमें से कुछ महत्त्वपूर्ण घटनाओं का वर्णन यहाँ दिया जाता है :

वैशाली का विहार : ऊपर उनकी वैशाली-यात्रा का उल्लेख हो चुका है । यह भी कहा जा चुका है कि वैशाली की इस प्रथम यात्रा के लिए समस्त लिच्छवि संघ ने उन्हें आमंत्रित किया था, जिससे उनके पुण्य-दर्शन से उनका नगर उस महामारी से मुक्त हो जाए जो तब वहाँ फैली हुई थी । उस समय असंख्य हाथी और रथों का जुलूस बनाकर लिच्छवियों ने उनका बिलकुल सम्राट् की तरह स्वागत किया था । वैशाली ने बुद्ध के निवास के लिए महावन कूटागारशाला और आठ अन्य उद्यानों की व्यवस्था की थी, जैसा ऊपर आ चुका है; और जैसा श्रावस्ती में विशाखा थी, वैसे ही वैशाली ने भी बौद्ध-संघ के लिए गणिका अंबपाली और बालिका-जैसी संरक्षिका स्त्रियाँ उत्पन्न कीं । इन दोनों की चर्चा हो चुकी है ।

चमत्कारों की निंदा : एक बार जब बुद्ध राजगृह में थे, उनके एक शिष्य ने कुछ अतिमानवी सिद्धियाँ दिखाकर अबौद्ध-संप्रदायों के छह प्रमुख आचार्यों को नीचा दिखाना चाहा । बुद्ध ने उसकी बड़ी भर्त्सना की और आदेश दिया कि भिक्षु ऐसी चमत्कार-संबंधी कोई बात न करें क्योंकि इससे न तो इनका कोई लाभ होगा जो बौद्ध-धर्म स्वीकार कर चुके हैं और न उनका जो अभी परिवर्तित नहीं हुए हैं ।

भर्ग जनपद के राजकुमार बोधि : बुद्ध का आठवाँ वर्षावास भर्ग जनपद में भेसकला वन के मृगदाव के पास सुंसुमारगिरि पर हुआ । वहाँ के राजकुमार बोधि ने बुद्ध और संघ को अपने नए राजप्रासाद में निमंत्रित किया पर बुद्ध ने तब तक उसमें प्रवेश न किया जब तक प्रासाद की सीढ़ियों पर बिछाया हुआ श्वेत वस्त्र, जिस पर बुद्ध पैर न रख सकते थे, हटा न दिया गया । वहीं उन्होंने धर्मात्मा गृहपति नकुलपिता और उनकी पत्नी से भेंट की जिन्हें वे उन सबमें प्रमुख मानते थे जो उनके विश्वासपात्र थे (विस्सासिकानं अग्गट्ठाने ठपेसि) ।

कौशांबी में वत्सराज का दान (घोसिताराम पारिलेय्यकवन) : नवाँ वर्षावास कौशांबी के घोसिताराम विहार में हुआ जिसे वत्सराज उदयन के तीन मंत्रियों में से एक ने प्रदान किया था । उस समय दो महत्त्व की बातें हुईं । किसी ब्राह्मण ने अपनी मानवती कन्या मागंदिया का विवाह बुद्ध से करना चाहा, क्योंकि उसकी दृष्टि में वे ही उसके लिए उपयुक्त वर थे । बुद्ध को यह स्वीकार न था और तब वह राजा उदयन की पत्नी बनी । उसकी एक अन्य पत्नी सामावती थी जो बौद्ध-उपासिका थी । मागंदिया ने अपने तिरस्कार का बदला राजमहल के एक अग्नि-कांड में सामावती की मृत्यु कराकर लिया (सुत्तनिपात, 4/9; धम्मपद अट्ठकथा 1/199-222; उदान 4/10) । दूसरी घटना संघ में पहली फूट थी जो एक भिक्षु के कारण पैदा हुई जिसने अपना अपराध स्वीकार करने से इनकार किया ।

वह नियमों के अनुसार संघ से निकाल दिया गया लेकिन उसने नियमों को भी चुनौती दी। जब बुद्ध इस मतभेद को शांत न कर सके, तब वे भिक्षुओं को वहीं छोड़कर पारिलेय्यकवन में एकांतवास करने के लिए चले गए। अपने इस व्यवहार से भिक्षुओं ने नगर की सहानुभूति खो दी और फिर बुद्ध की खोज करने लगे जो उस समय श्रावस्ती में अपना 10वाँ वर्षावास बिता रहे थे। वहीं उन्होंने उनसे क्षमा-याचना की (विनय 1/337, जातक 3/486, धम्मपद अट्ठकथा 1/53)। उदान (4-5) के अनुसार बुद्ध कौशांबी छोड़कर चले गए क्योंकि वहाँ भिक्षुणी, उपासक और अन्य तीर्थिकों का भभ्भड़ हो गया था।

बेरंजा में अकाल : बेरंजा में, जहाँ बुद्ध ने 12वाँ वर्षावास किया, वहाँ ब्राह्मण बेरंज ने दीक्षित होने के बाद बुद्ध और उनके भिक्षुओं को चातुर्मास मनाने के लिए आमंत्रित किया था किंतु वह उनका आवश्यक आतिथ्य न कर सका, क्योंकि वह अकाल का समय था और उसे अपने घर-गृहस्थी की बहुत-सी बातें देखनी थीं। उस समय 500 अश्व वणिजों पर भिक्षुओं के भोजन का भार आया। तब मोग्गलान ने सोचा कि कुछ सिद्धियों की सहायता से आहार संग्रह किया जाए। जैसा स्वाभाविक था, बुद्ध ने उसको आज्ञा न दी (विनय 3/1-11; जातक 494; धम्मपद अट्ठकथा 2/153)।

रोगी भिक्षु की परिचर्या : श्रावस्ती के न्यग्रोधाराम में 15वाँ वर्षावास बिताते हुए बुद्ध ने महानमान् को, जब वह भद्दिय के भिक्षु हो जाने पर शाक्यसंघ का प्रमुख उत्तराधिकारी बना, एक सूत्र का उपदेश दिया। इस समय भद्दिय के ससुर (सुप्रबुद्ध शाक्य) ने बुद्ध के उपदेश से भद्दिय द्वारा अपनी पुत्री के छोड़े जाने के कारण क्रोधित हो बुद्ध का अपमान किया और मद्यपान करके शरीर-विघात करने का प्रयत्न किया, किंतु तुरंत ही उसका देहांत हो गया (धम्मपद अट्ठकथा 3/44)। राहुल उस समय बीस वर्ष का था; उसे पूरी उपसंपदा दी गई।

एक अन्य हृदयग्राही कथा कही जाती है जिससे बुद्ध की जन-सेवा और मानव-प्रेम सूचित होता है। इसके अनुसार बुद्ध ने श्रावस्ती के तिस्स नामक भिक्षु की, जो दुर्गंधपूर्ण त्वचा रोग से पीड़ित था, स्वयं परिचर्या की। बुद्ध ने अपने हाथ से गरम जल से उसे नहलाया और नए कपड़े पहनाकर भिक्षुओं से कहा, "तुम लोगों के माता-पिता नहीं हैं अतएव तुम परस्पर एक-दूसरे के माता-पिता बनो" (धम्मपद अट्ठकथा 1/319)।

अंगुलिमाल : उनका 20वाँ वर्षावास श्रावस्ती में हुआ जहाँ कई महत्त्वपूर्ण घटनाएँ हुईं। पहली बात अंगुलिमाल डाकू का परिवर्तन था। वह जिसे पकड़ता था, उसकी

'अंगुलियों की माला' बनाकर पहनता था, जिससे उसका यह नाम पड़ा। बुद्ध उससे चालिका के पास वन में मिले और तत्काल उसके हिंस्रस्वभाव में परिवर्तन कर दिया। वह भिक्षु हो गया और जब राजा प्रसेनजित् आए थे, वह बुद्ध के पास बैठा था। राजा यह जानकर कि वह डाकू वहाँ है, भयभीत हो गए, पर बुद्ध ने उन्हें आश्वस्त किया। तब राजा ने उसको वस्त्र और अन्य वस्तुएँ देनी चाहीं, पर अंगुलिमाल ने कहा, "बस, हे राजन, मेरे पास अपने तीन चीवर हैं (ये ही पर्याप्त हैं)" (मज्झिम 2/98; धम्मपद अट्ठकथा 31/69)।

आनंद : दूसरी बात यह हुई कि बुद्ध ने आनंद को अपना निजी शरीर-परिचारक नियुक्त किया। अब तक भिक्षु बारी-बारी से बुद्ध का चीवर पात्र लेकर परिचर्या करते थे। एक बार नागसमाल नामक परिचारक एक चौराहे पर पहुँचकर जिधर बुद्ध की इच्छा थी उधर न जाकर अपने मन से दूसरी ओर चला गया और उनके पात्र और चीवरों को वहीं फेंक गया जिन्हें लुटेरे झपट ले गए। दूसरे समय एक परिचारक ने भी उनकी आज्ञा न मानकर आम्रोद्यान में ध्यान लगाना चाहा, जिसके लिए वह अपने पापी विचारों के कारण अभी योग्य न बना था। अतएव बुद्ध ने कहा कि अपनी वृद्धावस्था के लिए उन्हें विश्वसनीय परिचारक की आवश्यकता है। सारिपुत्त ने तुरंत खड़े होकर अपनी सेवाएँ अर्पित कीं, पर बुद्ध ने स्वीकार नहीं किया, क्योंकि उसे और भी काम करने थे। तब मोग्गलान उठे और बारी-बारी से 80 प्रमुख शिष्यों ने अपनी सेवाएँ अर्पित कीं, परंतु बुद्ध ने आनंद को चुना जो आज्ञा की प्रतीक्षा में चुपचाप बैठा था। आनंद ने कुछ शर्तों के साथ इसे स्वीकार किया, जिन्हें बुद्ध के प्रति अपनी भक्ति के कारण ही उसने प्रकट किया। ये शर्तें इस प्रकार थीं—वह उन वस्तुओं को अपने लिए कभी स्वीकार न करेगा जो स्वयं बुद्ध के निमित्त दी गई थीं, जैसे सूक्ष्मवस्त्र, विशेष भिक्षा, गंधकुटी; व्यक्तिगत आमंत्रण के समय उसे बुद्ध के साथ जाने का अधिकार होगा; वह भेंट के लिए आए हुए व्यक्तियों को बुद्ध के पास पहुँचाया करेगा; बेरोक-टोक बुद्ध के पास पहुँच सकेगा और बुद्ध जो उपदेश उसकी उपस्थिति में देंगे, उसे वह उनकी सन्निधि में दोहरा सकेगा।

श्रावस्ती : धर्म-प्रचार की कहानी यहाँ आकर खंडित हो जाती है। जैसा बुद्धवंस की अट्ठकथा में लिखा है, जिसमें इन वर्षावास का उल्लेख आता है, बुद्ध इसके बाद स्थायी रूप से श्रावस्ती में रहने लगे। वे कभी जेतवन विहार में और कभी पूर्वाराम विहार में ठहरते थे।

देवदत्त : संभवतः बुद्ध के जीवन का एक ही अप्रिय प्रसंग है जिसका संबंध उनके चचेरे भाई देवदत्त के विरोध और ईर्ष्या से है। देवदत्त की कहानियाँ पृथक्-पृथक् प्रकार से पाई जाती हैं। कुछ का कहना है कि उन दोनों में प्रेम और बल-प्रदर्शन की क्रीड़ाओं को लेकर यौवनोचित स्पर्द्धा उत्पन्न हो गई थी। पालि

उल्लेखों के अनुसार वह आरंभ में बुद्ध का अनुगत था और वे अपने प्रमुख 11 शिष्यों में उसकी गिनती करते थे। केवल एक बार इनमें उसके दुष्ट भावों की ओर संकेत किया गया है (संयुत्त 2/156)। उसके धर्म छोड़कर अलग हो जाने की बात विनय में (2/196) और बाद के ग्रंथों में (जातक 5/333; धम्मपद अट्ठकथा 1/133) एवं अंगुत्तर में अंश रूप में दी गई है (2/73; 3/123, 402; 4/160)।

देवदत्त का विचार था कि तप द्वारा उपार्जित सिद्धियों का प्रदर्शन करके पहले अजातशत्रु को अपने पक्ष में लाया जाए। दूसरे, उसे आशा थी कि बुद्ध वृद्धावस्था के कारण संघ के नेतृत्व से अलग हो जाएँगे और वह संघ का नेता बनेगा। बुद्ध उस समय 72 वर्ष के थे, पर सारिपुत्त और मोग्गलान-जैसे शिष्यों को भी वे संघ का भार सौंपने को तैयार न थे, देवदत्त जैसे दुष्ट की तो बात ही क्या थी। इससे देवदत्त उनका प्रकट विरोधी बन गया और तब बुद्ध ने यह घोषणा कराई कि उनका और उनके संघ का देवदत्त के किसी कार्य से कुछ भी संबंध न रहेगा। तब देवदत्त ने बुद्ध को मार डालने का षड्यंत्र रचा और अजातशत्रु ने अपने पिता बिंबिसार के वध का। पहला षड्यंत्र कई बार प्रयत्न किए जाने पर भी असफल रहा, पर दूसरा सफल हो गया। दीघ-निकाय (2/72) में अजातशत्रु पश्चात्तापपूर्वक कहते हैं, ''राज्य के लिए मैंने अपने धर्मात्मा पिता और धर्मात्मा राजा के प्राण लिए!'' किंतु विनय के अनुसार बिंबिसार ने यह जानकर कि उनका पुत्र उनके प्राण लेना चाहता था, स्वयं उसे राज्य दे दिया। तब देवदत्त ने खुलेआम संघ में फूट डालने की कोशिश की। उसका आग्रह था कि भिक्षुओं के लिए और भी कड़े नियम बनाए जाएँ, जैसे भिक्षु केवल वन में रहें; वे वृक्षमूल में आश्रय लें, छत के नीचे नहीं; भिक्षा से निर्वाह करें, निमंत्रण स्वीकार न करें; वे चीथड़ों (पांसुकूल) का चीवर पहनें, उपासकों के दिए हुए वस्त्र नहीं; मांस या मत्स्य का भोजन न करें। बुद्ध ने कहा कि ये नियम ऐच्छिक थे, आवश्यक नहीं। इससे देवदत्त ने बुद्ध की निंदा फैलाई कि वे विलासी जीवन के पक्षपाती हैं। इसने अपने सहयोगी कोकालिक के साथ वैशाली से 500 नए भिक्षुओं का समुदाय इकट्ठा किया और संघ बनाकर उपदेश देने लगा। बुद्ध ने सारिपुत्त और मोग्गलान से वहाँ जाकर सुनने को कहा। जब वह थक गया तब सारिपुत्त से संघ के समक्ष उपदेश करने की बात कहकर स्वयं सो गया। जागने पर उसने देखा कि उसके सब भिक्षु सारिपुत्त के पक्ष में चले गए थे।

अजातशत्रु : अजातशत्रु के विषय में हम पहले देख चुके हैं कि अपने पिता के वध का पश्चात्ताप करते हुए उसने छह अन्य तीर्थिक आचार्यों से शांति प्राप्त करनी चाही, जिनमें गोशाल और महावीर भी थे, पर अंत में राजवैद्य जीवक की सलाह से बुद्ध की शरण में आने पर उसे शांति मिली।

जीवक : अपने आयुर्वेद के ज्ञान और बुद्ध के प्रति निष्ठा के कारण जीवक सँघ का आभूषण था। वह बाल-रोगों का विशेषज्ञ था और कोमारभच्च कहलाता था। उसकी माता राजगृह की गणिका सालावती ने जन्म के बाद उसे घूरे पर फेंक दिया था; वहाँ से बिंबिसार के पुत्र राजकुमार अभय ने उसे प्राप्त कर उसका लालन-पालन किया और अध्ययन के लिए तक्षशिला भेजा। सात वर्ष तक उसने तक्षशिला में आयुर्वेद का अध्ययन किया और नगर के चारों ओर एक योजन तक स्वयं घूमकर औषधियों का साक्षात ज्ञान प्राप्त किया। उसके अध्ययन-काल की समाप्ति का निर्देश करते हुए आचार्य ने कहा, ''प्रिय जीवक ! तुम विद्याध्ययन कर चुके, जीविकोपार्जन के लिए इतना यथेष्ट है।'' तब उसने घर के लिए प्रस्थान किया। मार्ग में उसने साकेत में एक धनी व्यापारी की स्त्री की चिकित्सा की और वृत्ति के 16,000 कार्षापण लिए। फिर उसने भगंदर रोग से राजा बिंबिसार की चिकित्सा एक बार के लेप से की। राजा बिंबिसार ने उसे अपना राजवैद्य और बुद्ध एवं संघ का वैद्य नियुक्त किया। उसने शल्यक्रिया द्वारा राजगृह के एक महाधनी व्यापारी को भी रोगमुक्त किया और उसे एक-एक सप्ताह तक एक-एक करवट से लिटाए रखा और फिर एक सप्ताह तक पीठ के सहारे सीधा लिटाए रखा। वृत्ति में उसे 2 लाख कार्षापण मिले। बनारस के एक व्यापारी के पुत्र के आंत्रसंमूर्च्छन (जिसमें आँतें उलट जाती हैं) रोग की चिकित्सा के लिए उसे बुलाया गया। शल्यक्रिया से उसने आँतों को ठीक कर दिया और उसे 16,000 कार्षापण मिले। राजा पज्जोत (प्रद्योत) के पांडुरोग की चिकित्सा के लिए उसे उज्जैनी बुलाया गया। वहाँ से उसके लिए बहुमूल्य सिवेय्यक (शिबिजन-पद का बना हुआ वस्त्र) आया जिसे उसने बुद्ध को दे दिया। इसी समय बुद्ध उदर रोग से पीड़ित हुए। पहले उसने वसा का उपचार बताया जिसे आनंद ने कुछ दिन तक बुद्ध के शरीर पर मला, और तब उसने विरेचक औषधि-परिभावित[1] तीन कमल बुद्ध के सूँघने के लिए दिए और उन्हें तब तक द्रव भोजन पर रखा जब तक वे रोग-मुक्त न हो गए (विनय, प्राची पु. मा.,17/171-195)।

अंतिम समय और बीमारी : अपने जीवन के अंतिम दिनों तक बुद्ध अपनी विहार-यात्रा और उपदेशों के कार्यक्रम का पूरा निर्वाह करते रहे। अपने 79वें वर्ष में वे राजगृह में थे और वहाँ से अंबलट्ठिका, नालंदा होते हुए पाटलिग्राम को चले जहाँ अजातशत्रु गंगा के उस पार लिच्छवियों को जीतने के विचार से एक दुर्ग की नींव रख रहा था। यहाँ बुद्ध ने भविष्यवाणी की, ''जहाँ तक आर्यजनों का आयतन है, जहाँ तक वणिक-पंथों का विस्तार है, यह पाटलिपुत्र सबमें अग्र नगर होगा''

1. चरक में कल्पस्थान में यह योग दिया हुआ है कि सायंकाल बंद होने से पूर्व कमल में विरेचक औषधि रख दी जाए, जिसे प्रातःकाल सूँघने से रोगी को विरेचन हो जाता है (चरक कल्पस्थान 1/19)

(महापरिनिब्बान सुत्त)। इसके बाद वे नगर के बाहर एक द्वार से होकर निकले जिसका नाम गौतम द्वार रखा गया और गौतमतित्थ नामक घाट पर गंगा पार करके वैशाली पहुँचे। वहाँ पास के वलुगाम में वे कठिन रोग से पीड़ित हुए और भविष्यवाणी के रूप में बोले, ''आज से तीन महीने बाद तथागत का अंत हो जाएगा।'' वैशाली से चलकर भंडगाम, हत्थिगाम, अंबगाम, जंबुगाम और भोजनगर होते हुए पावा आए और वहाँ चुंद कम्मारपुत्त (लुहार) के अंबवन में ठहरे। वहाँ चुंद ने अनेक प्रकार की खाद्य भोजनीय सामग्री तैयार कराकर बहुत-सा सूकरमद्दव भी भगवान के सामने रखा, वही उनका अंतिम भोजन हुआ। भगवान ने कहा, 'हे चुंद! सूकरमद्दव मुझे परोसो और खादनाय भोजनीय सामग्री भिक्षु-संघ को दो!' प्राचीन टीकाकारों के अनुसार सूकरमद्दव सूअर का मुलायम स्नेह मिला हुआ मांस था, पर अन्य के अनुसार वह एक प्रकार की वनस्पति थी, जिसे सूअर खोदकर खाते हैं या छत्रक (कुकुरमुत्ता) का नाम था जो सूअरों की माँद के पास उगता था या कोई उपसेचन (भोजन में स्वाद उत्पन्न करने के लिए मिलाया जाने वाला) पदार्थ था (उदान अट्ठकथा 1/399)। भोजन के बाद बुद्ध के पेट में कड़ी पीड़ा होने लगी, रक्त के दस्त होने लगे और उन्हें मरणांतक वेदना सताने लगी। उसे सहन कर वे कुसिनारा की ओर चले।

पावा से कुसिनारा : मार्ग में एक वृक्ष के नीचे रुककर उन्होंने आनंद से कहा—''आनंद, इस संघाटी की चार तह करके बिछाओ, मैं थक गया हूँ, बैठूँगा। आनंद, मेरे लिए पास की ककुत्था नदी से पानी ले आओ, मैं प्यासा हूँ, पिऊँगा।'' उसी समय 500 शकटों ने नदी पार करके उसके पानी को गंदला और मैला कर दिया था। आनंद कुछ देर करके नदी पर गए; तब तक पानी निथर गया था। यहाँ मल्लपुत्त पुक्कुस, जो आलार कालाम का शिष्य था, उनसे मिलने आया और उनका शिष्य हो गया। उनको बुद्ध ने यह कथा सुनाई—''हे पुक्कुस, एक बार मैं आतुमा ग्राम में विहार कर रहा था, उस समय मेंह बरसने लगा, बादल गड़गड़ाने लगे और बिजली चमकने लगी। बिजली गिरने से कई किसान और बैल मर गए। लोगों की भीड़ इकट्ठी हो गई, पर मुझे किसी चीज का भी भान न हुआ; इस प्रकार की मेरी समाधि थी।''

नदी में स्नान करके बुद्ध ने एक अंबवन में फिर विश्राम किया और सोचा कि उनका अंत होने पर कहीं लोग चुंद को दोष न दें कि उसने ही रोग उत्पन्न करने वाला भोजन बुद्ध को खिला दिया; अतएव उन्होंने आनंद से कहा कि चुंद का दिया हुआ भोजन ही तथागत के भौतिक शरीर का अंतिम भोजन होना निश्चित था, और उससे उन्हें कष्ट का विपाक भी मिलना था।

अंतिम शब्द : बुद्ध उठे और हिरञ्ञजवती नदी पार करके कुसिनारा पहुँचे जहाँ मल्लों के सालवन में उन्होंने अंतिम विश्राम किया। उन्होंने कहा, ''आनंद, आओ, मेरे लिए उत्तर की ओर सिर करके मंच तैयार करो, मैं क्लांत हूँ, लेटूँगा।'' भिक्षु उपवाण उन्हें पंखा झलने लगे। तब बुद्ध ने आनंद से कहा कि जाकर कुसिनारा के मल्लों को हमारे अंत समय की सूचना दे दो। उसे सुनकर मल्ल अपने स्त्री-पुत्रों सहित ठट्ठ-के-ठट्ठ सालवन में जमा हो गए और आनंद ने एक-एक व्यक्ति का परिचय न कराकर एक-एक कुल का परिचय कराया, क्योंकि वे बहुत थे। इसी बीच कुसिनारा के परिव्राजक सुभद्द ने बुद्ध से दीक्षा लेकर अंतिम उपदेश ग्रहण किया। तब बुद्ध ने उपस्थित भिक्षुओं से कहा, ''हो सकता है भिक्खुओ, किसी भिक्खु के मन में कोई शंका या संदेह रह गया हो। भिक्खुओ, उसे पूछ लो; किसी के मन में पीछे ऐसा न हो कि हम शास्ता के रहते न पूछ सके।'' ऐसा कहने पर सब भिक्षु चुप रहे। दूसरी बार फिर, तीसरी बार फिर भी पूछा, और तब अंतिम बार बोले, ''हे भिक्खुओ, इस समय आज तुमसे इतना ही कहता हूँ, जितने संस्कार (संयोजित पदार्थ) हैं, सब नाश होनेवाले हैं; प्रमाद-रहित होकर अपना-अपना कल्याण करो (हदं दानि भिक्खवे, आमंतयामि वो, वयधम्मा संखारा, अप्पमादेन, सम्पादेथा ति)।''

अंतिम दृश्य : उपस्थित भिक्षुओं में अनुरुद्ध भी थे, जो विलाप करते हुए समुदाय को सांत्वना देने लगे। महाकस्सप पावा से अपने भिक्षु संघ के साथ आ रहे थे, मार्ग में एक आजीविक भिक्षु से उन्होंने बुद्ध की मृत्यु का समाचार सुना।

मल्ल लोग गंधमाला, संगीत और वस्त्रों के साथ भगवान् के शरीर के प्रति सम्मान प्रदर्शित करने के लिए आए। चितादाह के बाद उन्होंने फूलों पर सुगंधित जल छिड़का और एक सप्ताह तक अपने संघागार में धनुषों का प्राकार और शक्तियों का पंजर रचकर उनके मध्य में भगवान की शरीर-धातुओं को रखा।

तब भगवान की शरीर-धातुओं का भाग लेने के लिए आठ दावेदार आए और प्रत्येक ने उन पर स्तूप रचने की बात कही। उनके नाम पहले दिए जा चुके हैं।

बुद्ध के वास्तविक अवशेष : पुरातत्त्व की खुदाई में कुछ ऐसे स्तूप मिले हैं जिनमें बुद्ध के अवशेष प्राप्त हुए हैं जिससे ग्रंथों में वर्णित बातों की सत्यता सूचित होती है। 1898 ई. में पिपी साहब ने नेपाल की सीमा के समीप पिपरहवा ग्राम के स्तूप की खुदाई की, और उसके भीतर पत्थर की मंजूषा में रखी हुई कई छोटी मंजूषाएँ प्राप्त कीं जिनमें रत्न-पुष्प आदि के अतिरिक्त कुछ फूल या अस्थियाँ भी थीं। और उससे भी रोचक बात यह है कि पत्थर की एक मंजूषा के ढक्कन के किनारे के चारों ओर अशोककालीन ब्राह्मी लिपि में यह लेख लिखा था, ''सुकिति भतिनं

सभगिनिकनं सपुतदलनं इयं सलिल-निधन बुधस भगवते सकियनं" = भगवान बुद्ध की शरीर-धातुओं का यह निधान सुकृति (सुंदर कीर्ति) शाक्यों के भ्राता, भगिनिपुत्र और स्त्रियों के द्वारा स्थापित किया गया; जिसका अर्थ है कि वह स्तूप समस्त शाक्य-संघ के स्त्री-पुरुष और बालकों की ओर से बुद्ध के पवित्र अवशेषों पर बनाया गया था।

लेख के अर्थ और काल के विषय में मतभेद है, जो उसकी लिपि के आधार पर अशोककालीन हो सकता है, किंतु उन शरीर-धातुओं के बुद्ध के होने में संदेह नहीं करना चाहिए।

पेशावर के पास 'शाह जी की ढेरी' स्थान पर एक स्तूप की खुदाई हुई थी, जिसमें एक धातु-गर्भ मंजूषा प्राप्त हुई थी जिसके भीतर स्फटिक की षट्कोण डिब्बी निकली थी। उसमें तीन छोटी अस्थियाँ थीं, जिनके विषय में माना गया है कि वह कनिष्क द्वारा स्तूप में रखा हुआ असली अवशेष है। श्यूआन चुआङ ने लिखा है कि वे बुद्ध की शरीर-धातुएँ थीं (भारतीय पुरातत्त्व वार्षिकी, 1908-09, पृ. 49)। मंजूषा के ऊपर कनिष्क का नाम उत्कीर्ण है।

श्री जॉन मार्शल को 1913-14 में तक्षशिला में कुछ और भी अवशेष मिले थे जो उन्होंने सिंहल के भिक्षुओं को प्रदान कर दिए। अवशेष-सदन स्तूप की नींव से भी छह फुट नीचे मिला था। उस सदन में राजा मोअस और एजस प्रथम के 4 सिक्के और सेलखड़ी की एक मंजूषा मिली थी। मंजूषा के भीतर तक्षशिला के प्राचीन स्तूपों के आकार की सोने की छोटी डिब्बी थी और उस डिब्बी में अस्थिधातु रखी मिली।

बाद में श्री मार्शल को तक्षशिला के चीर-ढेरी नामक टीले के धर्मराजिक स्तूप से संबंधित कुछ स्थानों में और भी अवशेष प्राप्त हुए। इनमें से एक में सेलखड़ी पत्थर का एक पात्र मिला जिसमें चाँदी के एक बरतन में चाँदी की एक पतली कुंडलित पट्टी और सोने की डिब्बी में छोटी अस्थियाँ मिली थीं जो कि (एजस प्रथम के 136वें वर्ष के) लेख के अनुसार भगवान (बुद्ध) की ही शरीर-धातुएँ थीं।

अभी हाल में गुंटूर जिले के नागार्जुनी कोंडा के स्तूप में बुद्ध के कुछ अवशेष मिले थे। नागार्जुन माध्यमिक संप्रदाय के संस्थापक और महायान बौद्ध के मानने वाले थे जो द्वितीय शती ई. के लगभग हुए। अस्थियाँ सोने की पौन इंच गोल डिब्बी में रखी थीं। स्तूप के इर्द-गिर्द बने हुए अन्य हिस्सों में उत्कीर्ण लेखों में उस स्तूप को 'महाचेतिय' कहा गया है, जो भगवान बुद्ध की श्रेष्ठ शरीर-धातुओं से सुरक्षित (धातुवर-परिगहित) था, अतएव अवश्य ही वह स्तूप भगवान बुद्ध की शरीर-धातुओं की प्रतिष्ठा के लिए बनवाया गया था (एपिग्रेफिया इंडिका, 20, 1-37)। वे अवशेष उसी जिले में भट्टिप्रोलु नामक स्थान के समीप पाए गए थे, जहाँ के स्तूप में बहुत पहले 1892 ई. में कुछ अवशेष मिले थे।

सांख्य, जैन, योग आदि प्राक्कालीन दर्शनों का बौद्ध-धर्म पर ऋण : धर्म और दर्शन के रूप में बौद्ध धर्म के जो सिद्धांत, क्रियाएँ और अभिमत हैं उनका विवेचन इतिहास-ग्रंथ के क्षेत्र से बाहर है । फिर भी सामान्य रूप से इतना कहा जाता है कि बौद्ध धर्म अपनी पूर्ववर्ती ब्राह्मण-विचारधारा का बहुत अंशों में परिणाम था । कर्मकांड से पृथक् जीवन पर इतना गौरव देने के कारण इसे नया समझा जाता था, किंतु इस विषय में भी कुछ उपनिषदों में पहले ही इस प्रकार के विचार आए हैं, जिनके अनुसार, जैसा कहा जा चुका है, आत्मा का ज्ञान, जो कि एकमात्र अंतिम तत्त्व है, वेद और यज्ञों से ऊपर है। विशेषतः याज्ञवल्क्य ऋषि के उपदेश पूर्वकालीन होते हुए यही प्रतिपादन करते हैं और उनके अनुसार न केवल आत्मा और ब्रह्म अभिन्न हैं, बल्कि उस एकता या आत्मज्ञान को पुनर्जन्म या आवागमन के लोकों में फैले हुए क्रमिक मार्ग यान के रूप में अंकित किया गया है (वृ. उप. 4-4/8) ।[1]

बौद्ध-धर्म की कुछ बातें जैन-धर्म में पहले ही आ चुकी थीं जो उससे लगभग एक पीढ़ी पहले हुआ, जैसा पहले कहा जा चुका है । जैन-धर्म और बौद्ध-धर्म दोनों इस विषय में एकमत हैं कि जान-बूझकर किए कर्मों से नियत कर्म-फल को बदला जा सकता है और बदलना चाहिए एवं अहिंसा के सिद्धांत में भी दोनों एकमत हैं । यह समझा जाता है कि बौद्ध-धर्म ब्राह्मण-विचारों की उस धारा से बहुत प्रभावित हुआ जिसे सांख्य कहते हैं, जिसके संस्थापक मथुरा के कपिल मुनि थे । जैकोबी का तो यहाँ तक कहना है कि बौद्ध-दर्शन सांख्य[2] से ही निकला है । पूर्व-कालीन परिस्थितियों की, जिन्होंने बौद्ध-धर्म को प्रभावित किया, एक विशेषता योगमत या ध्यान (पालि में झान) की साधना भी थी ।

संस्कृत और पालि ग्रंथों में श्रमण : बौद्ध-धर्म का मोक्ष-मार्ग अन्य मोक्षमत का उपदेश देने वाले शास्त्रों में पूर्वकल्पित हो चुका था, जिसके विषय में भारतवर्ष में उस समय भी वैसी ही विशेष रुचि थी जैसी अब है । बौद्धों के पूर्वज अचेलक,

---

1. अणुपंथा विततः पुराणो···तेन धीरा अपियन्ति ब्रह्मविदः स्वर्ग लोकमित ऊर्ध्व विमुक्ताः ।

2. यह अतिरंजित मत है । दोनों दर्शनों में साम्य और भेद की बातें हैं । साम्य की मुख्य बातें हैं :1. मूल तत्त्व का तर्काश्रयी शैली की रीति से प्रतिपादन, जैसे बौद्धों का पटिच्चसमुप्पाद सिद्धांत और सांख्यों का विकासवाद सिद्धांत, जिसके अनुसार प्रकृति से तन्मात्राओं तथा महाभूतों आदि का विकास कहा जाता है: 2. दुःख और अनित्यता का सिद्धांत (जैसे सांख्य का "दुःखत्रयाभिघातात् जिज्ञासा तदवघातके हेतौ", और बौद्धों के "अनिच्च दुःख अनत्ता"; 3. मोक्ष का मार्ग, जो आतरिक साधना पर निर्भर है, न कि देवता की कृपा और न किसी अदृष्टफल के सिद्धांत पर । उनमें मुख्य भेद ये हैं कि सांख्य पुरुष और प्रकृति को दो मानता है पर बौद्ध-धर्म के अनुसार वे एक हैं । रूप वेदना आदि स्कंधों की भी एकता नहीं है जिन्हें बौद्ध मानते हैं और सांख्य-दर्शन में जिनकी कल्पना नहीं है ।

निगंठ और आजीवक थे जिन सबका उद्देश्य मुक्ति या मोक्ष या विमुक्ति की प्राप्ति था । जो व्यक्ति उसे प्राप्त कर लेने पर शांति-लाभ करता था वह श्रमण (पालि में समण) कहलाता था, जिसका मूल अर्थ था श्रम करनेवाला, पर पीछे जिसका अर्थ हुआ 'जिसने श्रम किया है, और फल प्राप्त किया है ।' समाज में श्रमण संस्था बौद्ध-धर्म से पहले विद्यमान थी । यह शब्द सर्वपथम बृहदारण्यक में आता है (4-3-22) । पालि-ग्रंथों में उसका बहुत प्रयोग हुआ है, विशेषतः समण-ब्राह्मण । इस पद में जो उस समय के धार्मिक जगत् का पूरा चित्र खींचता है. बुद्ध को प्रायः समण गोतम कहा है । यह शब्द साधारण भिक्खु या माँगने वाले का वाचक बन गया । उसी से निकले हुए सामणेर शब्द का अर्थ था नौसिखिया भिक्खु । किंतु ब्राह्मण-ग्रंथों में पहले जिस श्रमण का उल्लेख है, वह सच्ची त्यागवृत्ति में कहीं अधिक बढ़ा हुआ था, जैसा पूर्व में कहा गया है । वह दर-दर भीख माँगने वाला और भिक्षा से पेट पालने वाला भिखारी न था । वह वन के कंद-मूल-फल खाकर बस्ती से दूर रहता था और उसके लिए ग्राम-प्रवेश निषिद्ध था । ऐसे भिक्षु के लिए बहुत ठंडे प्रदेश में जीवित रहना संभव न था । उसे ऐसी जलवायु की आवश्यकता थी जहाँ वह प्राणि-हिंसा के बिना अपना पालन कर सके और वस्त्रों तथा आवास के अभाव में क्षीण न हो ।

पालि पिटकों में समण इस प्रकार का तपस्वी-भिक्षु न रहकर भिक्षा माँगने वाले का रूप ग्रहण कर लेता है । फिर भी उसे अपने आत्म-त्याग के लिए जनता से सम्मान और पोषण मिलता था; ब्राह्मण-पद्धति की तरह यह त्याग समय और काल की प्रतीक्षा न करता था । इस प्रकार 'सुत्त' और 'विनय' में उपासक द्वारा समण को दान देने की प्रथा एक संस्था ही बन गई थी, पर ब्राह्मण समाज पात्र लेकर भिक्षा माँगने वाले ऐसे लोगों को अच्छा न समझता था, क्योंकि समय के पूर्व से ही ये अपने समग्र जीवन और उत्तरदायित्व का त्याग कर देते थे । सावत्थी के एक ब्राह्मण गृहपति ने बुद्ध को भी, जब वे उसके यहाँ भिक्षा माँगने आए, इन शब्दों से धिक्कारा, ''ओ मुंडक, वहीं ठहरो ! हे समणक, वहीं ठहरो ! हे वसलक (वृषक-पतित), वहीं ठहरो !'' (संयुत्त 1/162) ।

ब्राह्मण-धर्म का कम प्रचार होने से प्राच्य भारत में बौद्ध-धर्म की वृद्धि : सत्य यह है कि बौद्ध-धर्म का प्राच्य भारत में अधिक प्रचार हो रहा था क्योंकि वहाँ ब्राह्मण-धर्म का उतना प्रभाव न था अथवा उस प्रदेश में ब्राह्मण-संस्कृति का मानदंड और प्रभाव उत्तर-भारत के पश्चिमी भागों की अपेक्षा हीनतर था । इसलिए हम उस खंडन को मान सकते हैं जो, उदाहरण के लिए, तेविज्ज सुत्तंत (दीघ. 13) में ब्राह्मणों के सामान्य नीति-विषयक आचार के विषय में किया गया है या सगाथवग्ग (संयुत्तनिकाय) में दक्षिणा को लेकर उनके मंत्रजप के विषय में कहा

गया है। संभवतः पूर्व में भी थोड़े ही लोग इस प्रकार आचार में शिथिल और अयोग्य थे। संयुत्तनिकाय (4/171) में उल्लेख है कि कई ब्राह्मण खेत जोतते और कृषि का प्रबंध करते थे जो वैश्यों का काम था। पर इसके लिए उन्हें निंदित न माना जाता था। बौद्ध-ग्रंथों में और अशोक के लेखों में भी आदर्श सदाचारी पुरुष को ब्राह्मण कहा गया है और यह शब्द अभी तक अपना प्रतिष्ठित अर्थ बनाए हुए था। इसके मुकाबले उधर उच्चसाधुता का वाचक अर्हत् शब्द भी व्यवहार में आने लगा था।[1]

बुद्ध का मानवरूप : अंत में हम मानवरूप में बुद्ध की महत्ता का कुछ अनुमान करें, न कि बौद्ध-धर्म के संस्थापक के रूप में, जिसका मानव-जाति का पंचमांश अनुयायी है। उस महत्त्वशालिनी मानवता की कल्पना का आधार उनकी कुछ उक्तियाँ और वे कहानियाँ हैं जो उनकी मृत्यु के पीछे ग्रंथ-रूप में संकलित हुईं।

जीवनचर्या : बुद्ध का विवाह 16 वर्ष की आयु में हुआ था। इनके एकमात्र पुत्र का जन्म वैवाहिक जीवन में 12 वर्ष के बाद हुआ। जब वे सब भाँति सुखी थे, तब 29 वर्ष की आयु में उन्होंने संसार त्याग दिया। छह वर्ष तक उन्होंने कठोर तपश्चर्या की और 35 वर्ष की आयु में बुद्धत्व या संबोधि प्राप्त की। 35 की आयु से 80 वर्ष की आयु तक, जब उनकी मृत्यु हुई, 45 वर्ष निरंतर उन्होंने अपने-आपको पूर्णतः सक्रिय समाज-सेवा और धर्म-प्रचार में लगाया।

आरंभिक निर्बलताएँ : मानवजीवन की साधारण कमजोरियों से ऊपर उठकर बुद्ध कमल के समान पूर्णत्व में विकसित हुए। आरंभ से ही वे उन निर्बलताओं से, जो शरीरधारियों में होती हैं, ऊपर न थे। साधारण मनुष्यों की भाँति त्याग और तप की स्थिति सरलता से ही उन्हें प्राप्त नहीं हो गई। उन्होंने स्वयं स्वीकार किया—"भिक्खुओ! संबोधि प्राप्त करने से पहले मैं भी जन्म, वृद्धि, जरा, रोग और मृत्यु, दुःख और अस्रवों के वशीभूत था, मैं भी उन्हीं वस्तुओं को ढूँढता था जो इन्हीं के वशीभूत हैं जैसे कि स्त्री और बच्चे, दास और दासियाँ, भेड़ और बकरियाँ, कुक्कुट, शूकर, हाथी, पशु, अश्व, बड़वा, सोना और चाँदी! मैंने सोचा, क्या ही अच्छा हो यदि मैं जन्मरहित, जरारहित, रोगरहित, मृत्युरहित और पापरहित अनुपम उस स्थिर वस्तु को प्राप्त कर लूँ जिससे अविद्या का नाश हो सके? और हे भिक्षुओ! कुछ समय बाद मैं जब आयु के उठान पर ही था, दीप्तवर्ण, भौंराले केशों से भद्र यौवन का उपयोग कर रहा था, प्रथम यौवन के उन वर्षों में मैं रोते-बिलखते माता-पिता की इच्छा के विरुद्ध केशश्मश्रु काटकर, चीवर पहनकर घर से अनागरिक अवस्था को प्राप्त हुआ।" और पुनः, "पूर्ण संबोधि प्राप्त करने के पहले मैंने स्पष्ट ही कामनाओं से उत्पन्न होनेवाला दुःख समझ लिया

1. श्रीमती राइस डेविड्स-कृत 'शाक्य और बुद्धिस्ट रिलिजन', अध्याय 2।

था, पर कामनाओं से पृथक् किसी उच्चत्तर सुख को न पाने से मैं नहीं समझता था कि कैसे उनका पीछा छोड़ूँ ?'' (मज्झिम, 1/91आदि)।

भिक्षु का भोजन : भिक्षु होने के बांद जो पहला भोजन उन्हें मिला, वे उसे मुश्किल से खा सके। ''जान पड़ता था कि उनकी आँतें उलटी होकर मुख से बाहर निकल आएँगी, क्योंकि उस प्रकार का भोजन उन्होंने कभी देखा तक न था।'' पर अपने को समझा-बुझाकर ऐसे निंद्य भोजन के विरुद्ध मानसिक क्लेश को उन्होंने किसी प्रकार जीत लिया।

एकांतवास का भय : इस नए जीवन में उनके सामने दूसरा प्रश्न एकांतवास और उसमें लगनेवाले भय का था। उन्होंने स्वयं उसका वर्णन यों किया है, ''जंगल में रहनेवाले के लिए एकांत जीवन बिताना और उस एकांत देश में सुखी होना कितना कठिन है ! अवश्य ही वे एकांत-वनखंड उस भिक्षु के लिए बहुत भारी होते हैं, जिसने अभी तक अपने मन को एकाग्र करना नहीं सीखा। ... उसे मृत्यु का भय और दारुण त्रास ग्रस लेते हैं।'' जिनसे छुटकारा पाने के लिए ''उसे वन के एकांत श्मशानों में पेड़ों के नीचे अत्यंत भयंकर और डर के स्थानों में रात बितानी चाहिए ... और जब मैं वहाँ ठहरता, कभी कोई हिरन आ निकलता, कभी किसी पक्षी के कारण शाखा टूटकर सामने गिरती और कभी हवा से पत्तियाँ खड़-खड़ करने लगतीं और मैं चौंककर सोचता, 'वह देखो अब आया—वह डरावना, भयंकर भय ... आना ही चाहता है', किंतु ऐसी स्थिति में न तो मैं चुप खड़ा होता, न बैठता, और न लेट जाता। अंत में बराबर टहलते हुए मैंने उस भय और भयावने त्रास को जीतकर ही छोड़ा।''

पॉल डाह्वके ('बुद्धिस्ट एसेज', पृ. 15) ने ठीक कहा है, ''पहले कभी किसी धर्म-संस्थापक ने ऐसे वचन नहीं कहे। जो ऐसी बात कह सकता है, उसके लिए आवश्यक नहीं कि वह स्वर्ग-सुख का प्रलोभन देकर दूसरों को अपनी ओर खींचे। वह, जो अपने बारे में ऐसी खरी बातें कह सकता है, सत्य के वेग से ही उन लोगों को अपनी ओर खींच लेता है जो मुग्ध होकर उसकी शरण में आते हैं।''

नित्य की दिनचर्या : लगभग अर्धशती तक धर्म-प्रचार का उनका जीवन घोर परिश्रम का जीवन था, जिसमें वे नियमित दिनचर्या का पालन करते थे। प्रातः-काल उठकर वे स्नान करते और वस्त्र पहनकर ध्यान में लग जाते थे, और तब हाथ में पात्र लेकर अकेले या अनुयायियों के साथ भिक्षा के लिए निकलते थे। किसी आतिथेय गृहस्थ के यहाँ भिक्षा करके वे उपदेश देते और अपने स्थान पर लौट आते थे, और इस बात की जिज्ञासा करते थे कि और सब भिक्षुओं ने भोजन किया या नहीं। तब वे ध्यान के लिए विषय बताकर स्वयं भी ''मध्याह्न की उष्णता में ध्यान के लिए'' एकांत में चले जाते। (संयुत्त, 1/146-8)। तीसरे पहर का समय वे सार्वजनिक उपदेश के लिए देते थे। उसके बाद सायंकाल फिर स्नान-ध्यान और

भिक्षुओं को उपदेश देकर ध्यान के लिए एकांत में चले जाते और शयन करते (बुद्धघोष-कृत वर्णन जैसा राइस डेविड्स ने अपने 'अमेरिकन लेक्चर्स' में दिया है)।

भिक्षु, जिसके सामने राजा सिर झुकाते थे : उन्होंने जीवन-भर साधारण भिक्षु की भाँति व्यवहार किया। ''उन दिनों में जब उनका यश चोटी पर पहुँचा हुआ था और सारे देश में उनके नाम की गिनती सर्वोच्च महापुरुषों में होती थी, जिनके सामने राजा भी मस्तक झुकाते थे, कोई भी उन्हें प्रतिदिन हाथ में भिक्षा-पात्र लिए सड़कों और गलियों में द्वार-द्वार भिक्षा माँगते देख सकता था और बिना कुछ कहे, दृष्टि नीचे किए वे चुपचाप प्रतीक्षा करते रहते और जबकि कोई उनके उस पात्र में भोजन के कुछ कौर डाल देता था'' (ओल्डेनबर्ग)। एक बार सिंसपावन के आलवी ग्राम में लोगों ने उन्हें गायों के आने-जाने के मार्ग पर पर्णशैया पर गंभीर ध्यान में बैठे हुए देखा जबकि अत्यंत शीत और पाला पड़ रहा था। ''पशुओं के खुरों से क्षुण्ण भूमि विषम हो गई है, पत्तियों की शैया भी विरल है, भिक्षु का काषाय चीवर भी हल्का है, जाड़े की वायु हड्डियों के पार भेदती है,'' और इस पर भी बुद्ध ने कहा, ''मैं सदा विशिष्ट समवृत्ति रखता हूँ और प्रसन्न रहता हूँ।'' (अंगुत्तरनिकाय का एक सुत्त)।

अतिमानवी विनय : उनकी अत्यंत हार्दिक नम्रता अतिमानवी थी। एक बार भिक्षुओं की अंतिम वार्षिक सभा में विहार-यात्रा पर निकलने से पूर्व भगवान ने तुष्णीम् भाव से बैठे हुए संघ को देखा और भिक्षुओं से कहा, ''भिक्खुओ ! मैं तुम्हारा आह्वान करता हूँ, यदि मुझमें, मेरे वचन और कर्म में कोई त्रुटि तुम देखते हो तो मुझसे कहो'' (संयुत्त 1/190)। पुनः जब एक ब्राह्मण ने उनसे पूछा, ''क्या भदंत गौतम दिन में सोने की आज्ञा देते हैं ?'' तो बुद्ध ने स्पष्ट उत्तर दिया, ''ग्रीष्मकाल के अंतिम मास में, भोजन के उपरांत, भिक्षाचरण से लौटकर मैं स्वीकार करता हूँ कि मैं भी संघाटी की चार तह करके दाहिने पार्श्व से उस पर लेटकर और इंद्रियों को संयत कर सो लेता हूँ।'' वे सदा इस बात का ध्यान रखते कि वे अपने में किसी अतिमानवी गुण होने का निराकरण करें। एक बार उन्होंने अपने शिष्यों से कहा, ''भिक्खुओ ! चार आर्य सत्यों के विषय में प्रज्ञा और सूक्ष्म दृष्टि में कमी होने की त्रुटि से ही तुम और मैं दोनों इतने दीर्घकाल तक संसार के इस घोर मार्ग में भटकते रहे। हमारे भीतर यह दुर्निवार्य भाव उत्पन्न होता है, यही सबसे उत्तम है; इससे आगे कोई व्यक्ति नहीं जा सकता !'' (डाह्वके)।

फल-कथन से घृणा : जैसा कि हम देख चुके हैं, अपने शिष्यों द्वारा सिद्धियों के प्रदर्शन की वे अनुमति न देते थे। उनका कहना है, ''मैं चमत्कारों के प्रदर्शन को भयावह समझता हूँ, इसलिए मैं उन्हें बिलकुल पसंद नहीं करता, उन्हें घृणा की दृष्टि से देखता हूँ और उनकी बात से मुझे लज्जा आती है'' (केवट्टसुत्त)। सब

प्रकार के अंगनिमित्त शकुन या भविष्य-कथन को उन्होंने 'तिरच्छानविज्जा' (= कुत्सित विद्या, ब्रह्मजालसुत्त) कहकर उनकी निंदा की है।

शिष्यों की अपेक्षा सत्य के लिए अधिक चिंतित : वे इस बात के लिए चिंतित थे कि सत्य का प्रचार हो, न कि उनके शिष्यों की संख्या बढ़े। इस बात के इच्छुक थे कि 'बुरी वस्तुओं का निराकरण हो, उन वस्तुओं का जो विकार उत्पन्न करती हैं, पुनर्जन्म का कारण हैं, कष्टदायक हैं, दुःखों का कारण हैं और जन्म, जरा और भविष्य में मृत्यु का कारण बनती हैं। इसके विपरीत जिन वस्तुओं से पवित्रता होती है, उनकी वृद्धि हो, जिनसे पूर्ण, बहुलप्रज्ञा तत्काल यहीं प्राप्त की जा सके', और 'यह सब इसलिए नहीं कि मेरे शिष्यों की संख्या बढ़े।' उन्होंने एक मत-परिवर्तन के इच्छुक व्यक्ति से कहा था, ''जो तुम्हारा आचार्य है, वही अब भी तुम्हरा आचार्य बना रहे।'' उन्होंने उरुवेला कस्सप से, जो अंग और मगध के सब लोगों से सम्मानित थे और राजगृह के 400 जटिलों के नेता थे, कहा कि वह बौद्ध-धर्म ग्रहण करने में पहले अपने शिष्यों को अपने संकल्प की सूचना दे दें (महावग्ग 1/18-20)। लिच्छवि सेनापति सीह को अपना शिष्य बनाने की आज्ञा देने से पूर्व उन्होंने उससे कहा कि अपने पूर्व धर्म-साथियों नाथपुत्त या निग्रंथ जैनों को वह अपना दान-संरक्षण देना न छोड़े, अन्यथा वे असहाय हो जाएँगे (वही 6/31-11)।

शिष्यों द्वारा प्रशंसा के प्रति असहिष्णु : अपने शिष्यों से अपनी प्रशंसा वे न सह सकते थे, चाहे वह कितनी भक्तिपूर्ण हार्दिक हो। एक बार उनके प्रिय शिष्य सारिपुत्त कह उठे, ''भगवन, मेरे अन्दर ऐसी श्रद्धा है कि मेरे विचार में आपसे बढ़कर ज्ञानी और महान् कोई न पहले कभी हुआ, न आगे कभी होगा, न इस समय है।'' बुद्ध ने इस भावावेश का उत्तर अपने स्वाभाविक, शान्त और विनोद के ढंग से दिया, ''अवश्य सारिपुत्त, तुम भूतकाल के सब बुद्धों को जान गए हो ?'' ''नहीं, भगवन्,'' सारिपुत्त ने कहा। ''तुम उन्हें जानते हो जो भविष्य में होंगे ?'' ''नहीं, भगवन् !'' ''तो कम-से-कम मुझे तो तुम जानते हो और मेरे मन की भली प्रकार थाह ले चुके हो ?'' ''वह भी नहीं भगवन् !'' ''तो सारिपुत्त, तुम्हारे शब्द इतने भव्य और साहसपूर्ण क्यों ?'' (महावीर निब्बान, 1/61)।

निंदा से अविचल : वे उसी प्रकार अपनी निंदा और दोषारोपण से अविचल रहते थे। लिच्छवि मुख्य 'सुनक्खत्त' बुद्ध के नियमन में सदाचार का जीवन बिताने में असमर्थ होकर संघ छोड़कर चला गया और वैशाली में लोगों से कहता फिरा कि भगवान् को उन बातों का कुछ भी पता न था जो साधारण मनुष्यों की दृष्टि से बाहर हैं, और उनका सिद्धांत केवल बुद्धि की कतर-ब्योंत और तर्कजाल से उत्पन्न हुआ था (मज्झिम)। सारिपुत्त ने यह बात बुद्ध से कही तो भगवान् ने कहा कि 'सुनक्खत्त ने आवेश में आकर ही ऐसा कहा।' उनका कहना था, ''निंदा किए जाने पर, जो

प्रतिनिंदा नहीं करता, उसे दुहरी विजय प्राप्त होती है," "जिस निंदा का उत्तर नहीं दिया जाता, वह उसी अन्न की तरह है, जो अतिथि द्वारा स्वीकार न किए जाने पर फिर देनेवाले के पास लौट आता है।" उनका एकमात्र ध्यान इस बात पर था कि लोगों को उस सत्य का अनुभव कैसे कराएँ जिससे सब दुःखों का अंत होगा। वह कहा करते थे, "कोई बुद्धिमान व्यक्ति, जो सच्चा, स्पष्टवक्ता और ऋजु स्वभाव का हो मेरे समीप आए तो मैं उसे उपदेश करूँगा... और यदि वह उपदेश के अनुसार आचरण करेगा तो अपने-आपको जानने के लिए और उस उत्तम धर्म तथा लक्ष्य को जानने के लिए, जिसकी प्राप्ति के अर्थ मनुष्य घर छोड़कर अनागरिक जीवन में प्रवेश किया करते हैं, उसे केवल सात दिन लगेंगे" (दीघ. 3/56)।

परिषदों में उनका प्रभाव : बुद्ध की महिमा इससे भी सूचित होती है कि अपने धर्म-प्रचार में प्रतिदिन वह संवाद और उपदेशों में अत्यंत प्रभावशाली भाषण करते थे। इन परिषदों में पूर्ण व्यवस्था रहती थी। राजवैद्य जीवक जब सम्राट अजातशत्रु को पूर्णिमा की रात में एकत्र ऐसी ही एक परिषद् में ले गया, तो वहाँ की निःशब्दता से आशंकित होकर उसने पूछा, "जीवक, कहीं मेरे साथ धोखा तो नहीं कर रहे हो ? कहीं मुझे शत्रुओं के हाथ में तो नहीं सौंप रहे हो ? यह कैसे हो सकता है कि 1250 भिक्षुओं की इस बड़ी परिषद् में कोई शब्द न हो अथवा कोई छींके या खाँसे भी नहीं ?" तूष्णीम् भाव से बैठी हुई निर्मल पुष्करिणी की तरह शांत उस परिषद् को देखकर, राजा ने निःश्वास लेकर कहा, "आह, मेरा पुत्र उदायिभद्द भी कहीं ऐसा ही शांत होता !" (दीघनिकाय, 2)।

वादविवाद में श्रेष्ठता : उनका वादविवाद का ढंग यह था कि वह विरोधी को अपने पक्ष का समर्थन करने की स्थिति में डाल देते थे। निग्रोध ने, जो 3000 शिष्यों का नेता था, उन्हें बुद्धिकौशल में पछाड़ने का यत्न किया। उसने सोचा कि एकांत में रहने के कारण बुद्ध की सूक्ष्म-दृष्टि का ह्रास हो गया था, वह परिषद् के संचालन में चतुर न थे और बातचीत में भी उनकी बुद्धि स्फुरित न होती थी, वह वस्तुओं के केवल बाहरी रूप में व्यस्त रहते थे। उसने बुद्ध से अपने मत की व्याख्या करने को कहा। बुद्ध ने उत्तर दिया कि दूसरे मतावलंबी के लिए बिना अभ्यास या शिक्षा के उनका मत समझना कठिन था, परंतु "निग्रोध ! आओ, मुझसे अपने ही मत के विषय में प्रश्न पूछो।" इस कथन से निग्रोध हक्का-बक्का रह गया। बुद्ध ने स्वयं कहा, "किसी के साथ भी वादविवाद करते हुए मैं भ्रांति या घबराहट में पड़ जाऊँ—इस बात की कोई संभावना नहीं देखता। अतएव मैं शांत और धीर बना रहता हूँ" और वह सारिपुत्त से कहने लगे, "एवं जब मेरी रुग्णावस्था के कारण मुझे शैया पर डालकर भी यहाँ लाओगे, तो हे सारिपुत्त, मेरी प्रज्ञाशक्ति में किसी प्रकार की कमी न आएगी।"

मृत्यु के समय बड़प्पन : ऊपर के वाक्य की सचाई उन घटनाओं से प्रकट होती

है जो उनकी मृत्यु-शैया के समीप हुई। आनंद के रुदन करने पर उन्होंने शांत-भाव से कहा, "आनंद ! प्रसन्नता रखो, रोओ नहीं, क्या मैंने प्रायः तुम्हें यह नहीं सिखाया है कि संसार का यही नियम है कि हमें उस सबसे बिछुड़ना होगा जिसे हम मूल्यवान और प्रिय समझते हैं ?"

अंतिम शब्द : जीवन में महान् बुद्ध अपनी मृत्यु में उससे भी महान् थे। संघ के संस्थापक होने पर भी उन्होंने अपने लिए उसमें कोई स्थान न रखा। उनके अंतिम क्षणों में जब आनंद ने संघ के विषय में आदेश पूछा तो बुद्ध ने कहा, "तथागत ऐसा नहीं मानते कि वे ही भिक्षुओं का पथ-प्रदर्शन कर सकते हैं अथवा संघ उनके ऊपर ही निर्भर है। फिर संघ के विषय में किसी प्रकार का निर्देश छोड़ने की क्या आवश्यकता है ?" और तब उनका यह महान् कथन (पच्छिमावाचा) आता है :

"अतएव हे आनंद ! अपने लिए स्वयं दीप बनो। अपने लिए स्वयं शरण बनो, किसी बाहर की शरण में न जाओ। सत्य को दीपक की भाँति दृढ़ता से पकड़े रहो। सत्य की शरण लिए रहो। अपने से बाहर किसी से शरण की आशा न करो।"

और जब उनकी पूजा के लिए स्मारक बनाने की बात उठी, उसी भाव से उन्होंने कहा, "जो भिक्षु या भिक्षुणी, उपासक या उपासिका बड़े-छोटे धर्मों का ठीक निर्वाह करता हुआ (धम्मानुधम्म पटिपन्नो) समीचीन जीवन में लगा है, जो शिक्षाओं का पालन करता है (समीचि पटिपन्नो अनुधम्मकारी) वही तथागत का सत्कार करता, गौरव करता, मान करता और परमपूजा से पूजित करता है।" जब आनंद ने निर्वाण के समय उनसे प्रश्न किया, "भगवन्, तथागत की शरीर-धातुओं का हम क्या करें ?" उन्होंने उत्तर दिया, "आनंद ! तथागत की शरीर-पूजा में तुम अपने कार्य की बाधा न करो। आनंद ! मैं कहता हूँ कि तुम अपने विषय में उत्साहपूर्वक लगो। अपने कल्याण में अनुरक्त होओ। अपने लिए अप्रमाद और श्रमनिरत और ध्यानपरायण होओ। जब मैं न रहूँगा, तब सत्य और संघ के जो नियम मैंने बताए हैं और जिनका मैंने उपदेश किया है, वे तुम सबके लिए मार्गदर्शक, शिक्षक की भाँति रहेंगे।"

एक तुल्यकालीन सम्मति : उनके विषय में जो उस काल के लोगों की धारणा थी, उसे ब्राह्मण सोणदंड ने एक सार्वजनिक भाषण में इस प्रकार निबद्ध किया है—"सत्य ही, भिक्खुओ ! भदंत गौतम माता-पिता दोनों ओर से कुलीन हैं, शुद्ध वंश के हैं और जन्म के संबंध में कोई कलंक उनमें नहीं है।

"उन्होंने अपने संबंधियों के महान् परिवार के धन, स्वर्ण और कोष की बड़ी राशि को त्यागकर धार्मिक जीवन में प्रवेश किया है।

"वह सुंदर हैं, रूपवान हैं, देखने में सौम्य हैं, आश्वस्त करनेवाले हैं, उनका वर्ण अत्यंत रोचिष्मान् है, वे अवदात वर्ण के हैं, आकृति के मनोहर और अत्यंत

प्रभविष्णु दर्शन वाले हैं।

''उनकी वाणी सुंदर व मधुर है और बोलने का ढंग भी सुंदर है, वह विनम्र और स्पष्ट भाषण करते हैं, अस्पष्ट नहीं; और जिस विषय को लेते हैं उसकी स्पष्ट व्याख्या करते हैं।

''वह अनेक संख्यक मनुष्यों के आचार्यों के भी आचार्य हैं, जो ब्राह्मणों के सम्मुख किए हुए अपने उपदेशों को धर्म में प्रमुख स्थान देते हैं।

''उनसे प्रश्न पूछने के लिए लोग दूर देशों से सीधे चलकर आते हैं और वह सब मनुष्यों का स्वागत करते हैं। सबके प्रति अनुकूल हैं, सबका अनुरंजन करते हैं। किसी के प्रति उद्धत व्यवहार नहीं करते, सबके लिए सुप्राप्य हैं और संवाद करने में पीछे नहीं रहते।

''जबकि कुछ श्रमण और ब्राह्मणों ने नाना भाँति की तुच्छ बातों से (जैसे विशेष ढंग के वस्त्र पहनकर, इत्यादि) अपने को यशस्वी बनाया है, उनका यश आचार और धर्म की पूर्णता से उत्पन्न हुआ है।

''और मगध के राजा सेनिय बिंबिसार, कोसल के राजा पसेनदि और प्रमुख ब्राह्मण आचार्य पोक्खरसादिय भी अपने पुत्र और दारा के साथ, अपने परिचारक और सभासद या संबंधियों के साथ, उनका विश्वास करते हैं, सम्मान करते हैं और पूजा करते हैं'' (सोणदंड सुत्त)।

अजातशत्रु के बाद मगध : अजातशत्रु के बाद के राजाओं के नाम और उनका राज्यकाल सिंहली (दीपवंस और महावंस), बर्मी, नेपाली (अशोकावदान), जैन (हेमचंद्र-कृत परिशिष्टपर्वन्), और ब्राह्मण साहित्य (पुराण), संबंधी स्रोतों में भिन्न-भिन्न हैं। गाइगर (महावंस, अंग्रेजी अनुवाद, भूमिका, पृष्ठ 40-46) ने बौद्ध-स्रोत को अधिक विश्वसनीय माना है। हम उसी सूची के अनुसार यहाँ राजाओं का वर्णन करेंगे। अजातशत्रु के निम्नलिखित उत्तराधिकारी थे :

(1) उदायिभद्द, जिसने महावंस के अनुसार 16 वर्ष, अर्थात् 503 ई. पू. तक राज्य किया। जैन-ग्रंथ (कथाकोश, पृष्ठ 177) उसे रानी पद्मावती के गर्भ से कुणिक का पुत्र मानते हैं। बौद्ध अनुश्रुति अजातशत्रु के पुत्र उदायिभद्द को उसके पिता की भाँति पितृघाती बताती है, किंतु जैन अनुश्रुति ठीक इससे उलटी है और यहाँ तक कहती है कि पिता की मृत्यु का सभाचार सुनकर उदायिभद्द को अत्यंत शोक हुआ था। उस समय वह अपने पिता के निर्देश से चंपा का राजा था (हेमचंद्र, परिशिष्टपर्वन्, श्लोक 32/180; त्रिषष्टिशलाका, 10 श्लोक 426; टॉनी कथाकोश, पृ. 177; आवश्यक सूत्र, पृ. 687; कोणिकः मृत :''' तदा राजान उदायिनं स्थापयंति)। उसने अपने-आपको चंपा से पाटलिपुत्र में स्थानांतरित किया, जिसके विकास के लिए उसने महत्त्वपूर्ण कार्य किया। वायुपुराण के अनुसार

उदायि ने नए पाटलिपुत्र का निर्माण किया, जिसका नाम कुसुमपुर रखा गया (पार्जिटर, 'डाइनेटीज़', पृ. 69)। जैसा प्रायः देखा जाता है, जैन–अजातशत्रु और उदायिभद्द दोनों को अच्छे चरित्र का बतलाते हैं, क्योंकि दोनों जैन-धर्म को मानने वाले थे। यही कारण है कि बौद्ध-ग्रंथों में उनके चरित्र पर कालिख पोती गई है। आवश्यक सूत्र (पृ. 689) में कहा है कि उदायि ने अपनी राजधानी के ठीक बीच में (नगरनाभौ) एक जैन चैत्यगृह बनवाया था और वह अष्टमी और चतुर्दशी के दिन जैनधर्म के कट्टर भक्त की तरह उपवास करता था। ऐसे ही एक दिन एक उपाध्याय महल में उपदेश देने आए। उनके साथ एक नवकर्मा शिष्य आया, जिसने अपनी छिपी हुई कटार से राजा को मार डाला। यह अवंति के राजा द्वारा आयोजित षड्यंत्र का परिणाम था। उदायि ने किसी राजा को पराजित करके मरवा डाला था। उसी के पुत्र के लिए अवंतिराज ने यह कुचक्र कराया। यों मगध और अवंति के राजाओं में पुश्तैनी शत्रुता थी। अवंति का यह राजा पालक था, जो उदायि के पिता के शत्रु प्रद्योत का, जिसने कौशांबी का राज्य हथियाकर अपनी शक्ति बढ़ाई थी, पुत्र था (कथासरित्सागर, टॉनी-कृत अनुवाद, 2/484)। जैन-ग्रंथों में लिखा है कि उदायि ने अनेक बार उज्जैन के राजा को हराया था (आवश्यक सूत्र, पृ. 690)।

कलकत्ता के इंडियन म्यूज़ियम में पटना से प्राप्त एक मूर्ति है, जिसे श्री जायसवाल ने उसके लेख के आधार पर उदायि की मूर्ति माना था। उन्होंने लेख को इस प्रकार पढ़ा "भिग अचो छोनिधिषे"। अचो = अज (य) भागवत पुराण में उदायि का नाम है। यह पाठ संदिग्ध है। कनिंघम ने उसे "यक्षे अचु सनिकिक", और रमाप्रसाद चंदा ने "भ (?) गे अच्छनीविक" पढ़ा था, अर्थात् भगवान् अक्षत नीविक, अक्षय निधि के देवता या धन के अधिपति कुबेर वैश्रवण।

पुराणों के अनुसार अजातशत्रु का उत्तराधिकारी दर्शक था। उसका राज्य काल पच्चीस वर्ष दिया है।

(2) अनुरुद्ध और

(3) मुंड, जिसने 8 वर्ष अर्थात् 495 ई. पू. तक राज्य किया। अंगुत्तर (3/57-63) के अनुसार वह अपनी स्त्री भद्दा के साथ पाटलिपुत्र में रहता था। स्त्री की मृत्यु पर शोक से वह उसका दाह नहीं कर रहा था, जबकि कुक्कुटाराम में रहने वाले नारद थेर ने उसे समझाकर शांत किया। कुक्कुटाराम का उल्लेख श्युआन चुआङ् ने किया है (वाटर्स, 2/98, 99; संयुत्त, 5/171; अंगुत्तर, 5/342; मज्झिम, 1/350)।

(4) नागदसक, जिसने 28 वर्ष (471 ई. पू.) तक राज्य किया, उसकी पहचान पुराणों में उल्लिखित राजा दर्शक से की जा सकती है, जिसका अस्तित्व भासकृत 'स्वप्नवासवदत्ता' नामक संस्कृत-नाटक से प्रमाणित होता है।

(5) सुसुनाग, जिसने 18 वर्ष (453 ई. पू.) तक राज्य किया।

सिंहली इतिहास-ग्रंथों के अनुसार वह अमात्य था जिसे जनता ने अजातशत्रु से लेकर नागदसक तक के पितृहंता राजाओं के विरुद्ध विद्रोह करके सिंहासन पर बिठा दिया था।

पुराणों में उसे शिशुनाग नाम दिया है और उसके संबंध में दो महत्त्व की बातें कही हैं। उसने अवंति के प्रद्योतों के गौरव का नाश करके अपने-आपको गिरिव्रज में प्रतिष्ठित किया था और अपने पुत्र को वाराणसी में। जैसा ऊपर लिखा जा चुका है, अवंति और मगध के घरानों में ऐतिहासिक वैर अजातशत्रु के समय से ही चला आ रहा था (मज्झिम, 3/7), पर बिंबिसार के समय में अज्ञात था। इसी प्रकार पुराण जिस वाराणसी के विषय में कहते हैं कि उसे शिशुनाग ने मगध का अंग बनाया, उसे तो अजातशत्रु ने ही जीतकर मगध में मिला लिया था। इन दो कारणों से पुराणों की यह भ्रांति है कि वे शिशुनाग को बिंबिसार और अजातशत्रु से पहले ले जाते हैं। मगध की प्राचीन राजधानी राजगृह से शिशुनाग का संबंध था, इसलिए वह प्राचीनतर होना चाहिए। इस मत का समाधान यह है कि उसने अवंति के आशंकित आक्रमण से मगध के उस भाग की रक्षा करने के लिए राजगृह को अपना अड्डा बना लिया था, जैसे कि उसने अपने पुत्र को वाराणसी में रख दिया था कि अपने साम्राज्य की पश्चिमी सीमा की रक्षा कर सके। संभवतः मगध के राजा उस काल में राजगृह और पाटलिपुत्र, इन दो राजधानियों में बारी-बारी से जमे रहे थे, जिससे वे अवंति और लिच्छवियों से अपना बचाव कर सकें।

पुराणों में पाँच प्रद्योतों का नामोल्लेखन है: प्रद्योतन, पालक (एक पाठ गोपालक), विशाखयूप, जनक (वायु में अजक, मत्स्य में सूर्यक, भागवत में राजक), और नंदिवर्धन (वर्तिवर्धन भी नाम का एक रूप है) जो शिशुनाग का प्रतिपक्षी था। पालक के एक पुत्र का नाम अवंतिवर्धन (= नंदिवर्धन ?) था (कथासरित्सागर, टॉनी, 2/485)।

(6) कालासोक, जिसने 28 वर्ष (425 ई. पू.) तक राज्य किया। पुराणों में उसे काकवर्ण और अशोकावदान में काकवर्णिन् कहा है।

(7) उसके दस पुत्र, जिन्होंने एकसाथ 22 वर्षों तक, अर्थात् 403 ई. पू. तक, राज्य किया। इस समय राजांतःपुर में कोई क्रांतिकारी परिवर्तन हुआ, जिसका कुछ बीज सस्कृत और यूनानी सामग्री में पाया जाता है। बाण के 'हर्षचरित' में कहा है कि काकवर्णी शैशुनागि का नगर के उपकंठ में निस्त्रिंश से किसी ने कंठ निकृतन कर दिया। इस घटना का उल्लेख कर्तिअस के इस कथन में देखा जा सकता है कि "अग्रम्मेस का पिता, जो राजनापित था, रानी का जार होने के कारण अपना प्रभाव बनाकर राजा का अत्यंत विश्वासपात्र बन गया" और उसने कपट से राजा का वध कर डाला, "और तब राजकुमारों का अभिभावक बनने के व्याज से सारी शक्ति

हथियाकर उसने कुमारों को भी मरवा डाला और रानी के गर्भ से वर्तमान राजा को उत्पन्न किया।''[1]

इस उल्लेख के 'बालक राजकुमार' कालासोक-काकवर्णी के दस पुत्र ज्ञात् होते हैं।

कालासोक का घातक ही इसके बाद के राजवंश अर्थात् नव नंद-वंश का संस्थापक बना। महाबोधिवंस में उसे उग्रसेन कहा गया है जिसे कर्तिअस ने 'अग्रम्मेस का पिता' कहा है। अतएव अग्रम्मेस उग्रसेन का पुत्र था अर्थात् औग्रसैन्य यूनानी 'अग्रम्मेस' का रूप है।[2]

इस यूनानी उल्लेख का प्रथम नंद-सम्राट् नापित था, समर्थन जैन और ब्राह्मण-धर्म की अनुश्रुति से भी होता है। परिशिष्टपर्व (पृष्ठ 46) के अनुसार नंद किसी गणिका के गर्भ से नापित का पुत्र था, पर पुराण उसे शूद्रा का गर्भ-संभव मानते हैं।

महाबोधिवंस में कालासोक के दस पुत्रों के नाम ये हैं: (1) भद्रसेन, (2) पोरंडवर्ण, (3) मंगुर, (4) सर्वंजह, (5) जालिक, (6) उभक, (7) संजय, (8) कोरव्य, (9) नंदिवर्धन और (10) पंचमक।

इनमें नंदिवर्धन (संख्या 9) के विषय में इधर हाल ही में कुछ वाद-विवाद चला है। पुराणों में उसे नंदों का पूर्ववर्ती कहा है।

उसके ऐतिहासिक अस्तित्व के समर्थन में पटना से प्राप्त मूर्ति पर उत्कीर्ण लेख की दूसरी पंक्ति के पाठ का प्रमाण दिया गया है, जिसके विषय में ऊपर कहा जा चुका है। श्री जायसवाल ने उसे इस प्रकार पढ़ा था–''सप (या सब) खते वट नंदि।'' वे वटनंदि का संबंध नंदिवर्धन और वर्तिवर्धन (वायु पुराण के अनुसार नंदिवर्धन प्रद्योत का नाम) से जोड़ते हैं। श्री हरप्रसाद शास्त्री ने यह विचित्र सुझाव और दिया कि वटनंदि का अर्थ है व्रात्यनंदि, और इसके समर्थन में यह बात कही कि मूर्ति का वेश वही है जो कात्यायन ने व्रात्यक्षत्रियों के लिए लिखा है। पुराण भी शिशुनाग राजाओं को 'क्षत्रबंध' अर्थात् व्रात्य क्षत्रिय कहते हैं।

---

1. दिओदोरस ने इस घटना का कुछ भिन्न वर्णन किया है–''गंगारिदेई का राजा (अर्थात् नंद) बिलकुल निकम्मे चरित्र का था और उसका कुछ सम्मान न था, क्योंकि लोग उसे नापित-पुत्र समझते थे। राजा का जनक वह नापित देखने में सुंदर था और उसके रूप पर रानी रीझ गई थी। रानी ने विश्वासघात से वृद्ध राजा का वध कर डाला तो सिंहासन वर्तमान राजा के हाथ लगा।'' (17/93)।

2. श्री हेमचंद्रराय चौधरी ने 'पालिटिकल हिस्ट्री ऑफ ऐंशेंट इंडिया' नामक ग्रंथ में यह सुझाव दिया है। इस अध्याय के लिए लेखक उस ग्रंथ का ऋणी है। 'कैंब्रिज हिस्ट्री ऑफ इंडिया' (भाग 1, पृष्ठ 469) में अभी वही पुराना मत दिया हुआ है कि अग्रम्मेस की, या जिसे विओदोरस ने सान्द्रमेस् कहा है, पहचान नंदवंश के अंतिम राजा धननंद से की जानी चाहिए। जुस्टिन के ग्रंथ में नाम का रूप ठीक 'नंद्रस्' मिलता है। किंतु इस मत में इस अनुश्रुति का ध्यान नहीं रखा गया है कि अग्रम्मेस का पिता राजा का वध करके राज्य का अपहरण करने वाला था।

श्री रमाप्रसाद चंदा ने लेख को दूसरी तरह पढ़ा है : ''यख स (?) वंट नंदि''; उनका कहना है कि यह सर्वत्र-नंदि यक्ष की मूर्ति है ।

(8) नवनंद, जिन्होंने 22 वर्ष अर्थात् 381 ई. पू. तक राज्य किया । पुराण भी नवनंदों के विषय में सहमत हैं, पर उनका राज्यकाल 100 वर्ष बताते हैं । यदि, जैसा सिद्ध किया गया है, प्रथम नंद बीस वर्ष की आयु में, अर्थात् 403 ई. पू. में राजा बना तो नवनंदों ने अस्सी वर्ष राज्य किया, अर्थात् 323 ई. पू. तक । आश्चर्य है कि यह वही तिथि है जो चंद्रगुप्त मौर्य के राज्याधिरोहण की तिथि के बिलकुल भिन्न प्रमाणों के आधार पर निकलती है ।

महाबोधिवंस में नवनंदों के नाम ये हैं : (1) उग्रसेन, (2) पंडुक, (3) पंडुगति, (4) भूतपाल, (5) राष्ट्रपाल, (6) गोविषाणक, (7) दससिद्धक, (8) कैवर्त, और (9) धननंद ।

पुराणों में केवल पिता का और उसके आठ पुत्रों में से एक पुत्र अर्थात् सुमाल्य या सुमात्य का नाम आया है । पिता का नाम महापद्म नंद है । भागवत पुराण में उसे महापद्मपति 'महापद्म का स्वामी' कहा है; टीकाकार की दृष्टि से उसका अर्थ था, 'असंख्य सेना का स्वामी या अपरिमित धनराशि का स्वामी', क्योंकि महापद्म संख्या 1,00,000 की वाचक है । (विल्सन, विष्णुपुराण, 4/184) ।

उसकी सेना के विषय में यूनानी वर्णन से इसका मेल मिल जाता है । कर्तिअस ने प्रथम नंद राजा अग्रम्मेस की सेना की संख्या में 20,000 घुड़सवार,2,00,000 पैदल, 2000 चार घोड़ों के रथ और 3000 हाथी लिखे हैं ।

पुराणों में उसे ''द्वितीय परशुराम या भार्गव कहा गया है जो पृथ्वी में सब क्षत्रियों का अंत करनेवाला (सर्वक्षत्रांतक) एकराट् होगा और समस्त भूमि को एक क्षत्र के अधिकार में करेगा ।''

इस युग के तुल्यकालीन क्षत्रिय-वंश पुराणों के अनुसार ये थे : ऐक्ष्वाकु पंचाल, काशी, हैहय, कलिंग, अश्मक, कुरु, मिथिला, शूरसेन और वीतिहोत्र ।

यूनानियों को भी पता चला था कि व्यास नदी के उस पार सशक्त जातियों के ऊपर एक चक्रवर्ती सम्राट् का शासन था जो 'गंगारिदेई और प्रासाई' का शासक था और जिसकी राजधानी पाटलिपुत्र थी । मेगास्थनीज़ के अनुसार गंगारिदेई गंगा के मुहाने की समतल प्रदेश की जाति थी और प्रासाई प्राच्यों का नाम था जो मध्यदेश के निवासी पंचाल, शूरसेन, कोसल आदि वंशों के पूर्व में बसे थे ।

जैन-ग्रंथों को भी नौ नंदों का परिचय है (आवश्यक सूत्र, पृ. 693, नवमे नंदे) । उनमें भी नंद को वेश्या के गर्भ से उत्पन्न नापित-पुत्र कहा है (वही, पृ. 890, नापितदास… राजा जातः) परंतु उदायि और नौ नंदों के बीच के राजा उन्होंने छोड़ दिए । संभवतः उन्हें नगण्य समझकर नहीं लिखा ।

जैन-धर्म के प्रति नंदों के झुकाव का कारण संभवतः उनकी जाति थी । पहले

नंद को छोड़कर और नंदों के विरुद्ध जैन-ग्रंथों में कुछ नहीं कहा है । नंद राजाओं के मंत्री जैन थे । उनमें पहला कल्पक था जिसे बलात् यह पद सँभालना पड़ा । कहा जाता है कि इसी मंत्री की विशेष सहायता पाकर सम्राट् नंद ने तुल्यकालीन क्षत्रिय-वंशों का अंत करने के लिए अपनी सैनिक विजय की योजना की । उत्तरकालीन नंदों के मंत्री उसी के वंशज थे (वही, 691-3) । नौवें नंद का मंत्री शकटार था । उसके दो पुत्र थे : स्थूलभद्र और श्रीयक । पिता की मृत्यु के बाद स्थूलभद्र को मंत्रिपद दिया गया, पर उसने स्वीकार न किया । व छठे जिन से दीक्षा लेकर जैन साधु हो गया (वही, 435-6, 693-5) । तब वह पद उसके भाई को दिया गया ।

नंदों पर जैनों के प्रभाव की अनुश्रुति : नंदों पर जैनों के प्रभाव की अनुश्रुति को बाद के संस्कृत-नाटक 'मुद्राराक्षस' में भी माना गया है । वहाँ चाणक्य ने एक जैन को ही अपना प्रधान गुप्तचर चुना है । नाटक की सामाजिक पृष्ठभूमि पर भी कुछ अंश में जैन-प्रभाव है ।

खारवेल के हाथीगुंफा लेख से कलिंग पर नंद की प्रभुता ज्ञात होती है । एक वाक्य में उसे नंद-राजा कहा गया है जिसने एक प्रणाली या नहर बनाई थी जो 300 (या103 ?) वर्षों तक काम में न आई । तब अपने राज्य के पाँचवें वर्ष में खारवेल उसे नगर में लाया । दूसरे वाक्य में कहा गया है कि नंद-राजा प्रथम जिन की मूर्ति (या पादुका), जो कलिंग राजाओं के यहाँ वंश-परंपरा से चली आ रही थी, विजय के चिह्न-रूप में मगध उठा ले गया ।

नंद-राजा अपनी धनराशि, लालची प्रकृति और निंदित जन्म के कारण या शूद्र-तुल्य होने के कारण अप्रिय और बदनाम थे । उनके धन और बलपूर्वक कर-ग्रहण की बौद्ध-अनुश्रुति टर्नर ने इस प्रकार लिखी है (महावंस, भूमिका, पृ. 39), ''सबसे छोटा भाई धननंद कहलाता था, क्योंकि उसे धन बटोरने का व्यसन था···उसने 80 कोटि धन गंगा के भीतर एक पर्वत-गुफा में छिपाकर रखा । एक सुरंग बनवाकर उसने वह धन वहाँ गाड़ा । वस्तुओं के अतिरिक्त पशु चर्म, वृक्षों के गोंद और खानों के पत्थरों पर भी कर लगाकर उसने और भी अधिक कोष संचित किया और इसी प्रकार ठिकाने लगाया ।'' इस कहानी का संकेत एक तमिल काव्य में भी आया है जहाँ नंदों की धनराशि का उल्लेख करते हुए लिखा है कि ''पहले पाटिल में उसका संचय किया गया और पीछे गंगा जी की धारा में उसे छिपा दिया गया'' (अय्यंगर, 'बिगिनिंग ऑफ द साउथ इंडियन हिस्ट्री', पृ. 89) । नंदों की संपत्ति के बारे में श्युआन चुआङ् ने भी कुछ संकेत किया है । वह लिखता है कि पाटलिपुत्र में पाँच स्तूप थे जो राजा नंद के ''सप्त मूल्यवान पदार्थों के संचित पाँच कोषागारों के प्रतिनिधि थे'' (वाटर्स, 2/96), 'कथा-सरित्सागर' में राजा नंद के

99 कोटि हिरण्य-धन का उल्लेख है (टॉनी, 2/21)।

नंद राजा की सैनिक शक्ति और अप्रियता की वार्ता फेगियस या फेगेलस (सं. भगल) नामक भारतीय राजा के द्वारा सिक़ंदर के पास तक पहुँची थी। पंजाब के राजा पोरस ने भी इसका समर्थन करते हुए इतना और कहा था, ''गंगारिदेई का राजा बिलकुल निकम्मे चरित्र का व्यक्ति है जिसकी कुछ कदर नहीं, और लोग उसे नापित-पुत्र समझते हैं'' (दिओदोरस, पूर्वोल्लिखित)। प्लूटार्क के अनुसार अंद्रोकोट्टस, अर्थात् चंद्रगुप्त मौर्य ने भी यह सूचना दी थी, ''प्रजाएँ नंद-राजा को उसके दुष्ट स्वभाव और नीच जन्म के कारण घृणा से देखती और हेय समझती हैं।''

पुराणों में नंदों को अधार्मिक कहा है।

देश को कुशासन की बुराइयों से मुक्त करने के लिए एक नई क्रांति को उभारने वाली परिस्थितियाँ इस प्रकार बन रही थीं।

विदेशी आक्रमण : इस युग में भारतवर्ष में दो विदेशी आक्रमण हुए : एक ईरानी, दूसरा यूनानी या मकदूनिया से, यद्यपि उनमें दो शताब्दियों का व्यवधान था।

ईरानी आक्रमण : इतिहास के आरंभ से ईरान और भारत के घनिष्ठ संबंध थे, जैसा कि उन दोनों के धार्मिक ग्रंथों 'अवेस्ता' और 'ऋग्वेद' में प्रतिबिंबित है, जिसका उल्लेख ऊपर हो चुका है। दोनों ग्रंथों में भारतीय-ईरानी क्षेत्र की समस्त सीमाओं के भौगोलिक उल्लेख आते हैं। कुभा क्रमु और गोमती नदियों तथा गंधार और मूजवंत लोगों के विषय में ऋग्वैदिक उल्लेख इसी प्रकार के हैं। कुछ विद्वान् पर्शिया का भी उल्लेख इन शब्दों में मानते हैं जैसे ऋग्वेद में पार्थव (6-27/8) और पर्शव (10-32-2) या वाल्हीक जो अथर्ववेद (5-22-5-7-9) में आया है। अवेस्ता में भी इसी प्रकार भारत के संबंध में जानकारी है जिसे वहाँ हिंदु कहा गया है। यह शब्द संस्कृत सिंधु से निकला था और सिंधु से नदी एवं उस देश का भी बोध होता था जिसकी वह सीमा थी। उसमें हप्त-हिंदु नामक पंजाब के प्रदेश पर भी अधिकार होने का कुछ संकेत है। यह ऋग्वेद (8-24-27) का सप्त-सिंधवः (सात नदियों का प्रदेश) था जिसे वेंदीदाद के प्रथम अध्याय में ईरानी जगत् के 16 जनपदों में माना है। एक अन्य उल्लेख यश्त (10/104) में अवेस्ता के देवता मिथ्र के लिए कहा गया है कि वह 'पश्चिमी हिंद' से 'पूर्वी हिंद' तक के पातकी जनों का नाश करनेवाला है। एक तीसरे अवतरण (यस्त, 57/29) में वही अधिकार स्रओष देवता को दिया गया है जो मनुष्यों का रक्षक देवता था।

दोनों देशों के ये पूर्वकालीन संबंध व्यवसाय-वाणिज्य के संबंधों से और भी दृढ़ होते गए।

छठी शती ई. पू. में उन दोनों के बीच में निश्चित राजनीतिक संबंधों का प्रमाण मिलता है। उनका कारण ईरानी सम्राट् कुरुष् (साइरस. 528-530 ई. पू.)

द्वारा पूर्वी देशों की विजय थी, जिनमें गंदारितस् या गंधार भी सम्मिलित था (हिरोदोतस, 1/153 और 177)। कहा तो यहाँ तक जाता है कि 'भारतीयों' के साथ युद्ध में लगे हुए घावों से कुरुष् की मृत्यु हुई (टेंसियस, उदाहरण 37, गिल्मोर द्वारा संपादित)। ज़ीनोकन (सायरोपीडिया, 1/1-4) के अनुसार कुरुष् ने "बाख्त्री और भारत के लोगों (बैक्ट्रियन्स और इंडियन्स) को अपने शासनाधिकार" में किया और अपना राज्य एरीथ्रियन सी अर्थात् भारतीय महासागर तक फैलाया। उसका यह भी कहना है (वही, 6/2 1-11) कि किसी भारतीय राजा ने दूतमंडल के द्वारा कुछ धन संभवतः उपायन रूप में, कुरुष् के पास भेजा था।

अगले राजा कंबुज (कमावाइसेस) के राज्यकाल में भारतवर्ष में ईरानी अभियान का कोई उल्लेख नहीं मिलता, किंतु सम्राट् दारयवहु (यूनानी डेरियस, फारसी दारा, 522-486 ई. पू.) के राज्यकाल में ऐसे लेख मिले हैं जिनसे उसके भारत पर आक्रमण और विजय की सीमा ज्ञात होती है। उसके वहिस्तून (संस्कृत भगस्थान, प्राचीन ईरानी वगस्तान) शिलालेख में (लगभग 520-518 ई. पू.) दी हुई 23 देशों की सूची में भारत का नाम नहीं है, पर बाद के दो लेखों में जो पर्सिपोलिस (518-515 ई. पू.) और नक्शे-रुस्तम (515 ई. पू.) नामक स्थानों में उत्कीर्ण है, 'हिंदू' या पंजाब उसके साम्राज्य का एक प्रदेश कहा गया है। इसलिए दारा ने इस भाग की विजय 518 ई. पू. के आसपास की होगी।

हिरोदोतस (3/94) का यह भी कहना है कि भारत दारा के साम्राज्य का बीसवाँ प्रांत गिना जाता था, और साम्राज्य की आय का तृतीयांश भारत से ही आता था। यह 360 टेलेंट के बराबर रवेदार सोना होता था, जिसका मूल्य 1 करोड़ 40 लाख रुपए से अधिक था।[1] यह स्वर्ण सिंधु नदी की बालुका के धोने से निकलता होगा, क्योंकि भूगर्भशास्त्रियों के मत में सिंधु नदी के कुछ भाग उस काल में अवश्य ही स्वर्णोत्पादक थे (बी. बॉल, 'इंडियन ऐन्टीक्वेरी' अगस्त, 1884)। हिरोदोतस ने सोना खोदने वाली 'चिउँटियों' का भी उल्लेख किया है जिन्हें कुछ लोग सोना खोदकर लाने वाले तिब्बती कुत्ते समझते हैं। महाभारत में इसे पैपीलिक स्वर्ण कहा है।[2]

हिरोदोतस (4-44) ने समुद्री मार्ग से भेजे गए एक अभियान का उल्लेख किया है, जिसे 517 ई. पू. में दारा ने स्काइलेक्स की अध्यक्षता में सिंधु के मुहाने का पता लगाने के लिए भेजा था। यह तभी संभव था जब दारा ने सिंधु प्रदेश पर पहले अधिकार कर लिया हो।

---

1. टेलेंट प्राचीन यूनानी तौल की संज्ञा थी; 6,000 द्रख्मा = 1 टेलेंट = 57 पौंड, जिसका मूल्य 213 से 235 पौंड के लगभग था।
2. महाभारत उपायन पर्व (सभा पर्व) में पैपीलिक स्वर्ण का उल्लेख है। नदी-बालुका से धोया हुआ स्वर्ण इससे भिन्न था और कलधौत कहलाता था। **—अनुवादक**

अगले सम्राट् ख्षयार्ष (यूनानी ज़रकसीज़, 486-465 ई. पू.) ने अपने भारतीय प्रदेश से भारतीयों की एक फौजी टुकड़ी जमा करके यूनान के विरुद्ध अपने युद्धों में लड़ने के लिए भेजी । इसमें गंधार (गंधारियन) और हिंदू (इंडियन) इन दो प्रदेशों के सैनिक थे । गांधारि लोगों के पास बाँस के धनुष और छोटे भाले थे जिनसे वे निकट मार करते थे और हैंदव लोगों के पास उसी प्रकार के धनुष और अयोमुखीबाण थे । भारत के ये सैनिक यूरोप की भूमि पर युद्ध करनेवाले प्रथम भारतीय थे, जो थर्मापाइली की रक्तरंजित अधित्यका में होकर गए होंगे । विदेश के इस युद्ध में वे इतने सफल रहे कि ख्षयार्ष के प्रति निवृत्त होने पर भी ईरानी सेनापति मरदोनियस ने बिस्तिया के युद्ध में भाग लेने के लिए उन्हें रोक लिया (एबट, 'हिस्ट्री ऑफ ग्रीस', भाग 2) । पदाति सेना के अतिरिक्त ख्षयार्ष को भारत से अश्वारोही सेना, रथ, सवारी के घोड़े एवं रथ्य-अश्व और गर्दभ तथा बहुसंख्यक कुत्ते भी प्राप्त हुए थे ।

भारत के कुछ प्रदेशों पर ईरानी अधिकार 330 ई. पू. तक रहा जबकि हखामनि वंश के अंतिम सम्राट् दारा तृतीय ने अरबेला के युद्ध में सिकंदर से लड़ने के लिए भारत से सैनिक टुकड़ियाँ मँगा भेजीं । अर्रिअन के अनुसार (अनाबासिस 3/8/3-6) भारतीयों का एक सैनिक दस्ता बाख्त्री के क्षत्रप की नायकता में बाख्त्री और सुग्ध देशीय सैनिकों के साथ गया था और पर्वताश्रयी या पर्वतीय आयुधजीवियों का दूसरा दस्ता अर्खोसिया अर्थात् हरह्वैति (संस्कृत सरस्वती: अरगंदाब, पश्चिमी अफ़गानिस्तान) के क्षत्रप की अधिनायकता में लड़ा था । भारतवर्ष से हाथियों की भी छोटी खेप भेजी गई थी ।

सिकंदर का अभियान : दारा तृतीय को हराकर ईरान जीत लेने के बाद और 330 ई. पू. में हखामनि साम्राज्य की राजधानी पर्सिपोलिस को अग्निसात् कर देने के बाद सिकंदर ने भारत का अभियान किया ।

पार्ष्णिभाग की रक्षा के लिए नगर : सिकंदर की युक्ति यह थी कि वह अपनी विजय के मार्ग में नगरों की एक शृंखला बनाता चलता था जो एक प्रकार से उसके पार्ष्णिभाग की रक्षा के लिए यूनानी छावनियाँ थीं । इसी तरह से इन नगरों का निर्माण हुआ, 'अर्खोसिया देश में सिकंदरिया' अर्थात् कंधार 'काकेशस के पादमूल में सिकंदरिया, अर्थात् हिंदूकुश पर्वत के पादमूल में बसाया हुआ नगर कर्तन (बेग्राम), कदरुसि (पीरैतस) काकेशस या हिंदूकुश के निकट निविष्ट नगर, निकाइया जो सिकंदरिया और कुभा नदी के बीच में बसाया गया ।

निकाइया में आगमन : 327 ई. पू. की ग्रीष्म ऋतु के पूर्व तक सिकंदर पूर्वी ईरान, बाख्त्री और वह प्रदेश जो इस समय बुखारा कहलाता है, जीतने में व्यस्त था एवं हिंदूकुश के उस पार सीर दरिया तक अपना अमल बैठा रहा था । वहाँ से खावक दर्रे में होकर पंजसीर घाटी में उतरा । कुषण दर्रे में होकर लौटते हुए वह

सिकंदरिया पर, जो हिंदूकुश के पादमूल में बसाई गई थी, एकाएक पहुँचा। वहाँ से वह निकाइया आया और वहाँ आकर पूर्वी गंधार में तक्षशिला के राजा के पास एवं सिंधु नदी के पश्चिम में बसे हुए पश्चिमी गंधार के अन्य राजाओं के पास उसने अपने दूत भेजे कि वे राजा उससे कुभा नदी की दून में भेंट करें।

तक्षशिला से सहायता : तक्षशिला के वृद्ध राजा और उसके पुत्र आंभि[1] (ओंफिस) ने बुखारा में ही सिकंदर के पास दूत भेजकर भारतीय आक्रमण के समय सहायता का वचन दिया था[2] और बदले में अपनी रक्षा की माँग की थी। प्रतीत होता है कि उसने देश के साथ द्रोह करके विदेशी आक्रांता को यहाँ आने का न्यौता दिया, जिससे उसकी सहायता लेकर वह अपने पडोसी राजा पौरव (पोरस) की बढ़ती हुई शक्ति को कुचल सके। पौरव का राजा झेलम (हाइडेसपीस) और रावी (हाइड्रावतीस) के बीच में था। वह अपना साम्राज्य बढ़ाने के लिए रावी के उस पार पूरब के संघ-राज्यों की ओर अपने हाथ-पाँव फैला रहा था एवं पच्छिम में तक्षशिला की सीमा पर धमक रहा था। तक्षशिला के राजा का मार्ग न ग्रहण करके पौरव ने अपने पड़ोसी अभिसार देश के राजा (कश्मीर के आधुनिक पुंछ और नौशेरा के जिले) और अनेक संघ-राज्यों को अपनी ओर मिलाकर युद्ध में सामूहिक शक्ति संगठित करने के लिए एक बलशाली सेना एकत्र कर ली। केवल रावी के उस पार के कठ क्षत्रियों (यूनानी-कठिओई[3]) को वह अपने संगठन में सम्मिलित करने में असफल रहा। यों इस राष्ट्रीय संकट के समय पौरव भारतीय शक्ति और राष्ट्रीय भावना का प्रतीक बना।

शशिगुप्त : आरंभ में ही एक अन्य भारतीय ने, जिसका नाम शशिगुप्त (सिसिकोट्टस) था, फूटकर सिकंदर का साथ दिया और वह उसके साथ रहा। शायद वह सीमांत की पहाड़ी रियासतों अर्थात् पर्वताश्रयी आयुधजीवी संघों में से किसी का शासक था जो सिकंदर के विरुद्ध ईरानी सेना की सहायता के लिए बाख्त्र की ओर गया था। सिकंदर की विजय के बाद अब वह उसकी ओर आ गया था (मैकक्रिंडल 'इनवेज़न ऑफ इंडिया बाई अलैक्ज़ेंडर', पृ. 76)।

सिकंदर की सेना : सिकंदर की सेना की मर्यादित सख्या का अनुमान 30,000 मनुष्य किया जाता है। यह एक खिचड़ी सेना थी, जिसमें कितने ही प्रकार के सैनिक थे; जैसे मकदूनिया की पदाति सेना, भारी अस्त्रों से लैस और लंबा भाला या शक्ति लिए हुए, मकदूनिया की अश्वारोही सेना, यूनानी नगरों से बटोरी हुई आयुधजीवी

---

1. पाणिनीय गणपाठ, 4/2/95।
2. कर्तिअस के अनुसार उसने सिकंदर को "65 हाथी, बहुत अधिक संख्या में मोटी-तगड़ी भेड़ें, 3,000 बढ़िया नस्ल के बैल" देकर सहायता की थी। मैकक्रिंडल, 'इनवेज़न ऑफ इंडिया बाई अलैक्जैंडर', पृ. 202.
3. इसकी पहचान बेबर ने संस्कृत कंठों से की थी, 'इंडियन ऐंटीक्वेरी' 2-143, आदि।

श्रेणियाँ[1], बालकन, अग्रियानेस (थ्रेस के पास इसी नाम की नदी की दून में रहने-वाले कबीले) और थ्रेस के पर्वताश्रयी आयुधजीवी[2] जो भिंदिपाल (अंग्रेजी स्लिग), प्रास (अंग्रेजी जैवलिन), और धनुष चलाने में निपुण थे, पूर्वी देशों के लोग, ईरान, पख्तून और हिंदूकुश के अश्वारोही, मध्य एशिया के सैनिक जो अश्व-चालन और बाण चलाने में चतुर थे, फिनीशिया देश के निवासी जो जहाजी बेड़ा बनाने में चतुर थे, और मिस्र देश के लोग भी जो अपनी प्राचीनता की ऐंठ रखते थे (अर्रियन, 4/17/3; 5/11/3; 4/24/1; 'कैंब्रिज हिस्ट्री ऑफ इंडिया' 1/35, में उद्धृत)।

अस्तेस (अष्टकराज्य) और संजय : अब सेना के दो भाग किए गए–एक टुकड़ी मकदूनिया के दो कुलपुत्र हिफैस्टियन और पर्डिकस की कमान में काबुल नदी के दाहिने किनारे पर बहती हुई खैबर दर्रे में होकर (होल्डिच, 'गेट्स ऑफ इंडिया', पृ. 94) सिंधु नदी की ओर बढ़ी और पेशावर के मैदान में उतरी। इसके साथ तक्षशिला का राजा था। लेकिन यहाँ पहुँचने पर एक देशभक्त भारतवासी राजा ने सिकंदर की सेना का मार्ग छेका और युद्ध के लिए ललकारा। यूनानियों ने उसका नाम अस्तेस और उसकी प्रजा का अस्तकेनोई और उसकी राजधानी का पिउकेलावतिस लिखा है। भारतीय भाषा में उसे अष्टकराज[3] कहा जा सकता है जो अष्टकों का राजा था और जिसकी राजधानी पुष्कलावती थी। पूरे 30 दिन तक अपने प्राकारवेष्टित दुर्ग से उसने यूनानी घेरे का मुकाबला किया और अंत में युद्ध में वीरगति को प्राप्त हुआ। तक्षशिला के राजा के एक पिछलग्गू को, जिसका नाम यूनानियों ने संजय लिखा है, यह जीता हुआ राज्य इनाम में दे दिया गया।

अश्वकों का प्रतिरोध : सेना का दूसरा भाग, जिसका नेतृत्व स्वयं सिकंदर कर रहा था, काबुल के बाएँ किनारे की ऊपरी पहाड़ियों की ओर कुनड़, पंचकोरा और स्वात की नदी के दूनों की ओर बढ़ा। इस प्रदेश में कुछ स्वतंत्र कबीले रहते थे जिनके नाम यूनानियों ने अस्पेसिओई (ईरानी अस्प=अश्क), अस्सकेनोई या

1. लगभग इसी काल में भारतवर्ष में भी आयुधजीवी श्रेणियों का उल्लेख व्याकरण, साहित्य और महाभारत में आता है। सैनिकों की यह प्रथा यूनान में भी प्रचलित ज्ञात होती है। **–अनुवादक**
2. अंग्रेजी में इन्हें हाईलेंडर्स कहा गया है, जो भारतीय पारिभाषिक शब्दावली में पर्वताश्रयी आयुधजीवी कहे जाएँगे। भारतवर्ष में भी इस प्रकार के पर्वतीय आयुधजीवियों का उल्लेख पाणिनि ने किया है (आयुधीविभ्यश्छ पर्वते, 4/3/91)। भारत के पर्वताश्रयी आयुधजीवियों की भाँति, ज्ञात होता है, यूनान में पर्वतीय आयुधजीवी सैनिक विशेष रूप से प्रसिद्ध हो गए थे। **–अनुवादक**
3. उसका संबंध उस स्थान से ज्ञात होता है जिसे कनिंघम ने हस्तनगर कहा है। यह स्वात की निचली धारा के पूर्वी किनारे पर 8 नगरियों का समूह था, जिसमें गंधार की राजधानी पुष्कलावती भी एक थी (मैकक्रिंडल, 'इनवेज़न ऑफ इंडिया', पृ. 50)। वस्तुतः यूनानी अस्तेस हस्तीश और अस्तकेनोई पाणिनीय सूत्र 6/4/174 के हास्तिनायन थे जिनके साथ सिकंदर की पहली भिड़त हुई, और पीछे स्वात की ऊपरी दून के निवासी आश्वयनों के साथ। **–अनुवादक**

अश्वक लिखे हैं, जो कि संस्कृत के अश्वक थे (= अश्मक, पाणिनि सूत्र, 4/1/173) और जो अपने पहाड़ी दुर्ग में डटे हुए सिकदर के प्रतिरोध के लिए तैयार बैठे थे। एक स्थान में नगर की भीतरी-बाहरी प्राकारों पर चढ़ने के प्रयत्न में सिकंदर अपने साथी टॉलेमी और लिओनटस के साथ घायल हो गया। अंदक नामक अन्य नगर में गहरा प्रतिरोध हुआ। 40,000 बंदी बना लिए गए। इससे प्रकट होता है कि इन जातियों में सब-के-सब युद्ध में आ गए थे। आश्वायनों[1] के छोटे राज्य की आर्थिक समृद्धि का पता इससे भी लगता है कि उनसे लूटे हुए पशुओं में 2,30,000 बैल थे। बटाश्वक नामक मुद्राएँ इन्हीं अश्वकों की समझी जाती हैं ('जर्नल ऑफ रॉयल एशिआटिक सोसायटी, 1900 ई. पू., 98-106)।

अश्वक रानी के नेतृत्व में मस्सग की रक्षा : पूर्वी अश्वकों ने सिकंदर से लोहा लिया। उनकी सेना में 30,000 अश्वारोही, 38,000 पदाति (कर्तिअस के अनुसार, मैकक्रिंडल 'इनवेज़न ऑफ इंडिया', पृ. 204) और 30 हाथी थे जिनकी सहायता के लिए नीचे से 7,000 आयुधजीवी भी आ गए थे। वे सब-के-सब स्वर्गीय राजा की माता रानी क्लिओफिस् (संस्कृत संभवतः कृपी) के नेतृत्व में मस्सग दुर्ग में चारों ओर से सुरक्षित होकर डट गए (यूनानी मस्सग का संस्कृत रूप मशक था जो मशकावती नदी के तीर पर बसा हुआ था, पाणिनीय सूत्र, 4/2/85, 6/3/119 पर 'काशिका' में उदाहरण; संभवतः बाबर के आत्मचरित में उल्लिखित स्वात के तट पर मशनगर, मैकक्रिंडल 'इनवेजन', पृ. 334 पर उद्धृत)। यह दुर्ग बहुत ऊँची चोटी पर बना था और चारों ओर से दुर्गम था। उसके दो ओर खतरनाक दलदल था, तीसरी ओर पहाड़ी नदी और चौथी ओर ईंट-पत्थर और लकड़ी की बनी हुई मजबूत प्राचीर थी जिसके 4 मील के लंबे घेरे के सब ओर गहरी खाइयाँ थीं।

स्त्रियों ने भी दुर्ग की रक्षा में भाग लिया (दिओदोरस, वही, पृ. 270), और आयुधजीवी सैनिकों ने, जो पहले कुछ ढिलमुल थे, अपमान की अपेक्षा मृत्यु का आलिंगन ही पसंद किया। दुर्ग की रक्षा-पंक्ति को एक सैनिक संधि से और भी बल मिला (मैकक्रिंडल 'इनवेजन', पृ. 69, 77, 92) जो आश्वकायन और उनके पड़ोसी पर्वतीय प्रदेश के भारतीय अभिसार के राजा के बीच हुई और जिसमें अभिसार के राजा ने आश्वकायनों की सहायता के लिए अपनी सेना भेजी। कई दिनों के युद्ध के

1. वस्तुतः यूनानी आस्सर्केनोई पाणिनि के आश्वकायन हैं (नडादिगण 4/1/99) जो गौरी नदी, पंचकोरा और सुवास्तु के बीच में बसे थे। इनके दो नगर थे, एक मशकावती, जो गौरी और स्वात के संगम से कुछ ऊपर की ओर थी, और दूसरा अजेय पहाड़ी दुर्ग, जिसका नाम यूनानी इतिहास-लेखकों ने एओर्नस लिखा है और जिसकी पहचान पाणिनि-भूगोल के वरणा नगर (4/2/82) से की जानी चाहिए। यूनानी अस्पेसिओई की ठीक पहचान पाणिनीय आश्वायन है (4/1/110), पाणिनीय अश्मकों से उनका कोई संबंध नहीं जो गोदावरी तट पर बसे थे। आश्वायन कुनड़ या काश्कर या चित्राल नदी की दून में आबाद थे। **—अनुवादक**

बाद आश्वकायनों के राजा मारे गए, उनके परिवार के लोग, माता और पुत्री बंदी बना ली गईं और नगर ने हथियार रख दिए।

नाइसा का मित्र-भाव : विरोधियों से भरे हुए उस प्रदेश में नाइसा[1] नामक नगर के मित्र-भाव प्रदर्शित करने से सिकंदर को कुछ राहत मिली। नगर के 300 अश्वारोही व्यक्ति उसकी सेना में आ मिले।

नए क्षत्रपों की नियुक्ति : सिकंदर ने इस पर्वतीय प्रदेश और काबुल नदी की निचली दून को क्षत्रप निकेनर की अधीनता में एक नए प्रांत का रूप दे दिया और इसे सिंधु के पच्छिम का भारतीय प्रांत कहा गया। इसके भी और पच्छिम में परोपनिस्दायी का पहले ही प्रांत था जो क्षत्रप तारियस्पेस की अधीनता में रखा गया और जिसकी राजधानी हिंदूकुश के पादमूल में बसाई हुई सिकंदरिया नगरी थी।

भारतीय राजाओं से सहायता : इसके बाद वह पुष्कलावती (चारसद्दा) आया जहाँ उसने फिलिप की अधीनता में एक यूनानी सैनिक छावनी स्थापित की। पुष्कलावती और सिंधु के बीच में कई छोटे नगरों को जीतकर उसने काबुल नदी की निचली दून को और अधिक सुरक्षित बनाया। इस काल में दो भारतीय राजाओं ने सिकंदर की सहायता की—एक को फियस (अर्थात् कुभेश) ने, जो कुभा या काबुल नदी की दून का स्वामी था, और दूसरे अस्सगेतेस[2] ने, जो अस्सकेनोइ या आश्वकायनों का राजा था और मस्सग के युद्ध में पहले राजा के काम आने पर उसका उत्तराधिकारी बना था।

एओर्नस (वरणा) का घेरा : इसके बाद एओर्नस दुर्ग का घेरा डाला गया, जिसकी अभी ठीक पहचान नहीं हुई।[3] यह संभवतः पर्वतीय दुर्ग था जिसके भीतर आश्रय लेकर पर्वताश्रयी जातियों ने अंतिम मोर्चा लिया। उसे जीतकर सिकंदर ने यहाँ भी एक सैनिक टुकड़ी भारतीय नेता शशिगुप्त की अधीनता में रख दी।

अश्वकों द्वारा पुनः प्रतिरोध : एओर्नस दुर्ग के रक्षकों ने विजय के बाद

1. नाइसा को संघ-राज्य कहा गया है जिसकी राजसभा में 300 सदस्य थे। उसका सभापति अकौफिस या अकूफिस (संस्कृत अकुभि) था जिसने अपने पुत्र और नाती को सिकंदर के सैनिक अभियान में साथ कर दिया था (वही, 79-81)। जायसवाल के अनुसार अकूफिस = आकोभि, जिसका संबंध कोफेन या कुभा नदी से था ('हिंदू पालिटी', पृष्ठ 148, भाग 1) मैकक्रिंडल का सुझाव है कि नाइसा = नगरहार या जलालाबाद था ('इनवेजन', पृष्ठ 338) नाइसा महाभाष्य का नैश जनपद ज्ञात होता है। **—अनुवादक**
2. मैकक्रिंडल के अनुसार अस्सगेतेस का संस्कृत रूप अश्वजित् होना चाहिए ('इनवेज़न' पृ. 72, टिप्पणी 4)।
3. श्री आरेल स्टाइन ने एओर्नस दुर्ग की निश्चित पहचान ऊण (पश्तो ऊणरा) के पहाड़ी स्थान से की है जो सिंधु नदी के पश्चिम में कुछ मील दूर एक पहाड़ी के ऊपर स्थित है और अब भी अत्यंत दुर्गम है। श्री स्टाइन ने यूनानी शब्द का मूल संस्कृत-रूप आवर्ण सुझाया था। अब पाणिनि की अष्टाध्यायी में वरणा (4/2/82) नगर का नाम मिला है जो यूनानी एओर्नस का मूल संस्कृत-रूप है। ('आर्केओलॉजिक सर्वे मेमायर' सं. 42, पृ. 89-90)। **—अनुवादक**

अपने-आपको पहाड़ों में हटा लिया। अब की बार उनका नेता आश्वकायनों के राजा का भाई था, जिसके पास 20,000 सैनिक और 15 हाथी थे। सिकंदर ने एओर्नस के उत्तर में दयर्ता नामक नगर तक[1] उनका पीछा किया, पर वह नगर भी वीरान मिला। अतएव वह सिंधु की ओर लौट आया और दो छोटी सैनिक टुकड़ियाँ पहाड़ों के छानने के लिए छोड़ दीं[2]।

मार्ग में उसने हाथियों का शिकार किया और भारतीय वनपालों की सहायता से अपनी सेना के लिए हाथी पकड़े।

नावों का निर्माण : सिकंदर सिंधु नदी की ऊँची दूनों में ऐसे स्थान पर पहुँच गया था जहाँ कि जंगलों में नाव बनाने योग्य लट्ठे उपलब्ध थे। उनसे नावें तैयार कराई गईं और उनके ऊपर सेना का एक भाग नदी के बहाव की ओर उस स्थान पर आया जहाँ नावों का पुल अटक से 16 मील ऊपर ओहिंद नामक स्थान में हिफैस्टियन ने पहले से ही तैयार करवा लिया था और 30 डाँड़ों वाले दो बड़े पटेले भी बनवा लिए थे।

सिंधु नदी का पार करना (326 ई. पू.) : 326 ई. पू. के वसंतकाल में सिकंदर ने सिंधु नदी पार करके भारत में इस ओर की सीमा में प्रवेश किया। सारी यूनानी सेना, तक्षशिला के 5,000 सैनिकों की टुकड़ी और दूसरे राजा, भारतीय घुड़सवार सेना और 30 हाथियों ने सिंधु उतरकर इस पार की भूमि पर पैर रखा, जहाँ तक्षशिला का नया अधिपति आंभि सिकंदर की पूर्ण अधीनता स्वीकार कर उसे अपना स्वामी मानने के लिए तैयार था।

तक्षशिला में अनस्थान, कलनोस : सिंधु से चलकर सिकंदर तक्षशिला की ओर बढ़ा जो उस समय भारतीय संस्कृति का विख्यात केंद्र था। यहाँ वह भारतीय साधुओं की ओर आकृष्ट हुआ। नगर के समीप उनमें से 15 का पता चला। सिकंदर ने ओनेसिक्राइतस द्वारा उन्हें बुलवा भेजा, परंतु एक के अतिरिक्त कोई न आया। कलानोस (संस्कृत कल्याण) नाम का साधु उपस्थित हुआ। साधुओं ने यूनानी विलासप्रियता के प्रति अपनी घृणा प्रकट की।

छोटे प्रमुखों की भेंट-सामग्री : सिकंदर ने तक्षशिला में एक दरबार किया और पड़ोस के छोटे राजाओं से प्रणामांजलि एवं भेंट स्वीकार की, और बदले में उसने भी सोने-चाँदी के बरतन और ईरानी कमख़ाब के वस्त्र इन राजाओं को उपहार में भेजे। इन राजाओं में इस प्रदेश के अधिपति डोक्सारेस का नामोल्लेख है (मैकक्रिंडल 'इनवेज़न', पृ. 92)।

---

1. इसकी पहचान पाणिनीय धार्तेय से की जा सकती है (सूत्र 5/3/11)। **–अनुवादक**
2. अर्रिअन (वही, पृ. 69, 70) के अनुसार मस्सग लेने के पीछे बजिर एवं ओर नामक नगरों का घेरा डाला गया और यह सब एओर्नस या वरणा जीतने से पहले हुआ था।

पोरस द्वारा युद्धाह्वान का संदेश : वहाँ उसे पौरव[1] का, जो भारतीय इतिहास का एक शूरवीर नेता है, भेजा हुआ युद्धाह्वान का संदेश मिला।

तक्षशिला में स्थानीय प्रबंधक : आंभि के राज्य में एक यूनानी टुकड़ी और फिलिप नाम के क्षत्रप को स्थानीय प्रशासक नियुक्त करके सिकंदर झेलम के किंनारे पौरव के राज्य की सीमा की ओर बढ़ा। उसकी यात्रा का मार्ग अस्पष्ट है।

झेलम पार करना : उस ऋतु में (मई 326 ई.पू.) झेलम पार करना टेढ़ा काम था, क्योंकि ऊपर बरफ के गलने से नदी में बाढ़ आ रही थी और शत्रु भी अपनी पूरी शक्ति से पार उतरनेवालों के मुकाबले के लिए डटा था। यूनानी, नदी के उजान और भाटी की[2] ओर आ-जाकर सुविधापूर्वक उतराई की जगह खोज रहे थे। उनके निरंतर गमनागमन से भारतीय कुछ फेर में पड़ गए और उनके उद्देश्य को ठीक-ठीक न समझ सके। अंततः एक दिन प्रातःकाल जब रात में मूसलाधार वृष्टि और तूफान आ चुका था, यूनानी लोग नावों के पुल को पड़ाव से 17 मील ऊपर की ओर ले गए जहाँ उसे जंगल से भरे हुए एक टापू के पीछे छिपा दिया गया। उसी अदृश्य मार्ग से यूनानी सेना नदी पार उतरी। एक नाव में महत्त्वपूर्ण व्यक्ति सवार थे—सिकंदर, पर्दिकस, उसका भावी शास्ता तॅलेमी, मिस्र का भावी राजा और थ्रेस का लिस्सीमाकस, जो रूमानिया का भावी विजेता था और सबसे अंत में सेल्युकस, जो सिकंदर के एशियायी साम्राज्य का उत्तराधिकारी होने वाला था और चंद्रगुप्त मौर्य के साथ जिसका बाद में संघर्ष होना था।

पौरव के पुत्र द्वारा प्रतिरोध और उसकी मृत्यु : सिकंदर ने अपनी सेना के एक भाग, लगभग 11,000 सैनिकों के साथ जैसे ही नदी पार की, वैसे ही भारतीय सेना की एक टुकड़ी ने जिसमें 2,000 घुड़सवार और 120 रथ थे, और जिसे पौरव ने अपने पुत्र के नायकत्व में भेजा था, उनका मुकाबला किया। वे यूनानी अश्वसेना के, जिसका संचालन सिकंदर स्वयं कर रहा था, हमले के सामने न ठहर सके और युवक पौरव मारा गया।

पौरव की सेना : अब यह पौरव का उत्तरदायित्व था कि वह अपनी समस्त सेना को सजाकर यूनानियों का प्रतिरोध करे। अर्रिअन के अनुसार उसकी सेना में 30,000 पैदल, 4,000 घोड़े, 300 रथ और 200 हाथी थे। उसने अपनी सेना का इस प्रकार व्यूह बनाया—सबसे आगे हाथी, जो किले की दीवार की बुर्जियों की तरह डटे थे; हाथियों के दोनों पार्श्वों में पैदलों की पंक्ति, पदाति सेना के दोनों पक्षों में

1. यूनानी में पोरस। जायसवाल ने पाणिनि सूत्र 4/1/151 के गणपाठ में पढ़े हुए पुर शब्द की ओर ध्यान दिलाया है जिससे यूनानी 'पोरस' का संबंध जोड़ा जा सकता है।
2. नदी के बहाव के ऊपर की ओर जाना उजान और नीचे की ओर जाना भाटी कहलाता है। **—अनुवादक**

घुड़सवार, जो पार्श्वों की रक्षा करते थे; और अश्वारोही सेना के सामने रथों की पंक्ति। पौरव अपने महाकाय राजकुंजर की पीठ पर सवार होकर बीचोबीच डट गया।

भारतीय सेना को देखते ही सिकंदर के मुँह से निकल पड़ा, ''अंततः मेरे सम्मुख वह भय उपस्थित है जो मेरे साहस के समकक्ष है। अब मेरा संघर्ष जंगली जानवरों से और असाधारण जीवट के व्यक्तियों से पड़ा है'' (कर्तियस, वही, पृ. 209)।

भारतीयों के लिए प्रतिकूल दुर्दिन : किंतु युद्ध का परिणाम भाग्य ने तय किया। प्रकृति ने ऐसी परिस्थितियाँ उत्पन्न कीं जो भारतीय सेना के विविध अंगों के कार्यक्षम होने के प्रतिकूल थीं। पहले ही मेघ और तूफान, वृष्टि और बिजली की आड़ में यूनानी चुपचाप अनदेखे नदी पार कर चुके थे। अब युद्धभूमि में मेह बरस जाने से ''धरती फिसलनी हो गई और घोड़ों के चलने के काम की न रही, और जो रथ थे, वे कीचड़ और दलदल में फँस गए और अपने भारी बोझ से जहाँ-के-तहाँ ठप होकर रह गए। जब रथ ऊबड़-खाबड़ और फिसलनी धरती पर युद्ध के लिए दौड़ाए गए तो उनकी धमक से रथवान भी धुरी से नीचे जा पड़े। पदाति सेना बाणों का प्रयोग न कर सकी। उनके धनुष इतने बड़े और भारी होते थे कि उन पर डोरी चढ़ाने के लिए उन्हें उनका एक सिरा धरती पर टेकना आवश्यक था और चूँकि धरती गीली हो गई थी, इसलिए सिकंदर को अवसर मिला कि पदाति सेना द्वारा बाण-वर्षा होने से पूर्व ही उन पर वार कर दे'' (कर्तियस, वही पृ. 108)।

पोरस की हार : युद्ध का आरंभ मध्य एशिया के एक सहस्र अश्वारोही धनुर्धारियों की मार से हुआ जिनकी सहायता तगड़ी यूनानी घुड़सवार सेना कर रही थी। इसने भारतीय घुड़सवार और पैदल सेना को अस्त-व्यस्त कर दिया और पंक्तियाँ टूट गईं। व्यवस्था और नियमित निर्देशन के अभाव में घोड़े और हाथियों ने अपने ही पक्ष को रौंद डाला[1] और सेना ने अनुशासनविहीन भभ्भड़ का रूप ले लिया। जो भागकर सेना के पार्ष्णिभाग में पहुँचे, उन्हें क्रातेरस की अधीनता में नदी पार करके आए हुए यूनानी सैनिकों ने काट डाला। हज़ारों आदमी मारे गए

1. भारतीय सेना के हाथी और घोड़ों की युद्ध-विषयक उपयोगिता के विषय में स्वयं सिकंदर का वचन रोचक है, ''हाथियों के संबंध में अभी हाल के युद्ध (हाईडेस्पीस या झेलम का युद्ध) में हमने अपनी आँखों से यह दृष्टांत देखा, जब उन्होंने हमारी सेना की अपेक्षा अपनी ही सेना पर भयंकर आक्रमण किया और जब उनके लंबे-चौड़े शरीरों को हमारी कुल्हाड़ी और फरसों ने काटकर बिछा दिया। यदि उनमें से दो-एक भी घायल हो जाते हैं तो शेष घूमकर भाग खड़े होते हैं। जब हजारों की संख्या में उनके ठट्ठ एक साथ खड़े कर दिए जाते हैं तो भागने के लिए पर्याप्त स्थान के अभाव में वे अपनी गड़गज देहों से एक-दूसरे के लिए बाधक बन जाते हैं।'' (कर्तियस, 9, अध्याय 2)।

जिनमें ''पोरस के दो पुत्र, स्थानीय विषयपति स्पीतेसेस[1] और पोरस के समस्त सेनापति'' भी थे।

अंत तक अवरोध : पौरव तब तक लड़ता रहा ''जब तक कि उसकी दृष्टि में थोड़े भी भारतीय सैनिक मिलकर संघर्ष करते रहे और उसने दारा की तरह युद्धभूमि से भागकर अपने सैनिकों के सामने पहले पलायन का उदाहरण नहीं रखा,'' जैसा कि एक यूनानी इतिहास-लेखक का वचन है।[2] जब सब जाता रहा, वह भी अपने शरीर पर नौ घाव लिए हुए युद्धभूमि से हट गया (कर्तियस, वही, पृ. 212)। सिकंदर का संदेश लेकर एक आदमी उसके पीछे घोड़ा कुदाता हुआ आया।[3] यही तक्षशिला का विश्वासघाती राजा है, इतना पहचानते ही पौरव ने अपनी बची-खुची शक्ति से उस पर भाले का अंतिम हाथ मारा। हेड का कहना है कि इस भिड़ंत का दृश्य एक प्रसिद्ध सिक्के पर अंकित है ('कैंब्रिज हिस्ट्री', 1/367) तब तक और भी दूत आ पहुँचे, जिनमें उनका मित्र मेरुस भी था। तब पौरव ने अपने-आपको सौंप दिया और वह सिकंदर के पास पहुँचाया गया। सिकंदर ने उससे पूछा कि ''तुम अपने साथ कैसा व्यवहार चाहते हो ?'' उसने गर्वीला उत्तर दिया, ''राजा के जैसा व्यवहार करो।''

पौरव की पुनःप्रतिष्ठा : सिकंदर ने पौरव को उसका राज्य वापस कर दिया और पूर्व की ओर का भूप्रदेश और जोड़ दिया जिसमें ''15 संघ-राज्य, उनके 5,000 बड़े नगर और अगणित ग्राम थे'' (प्लूटार्क, 'अलेक्ज़ेंडर', पृ. 60)। उसका स्थान अब एक नए साम्राज्य के अंतर्गत एक राजा का था जिसके ऊपर सिकंदर राजाओं का राजा था।[4]

एक स्वतंत्र राज्य की विजय : भारतीय प्रतिरोध की धुरी तोड़कर सिकंदर देश के भीतर और दूर स्वतंत्र ग्लुचुकायनों के (= ग्लौकानिकोइ या ग्लोकानिकोआइ, वेबर की पहचान के अनुसार 'इंडियन एंटिक्वेरी' मई, 1873) के प्रदेश में आया[5]। इनकी समृद्धि का प्रमाण यह है कि उनके प्रदेश में 37 बड़े नगर

1. संभवतः वही जिसका नाम पित्तेकस था, और जिसके विषय में पोलिनस ने लिखा है कि जब सिकंदर तक्षशिला से झेलम की ओर बढ़ रहा था तो पित्तेकस ने उससे टक्कर ली थी, जैसा दायसन और थ्रिलवान भी मानते हैं। (मैंकक्रिंडल, 'इनवेज़न', पृ. 107, टिप्पणी 2)।
2. मैंकक्रिंडल, पृष्ठ 108।
3. कर्तियस के अनुसार वह तक्षशिला के राजा का भाई था (वही)।
4. फिलोस्त्रतस ने स्वरचित 'लाइफ ऑफ़ अपोलोनियस' में लिखा है कि एक मंदिर के भीतर उसने कुछ सिक्के और फलक देखे थे जिन पर पोरस और सिकंदर के जीवन के दृश्य अंकित थे। इस मंदिर की पहचान तक्षशिला के पास जंडियाल में मिले हुए मंदिर से की जाती है जिसे श्री जॉन मार्शल ने खोज निकाला था (देखिए मार्शल-कृत 'गाइड टू टैक्सिला')।
5. पाणिनि सूत्र 4/3/99 की काशिका टीका के उदाहरण में ग्लुचुकायनिः भक्तिरस्य ग्लौचुनायनक : प्रयोग आया है।

थे जिनमें से हरेक की जनसंख्या 5,000 से 10,000 के बीच में थी। सिकंदर ने इस प्रदेश को पौरव के राज्य में मिला दिया।

विद्रोहों के कारण प्रगति में बाधा : विजित प्रदेशों में विद्रोहों के समाचारों से सिकंदर की आगे की प्रगति में बाधा पहुँची। एक भारतीय अधिपति समक्सस या दमरक्सस की सहायता से कंधार ने विद्रोह कर दिया। अश्वकों ने विद्रोही बनकर यूनानी क्षत्रप निकेनर को मार डाला। इस पर शशिगुप्त ने, जो 'अस्सकेनोई का क्षत्रप' था, (पूर्वी अश्वक, मैकक्रिंडल, 'इनवेज़न', पृ. 112) तुरंत सहायता की फरियाद भेजी। तिरयस्पेस के पश्चिम में सबसे अंत में स्थित प्रांत और तक्षशिला से फिलिप की अधिनायकता में सहायता भेजी गई। इसी समय अभिसार के राजा ने उसके पास अपने दूत और उपहार भेजे, पर सिकंदर ने उसके सामने स्वयं उपस्थित होकर प्रणामांजलि की माँग की।

पोरस द्वितीय के राज्य की विजय : जब ईरान से, जो पार्थवों के मातहत क्षत्रप प्रदेश बना दिया गया था, थ्रेस के सैनिकों की नई कुमुक आ पहुँची तब सिकंदर ने आगे की नदी असिक्नी (चनाब, यूनानी अकेसाइनेस) पार करने का विचार किया। उस देश का शासक पौरव राज्य को अपने भाग्य पर छोड़कर भाग गया। वह शरण के लिए भागकर 'गंगारिदाई लोगों के राज्य में' अर्थात् नंदराज के गंगा-प्रदेश में पहुँचा (वही, पृ. 279)। चनाब और रावी के बीच का समस्त प्रदेश सिकंदर ने पौरव के राज्य में मिला दिया।

स्वाधीन संघों द्वारा युद्ध : अधृष्ट और कठ : उसके बाद सिकंदर रावी की ओर बढ़ा एवं उन गणराज्यों में आया जहाँ के निवासी अपने स्वातंत्र्य-प्रेम के लिए प्रसिद्ध थे। अद्रेसाई[1] (अदृष्ट ?) ने अधीनता मान ली किंतु कठों (कठओआई, वेबर की पहचान के अनुसार), जो अपने साहस के लिए सबसे अधिक विख्यात थे (अर्रियन, 5/22/2), अपने संगल[2] नामक दुर्ग में युद्ध के लिए तैयार बैठे थे। किंतु सब व्यर्थ हुआ। कहा गया है कि उनमे से 17,000 व्यक्ति मारे गए और 7,000

1. संस्कृत आरट्ट, जो महाभारत के अनुसार पंचनद या पंजाब के थे। महाभारत में उन्हें वाहीक भी कहा गया है जिसमें धर्म का अभाव था (नष्टधर्माः) और इस कारण जिनके देश में जाना वर्जित था (वर्जनीयाः)। प्रस्थल, मद्र, गांधार, खश, वसाति, सिंधु और सौवीर, इतने जनपदों के साथ-साथ आरट्टों को भी कुत्सित या अशुचि कहा गया है (महाभारत, शल्यपर्व, अध्याय 44, श्लोक 2056-2070, अध्याय 45, श्लोक 2100)। जैसा पूर्व में लिखा जा चुका है, बौधायन ने आरट्टों को आर्यों के लिए बहिष्कृत कहा है। कुछ लोग आरट्ट को संस्कृत अराष्ट्रक अर्थात् राजा-विहीन संघराज्यों के साथ जोड़ते हैं।
2. कनिंघम ने इसकी पहचान संस्कृत-साहित्य के शाकल से की थी जो मद्रों का मुख्य नगर कहा गया है (महाभारत, सभापर्व, श्लोक 1196)। शल्यपर्व में जिसे मद्रों की राजधानी कहा है। किंतु सिलवाँ लेवी के मतानुसार यूनानी संगल का संस्कृत-रूप संकल था जिसका उल्लेख पाणिनि के सूत्र 4/2/75 में हुआ है। उसी के गण में पठित सौभूत = यूनानी सोफाइटीस, उस राजा का नाम है जिसके राज्य में संगल संभवतः स्थित था (मैकक्रिंडल, 'इनवेज़न', पृ. 348)।

बंदी बनाए गए। पौरव भी अपने हाथी और 5,000 सेना लेकर सिकंदर की सहायता के लिए आया।

राजधानी के पतन के बाद कठ अपने अन्य नगरों को भी छोड़कर भाग गए।

सौभूति : इसी प्रदेश में कहीं पर सोफाइटीस (सौभूति) का भी राज्य था, जिसने सिकंदर से संधि कर ली और अपने यहाँ के महाकाय शिकारी कुत्तों के प्रदर्शन से उसका मनोरंजन किया।

भगला : इसके बाद पड़ोस के राजा फेगेलस[1] ने सिकंदर की अधीनता स्वीकार की। तब सिकंदर व्यास (यूनानी हाइफेसिस) नदी के किनारे पहुँचा जहाँ यह कहकर उसकी सेना ने उसका मार्ग रोक दिया, "बस यहीं तक, अब हम इससे आगे न बढ़ेंगे।" यह घटना 326 ई. पू. में लगभग जुलाई के अंत में हुई।

व्यास से वापस लौटना : अब उसने. जिस मार्ग से आया था उसी मार्ग से, रावी, चनाब, झेलम की ओर वापस लौटने की आज्ञा दी। वहाँ पहुँचकर उसने अपना मार्ग बदल दिया और सिंधु नदी के जलमार्ग से समुद्र की ओर जाने का निश्चय किया। इसके लिए 1,000 नावों के बेड़े की आवश्यकता थी, जो वहीं तैयार किया गया। इसमें "माल लादने के लिए पटेले, घोड़ों के लिए तमेड़े और युद्ध के लिए बड़े बजरे" थे (मैकक्रिंडल, 'इनवेज़न', पृ. 135)।

यूनानियों के लिए विजित प्रदेश भारतीय राजाओं की अधीनता में : इस बीच यूनानियों द्वारा विजित प्रदेश के दृढ़ संगठन के लिए आवश्यक शासन संबंधी प्रबंध करने थे। झेलम और व्यास के बीच का राज्य पौरव की एकछत्र प्रभुता में रखा गया, जिसके अंतर्गत 500 नगरों वाले 15 गणराज्य थे (मैकक्रिंडल, 'इनवेज़न', पृ. 309), जैसा ऊपर कहा गया है। झेलम के पच्छिम में आंभि और काश्मीर में अभिसार के राजा को अधिपति बनाया गया और उसके राज्य में उरश (हज़ारा ज़िला, यूनानी अर्सेस) भी सम्मिलित कर दिया गया।

झेलम नदी में भाटी यात्रा : तब नवंबर 326 ई. पू. में सिकंदर ने अपनी यात्रा आरंभ की। दोनों किनारों पर चलती हुई सेनाएँ रक्षा कर रही थीं। झेलम और हिंदुकुश के बीच के प्रदेश के शासक फिलिप ने तीन दिन बाद उसके पार्ष्णि भाग की रक्षा के लिए अनुगमन किया। उसकी सेना में फिनीशिया, मिस्र और साइप्रस के समुद्र-यात्रा के अभ्यासी सैनिक थे।

---

1. वही, पृ. 121, 221, 281। यह नाम संस्कृत भगला से मिलता है जो एक क्षत्रिय जाति थी। पाणिनि ने वाहवादि गणपाठ (4/1/96) में तक्षशिला के राजाओं के साथ भगला का भी उल्लेख किया है।

गणराज्यों का प्रतिरोध : मालव और क्षुद्रक : यह नौ-सेना झेलम की जल-धारा में नीचे की ओर बहती हुई चली और दस दिन में चनाब के संगम पर पहुँची। यहाँ स्वाधीन गणराज्यों की सम्मिलित शक्तियों ने 90,000 पैदल, 10,000 घोड़े और लगभग 900 रथों की सेना लेकर उनका संगठित प्रतिरोध किया। मालव (यूनानी मल्लोओई) और क्षुद्रक[1] (आक्सिड्रकाइ) इस संगठन के अग्रणी थे। मालव रावी की निचली धारा और चनाब के बीच में और क्षुद्रक उसके ऊपर रावी और व्यास के बीच वाले प्रदेश में बसे थे। मालवों के समस्त नगर प्रतिरोध के केंद्र बन गए। इसमें से एक में, जो ब्राह्मणों (यूनानी ब्राखमन्स) का नगर था, ब्राह्मणों ने लेखनी के बदले तलवार उठा ली और लगभग 5000 की संख्या में लड़ते-लड़ते प्राण दे दिए। उसमें से बहुत कम ही बंदी बनाए जा सके (मैकक्रिंडल, 'इनवेज़न', पृ. 144)। एक नगर में अपने सैनिकों का साहस छुटा हुआ देखकर सिकंदर स्वयं बुर्ज की प्राचीर पर चढ़ गया और छाती में करारा घाव खाकर नीचे गिर पड़ा।

शिषिआर्जुनायन (अग्गलस्सोआइ) : और संघों ने भी सिकंदर का प्रतिरोध किया यद्यपि वह निष्फल ही हुआ। शिबियों[2] (यूनानी सिबोइ) ने उसकी अधीनता मान ली किंतु अग्गलस्सोह[3] 40,000 पदाति और 3,000 अश्वारोही सेना के साथ वीरतापूर्वक लड़े। यह भी कहा गया है कि उनके एक नगर में लगभग 20,000 स्त्री-पुरुष-बच्चों के साथ उन्होंने अपने-आपको अग्नि की ज्वालाओं में भस्म कर दिया जो राजपूती जौहर का पूर्वस्मारक है।

मालव-प्रतिरोध के लड़खड़ा जाने से क्षुद्रकों का उत्साह भी मंद पड़ गया। सिकंदर के साथ संधि करते हुए उन्होंने कहा कि स्वातंत्र्य-प्रेम के कारण उन्होंने युद्ध किया था। सिकंदर ने मालव और क्षुद्रक गणराज्यों को भी क्षत्रप फिलिप के प्रदेश के साथ संयुक्त कर दिया।

अंबष्ठ, क्षत्रिय और वसाति : बहाव की ओर जाते हुए सिकंदर कुछ दूसरे राज्यों की सीमा के पास से गुजरा; जैसे अबस्तानिस = (अंबष्ठ, पाणिनी सूत्र, 8/3/97, काशिका टीका 4/1/74) जिनकी सेना में 60,000 पदाति, 6,000 अश्व और रथ थे; खथ्रि (क्षत्रिय), और ओस्सदाइ (वसाति[4]) जिन्होंने युद्ध करना

---

1. पाणिनीय गणपाठ 4/2/45 में क्षुद्रकों और मालवों की संयुक्त सेना के लिए क्षुद्रक-मालवी सेना संज्ञा-शब्द प्रयुक्त हुआ है। कर्तियस ने इसे सुडूकाइ = क्षुद्रक रूप दिया है।
2. कर्तियस के अनुसार उनकी सेना में 40,000 पदाति थे (वही)। महाभारत (वनपर्व, अ. 130-1) में राजा उशीनर के आधिपत्य में शिबि राज्य का उल्लेख है। शिबियों ने वे सिक्के चलाए होंगे जो शिबि मुद्राएँ कहलाती हैं (जे. आर. ए. एस., 1900, पृ. 98-106)।
3. इस नाम के और भी रूप हैं, अगोसिनाइ, अरगेसिनाई, जिससे मैकक्रिंडल भारतीय अर्जुनायन का संबंध जोड़ते हैं, और जिनका उल्लेख समुद्रगुप्त की 'प्रयाग प्रशस्ति' में आया है ('इनवेज़न' पृ. 367)।
4. कनिंघम ने वसाति की पहचान यौधेय या अजुदिय, वर्तमान जोहियों से की थी। किंतु वस्तुतः ओस्सदाइ, अस्सोदिओइ या ओस्सदिओई की पहचान संस्कृत वसाति से है।

पसंद न किया । 320 ई. पू. की शीत ऋतु में वह अंतिम संगम पर पहुँचा ।

शूद्र मूषिक : और नीचे उतरकर वह सोग्दाइ[1] के प्रदेश में से गुज़रा जहाँ उस समय ब्राह्मण राजा मुसिकानुस[2] का आधिपत्य था । मुचुकर्ण अपने पड़ोसी राजा संबस (शंभु ?) और आक्सिकानुस[3] से वैर-भाव रखता था ।

आयुधजीवी ब्राह्मण : इस सारे प्रदेश में ब्राह्मणों का आधिपत्य था जो सिंहासन के नियंता और वहाँ की राजनीति के सूत्र का संचालन करते थे । उन्होंने यह घोषणा की कि विदेशी आक्रांता का प्रतिरोध करना राष्ट्रीय धर्म के नाते सबका कर्तव्य है । उन्होंने पराधीनता स्वीकार करनेवाले राजाओं की निंदा की और गणराज्यों को विद्रोह के लिए उभारा (प्लूटार्क, 'अलेक्ज़ेंडर', 59, 'कैंब्रिज हिस्ट्री', 1/378) । मुसिकानुस (मुचुकर्ण) ने पूर्वस्वीकृत अधीनता से मुँह मोड़ लिया । ऐसा ही आक्सिकानुस ने भी किया । देशप्रिय ब्राह्मणों के साथ इनका भी वध कर दिया गया ।

पत्तल का द्वैराज्य शासन : सिंधु के निचले काँठे में वह पत्तल की ओर बढ़ा जहाँ से उन दिनों नदी दो धाराओं में बँट जाती थी। पत्तल में द्वैराज्य शासन-प्रणाली थी और कुलवृद्धों की एक सभा शासन चलाती थी । सिकंदर के आगमन पर लोग पत्तल से चले गए । उसने नदी की पच्छिमी धारा की समुद्र तक छानबीन की, और फिर पत्तल में लौटकर पूर्वी धारा में उजानी गया जहाँ उसने एक बड़ी झील देखी । हो सकता है कि वह कच्छ के रत्नप्रदेश में घुसा हुआ समुद्र हो ।

सिकंदर का भारत से प्रस्थान (325 ई. पू.) : सितंबर 325 ई.पू. में सिकंदर पत्तल छोड़कर घर की यात्रा के लिए मुड़ा और आरबिटाह[4] एवं ओरिताइ[5] नामक जातिभूमि में से होता हुआ गेड्रोसिया (बलूचिस्तान) पहुँचा और भारतीय इतिहास के क्षेत्र से बाहर हो गया ।

---

1. दिओदोरस के अनुसार इस जाति का नाम सोद्राइ (= शूद्र) था (वही, पृ. 293) । उत्तरी सिंध में रोरी के पूरब में शूद्र या शौद्रायण जनपद था । पतंजलि ने इसका नाम अब्राह्मणक जनपद और इसके दक्षिण में स्थित ब्राह्मणक जनपद को अवृषलक कहा है (महाभाष्य, सूत्र 1/4/1) अब्राह्मणको देशः, अवृषलको देशः । **—अनुवादक**
2. मुसिकानुस का मूल संस्कृत रूप मुचुकर्ण है, मूषिक नहीं (पाणिनीय सूत्र, 4/2/80, कुमुदादिगण)।
3. दिओदोरस के अनुसार पोर्तिकानोस् (वही), जिसका संबंध संस्कृत पार्थ से लगाते हैं (वही, पृ. 158, टिप्पणी 1) । किंतु इसका मूल सं. रूप अक्षिकर्ण होना चाहिए । **—अनुवादक**
4. आरबिटाह की पहचान संस्कृत आरभट से की जानी चाहिए । इसी आरभट प्रदेश की शैली साहित्य में आरभटी वृत्ति कहलाई । **—अनुवादक**
5. ओरिताइ पाणिनि के वार्त्तेय हैं जिनका उल्लेख यौधेयादिगण में दो बार (4/1/176, 5/3/117) हुआ है । **—अनुवादक**

आक्रमण के परिणाम, विचारपूर्वक मूल्यांकन : सिकंदर के अभियान से भारतवर्ष पर होनेवाले परिणामों को यूनानी लेखकों ने अतिरंजन के साथ चित्रित किया है। उनकी परख स्थायी परिणामों से की जानी चाहिए। निस्संदेह पंजाब और सिंध में सिकंदर ने सफल अभियान किया, परंतु यह भी सदा सरल और निर्विरोध न था। भिन्न-भिन्न केंद्रों में, सिंध के इस पार के प्रदेश में या पंचनद प्रदेश में या सिंधु-नद के निचले काँठे में भारतवासियों से जितना प्रतिरोध उसे सहन करना पड़ा, वह नगण्य न था। इस विशाल भू-प्रदेश में सर्वत्र देश-भक्ति की एक लहर छा गई थी जिसने विदेशी आक्रमण का विरोध करने के लिए लोगों को उभारा। संभवतः इस प्रतिरोध में नेतृत्व और पर्याप्त साधनों का अभाव था। विरोध की यह भावना ऊँचे स्तर को अपेक्षा साधारण जनता के मन में अधिक प्रत्यक्ष थी। बहुत से राजा, कुछ ही प्रशंसनीय आदर्श अपवादों को छोड़कर, देशद्रोही बन गए और शत्रु के साथ मेल गाँठकर अपने पद को बचाने में सफल हुए। किंतु पंजाब के स्वतंत्र गणराज्यों की जनता ने ऐसा नहीं किया, उसके स्वातंत्र्य-प्रेम और उसकी रक्षा के लिए आत्मत्याग में भारतीय इतिहास के समुज्ज्वल चित्र प्रस्तुत हुए हैं।

इन संघ-राज्यों का क्षेत्रफल छोटा था, फिर भी जो बड़ी सेनाएँ उन्होंने आत्मरक्षा के लिए युद्ध-क्षेत्र में भेजीं, उससे माना जा सकता है कि उनके एक-एक व्यक्ति ने युद्ध-दान दिया। कुछ स्थानों में तो स्त्रियों तक ने पुरुषों के साथ युद्ध में भाग लिया। इससे इन गणराज्यों की सक्षम कार्यशीलता ही प्रकट होती है, जिसने देश के प्रति इतना सुंदर और उदात्त भाव उत्पन्न किया कि उसकी रक्षा के लिए युवकों ने अनिवार्य भरती के बिना सैनिक सेवा ओटकर अपने प्राणों की आहुति दी।

सिकंदर के विरुद्ध भारतीय प्रतिरोध की इतनी मात्रा और तीव्रता का समुचित मूल्यांकन और श्लाघा यूनानी लेखकों ने नहीं की। न उन्होंने इस बात पर विचार किया है कि अपने बीच के सिकंदर के इस अभियान को स्वयं भारतीयों ने कहाँ तक गंभीरता से लिया था। इस घटना के तथ्यों से ही यह प्रकट है कि उस युग में, जब आवागमन के साधनों की इतनी कठिनाई थी, इस प्रकार के अभियानों का इतने दूरस्थ विदेशों में कुछ अधिक प्रभाव नहीं पड़ सकता था। इस विषय में जनता का यही मत था। इस बात को भारतीय 'दार्शनिकों' या साधुओं में से एक ने, जो देश के उच्च विचार के प्रतिनिधि और जनता के सच्चे शिक्षक थे, बड़े अच्छे ढंग से व्यक्त किया है। उसने सिकंदर से उसके कार्यों की निस्सारता दिखाते हुए कहा था कि उसका कर्म कुछ ऐसा ही था जैसे सूखे हुए गोचर्म के एक कोने पर खड़े होकर यदि वह उसे दबाए तो दूसरे कोने ऐंठकर ऊपर उठ जाते हैं। इस कथन से उसने संकेत किया कि सिकंदर को अपने राज्य के केंद्र-भाग से इतनी दूर के देशों की विजय का भरोसा करना उचित नहीं (प्लूटार्क, मैकक्रिंडल, 'इनवेज़न', पृष्ठ 315)।

उसके अभियानों का वास्तविक परिणाम उस वर्णन के अनुरूप था। उनका स्वरूप सैनिक धाड़े या अस्थायी दिखावे का था; वह स्थायी विजय न थी जिससे यूनानी राज्य की भारत में स्थापना की जा सकती।

इस विजय के ठीक स्वरूप और परिणाम का अंदाज कुछ उस शासन-प्रबंध से लग सकता है जो बाद में किया गया। सिंधु नदी के पश्चिम के भारतीय सीमांत प्रदेश में यूनानी शासक नियुक्त किए गए, जैसे सिंध में पाइथन; सिंध से ऊपर काबुल नदी के निचले काँठे से लेकर बाख्त्री तक फिलिप; और परोपनिसद (पश्चिमी अफगानिस्तान) में आक्सिअर्तेस।

सिंधु के पूर्व स्वयं भारत में तीन क्षत्रप-मंडलों की स्थापना की गई जो सब भारतीय राजाओं के आधिपत्य में रखे गए, जैसे तक्षशिला और अभिसार के राजा एवं पौरव। तक्षशिला में आंभि और फिलिप का कुछ-कुछ दोहरा शासन था (फिलिप की ठीक पहचान अनिश्चित है)। सबसे विस्तृत भू-प्रदेश का राज्य पौरव को दिया गया, (जिसके अंतर्गत "15 गणराज्य, 500 बड़े नगर और अगणित ग्राम थे" (प्लूटार्क, मैकक्रिंडल, 'इनवेज़न', पृष्ठ 309)।

इस प्रकार जो ग्रीक-शासन भारतीय सहयोग पर इतना निर्भर था, वह यहाँ जड़ न पकड़ सका। उसे लोगों ने स्वीकार न किया। प्रतिरोध और विद्रोह पग-पग पर सिकंदर का पीछा कर रहे थे। उसके क्षत्रप निकेनर को अश्वकों ने मार डाला और अब जैसे ही उसके भारत से लौटने की बात लोगों को मालूम हुई, उसका सबसे महत्त्वपूर्ण शासक फिलिप भी, जो झेलम से हिंदुकुश तक के समस्त प्रदेश का शासन कर रहा था, मार डाला गया। अपने अधिकार पर इस गहरी चोट का जो प्रतिकार सिकंदर कर सका, वह यही था कि उसने तक्षशिला के भारतीय राजा से फिलिप की स्थान-पूर्ति करने को कहा, और उसके यूनानी सहायक यूडीमस को, जिसकी अधीनता में थ्रेस के सैनिकों की एक टुकड़ी थी, इस मंडल के साथ रख दिया। क्या इसे नाम-मात्र की या वास्तविक यूनानी सत्ता कहा जाएगा?

सभी विदेशी आक्रमणों की भाँति सिकंदर के आक्रमणों ने भी राजनीतिक एकता के भाव को उभारा। छोटे राज्य, जो एकता के मार्ग में रोड़ा थे, अब बड़ों में मिल गए, जैसे पौरव, अभिसार और तक्षशिला के राज्य। इस प्रकार सारी परिस्थितियाँ एक भारतीय साम्राज्य के उदय के अनुकूल बन रही थीं जिस राज्य की कुछ ही समय बाद चंद्रगुप्त ने नींव डाली।

इस यूनानी अभियान के विषय में सामान्यतः भारतीय स्थिति कवि की इस उक्ति में सुव्यक्त हुई है:

"कटक दलों का निकला उसके घोष पास से,
मग्न हुई वह फिर विचार में शांत भाव से।"

सिक्के[1] : इन विदेशी हमलों से भारत में विदेशी सिक्के चल गए । सोने का ईरानी डेरिक सिक्का, जिसकी तौल लगभग 130 ग्रेन (लगभग 75 रत्ती = 8.42 ग्राम) थी और जिसे पहले-पहल सम्राट् दारा ने ढलवाया था, भारत के सीमांत भाग में चल गया । वहाँ चाँदी के साथ उसका प्रतिकूल अनुपात 1:8 का था जब कि ईरान में वह 1:13 था, इसलिए यहाँ उसके पैर न जम सके । इसलिए सोने के ईरानी सिक्के भारत में बहुत कम मिलते हैं, लेकिन ईरान के चाँदी के सिक्के शकाल (यूनानी सिगलोस, बहुवचन सिगलाई) की बात दूसरी थी । 20 शकाल 1 डेरिक के बराबर थे । एक शकाल की अधिक-से-अधिक 86.45 ग्रेन (= 5.6 ग्राम = लगभग 48 रत्ती; एक रत्ती = 1.75 ग्रेन) तौल थी । ईरानी शकाल भारत में खुलेआम आते थे । और वे भारत में ही बने हुए चाँदी के आहत सिक्कों से बहुत मिलते-जुलते थे ।

जब सिकंदर ने दारा तृतीय को उखाड़ फेंका तो ईरानी शकाल भी कुछ दिन बाद ठप हो गया ।

एथेन्स के उलूकांकित सिक्कों की प्रतिकृतियाँ भारत में मैसिडोनिया के प्रभुत्व के समय पहली बार चालू हुईं । किंतु ब्रिटिश म्यूज़ियम के लिए जो नमूने रावलपिंडी से मिले थे, वे भारतवर्ष में नहीं बल्कि मध्य एशिया में पाए गए थे ।

तथ्य तो यह है कि एथेन्स के प्रतिकृतिमूलक जितने भी टेटराड्रैख्म (चतुर्द्रम्म), डाइड्रैख्म (दो द्रम्म) और ड्रैख्म (द्रम्म) सिक्के अब तक भारत से प्राप्त किए गए हैं, भारत की भूमि से ही उनकी निश्चित प्राप्ति प्रमाणित नहीं है ।

एटिक तौल के कुछ छोटे चाँटी के ड्रैख्म (58 ग्रेन या 3.75 ग्राम, एथेन्स की तौल) निश्चित रूप से भारत में पाए गए, जिन्हें राजा सौभूति (सोफाइटीज़) ने चालू किया था । सिकंदर के भारतीय आक्रमण की स्मृति के सूचक यही सिक्के अवशिष्ट हैं ।

चाँदी के कुछ मैसीडोनियन टेटरा ड्रैख्म, जिन पर यूनानी देवता जीयस और गरुड़ की आकृति अंकित है और क्षत्रप मुकुट का चिह्न बना है, यद्यपि रावलपिंडी से प्राप्त किए गए, उनका प्रभव स्थान मध्य एशिया में है । इन्हीं सिक्कों के बाद के नमूने एंटियोकस प्रथम की मुद्राओं पर मिलते हैं । चंद्रगुप्त मौर्य द्वारा सेल्युकस की, जो एंटियोकस का पूर्वाधिकारी था; पराजय के बाद एंटियोकस का कुछ भी संबंध भारत से न रह गया ।

इस संबंध में एक अत्यंत विलक्षण सिक्के की ओर, जिसका भारतीय इतिहास से संबंध है, ध्यान दिलाना आवश्यक है । अब यह ब्रिटिश म्यूजियम में सुरक्षित है । यह चाँदी का डेकाड्रैख्म या एटिक तौल के हिसाब से दस द्रम्म वजन का है । जैसा पहले कहा जा चुका है, यह सिकंदर के अभियान से संबंधित एक महत्वपूर्ण

---

1. देखिए, 'कैंब्रिज हिस्ट्री,' अध्याय 14,

घटना का स्मारक पदक है । इसके पटदाँव (पीछे की ओर) एक लंबी पुरुष-मूर्ति है जो उरस्त्राण, कंचुक और शिरस्त्राण पहने हुए है । उसके एक पार्श्व में तलवार बँधी है और हाथ में लंबा बल्लम है । हेड का अनुमान है कि वह स्वयं सिकंदर की मूर्ति है । उसके चितदाँव (सामने की ओर) एक पीछे हटता हुआ हाथी है जिसकी पीठ पर दो सवार हैं, उनमें से एक भरपूर हाथ से बर्छा चलाकर पीछा करते हुए घुड़सवार को छेद रहा है । हेड का कथन है कि यह राजकुंजर पर सवार वितस्ता के युद्ध में पौरव की मूर्ति है, जो अपने पीछे घोड़ा कुदाते हुए तक्षशिला के देशद्रोही राजा आंभि को ताककर अपना बर्च्छा मार रहा है ।

उस युग की आर्थिक और सामाजिक अवस्थाएँ (बौद्ध-जैन और यूनानी ऐतिहृय साधनों से) : विनय, सुत्तपिटक और जातक आदि बौद्ध-ग्रंथों[1] में एवं आचारांग, उत्तराध्ययन आदि जैन-ग्रंथों में आर्थिक तथा सामाजिक अवस्थाओं के प्रासंगिक उल्लेख आते हैं और इन्हें जोड़कर एक रोचक कहानी तैयार की जा सकती है । इसमें संदेह नहीं कि यह सब सामग्री अधिकांश में कथा-कहानियों से ही प्राप्त होती है, किंतु कथा-कहानियाँ भी तो अपनी स्थानीय परिस्थिति और रंगत, तथा भौगोलिक और सामाजिक पृष्ठभूमि से अलग नहीं की जा सकतीं ।

सन्निवेश के केंद्र; कुल : सन्निवेश की इकाई गृह था, जिसमें कुल का निवास होता था । कुल अच्छी-खासी इकाई थी । वह पिता, माता, संतान और उनके पितामह, पितामही, पुत्रवधू और पौत्रों के संयुक्त परिवार की संज्ञा थी ।

ग्राम; घर : गृह और महाकुलों के समुदाय की संज्ञा ग्राम थी । उसमें केवल दो या तीन गृह या शालाएँ भी हो सकती थीं (प्रतिमोक्ष, 6) । किंतु जातक कथाओं में वर्णित औसत ग्राम में 30 से 1,000 तक कुल होते थे । गाँव में कुटीर एक-दूसरे से सटाकर बनाए जाते थे । एक छप्पर में लगी हुई आग सारे गाँव में फैल सकती थी (मिलिंदपंह, 47) । गाँव की बस्ती के भाग में कुटियों या घरों का जमघट रहता था जिसके चारों ओर एक दीवार या लट्ठों का बाड़ा, जिसमें एक ओर ग्राम-द्वार होता था, बना लिया जाता था (जातक, 1/239; 2/76; 135, 3/9) ।

ग्रामक्षेत्र : इस बाड़े से चारों ओर गाँव की कृषि-भूमि या ग्रामक्षेत्र होता था । छोटे जानवर, जंगली पशु और चिड़ियों की हानि से बचाने के लिए ग्रामक्षेत्र की रक्षा बाड़े (जातक, 1/21,5), जाल (वही, 1/143, 154), और खेत रखवालों (वही, 2/110; 4/277) द्वारा की जाती थी । वनों को साफ करके प्राप्त नई भूमि से

---

1. बौद्ध सामग्री का पूरा उपयोग डॉ. टी. एच. राइस डेविड्स ने अपनी पुस्तक 'बुद्धिस्ट इंडिया' में और श्रीमती सी. ए. एफ. राइस डेविड्स ने 'इकनामिक जर्नल,' सितंबर 1901, और जे. आर. ए. एस., अक्तूबर 1901 में प्रकाशित अपने इस विषय के लेखों में एवं 'कैंब्रिज हिस्ट्री' के अध्याय 8 में कर लिया है ।

क्षेत्रों की अभिवृद्धि होती थी (वही, 2/357)।

कृषकों की निजी पट्टियाँ : ग्रामों की कृषि-योग्य (सीत्य) भूमि में किसानों की व्यक्तिगत पट्टियाँ होती थीं जिनको एक-दूसरे से अलग करने के लिए बीच-बीच में सिंचाई की नालियाँ (कुल्या) बनाई जाती थीं जिनका इस्तेमाल मिलकर किया जाता था (वही, 1/336; 4/167; 5/412; धम्मपद, श्लोक 80, श्लोक 145, थेरगाथा 19, उदकं हि नयंति नेतिका)। विभक्त करनेवाली उन चौकोर और टेढ़ी-मेढ़ी नलियों को जब बुद्ध ने मगध के जुते हुए खेतों में देखा तो उन्हीं के ढंग पर भिक्षुओं का चीवर, पंसुकूल या चीथड़ों को जोड़कर बनाने की बात उनके मन में आई (विनय टैक्स्ट, 2/207-9)।

एक पट्टी प्रायः इतनी परिमित होती थी कि वह परिवार, जो उनका स्वामी होता था, स्वयं या एक भृतक कर्मकर (मजूर) रखकर उसे जोत-बो सके (जातक 1/277; 3/162; 4/167)। उसका आदर्श ऐसा भूमिपति था जो भूमि से अलग न रहकर स्वयं ही खेती करता हो। भृतक कर्मकर समाज में निंदित और दास से भी नीच समझा जाता था (दीघ. 1/51; अंगुत्तर 1/145, 206; मिलिंद 147, 331)। तगड़े किसान घर पर अपने खेतों को खाली छोड़कर जब राजा के खेतों पर बेगार में पकड़वाकर मँगवाए जाते थे तो उस शोचनीय स्थिति को जातकों में बहुत बुरा समझा गया है और सामाजिक दुर्दशा का लक्षण माना गया है (1/339)।

बड़े परिमाण की किसानू धरती या पट्टियाँ भी अविदित नहीं थीं। एक सहस्र करीस (संभवतः एकड़) और उससे अधिक की कृषि-भूमियों का भी उल्लेख है (वही 3/293; 4/276) जिसके क्षेत्रपति ब्राह्मण थे और एक इतनी बड़ी पट्टी का वर्णन है जिसके लिए 500 हल और हल-बैलों के लिए अनेक मजूरों (भृतिकाः) की आवश्यकता पड़ती थी (वही, 3/293; 2/165, 300, संयुत्त 1/171; सुत्तनिपात 1/4)।

गोचर : ग्राम-क्षेत्र के बाद सार्वजनिक गोचर भूमि होती थी (जातक 1/388) जिसमें ग्राम्य पशु-संघ (वही 3/149; 4/326) और बकरियाँ (वही, 3/401) चरा करती थीं, चाहे वे राजा की हों (वही, 1/240) या सामान्य जनता की (वही, 1/194, 388; तु. ऋ. 10/19)। गाँव वाले सबकी ओर से एक पशुपाल रख लेते थे जो रात के समय यूथों को बाड़े में बंद कर देता था या गिनती करके उनके स्वामियों के घर पहुँचा देता था (वही, 1/388; 3/149)। पशुओं की रक्षा करने के कारण उसे गोपालक (वही, 5/350), अजपाल या अविपाल कहते थे। दूध का काम उसके जिम्मे न था। गोचर-भूमि दिन-प्रतिदिन या कुछ दिनों में बदलती रहती थी (अंगुत्तर 1/205)।

वन या उद्यान : गोचर-भूमि के अतिरिक्त गाँव में सटे हुए वन या उद्यान होते थे जैसे राजा बिंबिसार का वेलवन, साकेत का अंजनवन या श्रावस्ती का जेतवन,

जिनका उल्लेख ऊपर हो चुका है।

अरण्य : गाँव की सीमा पर जंगलों की बिना साफ की हुई भूमि रहती थी जहाँ से जलावन लकड़ी या ईंधन और घास-फूस लाया जाता था (जातक 1/317, 5/103)। इस तरह के कुछ जंगल ये थे, कोसल का अंधवन, मगध का सीतवन या शाक्य जनपद का पाचीनवंसदाय जिनमें जंगली जानवर और वहाँ आते-जाते सार्थों को लूटने-पाटने वाले डाकू रहते थे (वही, 1/99)।

भूमि के लागभाग और कर : भारत के आर्थिक जीवन की विशेषता ग्राम-संस्थाएँ थीं जिनमें हरेक किसान भूमि का स्वामी था और भूमि पर उसके अधिकारों के विषय में केवल इतनी ही मर्यादा मानी जाती थी जितनी राज्य को लागभाग के रूप में देनी पड़ती थी। ये राजग्राह्य-कर कई प्रकार के थे, जैसे,

(1) उपज का दशमांश, जो खलिहान में ही धान्य के रूप में वसूल कर लिया जाता था (वही, 2/378) या हरी फसल को देखकर कूती हुई उपज का अंश (4/169) जिसे महामात्र नामक अधिकारी कूतते थे, अथवा गाँव की सभा या स्वयं गाँव का मुखिया (ग्राम-भोजक) मापकर अलग निकाल देता था। हिंदू धर्मशास्त्रों में राजग्राह्य भाग उपज के षष्ठांश से बारहवें अंश तक कहा गया है (उदाहरण के लिए मनु. 7/130), अथवा शासनाधिकारी जितना निश्चित कर दे (जातक 3/9)।

इस प्रकार के देयांश या भाग राजा और गण दोनों ही वसूल करते थे। उल्लेख है कि कुसिनारा के मल्लों ने ऐसे व्यक्ति पर 500 (कार्षापणों) का दंड लगा दिया था जो भगवान् के उधर से निकलने पर उनका स्वागत न करें (विनय 1/247)। उन्होंने बुद्ध और संघ के लिए निश्चयानुसार बारी-बारी से भोजन देने का प्रबंध भी किया था। शाक्यों ने लुंबिनी गाँव पर बलि और भाग (उपज का अंश) लेने का निश्चय किया था। इनमें से अशोक ने बलि को बिलकुल छोड़ दिया था और भाग घटाकर अष्टमांश कर दिया था जैसा लुंबिनी-स्तंभ लेख में कहा गया है।

राजा इन भाग और करों में माफी, छूट या दान कर सकता था। ऐसे कुछ दानों का उल्लेख आता है जो राजा या उसकी महिषी (जातक, 5/44) द्वारा पुत्री के विवाह में (वही, 2/237; 403), मंत्री (वही, 1/354; 6/261), ब्राह्मण (वही, 3/229; दीघ., 1/87) या वणिज (जातक 6/344) को दिए गए। ऐसा भी कहा है कि राजा ने किसी व्यक्ति को (वही, 4/169) या पूग को (वही, 1/200) भाग की माफी दे दी।

(2) उपज पर विशेष लाग, जिससे राजकीय बंडों (भांडागार) में युद्ध या दुर्भिक्ष के आत्ययिक काल या संकट-समय के लिए धान्य संग्रह करके रखा जाता था ('इंडियन एंटिक्वेरी', 1896, पृ. 261 आदि)।

(3) बेगार या विष्टि। ऐसा उल्लेख आता है कि किसान अपना काम-धंधा

छोड़कर राजा के लिए शिकार में हाँके की डंड-बेगार से बचने के लिए रक्षित मृगदावों या रूँधों का प्रबंध करते थे (जातक, 1/149; 3/270)। प्रजापीड़क विष्टि या बेगार का भी उल्लेख है (वही, 1/339)।

(4) समय-समय पर लगाए जानेवाले कर या बराड़, जैसे पुत्र-जन्म के समय प्रजा राजा को एक विशेष लाग देती थी जिसे 'खीरमूलकहापण' कहा गया है (जातक, 4/323)।

(5) अरण्य-भूमि (दीघ. 1/87) और अस्वामिक भूमि या संपत्ति पर राजा का अधिकार।

दान या क्रम से भूमि का हस्तांतरण होता था। एक ब्राह्मण के अपनी जायदाद में से सहस्र करीस भूमि दान करने का उल्लेख है (जातक, 4/281)। एक व्यापारी ने शर्तनामे के अनुसार किसी कुलपुत्र को उसकी इच्छा के विरुद्ध अपना उद्यान या आराम बेचने के लिए बाध्य किया (चुल्ल, 6/4/9)। हिंदू धर्मशास्त्रों में स्वयं खेती न करनेवाले भूमिपतियों के विषय में कहा गया है कि उपज का एक भाग लेने की शर्त या बटाई पर वे भूमि दे देते थे, जैसा पहले कहा जा चुका है [आपस्तंभ, 1/6/18 (20); 2/11/28 (1)]।

नगर : कुल और ग्राम से बड़ा कस्बा या नगरक होता था, जिसका प्रसिद्ध उदाहरण कुसिनारा था, जहाँ बुद्ध की मृत्यु हुई (दीघ, 2/146)। नगर के लिए निगम शब्द भी चालू था, जैसे पालि-साहित्य में प्रायः प्रयुक्त गाम-निगम। वस्तुतः ग्राम और निगम में कोई स्फुट विभाजक रेखा न थी। कस्बे के लिए भी नगर शब्द आया है, जैसे राजा विदेह की राजधानी मिथिला, जिसके राज्य में 16 सहस्र ग्राम थे, नगर कहलाती थी (जातक, 3/365)। अंत में बहुत बड़े-बड़े शहर भी थे जो महानगर कहलाते थे जिनमें से बुद्ध के समय में छह प्रसिद्ध थे, जैसा पहले कह चुके हैं।

जनसंख्या के सन्निवेश, (जैन-ग्रंथों के अनुसार): उत्तराध्ययन सूत्र नामक जैन-ग्रंथ में (30/15-18) अनेक प्रकार के जन सन्निवेशों के नाम आए हैं। उत्तरोत्तर क्रम से उनकी सूची इस प्रकार है—घर; रथ्या (सड़क); वाट (बगीचा); आश्रम; विहार (भिक्षुओं का निवासस्थान या देवगृह), सन्निवेश (सार्थों के पड़ाव का स्थान); समाज (यात्रियों की निषद्या); घोष (अहीर या गोपालों का स्थान); स्थल-सेना स्कंधावार (ऊँची भूमि पर सेना का पड़ाव); सार्थ; ग्राम; पल्ली (जंगली जातियों या शबरों का ग्राम); खेट (धूल कोट से परिवेष्टित ग्राम, खेटे पांसु प्रकार परिक्षिप्ते); कर्वट या खर्वट (नीची दीवार से परिवेष्टित छोटा कस्बा, क्षुल्ल प्राकार वेष्टितम्; अथवा कर्वट लोगों का निवासस्थान; अथवा कौटिल्य के अनुसार 200 गाँवों के मंडल का केंद्र जो खार्वटिक कहलाता था); द्रोण मुख (ऐसा जल पत्तन

जिसके पीछे नदी, द्रोणी की भूमि हो, जैसे भृगुकच्छ या ताम्रलिप्ति; अथवा कौटिल्य के अनुसार 400 ग्रामों के मंडल का केंद्र); पत्तन (बड़ा नगर या वाणिज्य-केंद्र); मटंब (अलग बसा हुआ छोटा कस्बा, जो पहले गाँव से साढ़े तीन योजन दूर हो); संवाह (खुली हुई बस्ती का नगर अथवा चारों वर्णों के बहुसंख्यक मनुष्यों का निवास, प्रभूत चातुर्वर्ण्य निवास; किंतु अन्य टीकाकारों के अनुसार दुर्गभूमि जहाँ खेती की उपज सुरक्षा के लिए संचित की जाए (संवाहाः समभूमौ कृषिं कृत्वा येष दुर्ग भूमिषु धान्यानि कृषीवलाः संवहंति रक्षार्थ); अथवा पहाड़ों के बीच में (पर्वतनितंबादि दुर्गे) स्थापणी अर्थात् डीपू या संचय-स्थान; नगर (निःशुल्क शहर जो उन अठारह प्रकार के शुल्कों में से एक भी न देता हो जो ग्राम पर लगाए जाते थे); राजधानी; निगम (व्यापारियों का नगर); आकर (खानें); और संवट्-कोट्ट (रक्षार्थ कोट या दुर्ग), (प्राची पुस्तकमाला, 45, पृ. 176-7; मूल, शारपेतिये द्वारा सम्पादित, पृ. 213, 384)।

सूत्रकृतांग [2/2 (13)] में इनमें से कुछ शब्दों की परिभाषा भिन्न प्रकार से की है। तदनुसार गाँव के चारों ओर काँटे-झाड़ी या वृक्षों की बाड़ होनी चाहिए; नगर में चार गोपुर होते हैं; खेट की विशेषता नदी और पर्वत से घिरे होना है; खर्वट के चारों ओर भी पहाड़ी टीले होने चाहिए; मटंब दस सहस्र ग्रामों के मंडल का केंद्र होता है (दलित दशशतैर्ग्रामैर्युक्तम्); पत्तन रत्नों की बिक्री का स्थान (रत्नयोनिः) या खनिज द्रव्यों का केंद्र होता है; द्रोण के पास समुद्र-तट का घेरा होता है (सिंधु बेला वलयितम्); और संबा धन पहाड़ी पठार पर निविष्ट होता है।

कला और शिल्प : भूमि पर सुव्यवस्थित जीवन और स्थिर सन्निवेश एवं भौतिक परिस्थितियों की अनुकूलता के होने से, जिसका चित्रण ऊपर किया गया है, जनता की आर्थिक समृद्धि में भी अभिवृद्धि हुई। उस युग की कृषि की दशा और संपन्नता का ऊपर वर्णन हो चुका है। कला और शिल्प के क्षेत्र में जातकों में अठारह प्रकार के महत्त्वपूर्ण शिप्पों (शिल्पों) का उल्लेख प्रायः आता है, जिसमें से वड्ढकि, कर्मार, चर्मकार, चित्रकार आदि शिल्पज्ञों के नाम भी हैं (जातक, 1/267, 314; 3/281; 4/411; 6/22)। लुहार के लिए कंभार शब्द था, और अंग्रेजी शब्द 'स्मिथ' की भाँति किसी भी धातु का काम करनेवाले के लिए वह प्रयुक्त होता था। ऐसे ही वड्ढकि भी नाव-शकट आदि सब तरह के लकड़ी के कामों को करनेवाले के लिए प्रयुक्त होता था (वही, 4/207)। यान, अंतर्गत रथ, शकट, आदि कई प्रकार की गाड़ियाँ होती थीं (वही)। वास्तुशास्त्र के अंतर्गत कई प्रकार का काष्ठ-कर्म करनेवाले शिल्पी थपति, तच्छक (रंदनेवाला) और भ्रमकार (खरादी) थे (वही, 1/201; 4/304, मिलिन्द, 330, 345; मज्झिम, 1/56, 396; 3/144; धम्मपद, गाथा 80, दारुं नमयन्ति तच्छका)। एक वड्ढकि ग्राम शयनासन आदि

उपकरण और समुद्री पोत भी तैयार करता था (जातक, 4/159)। पत्थर का काम करनेवाले पाषाण-कोट्टक थे जो वास्तु-निर्माण करते थे। एक जगह चुहिया रखने के स्फठिक पंजर में उनके सुराख करने का उल्लेख है (वही 1/479)। बढ़िया शिल्पों में इनका उल्लेख है–दंत-कर्म (हाथीदाँत का काम), तन्तुवाय कर्म (बुनाई), आपूपिक कर्म (हलवाई का काम), सुवर्णकार कर्म और रत्नों का काम, कुम्भकार या कुलाल कर्म इषुकार और धनुष्कार कर्म (धनुर्बाण बनानेवाले का काम), मालाकार कर्म इत्यादि।

हीन शिल्प–शारीरिक कर्म की गरिमा को सदा एक-सी स्वीकृति प्राप्त न थी। कुछ शिल्प और कलाओं को हीन शिल्प या निन्दित समझा जाता था, जैसे व्याध, वागुरिक (जाल लगाकर फँसाने वाले), मछुवे (कैवर्त या मत्स्यघाती), सौनिक (पशुघाती) और चमड़ा सिझाने वाले, जिनकी वृत्ति जीवहिंसा पर अवलंबित थी। ऐसे ही नट, नर्तक, गायक आदि के काम एवं बेंत, तिनकों आदि को बीनकर सामान बनाना एवं गाड़ी बनाना भी, जो वन्य-जातियों के शिल्प-कर्म थे, हीन शिल्प समझे जाते थे।

शिल्पों का स्थान-विशेष में जमना : विशेष शिल्पों में लगे हुए लोगों के अलग गाँव बस जाते थे। कुम्भकार ग्राम (जातक, 3/376), वड्ढकि-ग्राम (वही, 2/18, 405; 4/159, 207), या कम्भार-ग्राम (वही, 3/281) सारे जनपद को उस्तरे, हल, फड़वे, चाबुक, सुई आदि आवश्यक वस्तुएँ तैयार करके देते थे। गंगा के किनारे या उससे कुछ दूर जाल लगाकर जातवरों को फँसाने वाले निषाद-ग्राम थे (वही, 6/71 नेसाद गाम; थेरगाथा अट्ठकथा 220, मिगलुद्धक गाम) जो जंगली पशु पकड़कर लाते और उनके चमड़े और हाथीदाँत आदि सामान बेचते थे। नगरों में कुछ विशेष सड़कों या मुहल्लों में पेशेवर लोगों की बस्तियाँ बन जाती थीं। बनारस में हाथीदाँत का काम करनेवालों की गली (दन्तकार वीथी, जातक, 1/320; 2/197), रंगरेज़ों की गली (रजक वीथी, वही, 4/81), वैश्य वीथी (वेस्सव्यापारी) और बुनकरों का मुहल्ला (ठान) था (वही, 1/356)।

वाणिज्य : वाणिज्य देशी और विदेशी, समुद्री और नदी परिवाहित एवं निर्यात और आयात के रूप में होता था।

विदेश के साथ सामुद्रिक व्यापार की प्रमाण-सामग्री अपेक्षाकृत कम मिलती है, किंतु वह निश्चित रूप से था। उल्लेख है कि राजकुमार महाजनक चंपा से सुवर्ण भूमि (वही, 6/34 आदि), महिंद पाटलिपुत्र से ताम्रलिप्ति और वहाँ से सिंहल गए थे (विनय, 3/338, समंत पासादिका)। एक जगह कहा है कि बढ़इयों का गाँव बयाना लेकर माल तैयार न करने की त्रुटि से बचने के लिए रातों-रात बनारस से गंगा के रास्ते एक बड़े जलयान में बैठकर समुद्र की ओर भाग गया (जातक,

4/159)। एक चतुर कर्णधार समुद्र के उस पार से भारत आनेवाले यात्रियों को पोत में बिठाकर गंगा के रास्ते से बनारस तक ले आया। कुछ व्यापारी भरुकच्छ से चलकर भारतीय समुद्र-तट के किनारे सुवर्ण-भूमि पहुँच गए थे (वही, 3/188) और मार्ग में सिंहल के एक जलपत्तन में ठहरे थे (वही, 2/127 आदि)। पत्तन में नया माल लादकर आए हुए पोत पर माल खरीदने के लिए सौ व्यापारियों के एकत्र होने का उल्लेख है (वही, 1/122)।

उस युग के जलयान सैकड़ों यात्रियों की यात्रा के लिए पर्याप्त होते थे। कई अभागे जलयानों पर पाँच सौ व्यापारियों के यात्रा करने का उल्लेख आता है (वही, 128; 5/75)। सुप्पारक के कुशल निर्यामकत्व में सात सौ यात्रियों की नौ यात्रा का उल्लेख है (वही, 4/138 आदि)।

बाद की लगभग प्रथम शती ई. की प्रमाण सामग्री में भारतीय समुद्री व्यापार के बढ़ते हुए क्षेत्र का उल्लेख आता है। मिलिंदपंह (359; 2/269; प्राची पुस्तकमाला, संख्या 26) में निम्नलिखित रोचक अवतरण है—

''जैसे कोई नौ-स्वामी, जिसने किसी समुद्र-पत्तन में किराए से बहुत धन कमाया हो, महासमुद्र की यात्रा के लिए निकलता है और वंग, तक्कोल, चीन या सौवीर या शूसारक या अलसंद (नील नदी के मुहाने पर सिकंदरिया) तक की यात्रा करता है अथवा चोलमंडल या द्वीपांतर या अन्य किसी पोत-पत्तन की यात्रा के लिए जाता है...''

इस युग में भारतवर्ष का रोम-साम्राज्य के साथ बढ़ा-चढ़ा सामुद्रिक व्यापार था, जैसे पेरिप्लस और प्लिनी-कृत 'नेचरल हिस्ट्री' नामक विदेशी प्रमाणों से एवं प्राचीन तमिल साहित्य के शिलप्पाधिकारम् आदि काव्यों से ज्ञात होता है, जिनमें दक्षिण भारत के समुद्र-तट पर कितने ही समृद्ध जल-पत्तनों का उल्लेख है, जैसे कावेरी-पट्टिनम् (पेरिप्लस का कबर = टॉलेमी का खबरि), जो कावेरी के संगम पर चोल साम्राज्य की राजधानी थी और जहाँ अनेक यवन व्यापारियों की बस्ती थी।[1]

भारतीय वाणिज्य और वणिक्-पथ : देश के भीतर वाणिज्य के साधन शकट और सार्थ थे। अनाथपिंडिक के शकट-सार्थ दक्षिण-पूर्व की ओर सावत्थी से राजगृह तक की यात्रा करके (लगभग 300 मील) वापस आते थे (जातक, 1/92-348), और प्रत्यंत देशों, संभवतः गंधार की ओर भी जाया करते थे (वही, 1/377 आदि)। नदियों को सुविधापूर्वक तैरने के लिए यह पथ पहाड़ों के निकट होता हुआ कुसिनारा पहुँचता था और कुसिनारा एवं राजगृह के बीच में बारह पड़ाव (ग्राम या नगर) में होकर, जिनमें वैशाली भी थी, केवल एक जगह पटना में

1. देखिए मेरी पुस्तक 'हिस्ट्री ऑफ इंडियन शिपिंग'।

गंगा उतरता था, जैसा कि बुद्ध के धर्म-प्रचार की अंतिम यात्रा के वर्णन में लिखा है (दीघ, 2; सुत्तन्त, 16, 81 आदि)।

दूसरा महत्त्वपूर्ण पथ सावत्थी के दक्षिण-पश्चिम की ओर पतिट्ठान (पैठण) तक जाता था, जिसमें छह पड़ाव थे (सुत्तनिपात, श्लोक 1011-1013) और कई नदियाँ पार करनी पड़ती थीं। गंगा में उजान या विपरीत धार की ओर नावें सहजाति तक (विनय टैक्स्ट, 3/401) और यमुना में कौशांबी तक जाती थीं (वही, पृ. 382)। उन दिनों पुल न थे, तीर्थों (वह स्थान जहाँ नदी पैदल पार की जा सके, पालि तित्थ) और नौ-क्रमों (नावों से बने हुए मार्ग, अर्वाचीन ढोल के पुल) से नदियाँ पार की जाती थीं (जातक, 3/228)। मनु में नदी-तीर पर यानों के लिए बने हुए तर का उल्लेख है (8/404-6)। सेतु का प्राचीन अर्थ पुल नहीं, बाँध था।

तीसरा पथ पश्चिम की ओर सिंध तक, जहाँ से घोड़े और गधे आते थे (जातक 1/124, 178, 181; 2/31, 287) और सौवीर (विमान वत्तु, टीका 336) उसके समुद्रपत्तन एवं उसकी राजधानी रोरुव (जातक, 3/470) या रोरुप (दीघ.,2/235; दिव्यावदान, 544) तक चला जाता था। स्थल मार्ग से 'पूरब और पच्छिम' की ओर जाने वाले सार्थों का उल्लेख है (जातक, 1/98) आदि)। और वे सार्थ मरुस्थल (राजपूताना की मरुभूमि) के पार जाने में कितने ही दिन लगाते थे। उनका नेता थल-निय्यामक रात की ठंडक में आकाश के तारों को देखकर मार्ग-निर्देश करता था (वही,1/107)। पश्चिमी समुद्र-तट के पत्तनों से व्यापारी भूमि से ओझल होकर महासमुद्र में पहुँचकर बावेरु (बेबिलन) की वाणिज्य-यात्रा करते थे। अंत में उत्तर-पश्चिम का बड़ा स्थलमार्ग था जो भारत को एक ओर मध्य एशिया के साथ और दूसरी ओर पश्चिम एशिया के साथ मिलाता था। इस मार्ग पर तक्षशिला और गंगा के काँठे में साकेत, सावत्थी, वाराणसी और राजगृह जैसे महानगर थे (विनय टैक्स्ट, 2/174 आदि, महावग्ग 8/1/6 आदि[1])। बहुत चलने के कारण यह रास्ता निर्विघ्न था। बहुसंख्यक विद्यार्थी सैनिक सहायता या शस्त्रों के बिना इस मार्ग पर मध्य देश से शिक्षा के लिए तक्षशिला जाया करते थे (जातक, 2/277; देखिए मेरी पुस्तक, एंशिएंट इंडियन एजुकेशन, अध्याय 20)।

बाजार : मांस-भोजन की सामग्री प्रायः नगर के भीतर न बिककर नगर-द्वार के समीप बिकती थी। सावत्थी के द्वार पर मत्स्य-विक्रय का उल्लेख है (थेरगाथा, अंग्रेजी अनुवाद, पृ. 166)। उत्तर पंचाल के चार नगर-द्वारों पर साग-पात की दुकाने थीं (जातक, 4/445), और बनारस के बाहर चौराहे (सिंघाटक) पर मृग-मांस बिकने का उल्लेख है (वही, 3/49; 5/458; 6/62); यहाँ सूनागृह या वध्य-स्थान होते थे। एक जगह लिखा है कि लोग "बनारस के नगर-द्वार से

1. पाणिनि ने इसका नाम उत्तर-पथ दिया है (5/177)—**अनुवादक**

निकलकर ग्राम में भिक्षा के लिए जाते थे जहाँ खाने-पीने का बहुत सामान बिकता था'' (वही, 1/361)। मिथिला नगर के पूर्व, दक्षिण, पश्चिम, उत्तर इन चार भागों में चार निगम थे। इन्हें यव मज्झक या बाजार भी कहा गया है (वही, 6/330, कॉवेल का अनुवाद, पृ. 157)। भरहुत स्तूप के उत्कीर्ण शिलापट्ट पर इस जातक का नाम यव-मज्झीय लिखा है।

नगर के भीतर दुकानें (थेरगाथा, अनुवाद, 24) और बाजार होते थे। कई जगह आपण या दुकानों का उल्लेख है जिसमें बाण, यान और अन्य 'क्रय्य' वस्तुएँ बिक्री के लिए रखी जाती थीं (जातक, 2/267; 4/488; 6/99; विनय, 4/248; चुल्वग्ग, 10/10/4), और बाण रखने के भंडारों का भी वर्णन है जिन्हें अंतरापण कहते थे (जातक, 1/55, 350; 3/406)। सफल वणिज (आपणिक) की विशेषता उसकी चतुराई, बुद्धि, परिश्रम और व्यावसायिक संपर्कों से जानी जाती थी (अंगुत्तर, 1/115 आदि)। बाजारों में वस्त्र (विनय, 4/250 आदि), परचूनी सामान और तेल (वही, 4/248-9), अनाज (जातक, 2/267), सागपात (वही, 1/411), गंध और माल्य (वही, 1/290 आदि; 4/82; 6/336; विनय टैक्स्ट 3/343), सोने-चाँदी और हीरे-जवाहरात (जातक, 4/223) और अन्य भाँति-भाँति की सामग्री बिकती थी। मद्य स्थानों (पानागार या आपान) में चोखी सुराएँ बिकती थीं (वही,1/251 आदि; 268 आदि; 6/328)। किंतु सुरा, विष, मांस, शस्त्र और दासों का क्रय-विक्रय अच्छे लोगों के लिए निंदित माना जाता था (अंगुत्तर, 3/208)।

मूल्य : मूल्य और निर्धारण राजादेश पर नहीं बल्कि मोल-भाव (जातक, 1/111 आदि; 195; 2/222, 289, 424 आदि), दुकानदारों की आपसी प्रतियोगिता (वही, 3/282 आदि) अथवा वस्तुओं में मिलावट पर निर्भर था (वही, 1/220)। कभी बाजार के चलन से भी दाम तय होता था, जैसे ''एक दासी का मूल्य सौ कार्षापण'' था (वही 1/299)। सट्टे या फाटके का सौदा भी किया जाता था। एक जगह एक फाटका बाजार की चहल-पहल का वर्णन आया है (वही, 1/121), और 200 या 400 प्रतिशत मुनाफे वाले लूट के सौदों का भी वर्णन है (वही, 1/109; 4/2)। एक सौदे में तो 20,000 प्रतिशत का लाभ रहा, यद्यपि उस पर ढुलाई, घटवाई और रक्षक-पुरुष और प्रतिहारों का मुँह फूँकने के लिए एक सहस्र कार्षापण का खर्चा ऊपर से पड़ गया था। श्रेष्ठी अनाथपिंडक ने जेतवन आराम खरीदने के लिए मुँहमाँगा दाम देकर भूमि पर मुद्राएँ बिछवा दी थीं, यद्यपि यह नहीं कहा गया था कि मुद्राएँ किस धातु की थीं (वही 192; विनय, 2/158 आदि; चुल्लवग्ग, 6/4/9)।

किंतु राजकीय क्रय के लिए मूल्य-निर्धारण का काम अग्घ-कारक नामक अधिकारी करता था जिसकी बड़ी मुश्किल थी, क्योंकि एक ओर राजा के लिए

कम-से-कम दाम में माल लेना पड़ता था और दूसरी ओर व्यापारी अधिक भाव लगाने के लिए जो घूस देते थे उससे बचना था (जातक, 1/124 आदि; 2/31; थेरगाथा, अनुवाद, 25, 212)। इतने पर भी उसके लिए राजा को प्रसन्न करना कठिन था और उसे नाममात्र की दलाली पर टरका दिया जाता था (जातक, 4/138)।

वाणिज्य पर शुल्क : देशी माल का चालान जब नगरों में आता तो बीसवाँ भाग चुंगी लगती थी, यह विदेशी माल पर शुल्क दशमांश और एक अदद नमूना लिया जाता था। यह निर्ख बौधायन (1/10/18, श्लोक 14-15), गौतम (10/26), और मनु (8/398-400) के अनुसार था, जिसका प्रमाण ऊपर दिया गया है। एक जातक में (6/347) कथा है कि किसी राजा ने अपनी प्रजा से प्रसन्न होकर नगर-द्वार पर लगने वाली चुंगी (शुल्क) माफ कर दी थी। राजा का इतना अधिकार और था कि प्रत्येक व्यापारी प्रतिमास उसके हाथ एक अदद माल कुछ घटते मूल्य पर (अर्धापचयेन) बेचे, जिसके बदले में राजा उस व्यापारी को अवश्यकरणीय राजकार्य से मुक्त रखता था (गौतम, 10/35)।

लेनदेन के साधन (सिक्के) : वस्तुओं की अदला-बदली (निमान) के स्थान पर मुद्राओं से लेन-देन की प्रथा बढ़ गई थी और निमान कुछ ही अवस्थाओं तक व्यवहार में रह गया था। संघ के लिए नकद धन का प्रयोग वर्जित था (विनय, 3/237; 2/294 आदि, चुल्लवग्ग, 12/1 आदि)। कोई यात्री किसी आरण्य-वास को आहार के बदले अपनी सोने की कील देता है (जातक, 6/519)। एक कुत्ते के क्रय करने के लिए एक प्रावार और एक कार्षापण मूल्य दिया गया (वही, 2/247)। साधारणतया सभी क्रय-वस्तुओं का मूल्य मुद्राओं में कहा जाता था। यहाँ तक कि दक्षिणा, वेतन, अर्थदंड, ऋण, संचित निधि और आय इत्यादि का परिगणन भी मुद्राओं में ही होता था (जे. आर. ए. एस., 1901, पृ. 882 आदि)।

बौद्ध-साहित्य में मुद्राओं के लिए काहापण (= कार्षापण) शब्द प्रयुक्त हुआ है। उन ग्रंथों में पुराण शब्द का, जो कार्षापण के लिए बाद में प्रचलित हुआ है, प्रयोग नहीं पाया जाता। दूसरे प्रकार के कुछ सिक्के ये थे : निक्ख और सुवण्र्ण, जो दोनों सुवर्ण मुद्राएँ थीं; कंस, पाद, मासक (माष), और काकणी जो काँसे या ताँबे के सिक्के थे।

देश और काल के अनुसार सिक्कों का मूल्य बदलता था। विनय (3/45) के अनुसार ''जब राजा (बिंबिसार या अजातशत्रु) का राज्य था, तब राजगृह में पाँच मासक का एक पाद होता था'' (तदा राजगहे वीसति मासो काहापणा होति, तस्य पंचमासको पादो)।

ऋण : ऐसे उल्लेख आए हैं जिनसे ज्ञात होता है कि मुद्रिका या अँगूठी निक्षेप के रूप में रखकर ऋण लिया जाता था (जातक, 1/121), अथवा स्त्री और पुत्रों को

निक्षेप में रखकर ऋणदान करते थे[1] अथवा बाकायदा ऋणपत्र लिखकर (इणपण्णानि, जातक, 1/230; पण्णे आरोपेत्वा, पृ. 227) ऋण लेते थे; अथवा एक दिवालिए ने पहले तो अपने उत्तमर्णों से ऋणपत्र दिखलाने के लिए कहा और फिर उन्हीं की आँख के सामने नदी में डूबकर प्राण दे दिए[2]। ऋणग्रस्त व्यक्ति को संघ में भिक्षु बनाने का निषेध था, ताकि समाज में अव्यवस्था उत्पन्न न हो (विनय, 1/76; महावग्ग, 1/46)।

ऋणप्रदान और ब्याज: ब्याज के लिए संस्कृत का वृद्धि–पालि का वड्ढि–शब्द था। कृषि, पशुपाल्य और वाणिज्य के साथ-साथ ऋणदान को भी ईमानदारी का पेशा कहा है (जातक, 4/422)। गौतम भी उसे अनुमत मानते हैं (10/6; 11/21)। किंतु अधिक सूदखोरी (कुसीद) को सबने निंदित कहा है (मनु,3/153, 180; 8/152, 153; वशिष्ठ 2/41, 42; बोधायन, 1/5/10/23-5, जैसा पूर्व उद्धृत किया जा चुका है)।

ऋण देना एक वृत्ति या पेशा था। धनी लोग कई रीति से धन-संग्रह करते थे। कुछ उसे भूमि में गाड़कर रखते थे (जातक , 1/225, 375, 424; 2/308; 3/24, 116); या नदी-तट के समीप धारा के नीचे काँसे के हंडों में उसे गाड़ते; थे[3] अथवा मित्रों के पास धरोहर रखते थे[4]। बड़े महलों में धन रखने का सुरक्षित स्थान द्वारकोट्ठक अर्थात् द्वार के साथ मिला कोठा था (वही, 1/351; 2/431)। निधान के रूप में निक्षिप्त धन का विवरण और संख्या सोने या ताँबे के पात्रों पर लिखकर रखी जाती थी।[5]

सामूहिक संस्थाएँ (श्रेणी) : आर्थिक जगत् में सामूहिक संस्थाओं के रूप में संगठन था, जैसे श्रेणियाँ, या साझेदारी अथवा अन्य प्रकार के सहकारी व्यवसाय। गौतम ने (11/21), जैसा पहले कह चुके हैं, कृषक, वणिज, गोपाल, उत्तमर्ण और शिल्पी लोगों के वर्गों का उल्लेख किया है, और लिखा है कि उनको स्वयं अपने नियम बनाने का अधिकार था, जिनकी मान्यता राजा भी करते थे। जातकों में अठारह श्रेणियों का उल्लेख है (जातक, 1/267, 314; 3/281 आदि)। प्रत्येक श्रेणी का एक प्रधान (प्रमुख या जेट्ठक) होता था, जिसका सम्मान राजा भी करता था।

---

1. वही, 6/521; थेरगाथा, 444.
2. वही, 4/256.
3. वही, 1/227, 323.
4. वही, 6/521.
5. वही, 4/7, 488; 6/29; 4/237.

कभी-कभी कई श्रेणियाँ मिलकर एक प्रधान चुनती थीं, वही उनका भांडागारिक भी होता था, जैसे आपस में झगड़ा होने पर सावत्थी[1] और बनारस की श्रेणियों ने किया था। बढ़इयों की श्रेणियों में इस प्रकार का व्यापक संगठन संभवतः महावड्ढकि शब्द से सूचित होता है।[2]

प्रत्येक शिल्प का भी संगठन, यदि वह पूरी श्रेणी के रूप में विकसित न हो, जेट्ठक के अधीन रहता था। जातकों में मालाकारों के जेट्ठक (3/405), परिपंथियों या डाकुओं के जेट्ठक, जिनके पाँच सौ परिवार उत्तर पंचाल के समीप एक ग्राम में रहते थे और समुद्री नाविकों (निय्यामक) के जेट्ठक[3] का उल्लेख आया है।

वणिजों का प्रधान सेट्ठी कहलाता था। सावत्थी के महासेट्ठि अनाथपिंडिक व्यापारी-वर्ग के मुखिया थे। जिस समय उन्होंने श्रावस्ती का जेतवन विहार बुद्ध को प्रदान किया, उस उत्सव में 500 अन्य सेट्ठी उपस्थित थे[4]। वे एक बड़े व्यापारी समुदाय के सेट्ठी थे जिनकी अधीनता में अनेक अनुसेट्ठी काम करते थे।[5] सेट्ठी के अधिकार की सूचना सेट्ठी-छत्त शब्द से सूचित होती है, जिसका अर्थ है कि वह अपनी मंडली के प्रभुत्व का सूचक वैसा ही छत्र रखता था जैसा राजा के सिर पर होता है (विमानवत्थु अट्ठकथा, 66)। स्वयं सेट्ठी शब्द थान शब्द से संबंधित है (जातक 1/122; विनय टैक्स्ट, 1/102; टीका 3) जिससे ज्ञात होता है, सेट्ठी का एक विशेष पद होता था।

सार्थवाहों का अपना निजी संगठन और कर्मचारी-मंडल था, जो भय-स्थानों तथा उनकी यात्रा की कठिनाइयों का प्रतिकार करता था। विभिन्न व्यापारी अपने शकट और साथी लेकर एक नायक की अधीनता में चलते थे जो सत्थवाह कहलाता था और पड़ाव, पानी की व्यवस्था, पथ, नदियों की उतराई और भयस्थानों के संबंध में उनको निर्देश देता था (दीघनिकाय, 2/392 आदि, जातक 1/98)); यद्यपि कभी-कभी उसकी आज्ञाओं का उल्लंघन भी कर दिया जाता था (जातक, 1/108, 368; 2/295; 3/200)। यह कुछ शिथिल-सा संगठन या एकत्वापन्न समुदाय था। सार्थ के साथ कुछ और भी सामान्य अधिकारी होते थे, जैसे थलनिय्यामक जो अनावृष्टि, अकाल, वन्यजंतु, डाकू, यक्ष तथा राक्षसों के भय से सार्थ का बचाव और पथ-प्रदर्शन करते थे (जातक 1/107; 1/99)।

कृषकों में भी उनका प्रधान भोजक कहलाता था। वह ग्राम-प्रबंध तथा

---

1. जातक, 2/12, 52.
2. वही, 6/332.
3. वही, 4/137.
4. वही, 1/93.
5. वही, 5/384; विनय, 1/19.

राजनीतिक संस्थाओं में उनका प्रतिनिधित्व करता था और इस पद के लिए उसे कुछ विशेष कर या अर्थदंड लेने का अधिकार था।[1]

साझेदारी : साझेदारी स्थायी या अस्थायी या विशेष अवसर के लिए होती थी।[2] वणिजों के एक सार्थ का उल्लेख आता है जिन्होंने एक निधान या गड़ी हुई धनराशि या उसके लाभ को आपस में बाँटकर बुद्ध को सामूहिक दान दिया (जातक, 2/294 आदि); बनारस के व्यापारियों का कार्य और विनोद के समय आपस में मिलन का उल्लेख है[3]; कुछ वणिज माल की ढुलाई का एकसाथ मिलकर प्रबंध करते थे ;[4] अथवा कुछ व्यापारी यात्रा के लिए एक ही जहाज का सबकी ओर से प्रबंध कर लेते थे[5]।

जाति और शिल्प : शिल्प पुश्तैनी कुशलता पर निर्भर करता था। प्रायः पुत्र अपने पिता के शिल्प या पेशे को ही अपनाता था। चुंद कंभार को चुंद कुंभारपुत्त कहा गया है (कंभारो कुंभारपुत्तो, मज्झिम, 1/256; दीघ., 2/127 आदि; जातक, 1/98; 194, 312; 3/79; 3/330 आदि (नेसादो = लुद्दपुत्तो = लुद्दी; 5/356-8)।

किंतु जातकों की सामाजिक पृष्ठभूमि से ऐसा नहीं जान पड़ता कि पेशे का नियंत्रण सोलह आने जाति से होता था। ऐसे उदाहरण हैं जिनमें राजकुमारों ने सार्थ के साथ रहकर बनिए का काम किया और उसके बाद क्रमशः कुम्हार, माली और रसोइए का काम किया (वही, 5/290-3), अथवा भृति लेकर धनुर्धर (वही, 2/87) अथवा घरेलू नौकर का काम किया (वही, 4/169)। शाक्य और कोलिय जातियों के क्षत्रिय अपने भोजन, अमच्छ और उपराजाओं के खेत में काम करते हैं और सिंचाई में पहल के अधिकार के लिए झगड़ते हैं (वही, 5/412)। ऐसे ही ब्राह्मण भी व्यापार करते थे (वही, 4/15 आदि, 5/22, 471) अथवा धनुर्धर (वही, 3/219; 5/127 आदि; 1/356 आदि; एक तंतुवाय के सेवक के रूप में), वागुरिक मृगपाशिक (वही, 2/200; 6/170 आदि); अथवा बढ़ई (वही, 4/207 आदि) का काम करते हैं। जातकों में ब्राह्मण के ये पेशे कहे गए हैं : कृषि, पशु-पालन, वाणिज्य, मृगया, बढ़ईगिरी, बुनाई, सार्थों की चौकीदारी, धनुर्विद्या, गाड़ीवानी. और यहाँ तक कि सपेरों का काम भी (2/165, 3/293; 4/167, 276;

1. जातक, 1/199.
2. वही, 1/404; 2/18।
3. वही, 2/248.
4. वही, 1/111.
5. वही, 4/138 आदि, 6/34

3/401; 4/15, 5/22, 471; 2/200; 6/170; 4/207, 457; 5/127)। उनमें ब्राह्मण-किसान को अत्यंत धार्मिक, यहाँ तक कि बोधिसत्व के रूप में कल्पित किया गया है (3/162)। कोई मृगपाशिक किसी सेट्ठी का अंतरंग मित्र बन जाता है, दोनों में कोई सामाजिक अड़चन नहीं आती (वही, 3/49 आदि)। एक जुलाहा धनुर्धर बन जाता है (वही, 2/67); किसान चटाई आदि बुनने का काम करने लगता है (वही, 4/318); और एक उच्च वर्ण का व्यक्ति आपत्ति के समय जो भी काम हाथ लग जाए, करने के लिए तैयार हो जाता है (वही, 1/120 आदि); और अंत में एक सेट्ठी का जामाता बन जाता है। एक उदाहरण में पिता स्वयं अपने पेशे का उल्लेख किए बिना अपने पुत्र से लिपिक, हिसाब और रूप–(रुपए-पैसे का काम) इन तीनों में से कोई चुन लेने के लिए कहता है (विनय, 1/77; महावग्ग, 1/49/1; 4/128)।

इस प्रकार ऊपर-नीचे और दाएँ-बाएँ दोनों दिशाओं में श्रमिकों को स्थान परिवर्तन करने की पूरी छूट थी। परंतु इसका यह अर्थ नहीं कि उन दिनों जाति के बंधन बिलकुल लागू न थे। एक शुद्ध शाक्य वंश की कन्या की माँग पूरी न होने से चिढ़े हुए कोशलराज ने सारे शाक्य-संघ का नाश कर डाला (वही, 1/144 आदि)। सावत्थी का ब्राह्मण एसुकारी ब्राह्मण के लिए भिक्षा, क्षत्रिय के लिए धनुष-बाण, वैश्य के लिए ग्राम-जीवन एवं गोपालन आदि, शूद्र के लिए हँसिया से बैल जोतने या बोझ ढोने का काम बताता है (मज्झिम, 2/180)। वासेट्ठसुत्त (सुत्तनिपात, 3/9) में ब्राह्मण शब्द के आध्यात्मिक अर्थ पर जो विचार किया गया है उससे जाति और उसके आदर्शों के संबंध में तत्कालीन विचारों का पता लगता है। एक जातक (4/363 आदि) में ब्राह्मण के लिए कृषि, वाणिज्य और दूसरे अविहित पेशों को निंदित और जाति-च्युत करने वाला कहा है। इस प्रकार जाति के संबंध में स्मृतियों में कहे हुए कठोर नियम बौद्ध धार्मिक ग्रंथों में भी माने गए हैं, किंतु इसी अनुश्रुति में उच्च वर्णों के लिए निम्न पेशों का अपनाना आपद् धर्म की तरह विशेष अवस्थाओं और कठिनाइयों में स्वीकार किया गया है, जैसा पहले कह चुके हैं।

दासता : निम्नलिखित परिस्थितियों के कारण दासता होती थी–लड़ाई में बंदी बनाया जाना (जातक, 4/220; 6/135), मृत्युदंड में परिवर्तन, ऋण के बदले में (वही, 6/521), बलात् पदच्युति (विनय, 1/72, महावग्ग, 1/39/1, सुमंगलविलासिनी, 1/168) अथवा न्यायालय के दंडस्वरूप (जातक, 1/200)। पैसा भर देने से (वही, 6/547), अथवा दास के स्वामी की इच्छा के अनुसार दासता

का अंत किया जा सकता था (वही, 5/313; दीघ., 1/72)। दास के साथ ''मारना-पीटना, दागना, बंदीगृह में रखना और स्वल्प मात्रा में भोजन देना'' इत्यादि कठोर व्यवहार किए जा सकते थे (जातक, 1/451 आदि), किंतु दुर्व्यवहार की वास्तविक घटनाओं का बहुत ही कम उल्लेख हुआ है। इसके विपरीत परिचारक या पदाति के रूप में कार्य करने वाले दास स्वामी के प्रिय व्यवहार के भाजन होते थे और उन्हें लिपि या शिल्प की भी शिक्षा दी जाती थी (वही)। जो दासता से मुक्त न किया हो, उसे भिक्षु नहीं बनाते थे (विनय, 1/76; महावग्ग, 1/46 आदि)।

यूनानी स्रोतों से आर्थिक और सामाजिक दशा का परिचय : ये स्रोत उस काल की आर्थिक और सामाजिक दशा पर अच्छा प्रकाश डालते हैं।

नगर : पंजाब में आर्थिक समृद्धि के केंद्र वहाँ के बहुसंख्यक नगर थे, जैसा यूनानी लेखकों ने कहा है और पूर्व आ चुका है। अश्वकों के देश के नगरों के अतिरिक्त, जो उनके रक्षादुर्ग भी थे, जैसे मस्सग (मशकावती) या अओर्नस (वरणा), ग्लौस्साइ (ग्लुचुकायनों) के देश में सैंतीस नगर थे और मल्लोइआक्सि-ड्रैकोई (मालव-क्षुद्रक) तथा अन्य गणराज्यों की अधीनता में पंजाब के शेष भाग में 500 नगर थे।

स्थापत्य : इनमें से कुछ नगरों में नगर-मापन और स्थापत्य-निर्माण का प्रशंसनीय रूप पाया जाता था। उदाहरण के लिए, मस्सग का निर्माण एक दुर्ग के रूप में हुआ था, जिसमें रक्षा के कई प्राकृतिक साधन थे, जैसे वह एक ऊँची पहाड़ी पर बसा था जिसे चारों ओर से खड़ी चट्टान, धोखे से भरे दलदल, गहरे पहाड़ी नाले और गहरी खाई से रक्षित ऊँची प्राचीर ने नितांत दुर्गम बना दिया था। कर्तियस के अनुसार दुर्ग की प्राचीर ''35 स्टेडिआ (= लगभग 4 मील) लंबी थी और उसके पथरीले पुश्ते पर धूलकोट और पक्की ईंटों का डडा खिचा हुआ था। बीच-बीच में ढोंकों की बंदिश से ईंटों की चुनाई ठोस और पुख्ता बना दी गई थी।'' प्राचीन भारतीय स्थापत्य हमेशा या सर्वत्र केवल लकड़ी के काम तक ही सीमित न था, सिंधु-उपत्यका में मिली हुई अति प्राचीन काल की इमारतों से यह सिद्ध हो चुका है। अओर्नस का दुर्ग ऊँची पहाड़ी पर बनाया गया था। उसमें पास के पहाड़ी झरने से पानी का प्रबंध किया गया था और पड़ोस के खेतों में हजार मनुष्यों की मेहनत से खेती करके अन्न उत्पन्न किया जाता था। ताकि घेरे के समय दुर्ग आत्मनिर्भर बन सके।

शिल्पसामग्री : नगरों के अतिरिक्त भी भौतिक समृद्धि के अन्य प्रमाण उस उपहार-सामग्री के रूप में प्राप्त होते हैं, जो सिकंदर को भिन्न-भिन्न स्थानों से प्राप्त हुई; जैसे सूती वस्त्रों के अंबार, गोचर्म की ढालें, मगर की खालें, कछुओं की

अस्थियाँ (जिन्हें प्रथम शती के पेरिप्लस में भी निर्यात-सामग्री में गिनाया गया है), लोहे के 100 टेलिंट ('श्वेत अयस्' जिसे कनिंघम ने निकिल कहा है)। ये सब चीजें क्षुद्रक और मालवों से प्राप्त हुई थीं। निकिल की इन मुद्राओं के अतिरिक्त राजा सौभूति (सोफाइटीज़) द्वारा प्रदत्त चाँदी की मुद्राएँ भी थीं, जिनके विषय में अनुमान है कि वे एथेन्स की उलूकांकित चाँदी की मुद्राओं की प्रतिकृति थीं, जिनके एक ओर राजा का मस्तक और दूसरी ओर कुक्कुट तथा राजा का नाम यूनानी लिपि में अंकित था। तक्षशिला के राजा ने सिकंदर को ''दो सौ टेलिंट भार चाँदी और सुवर्ण के मुकुट'' दिए। उस काल की अन्य शिल्प की तैयार वस्तुओं की सूचना भारतीय सैनिकों की वेशभूषा और युद्ध-सामग्री से मिलती है, जैसे अयोमुखी बाण, बल्लम, खड्ग, बर्छे और बहुसंख्यक शकट और नावें जो वाणिज्य और युद्ध के काम आती थीं।

पशुधन : उनकी कृषि-विषयक उन्नति का प्रमाण गोधन से मिलता है। अश्वकों के देश में 2,30,000 तगड़े बैल सिकंदर को लूट में मिले थे जो उसने मैसिडन भेज दिए। तक्षशिला से उसे 3,000 तगड़े बैल और 10,000 भेड़ें मिलीं; राजा सौभूति ने लड़ाई के काम में आने वाले कुत्ते दिए थे, और क्षुद्रकों ने पालतू शेर-चीते भेजे थे। हाथी और घोड़ों का भी बहुत अधिक रिवाज था।

साधु : सामाजिक अवस्था के विषय में सबसे रोचक सामग्री समाज के सबसे उच्च वर्ग या जाति के संबंध में मिलती है जिन्हें 'दार्शनिक' या ज्ञानी कहा गया है। ये दो प्रकार के कहे गए हैं—ब्राह्मण और श्रमण। ब्राह्मण 37 वर्षों तक आचार्य के समीप में विद्याध्ययन करते हैं। ''वे नगर के उपकंठ में आश्रम बनाकर रहते, पर्ण और अजिन की शैया काम में लाते, अल्पाहार करते, ब्रह्मचर्य से रहते, मांसाहार का परित्याग करते, शास्त्र-चिंता में निरत रहते और दूसरों को भी तत्त्व-विचार में सम्मिलित करते थे।'' उसके उपरांत ब्राह्मण ''अपने घर लौटकर विवाह करते हैं, स्वतंत्रता के साथ उपभोग भोगते हुए रहते हैं, सुवर्ण भूषण और सूक्ष्म वस्त्र पहनते हैं और मांसाहार भी करते हैं, किंतु ग्राम्य पशुओं का मांस नहीं खाते।'' ''सरमनेस (= संस्कृत श्रमण, बौद्ध और इतरभिक्षुओं के लिए प्रयुक्त शब्द) जंगल में फल-फूल खाकर रहते हैं और वल्कल पहनते हैं'', और सदा ध्यान या देव-पूजा में लगे रहते हैं। उनमें से कुछ तो आयुर्वेदीय तत्त्ववेत्ता थे जो ''हितमित पथ्य आहार से लोगों का स्वास्थ्य संपादन करते थे, औषधियों से नहीं'', और बाह्य लेपादि को भीतरी औषध से उत्तम मानते थे। कुछ दूसरे भविष्यवादी और मंत्र-तंत्र के ज्ञाता थे। उनमें एक वर्ग अत्यंत उच्च और श्रेष्ठ था (मेगास्थनीज़ अवतरण 40 = स्त्राबो, 15, 711 आदि)। स्त्राबो ने दूसरे प्रकार के चिंतकों को प्रमानाई कहा है जो ''तर्क में प्रवीण और विवादशील होने से छिद्रान्वेषण में चतुर थे'' (15, 719)। ये संभवतः प्रामाणिक थे जो सत्य की प्राप्ति के लिए 'प्रमाणों' को साधन मानते हैं।

यों वे पुराणपंथी या आँख मूँदकर किसी की बात मानने वाले, मिथ्या-विश्वासी या कर्मकांड में फँसे हुए न थे। इसीलिए स्त्राबो ने उनके बारे में लिखा है कि वे ब्राह्मणों या ब्रह्मबंधु पुरोहितों का उपहास करते थे। स्त्राबो ने ब्राह्मणों के और भी भेद कहे हैं–(1) जो पर्वतों में रहते हैं, (2) जो नंगे रहते हैं, और (3) जो समाज में ही रहते हैं।

यह भी रोचक है कि स्त्रियों को भी दार्शनिकों के साथ उनके जैसा जीवन बिताने की आज्ञा इस शर्त पर दी जाती थी कि ''वे भी पुरुषों की भाँति ब्रह्मचर्य से रहें।'' (मेगास्थनीज़,अवतरण 40)। निअर्कस और स्त्राबो ने भी इसका उल्लेख किया है (15, सी. 718)।

शिल्प और स्थापत्य : प्रागैतिहासिक पुरा-पाषाण युग या नवपाषाण युग के अवशेष एवं सिंधु उपत्यका के वास्तुगत अवशेषों का वर्णन पहले किया जा चुका है। 325 ई. पू. के उत्तरकाल के अवशेष संख्या में कम और अन्य ऐतिहासिक सामग्री की अपेक्षा महत्त्व में भी न्यून हैं। शिक्षा, संस्कृति और सभ्यता के क्षेत्रों में इन युगों में जो उन्नति हुई, वह स्थापत्य की अपेक्षा कहीं अधिक है। वास्तु के अवशेषों की कम संख्या का कारण यह है कि उनकी निर्माण-सामग्री विनाशशील थी, क्योंकि उनमें से अधिकांश मिट्टी, लकड़ी, चूना, बाँस या लट्ठों से बनाए जाते थे। इसका एक कारण यह भी है कि जनता का जीवन-संबंधी दृष्टिकोण सीधा-सादा था और वह ऊँचे विचार और सरल जीवन के सिद्धांत के प्रति आस्थावान् थी। अन्य कलाओं की भाँति स्थापत्य का आरंभ और इतिकर्मता धर्म पर निर्भर थी। वैदिक यज्ञों के लिए आवश्यक यज्ञवेदि और यज्ञशालाओं के निर्माण के साथ स्थापत्य का मूलारंभ हुआ। जैसा तैत्तिरीय संहिता में लिखा है, वेदियों का निर्माण विभिन्न आकृतियों में किया जाता था, जैसे 'श्येनचिति', 'रथचिति', अथवा 'पुरुषचिति', और इससे नाना आकृतियों के निर्माण के लिए भी अवसर मिला।

मलाबार के कैन्नोर नामक स्थान में एक अर्धगोलाकार पहाड़ी गुफा के बीच में एक चिमनी-जैसा धमाला बना है, उसे ही वैदिक वेदि का रूप समझा गया है। मलाबार में तेल्लिचेरी के समीप पहाड़ में काटकर बनाई गई कुछ समाधियों को वैदिककालीन समझा जाता है। लौरियानंदन गढ़ (बिहार) में वैदिककालीन शव-निखात टीले पाए गए हैं जिनमें एक सोने की पत्री पर वैदिक श्मशान सूक्त में वर्णित पृथ्वी देवी की मूर्ति मिली है। इसी के बाद राजगृह की प्राचीन राजधानी में मिली हुई लंबी प्राकार भी उल्लेखनीय है जो पत्थर के स्थूल संस्कारहीन महाकाय ढोंकों से बनी है और उस युग के पाषाणनिर्मित स्थापत्य का विरल उदाहरण है। जैसा कहा जा चुका है, यह पाषाणचिति बिंबिसार (लगभग 603-551 ई. पू.) के

समय की थी जिसने गिरिब्बज के पर्वतवेष्ठित पुर की नींव डाली। पीछे उसने अपनी राजधानी बदलकर राजगृह में कर दी। उसके महास्थपति और नगर-मापन विशेषज्ञ का नाम महागोविंद मिलता है। उसके पुत्र अजातशत्रु (लगभग 551-519 ई. पू.) ने, जो जीवन के उत्तर भाग में बौद्ध हो गया था, राजगृह की पहाड़ी पर सत्तापण्णि गुफा के द्वार पर एक मंडप बनवाया था जिसमें द्वितीय बौद्ध संगीति की सभा हुई और भिक्षुओं के लिए सब सुविधाएँ प्रस्तुत की गई (देखिए पूर्वोद्धृत प्रमाण)।

इस युग में प्राप्त दूसरे प्रकार के अवशेष स्तूप हैं जिसका शब्दार्थ थूहा या टीला है। महात्मा पुरुषों की शरीर-धातुओं पर एक थूहा बना दिया जाता था जिसे चैत्य (चिता-संबंधी) कहते थे। आगे चलकर चैत्य शब्द का अर्थ और विस्तृत हो गया और यह न केवल स्तूप का वाचक रहा बल्कि मंदिर या शरीरावशेष के लिए निर्मित किसी प्रकार के वास्तु या थूहे या मंडप के लिए प्रयुक्त होने लगा। ऊपर आ चुका है कि प्राचीन जैन-ग्रंथों में चैत्य (चेइए) शब्द आराम के लिए भी आने लगा था। बौद्ध-ग्रंथों के अनुसार स्तूप उस थूहे की संज्ञा थी जो बुद्ध की चिताभस्म, अस्थि, केश, दंत या प्रसिद्ध बौद्ध महात्माओं और आचार्यों की शरीर-धातुओं की समाधि के रूप में बनाए जाते थे।

अब तक मिले हुए स्तूपों में नेपाल की सीमा में लगा हुआ पिपरहवा का स्तूप सबसे प्राचीन है। यह ईंट का बना था और उसके भीतर की पेटी पर यह लेख उत्कीर्ण था—''भगवान् बुद्ध की शरीर-धातुओं का यह पवित्र स्मारक (सुकिति) शाक्यों ने, उनके भ्राताओं ने अपनी भगिनी और पुत्र-दाराओं के साथ मिलकर बनवाया।'' जब इतनी खुदाई हुई थी तब यह पक्की ईंटों का चुना हुआ ठोस अंडाकृति गोला था जो भूमिगत व्यास में 116 फुट और ऊँचाई में 22 फुट था। इसके भीतर पत्थर की एक बड़ी पेटी थी, जिसके भीतर कई छोटी-बड़ी मंजूषा और डिबियों में बुद्ध की धातुएँ रखी हुई थीं। गारे की जुड़ाई में चिनी हुई इसकी ईंटें 16 × 11 × 3 इंची थीं। ''इस स्तूप की इष्टकाचिति अपने ढंग की अनूठी है जिसकी जुड़ाई बढ़िया और सच्ची है। पत्थर की बड़ी पेटी उससे अच्छी नहीं बन सकती थी; और सोने, चाँदी, प्रवाल, स्फटिक और रत्नों के आभूषण और पुष्पों से विदित होता है कि रत्नवैकटिक एवं सुवर्णकार की कला ऊँचे दर्जे पर पहुँच गई थी।'' (वी. ए. स्मिथ, 'इंपीरियल गजेटियर', 2/102-3)। स्तूप के लेख में उसके निर्माण का श्रेय शाक्यों को दिया गया है, इससे अनुमान होता है कि यह उन आठ प्राथमिक स्तूपों में है, जिनमें महापरिनिब्बाण सुत्तंत के अनुसार बुद्ध की शरीर-धातुएँ आठ दावेदारों द्वारा स्थापित की गई थीं, जिन आठों में कपिलवस्तु के शाक्य भी थे। अशोक के काल से पहले भी स्तूप विद्यमान थे, यह बात स्वयं अशोक के लेख में

कही गई (निगाली सागर स्तंभ लेख)। उसमें कहा है कि उसने बुद्ध कोणागमन के स्तूप को पहले से दुगुना बढ़ाकर बनवाया; अतएव वह पहले से अस्तित्व में अवश्य था।

बक्सर की खुदाई में, जो हाल में हुई थी, श्री ए. बनर्जी शास्त्री[1] ने एक प्राचीन सभ्यता के अवशेष ढूँढ़ निकाले हैं। उनमें बहुत-सी मृण्मय मूर्तियाँ पाई गई हैं। श्री शास्त्री ने उन्हें ताम्रयुग की माना था, क्योंकि उनके विचार में वे वर्तमान भूमितल से 52 फुट नीचे मिली थीं। किंतु यह मत कुछ आलोच्य है। वस्तुतः वे मूर्तियाँ मौर्यकालीन या उसके बाद की हैं और ऊपर के कगार के गंगा की तलहटी में आ गिरने से ही गड़बडी उत्पन्न हुई।

मध्यपूर्व के देश और भारत के प्राचीन संबंधों के विषय में प्रसिद्ध कला-विशेषज्ञ श्री कुमारस्वामी का कथन है–''इसी पूर्व की शताब्दियों या सहस्राब्दियों में भारतवर्ष उस 'प्राचीन मध्यपूर्व' का अविभाज्य अंग था जो भूमध्य-सागर से गंगा की अंतर्वेदी तक फैला हुआ था। इस पूर्वयुगीन संसार में एक ही कैंडे की संस्कृति थी। उसका इतिहास पाषाणयुग से पूर्व भी अविच्छिन्न चला गया था। उसके कुछ अत्यंत विस्तृत आलंकारिक अभिप्राय या अधिक निश्चित शब्दों में धार्मिक प्रतीक, जैसे सूर्य और अग्नि-पूजा की प्रथा, उसी अति प्राचीन युग की देन हो सकती है। हो सकता है कि विकसित अभिप्राय या वैज्ञानिक आविष्कारों के जन्म का श्रेय इस भूभाग के विशेष-विशेष प्रदेशों को प्राप्त हो। उनमें से बहुसंख्यक दक्षिणी मेसोपोटामिया में, कुछ भारत में और कुछ मिस्र में आविर्भूत हुए'' (श्री आनंदकुमारस्वामी, 'हिस्ट्री ऑफ इंडियन एंड इंडोनेशियन आर्ट', पृष्ठ 113-14)।

मूर्तियाँ : महाकाय यक्ष और यक्षिणी की मूर्तियाँ भी इस युग की देन हैं। अब तक इन मूर्तियों के ये उदाहरण मिले हैं–(1) परखम (मथुरा) यक्ष; (2) बरोदा (मथुरा) यक्ष; (3) मथुरा के एक अन्य ग्राम में पूजित 'मनसा देवी' की यक्षी मूर्ति; (4) भरतपुर के नोहग्राम में प्राप्त यक्षमूर्ति (उत्तर प्रदेशीय इतिहास परिषद् की पत्रिका, मई 1933, पृष्ठ 95); (5) पटना यक्ष (इंडियन म्यूज़ियम); (6) अन्य पटना यक्ष (इंडियन म्यूज़ियम); (7) दीदारगंज (पटना) से प्राप्त चामरग्राहिणी; (8) उत्कीर्ण मणिभद्र यक्ष (पवाया, ग्वालियर से प्राप्त); (9) बेसनगर स्त्री-मूर्ति; (10) बेसनगर में प्राप्त द्वितीय स्त्री-मूर्ति; (11) बेसनगर में प्राप्त यक्ष की महाकाय मूर्ति; (12) शिशुपाल गढ़ (भुवनेश्वर) की यक्ष मूर्तियाँ; (13) बंबई में प्राप्त यक्ष मूर्ति (वर्तमान स्थान, राष्ट्रीय संग्रहालय, नई दिल्ली); (14) राजघाट (काशी) में प्राप्त त्रिमुख यक्ष (वर्तमान स्थान, भारत कला भवन, काशी विश्वविद्यालय)।

---

1. डा. मुकर्जी ने बनर्जी शास्त्री के मत को सत्य मानकर (इंडियन साइंस कांग्रेस हैंडबुक, पटना 1933, पृ. 19-23) इस सामग्री का वर्णन किया था, किंतु ऊपर अनुवाद में लेखक की अनुमति से आवश्यक संशोधन कर दिया गया है। **–अनुवादक**

इनमें संख्या 1, 3, 6, 7, 8 पर लेख हैं। 1 और 8 के लेखों में मूर्ति को मणिभद्र (कुबेर का सेनापति) की कहा गया है। 3 का लेख उसे 'लायावा' पक्षी कहता है और उसमें नाक नामक स्थपति और उसके गुरु कुनिक के नाम भी हैं। यह कुनिक संख्या 1 के अनुसार गोमितक का शिष्य था। पटना मूर्तियों पर 'भगवा अक्षतनीविक' (कुबेर) और 'यक्ष सर्वत्र नंदी' के नाम हैं।

क्योंकि इन सब मूर्तियों की रचना-शैली आपस में मिलती है, अतएव इन लेखों को ध्यान में रखकर हम इन मूर्तियों को यक्ष और यक्षी कह सकते हैं।

अतएव इन मूर्तियों को भारतीय कला का सर्वप्राचीन उदाहरण मान सकते हैं, जिनमें लोककला या जनसाधारण की कला-शैली अंकित है, जिनकी पूजा-प्रथा में छुटभैये देवता, जैसे यक्ष-यक्षी, नाग-नागी, गंधर्व-अप्सरा, वृक्ष और नदी-देवता आदि सम्मिलित थे। यह लोककथा का रूप था जो सुसंस्कृत कला या राजाश्रित कला से भिन्न थी, जिसका सर्वोत्तम रूप पीछे अशोक के राज्य-काल में विकसित हुआ। हमें विदित है कि भारतीय कला का आरंभ बहुत पहले मोहेंजोदड़ो और हड़प्पा में हुआ था और उस कला में वृक्ष-वनस्पति और पशु-पक्षी एवं स्त्री-पुरुषों की मूर्तियों का सफल अंकन पाया जाता है। यह आश्चर्य का विषय नहीं है कि मौर्य-कला का उन्नत रूप सुदीर्घ विकास का परिणाम था, जिसका कुछ प्रमाण इन यक्ष-मूर्तियों में उपलब्ध होता है। इस विषय में कुछ साहित्यगत प्रमाण-सामग्री भी है। इन सब मूर्तियों के गले में एक हँसली या हार है, जिनके लिए पाणिनि के सूत्र 4/2/96 में ग्रैवेयक शब्द का उल्लेख है। पाणिनि ने तक्षन् (5/4/95) शब्द का भी उल्लेख किया है। अवश्य ही तक्षा नामक शिल्पी रथकार और वर्द्धकि से भिन्न था, जो लकड़ी का काम करते थे। उन्होंने 'ग्रामशिल्पी' का भी उल्लेख किया है (वही), जिसका अभिप्राय उन शिल्पियों से था जो गाँव में जाकर दूसरे ठीहे पर काम करते थे। उनसे भिन्न वे लोग थे जो 'राजशिल्पी' कहलाते थे और जो काशिका के अनुसार राजा के लिए कार्य करते थे। ग्रामशिल्पी लोककला के प्रतिनिधि थे, और राजशिल्पी नगरों में प्रतिपालित आढ्य कला और सुसंस्कृत समाज की आवश्यकताओं की पूर्ति करते थे।

इन यक्ष मूर्तियों की कलात्मक सुंदरता के विषय में श्री आनंदकुमारस्वामी का मत है कि ''ये आश्चर्यजनक शारीरिक बल की प्रतीक हैं जिनका प्रभाव इनकी शिल्पगत अपरिष्कृतता से कुंठित नहीं होता; इनके भीतर का अतिशय भौतिक बल मूर्ति के महाकाय परिमाण में प्रकट दिखाई देता है।'' ''इनकी कला पुरुष-प्राकृतिक है जिसमें पशुओं-जैसी दृढ़ता है, कहीं भी आध्यात्मिकता या अंतर्मुखी वृत्ति का लवलेश नहीं पाया जाता और न इनमें विचार-प्रवणता या आंतरिक भावों की कोई झलक है।'' ''शैली की दृष्टि से ये मूर्तियाँ महाप्रमाण और महाकाय हैं, जिनकी रचना पिंडगत घनगात्रता से प्रेरित है, रेखाओं से नहीं।'' यही आदर्श पीछे

कुषाणकालीन महाविशाल प्रतिमाओं में आविर्भूत हुआ जैसे लखनऊ संग्रहालय की मथुरा से प्राप्त बोधिसत्व प्रातमाएँ अथवा बोधिसत्व शाक्यमुनि की सारनाथ मूर्ति में, जिसे लेख के अनुसार मथुरा के भिक्षु बल ने प्रतिष्ठापित किया था। वस्तुतः कालांतर की ये प्रतिमाएँ उसी साँचे में ढाली गईं जिसकी प्रथम कल्पना प्राचीन भारतीय राष्ट्रीय कला में निर्मित यक्ष मूर्तियों के रूप में की गई थी। मथुरा के लाल चित्तीदार पत्थर की बनी हुई माथुरी शैली की मूर्तियाँ, अर्थात् बुद्ध बोधिसत्व प्रतिमाएँ, मथुरा से बाहर के कई स्थानों में, जैसे सारनाथ, सहेठ-महेठ, कुसिनारा या बोधगया और साँची में पाई गई हैं। पर इससे प्राचीन काल की मथुरा-कला की यक्ष मूर्तियों का प्रभाव भरहुत-साँची की कितनी ही छोटे देवी-देवताओं की मूर्तियों में स्पष्ट है और उसके फूल-पत्तियों के तथा अन्य अभिप्रायों के अलंकरण भी बाद की कला की सजावट में सुरक्षित हैं।[1]

ऐतिहृय साधन के स्रोत : जैसा हम देख चुके हैं, इतिहास के इस युग के लिए (650-325 ई. पू.) ऐतिहृय साधन का मुख्य स्रोत बौद्ध-साहित्य में निहित है।

इस साहित्य के विकास का भी इतिहास है, जो इन क्रमिक अवस्थाओं में समझा जा सकता है, जैसा श्री राइस डेविड्स ने बताया है ('कैंब्रिज हिस्ट्री ऑफ़ इंडिया', भाग 1, अध्याय 7) : (1) सिद्धांत या धर्म का सरल कथन, सुत्त या बँधे-बँधाए वाक्यों के अवतरण, जो हूबहू शब्दों में बाद के ग्रंथों में दोहराए गए हैं; (2) बुद्ध के जीवन से संबंधित घटनाएँ या चुटकुले जो इसी शैली में दोहराए गए हैं, (3) वे पुस्तकें जो अब अस्तित्व में नहीं हैं, किंतु बाद के ग्रंथों में जिनके नाम या अवतरण हैं, जैसे सील, परायण, पातिमोक्ख आदि; (4) कुछ कविताएँ, लोकगीत, या गद्यांश जो वर्तमान संग्रहों में दोहराए गए हैं; (5) चार निकाय ग्रंथ : दीघ, मज्झिम, संयुत्त और अगुत्तर (अर्थात् उत्तरोत्तर वृद्धिगत संख्या के क्रम से रचे हुए सूक्त जिनमें एक से लेकर ग्यारह तक वर्णित विषय की संख्या है); एक परिशिष्ट पाँचवाँ निकाय, जिसमें फुटकर छोटे-छोटे ग्रंथों का संग्रह है, जिसे खुद्दक निकाय कहते हैं; और सुत्त विभंग और खंधक भी। इन सबका आनुमानिक काल बुद्ध-निर्वाण के सौ वर्ष बाद तक है; (6) सुत्तनिपात, थेर और थेरीगाथा, उदान और खुद्दक पाठ; (7) जातक (केवल गाथाएँ) और धम्मपद, (8) निद्देस, इतिवुत्तक और पटिसंभिदा, (9) पेतवत्त्थु और विमानवत्त्थु, अपदान और बुद्ध-वंस, (10) अभिधम्म पिटक, जिसमें सबसे अंतिम कथावत्त्थु और सबसे पहले की धम्मसंगणी थी।

यह प्रकट है कि इस युग का अधिकांश इतिहास चार निकाय ग्रंथों और कभी-कभी पाँचवें निकाय से भी ज्ञात होता है, जो उस युग की रचनाएँ थीं। वे सब अशोक के समय से पहले बन चुके थे। अशोक ने अपने भब्रू शिलालेख में सात

1. देखिए, वासुदेवशरण अग्रवाल, 'प्री-कुषाण आर्ट ऑफ मथुरा', उत्तर प्रदेश इतिहास परिषद् पत्रिका, मई, 1933.

अवतरण धर्मग्रंथों से चुनकर दिये हैं, जिनमें चार-चार निकायों से और पाँचवाँ सुत्त निपात से लिया गया है जो इस समय पाँचवें निकाय में सम्मिलित है। यों अशोक के सात अवतरण उस साहित्य में से चुने गए हैं जो उनके काल और उनके लेख से बहुत पहले अस्तित्व में आ चुका था।

पुनश्च, अशोक के बाद के कुछ लेखों में, जो अशोक लिपि में ही अंकित हैं, जैसे भरहुत के लेखों में बौद्ध स्तूप के लिए दान देने वाले कुछ व्यक्तियों के नाम हैं, जिन्हें सुत्तंतिक (= सौत्रांतिक अर्थात् सुत्रांतों के विशेषज्ञ), पेटकी अर्थात् पिटकों के विशेषज्ञ या पंचनेकायिक (पंच नैकायिक) अर्थात् पाँच निकायों के विशेषज्ञ कहा गया।

और भी, टीकाकारों के कथनानुसार मोग्गलिपुत्त तिस्स तृतीय बौद्ध-संगीति के, जो अशोक के अठारहवें वर्ष (252 ई. पू.) में हुई, सभापति थे और उन्होंने कथावत्थु की रचना की जो विद्यमान तीन पिटकों में सबसे अंतिम ग्रंथ है। इसमें पाँच निकायों से अनेक प्रमाण दिए गए हैं और एक भी वाक्य या पद ऐसा नहीं है जो उसके बाद का कहा जा सके। इस प्रकार पाँचों निकाय भी अशोक के समय से बहुत पहले के सिद्ध होते हैं।

यह भी ध्यान देने योग्य है कि चारों निकाय एक-दूसरे के उद्धरण देते हैं (जैसे अंगुत्तर 5/46 में संयुत्त 1/126 का उद्धरण है)। उद्धरण में निकाय का नाम नहीं है, केवल उद्धृत सुत्त का नाम है। यह भी सिद्ध करता है कि चार निकायों में सुत्तों और सुत्तंतों के नाम मिलते हैं, वे भी बहुत पहले से चले आते थे।

पुनश्च, चारों निकायों में एक सर्वसामान्य अंश है, विशेषतः नीति-धर्म संबंधी अनेक मूर्धाभिषिक्त वाक्य हैं जो ठीक उन्हीं शब्दों में उनमें दोहराए गए हैं। यह संकेत है कि उनकी वह सामग्री मूलभूत है जिनसे निकायों का संग्रह हुआ।

कभी-कभी पूरे वृत्त या पूरी घटनाएँ, जिनमें एक ही व्यक्ति और स्थानों के नाम हैं, निकायों में हूबहू दोहराई गई हैं। महापरिनिब्बाण सुत्तंत का लगभग दो तिहाई अंश ऐसे ही दोहराए गए वृत्तों और आदर्श अवतरणों से भरा पड़ा है। उल्लिखित घटनाएँ कभी-कभी तो ठीक बुद्ध की मृत्यु के समय तक, कभी उसके दो-तीन वर्ष बाद तक और एक स्थल में उसके चालीस वर्ष बाद तक पहुँचती हैं (जैसे अंगुत्तर 3/57-62 में)।

अंत में यह भी ध्यान देने योग्य है कि निकायों का भूगोल भी सूचित करता है कि उनका समय अशोक से बहुत पहले का है। पूर्व में कोई स्थान-नाम उनमें ऐसा नहीं है जो कलिंग के दक्खिन में हो और पश्चिम में गोदावरी के दक्खिन का कोई नाम उनमें नहीं मिलता। किंतु अशोक के लेखों में दक्षिण-भारत और सिंहल तक का भली-भाँति परिचय है। भौगोलिक ज्ञान और पृष्ठभूमि के इस विस्तार के लिए बीच में लम्बे अंतराल की आवश्यकता माननी पड़ती है।

हम पहले देख चुके हैं कि यह प्राचीन साहित्य बुद्ध के जीवन पर भी प्रकाश डालता है । इसमें उन स्थानों के उल्लेख हैं जहाँ वे अपने धर्म-प्रचार के अवसर पर ठहरते या उपदेश करते थे या जहाँ उनके जीवन की कोई अन्य घटना घटित होती थी । अनुमान किया गया है कि चार निकायों के 6,000 पृष्ठों में इस प्रकार की सामग्री लगभग 200 पृष्ठों में है । उनके जीवन की दो घटनाएँ, अर्थात् उनका आरंभ और अंत, विशेष विस्तार से वर्णित हुए हैं । पहला, मज्झिम में उनके अभिनिष्क्रमण से बोधिवृक्ष के नीचे अर्हत् अवस्था प्राप्त करने तक का वृत्तांत है । विनय में इस घटना को और पीछे तक अर्थात् साठ शिष्यों की सहायता से संघ की स्थापना तक बढ़ा दिया है । इसमें बुद्ध के जीवन के सात वर्ष की घटनाएँ आ जाती हैं, जिनमें विनय के बढ़ाए हुए अंश का एक वर्ष का काल भी सम्मिलित है । दूसरा वृत्तांत बुद्ध के जीवन के अंतिम मास की घटनाओं और विवरणों तक सीमित है और जैसा पहले कहा जा चुका है, महापरिनिब्बाण सुत्तंत में सुरक्षित है ।

• • •

अनुक्रमणिका